国家出版基金项目
NATIONAL PUBLICATION FOUNDATION

中国社会科学院近代史研究所中华民国史研究室
总编 李 新

中华民国史

人物传

第六卷

李 新 孙思白 朱信泉 赵利栋
严如平 宗志文 熊尚厚 娄献阁 主编

中华书局

第六卷目录

T

太　虚

韩廷杰

太虚和尚，俗姓吕，名淦森。法名唯心，字太虚。浙江崇德(今并入桐乡)人。生于1890年1月8日(清光绪十五年十二月十八日)。五岁丧父，六岁丧母，幼时多病，由外祖母抚养成人。外祖母虔信佛教，对他有很大影响。他九岁随外祖母朝拜安徽九华山。十三岁又随外祖母朝拜浙江普陀山，从此萌发出世思想。十六岁在苏州平望小九华出家。当年依宁波天童寺寄禅和尚受具足戒。同受戒者数百人，太虚年龄最小，但答问戒律名列第一。

清朝末年，革命思潮日盛。与太虚同寺的华山法师教育他以革新之路求佛教的复兴，让他阅读康有为、梁启超、章炳麟、谭嗣同的著作和严复的译作。太虚十分欣赏谭嗣同的"仁学"，用以自励；以佛教救国救天下为己任。

1909年冬，太虚随寄禅和尚参加江苏僧教育会，这是他从事佛教运动的开始。1911年，太虚赴广州宣扬佛法，被推为广州白云山双溪寺住持。他与革命党人来往甚密，因写诗吊唁黄花岗烈士而招忌，潜返上海。

为了加强各佛教寺院的联系，复兴并发展佛教势力，太虚于1912年在南京创设中国佛教协进会。当时寄禅和尚领导组织中华佛教总会，"协进会"即合并于"总会"，由寄禅任会长。不久，寄禅死于北京。上海开追悼会，太虚在会上提出"教理革命，教制革命，教产革命"的口号。"教理革命"，是反对探讨死后问题，主张用佛教解决现实问题；"教制革命”，是主张设“佛法僧园”，统管全国僧务；“教产革命”，是反对宗派继承教产、私有私占，主张寺院财产属全体僧众所共有。

中华佛教总会1913年在上海正式成立，太虚任该会机关刊物《佛教月报》总编辑，发表了《宇宙真理》、《致私篇》等论文。这是太虚思想发展的第一时期。他的佛教观点基本上是承袭古人的，用“宗下”和“教下”说明佛法的全部内容。他所说的“宗下”，是指不用语言文字，只求自悟自证的禅宗；他所说的“教下”，是指由语言文字所建立的天台宗、华严宗、法相宗三家，也可以包括律宗、净土宗和密宗。他的这种观点反映在上述几篇论文中，也反映在他撰写的《佛法与调整》这本小册子里。

1914年，太虚在普陀山锡林禅院闭关治学，钻研天台宗、华严宗、法相宗、禅宗、律宗、净土宗、密宗、三论宗等，旁及古今东西之学，著有《整理僧伽制度论》、《成大乘论》、《法界论》等。这是他思想发展的第二个时期，他的佛学观点基本形成。他认为：小乘可附属于大乘，即所谓“附小于大”，佛法的根本宗旨唯在大乘。至于天台、华严、三论、法相、禅、律、净土、密这大乘八宗，它们的根本原理和追求的极果都是一致的，并没有优劣高下之分，只是说明问题的角度不同罢了。这就是他所说的“八宗平等”。但实际上，他更倾向于禅宗。他的这种观点表现在《大乘宗地图》中。

太虚于1917年春漫游台湾地区和日本，考察日本明治维新以来的佛教。后他与蒋作宾、黄葆仓、陈元白、章炳麟、张謇、王一亭等居士在上海成立“觉社”，由他主编《觉社丛书》。1919年初，改名为《海潮音》月刊，移杭州净梵院，他继续担任主编。不久，太虚应湖南省省长赵恒惕之请，到长沙讲学，并成立长沙佛教正信会。冬天回杭州，途中写成《新的唯识论》。他把“新的唯识论”看成是真唯识论的应化身，用新近的学术思想予以阐明，以适应现代思潮，结果遭到以圆瑛为首的一派佛教徒的反对。

1923年以后，是太虚思想发展的第三时期。与前两期迥然不同，

“不为旧来宗派所拘束，而欲将释尊流传到现代的佛法，作圆满的判摄罢了。这期可分‘教’、‘理’、‘行’三者来讲……”①他所说的“教”是对释迦牟尼等佛教导师遗教的研究；所谓“理”是对佛教理论的探求；所谓“行”是指佛教修炼，如持戒、坐禅、念咒、念佛等。

太虚为了复兴庐山大林寺的佛教，20世纪20年代中期到30年代初，曾先后邀李隐尘、张仲如、黄季刚、汤用彤等开暑假讲演，使沉寂数百年的庐山佛教复活。来听讲者多是信仰基督教的中外人士。太虚由此产生联合世界佛教徒、从事世界佛教运动的思想。他于1924年夏天在庐山召开“世界佛教联合会”，日本、德国、美国、芬兰等佛学家都赶来参加。太虚在讲话中，结合大乘佛教“利他”教义，阐明反对战争、反对侵略的主题。

为了改革佛教、培养骨干，太虚热心于筹办僧侣教育机关。武昌佛学院、闽南佛学院、汉藏教理院等都是他一手筹办的。他还在上海创设佛化教育社，出《心灯》旬刊，进行佛教宣传。他在武昌佛学院讲《志行自述》，提出“志在整理僧伽制度，行在瑜伽菩萨戒本”的口号②。武昌佛学院采用日本佛教大学教材，管理制度参用丛林约规，早晚诵《弥勒上生经》。

1924年，太虚在《海潮音》第五卷第二期发表《新僧》一文，主张僧尼都应当受教育，接受新思想，以适应时代的要求。后来兴起的新佛教运动，受这篇文章的影响很大，僧众把太虚拥戴为新佛教运动领袖。

1927年，太虚受转逢、常惺、会泉等之请，任厦门南普陀寺住持，兼闽南佛学院院长。秋天，应蒋介石之请，在溪口雪窦寺为蒋讲《心经》，从此深受蒋介石器重。这一年，他还被德国朗福特大学中国学院聘为院董。

---

① 太虚：《我怎样判摄一切佛法》，《海潮音》第二十一卷第一期。

② 海潮音社：《太虚大师行略》，汉藏教理院同学会等编《太虚大师纪念集》，1947年版，第8页。

太虚于1928年6月8日发表《对于中国佛教革命僧的训词》，对唯物辩证法极端仇视，把努力"俗化"犯"幼稚病"的僧人说成是"恰犹国民革命中杂了共产党的理论和方法一般危险，此则非速加以清除不可"①。他在《训词》中仿照孙中山的三民主义提出了"三佛主义"的口号：(一)佛僧主义。建立"有主义、有组织、有纪律的革命僧团"②，坚持寺产属僧众所共有，严守戒律，对违犯者要规劝，以至于勒令还俗。(二)佛化主义。大力发展佛教徒，只有僧侣组织是不够的，还要建立居士组织。(三)佛国主义。即用佛教影响国家，以至于全世界。他提倡由僧众信众联合组成"中国佛教信徒会"或"国际佛教信徒会"，以加强中国和世界佛教徒的联系，扩大佛教影响。春天，蒋介石过访杭州灵隐寺，邀请太虚进京讲《佛陀学纲》。为了健全佛教组织，推进佛教文化运动，太虚得蔡元培、戴季陶等赞助，以李子宽、黄忏华、谢铸陈为骨干，在南京创设中国佛学会，同时发动筹组中国佛教会。

1926年，太虚遍访南洋群岛，并于1928年秋，去英、法、德、荷、比、美等国宣讲佛学。他应法国学者建议，在巴黎筹组世界佛学苑。回国后，写成《环游记》。太虚是中国僧侣去欧美传播佛教的第一人。他的传教活动受到各地反动头目的赞赏。希特勒在接见他时指出："欧洲青年需要东方宗教了(专指佛教)。是的，东方宗教岂止东方而已。"③蒋介石在致谭延闿的信中也吹捧说："沙门太虚，著作等身，苦学潜修，垂三十年，此番赴欧美弘法，为国宣劳，玄奘以还，斯为第一。"④

1929年，中国佛教会成立，太虚任常务委员，1932年，应蒋介石之请，一度任雪窦寺住持。

1937年日本发动侵略中国的战争以后，太虚多次电告日本佛教

① 太虚：《人生佛教》，海潮音社1945年版，第2页。

② 太虚：《人生佛教》，第4页。

③ 成德：《太虚大师的思想体系》，《太虚大师纪念集》，第65页。

④ 续清：《太虚大师救国救教救世之真精神》，《太虚大师纪念集》，第11页。

徒：本着佛陀“大悲兼利”的精神，佛教徒联合起来向日本政府抗议，促使它停止对中国的侵略。1938年，太虚历游四川、云南、贵州等省讲学，号召佛教徒参加抗战救国事业，指导筹组训练僧众救护队，分发各战区服务。1939年，太虚受聘为国民精神总动员会设计委员。秋，率中国佛教代表团访问缅甸、印度、锡兰（今斯里兰卡）、新加坡等国，阐明中国抗日救国的政策，争取国际佛教徒对我国抗战的同情和支持。

抗日战争胜利以后，太虚和蒋介石的关系比较密切。1946年元旦，国民党政府授以宗教领袖胜利勋章。在《海潮音》第二十七卷第二期上，太虚发表《青年知识僧的出路》一文，认为“若要中国能够好起来，无论如何要由无党无派各党各派的公正的知识分子、产业分子联合教导资助着大多数贫苦劳动工农，共同警觉着土劣贪恶的毒害……然后当政的民权民生主义的政治才能实际施行，才能走上现代国家社会的大路”。太虚把抗日战争的胜利归功于蒋介石。他抄录旧作一首登载于《海潮音》第二十七卷第二期上，对蒋介石歌功颂德，云：“党国安危系，青山未是归。出曾惊鬼侮，退岂贻人讥。此日藏云豹，他年缚海豨。大雄能大忍，莫使素心违。”并在注释中称：“民十六年秋，蒋主席倦勤，邀余雪窦晤谈，曾赠此诗。日本海豨今已缚，喜而书之。”年底，国民党政府内政部、社会部在重庆组织“中国佛教整理委员会”，太虚被推为主任委员。

1947年5月7日，太虚患脑溢血症死于上海玉佛寺，遗著有《太虚大师全书》等。

谈 荔 孙

汪仁泽

谈荔孙，字丹崖。祖籍江苏无锡，寄籍江苏山阳（今淮安）。1880年12月13日（清光绪六年十一月十二日）生。祖父谈静山曾在山阳县作幕友，后入蜀任夔州知府，归里后在山阳定居，对官场灰心失望，嘱子孙不入仕途。1891年捐资创办谈氏东文学堂，延聘日籍教员授课。父亲谈亚蘧曾捐得山东候补知府虚衔。谈荔孙少时就读私塾，1892年入东文学堂学习文理科和日文，1896年初考入南京江南高等学堂。

1900年谈荔孙在江南高等学堂毕业后，考取公费留学日本，守"不入仕途"的祖训，自选东京高等商业学校，攻读银行经济专科。由于谈曾在东文学堂学过日文，加以学习勤奋，因此学业优异，毕业后在日本银行界实习。谈的同学除吴鼎昌、钱永铭、王冶昌等外，尚有日本大仓财阀的嗣子大仓喜七郎。大仓财阀当时在日本创办化工、制麻、制革、酿酒等公司企业，设有注重实务的大仓商业学校，并侵入我国东北，经营煤铁矿等多种实业。大仓的经营思想，给年轻的谈荔孙留下深刻印象。

1906年谈荔孙应张謇之聘，回国任江南高中两等商业学堂教务长兼银行科主任教习。他在教学中，采用大仓商校重视培养学生实际工作能力的方法，开办银行实践室，培养了一批我国早期的银行、会计人才。

1908年8月，谈荔孙参加清政府举办的留学生科举考试，以成绩优等，得授商科举人，派任度支部主事，但谈仍"不入仕途"，坚请调离。

适值清政府改组户部银行为大清银行，遂调谈任大清银行稽核。

辛亥革命后，南京临时政府成立，谈荔孙应聘赴南京财政部任职，管理军用钞票的发行和流通事宜。1912年2月，大清银行清理结束，另组中国银行，谈奉派赴北京接任中国银行总行计算局局长，主持建立全行的新式会计制度；后又转任国库局长，负责拟订国库管理制度等。

中国银行为了扩展长江中下游一带的业务，掌握该地区的财政权，选派谈荔孙赴南京筹建分行。1914年，南京分行成立，谈任行长，并次第在汉口、九江、安庆、芜湖、镇江、徐州、苏州、常熟、杭州、淮阴等地设立分支行。除经营工商业信贷、货运押汇等一般业务外，主要是代理国库，并发行印有省区名称字样、限在各该省内使用的中国银行纸币。

1916年3月，袁世凯废除洪宪帝制后，为筹措军饷，依靠中国、交通两银行滥发纸币，以致京津两地发生挤兑风潮。5月，北京政府明令停兑，致使风潮扩大，造成市面混乱，不久波及南方。为了维持银行信誉，谈荔孙联合中国银行上海分行的宋汉章、张嘉璈，拒不执行总行的"停兑"命令；并商得当时坐镇南京的北京政府长江巡阅使、江苏督军冯国璋的同意，以省库为担保，无限制收兑当地印有省名的中、交两行纸币，不久挤兑风潮在南方即告平息。

1917年7月，张勋复辟失败后，冯国璋到北京代理总统职位，于次年调谈荔孙为北京中国银行行长。此时冯国璋意欲另组金融机构，为其政治目的服务；而谈亦感到任职国家银行难以施展其利用金融资本从事实业的抱负，渴望创办商业银行又缺乏资金，双方的意愿为江苏省会警务厅长王桂林所悉。王是冯的亲信，亦是谈的挚友，经王穿针引线，由冯国璋投资二十万元（冯的副官长张调宸代表出面），李纯、齐燮元等人认股十万元，扬州盐商贾颂平认股五万元等，凑得股金三十八万元，由谈负责筹建商业银行，定名为"大陆"，股本额一百万元，实收五十万元，向北京政府财政部申请注册。由于冯国璋的关系，验资等手续十分顺利，不久颁发执照。1919年3月，大陆银行正式成立，设总行于天津、分行于北京，谈荔孙被推选为董事长，张调宸、王桂林等为董监事。

1920年4月,安福国会开会时,有人指摘谈荔孙身为中国银行行长,又兼任商业银行董事长职务,与法制不合,有公私不分之嫌。谈闻讯后,决然辞去待遇优厚的中国银行职务,专任大陆银行董事长兼总经理职。

谈荔孙久欲仿效大仓经营思想以施展才能,任职中国银行时,因与政局浮沉息息相关而难展所长,如今专心经营大陆银行,得以实现其抱负。他的指导思想是:重视储蓄业务,吸收社会游资,通过调剂金融,输送给工商企业,逐步使金融资本转化为产业资本,做一个大仓式的实业家。在谈的筹划下,大陆银行于1920年3月在上海设立分行,翌年春,天津总行迁入新厦。大陆银行除了经营一般商业银行的国内外汇兑业务外,由于与黎元洪等人的关系,故能吸收军阀和官僚的大量存款。又大力开展银行的信托、储蓄业务,在京、津、沪三行分别设立保管、信托两部,建有水泥保管库,首创出租保险箱、接受露封保管和信托业务(代管点明数额的有价证券、股票、契约等,并代办取息、转期、投资经营等)。1922年夏,专设会计独立的储蓄部,设计多种名目的储蓄,其中如"特种定期存款",一次存入一百七十元五角一分,十五年到期后可得本息一千元。在当时动荡不安的环境里,颇能吸引一些储户,开办当年,仅天津一地,储户即达一千一百余户,1932年增至六千三百多户。在此期间,大陆银行的各种存款总额常在二千万元以上。

谈荔孙为了进一步发展业务,便利客户,1922年指示天津总行在劝业场、梨栈、小白楼等处分设支行六处,开同业的先例。此后北京、上海以及陆续设立的汉口、南京等分行也纷起仿效,在市内以及济南、青岛、滕县、苏州、杭州等多处设立支行。

在谈荔孙的主持下,大陆银行参加了和盐业、金城、中南共同组成的"四行联合营业事务所",合办"四行准备库",联合担保中南银行发行的钞票,并合办"四行储蓄会",建造了当时远东最高的上海国际饭店。

谈荔孙办事严谨,对于大陆银行的放款业务,时以稳健告诫所属。鉴于银行放款多需以实物做抵押、以存仓的商品栈单为凭证,因此谈荔孙以经营仓库业务作为开展大陆银行投放的重要环节。1925年,大陆为与在天津设有四大仓库的英商平和洋行竞争，除在万国桥堍自建仓库外，另又租得两处，规定客户以该行仓库所出栈单做抵押时，贷款利息可受优待，押款金额也可放宽至货价的八折，因此深受欢迎，业务逐渐发展，每年押款在一千万元以上。而平和洋行的业务则一落千丈，最后不得不将四大仓库租赁给大陆经营。大陆沪行亦在谈荔孙的倡议下，自建仓库于北苏州路，1928年押款数达八百七十余万元，仅次于津行。与仓库业务有密切联系的是保险业务，1931年，大陆与金城、中南、交通、国华四银行，合营太平保险公司，谈任该公司董事。此外，从大陆银行拨出部分资金，在津设立大陆商业公司，从事进出口业务，与外商进出口行相竞争。

1931年春，谈荔孙患高血压病日趋严重，但为贯彻其化金融资本为产业资本以利国利民的初衷，未听众人的劝告作长期休养和治疗，而仍抱病去黑龙江调查大豆的产销情况，并向德商西门子洋行订购日产一千五百担的全套榨油设备，积极在该地筹建大型榨油厂。后从好友何澄处获悉日本帝国主义即将发动侵略战争，被迫中止筹备事宜，赔偿西门子洋行损失一万五千美元。他痛感在国难当头的环境下，要实现其抱负极为困难。

1932年春，谈荔孙应绥远省主席傅作义之请，以财力支持傅在绥筹建毛纺织厂。该厂建成后，利用当地羊毛织出毛毯、呢绒，行销华北、西北各地，为当地毛纺工业奠定了基础。

谈荔孙曾于1929年春在大陆银行董事会上提议：调整人事，聘用具有金融和工商业管理方面丰富经验和学识的人才，以适应业务发展的需要；但多数董事系旧军阀、官僚，鼠目寸光，惟求眼前利益，认为选用新人进行改革，势必增加开支；且人事一经变动，原有通过私人关系介绍入行的人员有被淘汰之虞。因此会上虽表示原则同意，但力言以缓行为宜，使谈的打算受到阻遏。谈并不气馁，其后又制订了具体计划，在总经理处增设顾问室，拟延请学者、名流和富有经验的人士，指导全行工作，进行内部整顿。但谈荔孙初愿未遂，突因脑溢血症于1933

年2月25日在北平去世。

主要参考资料

谈季桢、谈在唐:《大陆银行的兴衰纪略》,中国人民政治协商会议天津市委员会文史资料研究委员会编《天津文史资料选辑》第13辑,天津人民出版社1981年版。

《锡金谈丹崖先生年谱》,江南高中两等商业学校学生辑《谈丹崖先生纪念册》,1934年版。

谈沅:《先祖父谈荔孙先生传略》,淮安县政协文史资料研究委员会编《淮安文史资料》第7辑,1989年版。

[美]柏脱等编,勃德译:《中华今代名人传》,上海传记出版社公司1925年版。

《大仓喜八郎》,日本《大人名事典》卷1,东京平凡社1962年版,第466页。

谭浩明

刘立道

谭浩明,字月波。广西龙州县水口村人。壮族。1871 年 7 月 3 日(清同治十年五月十六日)生。他的父亲谭泰源,业农兼撑水口渡船。谭幼年失学,识字不多,从小就帮父亲耕种、撑船。1878 年,陆荣廷流浪到水口,得谭泰源之助,帮谭家撑渡船,娶谭浩明的大姊为妻,谭与陆遂为郎舅亲。1886 年中法战争后,陆荣廷聚集三点会众,结成小股武装,活动于中越边境一带,谭浩明也入了伙。至 1893 年,这支百余人的绿林武装,接受了广西提督苏元春招抚,陆被委为管带,谭浩明则为哨长。不久,开赴金龙、化岗、靖西、西林等地,招抚当地其他游勇、会党和绿林武装,队伍逐渐扩大。1896 年,陆升任督带,谭升哨官。到 1911 年 6 月,陆升任广西提督,谭亦随之升为广西巡防营统领,驻在南宁。

武昌起义爆发后,11 月上旬广西独立,陆荣廷被推为副都督,旋任都督兼民政长,他将全省军队改编为两个陆军师,谭浩明为第二师师长。1913 年 7 月,孙中山发动"二次革命",讨伐袁世凯,江西、安徽、广东等省先后举义。陆荣廷支持袁世凯,谭曾奉陆令杀害了革命党人甘尚贤。1914 年 7 月,谭以师长兼任龙州镇守使及广西边防对讯督办,驻龙州。

1915 年冬,袁世凯加紧了复辟帝制的活动,陆、谭曾联名上劝进表,袁封陆为一等侯,封谭为二等男。1916 年元旦,袁世凯改元"洪宪"。陆因不得袁信任,并见帝制丑剧遭到国人的激烈反对,加上岑春煊、梁启超等人的规劝,乃于 3 月 15 日宣布广西独立讨袁,进兵湖南和广东。4月6日,广东督军龙济光在各方面的压力下,也宣布独立。5月1日,两广护国军都司令部成立,谭浩明为护国军第五军军长。

6月6日,袁世凯死,大权落入国务总理段祺瑞之手。6月9日,广东龙济光取消独立,阻挠滇军李烈钧取道广东北伐。陆荣廷遂令谭浩明移师广东,协同在粤各军驱逐龙济光。驱龙后,陆于7月6日就任广东督军。次年4月,升任两广巡阅使,他以原广西督军陈炳焜为广东督军,调谭浩明为广西督军。

在陆荣廷授意下,6月20日,谭浩明和陈炳焜宣布两广自主。段祺瑞肆意推行武力统一政策,派北洋军入湘,准备进攻两广。谭浩明受陆荣廷派遣,就任"粤桂联军总司令",于10月初统率桂军韦荣昌、林俊廷、陆裕光的第一、二、三军和粤军马济的第一军,林虎第二军的第三团,以及马晓军的模范营(后改称总部卫队第一营)"援湘"。这时湖南护法军将领程潜、刘建藩、林修梅等已在衡阳设立湘南护法军总司令部,推举程潜为总司令。谭率部进入湖南,改称湘粤桂联军总司令;10月12日,联军与北洋军王汝贤、范国璋等部在衡山萱州一带开战,激战十二天,占领衡山县城。11月12日占领双峰。17日、18日又占领湘潭、醴陵,前锋进占长沙,王汝贤、范国璋不战而退。24日,湘南护法军总司令程潜在长沙就湖南省长职,谭浩明抵长沙后颇为不满,通电宣布暂以湘粤桂联军总司令兼领湖南军民两政事宜,逼得程潜只好辞去湖南省长职。

1918年1月27日,湘粤桂联军占领岳阳,次日占领羊楼司,前哨到达湘鄂两省交界线上。但湖北是直系地盘,陆荣廷企图"联直倒皖",指示联军不得进入湖北境界,谭浩明遂按兵不动。这时,北洋军阀直、皖两系在南北和战问题上分歧很大。直系主和,皖系主战。由于皖系得到奉系支持,直系只好迁就,派曹锟、张怀芝分任第一、第二路军总司令,分途进兵湖南。

1918年2月6日,曹锟到汉口成立第一路总部,第二路总司令张怀芝于3月6日也到达南昌,前线战云密布,谭浩明仍然未做任何应战准备。3月初,直系吴佩孚军绕过羊楼司直取云溪,湘军首先被击溃,桂军第三军冯浦澄团也被击败。联军不战而放弃岳阳,向长沙溃退。18日,吴佩孚部占领岳阳,张敬尧部占领平江。岳阳失守时,谭浩明加紧在长沙搜刮钱财,并且张贴四言布告:"岳阳小挫,兵家之常,本帅坐镇,自有主张。谕尔人民,毋得惊慌,造谣惑众,明正典章。"①24日,谭还身着戎装,骑上高头大马巡视长沙大街,以示镇定。可是当天午夜,他却乘小火轮经湘潭向南逃走了。25日,联军撤离长沙,桂军向湘桂边境退却,湘粤军退守耒阳、郴州一带。联军溃退时,既无行军序列,更没有退却的作战部署,沿途强抢粮食,掠夺财物,湖南人民惨遭浩劫。吴佩孚于4月24日占领衡阳后,即不再前进,湖南战场暂时沉寂下来。6月,联军总司令部迁回南宁,此后就无形取消了。谭浩明仍做他的广西督军。

谭鉴于援湘溃败的教训,决心实行军事改革。他成立广西陆军混成旅,以李祥禄为旅长,尽量任用陆军学校学生为各级军官。又将卫队第一营加以补充,仍以马晓军为营长,黄旭初为营附,白崇禧任第一连连长,黄绍竑、张守义(张淦)、廖光为第二、三、四连连长。1919年元月,又开办广西陆军讲武堂,以金永炎为堂长。各军科长、队长、教官都聘用日本士官生和保定军校学生。每期学员一千四百余人,步、骑、炮、工、辎各科俱全,中下级军官和军官子弟均能入学。如陆荣廷之子陆裕藩、谭浩明的兄弟谭浩澄、谭浩清和儿子谭文茂等都来此受训。

在广西建设方面,谭浩明提倡植棉(广西缺少棉花,每年因此耗资甚大),是年在南宁成立"广西棉业促进会",自兼会长,出版"广西棉业促进会刊"。除开辟示范棉场外,还在南宁郊外设立棉业讲习所,每县选送一人来所学习,毕业后,回县指导农民种植美棉。但他推广植棉的活动,由于具体机构工作不力和选种等方面没有因地制宜而失败了。

1920年8月,孙中山命援闽粤军回粤,驱逐盘踞广东的桂系军阀。

① 据当时随军将士冯璜等的回忆。

是年冬，所有在粤的桂军都被逐回广西。1921 年元月，陆荣廷进行反扑，计划分兵三路攻粤，以陈炳焜指挥韦荣昌部从梧州取肇庆，以林虎部（林辞职去沪，由黄业兴代）取广东南路高州等地，以沈鸿英部取广东四会等地，其余部队由谭浩明指挥。6 月，孙中山令陈炯明、许崇智等率领粤军入桂，讨伐陆荣廷。桂军刘震寰部在梧州前线倒戈，梧州不守，陈炳焜、韦荣昌、黄业兴等相继溃败，沈鸿英见势不妙，退回贺县，通电宣布"自治"，迫陆下野。各路粤军乘胜前进。谭浩明在玉林督战，部众不多，士气低落，茂林桥一战，全线溃败。他逃回南宁，粤军又从大河和宾阳分路向南宁进攻。陆、谭率领残部万人匆匆向左江撤退，打算在崇善、龙州间作背城一战。但因大势已去，军心涣散，终于无法挽回败局，7 月 16 日，陆荣廷、谭浩明宣布下野，从龙州入越南逃往上海。

陆、谭出亡后，仍与北洋政府相勾结，企图东山再起。1922 年 6 月，粤军全部退出广西。北洋政府任陆荣廷为广西边防督办，谭浩明也随陆回到龙州。1924 年初，陆出巡被沈鸿英围困于桂林，谭浩明率领谭浩澄、邓大模、马逵等部前往解围，中途被沈军击溃。陆荣廷得吴佩孚、赵恒惕武装调停，从桂林脱身，宣布下野。谭将所部交谭浩澄率领返靖西一带活动，自带随从数人随陆入湖南，后又随陆去上海作寓公。

谭浩明文化不高，对读书人和所属军官较为重视。他为人圆滑，很少与同僚争执，故手下的文武官员愿为他效劳。他胆小心细，遇事向陆荣廷请示，按照陆的意旨办理，因此能统治广西多年。

1925 年 4 月 17 日，谭在上海私宅因蹂躏其随从副官黄永福的未婚妻，被黄暗杀。

主要参考资料

广西少数民族历史社会调查组编：《广西辛亥革命资料》，1960 年版。

中国人民政治协商会议广东省委员会文史资料委员会编：《广东辛

亥革命资料》,广东人民出版社1981年版。

方鼎英:《谭延闿的湘军及其与孙中山的关系》,中国人民政治协商会议广东省委员会文史资料委员会编《广东文史资料》第15辑,1964年版。

林虎:《往事片断》,中国人民政治协商会议广西壮族自治区委员会文史资料委员会编《广西文史资料选辑》第1辑,1982年重印本。

刘立道:《谭浩明事略》,《广西文史资料》第16辑,1983年版。

《辛亥革命在广西》。

黄绍竑:《五十回忆》。

《李宗仁回忆录》。

谭　平　山

刘秋阳　吴明光

谭平山，名鸣谦。广东高明县人。1886 年 9 月 28 日（清光绪十二年九月初一）生。父亲谭超凡，以裁缝为业。谭平山早年丧父，家境清贫，少年入塾攻读，后在哥哥支持下完成学业。1898 年入高明东洲书院学习，1904 年秋考入肇庆肇罗中学，1908 年升入广东两广优级师范学校。在校期间，谭平山受孙中山民主革命思想影响，不满清廷腐败统治，于 1909 年加入中国同盟会。

1910 年，谭平山从两广优级师范毕业，到雷州半岛任雷州中学数学教员，后任校长，同时积极从事反清革命活动。辛亥革命后，1912 年初，被选为广东省临时议会代议士（议员）。1916 年到阳江中学任教。

1917 年夏，谭平山与同乡谭植棠及陈公博一起考入北京大学，在文科哲学门学习。1918 年 11 月，和傅斯年、罗家伦等组织新潮社，创办《新潮》杂志。谭为《新潮》创刊号撰写《哲学对于宗教之关系》，宣传新文化新思想。蔡元培阅后十分赞赏，特在文后加上评语："此论甚有见地。"①1919 年春，谭又撰《"德谟克拉西"之四面谈》，表达他对社会主义的向往，同时介绍《资本论》和《共产党宣言》，并详细介绍德国社会民主党的党纲。5 月，他投身五四运动，参加了痛打章宗祥、怒斥陆宗舆、火烧赵家楼的斗争，曾被北京政府逮捕关押。在北大期间，谭平山还参加了李大钊发起的马克思主义研究会。

---

① 《新潮》第 1 卷第 1 号（1918 年 12 月）。

1920年7月,谭平山从北京大学毕业回到广州,在广东高等师范学校任哲学教授。他在广州积极宣传新思潮,8月发起组织广州社会主义青年团。10月,与陈公博、谭植棠等创办《广东群报》,负责新闻编辑,继续致力于革命思想的传播,介绍各国共产党和工人运动情况,受到进步青年的热烈欢迎。12月,陈独秀应广东政府之邀到广州,任广东教育委员会委员长。陈独秀向谭平山、谭植棠、陈公博等人多次提出:"以小集团领导民运是担负不起的,为使广东民运获得更大的发展,必须建立一个领导组织。"并说"北京、上海已有共产主义集团的组织",征求他们参加这个组织的意见,谭等表示赞同。1921年2月,在陈独秀的指导下,谭平山与沈玄庐主编《劳动与妇女》周刊,撰著文章,宣传妇女解放与社会主义。

3月,谭平山与陈独秀、陈公博、谭植棠等"开始组织真正的共产党",即中国共产党广东支部,谭任书记。嗣后,创办宣传员养成所,作为宣传马克思主义、培养革命干部的阵地。与此同时,他深入工人中去开展工作,组织工人夜校,自任夜校董事会董事长,并建立广州土木建筑、茶居等行业工会。7月,中国共产党在上海召开第一次全国代表大会,谭平山因协助陈独秀筹集广东大学经费没有出席,派陈公博参加大会。会后成立中国劳动组合书记部,谭被选任南方分部主任。8月,中国共产党广东支部正式成立,谭平山担任书记。是年冬,他组织三百多工人支援广州车衣工人的罢工斗争,取得胜利。1922年1月,香港海员工人进行大罢工,谭平山领导的中国共产党广东支部发表《敬告罢工海员》的声明传单,支持海员工人罢工斗争。与此同时,谭还加强对广东社会主义青年团的领导工作,3月在广东社会主义青年团成立大会上,被选为执行委员会书记。5月,出席在广州召开的第一次全国劳动大会,被推为主席团成员之一,参加领导组织这次大会。

1922年7月,谭平山参加了在上海举行的中共"二大",被选为中央委员。1923年4月,谭与陈独秀一起被孙中山任命为大元帅府大本营宣传委员会委员。6月，中共在广州举行“三大”，确立了国共合作的方针，决定共产党员以个人身份加入国民党。谭平山参加了这次大会，被选为中央委员、中央局委员，后任中央驻粤委员，具体负责与国民党的联络工作。10月初，苏联顾问鲍罗廷来到广州，谭向他介绍了孙中山和国民党。同月下旬，谭平山被孙中山任命为国民党临时中央执行委员会委员，和廖仲恺等九人一起负责筹划国民党改组事宜。他还兼任书记、组织员，为改组国民党做了大量工作。

1924年1月，谭平山参加中国国民党第一次全国代表大会，当选为国民党中央执行委员会委员和常务委员，兼任中央党部组织部长。他安排许多共产党人担任国民党的各级领导职务，有力地促进了国民革命的蓬勃发展。同时也引起国民党右派的不满，说“组织部是党中央最重要的机关，由共党谭某主持，本党的一切章程由他拟订，各地组织方面的人员由他委派，弄得本党的忠实党员都不愿登记”。5月，谭任国民党农民运动委员会委员；9月，任第二届农民运动讲习所教授；10月，任“革命委员会”全权委员，动员和组织军队和工农武装平定商团叛乱。1925年1月，在中共“四大”上，谭平山再次被选为中央委员、中央驻粤委员；稍后被任命为驻国民党中央党团书记。1926年1月，他出席国民党“二大”，向大会作《党务总报告》，再次当选为国民党中央执行委员会委员、常务委员、政治委员会委员、中央组织部长，还负责中央执行委员会秘书处工作。5月，蒋介石等人提出的“整理党务案”在国民党二届二中全会获得通过后，谭被迫离开国民党中央党部，被中共中央派为国共两党联席会议代表。

1926年11月，谭平山代表中国共产党出席在苏联莫斯科召开的共产国际执行委员会第七次扩大全会，向大会递交了《关于中国问题》的书面报告。他在代表中国委员会向共产国际执委会扩大全会作报告时强调，“目前的革命，就其性质来说，是资产阶级革命，但革命领导权应属于无产阶级"①。他被选为共产国际执行委员会主席团委员、中国委员会主席。期间,还被莫斯科中山大学授予"荣誉学生"的称号。

1927年2月,谭平山返回国内。他在中共广东区委主办的《人民周刊》上撰文,称"中国革命胜利可以推动世界革命"。他未出席3月在武汉举行的国民党二届三中全会,但仍被选为中央常务委员、政治委员会委员、国民政府委员兼农政部长。4月4日,在武汉中央农民运动讲习所开学典礼上,他指出:"中国革命就是为解决农民问题","要解决土地问题,一定要使农民自己掌握政权"②。月底,在武汉参加中共"五大",被选为中央政治局委员、中央农民部部长;5月,又被选为中央农民委员会委员,负责发展农民运动。其时,以两湖为中心的农民运动蓬勃发展起来以后,受到一些人的批评,称其"过火",谭平山在农政部长就职典礼上为此进行辩白:"现在农民运动发展之时,难免发生种种复杂问题,但不要奇怪,在革命的观点看,这种现象并不是不好的现象。"但是共产国际批评谭平山不提没收土地,而国民党右派更是多加责难。6月底,谭平山称病离开国民政府。7月13日,即汪精卫"分共"前两日,谭平山根据中共中央指示,与苏兆征联名发表公开辞职书,退出武汉国民政府。

谭平山与李立三等7月19日从武汉抵达江西九江,商定在南昌发动暴动,以反对国民党"清党"、"分共"。27日,他与李立三等抵南昌,加紧筹划起义事项,任中共前敌委员会委员。30日,张国焘来到南昌,阻止按期起义,谭平山坚决反对。南昌起义成功后,谭任革命委员会委员、主席团主席。8月3日,他随起义部队南下,辗转赣南、闽西等地。起义部队在潮汕失败后,他经海丰到香港,后转赴澳门。11月,在"左"倾惩办主义的影响下,中共中央临时政治局扩大会议通过《政治纪律决

① 中共广东省委党史资料征集委员会等编:《谭平山研究史料》,广东人民出版社1989年版,第574页。

② 汉口《民国日报》1927年4月5日。

议案》，其中谭平山被开除党籍，原因是他说过张国焘若反对起义，就把张杀掉的话。两个月后谭平山从澳门回到上海，始知自己已被开除党籍；但他一如既往地关心党的工作，关心中国革命的发展。谭曾致信中共中央，指出“左”倾盲动主义的一些政策和行动是“超时代”的，但没有受到重视，反而被当做反面教材公开批判。

1928年2月，谭平山在上海与一部分脱党的中共党员和国民党左派联系，成立国民党左派联合办事处，准备成立新党。稍后，中华革命党在上海成立，谭平山实际负总责，宣传孙中山三大政策，提出“科学的三民主义”，反对蒋介石的假三民主义。他还起草了《中华革命党宣言草案》。1930年春，邓演达回国后，谭平山与邓决定将中华革命党改名为中国国民党临时行动委员会(第三党)，从事反对蒋介石独裁统治的活动，任临时中央执委。翌年，因和邓对党的纲领、指导思想等存在分歧，谭即去香港活动。1933年11月，李济深等在福建成立人民政府反蒋，谭平山积极支持，一面设法与中共联系，一面组织第三党干部赴闽。

1937年抗日战争爆发后，国共实现第二次合作，谭平山从香港经广州赴武汉，投身抗日斗争。1938年3月，他参加起草《抗战建国大纲》。嗣后，任国民政府军事委员会政治部指导委员和设计委员、三民主义青年团中央干事会常务干事兼法制委员会主任，并任历届国民参政会参政员。

1939年1月，国民党五届五中全会决定“防共”、“限共”、“溶共”的方针，谭平山看到蒋介石故态复萌，此后不再参加国民党、三青团的会议。与此同时，谭平山受到周恩来、董必武等的关心。他曾要求恢复共产党党籍，到解放区去，被周、董劝留在国统区，做团结抗日民主力量的工作。皖南事变发生后，谭平山支持中共代表的抗议活动，拒不参加二届参政会，坚持团结抗战的立场，在成都和重庆积极参加争取民主、进步，反对分裂、倒退的抗日爱国活动。1943年初，谭与陈铭枢、杨杰等在重庆发起组织民主同志座谈会，以座谈国内外时事为主要形式，宣传抗日，团结各种民主力量。8月，筹议成立国民党内民主派的组织——

三民主义同志联合会，设立十人筹备小组，他为主要负责人之一。翌年开始吸收会员，并酝酿制定政治纲领和组织章程。1945年10月，三民主义同志联合会第一次全体大会在重庆举行，谭平山被选为中央干事会常务干事，实际主持“民联”的工作。

此后，谭平山积极领导“民联”参加民主进步运动和反内战斗争。1946年1月，谭平山参观《新华日报》举办的延安生活艺术展览会，题诗一首曰：“开荒坚抗战，辛苦卫疆封。耕作丰衣食，弦歌歇佃佣。打开民主路，敲响自由钟。旋转乾坤运，时贤正折冲。”被认为“年龄虽老，而思想却永远年青”①。5月，与冯玉祥、李济深等乘船离开重庆赴上海。在船上创办《民联日报》，冯玉祥任社长，谭任总编辑。1947年5月，国民党统治集团加紧对民主进步人士的迫害，谭平山再度流亡香港，继续领导“民联”成员进行革命活动。其后，谭与国民党诸民主人士共商联合大计，参加了中国国民党革命委员会的筹建工作。1948年1月，“民革”正式成立，他被选为中央常务委员。5月，谭平山代表“民联”与其他民主党派负责人及无党派人士联合通电，响应中共提出召开新政协会议、成立民主联合政府的“五一号召”。9月，与沈钧儒、郭沫若等乘船离开香港北上，参加筹备新政协工作。翌年2月到达北平，任新政协筹备会常务委员，负责主持起草政协组织法。

中华人民共和国成立后，谭平山历任中央人民政府委员、政务院政务委员、政务院人民监察委员会主任，第一届全国人民代表大会常务委员会委员、民革第三届中央副主席等职。

1956年4月2日，谭平山在北京病逝。

① 重庆《新华日报》1946年1月31日。

谭 人 凤

周天度

谭人凤，号石屏。湖南新化县人。生于1860年9月20日(清咸丰十年八月初六)。十三岁中秀才，爱读《船山遗书》。十六岁参加洪门组织。甲午中日战争后，接触新学，思想眼界渐开，对时局日益表示关心。20世纪初年，资产阶级民主革命运动高涨，谭人凤决心从事反清革命。1903年至1904年间，曾在新化县城创办革命机关福田小学，自任校长，召集江湖党友，活动于湘西一带，待机起事，由于走漏了风声，被当地官府追捕，于1906年冬逃往日本。

谭人凤到日本后，由黄兴介绍加入同盟会。同年12月，萍、浏、醴起义爆发，他受同盟会委派，和宁调元、胡瑛等回国策应。到湖南后，起义已失败，他只得重返日本。1907年初到东京后，入法政学校学习。

1907年春夏间，孙中山和黄兴先后到安南(今越南)河内，在南方策动起义，谭人凤曾于1908年1月由日本到安南协助进行。同盟会在粤、桂、滇边境的几次起义相继失败，他于同年8月返回东京。

1910年春，广州新军起义失败后，谭人凤与宋教仁等人鉴于同盟会在南方的武装起义一再失败，主张在中部长江流域发动革命。同年夏间，由谭出面在东京召集十一省区同盟分会长会议，宋教仁提出“组织中部同盟会以谋长江革命”，谭极表赞同。11月，孙中山和黄兴、赵声等在南洋槟榔屿集会，决定募集巨款，集中全党人力，在广州再举行一次大规模武装起义。1911年1月，黄兴和赵声到香港设立起义领导机关统筹部，积极准备广州起义，招谭人凤前往参加。谭于2月初由日本到香港，询悉起义计划后，向黄、赵建议在长江各省筹设机关，联络军人起事，与广州相呼应。他说：“南京之事，向谋之矣！若两湖居中原中枢，得之可以震动全国，控制虏廷，不得则广东虽为我有，仍不能以有为。”①黄兴、赵声问他的办法，谭答称两湖同志很多，且积极，因经费缺乏，难于进行，如能给予援助，“则机关一立，势力集中，广东一动，彼即响应，中原计日而定也”②。黄、赵表示同意，交谭两千元，派他前往联络策应。他随即离香港到上海和宋教仁取得联系，然后到武汉和长沙，将携款分予居正、孙武和湖南同志。在与两湖和上海等地区党人共同商议部署后，返回香港。4 月 27 日，黄兴在广州发动起义，谭虽年过半百，体弱多病，仍要求参加敢死队，于起义队伍出发前，整装待命，为黄兴所劝阻。

广州起义失败后，谭人凤于这年 6 月从香港到武汉，恰遇湖南党人焦达峰、杨任等因广州起义失败，到汉口来与孙武、居正等商讨以后进行办法。谭人凤与两湖同志开会商议，并在焦达峰、孙武等的推动下，决定在长江流域继续策动武装起义。为此，他促进了当时武汉文学社和共进会的联合和统一，接着往长江下游进行联络。谭到上海后，7 月 31 日（阴历闰六月初六）与宋教仁、陈其美等在上海湖州公学召开同盟会中部总会成立会。会议宣读了由谭、宋分别草拟的宣言和章程，议决于宣统五年（1913 年）在长江各省举行大起义。总会设五总务干事，由谭人凤、宋教仁、陈其美等分别担任。8 月 2 日，谭被推为总务会议议长。总会成立后，在湖北、湖南、江西、安徽、四川等地设立分机关，并以两湖为活动中心。谭、宋秘密往来于沪汉间，策动起义，并与当时在香港的黄兴取得联系，得到黄兴的赞同和支持。

武昌起义爆发后，谭人凤即于 1 月 13 日由上海赶到汉口，在湖北军政府协助工作。10 月 22 日湖南起义胜利，焦达峰被推为都督，但实

---

① 邹鲁：《中国国民党史稿》第三册，中华书局 1960 年版，第 811 页。

② 邹鲁：《中国国民党史稿》第三册，第 811 页。

权很快被以谭延闿为首的立宪派夺去。26日，谭人凤回到长沙，看到都督大权旁落，焦达峰成了立宪派的“笼中之鸟”，主张取消立宪派所把持的参议院和民政、军政两部，由都督掌握一切。革命派和立宪派的斗争尖锐化起来，立宪派随即策动了谋杀焦达峰、陈作新正副都督的流血政变，谭延闿被拥戴当上了都督。不久，谭人凤离长沙回武昌。11月下旬，武汉战事失利，汉阳失守，总司令黄兴离武昌去上海；谭人凤任武昌防御使兼北面招讨使，节制武昌各军。同年11月30日，各省都督府代表在汉口开第一次会议，谭人凤作为湖南代表出席，并被推为议长。12月3日，会议通过并颁布了中华民国临时政府组织大纲二十一条。

南京临时政府成立前后，谭认为当时南京集中了民军十万，广东、福建、浙江三省正打算继续出兵，总的形势对南方有利，因此，表示反对当时举行的南北和议，主张继续举兵北伐，曾组织北伐机关于上海。南北和议成，袁世凯篡夺了辛亥革命的果实，就任临时大总统后，宋教仁为了推行他的政党政治，于8月间将同盟会改组为国民党，抛弃同盟会的革命纲领，吸收大批官僚、政客入党。谭对宋教仁此举持怀疑态度，因此对于国民党，“始终置身局外，不表赞成，在京在湘，且以狐群狗党目之”①。但他也认为辛亥武装起义成功，民国成立、反满种族革命的目的已经达到，秘密会党已失去存在的必要。因此，他提出的改进社团书中，企图把会党变成一种改良主义团体。在此期间，他曾先后任川粤汉铁路督办和长江巡阅使等职。

1913年3月，宋教仁为袁世凯指派的奸徒所杀害。接着袁又违法向英、法、德、日、俄五国银行团举办了大借款，积极准备发动对南方国民党的战争。6月，谭人凤受黄兴之命，到湖南策动反袁独立。国民党发动的“二次革命”失败后，袁派汤芗铭督湘，大肆迫害革命党人，谭逃往日本。

他到日本后，住在福冈县，改名林泉逸。1914年，孙中山和黄兴流

① 谭人凤：《石叟牌词叙录》，《近代史资料》1956年第3期。

亡东京期间，由于在革命和组党问题上意见分歧，曾一度不和，各行其是。孙中山筹建了中华革命党，黄兴拒绝参加，离日本去美国。一部分未参加中华革命党、同情和支持黄兴的人，在东京组织了欧事研究会，党人之间出现了不团结现象。谭人凤双方均未参加，和周震鳞等奔走于两方之间，竭力促进民党的团结，为孙中山所称许。黄兴到美国后不久，也写信给谭人凤等说："以维持固有的党势入手，既与中山无所冲突，且有事时与以助力，实为正大稳健之至。"①

1916年春，谭人凤回到上海，参与反对袁世凯的帝制复辟，曾到汉口和山东等地进行活动。1917年，孙中山在广州组织护法军政府，他曾往来于闽粤间，联络党人，后寓居上海养病。1920年4月24日，病逝于上海。

① 《近代史资料》1962年第1期。

谭曙卿

李锡贵

谭曙卿，字镇湘。湖南湘潭县人。1884年4月22日（清光绪十年三月二十七日）生。父亲谭舜生早故，家境贫寒，在家随兄长务农，嗣后到福建古田县衙当亲勇。

辛亥革命后，谭曙卿转入福建新军，在陆军第十四师警卫第十七营当排长，1912年3月加入国民党。"二次革命"失败后，袁世凯派李厚基带兵入闽，解散了第十四师。谭携带武器赴粤，投入驻在南雄、韶关一带的滇军。当1917年孙中山南下护法时，改隶粤军。是年底，孙中山组织援闽粤军，他在许崇智部任连长。

1921年6月，许崇智部奉命"援桂"，向广西贺县进发，先头部队遭到阳朔方面桂军陆荣廷部威胁。谭曙卿所在的团疾速驰援，里外夹攻，击溃驻阳朔敌军，扫除了前进的障碍，大军终于挥戈直下，夺取桂林。谭作战有功，升为第八旅第八团第一营营长。

1922年5月，孙中山到韶关督师北伐，谭曙卿部编属右翼先锋，在许崇智指挥下从翁源攻江西之虔南（今全南县）、龙南、定南，于6月13日与友军会师，直捣赣州。6月16日，陈炯明在广州叛变，炮击总统府，谭所在的北伐军奉令回师讨逆。7月，北伐军在韶关、翁源一带与叛军激战，因援军不济而失利，转趋闽省。10月，许崇智率领北伐军与皖系混成旅旅长王永泉合谋进攻福州，驱逐弃皖投直的闽督李厚基。10月6日，在进攻古田的战斗中，谭曙卿受伤，弹洞胸背，仍裹伤力战，骁勇当先，一鼓作气攻克险要的水口，北伐军乘胜攻下福州。10月19

日，孙中山电令入闽的北伐军改为东路讨贼军，谭晋升为第八旅第十五团团长。

1923年春，谭曙卿随东路讨贼军回粤讨伐陈炯明，取泉州，过漳州。讨贼军抵达潮、汕以后，陈炯明属下的洪兆麟、林虎等佯为归附，不久在揭阳、兴宁、老隆、河源间发动突然袭击，讨贼军二万余众剩下不足万人，损失惨重；谭所在的张民达旅有所戒备，损失较轻。当时，谭曙卿团担任殿后任务，屡战皆捷，并从敌人手里夺回揭阳入丰顺的要地言岭关。7月，谭曙卿代理第八旅旅长。

是年8月，陈炯明为解惠州之围，兵分三路进犯，增城、博罗同时告急。谭曙卿率部迎击来犯之敌，大获全胜，并占领淡水；嗣后协同友军克平山，夺派尾，击退来犯之叛军。1924年春，孙中山将粤军各部统一整编为建国粤军，以许崇智为总司令，蒋介石为参谋长，谭曙卿改任第七旅第十三团团长。许崇智因嗜酒色、吸大烟，回师又受挫，曾一度受到孙中山的责备而去沪。蒋介石在粤军改制和许崇智离穗期间，逐步掌握粤军军权，谭曙卿夤缘攀附蒋介石甚力。

1925年初，第一次东征战启，谭曙卿部序列前锋、下石龙、略淡水，夺取海陆丰，并在鲤湖、棉湖、河婆等处经历大小数十战，次第平定潮、汕。谭曙卿因战功晋升为建国粤军第四师第七旅旅长。7月1日，国民政府在广州成立，8月，军队统一编组为国民革命军。蒋介石于9月逼走许崇智改编粤军时，得到谭曙卿内应，将谭部编为国民革命军第一军第三师，任命谭为师长，兼第七团团长，归蒋介石直接指挥。

是年10月，蒋介石率师进行第二次东征，直指惠州城，与叛军杨坤如、莫雄等部血战不下。惠州三面环水，依山为堞，号为天险。蒋介石指挥炮轰惠州城，谭曙卿率部炮轰城西南角奏捷，在硝烟弥漫中振臂疾呼踏坎登城，获摧坚之功。旋在华阳附近之塘湖与叛军主力林虎部遭遇，苦战受挫，退守羊湖角；后在何应钦指挥的第一师和李济深指挥的第十一师援助下协同作战，脱离困境，在塘湖歼敌约五千。嗣后奉命率部追击窜入闽境的叛军残部。

1926年7月，国民革命军北伐湘鄂。10月初，第一军由军长何应钦指挥，东进福建。谭曙卿奉命部署第九团在松口右岸布防，率余部随何应钦在大埔集结。闽军李凤翔部曹万顺、杜起云两旅在防地起义，谭率部进攻永定城。因有冯轶裴的第十四师进攻芦下坝、断峰市回援之敌，谭部次日进占永定城，当即回师松口，击破闽军。闽军兵败如山倒，民军纷起响应北伐军。何应钦率谭曙卿等部长驱直入，12月上旬进占福州。

北伐军占领福州后，何应钦改编福建民军和部分闽军，组成新编第一军，任命谭曙卿为军长，留在福建专事点编、训练新编部队。新编第一军编有：第一师吴威部，第二师郭凤鸣部，独立一旅高义部，独立一团叶定国部，独立二团陈国辉部，独立三团杨汉烈部，共计十八个团；此外，收编为独立第一师的卢兴邦部也归谭曙卿指挥。原定整训两个月后即出发北伐，但这些民军头领原来多是占山为王或划地为界的军阀、土匪，他们不愿离开老巢出战。谭得到蒋介石的允准，也就在福州驻扎了下来。

1927年3月，谭曙卿因母病故，拟告假回原籍湘潭治丧，蒋介石和何应钦电示："现在闽省军事善后亟待进行，全赖荩筹硕划，移孝作忠即在闽持服，毋庸请假离职。"谭得到蒋、何的信赖，竭力扩大自己的权势。他组织"新编军同志联欢社"，党同伐异，先是压服驻在城台一带的独立第四师师长兼卫戍司令张贞部，后来又与海军陆战队和省防军教导团相抗衡。4月12日，蒋介石在上海发动"清党"反共，谭曙卿次日即在福州开始捕杀共产党人及进步人士。4月18日，南京国民政府成立，谭立即通电"拥蒋护党"。他在福州组织"处理共产分子委员会"，先后捕杀中共福州特委负责人徐琛、余招贞夫妇，宣传部长方尔灏，福州学生会联合会理事长翁良毓，以及其他共产党人林梧凤、郑尚衡、朱明庄等。

是年7月，蒋介石把福建政权交给海军部长杨树庄，正式成立福建省政府和国民党党部，谭曙卿欲主闽政的野心未能如愿。但他不甘罢休，除在军事上依靠参谋长赵启录外，千方百计在省城军政、党务、报馆、民众团体安插私党，形成了以张志韩、胡遁、胡启儒、李大超、程玄斟、蓝瑛、谢瘦秋、罗谷荪、尤永增、吴求哲等十人为核心的谭系帮派。而在闽南、闽北则被收编的郭凤鸣、卢兴邦等横行无忌，称王称霸，致使省政府的政令几乎出不了省城之外，杨树庄愤而离闽赴沪。南京国民政府任命省府委员兼军事厅长方声涛代理省主席。谭仍未得逞，更加肆意刁难，从而和杨、方等闽系海军派以及与黄展云、林寿昌等地方势力的矛盾日益尖锐。

“八一”南昌起义后，周恩来、朱德率领叶挺、贺龙两部南下，何应钦及南京军事委员会迭电命令谭曙卿率新编军前往闽粤边境堵截。方声涛等人为要乘机驱谭出闽并削弱新编军，也催促他早日拔队出动。谭当即派员到省财政厅坐索大笔开拔费和给养物资，但只派驻在福州的第二独立团陈国辉部和第一独立旅陈国华部开往龙岩。

9月，蒋光鼐、蔡廷锴在赣东铅山重建第十一军，奉命拔队东进。谭曙卿闻讯后，企图阻止第十一军过福州未成。10月10日，第十一军开抵洪山桥一带，福州各界人士前往迎迓，高呼打倒谭曙卿的口号，并派出代表向蒋光鼐等请愿，诉说谭祸闽的罪行，要求第十一军将谭驱逐出闽。谭的亲信谢瘦秋开枪捣乱欢迎第十一军的会场，当场被缚送公安局关押。谭闻讯自知处境岌岌可危，一方面做转移驻地的打算，饬令闽侯县调集挑夫一千二百名供其急用；另一方面派出代表于10月12日去第十一军慰劳。蒋光鼐、蔡廷锴极力稳住谭曙卿，将部队驻扎在城外，蔡还特地单骑入城，向谭道谢，再三表明第十一军只是过境并非久驻，打消谭的疑虑。当天晚上，谭曙卿宴请第十一军领导人，蒋、蔡等只带了两营卫队进城，徒手赴宴。次日，蒋、蔡设午宴回请谭曙卿等人，暗中命令第十一军以出操、野营为名，分头向新编军各部驻地接近。到了12时午炮一响，全市特别戒严，第十一军分割包围了新编军军部及驻大王府、东湖、南门、旧米仓各部，经过两个小时的战斗，就把新编军全部缴械，而谭本人则在宴会上被拘捕。事后，谭离闽去日本，往见正在日本访问的蒋介石，然后到上海，向何应钦报告这次事变的经过。

1928年1月，蒋介石回到南京复职后，谭曙卿继续追随蒋介石参加北伐，任陆海空军总司令部胶东军点验中将主任。不久，胶东军兵乱萌发，谭前往处置，将胶东军改编为独立第四旅，自任中将旅长，并兼陇海铁路警备司令。9月，改任陆海空军总司令部高等顾问。1932年11月，到汉口任豫鄂皖三省“剿匪”总司令部中将参议。

1933年11月闽变事起，谭曙卿奉命以军事特派员名义随卫立煌部“参赞军幕”。谭曙卿企图东山再起，把古田的陈鸣九，闽清的黄炳武、黄懿兰，永泰的林成珊、吴大昂、张致华，闽南的陈国辉等部再次予以改编。但时过境迁，能听他调遣的不过千把人。1935年3月至次年2月，谭曾任蒋介石南昌和汉口行营中将参议。后即隐居田园。

1937年卢沟桥事变后，日本侵略军大举侵犯我国。在全民抗战的激励下，谭曙卿于1938年春赴武汉，奉令襄理西北军务。4月15日，谭由西安驱车赴甘肃，途中突患肺炎，21日逝于甘肃平凉。

主要参考资料

《福建三十年来省政暨民军嬗变纪略》，1942年铅印本。

王敬：《谭曙卿》及附录，萧继宗主编《革命人物志》第15集，台北“中央文物供应社”1976年版。

杨兆英：《蒋介石随粤军入闽及篡夺军权经过》，中国人民政治协商会议福建省委员会文史资料编辑室编《福建文史资料》第2辑，福建人民出版社1963年版。

《晨报》1927年10月14日、27日。

陈齐煊：《十一军驱逐谭曙卿侧记》（1980年5月18日笔者访谈录）。

钱履周：《记谭曙卿》（1980年3月18日笔者访谈录）。

谭 鑫 培

白吉庵

谭鑫培，原名金福，字鑫培，以字行。湖北江夏县（今武昌）人。生于1847年4月23日（清道光二十七年三月初九）。其父谭志道，演唱汉剧老旦兼老生，因嗓音尖，类似北方“叫天鸟”之音，故得“叫天”之艺名。谭鑫培从小跟父学艺，人称“小叫天”，十一岁进金奎科班学昆乱老生。七年满科后，在京一时不易搭班，遂走天津。在津也不如意，大约二十岁时，又返回北京，入永胜奎班当配角。后来因“倒仓”（即声带发生生理变化，嗓音变哑），便由老生改演武生兼武丑。

谭鑫培自“倒仓”后，收入逐渐减少，处境日见艰难，产生了离开北京的念头。这时恰巧有外地科班来京延聘教师，谭氏父子便应聘到京东三河县一个科班去教戏，“大叫天”教老旦及老生；“小叫天”教武生及武老生。后来，谭父因年迈辞去教职返回北京。谭鑫培只身在三河县一边教戏，一边在农村巡回演出一年多，直至戏班散伙。之后他又被介绍到丰润县一姓史的财主家，为财主看家护院，在此结交了一些会武术的人。他每天早起练功，并向他们学习拳棒，得益不少。后来他演唱《卖马》中秦琼所耍的双锏，之所以那样精到绝伦，就是那时学到的功夫。在丰润史家住了将近两年，嗓音有所恢复，他考虑寄人篱下终非长久之计，遂离开史家，南下上海，重返舞台生涯。

谭鑫培在上海依然碌碌无奇，不久又回到北京。通过他父亲的关系加入“三庆班”，拜程长庚为师，继续深造老生，获得长足的进步。1872年二十五岁时，他在“三庆班”名列生行第三，但因有程长庚、杨月楼在，他仍以演武生为常。后来程认为他嘴大，扮武小生不好看，不如演武老生，可以用髯口把嘴盖住，谭便改演长靠戏，如《定军山》里的黄忠等。

谭在外数年，颠沛流离，甘苦备尝，入“三庆班”后，学艺更加勤奋。当时，他除向程长庚学习外，又拜余三胜为师，学《卖马》、《桑园寄子》和《捉放曹》等戏。余也是湖北人，因有乡谊之情，戏路也较接近，故谭得到一些真传，后来《卖马》便成为他的看家戏了。谭除向老一辈虚心求教外，又博采众芳，酌取昆曲、汉剧、京韵大鼓，乃至青衣、花脸、老旦的精华，结合本身条件，创造出一种平稳、自然、婉转、细腻的新颖唱腔，对各种人物感情，都能很好地给以表现。这种谭腔，初期在观众里并不怎么受欢迎，有的甚至反对，说他唱的纤巧，没出息。后来人们听多了，又觉得韵味隽永，非寻常可比。同行也热衷学习他的唱腔，于是有所谓“无腔不学谭”之誉。其后以学谭派起家的有王又宸、余叔岩、言菊朋、马连良、周信芳等人，惟其孙谭富英乃正宗的谭派。

谭鑫培不仅唱得好，做工也是独树一帜。他的特点是不墨守一招一式的陈规旧套，能够从剧中人物的性格出发，去塑造艺术形象，因此他的演技生动活泼，引人入胜。有一次，程长庚看过他的演出后，高兴地对他说：唱的有味，做的边式，继续用功吧，今后老生一席，非你莫属了。谭惊喜地问道：有师兄孙菊仙在，弟子何敢？程道：不然。菊仙之声，虽然宏壮，但其味苦，难适众人之口。你的嗓音润，声甘而且柔，使人听了如饮醇酒，子其勉之①。自此以后，谭锐意求进，数年之后，舞台声誉渐隆。

1880年，程长庚去世，杨月楼继程主持“三庆班”，谭鑫培名列第二。然而，这时正值慈安太后(咸丰帝妻)“国服”之期，“三庆班”没有演出。1882年开戏禁后，谭不动声色地离开了“三庆班”，改搭“四喜班”，与孙菊仙轮流演唱大轴。他俩都是程门弟子，又是盟兄弟，所以表面上

---

① 刘过鹤：《谭鑫培专记》，《剧学月刊》第1卷第12期(1932年)。

还过得去，但暗地里互不相让。他们一打对台，观众便得大饱眼福，看一些好戏。他们二人技艺的长短，正如程长庚在世时所评价的那样，孙菊仙每每赛不过谭鑫培。再说，孙是票友下海，能文不能武，而唱腔又多尊古调，不能随着京剧的发展而前进，在客观上就棋输一着。这点谭心里有数，所以他不在“三庆班”内与杨争一日之短长，却愿意到“四喜班”来与孙打对台，这就是他悄悄离开“三庆班”的奥秘。

谭鑫培为求得事业上的发展，又离开了“四喜班”。从1887年起，自己挑梁组班，另辟蹊径。先后曾与余紫云、张胜奎同组“胜春班”，与迟韵卿组“同春班”。这是他与孙菊仙、汪桂芬争霸梨园的时期，人称他们为“后三鼎甲”①。

1890年，谭鑫培首次奉诏入清宫演出，之后差不多每年都要到宫里演出几次。慈禧太后对他的技艺十分欣赏，曾赏赐四品服。

1900年，八国联军攻占北京后，梨园众芳逐渐星散，孙菊仙南下上海，汪桂芬“皈依佛门”，京城里老生一席，乃由谭鑫培一人独占鳌头。这期间他组“同庆班”，与王瑶卿合作，琴师是梅雨田。他们的演出十分精彩，时人称为“梨园三绝”。这是他最后一次组班，时达六七年之久。由于谭鑫培对自己要求严格，刻苦钻研，因此他在京剧表演艺术方面获得了更高的造诣。由他开创的谭派戏，雅俗共赏，风靡一时，被人们誉之为“神品”。他具有较高的艺术修养和精湛的表演技巧，创造了许多栩栩如生的艺术形象，活跃在京剧舞台上：如《卖马》里的秦琼，《定军山》里的黄忠，《空城计》里的诸葛亮，等等。这些戏脍炙人口，成为谭派的传统节目，至今仍为京剧观众所喜爱。

谭鑫培的成就是多方面的，他不仅创造了一个流派，更为重要的是，他继程长庚等人之学，促使徽剧与汉剧结合；又与王瑶卿等人一起通力合作，发展了京剧艺术。他改革过的戏是很多的，《失空斩》、《珠帘寨》、《打渔杀家》等戏，可作为他的代表作。其中如《空城计》城楼上的

---

① 后三鼎甲，即后三杰之意。前三鼎甲为程长庚、余三胜、张二奎。

"慢三眼"、"二六"两段唱腔，经他改革后，一波三折，十分动听，这些唱腔至今仍为京剧观众所欢迎。据当时的戏剧音乐家陈彦衡说："谭的唱腔，只有《南阳关》里在城楼上一大段西皮'叹双亲不由人珠泪双抛'的'抛'字的行腔是程长庚的，其余的差不多都是他自己发明的。"①由此可见，他的革新精神和艺术才能非比寻常，因此有"伶界大王"的美名。

1905年秋，谭鑫培受北京琉璃厂丰泰照相馆老板任景丰之聘，拍摄《定军山》的戏曲片段。这是京剧艺术搬上银幕的最初尝试。

1912年民国建立后，北京戏剧界的组织"精忠庙"改为"正乐育化会"，谭鑫培担任该会首任会长。这期间，他因年事已高，精力有限，不再自己组班，只是在外临时搭班散唱而已。他人虽老了，但演唱艺术仍有很大的魅力。据他晚年的琴师徐兰沅说：老谭的嗓子，到晚年调门反而增高了，唱得十分动听，做派已入化境，演谁像谁。这时，谭的艺术造诣已臻炉火纯青之境。

谭鑫培艺高如此，对京剧的创新卓有贡献，但他晚年的处境却坎坷不幸。1912年秋，他以六十六岁的高龄，受上海新新舞台之聘，偕同金秀山、孙怡云、文亮臣、德珺如等赴沪演出。这是他第五次受聘到上海②，当时海报上热烈宣传。后来年终演封箱戏时，他反串《盗魂铃》里的猪八戒，那晚他爬上三张高的桌子，拿了个"顶"，做了几个虚拟动作，好像要从上面翻下来似的。接着是向台下摇摇手，表示不行，于是便轻轻地爬了下来。这是以演丑行的身段来演猪八戒，按理是可以的，但台下有位名叫李午初的观众不谅情，以为他不从上面翻下来是偷懒，不卖力，于是喝"倒彩"，全场为之哗然。前台"老板"黄楚九也蛮不讲理，依

① 张謬子：《京剧发展略史》，上海大公报1951年版，第24页。

② 谭曾先后六次到上海演出：1879年为第一次，偕孙彩珠等同行；1884年为第二次，与大奎友等前往；1901年是第三次；1910年是第四次；1912年是第五次；1915年第六次到上海，只演了十天即返。

仗人多势众，把这位观众狠揍了一通，为此引起诉讼。经过半个多月的交涉，由黄楚九与谭鑫培出面，请客赔礼道歉，并答应以后取消“伶界大王”的称号，才算完事。这一意外的打击，使谭非常痛心，春节过后不久就返回北京了。

到京后，谭鑫培也没有碰到好的际遇。1914 年，袁世凯总统府举行堂会戏，传谭鑫培去演出。后来因为赏钱给得少，谭的二儿子说：“总统府怎么和皇宫一样，也要传差？可是钱又给得那么少……”①这话传到袁府总管王文卿那里，王就唆使警方不准谭鑫培登台演出。后来，谭四处求人说情。经过一番周折，才找到了曾拜王文卿为“义父”的余叔岩，答应去讲这个人情，余的条件只是要拜谭为师。不久禁令取消。谭对军阀的霸道颇为愤慨，但却意外地收了一个徒弟。

1917 年春，桂系军阀陆荣廷到北京，黎元洪为了进行笼络，特举办堂会，请谭去唱戏。时谭正有病，不能赴约。黎府三番两次派人来催逼，并威胁说：“要是不去唱这个堂会，明儿就把你抓去关起来。”谭无可奈何地随他们去了。那晚唱的是《洪羊洞》，他以气愤难抑的心情来演这出悲剧，唱到曲中伤心处，凄凉婉转，如泣如诉，催人泪下，时人称之为绝唱。可怜这位老病不堪的艺术大师，在唱过《洪羊洞》后回到家里，不到一个月的光景，就于 5 月 10 日怀着悲愤的心绪与世长辞了。

① 梅兰芳：《我和余叔岩合作》，《戏剧论丛》1981 年第 1 期。

谭 延 闿

李静之

谭延闿，字组庵、祖安，号无畏。湖南茶陵人。生于1880年1月25日（清光绪五年十二月十四日）。其父谭钟麟曾任陕西巡抚，陕甘、闽浙和两广总督等职。谭延闿1892年入府学，1897年为优贡，1902年中举人，1904年中进士，授翰林院编修，同年回到湖南。当时，清政府正举办“新政”，一些较开明的湖南官绅纷纷倡议兴办学堂，谭也积极投入这些活动，广泛地交结了湖南上层官绅和商界人物，获得了相当的社会地位。

1906年9月，清政府颁布预备立宪诏书，并从1907年起，在京筹设资政院，在各省省会筹设谘议局，作为立宪的“准备”。这时谭延闿和一些立宪派成员组织“湖南宪政公会”，积极进行立宪活动。1908年12月，湖南巡抚岑春蓂委他为筹办省谘议局的会办之一。次年10月，省谘议局正式成立，谭任议长，成了湖南立宪派的首脑人物。

湖南谘议局成立不久，便屡与督抚发生龃龉。1910年4月，谭延闿不满湖广总督瑞澂对长沙抢米案的处理，以谘议局议长名义，请旨复查，受到清廷严厉申斥。加上谘议局屡受督抚轻侮，他逐渐对清廷产生不满情绪。

1910年冬天，谭到北京参加全国立宪派联合举行的第三次请愿活动，要求1911年召开国会未果，遂与川、鄂等省代表谋划组织第四次请愿。不料清廷竟将天津请愿代表温世霖逮捕发戍新疆。其他人见势不妙，纷纷离京，谭也回到湖南。

1911年5月，清政府成立了以庆亲王奕劻为首的“皇族内阁”，立宪派大为失望。恰在这时，各省谘议局联合会在北京举行第二次会议，谭延闿入京参加，并任会议主席。会议决定成立“宪友会”，以尊重君主立宪政体、促成责任内阁为政纲，谭延闿被推定为湖南支部的发起人。他们以谘议局联合会名义先后两次上书清廷，指出由近支王公充当内阁总理大臣，不符立宪国例，要求重新组织责任内阁，结果受到清廷严词申斥。谘议局联合会关于借债、禁烟等问题所上各书，也都未获结果。这时湖南、四川为反对铁路国有政策而兴起的群众护路运动已渐开展，全国临近革命高潮。谭延闿等预感时局将有急剧变化，遂纷纷离开北京，各回本省。

1911 年 10 月，武昌起义爆发后，湖南革命派在共进会首领焦达峰领导下积极准备起义。谭延闿也顺风转舵附和革命，但却从立宪派的立场出发，提出所谓“文明革命”的主张，说“文明革命与草窃异，当与巨家世族、军界官长同心努力而后可”①。与此同时，立宪派开始策划抢夺政权的活动，预定“举事后大会于谘议局，推谭延闿为都督”②。当新军发动起义，攻进长沙城时，立宪派就曾擅用“都督谭”名义发布告示。10 月 22 日，长沙起义胜利，革命党人焦达峰、陈作新被推举为正、副都督。立宪派夺取政权的目的未遂，于是便一面造作谣言，对焦达峰、陈作新等进行中伤，挑拨绅商、新军与都督府的关系；一面借口“提倡民治”，迫使焦、陈同意成立一个“湖南参议院”，推举谭延闿为院长，议员几乎全部都是原谘议局议员。参议院成了凌驾都督之上的最高权力机关。接着，他们又借口“军民分治”，设立军政、民政两部，由谭延闿担任民政部长，总揽一切民政事务。民政部下设六司，其负责人也都由立宪派担任。这样，正、副都督便被架空，以谭延闿为首的立宪派事实上控制了湖南政权。

10 月 26 日，同盟会领导人之一谭人凤来到湖南，他鉴于都督大权

① 子虚子：《湘事记》军事篇，北京正蒙印书局 1914 年版，第 7 页。

② 子虚子：《湘事记》军事篇，第 9 页。

旁落，主张取消由立宪派把持的参议院和军政部，集权力于都督府。立宪派得知这个消息，深夜秘密开会，制定了由新军第五十标二营管带梅馨杀害焦、陈的阴谋计划。30日，焦达峰召集各界代表在谘议局开会，通过了谭人凤等的建议，谭延闿被迫表示辞去参议院院长等职。第二天立宪派便发动武装政变，杀害了焦达峰、陈作新二都督。焦、陈牺牲后，谘议局推举谭延闿继任都督。紧接着，立宪派又夺取了湖南各级政权，镇压了各地人民起义。这样，谭延闿等立宪派向清廷跪求多年而不可得的政治权力，现在用阴谋和暴力手段从革命者那里夺到自己手中。1912年3月，袁世凯就任临时大总统，谭首先通电表示拥护。7月，袁世凯正式任命谭延闿为湖南都督。

1912年8月，同盟会改组为国民党，吸收了大批新旧官僚政客。湖南支部在9月改组成立时，也把谭延闿拉了进来，并且推他当支部长。这时，谭对革命党人施展了一套逢迎笼络的惯用手腕。黄兴于这一年10月回到长沙，谭组织盛大欢迎，称颂黄为"开国元勋"，还把小西门改为黄兴门，坡子街改为黄兴街。但是，他与立宪派仍保持密切关系，在他控制的权力机构中仍然以原来的立宪派为骨干，同时又拉进许多官僚、政客、在野军官以为己用。他既注意联络国民党，也同袁世凯拉关系，对湖北的黎元洪、广西的陆荣廷以及其他方面，都极尽拉拢之能事，有"八面玲珑"之称。

1913年7月，孙中山发动了讨袁的"二次革命"，江西、江苏、安徽等省纷纷宣告独立，组织讨袁军。湖南的下层国民党势力较强，成立了反袁的"湖南公民联合会"，要求湖南当局脱离袁世凯宣布独立，并声称，如果谭延闿敢于违背众意，将给予"相当之对待"。谭延闿面临着何去何从的抉择，即派人秘密到武昌对黎元洪表示："如湘称独立，即服毒自尽。"黎元洪劝以"徒死无益，不如暂为一时权宜之计，阳为附和，徐图敉平"①。谭按照黎元洪所授机宜，便在7月25日宣布"独立"。宣布

① 易国幹等辑：《黎大总统政书》卷二十六，上海晋益书局1916年版，第3页。

“独立”前，他故意纵容袁世凯收买的奸徒向瑞琮等放火焚烧了军装局所存的军械子弹，以使革命党人在独立后赤手空拳，无所作为；宣布“独立”后，谭却按兵不动，不去援助讨袁军。不久，江西、南京方面讨袁军先后失败，谭延闿便在8月13日通电取消“独立”，并且杀害了坚决反对取消独立的革命党人刘崧衡等。他曾通电说：“湖南宣布独立，水到渠成，延闿不任其咎；湖南取消独立，瓜熟蒂落，延闿不居其功。”①

湖南取消“独立”不久，黎元洪即致电袁世凯为谭延闿开脱说：“湘省虽称独立，始终未尝暴动，今复自行取消，足见谭督暗地维持，始终一致。”②袁世凯虽表面声称“谭延闿素明大义，谅非本心”③，但终视谭为异己。为了平定西南敌对势力，“武力统一”全国，他必欲将湖南纳入其直接控制之下，便在10月任命海军次长汤芗铭为湖南都督，把谭赶下了台。此后谭先后寓居青岛、上海。

1915年12月，护国战争从云南揭幕后，湖南人民掀起了激烈的反袁驱汤斗争。1916年5月29日，汤芗铭被迫宣布湖南独立，声明和袁政府脱离关系。但是由于他罪恶昭著，湖南人民仍坚持驱汤。汤通过其兄汤化龙，请在上海客居的谭延闿出面调停。谭用“湘事还之湘人”的办法，推荐湘军旧部国民党军人曾继梧、赵恒惕、陈复初、陈嘉祐四人回到长沙，为汤“赞襄大计”。在此之前，程潜奉孙中山命已由日本东京回到湖南，任护国军湖南总司令，参加讨袁驱汤。7月，程潜率军大败汤部于道林，进迫长沙。汤芗铭仓皇逃走。赵恒惕、陈复初等乘机拥谭延闿回湘。当时袁世凯已死，黎元洪继任总统，实权掌握在国务总理段祺瑞手中。由于湖南军民及西南军阀坚决反对北洋军阀统治湖南，北京政府不得不在8月任命谭延闿为湖南省长兼署督军。程潜愤而离长

---

① 湖南省志编纂委员会编：《湖南省志》第一卷，湖南人民出版社1959年版，第343页。

② 易国幹等辑：《黎大总统政书》卷二十六，第3页。

③ 子虚子：《湘事记》政党篇，第22页。

沙往上海。

谭延闿二次督湘，并不符合段祺瑞政府要由北洋军占领湖南以征服西南的意图。谭为了保住自己的地位，一方面利用黎、段矛盾，另方面又与广西军阀陆荣廷订立湘桂攻守同盟，使段不敢轻易下手。谭更利用湖南人民反对北洋军阀的心理，提倡“湘人治湘”，反对北军侵入。1917年7月，张勋复辟失败，黎元洪下台，直系冯国璋继任总统，段祺瑞仍以国务总理总揽大权。他依靠日本帝国主义援助，肆意推行以北洋派为中心的武力统一政策，又一次废弃了《临时约法》。8月6日，下令改派陆军部次长傅良佐（湖南人）为湖南督军，北军再次入湘。谭延闿鉴于形势不利，不愿做空头省长，遂于9月初辞去省长职务，离湘赴沪。行前，他任命一向反对北洋军阀、同他关系密切的刘建藩署理零陵镇守使，又调第一师第二旅林修梅部移防衡山，有计划地在湖南地区安置自己的力量，以做异日回湘的准备。

同年8月，孙中山在广州成立护法军政府，与北洋政府对峙。9月18日，刘建藩、林修梅分别在零陵、衡州宣布湖南独立，打响了武力反段的第一炮。程潜也回到湖南，被推举为湘军总司令，湘军第一师师长赵恒惕任前敌总指挥。傅良佐派兵讨伐，湘南战争发生。10月初，陆荣廷出兵援湘，组织湘桂联军北伐，傅良佐兵败，弃职逃回北京。联军总司令谭浩明兼理湖南军民两政。1918年3月，北军大举反攻。8月27日，段祺瑞政府任命皖系军阀张敬尧为湖南督军。北军犯湘主力、第三师师长、直系军阀吴佩孚占领衡阳后，因为没有得到督军职务而不愿再战，按兵不动，湘军得以退守零陵、郴州。6月，双方签订停战协定。谭延闿在桂系军阀的支持下，由上海到零陵重任湖南督军。他利用直皖矛盾，与桂系军阀一起商定联直倒段、联吴驱张的策略。但是这时，程潜还驻在郴州，不承认谭是督军。谭又利用桂系军阀和国民党的矛盾，伙同吴佩孚、陆荣廷制造了一个诬程潜通敌的事件，逼程离开了湘南。7月，谭由零陵移驻郴州，集湖南督军、湘军总司令、湖南省长等职务于一身。赵恒惕任湘军总指挥。

1919年冬，湖南人民开展了大规模的驱张运动。1920年5月，北洋军阀直皖两系酝酿战争，吴佩孚从衡阳撤防北归。按照事先的协议，吴军一面撤防，湘军便一面接防。张敬尧于6月11日仓皇逃走，谭延闿随即顺利进入长沙。从此，湖南境内北洋各系军阀均被赶走，湖南完全落入本省军阀谭延闿、赵恒惕的统治之下。

以谭延闿为首的湖南军阀官僚政客，还利用湖南人民深受南北军阀混战之害而激起的强烈自治要求，打着“湘事湘人自决”、“还政于民”的幌子，在1920年7月22日向全国发出“养电”，宣布“湖南自治”，主张各省制定省宪，民选省长，采取联邦制统一全国。接着便开始了官办的“自治”和“制宪”活动，实际上是为了维持地方军阀的割据。

驱张以后，湖南军事实力操纵在湘军总指挥赵恒惕手里，但程潜在湖南仍拥有相当势力。1920年11月，由于权力分配的矛盾，发生了平江兵变，这次兵变成为倒谭运动的序幕。谭为谋求与各派妥协，声言废除督军，民选省长，请赵恒惕任湘军总司令。赵想利用反谭势力逼谭下台，坚不就职。11月22日，程派军官李仲麟等又通电逼谭去职，赵恒惕也不表示挽留，谭延闿只好辞职，于11月27日第三次离湘赴沪。赵恒惕继任湘军总司令，不久又任临时省长。

谭延闿在上海走投无路，通过湘籍国民党国会议员周震鳞的介绍，于1922年投奔孙中山，重新加入中国国民党。1923年2月，孙中山重回广州，谭延闿跟随前往，先后担任大元帅大本营内政部长和建设部长，逐步取得了孙中山的信任。这时，他仍不忘伺机夺回湖南地盘。6月，湘西镇守使蔡巨猷起来反赵恒惕，指责赵“甘心附北，背叛西南”。7月，谭延闿被孙中山任命为湖南省长兼湘军总司令，组织“北伐讨贼湘军”，入湘讨赵，赵亦组织“护宪军”迎战。谭赵战争爆发。赵得到吴佩孚的支持，击败谭军。恰在这时，陈炯明反攻广州，孙中山急电谭回师救粤，谭便率领所部湘军共五个军于11月底由湖南入粤，谭赵之战因以结束。

陈炯明部反攻失败、广州解围后，孙中山任谭为湘军总司令兼大本营秘书长，湘军遂驻广东为客军。谭有了这支一万多人的队伍作为资本，更能见重于孙中山。1924年9月，孙中山决定乘江浙战争之机派兵入赣北伐。10月，任命谭为建国军北伐总司令。11月，孙中山北上，又令谭全权办理所有大本营关于北伐事宜。谭率部进入江西，被方本仁军战败，退驻北江。1925年5、6月间，谭曾参加讨伐驻广州地区的滇桂军阀杨希闵、刘震寰叛乱。

从1924年1月国民党改组后，谭的政治地位逐渐提高。国民党第一、二、三次全国代表大会，谭都当选为中央执行委员。1925年7月，国民政府在广州成立，谭任国民政府常委兼军事委员会委员，所部湘军改编为国民革命军第二军，他兼任军长。1926年3月，汪精卫出国，谭延闿代理国民政府主席。4月，被选为中央政治委员会主席。7月，又代理政治会议主席。1927年3月10日，在武汉召集的国民党二届三中全会上，谭当选为中央常委、中央政治委员会主席团成员、中央军事委员会主席团成员、国民政府常委。

1927年"四一二"政变后，蒋介石在南京另立"国民政府"，宁汉分裂。谭延闿这时代理武汉国民政府主席。他一面把自己打扮成"左派"、甚至改号为"左庵"，一面偷偷摸摸派人和蒋介石勾结，使宁汉双方对他竞相拉拢。当时，工农运动蓬勃发展，湖南的地主豪绅在农运高潮中受到清算斗争，许多人跑到武汉谭延闿那里造谣诽谤，攻击农民运动过火，谭的住家成了地主豪绅谋划反攻倒算的大本营。谭延闿代表官僚地主豪绅阶级，也大肆指责农民运动。

1927年7月，武汉汪精卫集团叛变革命，宁汉开始合流。8月，蒋介石被桂系军阀排挤，暂时下野。9月，谭作为武汉方面的代表之一，往南京与李宗仁等协商宁汉合作问题。9月15日，宁汉沪三方代表在上海成立国民党中央特别委员会，作为合作后过渡性的党的最高执行机关，谭被推为成立大会主席，并被任命为改组后的"国民政府"常委。1928年初，蒋介石重新上台，自任国民革命军总司令兼军事委员会主席，谭延闿一度任"国民政府"主席，甘做蒋的傀儡。同年，蒋介石形式上统一全国，10 月，改组国民党政府，成立五院，蒋自任国民党政府主席，谭便退居行政院长。在 1929 年至 1930 年历次新军阀混战中，蒋率师督战时，由于谭恭顺听话，便让他代理“国民政府”主席。谭一生以圆滑著称，晚期主持政务，继续施展八面玲珑的手腕，周旋在国民党各派系之间，胡汉民比之为“药中甘草”。

1930 年 9 月 22 日，谭延闿因脑溢血症病故于南京。

汤 恩 伯

沈荆唐

汤恩伯，原名克勤。浙江武义县人。1900年9月20日(清光绪二十六年八月二十七日)生。家庭世代务农，父亲汤德彩盼子成材，悉心培育其上学。汤恩伯在武义读完小学后，于1916年至金华考入浙江省立第七中学，后又转学到体育专科学校。毕业后，投入吕公望举办的援闽浙军讲武堂，后任班长、少尉排长。1921年，伴随同乡富商童维梓东渡日本留学，先习日语。1922年3月入明治大学法科。他得童资助，在东京本乡区追分町开了一家“追分楼饮食店”，以维持学费与生计。但经营不善，入不敷出，于1924年夏歇业返回上海。经同学徐逸樵之助，得浙军第一师师长陈仪慨允每月资助五十元，再去日本留学，入陆军士官学校第十八期炮科。他感恩陈仪之厚爱，跪拜称陈为“恩师”、“义父”，并改名为“恩伯”。他在日本与陈仪的义女日本蚕桑学校学生王竞白相交，感情日增。

1926年夏，汤恩伯从日本士官学校毕业，与妻马阿谦离婚，改与王竞白结婚。经陈仪举荐，汤在陆军第一师任学兵连连长，继任少校参谋。1928年至中央陆军军官学校，任军事教官、第六期上校大队长，后升任总队教育处少将副处长，曾编写步兵连队操典教材，受教育长张治中赞赏。1930年，军校编组教导师参加中原大战，汤任第一旅旅长。战后升任第四师副师长兼第十八旅旅长，对赣东北革命根据地进行“围剿”、“清剿”长达一年，杀害大量苏区干部和民众。汤以“剿匪有功”升任第二师师长。在1932年春第三次“围剿”鄂豫皖苏区时，汤部在大别山遭红军歼灭性打击，受撤职处分。未几，又被蒋介石任为第八十九师师长，“清剿”黄陂一带。他凶残杀害苏区民众，曾一次枪杀两千多人。在第五次“围剿”中，汤任第十纵队指挥官，率第八十九师和第四、十、八十八师，与红军主力在广昌以南的驿前、白水和石城的洛寨山地，进行了九次激烈的阵地战。红军主力出发长征，汤领兵抢占瑞金，并对红军围追堵截。1935 年，汤升任第十三军军长，率部北上追击红军；继任陕西“剿匪”善后办事处主任，进攻陕北地区的工农红军。1936 年 11 月，傅作义第五十九军在绥远抗御日本侵略军，汤恩伯奉命协同作战，参与收复百灵庙之役。

1937 年抗日战争爆发后，汤恩伯第十三军编入傅作义第七集团军，任前敌总指挥，在南口的东西大岭一带布防，依托山地凭险扼守，与日军搏杀半个月。9 月，调至皖北亳县集结，所部扩编为第二十军团，任军团长，辖第十三军、关麟徵第五十二军、王仲麟第八十五军。1938 年编入第五战区序列，汤将所部分布在邳县、郯城和兰陵镇一带，与孙连仲第一军团、庞炳勋第三军团、张自忠第五十九军等合力在徐州外围阻抗日军。在李宗仁督促下，汤指挥主力向南转进，在敌侧背发起攻击，与敌激战三天多，伤亡甚重。3 月 31 日，关麟徵部向峄县前进，王仲麟部推向枣庄、峄县。4 月 2 日，李宗仁下令向台儿庄之敌发起总攻，汤恩伯指挥所部在郯城以西的坶王山、禹王山一带与日军互相延翼包围，配合孙连仲部击溃台儿庄之敌，歼灭日军万余人。4 月 7 日，敌向峄县撤退，汤部追击，取“精兵夜袭”战术攻占九山，歼击敌军。

台儿庄大捷后，汤恩伯部至归德地区驻扎。6 月，汤任第三十一集团军总司令，布防郑州以南铁路沿线地区。武汉会战中，汤率部在大别山组织防御，阻挡敌军南下。战后，汤部进入河南，设总部于叶县，1941 年兼任鲁苏皖豫四省边区委员会主任。他曾与李品仙等部进攻长江以北的新四军，制造国共摩擦。1942 年 1 月 14 日升任第一战区副司令长官兼四省边区总司令，主要精力用于对付八路军和新四军。他在四省边区扩充实力，拥兵自重，除正规军外还收编游杂部队，总计达四十万人。汤及其所部在所在地区横行霸道，苛征暴敛，肆意杀人，祸害至深，民众苦不堪言，比之与蝗虫一样，当地有“水旱蝗汤”之说，连其好友戴笠都深感不安。

1944 年 4 月，日本侵略军以十二万兵力发动豫湘桂大战。汤恩伯虽拥有四十万兵力，但他部署不当，指挥失误，所部闻风丧胆，一触即溃，只五天即弃守郑州，接着许昌、洛阳、叶县、临汝亦相继失守，前后仅三十八天河南全省便沦入敌手。汤之主力部队在撤逃中还被地方武装包围缴械，汤本人化装成伙夫才得逃脱。汤之昏庸误国引起朝野极大愤怒，豫籍参政员纷纷弹劾，要求军法审判；河南党政代表团写请愿控诉书，历数汤之十大罪状；新就任第一战区司令长官的陈诚，严厉责备汤之失败是因为“四不和”，即将帅不和、军民不和、军政不和、官兵不和。后得蒋介石庇护，汤于 8 月被撤职了事。半年后，汤即被任命为第三方面军司令官，下辖十四个美械师，在黔南、湘西抗击日军。1945 年 5 月进入广西，与张发奎合力收复桂林。

抗战胜利后，汤恩伯被蒋介石派到上海受降，解除沪宁地区日军武装；嗣后被任命为京沪卫戍司令兼第一绥靖区司令。蒋介石发动全面内战后，汤任陆军副总司令兼南京卫戍司令官。他率五个整编师及十五个旅约十二万兵力大举进攻苏中解放区。1947 年 3 月任第一兵团司令官，指挥八个整编师向鲁中山区实行重点进攻。结果所部张灵甫整编第七十四师三万二千余人在孟良崮被歼，他又受到撤职处分。1948 年 7 月，他被任命为衢州绥靖公署主任，编组第二线部队。

1949 年 1 月，蒋介石在下野前，派汤恩伯专任京沪杭警备总司令，嘱其凭借长江天堑，确保中枢要地之安全。这时，主政浙江的陈仪，看清了时局大势和人心向背，为免富庶的江南毁于战火，策动早年受恩于己的汤恩伯起义立功。他于 1 月 28 日派外甥丁名楠携亲笔信去上海面见汤恩伯，向汤提出：(一)释放政治犯，(二)停止修筑工事，(三)保护一切属公财物,(四)改编所属部队,(五)开放长江渡口;并谓如能履行上述五项,即可取消战犯名义,获得相当职位。汤假意向丁表示不日赴杭与陈面商,却派人携原信赴奉化向蒋介石告密。陈仪随即于2月17日被免去浙江省主席职,23日在上海寓所被捕。汤此举更赢得蒋之信赖,但是他不能挽救国民党统治彻底失败的命运。4月21日凌晨,人民解放军一举突破汤恩伯苦心经营的防御线,强渡长江成功,第三天即解放南京。汤指挥沿江所部撤向上海、杭州,构筑坚固工事,陆海空联合行动,加固防御。结果人民解放军先于5月4日解放杭州,接着于5月12日向上海郊区发动强大攻势。汤恩伯无力抗御,于5月24日率五万残兵从吴淞登舰逃向福建,8月任东南军政长官公署副长官,接着又兼福州绥靖公署主任、厦门绥靖总司令。9月底,厦门战役开始,汤恩伯部在解放军猛烈攻击下溃不成军,残部撤往金门等东南沿海岛屿。10月24日,解放军某部三个团在金门西北角古宁头一带强行登陆,汤部仓皇应战,同时电请蒋介石准其撤离金门。蒋不准,并严令汤督兵死战。在空军狂轰滥炸的配合下,加以解放军后续梯队不济,汤得以守住阵地。后来汤到台湾后,蒋不满其主退之事,只给以“战略顾问”虚衔。

1954年5月,汤恩伯因病去日本东京治疗,6月29日不治身死。

主要参考资料

汤恩伯上将逝世十周年筹备委员会编:《汤恩伯先生纪念集》,1964年台湾版。

政协浙江省武义县委员会文史与学习委员会编:《武义文史资料》第6辑《汤恩伯史料专辑》,中国文联出版社2000年版。

徐时人:《关于汤恩伯在日本留学的情况》,中国人民政治协商会议全国委员会文史资料研究委员会编《文史资料选辑》第43辑,中华书局1964年版。

文强:《“中原王”汤恩伯》,中国人民政治协商会议全国委员会文史资料研究委员会编《文史资料选辑》第32辑,中华书局1962年版。

《陈仪生平及被害内幕》编辑组:《陈仪生平及被害内幕》,中国文史出版社1987年版。

汤 尔 和

娄献阁

汤尔和，原名鼐，字调鼎，又字尔和，晚年自号六松老人，称其住所为六松堂。浙江杭州人。1878 年 6 月 30 日(清光绪四年六月初一)生。其父本姓沙，名成亮，因过继给姑父为嗣，改姓汤。

汤尔和幼年父母双亡，靠祖母抚养长大。祖母有文化，从小教他读书识字。汤六岁那年，由于生活困难，随祖母到江苏淮安，寄居于姑父魏平甫家。1888 年，祖母病故，汤继续留在魏家学古文，又自读了些医书。

1896 年，汤尔和往清江浦(今淮阴)武劼斋家任塾师。教学之余常练拳棒，并与隐士杨玉农、皇甫硕等往来，结为文字之交。

1900 年，汤尔和回到杭州，就读于养正书院。他学习努力，又得名师陈介石的指点，进步很快。1902 年，受留学热潮的影响，筹得旅费去日本，考入东京成城学校，与钱稻孙等同学。他除学日语、普通科学常识及受军事训练外，尤关心时事政治。

1903 年，中俄关于归还东北问题交涉决裂的消息传到日本，汤尔和十分愤慨，他与钱稻孙等连夜赶印宣言，并邀集在东京的中国留学生开会。会上推汤尔和为临时议长，决定组织拒俄义勇队。后来他与钮永键被选派回国请愿，在天津向北洋大臣袁世凯递交了请愿书，结果清政府不但不接受，反而要逮捕他们，他们只好逃回日本。

1904 年，日俄战争爆发后，汤尔和离日回国，在杭州任浙江高等学堂音乐教员。1907 年，他再留学日本，入金泽医科专门学校学习。这时他已不再关心政治，全力钻研医学，以求得一技之长。他的生活很艰苦，但不愿意请官费，常以翻译小说和给报纸投稿等补贴食宿，有时还要借债。1910年6月，汤毕业回国。

汤回到杭州，受到浙江巡抚增韫的器重，不久即任“谘议局谘议”①。他颇为尽职，在会上总是侃侃而谈。时值浙人反对将沪杭甬铁路收归国有，他与马叙伦等积极支持路局股东保护路权。当局又让汤擘划浙江病院，他以韩士溯为院长，自任副院长兼内科医师，仅用四个月时间就将医院筹备就绪，于翌年春开诊。此外，他还兼任浙江高等学堂校医，工作十分繁忙。

1911年武昌起义后，汤尔和与浙江部分立宪派人士欲将浙江政权拿到手中，以“加强防卫”的名义，发起组织省城民团，汤主持起草民团总局开办大纲十数条，结果未成。革命党人于11月5日起义成功，杭州光复，很快成立军政府。此时，汤一方面拥护革命，另一方面又很同情已被推翻的浙抚增韫，暗中接济衣物，以报答“知遇之恩”。

同年12月，汤尔和作为浙江军政府的代表到武汉出席各省都督代表会议，参与制定《中华民国临时政府组织大纲》。旋该会议移南京，他被推选为临时议长。12月29日，与会之十七省代表选举孙中山任中华民国临时大总统，汤受会议派遣，同王宠惠等至沪恭迎孙中山一行。

1912年初，汤尔和重回浙江病院工作，被浙江都督蒋尊簋聘为民政司佥事。不久，被北京政府教育部任为中央教育会议员，8月，赴北京参加全国教育会议。他对专门学校暂行计划案把法政学校列为“最急”开办提出异议，反对滥倡法校，主张多办医校。会后教育总长范源濂请他在北京办一所模范医学校，他欣然同意。10月，汤着手筹办国立北京医学专门学校。他主张“要办就得专门西医，不可中西合璧”②，

① 幼松：《汤尔和先生》，金华印书局1942年10月版，第32页。

② 幼松：《汤尔和先生》，第51页。

以原北京医学馆为校址，汤任校长，本科四年，不设预科。从聘请教员到招收学生，他都亲自动手，很快于翌年1月开学。开学典礼上他致词说："医校目的，自主观言，在促进社会文化，减少人民痛苦；自客观言，西来宗教，都藉医学为前驱。……希望诸位负起促进文明，用学术来和列强竞争的责任。"①当时教职员仅有九人，他兼教授组织学。他的讲义，年年换材料，还亲自用水彩画成组织示教图约三四百张。该校曾聘日人石川喜直、中野铸太郎等来校任教。

汤尔和十分重视解剖学，多次呈请施行，说"医学基础以人体解剖为不二之根据"②，但受到一般人的反对；经过反复交涉与论辩，终于得内务部同意，于1913年和1914年先后公布了解剖条例和解剖细则，是为中国医校有解剖学之开端。

1915年2月，汤尔和主持医校附设的诊疗所（即后来北大医学院附属医院）开诊。4月，他被聘为协和医校干事会学术部主任。9月，为促进医学研究，他又发起成立中华民国医药学会，担任会长，此后每年开会一次，并出版会报，发表重要的研究成果。同时汤还代表教育部在上海召开医学名词审查会，集合国内专家共同解决医学名词的科学性和统一问题，他负责草拟解剖、组织、胎生部分的名词。

同年12月，鉴于袁世凯称帝在即，汤不愿意在皇帝辇毂之下当医专校长，赶在袁登极之前辞职南行，居上海替商务印书馆译书。1916年夏，袁世凯死后，汤回北京重掌医校。1917年张勋复辟时，汤再次南下，后仍回医校任职。

1919年"五四"爱国运动爆发，为反对北洋政府无理逮捕学生，北京各大专校长均辞职，汤尔和亦辞职；但他并不赞成学生游行罢课等举动，认为这些学生有的带着政治色彩，有的贪玩，白白耽误功课，非常可惜。他写了《现行学制根本改革的意见》二文，提出学校应当让人们自

① 幼松:《汤尔和先生》，金华印书局1942年10月版，第53页。

② 汤尔和:《呈请提出法案准于解剖》，幼松《汤尔和先生》，第61页。

由听讲,不考试,也不发文凭,不负责安置就业。

1920 年冬,北洋政府教育部派汤尔和赴欧考察。汤正想摆脱教育界的是非,便欣然出国。他先后参观了英、法、荷、比诸国医学研究机关,然后待在德国柏林大学,跟生物学和解剖学教授克鲁采从事研究工作。出国前汤就写有《蝎之毒腺》、《猪十二指肠之黄色细胞》等论文,颇有价值。这时他更利用显微镜认真观察实验,发现猪、羊、鸽、鸦心脏普顷氏(Pur-kinje)纤维之线粒体及猪、羊等动物的内网器,取得了成果。

1922 年初,汤尔和回到北京,仍任医校校长。旋辞校长职,从事译著。5 月,胡适联合蔡元培、王宠惠等十余人在《努力周报》上发表《我们的政治主张》一文,鼓吹改革政治,建立"好政府",汤亦列名其中。7 月,经人推荐,汤出任教育部次长。9 月,在直系军阀吴佩孚控制下王宠惠组阁,汤当上了教育总长。两个月后内阁改组,他亦离职,复去医校教书。

1924 年,汤尔和应吴佩孚之邀至洛阳晤谈,受到吴的赏识。汤也很佩服吴,但不愿入其幕,因为他标榜自己是无党派,力图同各方面保持等距离的关系。1926 年 10 月,汤尔和出任顾维钧内阁的内务总长,1927 年初改任财政总长,曾以实施二五附税等在财政上替张作霖效劳,6 月,即随顾维钧内阁的垮台而辞职。

此后,汤尔和仍继续译书,除译日人著的医药书外,还有满铁特务机关编的有关我国东北地理、物产、人事方面的资料,数年内出版了《组织学》、《生物学精义》、《精神病学》、《寄生虫病学》以及《东省刮目论》、《满铁外交论》等多种。这期间他多次到沈阳,成了奉系的座上客。

汤尔和常去日本活动。1929 年 3 月,他第七次至日游历,稍后更获得东京帝国大学医学博士学位。1931 年"九一八"事变前后,汤有心缓和日本当局与张学良之间的矛盾,曾代表张向日方朝野疏通,但是野心勃勃的日本帝国主义绝不肯放弃侵略,汤虽竭力游说,也无法改变日本帝国主义的侵略政策。同年11月,他任“接收东北各地事宜委员会”委员,又被张学良聘为东北边防军长官公署参议。

1933年,日本侵略军大肆侵略热河,进而侵入华北,汤尔和看不到正义与群众的力量,充满恐惧和亡国的思想,当时他写了三首诗给朋友,其中之一说:“国到将亡百事哀,惯从沙上筑楼台。谁令朽木支危屋,早识庸医种祸胎。只恐人心今已去,料应天意久难回。老瞒命断黥彭醢,降格犹无乱世才。”①同年5月,国民党政府为与日本进行妥协谈判,设立行政院驻平政务整理委员会,以黄郛为委员长,汤尔和等一些亲日派人物为委员,与日本侵略者签订了丧权辱国的《塘沽协定》。1935年,日本帝国主义在华北搞所谓自治运动,蒋介石进一步屈服于敌人的压力,完全承认了华北的“特殊”地位,派二十九军军长宋哲元为冀察政务委员会委员长,汤是得到日方认可的委员之一。

1937年卢沟桥事变时,汤尔和正在日本,闻讯后赶回北平。不久平津沦陷,汤甘为傀儡,替日本侵略军奔走效劳,“维持秩序”。日本帝国主义于同年12月在北平扶植成立了全国性的傀儡政权“中华民国临时政府”,汤任议政委员会委员长兼教育总长,与行政委员会委员长王克敏、司法委员会委员长董康同为该伪政府的三巨头。伪临时政府初开张,汤尔和即以对外代表的身份发表宣言,接见新闻记者谈施政问题。以后他主要负责奴化教育,处处秉承日本帝国主义的意旨行事。1938年春,他曾召集中小学教师训话,大讲“中日亲善”;又特设编审会,严格检查中小学课本,生怕有所谓排外思想编入教材。同时他也很注意“整顿”大专院校,先后派汉奸鲍鉴清、周作人等分掌各学院,1939年更亲自兼任北大总监督。此外他还是东亚文化协议会会长,曾率会员去日本东京开会,深得日本帝国主义的欢心。

---

① 汤尔和:《哀热河寄黄任之上海》,汤尔和译《哀哉热河》,1933年版,第4页。

1940 年 3 月,汪精卫的伪中央政府在南京成立,北平伪临时政府改称华北政务委员会,汤尔和任常委兼教育总署督办。此时他已患肺癌,署务由别人代理。同年 11 月 8 日,汤尔和在北平亡故。

汤 化 龙

曾业英

汤化龙，字济武。湖北蕲水（今浠水县）人。1874 年 11 月 27 日（清同治十三年十月十九日）生。祖上数代经商，家境富裕，直到太平天国起义爆发，才由于战乱的影响而衰落下来。其父本为诸生，为了恢复祖业，弃儒经商，常年奔走于长江沿岸的九江、安庆等地。汤化龙出生之年，正是家境恢复小康之时。

汤与其父不同，走的是科举做官的道路。他幼年从族父习章句，十三岁时入塾苦攻八股文，为参加科举考试做准备。1892 年，以县试第一，补县学附生。1897 年，补廪膳生，并肄业于张之洞创办的黄州经古书院。1902 年秋，考中举人。逾二年，参加清朝最后一次会试，得中进士，授法部主事。之后，应山西学政宝熙之聘，任山西大学堂国文教习。

辛亥革命前夜，为寻求“新知”，汤化龙自请资送日本留学。1906 年，赴日入法政大学专门部学习法律。留日期间，他联合孟森、孟昭常等发起成立法政学交通社，以研究法政学理为宗旨，并撰成《大清违警律释义》一书。

1908 年秋，汤毕业回国，由鄂督陈夔龙奏调还鄂筹备地方自治，任谘议局筹办处参事①。次年，被选为谘议局副议长。在第一届谘议局常会后，又被举为议长。他目睹革命形势的迅猛发展，坚信“速开国会

① 有几种材料说汤于 1909 年回国，均属不确。兹据《时报》光绪三十四年十月十六日记载，汤被聘担任湖北谘议局筹办处参事，可断定他于是年秋即已回国。

为救时要略”①。1910 年 8 月，汤去北京参加各省谘议局联合会第一次会议，当选为会议主席。会后，他参与各界代表要求清政府速开国会的第三次请愿。11 月 4 日，清政府迫于舆论，不得不缩短预备立宪年限，同意于宣统五年(1913 年)召开国会，令各省请愿代表即行回籍。以张謇为代表的江浙立宪派对此结果表示满意，相继出京，但汤化龙不以为然。他联合谭延闿、蒲殿俊等人仍坚持明年即开国会的原议，继续留在北京，谋第四次请愿。直到清政府将天津请愿代表温世霖逮捕发戍新疆，才失望而去。

1911 年 5 月，清政府组成以庆亲王奕劻为总理大臣的“皇族内阁”。6 月，汤化龙再次赶往北京参加各省谘议局联合会第二次会议，猛烈抨击“皇族内阁”之非。与此同时，各省谘议局联合会决议成立“宪友会”，声明尊重君主立宪政体。汤出任湖北支部发起人，开始成为立宪派中全国有数的头面人物。

10 月 10 日，武昌起义爆发。是夜，汤化龙“潜匿私室”。次日晨，经起义士兵数次强迫，始出而任事。他初任都督府秘书，负责民政，但却“垂头丧气，毫不事事”②，偶有所表示，就是让革命党人“严守秩序”③。无奈之下，蔡济民、牟鸿勋、梅宝玑等革命党人只好借用他的名义，通电各省谘议局，促其速起响应革命，脱离清政府。

至 12 日，汉阳、汉口相继光复。汤意识到革命已有成功可能，于是立即转而附和革命。他一面主动告诉革命党人，清朝官员柯逢时家中藏有密码本，可作各省通讯联络之用，以争取革命党人的信任，另一方面又施展种种手段，“图揽政权”④。他先和胡瑞霖等私下拟好一个都

① 汤用彬：《新谈往》，国维报馆 1912 年版，第 72 页。

② 《湖北革命实录馆咨湖北稽勋调查会请转呈中央稽勋局指拨汤化龙得二等嘉禾章考语》(1913 年 1 月 10 日)，原件藏湖北省博物馆。

③ 剑农编：《武汉革命始末记》，《民国报》第 1 号。

④ 《湖北革命实录馆咨湖北稽勋调查会请转呈中央稽勋局指拨汤化龙得二等嘉禾章考语》(1913 年 1 月 10 日)。

督府组织条例，于17日通过都督府正式公布实行，集军政、民政大权和战时总司令于黎元洪一身，使蔡济民等革命党人失去了参谋部的控制权。接着，又“串通宵小，由运动而得政事部长”①，并“集旧日朋好”②，将政事部之下内务、外交等七个局完全掌控在自己手里。

汤化龙如此明目张胆的争权夺势，引起革命党人强烈不满。25日，都督府再次召开会议，宣布废除原先通过的都督府组织条例，重新调整人事安排，只给汤一个编制部长的闲差。此后，他便极力讨好当时正在武昌的黄兴、宋教仁等同盟会领导人。汉阳失陷后，随黄兴离开武昌，前往上海。

1912年1月1日，南京临时政府成立，任汤化龙为法制局副局长。他辞而不就，与林长民、张嘉森、刘崇佑、孙洪伊等立宪派要人在上海发起共和建设讨论会(4月13日正式成立)，拥尚在日本亡命的梁启超为领袖，并积极运动袁世凯、黎元洪、蔡锷等“有力者”促梁回国从政。4月，他由上海入京，当选为临时参议院副议长。

同年5月，汤加入以黎元洪为理事长的共和党，被选为干事。曾一度主张共和建设讨论会与共和党合并。后因不见信于共和党的民社派，于这年10月27日将共和建设讨论会、国民协会等六政团合并，另组民主党。汤被举为该党干事长。他在成立会上说：民主党“不争政权，而注意于普及政治教育”③。但该党另一重要成员刘崇佑的私下密语，却坦承：“内阁新组，无论何人为总理，皆短命者也。彼一短命，此一短命，待人人视组阁为畏途，或知其难时，吾党再取而代之，易如反掌。”④原来，民主党并非“不争政权”，只是尚须等待时

---

① 《湖北革命实录馆咨湖北稽勋调查会请转呈中央稽勋局指拨汤化龙得二等嘉禾章考语》(1913年1月10日)。

② 《黎副总统历史》，《宪法新闻》第9期。

③ 《时报》1912年10月31日。

④ 丁文江编：《梁任公先生年谱长编初稿》下，台北世界书局1959年版，第404页。

机而已。

1913年1月，汤化龙在国会选举中当选为众议院议员。随后，又在民主、共和、统一三党议员的支持下，当选为众议院议长。4月5日，为抵制国民党试图利用制宪机会，削弱袁世凯的权力，他要求民主党议员严格遵守以下三条原则：一、对制定宪法与选举大总统孰先孰后的问题，应主张先定宪法中"大总统"一章，然后选举大总统；二、关于大总统有无解散议院权力的问题，应主张有解散权；三、对大总统任命国务员是否需要国会同意的问题，应持否定态度。汤化龙的提议，获得袁世凯舆论机关的高度赞扬，其御用报纸《大自由报》评论说："卓哉！汤氏之见识。"①

袁世凯与五国银行团签订"善后借款"后，遭到全国民众的愤怒谴责。为解袁世凯的信用危机，汤化龙联合原临时参议院议员四十八人，通电说明"善后借款"并不"违法"。5月，为对抗国会多数党国民党，又在袁世凯的操纵下，与梁启超等人将民主党与共和、统一两党合并为进步党，并出任理事。7月，孙中山发动"二次革命"，宣布武力讨袁。汤认为"这是叛反国家，应从速扑灭"②。他一面联络孟森等进步党议员发表所谓"护国讨乱"通电，一面致电黄兴，要他"及早觉悟，敛兵效顺"③。1914年5月，袁世凯于相继解散国民党和国会之后，任命汤化龙为教育总长兼学术委员长。

1915年8月，袁世凯暗中推出筹安会，鼓吹恢复帝制，引起全国各阶层人民的普遍反对。汤化龙随即称病告假，滞留天津。10月，宣布辞职。12月，密行赴沪，跻身"讨袁护国"行列。其间，他曾与旧立宪派要人蒲殿俊、谭延闿以及唐绍仪等致力于策动江苏督军冯国璋宣布"独立"，但始终没有结果。1916年3月19日，他电劝袁世凯"急为退位之

① 《大自由报》1913年4月5日。
② 《时报》1913年7月24日。
③ 《新纪元报》1913年7月26日。

图”。随后，又发表答帝制派王印川书，表示袁不退位，则不罢兵。为逼袁退位，他还答应其弟湖南将军汤芗铭的请求，代为疏通革命党人的关系，在覃振等革命党人允诺其弟宣布“独立”后继续为湖南都督的条件下，促成汤芗铭于5月29日宣布湖南独立。

袁世凯死后，汤化龙认为收拾时局非段祺瑞莫属，再次与北洋军阀同趋一途。8月，国会重开，汤复任众议院议长。9月，为了抵制国民党议员组织的“宪法商榷会”(通称“商榷系”)，他在梁启超支持下组织“宪法研究会”(通称“研究系”)。这时，为制宪问题，国会内外发生省制订入与否的激烈争论，汤及其“宪法研究会”为满足段祺瑞个人集权的需要，坚决反对省制订入宪法。10月20日，众议院举行宪法审查会讨论省制问题，他攻击“宪法商榷会”要求将省制订入宪法，就是“不忠于民国”①。

1917年春，段祺瑞在日本的策动下，积极主张对德绝交、宣战。汤化龙认为这是“正当办法”，呼吁国会停止一切政争，“予政府以后援”②。当段与黎元洪为此争执不下，段内阁陷入被黎改组的困境时，他不改初衷，继续在国会支持段内阁，并为段祺瑞支持下的“督军团”破坏国会，出谋划策。汤希望在新的国会选举中，依靠段的支持，赢得国会的多数席位。5月23日，段被黎元洪免职，汤随即具呈辞职，以示与段共进退。

7月1日，张勋拥清废帝溥仪“登极”。汤化龙一面通电各省，宣布与张勋誓不两立，一面随段祺瑞赴天津马厂誓师，并出任讨逆军总部参赞。12日，张勋复辟失败，由段祺瑞续组新内阁。汤因拥段有功，被任命为内务总长。为了抵制国民党议员，他坚决反对恢复旧国会，主张尽速召集临时参议院，以实现赢得国会多数席位的宿愿。汤的所作所为，招来国民党议员的不满。10月，遭到以孙中山为首的南方护法军政府

---

① 《时报》1916年10月21日。

② 《新闻报》1917年2月16日。

的明令通缉。11 月，再次随段而辞职。

段内阁后虽又复活，但因段所依为股肱的安福系政客集团已经崛起，汤不再受到重视。1918 年 3 月 24 日，他与林长民、蓝公武等怀着失意政客的复杂心情，东渡日本游历。6 月，远渡重洋，前往美国考察。9 月 1 日，在加拿大维多利亚市被国民党籍华侨理发师王昌枪击而死。

汤 寿 潜

郑云山

汤寿潜，原名震，字蛰先，一作蛰仙。浙江山阴县天乐乡大汤坞人。1856 年 7 月 3 日（清咸丰六年六月初二）生。其父汤沛恩以塾师为业，同治年间曾在陕西武功盩厔（今周至）等地充任幕僚。

汤寿潜少年时在家乡读书，“早岁颖异，以文学见称”①。二十岁起离家到杭州、上海等地，一面继续阅读各类典籍，一面留心经世致用之学。1886 年入山东巡抚张曜幕，参与治水等活动。1890 年，他有感于国势江河日下，内外危机日深，将平日所思所录汇作《危言》一书，计四卷共四十篇（1892 年经修订后改为五十篇，仍分四卷）。他在书中揭露了捐纳、厘金等制度及官场种种弊端，对日益严重的内忧外患深感不安，主张迁都长安，并望全国上下借此更新振作；严惩贪官污吏，以使政治廉洁；提倡俭朴，痛斥一些人“不师夷人之长技，而徒濡染其穷奢极巧之风”；改革考试、任官制度；裁并机构，遣汰冗员；推广学校和西学，培养真才实学的人才；坚决废除捐官制度，认为“贫于财之非贫，而贫于才之谓贫”；加大对外开放程度。此外，《危言》还提出了设立议院，逐步裁撤驻防八旗，广造铁路，兴修水利，改革税制，开发矿藏，加强海军，设立武备院，以及整治道路，改善环境卫生，实行晚婚等等广泛的改革主张。

① 张謇：《汤君蛰先先生家传》，浙江省辛亥革命史研究会、浙江省图书馆编《辛亥革命浙江史料选辑》，浙江人民出版社 1981 年版。

《危言》发表后引起社会的重视,“时人以比唐甄、冯桂芬,有疏通知远之用”①,从而使汤寿潜成为近代中国早期维新派代表人物之一。

1892年,汤寿潜得中进士,入翰林院为庶吉士。散馆后以知县归部铨选,于1895年3月被外放赴安徽为青阳县知县。赴任离京前,汤受到军机大臣、户部尚书翁同龢召见。翁前此对《危言》一书颇有好评,认为其“于时事极有识”。这次召见后,翁又认为汤“必为好官”②;但汤到任仅三月,即“以亲老不乐就养”而辞官回籍③。

中日甲午战争后,康有为等人发动维新运动。其时汤寿潜担任浙江金华丽正书院山长,在师生中提倡讲求实用之学。“百日维新”开始后,因翁同龢、孙家鼐先后向光绪帝推荐过《危言》,光绪帝两次传令浙江巡抚廖寿丰,要汤寿潜入京,“由部带领引见”④。汤适逢母病,请求缓行。不久戊戌政变发生,汤北京之行因而中止。

1903年,汤寿潜被擢为两淮盐运使。盐是旧时国家的专卖品,盐运使为许多人觊觎之肥缺。但汤利禄之心淡泊,故仍以母病不能远出为由而辞去此项肥缺。翌年,他应聘就任上海龙门书院山长,将该书院改名龙门师范学堂,此即后来上海中学之前身。

从1905年起,汤寿潜参加了苏浙两省收回苏杭甬铁路路权的斗争。先是1898年11月,英国“银公司”与清朝铁路公司总办盛宣怀签订《苏杭甬铁路草约》四款,攫取了该路的修筑权。但该草约规定需“俟会商抚部院,如有地方窒碍之处,即行更正,仍俟订正约后,会同入奏”获准,方能生效;且规定“银公司”应从速派工程师测勘。而结果《草约》签订后一直未订《正约》,“银公司”也从未派工程师来测勘,故该《草约》

---

① 张謇:《汤君蛰先先生家传》,浙江省辛亥革命史研究会、浙江省图书馆编《辛亥革命浙江史料选辑》,浙江人民出版社1981年版。

② 翁同龢:《翁文恭公日记》,光绪二十一年二月十二日。

③ 张謇:《汤君蛰先先生家传》,浙江省辛亥革命史研究会、浙江省图书馆编《辛亥革命浙江史料选辑》。

④ 《德宗景皇帝实录》卷420。

实已等于作废。20世纪初叶各地兴起收回路矿权运动，江浙人民要求正式收回苏杭甬路权。1905年3、4月间，美商培兹到沪活动，又企图攫取浙赣铁路修筑权。汤寿潜闻讯与张元济、夏曾佑等浙籍旅沪士绅，立即发动旅沪同乡起来抵制。同年7月，他们在沪成立“浙江全省铁路公司”，议决集资自办全省铁路，并要求清政府废除《苏杭甬铁路草约》，收回路权。汤寿潜被举为铁路公司总理。清政府批准由商民集资自建铁路的要求，并授予汤寿潜以四品京卿，总理全浙铁路事宜；责成盛宣怀与英国“银公司”交涉收回苏杭甬路权。翌年，又批准江苏省绅商自办铁路。1906年，江浙二省绅商，通过自集资金，开始分头动工建路。汤寿潜在主持浙江全省铁路公司兴建浙江境内铁路期间，“刻苦经营，不辞劳苦，不支薪水”，博得普遍好评①。

但是，英国“银公司”拒不同意废除草约，反而通过英国驻华公使向清政府施加压力，要清政府与它订立苏杭甬铁路正式合同。清政府既慑于舆情，又不敢得罪英方，乃玩弄花招，宣称把借款、建路“分为两事”，即由它向英方借款，再转借给江浙二省铁路公司，表面上铁路仍由二省自建，实际上路权将控制于英方之手。消息传出，两省绅商强烈反对。10月，浙江全省铁路公司召开股东大会，一致表示：“款本足，无待借，路已成，岂肯押！”②并成立“浙江国民拒款会”，公举汤寿潜等人赴京，向清廷力争拒借英款，仍由商民自建。但清廷坚持卖路政策，1908年3月与“银公司”订立一百五十万英镑的借款合同；旋又相继任命经办卖路的盛宣怀和汪大燮为邮传部侍郎。汤寿潜即以全省铁路公司名义，致电军机处，弹劾盛、汪，表示要以辞职抗议盛、汪的任命，但不为清廷所采纳。这时沪杭间铁路正加紧施工，1909年8月全段竣工通车，经邮传部考核，其质量为全国商办铁路之冠。同月，清廷为破坏浙江保路斗争，授予汤寿潜云南按察使之职，以便将汤调离浙江。随即邮传部

① 《浙路总理汤寿潜革职后余闻》，《东方杂志》第7卷第9号。

② 《汇报》1907年10月26日。

令浙江铁路公司改选总理。该公司股东大会致电清政府反对调离汤，汤本人亦向摄政王载沣面陈不赴云南之愿。同年冬，清廷改授汤寿潜为江西提学使。汤再次辞不赴任，坚持留浙继续主持杭甬段铁路的施工。1910年8月，汤再次致电军机处，反对盛宣怀任邮传部侍郎。清廷终于恼羞成怒，以其电文"措词诸多荒谬，狂悖已极"为由，下令将他"即行革职，不准干预路事"。清廷此举，引起舆论强烈不满。

汤寿潜是清末著名的立宪派人物。1906年9月，清廷宣布"预备仿行宪政"后，汤曾对清廷这一"预备立宪"举措抱很大期望，即与张謇、郑孝胥等人联合苏、浙、闽绅商二百多人，于12月16日在上海成立"预备立宪公会"，声称"敬遵谕旨，以发愤为学、合群进化为宗旨"①，郑孝胥被举为会长，张謇、汤寿潜被举为副会长。他们联络各地其他立宪团体，积极敦促清廷早日实行立宪。1908年7月，他们两次发出请开国会电，要求清政府"决开国会，以两年为限"。但清政府不顾立宪派的请求，一再玩弄花招，拖延实行之期。1911年5月，清政府成立"皇族内阁"，彻底暴露其对立宪之缺乏诚意。汤寿潜与张謇、沈曾植、赵凤昌等人联名致电载沣，请求改组这个皇族内阁，而重用"汉大臣之有学问阅历者"入阁②，清廷置之不理。至此，汤寿潜对清政府完全失望。

1911年10月武昌起义，各省纷纷响应。11月5日，浙江革命党人在杭州起义，一举取得成功，全省其他各地亦在紧接着的几天之内相继起义成功或宣布"独立"，脱离清朝统治。鉴于当时在浙江革命党人中缺少一位足资号令全局的人物，因而尽管汤寿潜并非革命党人，但因他早年写过《危言》，颇著声名，尤其后来在主持修建沪杭铁路和保卫浙江路权斗争中功绩突出，受浙江绅商拥戴；杭州驻防八旗兵中的实权人物贵林也在参加保卫浙江路权斗争时与汤结交，对汤很信赖，故早在杭州起义之前，在杭浙江革命党人商议未来浙江革命政府首脑——浙江军

① 《预备立宪公会章程题名表》，《辛亥革命浙江史料选辑》。

② 张孝若：《南通张季直先生传记附年谱年表》，中华书局1930年版，第66页。

政府都督时，已决定届时请汤寿潜出任此职。11 月 5 日，杭州起义发动后，浙江革命党人派代表赴沪，邀当时息影沪上的汤寿潜来杭，以尽早稳定浙江局势。汤初不愿回杭任浙江军政府都督，经代表们力劝，乃于 7 日回到杭州，正式就任都督。汤就任后，即确认以周承菼为浙江水陆军总司令，朱瑞为协领兼陆军小学堂监督；并发布命令，免征全省钱粮、厘金一年；派员慰问在杭州外国人；等等。旋即又批准朱瑞等人率领浙军，开赴江苏参加江浙联军攻占南京之役。

随着武昌起义后全国革命形势的飞跃发展，迫切需要成立中央革命政权。11 月 11 日，汤寿潜与江苏都督程德全、上海都督陈其美联名通电起义各省，倡议在沪召开各省代表会议讨论成立中央政府事。12 月 2 日，江浙联军攻克南京。汤寿潜即赴上海，与到沪各省代表共商成立临时中央政府和选举大元帅事宜。当时孙中山尚在国外，各省代表对于黄兴、黎元洪二人中由谁出任大元帅一职争持不下，汤便"通情代表，终推黎元洪为大元帅，黄兴为副元帅"①。

1912 年元旦，中华民国临时政府在南京成立，孙中山就任临时大总统。元月 3 日，孙中山公布各部总长、次长名单，汤寿潜被任命为交通总长。15 日，汤交卸浙江军政府都督之职。但他离杭以后，即逗留上海，不去南京就职，并在上海参加了由章炳麟、张謇组织的"统一党"，任该党参事。2 月 9 日，汤寿潜改任赴南洋劝募公债总理，即离沪出国。出国期间，袁世凯于 3 月在北京就任中华民国临时大总统，汤寿潜被排除在内阁之外。5 月，汤自南洋归国。此后，他"唯以优游晦迹，不欲复闻世事"②。6 月 9 日，浙江铁路公司开股东年会，坚请汤寿潜复任总理，他辞不获允，乃于 8 月 1 日复职，改称浙江铁路公司理事长。不久，浙江铁路改归国有，北京政府论汤以往劳绩，特赠予他二十万

① 章炳麟：《太炎先生自定年谱》，《近代史资料》1957 年第 1 期。

② 张謇：《汤君蛰先先生家传》，浙江省辛亥革命史研究会、浙江省图书馆编《辛亥革命浙江史料选辑》，浙江人民出版社 1981 年版。

银元。

1917 年 6 月 6 日，汤寿潜在乡病逝。临终遗嘱以二十万银元全部捐办浙江文化教育事业。

遗著除《危言》、《三通考辑要》外，尚有《理财百策》、《尔雅小辨》、《说文贯》等。

汤芗铭

经盛鸿　殷　文

汤芗铭，字住心、铸新，湖北蕲水（今浠水）人，1885年（清光绪十一年）生。其父本为诸生，为恢复祖上商业，弃儒营商，常年在长江沿岸九江、安庆等地奔走，后为北洋军阀段系要员。汤化龙是汤芗铭的兄长。汤芗铭少时入塾攻读，1903年中癸卯科举人。后肄业于武昌文普通中学堂。1904年2月，被署湖广总督端方选派前往法国留学。

1905年，孙中山由英抵法，在中国留学生中宣传革命思想，发展革命组织。一次演讲后，孙中山以听者均无异议，发给每人一张白纸，让他们写上“某某当天盟誓：驱除鞑虏，恢复中华，创立民国，平均地权。有渝此誓，人天共殛”。当时汤芗铭、向国华等十余人立誓加盟。事后，汤害怕清政府追究，对自己前途不利，就与向及在柏林加盟的王发科、王相楚一起去孙中山下榻的旅馆谒孙。乘孙不备，王发科、王相楚潜入孙的卧室，割破皮包，取出德、法两国留学生的誓词及法国政府致安南总督的介绍函等物品，跑到清驻法使馆向公使孙宝琦举报，以求将功赎罪；但孙宝琦并不愿意把事情闹大，只将名册掷于壁炉中焚毁，而把法文书函抄录一份，原件遣人送还孙中山。留学生闻悉，皆不齿汤等所为，汤无地自容，遂离法转往英国学习海军。

1909年，汤芗铭学成归国，先后任“镜清舰”机关长、“南琛舰”副舰长。1911年初，再调任海军统制萨镇冰的参谋，在萨身边办事。10月10日，武昌起义爆发。北京海军部急令萨镇冰率军舰前往武汉，水陆夹攻起义军。当时停泊在上海黄浦江的军舰不多,有一些正在船坞修理,只有“楚有舰”能够立即出发。萨镇冰命汤芗铭一面拟电命令在胶东海面作夏季演习的“海容”、“海琛”两舰火速开赴武汉;一面通知“楚有舰”准备开船。10月12日,汤芗铭随同萨镇冰登“楚有舰”自上海出发,溯江西上,所有参谋、副官、秘书的事务皆由汤一人担任①。10月17日,到达汉口刘家庙江面,先期抵汉的长江舰队统制沈寿堃向萨镇冰报告了军官郑礼庆、朱孝先投向革命的情况。几天后,黎元洪派朱孝先假扮洋人送信给萨,请萨共举义旗,萨默然不语。又逾数日,黎托中国红十字会总医生瑞典人轲斯送信,重申前请,萨还是没有表示。见萨举棋不定,汤芗铭乃派员入武昌城给其胞兄汤化龙送信,时任武昌军政府政事部长的汤化龙回信叫他“早日反正,以立殊勋”②。汤遂与“江贞舰”舰长杜锡珪分途活动,并劝萨率海军起义。大势所趋,但萨镇冰推辞自己年纪已大,愿自行引退,乃乔装商人,乘太古轮船公司客轮返回上海。汤芗铭即召开会议决定起义,被众人推为临时海军司令。汤即派人向九江军政府取得联系。黎元洪派李作栋持致汤化龙亲笔函和慰劳金驰赴九江慰问;并任汤芗铭为海军第二舰队司令官,请其即日开到武汉江面助战③。汤率领的海军舰只在刘家庙至汉阳的江面游弋,与清军作战。后因“海容舰”船头中弹数十处,其余各舰亦有损伤,乃率舰返回上海修理。

1912年1月,中华民国南京临时政府成立,黄钟瑛任海军总长,汤芗铭任次长兼北伐海军总司令。当时有许多留欧的革命党人因汤芗铭

---

① 汤芗铭:《辛亥海军起义的前前后后》,中国人民政治协商会议全国委员会文史资料研究委员会编《辛亥革命回忆录》(六),文史资料出版社1981年版,第88页。

② 汤芗铭:《辛亥海军起义的前前后后》,中国人民政治协商会议全国委员会文史资料研究委员会编《辛亥革命回忆录》(六),第89页。

③ 李春萱:《辛亥首义纪事本末》,中国人民政治协商会议湖北省委员会编《辛亥首义回忆录》(二),湖北人民出版社1980年版,第207、208页。

曾参与盗取誓约，提出异议。孙中山认为，汤率海军起义，对革命有功，吾党可以不念旧恶，反对者始息议。汤率领“海容”、“海琛”等舰至烟台，帮助革命军收复登州及沿海各地。后他又应关东都督蓝天蔚之请，派“海容”等舰到秦皇岛、营口等地示威，以壮声势。

随着南北议和的成功，袁世凯在北京就任临时大总统。汤芗铭从烟台入京觐见，袁对他礼遇有加，倍加拉拢，汤感激不已。4 月 6 日，汤芗铭被袁任命为唐绍仪内阁海军次长，继后又任陆徵祥、赵秉钧内阁的海军次长。8 月 25 日，同盟会改组为国民党，汤芗铭加入，但在 9 月 1 日即宣布退出。1913 年 7 月，“二次革命”爆发，汤芗铭奉袁世凯命率“飞鹰舰”赴九江镇压，与江西招抚使段芝贵、师长李纯等协同攻占湖口；又率第二舰队转战赣、皖，攻击长江下游讨袁军，后回驻岳州。袁世凯以汤镇压讨袁军有功，授以勋二位、上将衔海军中将。同年 10 月又任为署湖南都督兼查办使，并暂兼理民政长。二十九岁的汤芗铭志得意满，效忠袁氏不贰。1914 年 6 月，汤芗铭被任命为靖武将军，督理湖南军务兼巡按使。

汤芗铭深知袁世凯对革命党人之仇恨，又得其兄汤化龙之特别嘱咐，在湖南的几年里，实行残暴统治，对革命党人肆意杀戮；湘民不断发动反袁反汤斗争，汤更是血腥镇压，被湘人称为“汤屠户”①。

1915 年，袁世凯加紧筹谋帝制，杨度等人成立“筹安会”积极鼓吹，汤芗铭亦在湖南设立专门办事机构，捏造民意，以堂皇之表册，典雅之辞藻，把袁世凯说成天愿人归的圣明天子，敦请“早正大位，以慰民望”。汤还在湖南演出一场“民选”的丑剧，让选民按指定的席位入座，采用记名投票法，在印着“兹推戴袁大总统为中华帝国大皇帝”的选票上填写“赞成”和自己的姓名。汤芗铭在湖南如此卖力地制造舆论，深得袁的欢心，于 1915 年 12 月 21 日袁称帝前夕，被特封为“一

---

① 贺觉非:《汤芗铭》，贺觉非编著《辛亥武昌首义人物传》(下)，中华书局 1982 年版，第 636—639 页。

等侯”①。

袁世凯称帝遭到全国人民的反对，被迫于3月22日宣布取消帝制，仍称大总统；但全国反袁斗争继续高涨，各省纷纷宣布独立。直到5月28日，汤芗铭亦被迫宣布湖南独立，并称与袁世凯脱离关系。6月3日，汤芗铭又致电袁世凯，不承认其为总统。袁世凯于6月6日病亡后，好事者挽以一联曰：“起病六君子，送命二陈汤。”以两服中药名，喻指筹安会“六君子”和最后通电反袁的四川将军陈宧、陕北镇守使陈树藩和湖南都督汤芗铭。7月，汤芗铭被逐出湖南。

其后，汤芗铭寄寓北京，以研究佛经自遣。他声言不问政事，其实只是一种韬晦之计。1917年1月，黎元洪任其为信威将军；8月，汤为国务院“战时国际事务委员会”委员。1923年初，汤经过一番活动，被任命为湖北省长。他带着秘书从北京出发，先到保定谒见直系军阀首领曹锟，又至洛阳拜见吴佩孚。吴以鄂人反汤为辞，劝汤“好自为之”。汤无奈，默然回到北京。经过一番疏解，汤再次南下前往武汉。汤虽然先布置了“迎汤团”到汉口车站迎接，但因不敌以湖北督军萧耀南为背景的“拒汤团”，汤被迫改乘军舰抵达武昌。汤芗铭原是想以“鄂人治鄂”为名出任湖北省长，但终究拗不过直系军阀的势力。萧耀南发布公告说：“省长一职经士民环请，辞不获准，勉兼省篆。”曹锟贿选总统上台后，正式发布命令：“特任萧耀南暂行兼署湖北省长”，“湖北省长汤芗铭呈请辞职，汤芗铭准免本职。”②汤芗铭难以立足，不得不黯然离开湖北。

1924年9月，第二次直奉战争爆发，汤芗铭被直系任为会办军事执法司。直系失败后，汤芗铭没有活动余地，只好蛰居上海研究佛教。

---

① 贺觉非：《汤芗铭》，贺觉非编著《辛亥武昌首义人物传》（下），第636—639页。

② 贺觉非：《汤芗铭》，贺觉非编著《辛亥武昌首义人物传》（下），第636—639页。

1928年7月1日，南京国民政府下令通缉劣迹昭著之王揖唐、吴光新、汤芗铭等人，汤隐匿不出。1930年，阎锡山、冯玉祥和汪精卫等在北平召开“扩大会议”反蒋，任汤为湖北安抚使，但不久阎、冯兵败下野，汤之任职乃成一画饼。1933年4月，张君劢等在北平成立国家社会党，汤因与张有旧谊而出任该党常务理事兼组织部长，嗣后主持北平党务。1937年抗日战争爆发后，7月底北平沦于敌手，汤芗铭一度充当敌伪的维持会长，后赴重庆。

抗战胜利后，“国社党”与“中国民主宪政党”于1946年合并改组成立“中国民主社会党”，汤芗铭任中央组织委员，积极从事民社党活动。

中华人民共和国成立后，汤芗铭在北京两次被捕又获释，后一次给予免予起诉的处分。汤懂得多种文字，于1958年拟了一个“汉、藏、梵、英、法佛教名词辞典编译计划”，首述理由，次为收集佛教术语注意之点、体例以及工作人数、时间等，未能付之实行。1975年初，汤芗铭于北京病死。

汤 用 彤

宗志文

汤用彤，字锡予，湖北黄梅人。生于1893年6月21日(清光绪十九年五月初八)。他的父亲汤霖是光绪十九年进士，当过甘肃渭源知县，后在兰州和北京教馆。汤用彤出生于渭源。少年时代在父亲的塾馆中读书，勤奋刻苦。他说自己“幼承庭训，早览乙部”①，对历史产生了浓厚的兴趣。1912年他入北京顺天学校，1914年入清华学堂。1916年在清华学堂毕业考取公费留美，因治疗沙眼未成行，遂在清华学堂教国文，兼任《清华周刊》总编辑。1918年到美国，先在哥伦比亚大学学哲学，两年后入哈佛大学研究院学哲学，并习梵文、巴利文。

汤用彤1922年得哈佛大学哲学硕士学位。暑假回国后，在南京任东南大学哲学系教授。以后又在天津南开大学、南京中央大学哲学系任教授、系主任。1930年起到北京大学任教，从此没有离开过北大。1937年卢沟桥事变后，北京大学与清华大学、南开大学合并为西南联合大学迁往昆明，他随之同往。抗日战争胜利后回到北京，在北京大学除任教外，兼哲学系主任、文学院长。

青年时代的汤用彤一心钻研哲学，对国家大事以至新文化运动都不大关心。1919年五四运动时，他正在美国。当时有一部分留美学生联名撰文支持五四爱国运动，他曾在上面签名，但他对新文化运动的意义并不怎么了解。1922年回国后，在《学衡》杂志上发表了《评近人之

---

① 汤用彤:《汉魏两晋南北朝佛教史跋》，商务印书馆1938年版。

文化研究》一文，指摘新文化运动，说："今日中国固有之精神湮灭，饥不择食，寒不择衣，聚议纷纷，莫衷一是。所谓文化之研究，实亦衰象之一。"①

汤用彤从20世纪20年代起就研究中国佛教史，同时研究印度哲学史和梵文，以加深对中国佛教史的研究。他在大学里讲授的课程主要有：中国佛教史、魏晋玄学、印度哲学史、欧洲大陆理性主义（笛卡尔、斯宾诺莎、莱布尼茨）、英国经验主义（洛克、巴克莱、休谟）。他研究历史很注意掌握充分而可靠的材料，长于考证。"由于他对西方近代资产阶级唯心主义哲学有较深的理解，他就有条件利用西方近代资产阶级的一些思想方法对佛教思想进行分析比较，比起那些只用封建的含混不清的叙述、用佛经解佛经的中世纪办法提高了一个阶段。"②

1931年"九一八"事变前后，民族危机日趋严重，汤用彤思想上有所震动。这时，虽然他还是埋头治学，不问政治，但思想上也有矛盾。暑假南下至庐山，在佛教圣地大林寺左近写《大林书评》，序言中带着自责的口气说："时当丧乱，犹孜孜于自学。结庐仙境，缅怀往哲，真自愧无地也。"《大林书评》共六篇，其中五篇是批评日本人在中国佛教史研究中的谬误，他自称是借此抒发抗日救国的感情。

抗日战争时期，国民党专制独裁加剧，民主与反民主的斗争很激烈。当时昆明的学生运动日趋高涨，许多教授也投身到民主运动中来。汤用彤的心情是沉闷的：既不愿与国民党同流合污，又不愿投身到民主运动的洪流中去。他所走的还是那条为学术而学术，在学术中寻求安身立命的道路。1945年昆明"一二一"运动时，他同情学生的革命行动，曾经参加悼念牺牲烈士的追悼会。当时梁漱溟到昆明做调处工作，对民主运动和反革命镇压采取各打五十大板的态度。汤用彤与梁漱溟虽是多年的朋友，但他公开反对梁的这种态度。

---

① 《学衡》第12期，1922年12月。

② 任继愈：《悼念汤用彤先生》，《历史研究》1964年第3期。

1946年，汤用彤回到北京大学，积极参加建校工作。当时的北大校长胡适常常不在学校，有些工作就落在担任文学院长的汤用彤身上。他感到难以应付，十分苦恼。1947年暑假，美国加利福尼亚大学请他去讲学，他就乘机到美国去了。一年后哥伦比亚大学继续请他讲学，他没有同意，1948年9月回到北平。不久平津战役打响。胡适动员他南下，并派人送来两张飞机票，被他拒绝。

1949年1月，北平解放后，汤用彤任北京大学校务委员会主席。1951年任副校长。1953年任中国科学院历史考古专门委员，1956年任哲学社会科学部委员。并任全国政协第一届委员、第三届常务委员，全国人民代表大会第一、二、三届代表。

1954年冬，汤用彤患脑溢血症，经过多方治疗，才逐渐痊愈。他经常对人说："若不是解放了，若不是党和人民的关怀，我这个病是不可能治好的。"①汤用彤病愈后的十年中，身体一直不好，但仍然指导青年教师，带研究生，从事佛教史研究，孜孜不倦。这时期，他积累了十几本读书札记，其中有关于佛教史的，有关于印度哲学史的，还有一部分是翻阅《道藏》的摘录。他写成九篇论文，概名之曰《康复札记》。他校点了梁代慧皎的《高僧传》，这是研究中国佛教史的一部很重要的著作。他曾改杜甫诗两句"虽将迟暮供多病，还必涓埃答圣民"，用以表达自己热爱祖国和人民的感情。

1964年5月1日，汤用彤因心脏病逝世。

汤用彤的代表作有：《汉魏两晋南北朝佛教史》、《隋唐佛教史稿》、《印度哲学史略》、《魏晋玄学论稿》、《魏晋玄学讲义》、《往日杂谈》、《汤用彤全集》。

① 任继愈：《悼念汤用彤先生》，《历史研究》1964年第3期。

汤　玉　麟

张学继

汤玉麟，字阁臣。1871 年(清同治十年)生于奉天阜新县马吉沟村。后迁奉天黑山县汤家窝堡。汤玉麟的外祖母是蒙古族人，因此他有蒙古族血统。汤生性鲁莽，以好打群架著称，因其在兄弟五人中，排行第二，故人送绰号“汤二虎”。

因家庭生计困难，汤玉麟早年给地主王文虎家放过牛羊，后又当车把式，经年赶车拉脚往返于阜新、朝阳之间。有一次，在赶车路上，遇上一股土匪，不仅将汤玉麟押运的货物抢劫一空，而且将汤本人狠狠揍了一顿。汤玉麟遇此劫难，愤愤不平，一怒之下，铤而走险，投奔大凌河两岸苑四、苑五兄弟为首的土匪队伍，落草为寇。因善于骑马，精于枪法，勇猛凶悍且不怕死，敢于和围剿的官兵对抗，屡突重围，化险为夷，众匪徒佩服不已，便公推汤为“二当家的”，与苑氏兄弟平起平坐。后来，汤玉麟以苑氏兄弟行为不轨，不讲绿林义气，与之发生冲突。汤玉麟愤而与苑氏兄弟决裂，率部分匪徒出走，占据镇安县的虹螺岘自立山头。

不久，盘踞广宁一带的巨匪金寿山对盘踞中安堡的张作霖保险队发动突袭。张作霖因势单力孤，立即派人向汤玉麟求救。汤的绺子人数虽然不多，但武器精良，个个凶猛好斗，有较强的战斗力。汤率兄弟星夜赶来中安堡，里外夹攻，把金寿山绺子打退了。中安堡解围之后，张作霖对汤玉麟非常感激，认为汤玉麟能征善战，有意和汤合在一起。汤对张作霖的印象也很好，虽然年轻，但是性情豪爽，胸有大志。张提出两股绺子合在一起，汤欣然同意，拥护张作霖坐第一把交椅。从此，张作霖保险队逐步扩大。

1900年的除夕，张作霖率领众兄弟喝酒吃肉，个个酩酊大醉。金寿山率哥萨克骑兵一中队再次奔袭中安堡，将张作霖保险队大院团团包围，坐探乘机接应，顿时枪声大作。张作霖指挥众兄弟仓促应战，因众寡悬殊，张作霖不得不指挥众兄弟突围，由孙德山背着已经怀孕四个月的张作霖的赵氏夫人，汤玉麟背着张作霖的长女张首芳，边打边退，张作霖手持双枪断后，当逃至雷家屯时，张作霖的队伍已散，只剩下八人。张作霖将家眷送往张家窝棚赵氏的堂侄家中暂住，便与汤玉麟等几个人沿辽河两岸活动，一边收留被打散的残部，一边招收新人，重新组织队伍。不久，张作霖经与汤玉麟合计后，决定投奔八角台团练长张景惠，张景惠不仅接纳了张作霖，而且推张作霖坐第一把交椅，任八角台自卫团的团练长，张景惠退为副团练长。张作霖与张景惠两股合流后，拥有弟兄七十余人。汤玉麟协助二张训练团丁。不久，又有张作相带领二三十号人马投奔张作霖、张景惠，力量更为增强。1902年，张作霖在消灭拥有二百多名匪众的台安县巨匪项昭子之后，又吞并了周围小村的保险队，队伍逐渐发展到四百多人，成为辽西一股很大的力量。

张作霖不仅机灵过人，而且实有政治野心，热衷于升官发财。有一次，张作霖和汤玉麟摆酒论英雄。张作霖酒后吐真言："当今之世，满洲无主，我等不应安居一方，而应将小股流匪合并一起，形成强大势力，而后称霸。"汤玉麟听了，也说："我也有这种想法。"

1902年10月，当地乡绅张子云等串联十八屯绅商及各界代表作保，由新民府知府增韫手下红人赵经丞牵线，张作霖率汤玉麟等共三百多人接受收编，增韫将张作霖的人马编为新民府地方巡警前营马队，张作霖任马队管带(相当于营长)，下辖中、前、左、右、后五哨，汤玉麟与张景惠、张作相、王利有、孙福山分任哨官。从此，汤玉麟等人摇身一变成了清廷的军官。

1907年，张作霖升任奉天巡防五营统带官(相当于团长)兼中营营长，汤玉麟与张景惠、张作相、邹芬分任营长。

1907 年 5 月，徐世昌出任东三省总督。鉴于东北“胡匪”遍地，“马贼”猖獗，徐世昌上任伊始，首先抓剿匪。徐世昌命张作霖消灭辽西巨匪杜立三。1907 年 7 月 6 日，当杜立三率亲随十多名到新民府来见张作霖时，张作霖早已设下埋伏。伏在门外的汤玉麟从杜立三背后将杜抱住，随后又过来几个人将杜立三按倒在地，摘下手枪，捆绑了起来。当晚即将杜立三枪杀。汤玉麟与张作霖合谋除掉杜立三，立了大功，徐世昌立即上奏朝廷为汤、张请奖，朝廷立即赏银两千两，并升张作霖为奉天省巡防营前路统领，汤升为二营帮带。

不久，徐世昌调张作霖部到辽源（郑家屯）、洮南追剿为沙俄收买的蒙古叛军。这时张作霖的队伍由五营扩编为七营，除汤玉麟、张景惠、张作相、邹芬等营以外，又把驻在洮南的孙烈臣部划为张的部下，张的队伍增加到三千五百多人。张作霖受命后，率领所部在漠北的荒原上，和蒙匪陶克陶胡、白音大赉等股匪进行了殊死搏斗。1908 年 6 月，张作霖指挥所部奇袭内蒙的龙王庙（蒙匪的一个根据地），将白音大赉手下的干将巴塔尔斩首。当陶克陶胡袭击长春一带，白音大赉乘此在洮南反击时，张作霖联合黑龙江官军进行夹击，迫使蒙匪西窜。张作霖带领所部穷追陶克陶胡，一直追至大兴安岭的索伦山。在冰雪覆盖的索伦山区，张作霖身先士卒，与蒙匪短兵相接，张作霖两次被困，均被汤玉麟率敢死队拼死救了出来。汤玉麟虽立有战功，却因部队损失严重，被清廷免去第二营管带职务，令其戴罪立功。1909 年春，白音大赉被击毙，牙什被生擒。1910 年 4 月，陶克陶胡被击败，率残匪四十五人越境逃往俄国。8 月，沙俄派人用船将陶克陶胡等人的家眷从郭尔罗斯接到哈尔滨，然后送往俄国。从此，蒙匪陶克陶胡叛乱宣告失败，汤玉麟亦得以官复原职。

1911 年辛亥武昌起义爆发后，汤玉麟奉张作霖之命，首先率马队一千五百人进驻奉天省城，设司令部于小南门万福客栈，汤玉麟追随张作霖参与镇压革命的活动，先后捕杀革命党人张榕、田亚斌、宝昆，并抄了他们的家，将贵重金银财宝据为己有。

中华民国成立后，赵尔巽由清王朝的东三省总督摇身一变成了奉天都督，张作霖当上了第二十七师师长，汤玉麟任骑兵第二十七团团长。1913年2月28日，汤玉麟升任第五十三旅旅长。1916年4月，张作霖与冯德麟合谋赶走奉天将军兼巡按使段芝贵，袁世凯被迫任命张作霖署理奉天将军兼巡按使(同年7月改为奉天督军兼省长)。张作霖在登上“奉天王”的宝座后，认识到再依靠几个绿林兄弟逞蛮勇已远远不够了，于是重用袁金凯、王永江、王树翰、孙百斛等一批文人治理奉天。

汤玉麟身为五十三旅旅长兼省城密探队司令，依然不改绿林土匪习气，他带头在公馆开设赌局，从中抽头。他的部下也都目无军纪，横行街市，开设赌局，作奸犯科，欺压群众，敲诈勒索，土匪习气十分严重。张作霖任命王永江为奉天省警务处处长，大刀阔斧地整肃军风军纪，依法缉拿违法乱纪官兵，并严令封闭赌局，矛头直指汤玉麟部。汤玉麟对王永江极为反感。他认为天下是我们用枪杆子打来的，王永江凭什么管军人？当王永江下令逮捕汤部不法者宗某时，汤玉麟怒不可遏，立即枪杀两名执法法警，造成军警冲突案，以此向张作霖施加压力，要求撤换王永江，遭到断然拒绝。张作霖并教训汤说：“枪杆子能打天下，光靠我们这些大老粗却不能治理天下，治理天下要靠人才，你们懂得什么！”

汤玉麟受到训斥后，很不服气。1917年春节，按照惯例，二十七师、二十八师要分别请省城文武高级官员吃年茶以联络感情。初五这天，二十八师请客没有请王永江。初六这天，二十七师请客又没有王永江。张作霖在二十八师吃年茶时，没有见到王永江，觉得有些不对劲，二十七师吃年茶又没有见到王永江，不免有些恼火，忍不住问道：“为什么不请王处长？”谁也没有吭声，张作霖接着又说：“二十八师不请王处长，我不好说什么，你们怎么也不请王处长呢？”孙烈臣连忙打圆场说：“我们忘请了，改日再专请他吧！您别生气。”张作霖厉声说：“我看上的人，你们就反对，我用定了这个姓王的啦，谁反对谁辞职！”

汤玉麟本来对警察到其公馆抓赌已窝了一肚气没法出，听张作霖这么一说，火气顿时上升，连忙站起来回敬道："你不用骂街，辞职算不了什么。"联欢茶会不欢而散。

汤玉麟与张作霖闹翻后，对张作霖不服的冯德麟立即派人给汤玉麟打气说："一切有冯帮办给你做主，将来奉天的天下说不定是谁的呢！"

有了冯德麟的支持，汤玉麟底气更足了，他串联二十七师其他将领，拟定一张呈文，共同求见张作霖，要求撤王永江的职。张作霖当场将呈文撕得粉碎，指着汤玉麟的脸大骂，连祖宗三代都掘出来了，痛斥"汤二虎"混蛋，"没你这个鸡子也能做槽子糕(即蛋糕)"。汤玉麟挨骂后，恼羞成怒，准备调兵对张作霖实行兵谏，并派人去抓王永江。王永江闻风而走，跑到汤岗子温泉。

这时，冯德麟乘机与汤玉麟配合，共同对抗张作霖，要求张作霖将奉天省长一职让给他，并任命汤玉麟为二十七师师长，否则自由行动。在紧急情况下，张作霖派兵包围了汤玉麟的旅部，汤也构筑防御工事，战斗有一触即发之势。地方团体呼吁不要在省城打仗，张作霖同意让汤玉麟率第五十三旅旅部移驻新民。

汤玉麟到新民后，张作霖给汤玉麟写了一封很带感情的信，劝汤玉麟回心转意①。但汤玉麟没有接受张作霖的劝告。汤的外甥刘景双，在汤部当营长，火气比汤还大，对汤说："舅舅！我帮你干，万不得已咱们再进山。"

不久，冯德麟获悉日本和段祺瑞政府支持张作霖后，态度首先软了下来，当汤玉麟到北镇想和他联合时，冯拒而不见。这时张作霖又通过阚朝玺等策反汤手下的军官，汤更加孤立，只好逃往医巫闾山寨重新做起了山大王，纠集千余人进行活动。1917 年 5 月 4 日，张作霖下令免去汤的旅长职务，次日，任命张景惠接任第五十三旅旅长。张作霖并命第五十四旅旅长孙烈臣和骑兵团长张作相率部讨伐汤玉麟。汤走投无

① 刘禹:《北洋军阀末代元首》，光明日报出版社 1998 年版，第 56 页。

路，逃往徐州投奔张勋。汤玉麟反张遭到彻底失败。

汤玉麟投奔张勋后，担任定武军统领官，成为“辫子军”统帅张勋的部下，张勋知汤玉麟有一股蛮勇之气，对他十分重视。1917年，张勋利用“府院之争”的机会图谋复辟，张勋与汤玉麟带领辫子军五千人首先进入北京，将逊帝溥仪拉出来宣布清朝复辟，张勋自封为议政王，封汤玉麟为侯爵。汤玉麟率领辫子军一部与讨逆军李长泰第一师在北京展开激战，汤玉麟亲冒弹雨，袒身露膀，展开搏斗。终以寡不敌众，辫子军迅速遭到失败。张勋逃往荷兰使馆，汤玉麟则在混乱中逃出北京，逃到日本人占领下的大连躲避起来。

1919年1月，经张作相、张景惠、汲金纯等人说情和汤玉麟母亲桑氏的请求，张作霖不再追究其造反之罪，并允许汤回省城。汤玉麟见到张作霖，痛哭流涕表示悔过，张作霖原谅了汤玉麟，两人言归于好，张任命汤为东三省巡阅使署中将顾问。

1920年直皖战争期间，汤玉麟任奉军侦探队长，潜入北京活动。1921年5月，汤玉麟出任东北陆军第十一混成旅旅长，率部驻凤城，兼任东边镇守使。1922年2月，第一次直奉战争爆发，汤玉麟率一个团的兵力入关，在天津附近的军粮城负责保卫奉军总司令部。1924年第二次直奉战争，汤玉麟任第五军副司令（司令吴俊陞），汤率所部作为总预备队，驻扎绥中待命。第二次直奉战争结束后，汤玉麟升任第十一师师长，驻防朝阳、北粟一带。

1925年11月郭松龄反奉，汤玉麟率部从义县出击至大凌河西岸，截击郭松龄军。郭松龄反张失败后，张作霖认为汤玉麟作战英勇，立有功劳，论功行赏，于1926年4月任命汤玉麟为热河特别区都统，为张作霖把守西北门户。1928年12月31日，张学良宣布东三省“易帜”，归附南京国民政府，汤玉麟由南京国民政府任命为热河省政府主席。

汤玉麟在热河任都统、省主席前后共八年之久。汤玉麟把热河变成他的独立王国，举凡重要职位，非亲莫属，汤玉麟的五弟汤玉书任骑兵第一旅旅长，四弟汤玉铭任混成旅旅长，长子汤佐荣任热河兴业银行总办兼禁烟局总办，次子汤佐辅任财政厅长，长女婿周钟中当阜新县知事，次女婿苟荫南任阜新县税捐局长等，所有的肥缺都由汤的亲戚独占，外人休想染指。

汤玉麟深知有兵就有权，因此拼命扩充军队。热河本是贫瘠之区，汤为筹军饷，任命其长子汤佐荣为热河禁烟善后管理局总办，名为禁烟，实际上是强迫热河人民普遍种植鸦片，将热河变成一个烟毒的世界。汤氏父子从这种罪恶的鸦片生意中横征暴敛，搜括了大量财富。汤玉麟治下的热河，官匪不分，兵匪同流，鱼肉百姓，成为人间地狱。

1933 年 2 月，日寇在侵占东三省后，又进犯热河，汤玉麟无心抗战，敌人未至，汤即将八年来在热河搜括来的赃物(包括鸦片)，征用供前线运输的载重汽车二百四十辆运至天津租界保存，汤玉麟本人闻风而逃，一枪未放就丢失了热河省城承德。举国舆论抨击汤玉麟不战而逃的罪行。热河失陷后，南京国民政府迫于舆论，于 3 月 8 日下令通缉汤玉麟。

汤玉麟率部撤入察哈尔省后，于 1933 年 5 月间参加冯玉祥等人组成的察哈尔抗日同盟军，冯任命汤为察东司令。7 月，汤派参谋长赴承德与日寇秘密进行勾结，因部下坚决反对，汤玉麟投日未成。不久，汤玉麟所部为察哈尔省主席兼第二十九军军长宋哲元收编，宋委汤为第二十九军总参议，解除了他的兵权。

1934 年 1 月 9 日，南京政府撤销对汤的通缉令。5 月 2 日，北平军分会任命汤玉麟为高级顾问。半年后，汤辞职，回天津闲居，1937 年 5 月病死天津。

汤 子 敬

李本哲

汤子敬，字培，号厚珍。1860 年 9 月 19 日（清咸丰十年八月初五）生。江西临川县人。其父汤汉高，务农为生，家境贫寒。汤子敬十四岁时，随叔父汤韵高赴云南谋生，离家时仅带了一把雨伞、一双钉鞋和一吊六百钱的旅费。路过重庆时，同乡谢亿堂（谢亿泰布店老板）见汤子敬勤快伶俐，便留他在布店当学徒。谢亿泰本是一家小店，后来由于英、日帝国主义的经济侵略日益深入内地，谢亿泰便由经营土纱、土布逐渐转向经营洋货，业务日趋兴旺。

汤子敬三年学徒期满，谢亿堂借口他身材矮小，不能满师，要他再做了一年。以后，汤留在布店，从帮账到管账、办内事、跑街，步步上升。谢亿堂很赏识他的经营才干，将自己的女儿许配与他。

1898 年，余栋臣起义威震川东，一般商人都惊慌失措，唯恐战火蔓延而遭受损失，不敢把货物运到重庆，有的甚至把在重庆的存货倒运沙市、宜昌一带寄存。汤子敬认为“要得富，险中做”，将谢亿泰在上海所进的货全部运来重庆。这时市场布匹奇缺，又正值清政府急需赶制大批军衣，一时之间布匹供不应求，价格暴涨，谢亿泰奇货可居，获利颇厚，汤也因此在同业中被誉为“胆大有识”。

汤子敬在谢亿泰布店二十余年，朝夕奔走市廛中，耳濡目染，创业兴家的思想与日俱增，加上他袖笼里的私生意和东家的业务逐渐发生利害冲突，势难在店里长处下去，到 1899 年便离开了谢亿泰，分得银子八万两。

汤子敬在离开谢亿泰之前，已私下开办了两个企业。一个是聚福厚商号，创立于1894年，主要是做鸦片买卖。他利用江西“土客”来川收买鸦片的机会，在资金周转上支援他们，同时作为交换条件，每次都搭上一二挑烟土，请“土客”代购代销，从中赚取厚利。另一个是1896年开设的同生福钱庄，最初只是为了适应当时市场上银锭和铜钱并行的商业需要，做制钱买卖生意，后来发展为代办收交和经营存放汇兑。汤子敬离开谢亿泰后，不数年间又先后开设了源远长、正大昌、德大永、正大永等钱庄，聚福厚、德大昌、德大合、裕生厚、大昌祥等匹头、棉纱字号，以及聚福长山货号、协太厚银朱丹粉作坊等十多个企业。到1909年，所谓“汤十号”在重庆名噪一时。

这时，汤子敬坐镇同生福钱庄，全面指挥和策划十多个企业的经营活动。他曾利用当时日货大量倾销、价格较低的机会，暗中把日货商标换成国货或英货商标出售，获利极大。第一次世界大战爆发后，羊牛皮滞销，产区价格陡跌。他通过由聚福长山货号改组成的聚福洋行，大量收购囤积，大战结束时，一次盈利即达银四十余万两。于是，“汤百万”的称号名满全城。这段期间，同业中有要仰仗他这块招牌的，只消他允诺一声，无须拿出分文，便成了某企业的股东，年终照例分红。有的企业一时发生信用危机，只要能请他光临店堂稍坐片刻，或者求他送一条幅挂在墙上，便可转危为安，渡过困难。因此，后来人们就直呼他为“汤财神”。

在尔后的十来年中，汤子敬经营的商号虽然有起有落，但总的说来业务日益兴旺，经营范围更加扩大。当时，他的经济实力约占重庆资金流转总额的三分之一，匹头棉纱业务在市场上首屈一指。特别是裕生厚，成了各联号的轴心，甚至经营银钱业的人也以此为第二市场。他的房产遍布重庆全市，有些通连成片，由是又有“汤半城”之名。他所经营的大昌祥盐号，以及乘人之危兼并来的同亿义盐号，都曾盛极一时，居于重庆四大盐号之列。

汤子敬在经营上的节节得手和业务上的日益扩充，使他愈来愈感到应接不暇，必须建立一个统一的管理机构，于是永美厚银号即应运而生。嗣后汤又在沙市、汉口、上海等地设立分号，对渝申线上各埠汤家所有企业的经营活动，起着监督作用。

1925年，汤子敬考虑到在武汉经商的利润较重庆要高，加之家庭纠纷时起，于是决定转移资金，在汉口另辟市场，他便带现银一百多万两去汉口。汤仍然采用在重庆的办法，将永美厚银号扩充为六七家，并在进出口业建立据点，还企图进一步染指工业。可是这次故伎不灵，一百万两巨款放出去便陷于呆滞，无法活动。1927年又被国民政府在武汉封锁现金，发行的"国库券"一日数市，不断贬值，兑换现银一千两要补水二三百两，最后竟跌到对折以下，形势十分严重。其时一般商人深怕亏累过甚，都设法抢先汇出一部分现款，唯独汤子敬仍然株守过去搞投机的经验，一文也不汇出，手握巨额"国库券"，静待市面恢复正常而"出奇制胜"，结果一百八十余万两现银全部化为乌有。

汤子敬在汉口的彻底失败，使他元气大伤，汉口、沙市一带沿途各庄先后缩小经营或停业。重庆的同生福钱庄也连带损失三四十万两银子。号称重庆第二市场的裕生厚商号，1932年因受德丰、丰泰两家联号所经营的烟土在汉口遭到火灾的影响，损失达二十多万元，被迫停业。汤经过这一连串打击，情绪悲观，勇气锐减，回到重庆。初时他颇有自责之意，表示要"闭门不再闻问"，然其内心还是念念不忘重振家业。过去的失败教训使他认识到，光有钱而无势是站不住脚的。于是通过其子汤志修、汤壶峤和四川军阀官僚刘湘、王陵基、刘航琛、范绍增等结识，冀图借助地方势力东山再起。

1933年，汤子敬伙同范绍增开设四川商业银行，范出资四十万元。汤以"财神"之尊任总经理，汤壶峤一度任经理，其他重要职务亦多由汤家联号中人担任，经营尚称顺利。1934年，汤又和刘航琛的川康殖业银行结合，并把商业银行并入川康殖业银行。这时汤氏父子沾沾自喜，满以为往日之鼎盛可以再现。殊不知地方军阀官僚假惺惺地与他携手合作，只是为了利用他在商场中起联系作用，不久就把他排挤了出去。

汤子敬遭排挤后，不得不仍寄希望于自己发家的老路，并且迷信他的“财神”招牌还可挽狂澜于既倒。由于经济实力已大不如前，汤到处招干股，做空头，从而信誉大降，连他的“班底”都渐次对他怀有戒心，采取敬而远之的态度。内中有的见势不妙，干脆撤伙另起炉灶，分道扬镳。

1937年抗日战争爆发后，由于法币不断贬值，汤子敬经营连连失利，加以做申汇投机失败和受金融风潮的冲击，遂成强弩之末，一蹶不振。就是曾为他奠基立业、特别受他珍视的同生福钱庄，到1939年也仅有资金一万二千元。虽经改组增资，也不过徒事挣扎，最后终于将牌号卖与别人经营。其余企业或先后歇业，或招牌换记，至1942年时，所余商号不过两三户而已。

1943年9月24日，汤子敬在重庆病逝。

主要参考资料

蔡鹤年、陈诗可、蓝襄臣、刘闻非、彭肇维：《重庆巨商汤子敬的发家史》，中国民主建国会重庆委员会、重庆市工商业联合会编《重庆工商史料选辑》第1辑，1962年。

唐　继　尧

谢本书　孙代兴

唐继尧，字蓂赓，云南会泽县人。1883 年 8 月 14 日(清光绪九年七月十二日)出生。他家“累世均以科名显于乡里，父为邑中名宿”。他六岁入私塾，十五岁中秀才①。1904 年考取官费留日学军事，入东京振武学校。1905 年 8 月，孙中山在日本东京组织同盟会，唐继尧不久即加入。同时，唐与少数人另组“陆军团”和“武学社”②。同年 11 月，日本政府发布“取缔清韩留日学生规则”，限制留日学生活动，引起学生抗议罢课，并分批起程回国。唐继尧不同意罢课，甚至号召留日学生安心学习，1906 年，唐继尧在振武学校毕业，入金泽第九师团炮兵联队见习，见习期满后入日本士官学校。

1908 年 4 月，革命党人在云南河口发动起义。消息传至东京，留日云南人士开会庆祝，而唐继尧却持消极态度。事后一些积极支持起义的学生被革除官费，有人怀疑为唐继尧“禀揭”③。同年唐继尧毕业于日本士官学校第六期。

1909 年，唐继尧回国，先后任云南督练公所提调，讲武堂教官、监督，新军第十九镇参谋官，七十四标第一营管带等职。

---

① 据唐继尧的亲属说，唐继尧中秀才时十八岁，但有关唐继尧的各种传记均记为十五岁。

② 东南编译社编述:《唐继尧》，民国十四年一月版，第 1—2 页。

③ 庾恩旸:《再造共和唐会泽大事记》，民国六年二月版，第 11 页。

1911年武昌起义爆发，云南同盟会员闻讯密议于李鸿祥、唐继尧宅，准备响应。10月30日（农历九月初九日）夜，在蔡锷、李根源等领导下，云南起义爆发，唐继尧协同进攻督署。翌日昆明起义成功，全省迅速光复。起义官兵组织了“大汉云南军都督府”，推举蔡锷为军都督，唐继尧被任命为军政、参谋两部次长。

1912年1月，蔡锷派韩国饶、李鸿祥等率部“援川”。继又派唐继尧以“北伐军”司令名义率师与援川滇军会合，出师武汉。师未出，唐继尧又奉蔡锷之命，假道贵州，代平“黔乱”。时贵州已于1911年11月初光复，由同盟会支持的“自治学社”革命党人掌权，组成了贵州军政府。贵州立宪派为了夺取政权，由任可澄、刘显世、戴戡、周沆等人请求蔡锷命北伐滇军取道贵州，戡平“公口”（哥老会）之“乱”。唐率师行至平彝（今富源），蔡锷又急电唐终止入黔，援川“北伐”。但唐不受命，继续东进。蔡无可奈何，只好以“先其所急”，听之任之①。唐军于1912年3月初袭占贵阳，对战败的黔军“无论官长士兵，恐其不为己用，缴械之后，驱之东郊，悉数坑杀”②。大屠杀后，立宪派控制的省议会推唐继尧为临时都督。5月，袁世凯政府正式委任唐继尧为贵州都督。立宪党人戴戡、任可澄做了都督府的左、右参赞，刘显世出任军务部长。

1913年，爆发了反对袁世凯的“二次革命”。7月，赣督李烈钧首先在江西湖口宣布独立。8月，川军第五师师长兼重庆镇守使熊克武响应。袁世凯任命唐继尧为滇黔联军总司令，命他出兵攻打熊克武③。唐派贵州第三师师长叶荃及混成旅旅长黄毓成等率部入川进攻重庆，

---

① 郭燮熙编纂，蔡锷订正：《援黔篇》（《云南光复纪要》之一章），载毛注青等编《蔡锷集》，湖南人民出版社1983年版，第607—613页。

② 黄济舟：《辛亥贵州革命纪略》，中国科学院历史研究所第三所编辑《云南贵州辛亥革命资料》，科学出版社1959年1月版，第169页。

③ 庾恩旸：《云南首义拥护共和始末记》上册，民国六年云南图书馆发行，第8页。

声称要“奋其武力，剪此奸凶”①。叶荃等率部入川，打败了熊克武，为袁世凯立下了汗马功劳②。

1913年10月，袁世凯调云南都督蔡入京，另有任用。蔡乃电请以唐继尧为云南都督兼民政长，袁世凯很快批准。唐继尧回滇不久，便发生了杨春魁攻占大理的事件。唐派兵镇压，“未逾月而乱平”③，逼死了杨春魁，还趁机杀害了著名革命党人、辛亥起义时的滇西都督张文光。

1914年，袁世凯任命唐继尧为“开武将军”兼云南巡按使，不久复以任可澄为云南巡按使，令唐专任督理军务。1915年10月，唐继尧又以开武将军受爵一等开武侯，并接受袁世凯每月津贴三万元④。

袁世凯帝制行为遭到了全国人民的反对，云南中下级军官先后召开三次秘密会议，决定武装反对袁氏帝制。唐继尧却认为，滇逼强邻，“黔则汤芗铭扼驻于湘”，川则“陈宧逼己”，因而“迟疑久不决”⑤。但是，滇军对袁氏“愤慨异常”⑥，唐继尧深感军心不稳，可能危及自己的地位，又闻蔡锷即将来滇，冯国璋也表示“滇发难，当继踵而起”⑦，乃被迫同意参加反袁，并迎接蔡锷和李烈钧、熊克武、程潜、方声涛等人来昆明，共同策划。

蔡锷于1915年12月19日到昆明。21、22日，滇军将领在蔡锷、

① 唐继绕派兵入川的《誓师词》，见《会泽督黔文牍》杂文第28页，云南督军署秘书厅1920年版。

② 马伯周：《叶荃生平述闻》，云南大学历史系油印稿。据叶荃的儿子叶苍绿说，“二次革命”结束以后，叶荃以攻熊之役虽系奉唐继尧之命令，但终以违反“二次革命”的宗旨，耿耿于怀。

③ 《唐继尧》，第20页。

④ 吴乾就：《从政治立场评价唐继尧》，《学术研究》1961年第5期，第14页。

⑤ 白之瀚：《云南护国简史》，新云南丛书社民国三十五年版，第30页。

⑥ 蔡锷：《致梁启超函》（1916年1月5日），《松坡军中遗墨》，松坡学会1926年版。

⑦ 邓之诚：《护国军纪实》，《史学年报》第2卷第2期（民国二十四年）。

唐继尧的主持下，又举行了两次会议，决定立即发动反袁护国战争(袁世凯已于12月12日宣布接受帝制)。23日，以云南将军唐继尧、云南巡按使任可澄名义致电袁世凯，要求取消帝制，诛除帝制祸首，限25日上午10时答复①。12月25日，蔡锷、唐继尧等联名宣布云南独立，武装讨袁。同时组织护国军，以蔡锷为第一军总司令出蜀，以李烈钧为第二军总司令入桂，唐继尧以都督名义兼第三军总司令留守，反袁护国战争爆发。

护国运动发展迅速，袁世凯被迫于3月22日宣布取消帝制，但仍想把住大总统位置不放，护国军要求袁世凯下台。同时，起义的滇、黔、粤、桂、浙五省联合于5月8日在广东肇庆成立军务院，处理“军国重事”，唐继尧遥领军务院抚军长职，岑春煊以抚军副长代行职权。1916年6月6日，袁世凯死，护国战争不了了之。唐继尧、岑春煊、梁启超等人以黎元洪继任总统和恢复国会为条件，于7月14日宣布撤销军务院。

在护国战争实际上已经结束之时，唐继尧却将原护国军三个军扩大为八个军，继续派往四川。这件事引起了蔡锷的忧虑，他在给唐继尧的电报中说：“锷诚愚陋，实未解命意所在。”②

1917年，孙中山为反对北洋军阀段祺瑞政府破坏《临时约法》，掀起了“护法运动”。唐继尧和广西陆荣廷也宣布响应“护法”。8月25日，在广州召开的国会非常会议决定成立军政府。9月1日，非常国会选孙中山为军政府大元帅，唐继尧、陆荣廷为元帅。但是，唐、陆都拒不就职。唐继尧在一个密电上写道“中山举动，本嫌唐突”，但“有彼在，对内对外亦有一种助力；将来取消，亦有一番交换。故此间仅辞元帅职，

① 原电稿现存中国第二历史档案馆(南京)，卷宗号四三九(2)560。原件底稿批注：“此电已于23日午后十一时拍去。”后来报刊记载，说是限二十四时答复，实应是限25日上午十时答复。又《会泽首义文牍》(民国六年六月版)所收的这个电报，也是说限25日上午十时答复。

② 蔡锷：《致唐继尧等皓戌电》(1916年7月19日)，《松坡军中遗墨》。

未言其他"①。而且,唐继尧支持桂系军阀陆荣廷、莫荣新分化瓦解支持孙中山护法的驻粤滇军,囚禁了驻粤滇军将领、军政府陆军部长张开儒,枪杀了陆军部次长崔文藻。

1918年5月18日,广州非常国会在唐继尧、陆荣廷的支持和政学系政客的把持下,议决改组军政府,废除大元帅制,改为总裁制,举陆荣廷、唐继尧、孙中山、岑春煊等七人为总裁(后又推岑春煊为主席总裁)。孙中山虽是七总裁之一,而实权却掌握在西南军阀手中。孙中山很失望,还在军政府改组前夕,他就向非常国会提出辞大元帅的咨文,并通电斥责滇、桂军阀,"态度暧昧,置根本大法于不问"。明白地指出:"吾国之大患,莫大于武人之争雄,南与北如一丘之貉,虽号称护法之省,亦莫肯俯首于法律民意之下。"唐继尧在孙中山的电文上批"无耻已极"、"一片胡说"②。而唐继尧在收到改组后的广州军政府的电报后,立即宣布就总裁职,并表示"军府改组,同深庆慰"③。

唐继尧利用护法、靖国之名,出师击败四川军阀刘存厚,赶走段祺瑞派到重庆的"长江上游总司令"吴光新。1918年5月,亲赴重庆,召开川、滇、黔、鄂、豫五省联军会议,就任五省"靖国联军总司令"(号称"联帅")。陕西、湖南、福建等省部分军事首脑亦以靖国军相号召,唐继尧俨然又以川、滇、黔、鄂、豫、陕、湘、闽八省联军总司令自命④。

同年下半年开始,唐继尧利用正在进行的南北和议,和直系军阀吴佩孚秘密勾结。1919年11月23日,他们的代表会于衡阳,在吴佩孚

---

① 唐继尧在徐之琛密电(1917年9月12日)上的批语,见云南省政府秘书处档案,卷宗号106—3—764,第70—75页。

② 唐继尧、周钟岳在孙中山电文上的批语,见云南省政府秘书处档案,卷宗号106—3—1311,第250—261页。

③ 《承领军府总裁电》,《会泽靖国文牍》,卷五,靖国联军总司令部秘书厅编,民国十二年昆明版,第9页。

④ 唐继尧以七省、八省或十省联军总司令自命,说法不一。这里根据《唐继尧》一书第二十二章记载归纳。

提出的军事密约《救国同盟》修改稿上正式签字。在密约上先后签字的还有粤、湘、桂、川系军阀的代表。密约的附件规定“同盟军遇有危迫时,近者以实力援助,远者以函电响应,或转托他军协助”,而且条约“永久发生效力”①。

1920年6月1日,唐继尧在“废督裁兵”声中,宣布废除督军称号,以靖国联军总司令名义,行使职权,声言要“闭关自治”②。

护国战争结束后,唐继尧连年出兵川、黔,激起人民的不满。他自己也承认“滇省连年兴师,民生凋敝”③。而滇军在川“人民仇视,给养困难,土匪骚扰,交通断绝”④,使滇军处境十分不利。1920年爆发的川滇战争,滇军先胜后败。在川滇军第二军军长赵又新战死,第一军军长顾品珍乃以“士兵厌战”为由,班师回滇,驱逐唐继尧。大军压境,唐继尧被迫于1921年2月通电辞职,乘滇越路车出亡香港。顾品珍以滇军总司令名义控制云南。

1922年春,唐继尧以重金收买正在孙中山组织和指挥下准备北伐的驻桂滇军,折回云南,同时收买了滇南大土匪吴学显,从内部配合,向顾品珍发动突然袭击。顾品珍在路南天生关指挥部中弹身死。3月,唐继尧重返昆明,再次控制云南的军政大权。

唐继尧重掌云南大权以后,参与“联省自治”的合唱,于同年8月1日改组省政府,实行“民治”,颁布《云南省政府暂行组织大纲》,并被推举为云南省长。同时,扩编所部滇军五个军为“建国军”,自号川、滇、黔、鄂、赣、豫、陕七省“建国联军总司令”。

---

① 谢本书:《“南与北如一丘之貉”——谈新发现的吴佩孚与西南军阀的军事密约》,《光明日报》1964年3月12日。

② 魏家猷:《唐会泽言行录》,云南官印局印,民国十二年五月版,第14—15页。

③ 唐继尧在向文甲函(1917年12月19日)上的批语,见云南省政府秘书处档案,卷宗号106—3—762,第135页。

④ 唐继尧在李烈钧电报(1917年12月6日)上的批语,见云南省政府秘书处档案,卷宗号106—3—762,第124—125页。

1923年2月，孙中山回广州重建大元帅府。1924年初，孙中山在中国共产党人的帮助下，改组国民党，确定联俄、联共、扶助农工三大政策，准备北伐。9月，孙中山为促唐继尧参加北伐，在广州政务军事联合会议上提议推举唐继尧为副元帅，但是唐继尧又拒不接受。

1924年11月，孙中山北上。粤军陈炯明于1925年1月分三路进攻广州。唐继尧也在一二月间，派胡若愚、龙云率军三万余人进攻广西，占领南宁；又派唐继禹、张汝骥、吴学显率兵四万，进逼柳州。1925年3月12日，孙中山在北京逝世。消息传到昆明，唐继尧即通电说已于3月18日在滇就副元帅职①。广州革命政府谴责唐继尧的行径，并于3月19日通电讨伐唐继尧。5月，唐继尧派代表与杨希闵、刘震寰等人以及英帝香港当局代表密议，准备颠覆广州政府。6月，广州政府先发制人，击溃在粤的滇、桂军数万人。8月，在南宁、柳州的滇军亦先后败退回云南。

唐继尧为了连年进行战争，不断扩充军队，纵容匪患，并用增加苛捐杂税、滥发纸币、强售公债、统运大烟等手段，加紧搜括民财，过着挥霍无度的糜烂生活，引起群众的强烈反对。而滇军从广西败归后，唐继尧集团内部矛盾又尖锐化起来。1926年8月，维西镇守使罗树昌起兵永北，进攻大理；杨振寰、徐进占据保山；刘正伦亦响应于腾冲，联合声讨唐继尧②。

1926年下半年，从广州出发的北伐军节节胜利。唐继尧深感恐惧，加紧了与吴佩孚、孙传芳的勾结，并以“反共”、“讨赤”相号召，组织所谓“民治党”。1927年初，北伐军席卷了半个中国，眼看着滇系军阀唐继尧的统治行将崩溃时，唐继尧的老部下，昆明、蒙自、昭通、大理四镇守使龙云、胡若愚、张汝骥、李选廷，突于2月6日举行“兵谏”，联合

---

① 《唐继尧就副元帅之皓电》(1925年3月19日)，孙曜:《中华民国史料》下册，上海文明书局1929年版。

② 吴乾就:《再论唐继尧的政治立场》,《学术研究》1962年第3期，第37页。

发出通电，指责唐继尧“全面独裁，势同专制”。四镇守使联合举兵，进逼昆明。唐继尧见大势已去，被迫允诺交出政权，解散民治党。这就是昆明“二六”政变。四镇守使推胡若愚为重新组织的省务委员会的主席，“拥戴”唐继尧为有名无实的省务委员会总裁①。

“二六”政变后，唐继尧“愤懑吐血，偃卧月余”，于1927年5月23日在昆明不治身死。

① 张若谷、李表东：《1926年“倒唐”回忆录》，《近代史资料》1958年第3期。龚自知：《龙云夺取云南政权的经过》，中国人民政治协商会议云南省委员会文史资料研究委员会编《云南文史资料选辑》第2辑，1963年版。

唐　群　英

罗绍志

唐群英，字希陶，册名恭懿。1871年12月8日（清同治十年十月二十六日）生于湖南衡山。其父唐星照，清末提督。他共有二子四女，唐群英系第三女。

唐群英自幼聪慧好学，稍长能诗善文。十五岁时写过“邻烟连雾起，山鸟唤晴来”等佳句，被塾师批谓“女文而有男性”①。1890年，唐群英的父亲病逝。次年，她从母命嫁到毗邻的湘乡荷叶（今属双峰县），与曾国藩的堂弟曾国纲结婚。1897年，她丈夫去世，独生女也夭折。在曾家的日子里，唐群英结识了秋瑾及蔡和森的母亲葛健豪。

1904年春，唐群英赴日本学习，寻求救国之道。在日本，她先入青山实践女校，与秋瑾同学，两年后，考入成女高等学校师范科。湖南当局嘉其成绩，把她改为官费生。她因才华出众，深得校长山根正次及老师水谷直孝、宫田修等器重。

在东京期间，唐群英结识了刘揆一、刘道一、黄兴等湘籍志士。1905年春，她胞弟唐乾一也抵日。5月，经黄兴、赵恒惕介绍，姊弟俩同入华兴会。7月，黄兴介绍她会见了孙中山。8月20日，华兴会、兴中会等革命团体合并成立中国同盟会。起初，华兴会会员在讨论是否加入同盟会时，有些人不赞成，她的弟弟唐乾一便是其中之一②，唐群英

---

① 唐乾一：《又征文事略》，未刊稿，存唐群英抚子唐遂九手。

② 子虚子（唐乾一）：《湘事记》1914年6月10日，北京正蒙印书局1914年版。

坚决赞同加入，成为同盟会的第一个女会员。她年岁较大，是当时同盟会里有名的“唐大姐”。

唐群英加入同盟会后，积极从事推翻清王朝的革命活动，与秋瑾等在横滨学习制造炸弹，带头参加抗议日本当局“取缔清韩留学生规则”的罢课斗争。同盟会机关报《民报》创刊，当时经费困难，她与秋瑾节衣缩食，各捐银二百元。1906 年 10 月，湖南留学生筹办的《洞庭波》在日创刊，她利用课余时间为该刊撰稿、组稿。“霾云瘴雾苦经年，侠气豪情鼓大千。欲展平均新世界，安排先自把躯捐。”就是她发表在创刊号的八首绝句之一。

1907 年底，唐群英在成女高等学校师范科毕业。是年 7 月，孙中山被迫离开日本，在与唐群英话别时，赠诗一首：“此去浪滔天，应知身在船。若返潇湘日，为我问陈癫。”①1908 年春，唐群英返湘后，即按照中山先生的部署，与陈荆（即陈癫）、张汉英等在湘、赣等地开展革命活动。1910 年春，她再次赴日，入音乐专科，开展学生运动，组织留日女学生会，初任书记，后改任会长。次年 4 月，创办《留日女学会》杂志，亲任主编，动员女界投身革命斗争。8 月，经傅屯艮等介绍加入南社。9 月上旬，奉命回国，在上海与张昭汉等发起成立上海女界协赞会。10 月，武昌起义爆发，同月下旬在上海与张汉英组织女子后援会任会长，一面派人到各省为民军筹款，一面组织北伐军救护队，“随赴战地，医救受伤兵士”②。随后，又在湖北组建女子北伐队，被推为队长，率队参加攻打南京的战斗，是当时有名的“双枪女将”。南京临时政府成立，她与张昭汉、程颖、陈鸿璧四人，作为女界协赞会代表，受到孙中山接见，被誉为“创立民国的巾帼英雄”，荣获总统府二等嘉禾章③。

---

① 曾昭桓：《辛亥革命女战士唐群英》，中国人民政治协商会议湖南省委员会文史资料研究委员会编《湖南文史资料》第十五辑，湖南人民出版社 1982 年版。陈癫，即陈树人，湘籍同盟会会员，孙中山好友。

② 《女子后援会简章》，《时报》1911 年 12 月 7 日。

③ 《衡山治平晋昌唐氏七修族谱》。

民国建立后，为了在政治上实现男女平权，各地妇女纷纷组团设会。当时，除唐群英、张汉英发起的女子后援会外，还有林宗素、沈佩贞、吴木兰等在上海发起的女子参政同志会、女子尚武会、女子同盟会以及王昌国在湖南长沙发起的女国民会等，致力于女子参政活动。1912 年 2 月 20 日，唐群英联络五个女子团体在南京开会，决议组织中华民国女子参政同盟会，以"实行男女平等，实行参政"①。

此后，围绕女子参政问题，唐群英等同参议院展开了激烈的斗争。是年 3 月，南京临时参议院制定《中华民国临时约法》时，唐群英认为"女子参政为民国所必需"，"须从根本上要求解决"②，上书参议院，提出"欲求社会之平等，必先求男女之平权；欲求男女之平权，非先予女子以参政权不可"，"请于宪法正文之内，订明无论男女一律平等，明白规定于临时约法之中"③。参议院 19 日开会讨论时，竟以"事件重大，应候国会成立，再行解决"④为辞，予以推诿。妇女界群情忿激，孙中山闻讯，深感不安，20 日，晤见唐群英，嘱坚持忍耐，不可采用暴烈行动，唐群英即与蔡蕙等分头疏导。21 日，议院开会，唐群英率女界代表二十余人到会旁听，被门卫阻拦，她们推开门卫拥入，唐群英发言后因事离场。有议员发言有辱女性，沈佩贞等提出质问，发展成部分议员与女代表之争执，被哄传为"大闹参议院事件"。

3 月 22 日，唐群英与蔡蕙晋谒孙中山，面陈事件真相，并再次提出女子参政的要求，请其敦促参议院修正《临时约法草案》。孙中山答应了她们的要求，并热情给予鼓励，说只要坚持不懈，据理力争，将来定能达到目的。在孙中山的认同和支持下，女子参政同盟会于 4 月 8 日在南京成立，唐群英被选为会长，会上通过了由她主持起草的十一条政

---

① 《民声日报》1912 年 4 月 12 日。

② 徐辉琪：《唐群英与"女子参政同盟会"》，《贵州社会科学》1981 年第 4 期。

③ 《时报》1912 年 2 月 20 日。

④ 《东方杂志》第 8 卷第 11 号，第 4 页。

纲，并选举张汉英、林复、唐群英、王昌国、沈佩贞、徐素贞、蔡蕙、李芝等八人分管总务、交际、政事、实业、教育、财政、审查、文事八部事务。会后向全国发表了《女子参政同盟会致各省都督等电》，声明对南京参议院所颁布之《临时约法》，“我女界绝不承认”①。

临时政府北迁后，唐群英不顾袁世凯的阻挠，于5月与王昌国等“联袂北上”，联络北方女界，继续力争女子参政权利。是年7月，她获悉参议院拟定国会选举法中，没有规定女子有选举权与被选举权，认为“此乃切肤之利害”，必“出死力以争之”，便与北京女子参政团“筹商对付办法”②。8月10日，以女子联合会名义，再次上书参议院，要求补订《女子选举法》并颁布实行。然《女子选举法》未经讨论便被参议院否决。12月9日，唐声色俱厉地与议长吴景濂辩论，声言如袁大总统不赞成女子有参政权，亦必不承认袁为大总统。

同时，唐群英还领导女子参政同盟会开展反对同盟会抛弃“男女平权”的斗争。在8月14日同盟会本部召开改组为国民党的酝酿会上，她质问主持人宋教仁：“此次同盟会合并，何以不知会女会员，擅由一般男会员作主？且合并之后，何以擅将党纲中男女平权一条删去？”她声明“此等合并，吾辈女会员绝不承认”③。当天晚上，她召集同盟会女会员紧急会议，决定致电同盟会各省支部女会员，“迅筹对待办法”。8月25日，国民党在北京举行成立大会，新的党章仍无“男女平权”条文，到会女同盟会员一致抗议，群情激愤，唐群英在盛怒之下，打了宋教仁和林森各一记耳光。会后，她又为女子参政同盟会起草“驳诘同盟会传单”，在社会上广为散发，并于9月1日召开女界联合会，号召女界“切

① 《民声日报》1912年4月12日。

② 《女子参政同盟会参政请愿书》(稿存中国第二历史档案馆)，中华全国妇女联合会妇女运动历史研究室编《中国妇女运动历史资料，1840—1918》，中国妇女出版社1991年版，第601—605页。

③ 上海《大公报》第3604期。

勿动摇”，要继续努力“必达男女平权、女子参政而后已”①。

对于唐群英倡导的女子参政运动，孙中山虽极力支持，但由于社会上和党内重重压力，亦爱莫能助。他在国民党成立大会结束时解释说：“男女平权，本同盟会之党纲。此次欲组织坚强之大政党，既据五大党之政见，以此条可置为缓图，则吾人以国家为前提，自不得不暂时从多数取决。然苟能将共和巩固完全，男女自有平权之日。……但现在国势危急，当先设法巩固政府。盖有国家，不患无平权之一日。”②9 月 2 日，孙中山又致函唐群英等，指出“至党纲删去男女平权之条乃多数男人之公意，非少数可能挽回，君等专以一二理事人为难，无益也”。孙中山认为“今日女界宜专由女子发起之团体，提倡教育，使女界知识普及，力量乃宏，然后始可与男子争权，则必能得胜也”。他向唐群英等建言“切勿倚赖男子代为出力，方不为男子所利用也”③。

孙中山的劝告，对唐群英的启示很大。她深深感到：女子参政在“理想上有莫大之希望，事实上未免有暂时之让步”④。为了保卫辛亥革命成果，唐群英决定暂时放弃党内的女权之争，共同对付袁世凯。于是在北京创办“中央女学校”和“女子工艺厂”，筹办“南洋女子法政大学”，发表创办《女子白话报》意见书，得到宋教仁、唐绍仪等的大力支持。为了“扩张势力”，还于 10 月 20 日在北京成立女子参政同盟会本部，其他各地分设支部。由唐群英任总理，继识一、王昌国任协理。紧接着，在北京创刊《女子白话报》和《亚东丛报》，主持复刊《神州女报》，一方面揭露袁世凯的复辟阴谋，一方面继续宣扬女权。

为了加强女子参政同盟会在地方的发展，唐群英于 1912 年 12 月

① 《平民日报》1912 年 9 月 7 日。

② 孙中山：《在国民党成立大会的演说》(1912 年 8 月 25 日)，中国社会科学院近代史研究所民国史研究室等编《孙中山全集》第 2 卷，中华书局 1982 年版，第 409—410 页。

③ 孙文：《复参政同盟会女同志函》，《孙中山全集》第 2 卷，第 438 页。

④ 《女子参政同盟会代表唐群英宣言书》，《民国新闻》1912 年 9 月 4—13 日。

中旬回到长沙。在她的推动下，女子参政同盟会湖南支部于12月18日正式成立，会员达八百人，唐群英兼任支部长。湖南支部一建立，唐就与张汉英等多方奔走，建立“秋瑾烈士祠”，领导了反对《长沙日报》攻击女子参政同盟会的斗争。创办了《女权日报》，宣传男女平权和女子参政，相继创办“女子法政学校”、“女子美术学校”、“自强女子职业学校”和筹办“女子法政大学”以提高女界的学识和实业能力。随后，唐群英还为政府推荐一批女学生赴日留学，并领导了反对女国民会强占秋瑾烈士祠的斗争，在湖南产生了很大影响。

1913年3月，袁世凯派人暗杀宋教仁后，于11月13日下令解散女子参政同盟会，查封《女子白话报》等，禁止《女权日报》在京发行，并悬赏银洋一万元通缉唐群英。自此，全国性的女子参政活动被迫停止。

1916年2月，唐群英在长沙发动女界开展讨袁运动，在一次声讨会上，险遭袁世凯的爪牙围捕。此后，唐群英一直从事女子教育，先后在衡山、长沙等地创办白果红茶亭女校、衡山女校、长沙复陶女子中学、岳北女子实业学校和一所云在庐课堂。

1924年6月9日，湖南女界联合会在复陶女校举行恢复成立大会，公推唐群英为会议主席。代表们纷纷演说：“以后如有再轻视女子，蹂躏女权者，当效唐群英先生打宋教仁的法子来打一打，看他们怕不怕。”①会上，唐群英当选副主任。

1926年6月，北伐军进入长沙时，唐群英组织复陶女校师生、长沙市妇女数千人夹道欢迎。

唐群英为女子教育事业奔波，以至家业耗尽，负债累累。1935年5月，老同盟会员张继、覃振、仇鳌等电邀她去南京，任国民党中央党史编纂委员会委员。次年因病回故里，1937年6月3日病逝。

---

① 《女界联合会恢复矣》，《大公报》（湖南）1924年6月10日。

唐 绍 仪

郑则民

唐绍仪，又名绍怡，字少川。广东香山唐家湾（今属珠海市）人。生于1862年1月2日（清同治元年十二月初三）①。父唐巨川是上海的茶叶出口商，族叔唐廷枢曾任上海轮船招商局及开平矿务局总办。

唐绍仪自幼随父到上海读书，较早学习外语并接触洋务知识。1874年，经清政府选派，由容闳带领到美国留学，经中学升入哥伦比亚大学文科，共留美七年。1881年被召回国，改派至天津水师附设的洋务学堂读书。1885年开始在天津税务衙门任职。随后被派往朝鲜办理税务。当时袁世凯任"驻扎朝鲜总理交涉通商事宜"，对唐十分赏识，调唐任西文翻译，接着兼任办理龙山商务委员。1894年7月，袁请内调，委唐代理其驻朝鲜的职务。

1895年，唐随袁世凯至小站练兵，和徐世昌一起经管学务处。其后，袁任山东巡抚，唐以道员随往山东，办理外交和商务。1901年冬，袁世凯继李鸿章为直隶总督兼北洋大臣，特荐唐绍仪为津海关道。

1904年，英国加紧侵略中国西藏地方，引起我国人民的强烈反对。同年9月，清政府派唐为全权议约大臣，赴印度同英国代表谈判有关西藏条约。他力图改变英国与西藏地方当局擅自签订的、非法的《拉萨条

---

① 唐绍仪的出生时间，有关传记、辞条通称1860年，现经查证，应为1862年1月2日（清同治辛酉年十二月初三）。见《上海时报》1938年10月1日，又见张晓辉：《唐绍仪出生年月考》，《近代史研究》1988年第3期，第315页。

约》。经过两年的交涉，与英国签订了《续订藏印条约》，虽允许英国取得从印度架设电线通往西藏已开有关商埠的权利，但使英国确认中国对西藏地方的领土主权①。随后，他被授为外务部右侍郎，参加中日、中俄关于我国东北问题的交涉。

1906年，唐绍仪出任沪宁、京汉铁路督办、邮传部左侍郎等职。1907年，清政府改革东三省官制，设总督、巡抚。唐出任奉天巡抚，仍致力于东三省的对外交涉。他曾大胆设想，依赖美国等修建东北“新（民）法（库）铁路”和设立“东三省银行”来与日本扩张势力相抗衡，但在日本干预下设想落空。次年，美国以部分庚子赔款“退还”清政府。唐绍仪被派为“致谢”专使，赴美活动。回国后于1910年一度任邮传部尚书。

武昌起义后，清廷起用袁世凯为内阁总理。唐绍仪充当袁内阁的全权代表，于1911年12月18日开始与民军全权代表伍廷芳在上海谈判议和。首先达成了湖北、陕西、安徽、江苏、奉天的停战协定。

唐绍仪认为他的主要使命在于运用妥协手段，使南方确认袁世凯的地位。在谈判中，面对南方代表坚持必须承认共和的主张，他提出了“召集国民会议，决定君主民主问题”的折中方案②，中经英国公使等穿针引线，又经过双方多次密谈，初步达成协议。正在这时，孙中山自美归国，南方十七省代表迅速于1912年元旦成立了以孙中山为首的南京临时政府。袁世凯闻讯，非常忌恨，策动唐绍仪于1月2日辞去全权代表职务，由袁亲自出面以电报方式与伍廷芳交涉，并立即对南方革命党人施加政治、军事的压力。但同时，袁又授意唐绍仪继续与伍廷芳秘密磋商关于清帝退位的优待办法、孙中山的辞职和以袁继任的各项问题。最后由于南方一再让步而达成协议。

---

① 王铁崖编：《中外旧约章汇编》第2册，三联书店1959年版，第345—348页。

② 中国史学会主编：《中国近代史资料丛刊·辛亥革命》（八），上海人民出版社1957年版，第82页。

1912年3月，袁世凯当上临时大总统后，提名唐绍仪为第一任内阁总理。唐为了取得支持，迎合资产阶级民主派企图实行政党内阁的心理，表示愿意加入同盟会。

1912年3月25日，唐绍仪到南京组织新内阁，30日，经蔡元培、黄兴介绍，由孙中山主盟宣誓，加入了同盟会。唐加入同盟会后，思想感情有显著变化，在一些重要问题上倾向南方，多次致电与袁磋商。经过几番周折之后，袁世凯正式任命各部总长：外交陆徵祥，内务赵秉钧，财政熊希龄，陆军段祺瑞，海军刘冠雄，教育蔡元培，司法王宠惠，农林宋教仁，工商陈其美，交通唐绍仪兼（不久由施肇基担任）。这个内阁当时曾被人称为"同盟会中心内阁"，从数量上说内阁的阁员大致是北洋派和同盟会"平分秋色"，宋教仁、蔡元培等同盟会员参加了政府工作。而军、政、财实权则由北洋派掌握。在内阁之上设总统府握有实权，但北迁后的参议院里同盟会仍占优势，所以这是一个以北洋派占主导地位的联合内阁，处于不稳定状态。

唐绍仪力图推行他的"责任内阁制"，而拥有实力的袁世凯则要求大权独揽。从内阁成立之日起就存在着矛盾和斗争。4月20日，唐绍仪与宋教仁、蔡元培等同盟会阁员到达北京。次日在总统府由唐主持内阁第一次会议，宣告内阁成立。在内阁成立之初，唐绍仪仍希望振作精神，在任内做一番事业。但当袁世凯看到唐绍仪对他不甘驯服的时候，便联合当时拥袁的共和党人，向他刁难和胁迫。终于以王芝祥的改委事件为导火线，造成内阁更迭。6月15日，袁公然破坏《临时约法》中关于总统颁布令须经内阁副署的规定，擅自任命王芝祥为南京宣慰使，冯国璋为直隶总督。唐因此感到难堪，便于当天提出辞呈，愤而赴津，27日获准辞国务总理职。

唐绍仪离京后，在天津稍事逗留，便南下上海。过了一段时间寓公生活。1914年，他出面邀请一批绅商朋僚，在上海北四川路开设"金星人寿保险有限公司"，集资额达一百万元。其中设有董事会、经理部、总务部、出纳部、交际部等，唐被推为董事长，同乡富商兼政客卢信任总经理。列名为该公司股东的包括当时副总统黎元洪、交通系首领梁士诒等。“洪宪”帝制发生时，唐绍仪约集在上海的蔡元培、汪精卫联名“率先向世凯严厉警告，使即取消帝制野心，并辞职以谢天下”。电文抬头称袁世凯为“慰廷先生”，公开在国内各报上登载，产生了较大的影响①。1916年6月袁世凯死后，黎元洪继任总统，一度声称恢复《临时约法》和国会，曾任命唐绍仪为段祺瑞内阁外交总长。唐拟北上就职，行至天津，获悉张勋等军阀联名通电反对，于是便毅然南返。

1917年春夏间，北京政府内部发生了以美、日两国势力为背景的“府院之争”，引出了解散国会、张勋复辟等历史丑剧。7月，孙中山率海军南下，到广州建立护法军政府，唐绍仪也南下参加，于9月11日被孙中山任命为财政总长。次年5月，军政府中的桂系军阀排斥孙中山，取消了大元帅制，改为七总裁合议制，唐任总裁之一兼财政部长。由于桂系军阀推行“以粤养桂”的政策，大肆掠夺广东人民及政治上的独裁专制，倒行逆施，促使唐绍仪逐渐同桂系分离，在政治上同孙中山趋向一致。

随着第一次世界大战的结束，国内外出现了一股和平热潮，南、北政府酝酿举行和谈。护法国会参、众议院议长林森、吴景濂等发电推荐唐绍仪为南方出席和议的总代表。唐绍仪依赖金星人寿保险公司的支持为南方代表借筹了一笔经费，促使和议于1919年2月20日在上海举行。唐绍仪充当南方军政府总代表，北京政府总代表为朱启钤。双方表面上就恢复国会等问题进行讨论，实际上为划分地盘、争夺权力而争吵不休，到五四运动发生后，以毫无结果而中断。

1920年6月，孙中山、伍廷芳在上海通电反对桂系军阀，唐绍仪在上海也参加。接着粤军把桂系军阀驱逐出广东，他随孙中山等回广州恢复军政府。这时唐认为孙中山的政治主张难于实现，不愿支持，没有

---

① 冯自由:《唐少川之生平》,《革命逸史》第2辑，中华书局1961年版，第302—303页。

继续任职。此后，退居家乡。1922 年夏，黎元洪在直系军阀扶持下复任总统，8 月 5 日，发表唐绍仪组阁的任命，因有直系军阀首领曹锟、吴佩孚的阻挠，唐“不愿出山”。1924 年，孙中山改组国民党，唐采取沉默态度，闭门不出。蒋介石在南京建立国民政府之后，聘唐为高级顾问，他也没有前往就职。

1931 年 5 月，汪精卫、孙科等在广州成立国民政府，与蒋介石南京国民政府相对峙。唐绍仪应邀参加，担任常务委员。“九一八”事变后，宁粤合流，当年冬，唐当上了国民党中央监察委员、国民政府委员。1932 年 1 月，广州设立“西南政务委员会”，唐任常务委员。3 月，唐兼任中山县县长。后因与广东军阀陈济棠争夺政治权力和该县的收益，陈济棠策动了中山县的“倒唐”事件。1934 年 10 月，县兵“哗变”，以索饷为名包围唐的寓所，迫使他离开中山县，重返上海。1936 年，唐绍仪出席在南京召开的国民党五届二中全会，提议撤销“西南政务委员会”等两机关，帮了蒋介石的忙，后因蒋没有给以相应的报答，对蒋不满。

1937 年 12 月日本侵略者侵占上海、南京后，企图拼凑一个统率南北的伪政权，把南方的唐绍仪、北方的吴佩孚作为重要争取对象，有所谓“南唐北吴”之称。日本方面曾多次派人与唐绍仪接触，企图说动唐绍仪出山充当傀儡，但唐并未答应日方要他出任伪职的要求。

在日本拉拢唐充当傀儡的同时，蒋介石、孔祥熙等国民政府最高当局也不断对唐笼络，不仅防止他为敌所用，还曾指令他利用与日方接触的机会，探听同日本议和的条件。1938 年 4 月，唐绍仪的旧友罗家衡受吴铁城等人之托由广东到上海，劝说唐保全晚节，为国民党效力。罗在上海活动后到武汉，受到行政院长孔祥熙的赞赏。随后罗发密函告唐说：“中央对我公将来出主和议，甚表同意。”① 又有材料说：5 月初，

① 南湖致孔令侃密电（1938 年 5 月 20 日），见郑会欣：《唐绍仪被日蒋争夺及被刺经过》，中国人民政治协商会议全国委员会文史资料研究委员会编《文史资料选辑》第 113 辑，中国文史出版社 1987 年版，第 173—174 页。

章士钊“在汉受中央之嘱，专事来沪探讨唐少川意旨，并影响唐在中央领导下一致对日。故章到沪后，仅与唐晤面两度即返港也”①。国民政府行政院长孔祥熙于1938年7月5日给唐绍仪的复信，其中表示对唐“个人关于展开达成体面和平的谈判的建议表示欣赏”。孔还明确表达如下意向：“在我看来，两种方式可以尝试一下，以解决这个问题。首先通过你的斡旋，你是否可非正式地把日方关于实现体面和平的看法和条件通知我们，显然我们必须先知道日方是否有消除敌对状态的愿望；同时，消除敌对状态必须以高层领导人，最好是文官出面。同时，起来催促各自政府进行和平谈判。”②

就在上述信件发出两个月后，唐绍仪与日本特务头子土肥原进行接触，社会上有所传言并产生了重重的疑云。1938年9月30日，潜伏在上海的军统特务“奉命”策划刺唐行动，由谢志磐等三人假装送古董为名，用利斧将唐绍仪砍毙于其家中，并声称为“锄奸”行动。事件发生后，重庆国民政府并没有掌握唐绍仪投敌的真凭实据，为了掩人耳目，当局正式颁发《国府委员唐绍仪褒扬令》，认为唐“近年养病沪滨，于国事多所献赞”。发给治丧费五千元，将其生平事迹宣付“国史馆”③。蒋介石、孔祥熙等也发电表示“极惋悼”之意。

---

① 南湖致孔令侃密电（1938年5月20日），见郑会欣：《唐绍仪被日蒋争夺及被刺经过》，中国人民政治协商会议全国委员会文史资料研究委员会编《文史资料选辑》第113辑，中国文史出版社1987年版，第173—174页。

② 《孔祥熙给唐绍仪的复信》（1938年7月5日），唐绍仪亲属保存的信件。

③ 《大美日报》1938年10月3日。

唐 生 智

李静之

唐生智，字孟潇。湖南东安县人。1889 年 10 月 12 日(清光绪十五年九月十八日)生。祖父唐本有曾任广西提督。父亲唐承绪，在东安办过天锡矿冶公司，在湘西管过盐卡。唐生智 1907 年毕业于湖南陆军小学，继入湖北第三陆军中学和保定入伍生队学习。1912 年，入保定陆军军官学校第一期步科。1914 年毕业后，分配到湖南陆军混成旅，任见习军官、代理排长、代理连长，参加过反袁护国战争。1916 年 7 月在湘军第一师第二旅第三团任营长。经过湘南独立战争和援鄂之役，次第升为第三团团长、第二旅旅长。当时，湖南内部谭延闿、赵恒惕、程潜三派明争暗斗，1923 年 8 月发生谭赵战争，唐参加赵的"护宪军"，击败了谭派蔡巨猷部。11 月底，谭延闿率领一部分队伍退往广东。赵把留在湖南的湘军整编成四个师，唐升任第四师师长兼湘南善后督办，移驻衡阳。

唐生智在湘南据地自雄，着力训练部队，未及三年，将队伍扩充到号称五万人枪，成为湘军中实力最大的一支。此时，唐结识了佛教密宗居士顾伯叙，向他学佛。唐即用佛教对部队进行"精神教育"，令官兵一律摩顶受戒为佛教徒，佩带"大慈大悲救人救世"胸章。

1924 年 1 月，国民党改组后，广东的革命浪潮迅速波及湖南。唐生智去洛阳会见吴佩孚，了解吴对湖南的意图。同时，又派人前往广西和广东，窥测南方形势。1926 年初，湖南人民掀起了轰轰烈烈的讨吴驱赵运动，唐生智加入了驱赵行列，一面电请广西"派一旅之众，在黄沙河遥为应援”;一面派代表见吴佩孚,请吴谅解他去赵的“苦衷”。赵恒惕于3月12日通电辞职,委唐生智为内务司长兼代理省长。唐于25日在长沙就代省长职,并派兵占领了岳州。广州国民政府即派陈铭枢、白崇禧同他联系,共产党湖南省委也对他做争取工作。他表示拥护三大政策,愿意参加北伐。

4月,吴佩孚以援赵为名,驱军南下,任命叶开鑫为“讨贼联军湘军总司令”,向唐军反击。唐军在湘北失利,5月1日放弃长沙,退守衡阳。吴佩孚又派兵助叶,遣兵力占领湘潭、宁乡、醴陵等地,衡阳处在包围之中。唐急电请广西派兵入湘。李宗仁令钟祖培旅兼程于5月初赶到衡阳,与唐部合力反攻。广州国民政府亦决定提前北伐,5月下旬,派国民革命军第四军陈铭枢第十师、张发奎第十二师和叶挺独立团及第七军李宗仁部进入湘南增援,唐部转取攻势,成为北伐战争的序幕。

在革命形势的推动下,6月2日,唐生智在衡阳接受了广州国民政府任命的国民革命军第八军军长兼北伐军前敌总指挥和湖南省主席职务。7月初,广州国民政府正式出师北伐,以第四、七、八军担任湖南战场的正面主攻,迅速占领了长沙。唐到长沙后,宣布废除省宪法,解散省议会,成立省政府,率全军宣誓加入国民党。鉴于湖南工农运动蓬勃发展和对北伐战争的有力支持,他采取同共产党合作的态度,容许开展工农运动。国民党湖南省党部8月召开全省第二次代表大会,唐被选为执行委员。

8月12日,北伐军总司令部在长沙举行军事会议,决定先攻取武汉,然后向长江下游发展。唐生智以北伐军前敌总指挥名义统率第四、七、八军沿粤汉路北上。8月底,先后突破汀泗桥、贺胜桥,9月上旬攻占汉口、汉阳,10月10日攻克武昌。第四、第七两军随即转入江西战场,第八军则留驻两湖整训。1927年初,唐生智担任北伐军西路军总指挥,负责巩固武汉,俟机进攻河南。他辖有由第四军扩编的第十一军、第四军及由第八军扩编的第八、第三十五、第三十六等军,实际上控制了武汉的军事大权。在政治态度上，他对共产党表示友善，甚至要求加入共产党。

其时，国民党中央党部和国民政府决定从广州迁至武汉，但是遭到蒋介石的反对，他把总司令部迁至南昌。12 月 13 日，共产党联合国民党左派在武汉成立了“中国国民党中央执行委员及国民政府委员临时联席会议”，作为临时党政最高权力机构，开展了反对蒋介石的斗争。唐生智站在武汉反蒋阵线一边，以军事实力支持武汉革命政权，被推为“临时联席会议”的成员。1927 年 2 月，被增选为武汉的国民党中央政治委员会委员。国民党二届三中全会后，唐生智被选为军事委员会委员、军委会七人主席团成员和国民政府委员。4 月 5 日，武汉国民政府任命他为第一集团军所辖之第四方面军总指挥。

4 月 12 日，蒋介石在上海发动反共清党政变，18 日，在南京成立了国民政府，形成宁汉分裂局面。武汉国民党中央执委会免去蒋介石国民革命军总司令职，下令通缉，唐生智极力主张东征讨蒋。时因奉系进兵河南，武汉政府决定先进行北伐。唐生智率领第四军、第十一军、第三十六军及贺龙独立第十五师等部约六万人北上，于 5 月底将奉军逐出河南。6 月 1 日，北伐军与冯玉祥军会师郑州。

正当武汉政府挥师北伐的时候，驻湖北宜昌的独立十四师师长夏斗寅率部于 5 月 17 日叛变，企图袭取武汉。接着驻长沙的何键三十五军三十三团团长许克祥发动“马日事变”，进攻省总工会、省农民协会、省党部、省党校及其他革命团体，捕杀共产党员和工农群众。一时两湖地区的反动气焰极其嚣张。汪精卫集团撕下了左派面具，发布限制工农运动的禁令。这时，唐生智怕激起两湖人民暴动，无法控制局面，于 24 日从河南前线电代理湖南省主席张翼鹏，指示驻湖南各军不许再有任何行动，要他们发还收缴工农武装的枪支。他还公开演说，表示拥共反蒋，电请武汉国民党中央对“马日事变”“派员查明处理”①，并因许克

① 《湖南军农工冲突事件》，《国闻周报》第 4 卷第 23 期。

祥是他的部下而自请处分。但是,25 日,他又电令湖南省党部、省政府,严惩"侵扰"军人家属财产的"暴徒",派副军长叶琪、周斓回湘"镇慑"①。26 日,唐生智回湘。他一面继续表示遵守三大政策,解散了湖南国民党右派组织的"救党委员会";一面又指责工农运动"领导失人",应即停止活动听候改组。对许克祥,则以"激于义愤",从轻处理②。不久,唐返回武汉,仍遥领湘政,以三十六军副军长周斓代行省主席职权。

同月,唐生智所部从郑州回师武汉后,武汉政府将第四方面军扩充为第四集团军,任命唐为总司令兼该集团军第一方面军总指挥,辖第八、三十五、三十六军;张发奎为第二方面军总指挥,辖第四、十一及暂编第二十军,东征讨蒋,进攻南京。蒋介石立即将鲁南前方的第七军调到安庆、芜湖间迎堵,宁汉交兵迫在眉睫。就在这时,卫戍武汉的李品仙第八军收缴了工人纠察队的枪支,何键第三十五军占领了总工会和重要行业工会的房屋,气势汹汹。6 月 29 日,何键发出反共宣言,要求武汉政府及唐生智"明令与共产党分离"③,公开宣称:"不分共不能东征,不愿为共产党东征。"④唐则表示"分共案最好保留到南京打下后再讨论",但又说"无奈这些赳赳武夫不听我的话,只听何键的话","我也拿不住我的部下","最好还是 CP 顾全大局,自动地解决这个难题"⑤。他又公开提出,愿送在武汉政府担任部长的共产党员谭平山、苏兆征"出洋考察"。由于汪精卫等在武汉加紧准备"分共",东征被搁置

---

① 《湖南军农工冲突事件》,《国闻周报》第 4 卷第 23 期;《申报》1927 年 6 月 4 日。

② 1927 年 6 月 26 日唐生智致武汉中央"宥电",见蒋永敬:《鲍罗廷与武汉政权》,台北"中国学术著作奖助委员会"1963 年版,第 351 页。

③ 《武汉反共之重要文件》,《国闻周报》第 4 卷第 29 期。

④ 蔡和森:《党的机会主义史》,蔡和森著,中国革命博物馆编《蔡和森的十二篇文章》,人民出版社 1980 年版,第 87—88 页。

⑤ 蔡和森:《党的机会主义史》,蔡和森著,中国革命博物馆编《蔡和森的十二篇文章》,第 87—88 页。

起来。

7月15日，汪精卫集团公开“分共”，国共合作完全破裂。唐生智也背弃“拥护三大政策”的诺言，并于7月29日出席庐山“分共”会议。8月13日，蒋介石下野，武汉方面东征讨蒋失去借口，宁汉对立局面表面有所缓和；但是，唐生智坐拥重兵，以两湖为根据地，仍全力向长江下游发展。8月中旬，特派三十五军军长何键为江左军总指挥、三十六军军长刘兴为江右军总指挥，沿江东下，占领了安庆、芜湖，进窥南京。李宗仁、何应钦等联名电请武汉方面中止东下之师，迎汪精卫、谭延闿等到南京，协商宁汉“统一”。8月下旬，汪等到南京。9月，国民党宁、汉、沪三方取得暂时妥协，在南京组织“中国国民党特别委员会”，改组了国民党政府和军事委员会，唐生智被推为特委会委员；但是，汪精卫、唐生智等未能取得党政实权，于是唐借口特别委员会为西山会议派所把持，于9月21日返回武汉，通电反对南京特委会，宣布成立武汉政治分会，与南京对峙。10月初，南京方面再派代表与汪精卫磋商合作，但宁方所提条件为唐生智所拒。南京政府于20日以“通敌叛党”罪名免唐生智本兼各职。24日，特委会又决议永远开除唐的党籍，解除其党内一切职务。11月初，南京政府派李宗仁、程潜、朱培德分别为三、四、五路总指挥，率领西征军进行讨伐。同时，冯玉祥部樊钟秀、方振武等由鄂北挺进，鲁涤平由宜昌顺流东下，李福林、方鼎英、范石生等从广东进兵湖南。唐生智四面受敌，不得不在11月12日通电下野，当晚离开武汉前往日本。唐军大部被编归桂系统辖，在继续北伐奉军时由白崇禧率领进驻唐山、开平一带。

1929年3月，蒋桂战争爆发，蒋介石一面派人到白崇禧军中收买李品仙等人倒戈；一面派刘文岛与寓居上海的唐生智联系，要他接掌旧部。唐生智立即启程赴开平回到他的部队，4月5日，在北平通电就任蒋所委的讨逆军第五路总指挥职，为蒋击败桂系立了功。

5月，冯玉祥亲赴山西拉阎锡山反蒋介石，李宗仁也在广西打出“护党救国军”旗号，联合以汪精卫为首的改组派反蒋。蒋介石对唐生智很不放心，遂于6月1日任命他为军事参议院院长兼编遣会议编组部主任，要他到南京任职。唐见形势不利，随即通电讨冯。10月，蒋冯战争正式爆发。蒋介石派唐赴河南前线指挥。唐非常卖力，替蒋扭转了战局，受到蒋的传令嘉奖。11月，冯军败退，蒋亲到郑州车站慰问唐生智，礼遇极隆，并命令所有参加这次战役的部队归他指挥。

尽管如此，唐生智仍在暗中与各方进行反蒋洽谈。12月3日，与冯军达成一致倒蒋的谅解，同日，安徽省主席、第十三路军总指挥石友三在浦口异动，以图进攻南京。唐随即在郑州通电反蒋，沿平汉路南下，将主力集结在驻马店一带。12月20日，唐电第二路军总指挥刘峙索让武汉。蒋介石下令褫唐本兼各职，通缉法办，调刘峙北上讨唐。27日，唐对蒋军发起总攻，被阻于遂平、确山间。蒋部新编第十四师师长杨虎城又袭击和占领了驻马店，使唐受到致命的打击。与唐同时酝酿反蒋的阎锡山，这时为蒋收买，赴郑州以陆海空军副司令指挥讨唐军事，南下夹击唐军。唐的反蒋战争不到一月便遭惨败，他只好在1930年1月9日通电下野，化装逃到天津，流亡香港、澳门、新加坡。

1931年4月30日，国民党粤方四监委借口蒋介石非法扣留胡汉民，发表通电公开弹劾蒋介石，唐生智通电响应。5月27日，各派反蒋力量在广州召开“国民党中央执行委员会非常会议”，组建了反蒋的国民党政府。唐被推为广州国民党政府及军事委员会常务委员。“九一八”事变后，宁粤双方协议统一，于1932年元旦组建了“统一合作”政府，唐生智被任命为军事委员会委员兼军事参议院院长，但已没有兵权。1934年12月，唐被调任训练总监部总监，留居南京。1935年4月，国民党政府任命他为陆军上将。以后，他又担任军事委员会执行部主任、军事委员会委员、军委会第一厅主任，仍兼训练总监部总监。1937年“八一三”上海抗战开始时，他以执行部主任经常参加军事会议和调动军队等事宜。

11月，国民党军队从上海撤退，南京危急。蒋介石派唐生智为南京卫戍司令长官，唐表示“誓与南京共存亡”①。12 月初，日军兵临城下，他奉蒋介石的命令仓皇撤退，军民损失惨重。南京撤退后，唐生智避居湖南，在家乡东安创办耀祥书院（抗战胜利后改为耀祥中学），研究佛学、哲学、中国古代学术思想及古典文学等。1939 年，蒋介石派他做军事委员会运输总监，不久，他辞职。整个抗日战争期间，唐挂着军事委员会委员头衔，闲居于重庆、东安两地。由于他两次反蒋，蒋对他颇有戒心，在东安和重庆都派有宪兵“保护”。他对蒋也小心戒备，怕遭暗算。

抗战胜利后，唐生智思想彷徨，带领全家仍回东安办学。这时，他开始接触进步书籍。乡居期间，对人民的疾苦有所感受，促使他重新思考和选择自己的道路。

解放战争形势迅速发展，唐生智看到内战没有出路，曾于 1948 年 11 月去南京、上海，向蒋介石建议停战言和，予民休息。他在国民党上层人士、在野各党派人士和学者名流中，做了一些谋求和平的工作，并和共产党上海地下组织的人员有过接触。

1949 年 4 月，湖南省主席程潜迎唐生智到长沙共商争取湖南和平解放大计。唐于月末到达后，发出湖南人民应该团结自救的呼吁，并担任湖南各界人士组织的“湖南人民自救委员会”主任委员。唐为团结湖南地方势力，争取湖南和平解放，做了很多有益的工作。

1949 年 5 月，白崇禧从武汉败退窜湘，疯狂镇压湖南人民争取和平解放运动。唐生智于 5 月 24 日返回东安原籍。这时，共产党湖南地下组织也派人到东安，继续对唐进行争取教育工作。唐联络道县、零陵等地的地方部队，袭扰湘桂路，阻拦白崇禧部队退守广西，并对桂系部队进行策反。白崇禧派李品仙对他进行威胁利诱，他不为所动。

8 月 4 日。程潜、陈明仁领衔发表湖南高级将领三十八人的起义

---

① 宋希濂：《南京守城战役亲历记》，中国人民政治协商会议全国委员会文史资料研究委员会编《文史资料选辑》第 12 辑，中华书局 1961 年版。

通电。唐生智亦领衔发表湖南各界人士一百零四人的响应通电,并吁请西南、西北迅速采取一致行动。5 日,长沙和平解放,唐生智担任湖南人民临时军政委员会委员。

全国解放后,唐生智历任湖南省人民政府副主席、副省长,政协湖南省委员会副主席,中南军政委员会委员,中南行政委员会委员,全国人民代表大会第一、二、三届代表,第二、三届常委,政协全国委员会第一届委员,第二、三、四届常委,国防委员会委员,民革中央常委等职务。

1970 年 4 月 6 日,唐生智因肠癌在长沙逝世。

唐 拾 义

汪仁泽

唐拾义，名振之，字拾义，以字行。1874 年 7 月 26 日（清同治十三年六月十三日）出生于广东三水白泥布。父亲在家乡卢包镇经营商业。

唐拾义青年时在广州博济医院学医，1912 年起在广州华林街开设医馆。当时西医、西药刚在我国兴起，他挂牌专治喘咳症，医名日渐传扬。医务之余，兼制久咳丸、哮喘丸发售。该两种药丸，服用方便，易藏易带，对咳喘有一定缓解作用，销路渐广。唐善于宣传，常在报端刊登大幅广告；又善于猎名，药名前皆冠以“唐拾义”三个字，出诊时乘坐的肩舆也饰有“唐拾义大医师”标志，以收广告之效。初期他上午在家中前屋设医馆诊病，下午或出诊，或在后屋监制药丸。他不雇用职工，由家庭成员利用简单的工具手工操作，揉搓制成丸药销售。不久销量渐增，原址不敷应用，遂迁至下九路扩展诊所及制药工场，添雇亲友及临时工、童工，自任药厂经理，由其长子即开业医师唐太平为副经理，称“唐拾义父子制药厂”。

1919 年，唐拾义赴沪设立诊所。初时人地生疏，为扬名起见，在报端刊一广告，诡称来沪途中走失爱犬一头，悬重赏一百元寻找，藉此自抬身价。1924 年起，唐拾义在上海爱多亚路（今延安东路）开设沪厂。初时规模不大，产量有限，后因沪地交通便利，商贾四集，销路逐渐打开，营业额超过了粤厂。此后，唐又陆续在天津、香港、汉口等地设立分厂，在上海成立了总管理机构，并在广州增设旁支机构“增寿堂”药房，经销产品。

唐拾义经营制药业日益发展，乃逐步革新生产设备，沪、粤两厂从1931年起使用新式制药丸机器，代替了手工操作，产量随之激增。是年粤厂另迁新址，翻造新式楼房，雇用职工增至一二百人。由于久咳丸和哮喘丸的销路在秋冬为旺季，春夏为淡季，为求药厂生产均衡和扩大营业范围，唐先后又研制新药疟疾丸、疳积散，也都冠以“唐拾义”为记，以老药带销新药，销路也逐步打开。疟疾丸因采取薄利多销的方针，远销西北、西南、东北各地，销售额不断上升，沪厂仅该药一种，旺销时一年约可获利二十万元。唐拾义为保持其高额利润，对制剂配方严格保密，非亲信人员不得过问。

唐拾义药厂的产品主要销往农村。他以“名医处方监制”、“货真价实”、“疗效显著”相招徕，根据各地邮局所征集到的药店、药房、代销店的街道门牌和字号名称，寄发各种宣传品，然后通过邮寄，委托代售。唐厂联系的字号，遍及穷乡僻壤，数以万计。他还在车站、码头竖立广告牌，在各大城镇粉刷墙头广告。又随时令季节赠送扇子、日历、年画。在久咳丸、哮喘丸的药盒内附有“验真券”，集满若干张，可向代售店换取赠品等等。当时国内同类成药竞争者甚多，但唐厂产品由于药效较好，宣传得法，因此始终保持畅销地位，销路远及东南亚一带。唐厂的药丸还同同类的进口西药竞销，起了一定的抵制外货作用。止咳药如日货重松药房的止咳药水、欧美的科发白松糖浆、屈臣氏咳嗽药水等，但都是药水，西药味重，携带不便，仅治一般伤风咳嗽。疟疾丸同类进口药品有疟涤平、百乐君、扑疟母星等，但价格较高，且无中文说明，不易为农村所接受，仅供西医处方使用。爪哇的糖衣奎宁丸和唐家疟疾丸，同样是奎宁制剂，前者价格较疟疾丸便宜，销路也已打开，但后来有大量赝品在市场上混售，真假难分，以致影响该药信誉，反有利于唐拾义疟疾丸的竞销。

唐拾义鉴于药丸的某些主药加的盐酸麻黄素、山道年等，需仰赖国外进口，曾设厂沪西，试行提炼麻黄素及驱虫中药使君子的有效成分，以替代进口原料，后因战争影响而中断。

唐拾义素以“良药济世、半慈善性质”为标榜，实则所售药品本轻利重，获利甚巨。即以疟疾丸而言，毛利率达60%以上，而久咳丸及哮喘丸则高达80%。至20世纪30年代后期，唐拾义已积资成为百万巨富，购进沪地北海路吴宫饭店，以及爱多亚路、虞洽卿路（今西藏路）西北角一带、广西路、牛庄路沿街门面等房地产多处。他还投资大三元粤菜馆，为大股东，并任董事。

唐厂职工每天工作时间长达十二小时以上，星期日和节假日亦不放假，而于每年年终一次补发星期和节假期间的工资，全年全勤职工另加发十天工资。为使职工能长期在唐厂安心工作，唐拾义规定职工工作每满十年，加发工资一年，以资鼓励。每逢年关，唐对得力职工另以私人名义发给金额不等的红包年奖。

1939年9月20日，唐拾义因脑溢血在沪去世。

主要参考资料

郑世农：《关于唐拾义药厂的几点回忆》。

黄中业：《唐拾义药厂简史》，中国人民政治协商会议全国委员会文史资料研究委员会编《广东文史资料》第20辑，1965年版。

访问唐志寿先生记录稿。

唐 文 治

毕 苑

唐文治，字颖侯，号蔚芝，别号茹经。1865 年 12 月 3 日（清同治四年十月十六日）生于江苏太仓州镇洋县后岳王市。唐文治自幼家教严谨，六岁启蒙，逐年读《孟子》、《诗经》等经典，因恒月读书致目力受损。后受业于王祖畲门下，初识理学门径，1882 年中试举人。1884 年黄体芳设南菁书院于江阴，提倡朴学，次年唐应试获取超等，受业于院长、经学大师黄以周门下。此后数年间治《易》，编《茹经堂文集》，并协助接任院长的王先谦校勘《续皇清经解》。

1892 年春中进士，房师沈曾桐，座师翁同龢。殿试朝考毕，签分户部江西司，并为翁延至其宅教授子弟。1894 年翁同龢掌军机，甲午战争爆发，唐上《请挽大局以维国运折》的“万言疏稿”，深得翁同龢、沈曾植赞叹，在京中传诵一时。1895 年中、日议和，日本强割台湾并索要巨额赔款，唐文治与同乡举人汪仲虎谋议上书，并代拟《上察院呈》，力主拒签辱国条约。马关议和成，日本侵占台湾，唐文治“痛心曷极”。是年调任户部云南司帮主稿，得以熟悉滇省财政，兼漕务、仓务诸事。1896 年阅各国条约事务书，并评点《万国公法》及曾纪泽、黎庶昌等人文集，于经世之学粗得门径。1897 年奉派为户部则例馆纂修官，辑成《漕运门》八卷。1898 年补总理各国事务衙门章京，深得总理衙门大臣许景澄的器重。1899 年日、俄、意等分别索要福建鼓浪屿、山东庙岛群岛、浙江三门湾，唐文治随总理衙门大臣徐昶、许景澄参与谈判，负责记录问答诸事。1900 年八国联军侵占北京，庆亲王奕劻、大学士李鸿章等为议和全权大臣，与英、法等国议和，唐文治随同办理条约文件。1901年随同户部侍郎那桐出使日本，是年冬总理衙门改为外务部，唐文治补外务部榷算司主事。1902年中葡《和好通商条约》改约，葡萄牙大使欲将大孤、小孤诸岛划入澳门版图而归葡国管辖，外务部颇感棘手，唐文治闻讯后告知外务部官员援引公法据理力争，遂使葡门阴谋落空。是年3月，随同载振赴英参加英国新君加冕庆典，并随访欧、美诸国及日本。在日本，唐文治与时在日考察学务的吴汝纶不期而遇，多次畅谈古文源流及曾国藩行谊宗旨。

1903年商部成立，载振为尚书，徐世昌与唐文治分任左、右丞，参与制定商政宗旨，拟定《商部章程折》和《声明商部办事权限折》。年底升任商部左丞。唐文治在商部为筹划振兴商务、发展经济之策出力甚多。1904年，唐文治拟定《订立商勋折》和《请拟农工路矿各项公司片》，并在北京西城设立高等商业学堂；创议在北京、上海两处设立总商会，并草拟《请设立商会折》。1905年，支持地方商人办理葡萄酒公司、潮汕铁路和福州银行等事务；批准商务印书馆、上海科学仪器馆立案；奏请在正阳门外设立劝工场、将西直门外三贝子废园改为农事试验场；与严修联手援助濒于危境的湖南明德学堂，以商部名义为该校拨款拨地。同年，唐文治上《请设立勘矿总公司以保主权折》、《请筹拨勘矿总公司官股片》、《请改定官制折》等，建议改革官制，以革事权不一之弊；拟奏《请立宪折》，呈请立宪；草拟《兴办东三省要政奏稿》，以免东三省沦为“朝鲜、埃及之续”。1906年，唐文治在北京西城设立绣工科，聘苏州著名刺绣家主持办学，兴办女工；拟奏《请办商业模范银行折》、《请调用人员设立贮才馆折》、《请派遣学生出洋片》、《请设各省农工商务监督以兴要政折》等折，然受多方牵制，事多未成。是年，商部改为农工商部，奉旨署理农工商部尚书。年底母逝，借丁忧离开政坛。

1907年8月，唐文治应邮传部尚书陈玉仓之请，就任上海实业学堂监督。1908年将铁道工程班扩充成铁路专科，学制三年，是为我国第一个学校工程专科；重新厘定《邮传部上海高等实业学堂章程》，制定《邮传部上海高等实业学堂留学章程》。1909 年增设机电专科，是为我国高等学校最早设立的机电专科。1910 年在实业学堂设西文科，在课外为学生开设英、德、法文及拉丁文补习，成立英文会，制定《邮传部上海高等实业学堂英文会章》，要求全校学生一律为会员。唐文治重视学生的全面发展，组织演讲和辩论会，要求学生重视体育课程，并选派学生参加在南京举行的全国体育大会等。1909 年，唐文治当选为江苏教育总会会长，发起全国各省教育总会联合会在上海召开大会，并致函邮传部转咨学部，指出立国之要在教育，主张学堂废弃科举名目奖励，专重科学。1911 年受邮传部电派，在吴淞建立商船学校。是年派铁路专科五名学生赴英留学。

1911 年 10 月，辛亥革命爆发。伍廷芳等拟请求宣统皇帝逊位电稿，唐文治列名其中。11 月江苏独立后，将“邮传部上海高等实业学堂”改名为“中国南洋大学堂”，改监督为校长；召开全校剪发大会，率领师生剪去发辫。年底，举行大会欢迎中华民国临时大总统孙中山莅临演说，孙中山于演说中强调中国建筑铁路的重要性，阐述其建筑铁路的构想。1912 年辞江苏教育总会会长职，改校名为“交通部上海工业专门学校”，1913 年重订学校章程，强调以“注重道德蔚成高尚人格为宗旨”。1914 年，规定学校附中除国文外，采用西洋原版教科书，课堂讲授亦用英语。与圣约翰大学、沪江大学、东吴大学、金陵大学、之江大学等组成六校体育联合会，举办运动会。1915 年实行强迫运动，聘请美国体育专家对学生进行专门训练，要求学生必须报名网球、拳术、田径等活动。此外，唐文治还邀请黄炎培、梁启超、蔡元培、章太炎、吴稚晖等人来校演讲，黄炎培介绍美国旧金山城市之勃兴及美国汽车工业之宏大，吴稚晖论述工业救国的道理。1919 年 5 月，唐文治上书北京政府，要求当局体谅学生的爱国热忱，并与复旦大学校长李登辉等三十余人讨论后，致电北京政府和南京省府，恳请当政者“俯允京校学生之请求”，否则上海各校校长“全体引咎辞职”。1920年，唐文治五十六岁时双目全盲，坚辞南洋校长之职。是年，上海工业专门学校与唐山工业专门学校、北京铁路管理学校、邮电学校等合并为“交通大学”。

1921年，唐文治任交通大学董事，筹设之无锡国学专修馆开馆。次年刊印“十三经”完成，并先后编成《性理学大义》、《政治学大义》。1927年北伐军入苏，国学专修馆被迫解散，改校名为“无锡国学专门学院”，唐文治复校长职，聘钱基博为教授。1931年国联教育考察团代表前来学校考察，对学校表示赞佩。1933年前往苏州国学会讲演《论语》、《孟子》及《性理学大义》。

1937年抗日战争爆发，唐文治率领师生雇民船西迁，辗转汉口、长沙、湘乡至桂林，次年6月回返上海。1941年上海交通大学为保护学校不被日伪接管，改名“私立南洋大学”，被聘为董事之一，并对学生表示坚决不与日军妥协。1942年汪伪“教育部”强行接管“私立南洋大学”，派人劝驾就任伪交通大学董事长，并要挟签字，唐文治从容答曰：“行年七八十，此字可不签矣！”1947年与张元济、陈叔通等“十老”联名致函上海市市长吴国桢，对政府调集警力殴打“反饥饿、反内战、反迫害”的学生深表愤慨，呼吁释放被捕学生，采纳学生诉求。1949年10月，无锡国专改为“中国文学院”，分文学、史地、哲学三个系，唐文治任院长，王璩常为副院长。

1954年5月4日病逝于上海。

主要参考资料

唐文治：《茹经堂文集》，《近代中国史料丛刊续编》第4辑，台北文海出版社1976年版。

唐文治著，唐庆诒补：《茹经先生自订年谱正续编》，《近代中国史料丛刊》第三编第9辑，台北文海出版社1986年版。

唐文治：《茹经堂奏疏》，《近代中国史料丛刊初编》第6辑，台北文海出版社 1965 年版。

载振、唐文治:《英轺日记》,《近代中国史料丛刊初编》第 74 辑,台北文海出版社 1972 年版。

王桐荪等:《唐文治文选》,上海交通大学出版社 2005 年版。

陶 成 章

尚明轩

陶成章，字焕卿，笔名汉思、巽言，别号匋耳山人，自称会稽先生。在进行革命活动中，曾化名起东、志革、何志善等。浙江会稽县（今绍兴）陶堰乡人，生于1878年1月27日（清光绪三年十二月二十五日）。其父陶正（字品三），因家境衰微，做漆匠为生。

陶成章六岁进陶堰乡义学读书。十五岁时已通读了“四书”、“五经”，并读了一些史地书籍。1893年起，陶成章在家乡设馆任塾师，曾挺身痛击村中欺压农民的土豪某，为乡里群众所赞颂。任塾师期间，逐渐接触到一些新学书籍，对国家和民族的前途日益关心。由于对清政府统治下的政治腐败与社会黑暗不满，陶开始萌发了进行种族革命以挽救祖国危亡的思想。

1900年，义和团运动期间，陶曾打算趁混乱时机，刺杀西太后。他先后两次到北京进行活动，未得到下手机会。同年，赴奉天（今辽宁）和内蒙古东、西盟等地，察看形势，为进行反清革命活动做准备。

1902年春，陶在北京寻找门路谋入陆军学堂，未成功。同年夏，离开北京赴日本留学，进入东京清华学校读书，在这期间他与龚宝铨（字味荪）同处一室，两人纵谈时事甚为契合，结为好友。由于陶成章在留学生中倡言革命，为清政府留日学生监督汪大燮所察觉，汪诱以爵禄，骗其归国。陶考虑可以趁机掌握权力，便利进行革命，乃允诺回国。及抵北京，汪食前言，并捏造罪名开除其学籍，陶甚为愤怒，立即重返东京。从此，革命的志向益坚，更加积极地在留学生及华侨中进行反清宣传。

1904 年初,陶成章自日本归国,抵上海后,参加了中国教育会的活动。他的主要工作是积极地奔走于浙江各地,联络会党,策划革命。他曾徒步三次潜入金、衢、严、处等府所属之地,组织起义,但均被清政府所侦破而失败。但他愈失败愈振奋,在联络工作中,日行八九十里,经常用麻绳束腰,穿着芒鞋,蓬首垢面,惨淡经营,以致废寝忘食。他曾四过杭州,与会稽只隔一江,而没有回家。一次将近除夕,人们劝他回家度岁,他答说:"幸老父犹健,家计无忧,一至故乡,恐被人情牵累,不能复出矣!"又说:"既以身为国奔走,岂尚能以家系念耶!"①是年 8 月,联络各地会党的工作略有头绪,他回到上海和黄兴、蔡元培等计划于 11 月 16 日(农历十月初十日西太后七十岁生日)在湘、鄂、闽、浙等省再次发动武装起义。他在拟定《新中国军政府檄文》中通俗地解释"怎样叫做革命",他说:"革命就是造反。……《易经》上面'汤武革命,应乎天而顺乎人',就是这两字的出典。"不过他设想革命成功后的情况是"没有大财主,也没有苦百姓,税也轻了,厘捐税关也都废了,兵也少了,从此大家有饭吃了,不愁冷了,于是乎可以太太平平"。从这段话中,流露出的是小生产者主观幻想的平均主义的世界,对资产阶级民主革命的性质不甚理解。后来由于条件不具备,他所策划的起义未能实现。

同年 10 月,陶成章和蔡元培、龚宝铨等在上海发起成立光复会,推举蔡元培为会长。其誓词是:"光复汉族,还我河山,以身许国,功成身退。"②光复会成立后,陶成章担当联络苏、浙、皖、闽、赣五省会党工作的责任,他深入各地,打进基层,收效显著,从而使他在会党中享有较大的名望和影响。

---

① 樊光:《光复会领袖章炳麟陶成章合传》(未刊稿),其中陶成章传部分由汤志钧辑入《陶成章集》,中华书局 1986 年版,第 439—447 页。

② 陈魏:《光复会前期的活动片断》,中国人民政治协商会议全国委员会文史资料研究委员会《辛亥革命回忆录》(四),中华书局 1962 年版,第 127 页。

1905年9月，陶成章和徐锡麟等为发展革命力量，在绍兴创办了大通师范学堂。陶召集金、处、绍三府所属各县会党首领到校，进行军事训练。并规定，凡入校学生都是光复会会员，毕业后也仍受学校领导人统辖和节制。大通师范学堂事实上是革命的联络机关。

与创立大通师范学堂同时，陶成章提议革命党人捐官去日本学习陆军，学成后打进清政府军事系统，掌握军政，以谋"中央革命"。这一倡议得到徐锡麟等的积极赞同。陶捐的是知府，填的是步兵科。徐锡麟、龚宝铨等各捐不同的官职，分填各科。他们办妥捐官和留学手续后，于同年冬季先后去了日本。后来，因清驻日本公使的刁难，不准他们学习陆军学科，计划未能实现。

1906年，陶成章再次从日本回国，积极团结福建、安徽各地的革命志士，进行准备武装革命的活动。不久，秋瑾成立光复军，陶被推举为五省大都督，计划在杭州起义。旋以谋事不密，为清政府侦知，机关被破坏，陶又东渡日本。

1907年1月4日，陶成章在日本东京参加中国同盟会，稍后担任留日会员中浙江省分会长，主管浙江留学生入会主盟工作。同年夏，他因徐锡麟在安徽活动卓有成效，便回国到芜湖中学堂任教师，以便就近联系，共同推进革命工作。7月，徐在安庆击杀清安徽巡抚恩铭，率巡警学堂学生起义，战败被捕，惨遭杀害。不久，秋瑾响应起义，在绍兴大通师范学堂被捕，也壮烈牺牲。之后，清政府下令通缉陶成章，他被迫出国，潜赴南洋。再后，他曾参与新加坡《中兴日报》及仰光《光华日报》的笔政，同时在爪哇创办书报社，努力进行革命宣传及联络工作。

陶成章在积极进行革命活动的同时，兼事撰述工作，著《中国民族权力消长史》，鼓吹种族革命，1904年在日本东京印行，1907年易名《中国民族史》，又在东京出第二版。1909年冬，编《浙案纪略》一书，凡三卷，记载徐、秋二烈士事迹，用来向人们宣传革命。

1908年3月，陶成章在东京接替张继主编《民报》，该刊第20、21、22期是由他负责编出的。曼华（即汤增璧）在《同盟会时代〈民报〉始末记》一文中曾说:“《民报》之所以发挥民族主义,期于激动感情为事者,盖自陶氏编辑时始。”①

同年秋,陶成章赴南洋,拟向华侨筹款五万元,在江、浙二省再次组织武装起义。当时,孙中山以“南洋经济恐慌,自顾不暇,断难办到”②相告,没有给予热情的支持。他认为孙中山措置失当,由此对孙中山产生了隔阂与意见。1909 年初,他在爪哇创办光复分会,负气不再用同盟会,改用光复会名义进行活动。他印发捐票,单独向华侨筹款。这种狭隘的情绪继续发展下去,到 9 月,他与李燮和等人发布了一份攻击孙中山的所谓《七省同盟会员意见书》(即《孙文罪行》),诬指孙中山吞蚀华侨巨款,藉革命肥家,并亲自跑到东京要求罢免孙中山的总理职务。恰好,这时章炳麟也对孙中山有了意见,写了《伪〈民报〉检举状》攻击孙中山,从而掀起了第二次罢孙风潮。陶、章互相呼应,发表文章,散发印刷品,在南洋和日本等地对孙中山大肆诋毁。陶的错误行为遭到黄兴等大多数同盟会员的坚决反对。孙中山在黄兴等人帮助下,对此进行了针锋相对的斗争,终于挫败了这一攻讦。不久,陶在南洋英、荷所属各埠均以光复会名义,别树一帜,与同盟会互争雄长。

1910 年 2 月,陶成章和章炳麟又在日本东京成立光复会总会,章、陶分任正副会长,在南洋大力扩展会务,甚至公然“以反对同盟会干部为号召”③,并“骎骎有取同盟会而代之之势”④。陶成章这时期的表现,是把会党中的宗派情绪带进了革命队伍。这种狭隘的门户之争,是小生产者的思想反映。他的这种分裂活动,对于当时革命运动的发展

---

① 《建国月刊》第 7 卷第 2 期。

② 孙中山:《致王子匡函》(原件中国历史博物馆藏),广东省社会科学历史研究所等编《孙中山全集》第 1 卷,中华书局 1981 年版,第 418 页。

③ 冯自由:《光复会》,中国史学会主编《中国近代史资料丛刊·辛亥革命》(一),上海人民出版社 1956 年版,第 518 页。

④ 新加坡《星洲晨报》1910 年 4 月 19 日;冯自由:《革命逸史》第 2 辑,中华书局 1981 年版,第 235 页。

当然是很不利的。

1911年3月，陶成章从爪哇回国，准备再次举行反清武装起义，因为广州黄花岗起义失败，革命形势不利而中止。6月，陶再赴南洋各地，发动华侨捐款支援国内革命。10月，武昌起义爆发，他立即归国，在江苏、浙江各地号召旧部起义，响应武昌革命。不久，上海、杭州、松江等地陆续被革命军攻克，这中间乃有陶成章多年努力的成果。浙江军政府成立时，浙江都督一席为立宪党人汤寿潜所得，陶成章被举为没有实权的参议会参议员，因而“郁郁不得志”。

1912年1月，陶成章因病住上海法租界广慈医院治疗。当时，浙江都督汤寿潜调任中华民国南京临时政府交通部总长，众议拥陶继任浙督，而沪军都督陈其美把陶视为威胁同盟会和自己潜在的政敌，倍加忌恨，就派遣他的部属蒋志清(即蒋介石)设计杀陶。14日凌晨2时许，陶成章被蒋介石收买的光复会叛徒王竹卿暗杀在医院里，年仅三十四岁，著作编为《陶成章集》。

陶希圣

贺渊

陶希圣，原名汇曾，字希圣。1899年10月30日（清光绪二十五年九月二十六日）生于湖北黄冈一读书入仕家庭。父亲陶月波，字炯照，号月舸，丁酉拔贡，经济特科一等第四名，清末历任河南夏邑、新野、安阳、叶县、洛阳诸县知事，民国初年任湖北黄陂县长、河南汝阳道道尹等职。陶希圣少时随父居住河南。

陶希圣接受的启蒙教育仍是儒学，九岁入旅汴中学，学校的课程除国学外，还有算学、英文、历史、地理、格致，以及博物和体操等新课程，进化论、法国革命等西方文明的元素被引入课堂。辛亥革命后，陶希圣回湖北，考入英文馆继续中学学习。1915年，陶希圣就读北京大学预科，1918年考入北京大学法律门，专攻日、俄法学，兼学欧美法学，涉猎法理学、法哲学。学生时代的陶希圣恰逢"五四"新文化运动，他陶醉其间，热心于各种主义的研究，并初识对他的学术和政治有着重要意义的马克思主义。1922年，陶希圣大学毕业，学生时代聪慧刻苦，中西兼学，为他日后学术上的发展打下坚实的基础。

1922年，陶希圣受聘前往安徽法政专门学校教授亲属法，留下一部亲属法讲义，1923年底辞职。1924年7月，陶希圣进商务印书馆编译所，任法制经济部编辑。其间，他结识了不少"博学多才之士"，如郑振铎、叶圣陶、周予同、樊仲云、胡愈之、沈雁冰等，也与倾向国家主义的曾琦、李璜、陈启天、何公敢等人交往，成为国家主义刊物《醒狮》、《独立青年》的热心读者，并应何公敢之邀，担任《独立评论》主编。1925年，他在于右任创办的上海大学任讲师，主讲“法学通论”。

“五卅”惨案，激发了陶希圣的民族意识。案发后，陶希圣等上海学术界十学者联名提出抗议。陶希圣撰写《五卅惨杀事件事实之分析与证明》一长文，分析南京路巡捕房的法律责任，刊登在《东方杂志》“五卅”事件临时增刊上。巡捕房一纸诉状，反而将《东方杂志》的主办方商务印书馆告上会审公堂。在应诉过程中，陶希圣负责为辩诉状提供资料。陶希圣在五卅运动中的积极表现，引起了社会的关注，先后被上海学生联合会和商务印书馆罢工委员会聘请为法律顾问。上海环龙路的国民党“西山会议派”的中央党部写信给陶希圣劝其加入国民党，他们认为陶希圣在《独立评论》上提倡的“民族自决”、“国民自决”和“劳工自决”与三民主义具有一致性。这是陶希圣与国民党的首次接触。

1926 年初，陶希圣收到国民党中央军事学校武汉分校的聘书，聘其为政治教官兼任军事委员会总政治部政工人员训练委员会常务委员，他欣然前往。在武汉的一年里，他兼武汉大学政治法律教授，讲授“社会科学概论”、“各国革命史”、“无产阶级政党史”以及“帝国主义侵华史”等课程。他与陈公博、周佛海等来往密切。虽然，陶希圣自称既不偏左也不偏右，但其思想倾向无疑属于国民党左派。

1926 年 5 月，中央军校武汉分校与“农民运动讲习所”合组为“中央独立师”，陶希圣一度被任命为中央独立师军法处长兼特务组长，随军西进，至咸宁时又任县政府委员会常务委员兼司法科长。在咸宁任上时，咸宁农民大会准备枪毙五个农会叛徒（据陶说这五人想退出农会），陶闻讯后命令农会会长不准这么做，威胁说如果一旦这五人被枪毙，他就枪毙农会会长本人。该农会会长不敢直接冲撞，跑到武汉告状，不几天陶被武汉国民政府派人替换。陶希圣反对武汉政权之下农民运动，认为当时没收土地的结果，造成城市商业的萧条和农村经济的衰落，并攻击农民协会除了残害地方而无他。因此，他反对中共提出的“打倒封建制度”口号，认为这时中国农村制度已经不再是封建制度，封建制度早已瓦解，最多只有残余的封建势力存在。随后，他一度十分消沉。

1927年，汪精卫在武汉"分共"，陶希圣再次活跃，出任军校政治部秘书处主任、国民革命军总政治部秘书处主任兼宣传处长及《党军日报》社长。其间，他与汪精卫相识。10月，宁、汉分裂后，陶希圣从武汉转道南昌回到南京。1928年2月，陶希圣任中央陆军军官学校政治部政治总教官，担任中央党部民众训练委员会指导科长。

1928年，陶希圣加入陈公博、顾孟馀等发起的国民党改组同志会。改组派的身份使他于同年12月辞去一切公职，不得不离开南京回到上海。陶希圣从政的第一阶段结束。

1928年12月至1937年7月，陶希圣回到书斋，办刊物、写文章和当教授为生活内容。《辩士与游侠》、《西汉经济史》，是这一阶段他自己比较满意的两本书，由商务印书馆出版。此外，还有《中国之家族与婚姻》、《中国封建社会史》等作品面世。1928年底，陶希圣到上海时，周佛海等人在蒋介石的授意下，创办《新生命》月刊，并设新生命书局，以宣传三民主义为主，在全国颇有影响。陶希圣立即加盟并很快成为主笔，取代了政务繁忙的周佛海，逐渐成了刊物和书局的核心人物。此前，1928年10月，陶希圣已在《新生命》上发表《中国社会到底是甚么社会》一文，指出："中国社会是什么社会呢？从最下层的农户起到最上层的军阀止，是一个宗法封建社会的构造，其庞大的身份阶级不是封建领主，而是以政治力量执行土地所有权并保障其身份的信仰的士大夫阶级。"①该文提出的问题关乎中国社会性质，决定中国革命的发展方向，从而引发了一场关于中国社会性质的持久而广泛的论战。陶希圣唯恐争论不激烈，甚至不惜用不同的笔名，提出不同的观点，自己和自己展开论战。他将自己在1929年发表的长篇论文汇集于《中国社会之史的分析》、《中国社会与中国革命》两书中，把1930年的论文收入《中国社会拾零》之中，均由新生命书局出版，面世后十分畅销。在传统的

① 陶希圣：《中国社会到底是甚么社会》，《新生命》第1卷第10期。

经世思想熏陶下，陶希圣虽然远离官场，然而现实政治却没有离开他的脑海。他的学术研究由法学扩大到社会学和历史学，触摸到了最新的社会历史观——唯物史观。陶希圣回忆说："这两年间，我对于马克思与列宁的著作与论文，从英文及日本译本上，下了工夫。同时对于批评马克思主义的论著，也选读了不少。我的思想方法，接近唯物史观，却并不是唯物史观。"①虽然，他的自我评价让人费解，但他确实是最早运用唯物史观研究中国社会的学者。1930 年底，《新生命》月刊无疾而终，自动宣布停刊。正在此时，南京中央大学校长朱家骅聘请陶希圣为法学院教授，陶希圣 1931 年 1 月离开上海到南京。

1931 年 8 月，陶希圣应母校北京大学的聘请前往法学院政治系任教授，并在燕京大学、北京师范大学、清华大学、中国大学等处兼课。当时的北京，学术气氛浓厚，陶希圣在授课的同时，用了三年时间撰写了《中国政治思想史》四册。陶希圣还与胡适一起主编《独立评论》，并把自己关于时事的见解发表在《独立评论》和《大公报》上。1934 年底，陶希圣创办了研究中国经济社会史的杂志——《食货》半月刊，强调社会发展有其历史法则，并不是杂乱无章的，更不是史料的堆砌；同时，他以为找寻规则要从史料入手，反对公式主义，反对先搭框架后找史料填充的做法。陶希圣以杂志为平台，在北京大学一院设立了经济史研究室，吸收学生连士升、鞠清远、武仙卿及沈巨尘诸人，从唐代经济史料的收集做起。1936 年 7 月至 1937 年 6 月，他们将收集的资料编成了《唐代经济史料丛编》八大册，并交北京大学出版部印刷，遗憾的是"七七"事变后佚失了。陶希圣的努力得到了丰硕的成果并产生了极大的影响，为中国社会经济史的研究打下了相当的基础，他本人也因此成为有名的社会史和经济史教授，步入了学术的鼎盛时期。

1935 年日本策划华北"独立"，平津危急，"一二九"运动爆发，陶希圣再度进入政治的旋涡。当他得知有学生与教授被抓后，主动去见北

① 陶希圣：《大风暴之后的三年》，《传记文学》第 1 卷第 4 期。

平市长秦德纯，要求当局停止搜查学校、释放被捕人员；同时，在学生与教员之中，他一再宣传二十九军有抗日之心，充当宋哲元的二十九军与学生之间的调人。作为一名国民党员，此时的陶希圣显现出极强的党性，表现在他鲜明的反共立场之上。西安事变发生后，他力持蒋介石的安危关系国家存亡，并认为这次事件不是苏联搞的，而是“粉红色的东西做出来的”，将矛头对准中共。1937 年纪念五四运动时，陶希圣发表演说，随后在《大公报》上发表《残余的西班牙主义》一文，激烈反对中共提出的“人民阵线”的口号，指责这是一个“分裂运动”。学联向地方法院以“教唆伤害罪”对陶希圣提出起诉。陶希圣接到法院传票后，没敢到庭。但是，他在《华北日报》、《小实报》之上，前后发表了四十篇文章，重申自己的观点。他在回忆录中称之为“一场苦斗”。他的所作所为得到了国民党中央党部的赞许。

1937 年“七七”事变后全面抗战的局面形成，7 月中旬，蒋介石、汪精卫邀请北方知识界名人上庐山牯岭开茶话会，讨论与抗日相关的问题，陶希圣也在被邀之列。在这次会议上，蒋介石发表了著名的“战端一开，只有打到底”的讲话，表明了抗日的严正立场。牯岭会议由国民党中央政治委员会主持召开，政治委员会的主席是汪精卫。8 月，陶希圣成为军事委员会委员长侍从室第五组的成员之一，9 月被聘为国民参议员。

然而，1937 年至 1939 年底，陶希圣追随汪精卫使其政治生涯留下了污点。陶希圣自 1927 年在武汉认识汪精卫后，他与汪精卫及汪派人士比如陈公博十分接近，并加入改组派。从庐山下山后，陶希圣前往南京，寄住在周佛海公馆。当时，周佛海的公馆成为讨论时局的“俱乐部”，大部分成员认为中国与日本相比国力太弱，硬碰硬地打不能解决中日之间的问题，主张不放弃通过外交等途径寻求和平，他们将坚持全面抗战、提倡焦土抗战的主张视为不负责任地唱高调，以唱低调自诩，被人称为“低调俱乐部”，陶希圣也属其中一员。1937 年至 1938 年，陶希圣与汪精卫来往十分密切，陶希圣不管是在南京还是到了武汉，经常与汪精卫晤谈，有时每天见面。1938 年 1 月，陶希圣和周佛海一起创办“艺文研究会”，该研究会隶属于国民党中央宣传部，对外不公开，以收集各国关于国际问题的报告为任务，并在汉口、长沙、成都、重庆、香港等地设立分社。周佛海任总务总干事，陶希圣任设计总干事兼研究组组长。研究会有事，陶希圣都会向汪精卫请示，而汪对于该会的工作十分热心地加以指导。陶希圣除了担心敌强我弱难有胜算外，反共防共之心甚强。西安事变后，蒋介石顺应民意联共抗日，令陶希圣十分失望。1938 年 12 月 19 日，汪精卫从昆明逃往越南河内，陶希圣同机前往。12 月 22 日，日本首相近卫文麿就日华调整关系发表第三次声明，声称要与“具有卓识的人士合作”，以“善邻友好”、“共同防共”、“经济提携”为原则，要求“放弃抗日的愚蠢举动和对满洲国的成见”，中国政府与伪满洲国建立外交关系，“为建设东亚新秩序而迈进”。次日，汪精卫便起草了响应近卫的声明，陶希圣和梅思平、陈公博三人带着声明前往香港，于 31 日在各报发表了汪精卫的《致蒋总裁暨国民党中央执监委》的声明，即所谓“艳电”。电文将近卫声明作为和平结束战争的契机，要求国民政府应即以此为根据，与日本政府交换诚意，以期恢复和平。

1939 年 8 月下旬，陶希圣在汪精卫、陈璧君的催促下由香港到上海。8 月 28 日，汪伪召开“中国国民党第六次全国代表大会”，汪精卫指定陶希圣为国民党中央党部宣传部长。1939 年 11 月 1 日开始，代表日本政府的“影佐机关”和汪组织进行正式谈判，汪精卫派周佛海、梅思平、高宗武、陶希圣等人参加，在谈判过程中，陶希圣彻底明了了日方的侵略野心，并据实向陈璧君作了透彻的说明，由陈转达给汪精卫，他表示赞成汪精卫中止谈判出国隐居。但汪精卫仍不悔改，终致不可逆转，经过两个多月的谈判，形成了《日支新关系调整要纲》等八份文件。1939 年 12 月 30 日，日汪双方签字之时，陶希圣称病没有前往。1940 年 1 月 2 日，他和高宗武达成离开上海的默契，次日乘船出逃，5 日安全到达香港。1 月 22 日，《大公报》头版以《高宗武陶希圣携港发表汪兆铭卖国条件全文——集日阀多年梦想之大成！极中外历史卖国之罪恶！从现在卖到将来，从物质卖到思想》为题，披露了高、陶带出的《日支新关系调整要纲》，以及日汪谈判的真相。“高陶事件”向世人揭露了日本的野心以及汉奸的嘴脸，坚定了全国人民抗战的决心。自此，陶希圣悬崖勒马保住了自己的民族气节。

“高陶事件”后，陶希圣一心一意追随蒋介石直到去世。1941 年，陶希圣奉重庆之命在香港创办国际通讯社，出版《国际通讯》周刊，为国内了解国际局势和国际问题提供参考资料。太平洋战争爆发不久香港沦陷，陶希圣混入难民之中逃出香港。1942 年 2 月 25 日到达重庆，在陈布雷的公馆安身，被任命为委员长侍从室第五组少将组长。抗战胜利后侍从室撤销，陶希圣以少将组长的资格转职为国防最高委员会参事。后任总统府国策顾问、国民党中央宣传部副部长等职务。1948 年 12 月 25 日，新华社发布了四十三名国民党战犯的名单，陶希圣名列第四十一位。1949 年，陶希圣到台湾，先后担任国民党中央改造委员会设计委员会主任委员，兼中国国民党总裁办公室第五组组长，后改任第四组组长，以后历任国民党中央常务委员（连任九届），“立法委员”，革命实践研究院总讲座、副主任，《中央日报》董事长。

陶希圣虽曾犯有严重错误，但蒋介石对他始终网开一面，仍然加以重用。其中，不能否认蒋介石欣赏陶的学问与为人，并在思想上存有共鸣。因此，陶希圣是陈布雷之后蒋介石最为倚重的幕僚，他先后帮助蒋介石完成两部最重要的论著：《中国之命运》和《苏俄在中国》。《中国之命运》，是蒋介石在抗战出现转机之时，为“统一全国人民”的思想而作。1942 年 10 月 10 日，英、美宣布放弃在中国的治外法权及其他特权。随后，蒋介石开始着手写《中国之命运》的政论文章。题目来自于孙中山生前说过的一句话，即“国家之命运在国民之自觉”。文稿在黄山官邸花四十多天完成，经过反复修改，再将书稿印成样本二百本，分交给国民党党政领导及负责人研讨，收到反馈回来的意见二百余条，再逐条加以斟酌，对全稿进行修订，1943 年 3 月正式由正中书局印刷发行。全书的中文原稿的整理、校订、排版校对的工作，则由陶希圣总其成。

据陶希圣回忆，该书出版三个月，已行销一百三十万册以上，影响空前。《苏俄在中国》酝酿于1955年冬，出版于1956年12月。陶希圣是最初执笔人，蒋介石及其高级幕僚们和蒋经国均参与其间，补充完成。该文是蒋介石在失败后对于世人的一个交代，中心说明由于苏俄共产主义的渗入，最终使国民党失去了大陆。强调了“反共”的必要性，同时也检讨了国民党失败的教训。全书近二十万字。

在担任幕僚的同时，陶希圣另一个更重要的角色是掌握国民党的喉舌——《中央日报》。1943年起，陶希圣担任《中央日报》总主笔，写了大量的社论，仅在1943年至1945年这两年中，陶希圣发表的社论就有三百三十余篇，相当于每两天一篇。抗战胜利后，陶希圣仍为《中央日报》总主笔，他站在幕后，将国民党在政治协商、“国大”、和战等等一系列重大问题上的态度揭示出来，兢兢业业地为国民党为蒋介石掌握舆论。1968年，陶希圣以《中央日报》董事长身份退休。

晚年，陶希圣重温旧时研究之梦，1970年他在台湾创办食货出版社，复刊《食货》半月刊，笔耕不辍。1979年，八十高龄的陶希圣出任台湾“中华战略学会”理事长。1988年6月27日，陶希圣在台北逝世。

陶 行 知

宗志文

陶行知,安徽歙县人。生于1891年10月18日(清光绪十七年九月十六日)。他原名文濬,早年信仰王阳明"知行合一"的学说,改名知行,后来他主张"行是知之始,知是行之成",又改名行知。父亲靠教书谋生,家境清寒。1906年,陶行知进入歙县耶稣堂内地会设立的崇一学堂学习,毕业后,经教会资助,1910年入南京金陵大学文学系,1914年去美国留学。在美国先入伊利诺斯大学学政治,后入哥伦比亚大学研究教育,是美国著名实用主义教育家杜威的学生。因此,留学期间。除了受到民主主义思想影响外,还受到杜威实用主义教育思想的熏陶。

1917年,陶行知由美返国,任南京高等师范学校教务长,后来该校改为东南大学,又任教育系主任。1921年,辞去东南大学职务,到北京与一些留美回国的人组织中华教育改进社,任总干事,鼓吹教育改造运动,呼吁开展平民教育。不久,与朱其慧、晏阳初、朱经农等人发起组织中华平民教育促进会,编《平民千字课》,设平民读书处,推行平民教育,幻想"教育救国"。他认为"平民教育"是中国的"希望","可以推定国家的命运",说"要把平民教育输入军队里、善堂里、工厂里、监牢里、尼姑庵里、济良所里"①。这个时期,他还常常在《新教育》杂志上发表文章,批评当时的传统教育,提出自己改革教育的主张。

---

① 陶行知:《作十万新民寿六旬王母》,《知行书信》,上海亚东图书馆1929年版,第27页。

陶行知的“平民教育”推行几年之后，不但收不到预期的效果，而且是“到处碰了壁”，如他自己所说，“到了山穷水尽，不得不另找出路”①了。当时，他把中国“穷和弱”的原因归根于“中国乡村教育走错了路”②。因此，他的出路就是办乡村教育。1926年，他为中华教育改进社起草《改造全国乡村教育宣言书》，作为改造乡村教育的纲领。提出“要筹募一百万元基金，征集一百万位同志，提倡一百万所学校，改造一百万个乡村”③。1927年3月，他与东南大学教授赵叔愚合力创办南京市试验乡村师范学校，校址在南京和平门外晓庄，简称晓庄师范，1929年3月改名晓庄学校。

在办晓庄师范的时候，陶行知把杜威的“教育即生活”、“学校即社会”的口号颠倒过来，提出了“生活即教育”、“社会即学校”，还提出“教学做合一”、“在劳力上劳心”等一系列新颖动人的口号，构成了他的所谓“生活教育”论的主要内容。这套“理论”在晓庄师范的实际运用，如他所说的：“全部课程就是全部生活，我们没有课外的生活，也没有生活外的课。”④他引导师生整天忙于烧饭、种田、做工、演戏、说书、开茶馆、当会计、办民校、会朋友、放哨守夜等等，以这类活动作为其教学的全部内容，学生很少认真读书和学习系统的科学知识。晓庄师范的招生广告上写着：“小名士、书呆子、文凭迷，最好不要来。”这些做法，从反对关门读书的传统的旧教育而言，虽具有一定的作用，但是归根到底，是杜威实用主义教育理论的翻版。

---

① 白韬：《陶行知的生平及其学说》，生活·读书·新知联合发行所1949年版，第23页。

② 陶行知：《中国乡村教育之根本改造》，《中国教育改造》，上海亚东图书馆1928年版，第131页。

③ 陶行知：《中华教育改进社改造全国乡村教育宣言书》，《中国乡村教育之根本改造》，《中国教育改造》，第129页。

④ 陶行知：《试验乡村师范学校答客问》，《中国乡村教育之根本改造》，《中国教育改造》，第139页。

陶行知对晓庄师范师生的政治信仰采取自由主义态度，学校里有国民党，有国家主义派，也有共产党员。那里的进步势力比较强，学校中的骨干多是共产党员或共产党的同情者。1930 年 5 月，晓庄学校师生在共产党员的鼓动和带领下举行了游行示威，反对日本把军舰开入长江支持蒋介石打内战。这件事引起了国民党当局的注意。不久，国民党当局借口学校里有共产党活动，派兵包围并封闭了学校，捕杀师生十余名。陶行知也受到通缉，逃往日本。到 1931 年春天，才由日本回到上海。经过这次打击，他心情沉痛苦闷，但仍然盼望着晓庄启封，继续他的事业。开始他隐蔽在商务印书馆借译书谋生，后来他的活动又逐渐展开，着手普及科学教育。他提出“科学下嫁运动”的口号，幻想在当时的社会制度下，把科学“下嫁给儿童”、“下嫁给大众”，让下层民众都能享受到现代科学的成果。他创办了自然科学园、儿童科学通讯学校，还编辑儿童科学丛书、大众科学丛书等。1932 年，陶行知在上海郊区创办一种业余学校——山海工学团。参加学习的主要是农民，也有工人，他们接受军事、生产、科学、识字、民权、生育等六项训练。他曾主观设想把“全国的家庭、商店、工厂、学堂、军队、乡村，一个个都变成工学团”，实行“工以养生，学以明生，团以保生”，“造成一个伟大的，令人敬爱的中华民国”①。

1935 年，日本帝国主义向华北发动的进攻，激起了中国人民抗日运动的新高潮。在中国共产党的领导下，北京学生界掀起了大规模的“一二九”运动，抗日救亡的呼声响彻全国。陶行知得到共产党友人的帮助，积极参加到抗日救亡的行列中来。他先后参加发起和组织上海文化界抗日救国联合会、上海各界抗日救国联合会，提出组织国难教育社，拟定国难教育方案，积极开展各种抗日救国活动。从这时起，他开

① 陶行知：《乡村工学团试验初步计划说明书》，《陶行知教育论文选集》，生活·读书·新知联合发行所 1949 年版，第 198 页。陶行知最初对工学团的解释是：工是做工，学是科学，团是团体。

始认识到："教育脱离政治是一种欺骗，在中国想做一个不问政治的教育家是不可能的。"①他的政治思想起了显著的变化。

1936 年 7 月，陶行知响应中国共产党提出的"停止内战，一致抗日"的号召，和沈钧儒、邹韬奋等发表《团结御侮的几个基本条件与最低要求》，主张国民党与红军议和，释放政治犯，停止内战，建立统一的抗战的政权。11 月，沈钧儒、邹韬奋等救国会"七君子"被国民党逮捕入狱。当时，陶行知恰好出席世界新教育会议，并受全国抗日救国联合会的委托，担任国民外交使节，在国外访问，免遭逮捕，但却又一次遭到通缉。他在国外访问了欧美二十八个国家，所到之处，揭发日本侵略者的罪行，努力宣传中国人民的抗日救国主张，争取各国人民的同情，动员华侨捐款救国。

1938 年夏天，陶行知回国。经过香港时，他说愿意在抗战中从事三件工作：一是创办晓庄研究所培养高级人才；二是办难童学校，收容教养在战争中流离失所的苦难儿童；三是在香港办店员职业补习学校，动员华侨抗日。这时，国民政府宣布他为国民参政会第一届参政员。8 月，生活教育社在桂林成立，陶行知被选为理事长。冬季，他到重庆。1939 年 2 月，他参加国民参政会一届三次会议，在会上提出抗战教育方案，主动动员全国的物资、人力与日寇总决斗，以争取整个中华民族的最后胜利。他的提案虽经大会通过，交到国民政府手里，却如石沉大海。

陶行知从国外回来后，蒋介石曾拉他加入国民党，想叫他担任三民主义青年团的一个高级职位，陶断然拒绝了，以后，就常常受到监视。他想办晓庄大学，国民政府不批准。教育部长陈立夫曾威胁他说：你的学生和朋友中，很多是共产党。

1939 年 7 月，陶行知在重庆北碚附近的合川凤凰山上的一座古庙里，靠自筹经费办起了育才学校。育才的办学方针仍以他那种实用主

① 生活教育社编：《陶行知先生四周年祭》，新北京出版社 1950 年版，第 99 页。

义教育思想为指导。这时他在政治上已更加倾向进步,学校里容纳不少共产党人,因此国民党总企图用种种手段扼杀它。当时国民党统治区物价暴涨,育才学校的经费异常困难,有时衣食都难以为继。国民政府对这所学校不但一钱不给,而且还对它进行刁难。陶行知为了筹款,到处奔波,经常碰壁。

抗日战争后期,陶行知对蒋介石的专政越来越不满,积极参加了国民党统治区反独裁、反内战的政治活动,并自觉地参加中国共产党领导下的人民革命斗争。1945 年春,他参加中国民主同盟,被选为中央常委、兼教育委员会主任委员,除继续坚持办育才学校外,又和李公朴等在重庆创办社会大学,吸收职业青年补习高等学校课程。抗战胜利后,1946 年 2 月 10 日,重庆许多人民团体在较场口开会庆祝政治协商会议成功,遭国民党特务捣乱破坏,有几位著名的民主人士被毒打。当时陶行知和育才学校师生在场,他目睹特务的暴行,非常气愤,回校后对大家说:“沉着,要知道民主需要用血、用生命去争取,才会到来的。”①

1946 年 4 月,陶行知由重庆回到上海,一方面筹划育才迁校,一方面忙于民盟的工作。他到处讲演,为反独裁、争民主而大声疾呼。6 月 23 日,他在上海北站欢送人民代表赴京请愿的群众大会上高声呼喊:“八天的和平太短了,我们需要永久的和平!假装的民主太丑了,我们需要真正的民主!”②7 月 11 日、15 日,民盟的领导人李公朴、闻一多先后在昆明惨遭国民党特务杀害。同时,社会上传闻陶行知已名列“黑榜”,国民党特务准备暗杀他。他冷静沉着,不怕牺牲。7 月 17 日,他给重庆育才师生写信说:“如果消息属实,我会很快结束我的生命,深信我的生命的结束,不会是育才和生活教育社的结束,我提议为民主死了

---

① 陶行知先生纪念委员会编:《陶行知先生纪念集》,1946 年版,第 470 页。

② 陶行知先生纪念委员会编:《陶行知先生纪念集》,第 470 页,照片注文。

一个，就要加紧号召一万个来顶补。”①

在国民党特务暗害的严重威胁下，陶行知日夜忙着整理自己的诗稿。7月25日，因劳累过度，患脑溢血去世。延安各界代表二千余人举行追悼大会，毛泽东和中共中央其他领导人送了挽词。

陶行知的主要著作有《中国教育改造》、《知行书信》、《斋夫自由谈》、《古庙敲钟录》、《中国大众教育问题》、《行知诗歌集》等。

① 陶行知先生纪念委员会编：《陶行知先生纪念集》，第470页。

陶 孟 和

涂上飙

陶孟和,原名履恭。天津人。生于1889年(清光绪十五年),祖籍浙江绍兴。父亲陶仲明是位饱学之士,1892年应晚清翰林严修邀请来为家庭教师,教授严氏子侄,陶孟和也在其父亲门下课读。1901年,陶仲明因患肺病去世,严修改定先人所设的义塾课程,并借陶仲明的家设学,招收十一人,陶孟和仍在其中就读,得到严修的关照。1904年,严修将家塾英文馆改为敬业中学堂,陶孟和为敬业中学堂师范班学生。1906年,敬业中学堂建新校于南开,改称南开学校,陶孟和为南开学校第一届师范班毕业生。

南开师范毕业后,陶孟和得以赴英国留学,就读于伦敦经济学院,专攻社会学。留学归国后,1914年任教于北京大学,被聘为教授,并一度任教务长。他在北大开设的课程有:社会学、社会问题、英文学戏曲等。1915年11月,北大根据教育部公布的《大学令》开始设立评议会,为"商决校政最高机关",由每科选出评议员二人组成,陶孟和与张耀曾作为法科的代表入选。

1916年,蔡元培任北大校长,北大的新文化运动逐渐开展,陶孟和积极参与了其中的一些活动。1918年11月11日,第一次世界大战结束,为庆祝协约国胜利,北京大学于28日起连续三天在中央公园(今中山公园)举行演讲会,陶孟和与蔡元培、陈独秀、李大钊等人一起参加了演讲活动。1919年1月25日,北大哲学研究会成立,陶孟和与杨昌济、马叙伦等为发起人,以"研究东西诸家哲学,论启新知"为宗旨。

1922年,陶孟和被聘为社会科学组编辑员,主持编辑北大社会科学季刊。

1926年,陶孟和受处置庚款的中华教育文化基金董事会之聘,任秘书,创立社会调查部,开展中国社会问题的调查和研究。1929年,社会调查部改名为北平社会调查所,陶孟和任所长。社会调查所的经费仍来源于基金会,但组织上完全独立自主,各项研究工作在原有基础上有了进一步的发展。

1934年,社会调查所与中研院社会科学研究所合并,陶孟和任所长。1935年冬,陶孟和偕全所成员搬迁南京。1937年抗战开始后,社科所先从南京转移到长沙,12月又迁往桂林,次年初至阳朔,1938年底迁往昆明的黑龙潭,1941年又迁往四川宜宾县境的李庄,陶孟和始终领导社会科学研究所的全体人员转辗各地,艰辛备至。抗日战争胜利后,迁回南京,直到全国解放。

陶孟和在社科所任职二十余载,领导全所研究人员做了大量的社会调查研究工作。1926年—1929年间,他主持对我国城市工人生活状况的调查。他采用家庭每日记账法,首次于1926年—1927年间的半年对北京人力车夫等四十八个家庭做了记账调查,最后由他写成《北平生活费之分析》一书。接着又与上海调查物价局合作,于1927年—1928年对上海二百三十户纱厂工人做了一年的记账调查,由杨西孟写成《上海工人生活程度的一个研究》一书,陶孟和高度评价此书并作了序。陶孟和还同南开大学社会经济委员会合作,在1929年对一百九十九个天津缝纫编织工家庭做了全年的记账调查,最后由南开方面写成书面报告。此外,陶孟和还将工人运动、劳资争议、工资问题等也列为研究重点。

1929年以后,社会调查所随着人员的增加,项目也不断增多。陶孟和把研究范围扩大到国民经济领域的各个部门,涉及农业、工业、金融、财政、对外贸易等等。他安排韩德章、吴半农、吴承禧、千家驹、郑友揆等分别对上述问题进行调查研究。后来关于上述问题的专题报告

《铁煤及石油》、《交通工业》、《中国的银行》、《中国的内债》、《我国各通商口岸对各国进出口贸易统计》等，于 1927 年—1931 年分别出版问世。

陶孟和在领导同事们进行社会调查研究的过程中，十分注重人才，培养了一批后来在我国经济学界卓有声望的经济学家。在选拔、培养、任用年轻人才时，陶孟和不存门户之见，不论来自清华、北大、燕京、南开、武汉、中大或其他大学，均不分畛域，一视同仁。同时，所有工作人员一旦确定主攻目标之后，即放手让他们去做，很少加以干涉，也不中途打乱。

在社科所二十几年，陶孟和除了负责全面工作之外，还抽出大量时间从事研究工作。他曾是社科所两种期刊《社会科学》和《中国社会经济史研究集刊》的主编。他在调查研究的基础上写过不少论著，如 1930 年写有《一个军队士兵的调查》，1931 年写有《中国的生活与劳动》、《上海工人家庭生活水平的研究》、《中国工人的生活水平》、《中国劳工的生活程度》、《在中国的工业和劳动》等等。

陶孟和一贯强调对中国社会进行身临其境的调查的重要性，以便从调查的实际资料中找出切中时弊的社会问题和经济问题，作出适当的结论。他坚持这一点，逐渐成为社会调查所和社会科学研究所的学风。由于重视实际调查，他所出版的著作及主编的《社会科学》杂志，不仅具有较高的学术水平，同时也有较为充实的现实资料。不仅在国内受到学术界的重视，也在国际学术界产生了影响。他主编的《中国社会经济史研究集刊》所发表的不少经济论文，在许多高等学校和科研机构中选辑成册，以供科研和教学的参考。

陶孟和在主持社会调查所和社会科学研究所时期，不畏权势，不计个人利害，不止一次延聘革命党人及进步人士来所工作。1948 年，在国民党统治濒临崩溃之际，蒋介石密令中研院各所搬迁台湾，并要当时任院长的朱家骅具体执行，陶孟和对此进行了坚决的抵制。当时，他患有高血压、心脏病正在上海治疗，为组织全所员工起来斗争，扶病到南京，召集全所人员开会，用投票签名的办法，请大家表示态度，结果多数不愿离开。后来朱家骅用停发工资的手段来胁迫，陶孟和领导全所人员坚决不屈。

中华人民共和国成立后，陶孟和任中国科学院副院长，分管哲学社会科学部一些研究所的科研工作。他是第一届全国人大代表、全国政协第一届常委。

陶孟和晚年将他珍藏的数百册书籍，包括明刊珍本，全部赠给他曾经工作过多年的北京大学。

1960 年 4 月 17 日，陶孟和因操劳过度，突发心肌梗塞于北京逝世。

主要参考资料

萧超然等编著：《北京大学校史》(增订本)，北京大学出版社 1988 年版。

吴铎：《春风化雨十一年》，中国人民政治协商会议全国委员会文史资料研究委员会编《工商经济史料丛刊》1983 年第 3 辑，文史资料出版社 1984 年版。

杨西孟：《追求真理，不断前进》，《工商经济史料丛刊》第 3 辑。

严仁赓：《回忆陶孟和先生》，《工商经济史料丛刊》第 3 辑。

沈性元：《敦厚、正直、勤奋——我所知道的陶孟和先生》，《工商经济史料丛刊》第 3 辑。

滕虎忱

王家鼎

滕虎忱，原名景云，字虎忱，一作虎臣，以字行。山东潍县滕家庄（今属安丘县）人。1883 年 8 月 7 日（清光绪九年七月初五）生。其父滕福建，耕种土地六七亩，兼营打铁和补锅修旧。滕虎忱七岁时入本村私塾读书，三年后因家境困窘而辍学。稍长，跟随父亲务农学艺，常至潍县城东李家庄美国基督教长老会所设的“乐道院”，为教会及其附设医院、学校做零杂活计，父子遂相继受洗成为基督教徒。

1897 年 11 月，德国强占胶州湾，翌年 9 月破土兴建胶济铁路。滕虎忱跟随父亲前往青岛修铁路，靠打制铺路石子为生。1902 年，考入青岛德国水师工务局船坞工艺厂，在该厂机械科热炉部当学徒。他在四年学徒期间，白天做工，晚间随班上课学习机械知识，逐渐对机器制造产生浓厚兴趣。满师后按厂规留厂做无偿“效力”两年，后以精通锻工手艺，被提升为带班工头兼作车间统计，在该厂前后达十三年。他在工休日常与一二同事共同切磋琢磨技艺，因而技艺精进，能够全面掌握镟工和钳工手艺。1912 年 8 月，孙中山任全国铁路督办后，视察华北、华中铁路时，于 9 月 28 日到达青岛作两天逗留。滕虎忱参加了欢迎孙中山的活动，在三江会馆和德华大学两次聆听孙中山演说，深为其发展实业与振兴中国的思想所感动，萌生了要创办机器厂、制造国产机器、以代替“舶来品”的愿望。1914 年 11 月，日本借口参加协约国攻占胶州湾，接收了原德属各工厂，滕虎忱仍留原厂，转而被日本厂主雇佣。1915 年初，日本向袁世凯政府提出企图灭亡中国的“二十一条”，消息传来，滕虎忱思想上受到极大震动，觉得国家将亡于日本，若再继续为日本做工，“在良心上受不住”。宁可回原籍务农，也不愿屈辱地为日本制造用来屠杀自己的同胞的军备武器，遂坚决要求辞职。日本厂主因他是这个厂年资最长及技术最为熟练的工人之一，提出种种优厚的条件加以挽留，均为他所拒绝。滕回到潍县故里后，恰遇严重虫灾，秋粮失收。为生计所迫，于同年冬天出走济南谋生，又经友人介绍赴北京做工，一年后重返故里。

1917年，美国基督教长老会在潍县“乐道院”办的文华中学，成立了一个小型庶务修理工厂“理化制造所”。滕虎忱因其父早年与“乐道院”美国传教士狄乐波(M. Robert Mateer)相识，遂得以进入该所任主任，负责管理和维修“乐道院”里设置的发电机、内燃机、锅炉以及水塔等机械设备。因此机缘，滕结识了许多基督教友，并以其刻苦耐劳和娴熟技艺而得到他们的好感和信任。此时，滕薪水较少，不敷养家糊口。为谋求生活出路和实现振兴实业的夙愿，他勃发了创办机器厂的愿望，并得到文华中学教员尹焕斋的支持和鼓励。1920年1月，滕虎忱邀约当年在青岛学徒时的同事丁执庸，正式发起成立“潍县华丰机器厂”，滕为经理，丁为副理，继聘张仲元总管账房。

华丰厂初创，滕虎忱在潍县东关大街租赁了数间破旧民房，内仅有一部红炉、两部小镟床以及手摇钻等简单工具。他招收徒工二三人，亲手教他们打铁锻造，自任掌钳，其妻帮助拉风箱。因股金短少，设备简陋，仅能为烟潍公路打制桥梁道钉，或为济南电灯公司加工螺丝等，入不敷出。这时，潍县东乡农户自天津购买织布机从事的织布业迅速发展，滕虎忱眼看当地对织布机的需求将与日俱增，乃于同年10月在尹焕斋等人资助下，扩大增资至一万元，从上海购进机器设备，增收徒工十余人，开始仿照日本“石丸式”织布机，制成铁轮木架结构的脚踏织布机。又鉴于北方气候常常干旱，农村需用灌溉设备，遂将农村通常使用的固定式木斗水车研究改进为转动式铁斗水车，制成畜力灌田机。滕每天提前到厂，指导徒工们精心研究制造工艺。由于他锐意经营，讲究产品质量，注重向农民宣传，并做示范操作表演，还采用订购、赊销的办法，很快为织布机、灌田机打开了销路，获利甚厚。

1921年秋，滕虎忱在潍县东关购置三亩多地皮兴建厂房，招收徒工进厂学艺。以后逐年招收徒工培训，渐次形成该厂的技术骨干。1923年，随着潍县民间织布业逐渐由东乡向四乡扩展，华丰厂生产的织布机供不应求，又陆续制造出弹花机、榨油机、轧花机等品种。1928年，复扩大厂房面积达四十亩，增添机器设备，扩建木工、铸工、锻工、金工、白铁、装配等车间，职工增至一百五十余人，产品亦逐渐销往昌邑、掖县、益都、寿光、安丘等地。1929年设立黄县营业部。华丰厂的发展和成就，使滕虎忱的社会地位和声望随之提高，被当地教会推选为长老，参与管理教会事务。1930年，滕发起创立"中华基督教自立会"，出资赎回潍县城内和南关两处教堂，脱离美国长老会，由中国人自办①。1931年3月，潍县文华中学、文美女中和培基小学三所教会学校合并成立广文中学，滕应聘为该校校董。

"九一八"事变后，面对日益加深的民族危机，滕虎忱仍抱定"实业救国"的信念，将企业发展的重点转向生产动力机械方面。为试制柴油机，他于同年冬增资至五万元，从上海购进英国制车床、气锤、大摇臂钻、龙门刨等大型设备。专程赴青岛延聘青年技工王宏茂来厂，以厂内原有的一部英国制十五马力"狄塞尔"卧式低速柴油机作样品，多方鼓励王研究仿制。经反复拆装试验，王绘出了图纸，又用手工操作制出推、研、磨、刨、铣等专用工具，并于1932年秋先后试制成十五马力、八马力、二十马力和四十马力四种类型的柴油机，并批量投产，华丰厂从此一跃而成为能够独立生产柴油机的主要厂家。这一年，滕虎忱主持该厂再次增资至十二万元，成立股份有限公司，设立董事会，推选尹焕

---

① 王振纶整理:《基督教在潍坊的传入与传播》，中国人民政治协商会议山东省委员会文史资料研究委员会编《文史资料选辑》第15辑，山东人民出版社1983年版，第162—163页。

斋为董事长。1932—1935年间，先后在徐州、济南、郑州、青岛等地设立营业部，派遣专人主持各地推销业务。

1934年5月，冯玉祥从泰安出发游历胶东地区①，沿途发表讲演、谈话，宣传抗日主张。16日抵潍县，滕虎忱陪同他冒雨参观华丰机器厂。冯看到该厂产品制作精细，在了解工厂创建历史后很受感动，热情称誉滕说："全国如有二百人能像您这样有血性、能奋斗，国家前途就有很大的希望。"②华丰机器厂于是年再度招股增资，股东扩大到潍县绅商各界近三百户，资本总额达四十万元。1935年，滕虎忱在潍县南关筹建第二厂，于翌年建成投产后，原第一厂则专业生产柴油机。1937年初，在第二厂内增设电气车间和铆工车间，从事电动机和锅炉生产。至此，两厂总资产为一百五十万元，职工总数达六百余人。当时潍县地区民间拥有近十万部织布机，由华丰厂生产的约占十分之七。该厂各类机器产品运销华北、东北、西北和云贵等十八个省区，经营盛极一时。滕虎忱还计划发展黄河、小清河水运交通事业，准备制造用以装备轮船的立式柴油机和挖泥船等，所需机器图纸和部分机器零部件均已备齐，终因"七七"事变爆发，计划未能实现。

"七七"事变后，日本侵略军进占平、津。滕虎忱预感潍县沦陷势将难免，表示决不与日本"合作"，决心将该厂内迁汉口。他向山东省政府三次呈文，请求调拨车皮协助运输机器设备，但韩复榘政府一再敷衍拖延。滕虎忱等候到12月，当胶济铁路濒于中断时，见内迁无望，乃被迫向董事会辞职，只身搭乘货车赶到济南，携眷撤往西安。

1938年夏，滕虎忱由西安移居汉中，半年后举家迁往成都。1939年冬赴重庆，任中国战时生产促进会总会顾问等职，曾参与财政部烟叶复烤厂筹建工作。他提出建厂设计图纸后，由于货币贬值，财政部拒绝

① 张功常述：《冯玉祥胶东游记》，上海军学社1934年印行，第9页。

② 《山东青岛区处理敌产审议会济南分会第44次会议记录》，济南市档案局存。

支付追加投资，该厂筹建流产。1940年，滕奉命转赴昆明任烟叶复烤厂副厂长。1942年辞职回成都，与同乡集资购置电磨一台，开办小型“利丰磨坊”，借以维持生活。同年，冯玉祥在重庆发起“中国基督教节约献金救国运动”，滕热诚捐款。

1945年8月抗日战争胜利，滕虎忱满怀兴奋，匆匆收束“利丰磨坊”业务，急欲返回潍县重整华丰厂旧业，于1946年2月回到济南。华丰厂于潍县沦陷后被查封，全部设备被日军拆迁至济南，改建为“历山铁工厂”，专为日伪修造军械武器。抗战胜利后，该厂被国民政府接收，改名为“国防部兵工署第四十四兵工厂”。滕虎忱回到济南后，幻想政府当局能够发还该厂产业，立即呈文省政府申请发还，接着与国民政府行政院山东青岛区敌伪财产处理局不断交涉。1947年1月，政府当局被迫承认“应发还民营”，但又要求适应其反共内战需要，按“借用”或“租用”办法处理。2月，第四十四兵工厂负责人借口无国防部命令，拒绝会商，滕虎忱在失望中继续交涉。8月，他赴南京辗转托人向国民政府行政院、国防部兵工署、敌伪财产处理局、中央信托局、联勤总部等军政部门申述发还理由。经交涉月余，最后仅得到“照前批发还”一纸空文。10月，滕回济南再与第四十四兵工厂交涉，该厂竟以“总动员期间”为理由，拒不发还。滕虎忱前后奔波两年多而毫无结果，曾愤然说道：“我到崂山当和尚去。”①反映他在幻想破灭后的绝望和苦闷。

1948年4月，人民解放军解放潍县后，在共产党和人民政府领导的扶持下，华丰机器厂利用原东关营业部残存设备，恢复生产和营业。9月，滕虎忱应邀回潍县担任该厂经理。1952年5月，华东军政委员会任命滕为潍坊市人民政府委员。1954年8月，滕当选为第一届全国人民代表大会代表；1955年3月被选为山东省人民政府委员。同年，华丰厂公私合营，滕继续任经理。

1958年12月28日，滕虎忱病逝于潍坊市。

---

① 《新潍坊报》1948年6月11日。

主要参考资料

刘冰:《记华丰机器厂创办发展过程及创始人》,《新潍坊报》1948年6月10日。

实业部国际贸易局编:《中国实业志》(山东省),1934年12月初版。

访问滕怀礼、张蓝田、王宏茂、王宏遇记录。

田 耕 莘

雷镇阊

田耕莘，字聘三，山东省阳谷县张秋镇人。生于1890年12月5日（清光绪十六年十月二十四日）。父开良，以教书为业，曾应聘为本县坡里庄天主教小修道院国文教员，并受洗入天主教。

田耕莘十岁时，父亲病故，得到一个外国传教士的支持，就学于教会主办的坡里庄小学。1901年十一岁时受洗入天主教。1904年入兖州小修道院就读，1910年毕业，后即转入本区大修道院攻读神哲学。1918年6月任神甫，传教于山东单县、曹州、范县、鱼台县等地。他募捐办小学和短期训练班，用“免膳宿”的恩惠，笼络青少年入教。

1929年3月，田耕莘加入属德国势力的天主教圣言会，并到山东济宁戴家庄圣言会初学院受训两年，后到嘉祥、郓城等地传教。1932年7月，罗马教廷传信部把山东阳谷、寿张、观城、朝城及范、濮等六县划为“独立教区”，田耕莘任该区代理主教。1933年12月，该独立教区改为“阳谷监牧区”，次年2月，罗马教廷任命田耕莘为该区首任宗座监牧，坐镇坡里庄。1939年7月，罗马教廷又把阳谷教区升格为“宗座代牧区”，委田耕莘为宗座代牧，领主教衔，并召田耕莘去梵蒂冈。是年10月底，田耕莘前往罗马，接受“祝圣”。罗马教皇嘉奖他的阳谷区“教务发展奇速，常列于全国最前若干名之内”①，并赠金十字一枚。当时

① 方豪:《田耕莘》,《中国天主教史人物传》第3册，中华书局1988年版，第341页。

参加“祝圣”的共十二人，独有田耕莘被罗马教皇看成是“若望宗徒”(即罗马教皇最器重的一人)①。

1941年10月，青岛教区宗座代牧出缺。1942年11月，罗马教皇调任田耕莘为青岛主教，领导德籍教士管辖的青岛教区，因而“惊动了当时的中外人士”②。田耕莘到任后，除大力传教外，并抢购大量德国颜料进行囤积，不久物价大涨“获利甚多”③，使青岛教区从负债累累一变而为有基金“若干万”美金，田耕莘因而获得善于理财之名④。

1945年日本投降后，美国海军侵占青岛，帮助蒋介石输送军队和物资，准备发动内战。田耕莘急忙投向美国，对美军关怀备至。美国海军中一个天主教信徒写了一本田耕莘“小史”，为他树碑立传，夸奖他说：“美国海军驻扎青岛，多蒙田公殷情款待，慈父之怀，令人难忘。”⑤1945年12月，罗马教廷任命田耕莘为中国第一个枢机主教。1946年1月，田耕莘由美国枢机主教斯培尔曼陪同，乘坐美军飞机赴罗马举行就职“祝圣礼”，行前，曾受蒋介石接见。4月，罗马教廷宣布中国“成立正式教统，划全国为十二教省”⑥。5月，任命田耕莘为北平总主教，主持全国教务。6月初，田耕莘返国，立即跑到南京去“晋谒”蒋介石，国民党政府对他“优礼有加”⑦。田耕莘就任北平总主教后，即派青年神甫入大学深造，把本教区的小修院改为耕莘中学；在北平成立上智编译馆和圣多玛哲学院；组织天主教广播协会等。同时指示凡修会能维持一堂区者，即划分堂区，千方百计扩大教会的势力和影响。

---

① 《田枢机主教传略》，见天津《益世报》1946年6月30日。

② 《田枢机主教传略》，见天津《益世报》1946年6月30日。

③ 方豪：《田耕莘》，《中国天主教史人物传》第3册，中华书局1988年版，第341页。

④ 方豪：《田耕莘》，《中国天主教史人物传》第3册，第341页。

⑤ 《田枢机主教传略》，见天津《益世报》1946年6月30日。

⑥ 方豪：《田耕莘》，《中国天主教史人物传》第3册，第341页。

⑦ 于斌等著，吴智德编辑：《公教信友手册》，公教真理学会(香港)，1948年，第33页。

1948年6月北平解放前夕,田耕莘跑到上海。1949年全国解放前夕,又跑到香港,随后避往美国。1957年9月,他曾一度前往台湾活动。1958年8月,他在德国因车祸受伤,10月去美国施行移骨手术,接着又带伤赴罗马参加新教皇的选举投票。1959年6月再去美国,同年12月4日,罗马教皇若望廿三世任命田耕莘为台北总主教,次年3月到台湾任职。他抵任后,即成立若瑟修院、托玛斯神哲学院、耕莘文教院及耕莘医院等,并任辅仁大学董事长。1962年他到罗马参加天主教大公会议,1963年他参加新教皇保罗六世的选举,1964年他又前往美国为台湾教会"募捐"。1965年3月,田获罗马教廷批准辞职,退居台湾嘉义圣言会。1967年7月24日病故。

田　汉

陈小村

田汉，原名寿昌，笔名陈瑜。1898年3月12日（清光绪二十四年二月二十日）出生于湖南长沙东乡一个贫苦农民家庭。先祖世代务农，由河南迁居入湘。父亲田禹卿，在湖南岳阳、邵阳等地做厨师。田汉九岁丧父，靠母亲易克勤纺纱织布为生。

田汉六岁入塾启蒙。十岁时因家庭经济困难而辍学，及至新学堂开办，他靠舅父接济才得以继续入学。1909年，他入长沙选升高等小学，1911年升入长沙修业中学预科。时值辛亥革命运动蓬勃高涨的时期，他积极参加革命活动，报名参加了湖南革命党人组织的学生军。焦达峰等革命党人遭到杀害后，学生军被解散。1912年，田汉得到舅父易梅臣的帮助，考取由徐特立任校长的长沙师范学校的公费生。他学习刻苦勤奋，成绩优异，读书期间得到徐特立的亲切关怀和资助。徐特立注重启发学生们了解社会，关心国家大事，锻炼思考能力，培养学生写诗作文的才能，对田汉的一生有很大影响。

田汉自幼酷爱戏剧，童年时在长沙农村就喜爱看皮影戏、木偶戏、湘戏以及农民自己演唱的花鼓戏。以后在长沙看到文明戏（话剧），更萌发了对戏剧艺术的倾慕与追求。在求学时期他就开始练习作剧，写有《新教子》、《新桃花扇》。

田汉在长沙师范勤奋学习的同时，广泛阅读了革命刊物，如梁启超主编的《新民丛报》、《国风报》和《民报》、《上海时报》等等，受到了民主革命思想的熏陶。

1916年秋，田汉于长沙师范学校毕业后，时值舅父易梅臣被派赴日本任留学生经理员，田汉随同东渡日本求学深造。他先与舅父同住东京小石川茗谷町湖南经理处当抄写员，同时在舅父的指导下自学。舅父易梅臣是南社诗人，曾参加同盟会和辛亥革命，他悉心教诲田汉向上之道，指导他怎样读书做人。

经过勤奋自学，田汉考入日本高等师范学校学习。时值俄国爆发十月革命，田汉在易梅臣的关怀指导下，积极关心社会问题，并搜集报刊上的经济材料，撰写了一篇《俄国革命的经济原因》，对十月革命的必然性作了扼要分析。文章引起易梅臣的好友李大钊的注意，并从北京写信来加以鼓励。后来田汉回忆说："倘使当时按照大钊同志的方向继续前进，我早已是一个马克思主义者了。不幸大钊同志在北京牺牲了，梅臣先生也死在军阀赵恒惕之手，失掉了指导我的人，同时我的兴趣被吸引到文学戏剧方面去了。"①

在日本，田汉接触了大量西欧现代戏剧和日本的新剧，并受到各种文艺思潮流派的影响，良莠不辨，兼收并蓄。他"一面热衷过十九世纪俄国进步的启蒙思想，一面却又迷恋过脱离现实的唯美主义"②。在"艺术救国"思想指导下，他凭着青年的热情和正义而写作，企望当个剧作家，以"中国未来的易卜生"自许。1919年，田汉在东京参加了李大钊、王光祈等在国内组织的"少年中国学会"，在《少年中国》上发表文章，追求进步。暑假，田汉从东京回国省亲，与表妹易漱瑜结婚，10月同往日本攻读。1920年，田汉在东京发表剧本《咖啡店之一夜》、《梵峨嶙与蔷薇》，开始走上了戏剧文学之路。

1920年初，田汉经宗白华介绍与郭沫若建立通信联系，相互倾慕。

---

① 田汉：《我认识的十月革命》，载《戏剧报》1959年第22期。田汉舅父易梅臣，字梅园，后被湖南军阀赵恒惕杀害。

② 洪灵菲：《普罗列塔利亚小说论》，载冯乃超主编《文艺讲座》第1册，神州国光社，1930年。

同年3月,田汉由东京到福冈访晤了郭沫若,从此开始了两人之间长达半个世纪的交谊。他和郭沫若、宗白华之间的书信,当时编为《三叶集》出版。1921年7月,他和郭沫若、成仿吾、郁达夫等人经过长期酝酿正式成立了创造社,鼓吹文学必须忠实于自己"内心的要求",注意自我表现,积极冲破"文以载道"的旧传统。

1922年9月,田汉携妻归国,在上海中华书局任编辑,随后又任教于大夏大学和上海大学。这期间,田汉致力于戏剧运动,从事筚路蓝缕的开创工作,与在戏剧界初露头角的欧阳予倩、洪深等结为好友,在艰难困苦中共同创办南国剧社、南国艺术学院、南国电影剧社等,合作主编《南国周刊》、《南国月刊》等杂志。田汉等人所领导的南国艺术运动,团结了一些知名的艺术家和一批进步青年,在恶劣的条件下艰苦奋斗,给当时的文坛很大的推动,开创了话剧运动的新局面。他所主办的南国艺术学院,为我国话剧事业培养了编剧、导演、表演、音乐、美术诸方面的众多人才。这个时期他创作的剧作有《获虎之夜》、《名优之死》、《江村小景》、《苏州夜话》、《古潭的声音》等。这些剧作表现了强烈的革命民主主义精神,艺术上熔现实主义与浪漫主义于一炉,反映了田汉对黑暗现实的鞭笞和对美好理想的追求。《获虎之夜》被誉为中国早期话剧的代表作品。《名优之死》是他这一时期的主要代表作。也有些剧作品,如《湖上的悲剧》和《南归》,流露出一些感伤情调,存留着作者早期的"唯美的残梦"和"青春的感伤"①。田汉这些剧作的相继出版和南国戏剧运动的蓬勃开展,使我国当时因追求商业化而趋于没落的话剧得以中兴,并为我国话剧的健康发展开拓了广阔的道路。

田汉重视培养文艺人才,并善于发现人才,如戏剧界的郑君里等,美术界的吴作人等,音乐界的冼星海、聂耳等,贡献甚巨。

田汉在思想上的突进是1930年。1927年南国社改组之前,田汉

---

① 田汉:《自序》,《田汉戏曲集》第4集,上海现代书局1932年第2版。

以自己为中心从事艺术活动；南国社改组后，采用委员制，依靠多数人的力量共同推进革命戏剧运动。从1927年下半年起，他就一步一步地转向了革命。1929年，他在南京公演《孙中山之死》被当局禁演，使他对国民党当局有了深刻的认识。1930年初，他参加了“中国自由运动大同盟”，3月又作为中国左翼作家联盟发起人之一被选为执行委员。他在《南国月刊》上发表了十余万言的《我们自己的批判》，对近十年的南国戏剧运动作了总结和批判，并严格剖析自己，批判南国戏剧运动中所表现出来的小资产阶级思想倾向，进一步明确了政治方向和艺术方向，这标志其思想和创作上的成熟，是其艺术生涯中重要的转折点。其后，在他的影响和带动下，成批的文学和戏剧方面的优秀分子投到左翼方面。

“九一八”事变后，田汉利用企业界的力量，组织了艺华公司，联系各方人士，掌握了“明星”、“联华”和“艺华”三家影片公司。同时，田汉所领导的南国剧社的转变，也带动了戏剧协社和辛酉、大夏、摩登、复旦等许多戏剧团体，形成了在中国共产党领导下的戏剧工作的强大的统一战线。

1932年4月，田汉加入了中国共产党，先后担任中共左翼戏剧家联盟党团书记和中共上海中央局文化工作委员会委员等职务。田汉在政治上的进步和文艺思想的发展，“对人民疾苦和民族命运不断的关心”，“使一个带着若干小资产阶级感伤情绪的剧作家终于投入了火热的革命斗争”①。此后田汉的思想和创作进入了新的高度，创作热情十分旺盛，创作活动扩大到了话剧、电影、戏曲、诗歌等许多方面。他写了近三十个剧本，题材大多是反映当时尖锐的阶级矛盾和民族矛盾。如他创作的话剧《梅雨》、《乱钟》、《1932年月光曲》、《回春之曲》、《阿比西尼亚的母亲》，电影《三个摩登女性》、《民族生存》等，洋溢着磅礴的战斗激情，跳动着时代的脉搏，喊出了人民的心声，完全摆脱了过去的感伤、

① 田汉：《后记》，《田汉剧作选》，人民文学出版社1955年版。

消沉情调，对当时革命斗争起了很大的鼓舞作用。田汉写的《顾正红之死》，以震动全国的“五卅惨案”为背景，热情地讴歌了工人阶级的反帝斗争，在戏剧发展史上第一次塑造了我国工人领袖的英雄形象。1934年，田汉创作的新歌剧《扬子江的暴风雨》，由聂耳作曲并主演，在上海演出闭幕时，观众高喊“打倒帝国主义”，久久不离开剧场。这一剧作为革命歌剧的发展起了奠基作用。田汉还积极推动革命音乐活动，同著名的音乐家聂耳、冼星海、贺绿汀合作，创作了《毕业歌》、《义勇军进行曲》等优秀歌曲。

1935年2月，中共江苏省委和上海文化工作委员会遭到破坏，田汉与阳翰笙、杜国庠等文委成员同时被捕。3月，田汉被解送到南京宪兵司令部，不久在狱中患了背疮需手术治疗，由徐悲鸿、宗白华等人保释出狱就医。田汉病愈后，仍被软禁于南京。南京政府当局允许他在南京从事戏剧活动，他随即组织“中国舞台协会”，约集上海戏剧界的洪深、舒绣文等在南京演出《械斗之歌》、《洪水》等剧，反映战区人民的痛苦，反对内战，有着明显的政治倾向。在高涨的抗日救亡爱国运动中，田汉结合反对日本侵略者的斗争，写了很多充满爱国主义的剧本，《乱钟》就是这方面的代表作。《回春之曲》歌颂爱国华侨青年回奔祖国，勇敢参加抗日斗争的故事。田汉还写了《扫射》、《战友》、《暴风雨中的七个女性》等，从不同角度反映人民群众的抗日要求和不怕牺牲的斗争精神，鼓舞人民积极参加抗日斗争。

1937年抗战爆发，实现了国共合作，田汉获释，并经中共代表团审查恢复了党的组织关系。在全国人民抗日洪流激励下，田汉迅速写出了宣传抗日的多幕剧《卢沟桥》，热情歌颂爱国军民英勇保卫卢沟桥的抗日激情与斗志，揭露国民党上层将领的妥协行径，但遭到国民党当局的查禁。是年8月，田汉到上海，组织成立上海戏剧界救亡协会，从事抗日救亡运动。11月由上海回到湖南长沙，与廖沫沙等人筹办《抗战日报》。1938年，田汉到武汉，在周恩来直接领导下，任军委会政治部第三厅艺术处处长，主持电影、戏剧、音乐、美术等方面的抗日宣传，广泛团结文艺界爱国民主人士共同工作。在他的主持下,组成十个抗敌演剧队和四个戏曲宣传队,分赴各战区和后方演出。他还负责上海、武汉、重庆、香港等地抗战戏剧的组织领导工作。其后在长沙、桂林进行戏剧活动,带领抗日救亡演剧队、平剧宣传队、文艺歌剧队等,多次赴前线慰问,奔波于炮火硝烟之中,从事抗日宣传工作。这个时期他以饱满的热情不断创作,主要作品有《秋声赋》、《再会吧,香港!》(与洪深、夏衍合作)、《武松》、《琵琶行》、《江汉渔歌》、《新儿女英雄传》、《黄金时代》、《哀江南》等话剧、戏曲和电影剧本。

抗战结束后,田汉重返上海,继续从事革命戏剧活动。1946年,创作了著名话剧《丽人行》,对日伪统治的暴行进行血泪的控诉,实是影射国民党统治的倒行逆施。《丽人行》不仅具有感人的思想内容,而且在形式上有所创新和突破。

1947年3月14日,上海文艺界举行"庆祝田汉五十寿辰及创作三十周年纪念大会",对他勤勤恳恳地"永远为人民服务","通过其艺术改造中国",为戏剧创作和人民的戏剧事业作出的贡献给予高度评价。1948年,田汉转入解放区工作。

中华人民共和国成立后,田汉先后任政务院文化教育委员会委员、文化部戏曲改进局局长、艺术局局长、中国戏剧家协会主席、中国文联副主席等,并被选为第一、二届全国人大代表,历任第一、二、四届全国政协委员。他积极倡导戏曲改革,并先后写出了话剧《关汉卿》、《文成公主》和京剧《白蛇传》、《谢瑶环》等优秀作品,成为他一生戏剧创作的最高峰。

1966年"文革"开始不久,田汉即被诬为"叛徒"而入狱,1968年12月10日冤死于狱中。1979年4月25日举行隆重的追悼大会,给田汉恢复名誉,予以平反昭雪。

田汉一生创作和改编、翻译的各类戏剧作品达一百二十余部,编有《田汉戏曲选》(上下册)、《田汉剧作选》及《田汉文集》十六卷等。

主要参考资料

田汉著:《田汉论创作》,上海文艺出版社 1983 年版。

田汉著,尹琪编:《田汉代表作》,黄河文艺出版社 1986 年版。

何寅泰、李达三著:《田汉评传》,湖南人民出版社 1984 年 1 月版。

廖沫沙:《回忆田汉师》,《人民戏剧》1979 年第 5 期。

田 颂 尧

马宣伟

田颂尧，本名见龙，又名光祥。1888 年 6 月 19 日（清光绪十四年五月初十）出生于四川简阳县一个商人家庭。父田元章，开设德全堂中药铺。田颂尧自幼读私塾，后进新学堂。1908 年考入四川陆军小学第一期①，次年毕业，升入南京第四陆军中学②。田在这里结识一批革命志士，受革命思想影响，于 1910 年加入同盟会。以后，他离校在南京、上海一带参加革命活动。辛亥武昌首义后，陆军第四中学的学生们受到鼓舞，成立学生军支援武汉③，田颂尧任学生军教育长。不久返回四川，任四川陆军第四镇参谋。1912 年 4 月镇改为师，田在第四师任营长。1916 年 4 月，陈宧入川任会办督理四川军务，以大清乡为名捕杀革命党人，田颂尧被派任清乡独立支队长，驻在下川南。

田颂尧深感川军受入川北洋军的歧视和排挤，1916 年 1 月随刘存厚在纳溪起义，参加反袁护国，被委为第二路三支队长④。刘军集中于

---

① 刘石渠：《清末民初川军沿革》，四川文史研究馆编《四川军阀史料》第 1 辑，四川人民出版社 1981 年版，第 8—9 页。

② 《军机处录副档》，中国第一历史档案馆藏档。

③ 沈铸东：《南京陆军第四中学学生赴武汉参加革命经过》，中国人民政治协商会议全国委员会文史资料研究委员会编《辛亥革命回忆录》（二），中华书局 1962 年版，第 69 页。

④ 邓锡侯、田颂尧：《四川护国战役始末》，中国人民政治协商会议四川省委员会等编《四川文史资料选辑》第 3 辑，1979 年印本，第 36 页。

纳溪，决定先攻江安、南溪两县，再进取泸州城。田颂尧支队受命攻打江安、南溪两城。正当此时，田部前卫连队截获向泸州城递送文书的北军传达兵，得悉北军即将退出泸州，田遂将队伍分布于江安下游沿江一带，派重兵把守距江安城三十里的马腿津，还配备大炮两门。待北军兵船顺流而下，到达有效射程时，田部枪炮齐发，北军多数船只中弹沉没，落水者全被掳获，只有部分官兵弃舟登岸向富顺县方向逃走。田部据守马腿津，连续截击三日，先后俘获军官二十余名，士兵二百六十余人。田颂尧随即派谢松营先抵南溪城下，奋勇环攻，2 月 2 日攻克，获枪炮、子弹和粮食甚多①。田以这一战役为荣耀，升任师长后，定此为“二二护国纪念日”，每年举行庆祝大会，以资宣扬。

同年 2 月 10 日，田颂尧率部配合入川护国第一军在月亮湾作战，后与舒荣衢、邓锡侯两支队在棉花坡、马鞍山、头背梁一线与北军激战。马鞍山、头背梁是泸州、纳溪之要冲，北军白天黑夜不停地进攻，均被邓、田支队击退。后两支队又在纳溪与北军奋战月余，直到陈宧宣布独立，袁世凯败亡，战事始告结束。6 月，蔡锷任四川督军，升田颂尧为第二师骑兵团团长。1917 年 7 月，因争夺四川政权，先后发生川军第一军军长刘存厚与督军罗佩金、省长戴戡之间的战争。田颂尧在两次巷战中为刘存厚立下战功，升任第三混成旅旅长。11 月，北京政府授刘存厚崇威将军，会办四川军务，授田颂尧为炮兵中校，加陆军炮兵上校衔。

1918 年 1 月，四川靖国军总司令熊克武出兵讨伐投靠北洋政府的刘存厚，熊部攻下成都，田颂尧随刘存厚败退陕南。同年 7 月，刘存厚入汉中设四川督军行署，田颂尧被北京政府任命为第二十一师步兵第四十一旅旅长，8 月，被授陆军少将军衔，11 月获授三等嘉禾章。

1920 年 4 月，川军第五师师长吕超等人在唐继尧策动下，发动倒

① 邓锡侯、田颂尧：《四川护国战役始末》，中国人民政治协商会议四川省委员会等编《四川文史资料选辑》第 3 辑，1979 年印本，第 38 页。

熊之战，7 月 10 日熊败退出成都。8 月，熊联合刘湘拉拢刘存厚返回四川，共同驱逐滇黔军和以吕超为首的倒熊军。刘存厚率田颂尧等部由汉中返回四川，田率部攻占绵阳，距成都仅二百余里，一时川中大震①。倒熊军败退出四川后，11 月田颂尧任中央陆军第二十一师师长，所部驻防阆中。1923 年 2 月，继一、二军之战后，熊克武、刘成勋与邓锡侯、陈国栋、田颂尧之间又展开一场争夺权力的战争。3 月，吴佩孚乘川军内讧之机，以杨森为前敌总指挥，全力进逼重庆。田颂尧乘机反攻，占德阳、广汉，与邓锡侯、陈国栋驻新都部队联成一片。

此时，直系控制的北京政府竭力笼络一些川军将领，以反对得到广州军政府支持的熊克武。9 月 5 日，田颂尧被北京政府授为陆军中将。但在与熊克武军作战中，附北川军节节败退，10 月丢失重庆。北京政府为鼓励他们继续顽抗，12 月 10 日又授予田颂尧为章威将军、邓锡侯为骠威将军。1924 年 2 月熊部转胜为败，退入遵义。5 月 21 日，经吴佩孚保荐，田颂尧被北京政府授陆军上将衔，27 日又被任命为帮办四川军务善后事宜。

田颂尧虽然与杨森等人合力打败了熊克武，但四川内部仍然是群雄割据，各自称霸。已任督理四川军务善后事宜的杨森于 1925 年初发动了一场"统一四川"之战。田颂尧与云集川东的川军各师组成反杨联军，指挥第二十一、二十二两师侧击杨森驻遂宁部，取得胜利。田颂尧乘势占据以三台为中心的大片防地，收编了第十二师段荣琮等部。他于 1926 年 5 月 26 日受吴佩孚委任四川军务帮办兼川西北屯垦使后，还打出刘存厚任川督时委他的川西北屯殖总司令的旗号，加紧扩充实力，扩大防地，所辖部队有：中央陆军第二十一师（师长孙震），中央陆军第二十二师（自兼），川军第五师、第八师、第十一师和独立师及混成旅、独立旅等，防地达二十余县。

1926 年夏秋，北伐军在湘、鄂、赣、闽节节胜利，田颂尧派代表联络

---

① 周开庆：《民国川事纪要》上册，台北四川文献研究社 1974 年版，第 254 页。

易帜。12 月 12 日，蒋介石委田颂尧为国民革命军第二十九军军长。田就军长职后，军部设三台，成都设行营，总兵力达六万人。

同四川其他军阀一样，田颂尧也在自己的防区内形成省中之国，自行委派官吏，颁布各种政策法令，征收田赋等各种税收。初期，田军每年对防区百姓征一次田赋税，即可维持。后来为了扩军，参加混战争夺防地，竟每年向百姓征五六次田赋税。当地流传两句民谣："为了他'田家'，害了我田家(指农民)。"田颂尧借建设为名，提取各县的官、公、庙、会产业一百多万银币，但仅以二三十万元修建绵阳城内的公园和潼(川)、绵(阳)及潼、阆(中)的公路。田在川西北银行发行纸币越来越多，又不能兑现，到 1933 年变成废纸。田颂尧统治川西北十余年，搜刮了大量钱财，购置良田数千亩，街房、公馆二百余座，银行、字号林立，国外还有产业，其财产总额在四川军阀中名列前茅。

1932 年 11 月，田颂尧为了争夺防区，与刘文辉爆发了成都巷战，使成都人民饱受苦难。正当这时，工农红军第四方面军由陕南突进川北佛子关。田颂尧得报，立即命令万迭青旅赶到瓦石铺抵御。万旅抵挡不住，田急调大部队增援，又遭失败。红军于 12 月 25 日占通江后，又于次年 1 月 23 日解放南江和巴中。通、南、巴三县是川北富庶地区，交通险阻，易守难攻。蒋介石得报后，立即委田颂尧为川陕边区"剿匪"督办。田迅速结束与刘文辉的决战，于 1 月 28 日就任新职，赶到阆中设督办署，以孙震为总指挥，曾宪栋为右纵队司令，指挥第一、二师和第二路；罗乃琼为中央纵队司令，指挥第三师和第一路；王铭章为左纵队司令，指挥第四、五师和第三路。2 月 18 日，田颂尧指挥全线向红军进攻。经过激烈的争夺战，通、南、巴几次易手。田部于 6 月初战败，退守广元、旺苍、阆中、南部一带，田之督办署移南部县城，并向全川各军请求增派援兵"协剿"红军。

1934 年 7 月，以刘湘为首，六路川军围攻红军，田颂尧部编为第二路。但在红军反击下，田率部再退，将督办署设在盐亭，企图凭嘉陵江天险防御红军，但仍屡被红军击溃。9 月中旬，工农红军收复仪陇、阆中，田军被歼二千余人，残部溃散。22 日，红军又占领苍溪以南的木门等地，田颂尧的二十九军被打得溃不成军。蒋介石怒将田颂尧撤职查办，并将二十九军改为第四十一军，以孙震为军长。田颂尧经营几十年的军阀队伍就此瓦解。

田颂尧解除军职后，寓居成都。抗战时期，蒋介石给田一个国民政府军事参议院上将参议的闲职。田不甘寂寞，于 1945 年在刘存厚、邓锡侯支持下，田以其旧部为基础，成立“二二护国同志会”，邀请四川军政界及地方士绅七百余人参加，自任理事长，邓锡侯、刘存厚为名誉理事长。1946 年 3 月，田颂尧在简阳县选区竞选立法委员，但四川省主席张群来电称：立法委员未经国民党党部提名者无效。田愤懑不已，从此心灰意冷，“二二护国同志会”也就此瓦解。田对办学较热心，先后担任成都树德中学、荫堂中学、龙泉驿中学的董事长。

1949 年 12 月，人民解放军进军四川，田颂尧随刘文辉、邓锡侯起义。解放后，田任西南军政委员会参事室参事，后为四川省参事室参事、省政协委员。1975 年 10 月 15 日在成都病逝。

田　　桐

徐辉琪

田桐，字梓琴，笔名恨海，号玄玄居士，晚年署江介散人。湖北蕲春县人。1879 年 12 月 25 日（清光绪五年十一月十三日）生于一个农民家庭。父亲田士莲是个穷秀才，在本地设塾教书。田九岁从父入塾，勤奋好学，兴趣广泛，但不喜八股文章。二十二岁补县学生。是年考入武昌文普通中学堂，与宋教仁同学。田目睹外国侵略和清王朝丧权辱国，开始“肆谈革命”。1903 年冬，他在考卷上“鼓吹革命”，被教员告密，巡抚端方认为“大逆不道”，责令“从严惩办”，被学校开除。随后，他离国赴日求学。

在日本，田桐结识了黄兴、陈天华等人。在留日学界高昂的革命情绪鼓舞下，更加自觉地走上了反清革命道路。1904 年夏秋之交，他邀约白逾桓发起创办《二十世纪之支那》杂志。该杂志后在宋教仁等人参与下，鼓吹民族主义，不遗余力，成为当时革命党人的主要舆论阵地，对于促进各革命团体的联合，起了积极推动作用。

1905 年 7 月，孙中山自欧洲到日本，提出要建立一个统一的革命组织。田桐热烈拥护，并积极动员二十世纪之支那社成员百余人加入，成为中国同盟会发起人之一。8 月 20 日，同盟会正式成立，他被举为评议部议员。不久黄兴荐其任书记部书记，负责会内机要。

同盟会成立后，田桐抱着“不灭清胡死不休”的决心，以新的姿态投入了战斗。他为激发人们的“覆清之心”，搜集明末遗老有关抗清记述，编辑出版了《亡国惨记》。是书“字字悲哀，字字泪血”，不及一年，售逾三万册。同年11月，日本文部省徇清政府之请，颁布“取缔清韩留日学生规则”，他愤激异常，四处联络，以谋抵制，并在弘文学院组织罢课斗争。1906年5月，又与柳亚子等创办《复报》，与《民报》相呼应。由于田桐在革命活动中特别活跃，是年被清政府下令缉捕。直到1909年，宣统即位颁布赦免“上谕”，他还被宣布为不能“开复”。

但在此期间，田桐对思想战线上反对立宪派的斗争缺乏应有认识。在《民报》与《新民丛报》展开激烈论战后，他认为同梁启超的争论是“无味之口角”，是降低了革命党人的“价值”，是“耻辱”。提出应以暴力手段对付之，“力不足以诛梁启超者，任之可耳”①。

1907年5月，孙中山在香港密谋发动潮州、黄冈起义，令东京同志赴港相助，田桐欣然而往，于7月抵达香港。但这时黄冈之役已经失败。11月，他与何克夫等携革命军债券前往参加镇南关(今友谊关)起义，行至海防，不幸为法吏拘捕。年底田被迫令出境，孙中山派他去新加坡主持《中兴日报》。他与当地保皇党机关报《南洋总汇报》“文战经年”，使《中兴日报》成为南洋革命党人反对改良派和宣传革命的主要阵地。次年，应荷属侨商邀请，到泗水创办《泗滨日报》。其间，田曾一度参与陶成章等反对孙中山的活动。后因披露荷兰殖民者虐待华侨的罪状，被强令离境。田桐鉴于南部边省举义连遭失败，决意实行“中央革命”，遂于1909年下半年隐姓埋名潜入北京。到京后，他一面创办《国光新闻》报，“倡导民权立宪”，一面密与景定成、井勿幕等联络北方革命志士，伺机起事。

1911年10月武昌起义爆发，田桐经上海随黄兴到武昌，任参战员。在保卫汉阳的战斗中，他临危不惧，受到黄兴“智计亦大过人”的赞誉②。12月下旬，孙中山从国外归来，黄兴派他与时功玖代表武昌一

① 《民报》第5号。

② 田桓：《先兄梓琴先生行状》，张难先著《湖北革命知之录》，商务印书馆1946年版，第131页。

地的同盟会员前往上海“接待”。1912 年 1 月 1 日，南京临时政府成立，田被任为内务部参事。28 日临时参议院成立，又被推举为参议员。

田桐对袁世凯的窃权极为愤懑。南京临时政府北迁后，他到北京继续办《国光新闻》，对袁世凯的专制独裁进行猛烈抨击。袁曾派田的旧友农林部次长张昉持重金收买田，他断然拒绝，以致险遭暗害。6 月，共和党机关报《国民公报》诬称南京政府为“假政府”，他愤然不平，与白逾桓、仇亮等将该报馆砸毁，曾轰动一时。此时，宋教仁等为实现“政党内阁”，提议取消同盟会，与其他几个小党合组为国民党。田桐时任同盟会总务部干事，力加反对。在 7 月 14 日讨论改组会上，他“拍案痛骂”，声言“以性命拥护同盟会三字，与民国同休”，致使会议无法继续进行。后见孙、黄亦表示同意，才不再坚持。此后，田桐变成了国民党实现政党内阁的“勇士”。在国会里他是一个极为活跃的议员，发言不到三句就拍桌子，扔墨盒，大叫大嚷，被人称为“田三句”①。在竞选活动中，他为拉选票到处奔走，不遗余力，甚至不惜以手枪相威逼。

1913 年 3 月，袁世凯指使党徒暗杀宋教仁。田桐由湖北赶到上海，坚请孙中山兴师讨袁，斥责法律解决“不足有为”。孙中山大为赞赏，令他随张汇滔去安徽举兵讨袁。田偕张到安徽寿州后，与张旧部加紧联络，秘密策划。不久，“二次革命”爆发。张军历战月余，因孤立无援而失败。田桐再度亡命日本。

“二次革命”失败后，孙中山鉴于国民党涣散无力，坚决主张另组中华革命党。田桐积极响应，成为孙中山的得力助手。他针对某些国民党要员的变节和动摇，在《民国》杂志上撰文强调“名誉”、“人格”的重要。他还远涉日本各地，说服动员党人拥护孙中山，加入中华革命党。1914 年 7 月 8 日，中华革命党正式成立，田参加本部领导工作。10 月 7 日又被委为湖北支部长。

① 贾逸君编著：《中华民国名人传》卷 2，北平文化学社 1932 年 9 月版，第 29 页。

1915年下半年，袁世凯加紧进行卖国称帝活动。10月，田桐与居正等以国会议员名义发表通电，表示“誓与共和同休戚”的决心①，并多次参加留日各界反对帝制大会，发表演说，对袁世凯大加抨击。年底，被孙中山任命为中华革命军湖北总司令，离日归国。田到汉口后，依照孙中山“务求与讨袁各派协同进行”的指示，联合当地各派反袁力量，积极发动武装讨袁。

1916年6月袁世凯败亡，黎元洪继任总统，段祺瑞任内阁总理。8月，在全国人民的压力下，国会重新召开。田桐作为众议员到北京与会，声称“移武力革命精神趋入政治轨道”②。在国会中张继等原国民党议员组织“宪政商榷会”，与原进步党议员组织的“宪法研究会”对立。商榷会主张地方分权，省长民选。研究会则主张集权中央，拥护段内阁。田桐与马君武等以中华革命党议员为中心，组织“丙辰俱乐部”，隶属商榷会，反对段内阁最力。当时段祺瑞企图以参战名义取得日本借款，极力主张对德宣战。田桐“持绝对反对态度”，在众议院提出“质问”③，并为“外交商榷会”起草宣言，对此大加指责。

1917年6月12日，张勋胁迫黎元洪下令解散国会，图谋复辟。田桐当晚离京赴沪，发表演说，称“即令稍有破坏”，也要“除此奸贼”④。

张勋复辟失败后，7月5日，段祺瑞复称总理。田桐与孙洪伊等致电西南各省，痛斥段为“非法伪造之总理”，请“即日出师，檄布叛徒隐蒂”⑤。

是月17日，孙中山到达广州，正式揭起护法旗帜。田桐于月底赶到广州，9月19日被委任为大元帅府参议。在非常国会内，田维护孙中山，主张出师北伐，同西南军阀及政学系排斥孙中山的活动进行了坚决斗争。

---

① 《中华新报》1915年10月16日。
② 《中华新报》1916年7月29日。
③ 《民国日报》1917年2月11日
④ 《民国日报》1917年6月26日。
⑤ 《民国日报》1917年7月18日。

1919 年五四运动发生，田桐对爱国学生的罢课斗争持反对态度，发表《告罢课学生》一文，说“罢课抗师之举动，按之生理上哲学上，非未冠者之所为”①。

1920 年 11 月，孙中山再返广州护法。田桐先后担任中国国民党广州特设办事处党务科主任、韶关大本营宣传处长，直接协助孙中山从事党务和宣传活动。1922 年 6 月，陈炯明发动武装叛乱，田在韶关大本营任内，被指名索捕。就捕时，毫无惧色，厉声应道：“老子即是田桐！”②

不久，田桐被陈炯明释放回到上海，适逢孙中山准备改组中国国民党，9 月 6 日指定他为修改党章起草委员。而这时，旧国会已经复会，正围绕制宪问题进行激烈辩论。田桐对国会依然抱有幻想，随即到了北京。1923 年 6 月，曹锟开始以重金贿选总统，田拒绝贿赂，愤然离京。回到上海后，他打算组织赴沪议员自行集会，以为对抗，后因经费无着而作罢。

同年 11 月 12 日，孙中山在中国共产党的帮助下，在广州发表《中国国民党改组宣言》，确定了“联俄、容共和扶助农工”三大政策。面对国民党的这一重大转变，积极追随孙中山多年的田桐，却认为“此事不可行”，起而反对。他专程跑到广州，向孙中山接连“抗争三次”，后见孙中山“改组之意终不可回”，乃将所有各职通通辞去。回到上海后，他与章太炎、居正等联名发表所谓“护党救国公函”，与孙中山公开对抗③。同时，他还发表了《社会主义华北论》一文，对社会主义大加攻击。

1924 年 9 月，第二次直奉战争爆发，10 月，冯玉祥与胡景翼、孙岳发动了北京政变。田桐致电冯等，称这次事变为“我辈谋之内阁、谋之

---

① 田桐：《玄玄遗著》，1937 年版，第 115 页。

② 田桓：《先兄梓琴先生行状》，张难先著《湖北革命知之录》，商务印书馆 1946 年版，第 132 页。

③ 《逸经》第 11 期。

国会十年不足者,竟以一日之工行而有余",并提出应"专心于过渡内阁及总统、宪法问题",以建"千载之大业"①。随后他到了北京。不久,胡景翼南下就任督办河南军务,他又到了开封。

田桐在京期间,继续反对孙中山的三大政策。1925 年元旦,他串联冯自由、刘揆一等乘孙中山卧病之际,在中央公园(今中山公园)发起"民前同盟旧友新年恳亲会",对孙中山发泄不满。

田桐到开封原想通过胡景翼在政治上有所施展,但胡不久病亡,他的愿望未能实现。之后,他曾去陕、晋等地"漫游",去张家口为冯玉祥讲学。1926 年 3 月,吴佩孚率旧部向河南进攻,田桐随岳维峻部北退,为晋军俘虏,获释后到了天津。

北伐战争开始后,蒋介石联名谭延闿、张静江函召田桐南下,旋任为江汉宣抚使兼湖北省政府委员,对田加意笼络。田桐接受委任,于汉口就职后,为配合北伐军事行动,募人将孙传芳运载枪械弹药的江永轮船炸毁。1927 年蒋介石发动"四一二"政变后,田桐看到蒋肆意排除异己、加紧军事独裁,开始对蒋产生不满。是年六七月间,他便以劝说阎锡山与蒋合作为名,走避于山西五台山。一年后回到上海,主办《太平杂志》和从事著述。

田桐晚年在政治活动中,对蒋介石党同伐异的横暴行为日益不满。蒋介石任命他为国民政府委员、立法院委员、中央党史史料编纂,他一概拒之不受,并于 1929 年春参加了居正、许崇智等人组织的反蒋同盟。但同时,他又仇视中国共产党,拥护蒋介石"清党",认为共产党实行"扰民主义"、"事必致败"②。

1930 年 7 月 2 日,田桐病逝于上海。

田桐一生著述甚多,死后有《玄玄遗著》刊行。

---

① 田桐:《玄玄遗著》,1937 年版,第 123—124 页。

② 田桐:《书清党实录后》、《共产党成败论》,《太平杂志》第 1 卷第 1 号、第 3 号。

田 文 烈

罗幼娟　邵桂花

田文烈，字焕亭或焕庭，又字姚堂，晚号拙安老人。1858 年（清咸丰八年）生于今湖北省武汉市汉阳城区一小吏之家。其父田维翰，游幕于湖北，治鹾政。

田文烈幼濡庭训，且聪颖好学，摛翰振藻，捷若宿成。年弱冠补博士弟子员，食廪饩。复肄业江汉、经心两书院。屡乡试不第，乃以廪贡弃文从戎。1885 年北上，以第一名考入天津北洋武备学堂，毕业后归籍。1889 年，选授广济县训导，后以母忧去官。时袁世凯留任朝鲜，田随之入朝。曾任驻仁川理事府文案。袁喜其文武兼备，相交甚深，遂纳为心腹。

甲午中日战前，袁世凯向清廷上"团结朝鲜，抗御日本"的条陈，再次受到李鸿章的重视，为袁日后腾达之发端。此条陈出自田的策划，且还是田的手笔。甲午之战爆发前，袁畏战托病，请调回国，田随其归，被聘为北洋水师学堂教习。

1895 年 12 月，袁世凯编练新建陆军于小站，田职司督练处总文牍，运筹关策，田之力居多。由此与新建陆军主要将领冯国璋、段祺瑞、王士珍等以僚长身份建立了深厚关系。

1899 年，义和团运动兴起，袁奉命率武卫右军开赴山东进行镇压，田任武卫右军文案，时该军统制姜桂题闻田善治军，延综营务，一应章划，皆倚田主办。

1904 年，田文烈总理北洋常备军左翼营务。翌年，调充北洋督练公所正参议，兼兵备处总办。积劳累荐至道员，继实授通永镇总兵。田治军有方，器成卒选，以备非常。此前，防营截旷，官者多饱私囊。田不隐不欺，一一归公。田尤勤于捕盗，使民安居。旋署天津巡警道，时逢地方病疫大作，田施药防治，民不为灾。1909 年初，清廷勒令袁世凯回彰德“养病”，田则为袁联络北洋暗通消息。

1911 年，陆军大臣荫昌向摄政王载沣保举田文烈出任陆军部副大臣。10 月 10 日，武昌首义告捷，清廷急派荫昌督师南下镇压。田推荐其同乡——陆军部司长易迺谦为参谋长，并面授机宜，嘱其相机应付。同时，在袁世凯授意下，田以陆军部代理大臣身份与冯国璋、段祺瑞等紧密配合，迫使清廷起用袁为内阁总理大臣。接着，田参与袁策划挟制清廷退位和南北议和的活动。

1912 年 3 月，袁世凯继任中华民国临时大总统后，田文烈任北京总统府军事顾问。1913 年 8 月，袁以田文烈任山东民政长兼会办山东军务。田到任后从整饬吏治入手，同时清理财政，兴办实业，改良教育和肃清匪患等。任内，田并将劝业道息借商民款百余万两饬令偿还，并请部借外债时，改名省欠为部欠，以苏民困。12 月 24 日，田奉令实任民政长，并获二等文虎章。

1914 年 2 月 11 日，田文烈出任河南民政长。其时正值白朗军讨袁势盛之时，田秉承袁氏旨意，严酷镇压豫境白朗军，获授将军衔。4 月 3 日，段祺瑞回京供职，田兼护河南都督。4 月 30 日，袁世凯任命田文烈兼署河南都督，并加陆军上将衔。

袁世凯为谋复辟帝制，于 5 月 23 日对地方官制大加变动，改民政长为巡按使，田文烈改任河南巡按使。6 月 30 日，袁世凯下令裁撤各省都督，改称将军。田文烈着加将军衔，督理河南军务。9 月 20 日，袁任命赵倜督理河南军务，田改任会办河南军务。

河南境内贾鲁河横决二十余载，泛滥成灾。田文烈到任后，成立省水利委员会，急图疏治。自 1915 年始至 1916 年 8 月，将河道修复如初，商舶往来，田亩丰茂，嗣是豫省诸河开新复旧者，五十余县。田尤重视实业，乃出私资辅助各县工厂发达；设森林局，购田百余亩植树造林；教民植桑养蚕，如此三年，树茂民裕。田文烈于荥阳、滑县、安阳、遂平、临章、武安、巩汲诸县，设高初等小学校及女校、农校百数十处，对已设者，再各增设十余校，使河南文风大盛。

1915年1月2日，袁世凯授田为中卿，为加快称帝步伐，指使心腹爪牙制造民意改变国体。9月5日，田文烈与豫省督军赵倜致电袁世凯，表示反对共和，支持君主立宪。田还在9月21日各省巡按使及京兆尹的联名致袁电文中署名，以表竭诚拥护之意。袁称帝后，田被封为一等伯。同年12月25日，蔡锷等首先在云南举起讨袁护国大旗，各省纷起响应。其后，冯国璋、段祺瑞等亦敦请袁世凯取消帝制。袁慑于国人压力，于1916年3月22日宣布取消帝制，但仍想当终身总统。4月17日，田在冯国璋领衔的电报中，委婉劝袁表明态度，是进是退不能含糊其辞。

袁世凯死后，副总统黎元洪继任总统。田文烈与黎有乡谊，中间又有时任黎的秘书侍从的汉阳同乡殷学璜从中活动关节，田仍留任河南，并受到黎的重用。

同年7月6日，黎元洪申令，改巡按使为省长，田文烈任河南省长。10月4日，田与十三省督军、省长致电黎元洪，请提议于国会，照旧定孔教为国教，保存郡县学官及学田、祭田，设奉祭生，行跪拜礼，编入宪法，永不得再议。

12月2日，黎元洪就河南省官员有渎职殃民案下惩办令。众议院咨请查办河南省长田文烈等，国务院当即派员前往豫省确查；但经逐项确查，认为虽用人间有不当，但田本人并无溺职殃民情事，着即免予置议。

1917年5月23日，府院矛盾加剧，黎元洪下令免去段祺瑞国务总理职。29日，田文烈与赵倜宣布河南独立与中央脱离关系，以此支持段祺瑞。7月1日，张勋复辟，田虽未与闻此事，但仍被加封为陆军部左侍郎。

同年11月26日,代理大总统冯国璋传见田文烈,磋商改组内阁事宜,田力推王士珍堪膺国务总理,以期南北战事早日息止,冯对田的主张极为赞许,更请田氏出任财政,俾维时艰,然而田不敢承应并辞河南省长职。1917年11月30日,王士珍以参谋总长兼署国务总理。12月1日,田文烈出任农商总长。1918年2月20日,王士珍辞去国务总理,钱能训兼代,田仍任农商总长。3月23日,王士珍内阁倒台,冯国璋特任段祺瑞为国务总理,3月29日,田出任段内阁农商总长。4月2日,田氏以农商总长名义密咨外交部,请予于唐努乌梁海设官,以坚蒙人之内向,而杜邻邦之觊觎。

同年8月2日,北京政府农商总长田文烈、财政总长曹汝霖、中华汇业银行总理陆宗舆与日人专理事务常次郎在北京签订吉黑两省金矿及森林借款三千万日元合同。22日,北京政府农商、财政两部呈请设立中华贸易股份有限公司,以此为发行金券机关。

1918年10月,总统冯国璋任满下台,徐世昌出任总统。10月10日,徐世昌令准开去国务总理段祺瑞职缺,着内务总长钱能训兼代。12月20日,徐世昌特任钱能训为国务总理,转年1月10日,特任田文烈为农商总长。田文烈复任不久,农商部即出面与日本安川制铁公司代表实相寺真彦交涉三百万日元借款事宜。据传是以山西省某煤矿和铁矿的开采权为担保。田主持农商部期间,正值欧战告终,各国皆全力于经济上的竞争。为此,田于部内设经济调查会,下发部令,由部咨送各省长转各实业厅长,说明中国在此潮流冲击之下,更当急起直追,对国内经济状况必须做切实全面调查,而各省实业厅责无旁贷,务将调查结果详编造册,迅速报部以凭核办。第一次欧战给中国民众带来深重灾难,经济损失严重。田主持部务会同参事、会计、工商司长筹编制欧战损失表,中立、绝交、宣战三个时期损失确切数额为二千三百七十余万元。田文烈在任内,组织矿法研究会,集中外矿学专家修订矿业条例,并于1919年2月22日正式公布。田氏还规定了华商注册公司审批办法,对凡与国有实业相抵触或涉嫌外商资本者,一律不准注册。

自龚心湛入主财政以来，捉襟见肘事时有发生。1919年3月份，军政各费已是不名一钱，3月29日，龚于国务会议上与陆军总长靳云鹏大起冲突，几至挥拳动武大打出手。会未散，龚即匆匆回部提出辞职，并搭晚车赴津，政府派田文烈往津挽留。1919年，五四爱国运动发生，钱能训内阁垮台，6月13日，财政总长龚心湛暂代阁揆，藉以维持政务现状。半月已过，总理人选尚未确定。田文烈是徐世昌提出三人选之一。徐世昌曾提出田出任阁揆，田因不愿受制于安福派，故坚拒避谢。

9月24日，靳云鹏兼代阁揆，田文烈农商总长职务未变。11月5日，靳云鹏组阁。12月3日，田文烈改任内务总长，仍兼署农商总长。1920年3月1日，北京新国会第三期常务会开会，田文烈代表国务总理靳云鹏出席会议，并代表总理致颂词。

直皖战争前夕，靳云鹏内阁出现危机，府方拟以周树模继靳云鹏之后组阁，得段祺瑞首肯。周树模意在组阁人选中罗致名流，因此对安福系入阁颇为踌躇，这势必触怒了皖系。同年3月3日，安福系成员积极倒阁，阁员相约不出席国务会议。次日，阁员提出辞呈，以此拆靳内阁的台。3月4日晚，安福系开会，以周树模、田文烈二人假投票，结果田文烈得票为多，安福系头目即征求田的意见，田以为此是有意玩弄，气愤不允。7月24日，北京政府改组，特任田文烈兼署交通总长。8月9日，大总统徐世昌特任靳云鹏署理国务总理。8月11日，田文烈力辞本兼两职，得总统徐世昌令准。当局拟以经济调查局总裁畀诸田氏，并聘为公府高等政治顾问。

1922年6月11日，黎元洪在曹锟为首的直系导演下，复任总统职，特任颜惠庆署国务总理。8月5日，内务总长孙丹林免职，特任田文烈兼署，田辞未就。8月6日，唐绍仪出任国务总理，复举田文烈为内务总长，田仍辞不就，并于8月6、7两日，先后称病请辞内务总长职，总统黎元洪将辞退呈文退回，予以挽留。当日田第三次上辞呈，黎元洪无奈，准其辞职。

田文烈脱离政坛后，目击时局，痛心疾首，莫可如何。惟日以祈死为志。卸职之后，杜门扫迹，时与二三遗老饮酒赋诗，达官要人造其门者，皆谢绝不见。田尝言：处今之世，行古之道，不循俗，不变节，守分安命，以终天年，如斯而已。

田文烈于1924年12月11日病逝。

主要参考资料

贾逸君：《中华民国名人传》（上册），文化学社1930年版。

来新夏主编：《北洋军阀史稿》，湖北人民出版社1983年版。

章伯锋主编：《北洋军阀》（六），武汉出版社1990年6月版，第385页。

田 中 玉

邵桂花

田中玉，字蕴山。1869 年 10 月（清同治八年九月）生于直隶临榆（今河北省秦皇岛市山海关区）小高连庄。其父田润，长年在外经商。田中玉七岁入本庄私塾，1878 年，因父病故辍学。稍长，与人合伙在山海关南海开小饭铺。1884 年，清淮军将领叶志超统率正定练军驻防山海关南海，成立随营武备学堂，招考新生。田应试被录取，弃商从戎，与北洋系重要将领王用宾、卢永祥、鲍贵卿等结识。翌年，转入天津北洋武备学堂炮科学习，学习勤奋，成绩优异，受到法籍教官萨尔的青睐，他于每日功课之外，常对田中玉“焚灯授受”，并称田“是个可造就之才，将来就是一个中国长城”①。

1887 年，田中玉于武备学堂毕业后，仍到提督叶志超部下任职。1894 年，清政府应朝鲜国王请求，派聂士成和叶志超率军进驻朝鲜牙山地区镇压东学党起义。田中玉、鲍贵卿等随叶赴朝。同年 7 月下旬，甲午中日战争爆发，田随叶志超在牙山对日作战，叶畏敌临阵脱逃，绕道至平壤。9 月日军进犯平壤，叶又尽弃粮械军资溃逃过鸭绿江。事发，叶被革职下狱，田等也受到革职永不叙用的惩处。

1895 年 12 月，袁世凯奉命到天津小站编练新军，田中玉复被起用，委为新建陆军右翼快炮队营帮带，不久升任新建陆军右翼炮队营

---

① 秦皇岛市政协文史资料研究委员会编:《山海揽胜》第 1 集“山海关”，1986 年版，第 84 页。

官。1899年初，荣禄编组拱卫京师的武卫左、右、前、后、中五军，田充任袁世凯所部武卫右军炮队统领。1902年初，袁以小站旧部为骨干在保定编练北洋常备军，田为北洋常备军第一镇炮队第一标统带，补用参将。

1904年，岑春煊编练新军于广东，特调田中玉为协统。1907年，田随新任东三省总督徐世昌出关，任督署练兵处督练公所总参议，兼任刚成立的东三省讲武堂首任监督。1910年，程德全任江苏巡抚，调田中玉为江苏新军第二十三混成协统领。1911年10月10日，武昌首义告捷，全国各省纷纷独立。田仇视革命，反对独立，效命清廷，但又力不从心，遂于是年冬弃职北上，旋被袁世凯任命为山东兖州镇守使。

民国元年，田中玉一度代理山东民政长。其间，奉命去日本购买新式火炮。回国后，所购火炮无人会用，田便亲自试炮，个个成功，从此名声大震，被誉为“北洋炮圣”①。1913年7月，田中玉兼任曹州镇总兵，未逾一月，继施从滨任兖州镇守使。1915年4月，田到北京，接任陆军部次长。时值袁世凯图谋称帝，他积极支持，被袁封为一等男爵。1916年6月，袁在全国人民的反帝制斗争中死去，北洋军阀分裂为直、皖、奉三个派系，田接替张怀芝任察哈尔特别行政区都统，隶属皖系。

1917年4月，田中玉参加段祺瑞召集组成的督军团。7月，张勋复辟失败，吉督孟恩远涉嫌复辟，被北京政府免职，拟派田继任；但张作霖不允许他人染指吉林，视田中玉为称霸东三省的障碍。吉林也不断发生挽留孟恩远并阻止田赴任就职的示威事件。在这种情况下，10月10日，田从张家口至北京面见段祺瑞，表明不愿卷入吉林混乱漩涡，得准复回任察哈尔都统。田中玉为人贪婪，对下属要求颇苛刻。田在都统任上，连都统署食用的面粉都要亲自过秤，当时无电灯，特定标准照数发放灯油。

---

①　秦皇岛市政协文史资料研究委员会编：《山海揽胜》第1集“山海关”，1986年版，第84页。

1919年11月，得到直奉两派支持，靳云鹏正式组阁，并兼陆军总长，推荐田中玉接任山东督军。1920年元旦，田被北京政府授勋四位。田在山东势力单薄，省长屈映光系“安福系”健将，素以阴谋家著称，与四十七旅旅长马良勾结在一起，军政齐抓，实力大大超过田中玉。田来鲁之初受到压制，不免栗栗自危。同年7月，直皖战争爆发，田中玉表面上虚张声势，调动军队，对皖系表示全力支持，实首鼠两端，坐视皖系失败。战后，田派胡聘三和郑士琦在禹城堵截马良，不许回济南。尔后北京政府将马良撤职，军队被遣散，省长屈映光也被省议会弹劾去职，从此解除了“安福系”对田的威胁。

直系控制北京政权以后，吴佩孚也想取得山东，已拟定督军与省长的人选，后因发生变故，不得不留任田中玉，田即倒向直系。1920年8月，靳云鹏再度组阁，对田中玉进行多方庇护，致使田能赶走省长齐耀珊，独揽山东军政大权。他亲自掌管督署收支，兼代省长后，没几天就捞到七千块大洋。直皖战后，第三师改编用款二十余万，而报销竟达六十余万，遣散四十七旅用款十三万余元，而报销三十万有余。军装费列入预算五十六万，实支出三十万元左右，兵工厂原定预算十二万，后竟增至二十五万，所有这些余款均流入田的小金库。

田中玉兼山东省长不久，即演出加赋一年裁军一半的把戏。有人劝他“山东在清末以来就没有加过田赋，怕加出问题来”①。田利令智昏，不听劝告，结果提案被省议会否决。在山东人民反对声浪中，田被迫于1921年1月30日向北京政府提出辞呈，后因响应卢永祥电请裁兵，裁减了军费虚数，又核减了公署用款，受到中央褒奖，打消辞意。但此举并未缓和省民反对情绪。是年夏，扣留财政厅借边业银行之贷款三十万元作预支军装费，造成黄河宫家坝溃决之虞，财政厅长愤然辞职，由此引起社会各界强烈不满。议员纷纷提出质问，田一面挽留财政

---

① 中国人民政治协商会议山东省委员会文史资料研究委员会编《文史资料选辑》第1辑，山东人民出版社1982年版，第41、42页。

厅长，一面宴请议员，笼络人心。

同年9月，在山东省选举第三届省议会时，田中玉操纵议会选举并分化议员，甚至出动军警包围议会，绑架议员，拘捕选民，指定选举人员名单，引发了青、兖等地选民罢选的风波。田又严密封锁消息，查封报馆。田中玉的倒行逆施，激起山东各界的公愤。旅京鲁人也集会宣布田之罪状，推代表谒见总统，要求速免田职务。而田毫无改悔之意，声言“山东反对我，我是不怕的。既是山东人与我不留脸，索性一不做二不休，叫他倒看看我姓田的本领就是了”①。果然田于11月携巨款进京，首先拜会鲁人同乡会被拒，又到西车站食堂设宴，联络旅京鲁人，亦不能得逞。国务总理靳云鹏对田中玉也有所不满。田又赴保定加紧活动，屡谒曹锟陈述在鲁情形，苦言督鲁之难。曹叱之曰：“如此无能，何以为人，鲁省人民如有任意捣乱者，可以军法从严惩办几个，若有反响，或他种变动，余（曹自称）当为汝后盾。至翼青（靳云鹏的字）处，吾即电彼，为汝维持。”②曹锟密电靳，称无论如何，此次总得保全蕴山的面子，故田在山东众人倒之而不倒。

由于曹锟等人支持，田中玉耀武扬威返回山东，张灯结彩，大开筵宴。文自各厅长、道尹以上，武自师长以上，出席庆贺。此后田的倒行逆施有增无减，不仅在各地安插亲信，更公开卖官鬻爵。对田的劣迹，当时京沪各报馆曾连篇披露。田为掩人耳目，令警察厅具函各报声明更正。济南《大民主报》对田颇有讥讽，他虽大怒，欲用镇压手段，但因该报为教会人士所办，已在美领事馆注册，而不敢孟浪从事。

1922年1月，田中玉借口修堤（黄河）堵口，赈济灾民，提出向洋商借款，遭到省议会的反对，他便暗中怂恿部分不明真相的人上街游行请愿，转移矛盾，来缓和人民的不满情绪。旅京山东人士集会，历

① 《晨报》1921年10月29日第6版。

② 《晨报》1921年11月28日第2版。

数田任用私人、蹂躏议会、漠视河工、违法加税、纵匪殃民、借款营私等多条罪状。他以退为进，再次提出辞呈，得北京政府慰留；但传出韩国钧长鲁的消息，田急忙进京活动，并得到北京政府允诺加征丁漕税后返回山东。4月6日，他在济南召开各界人士大会，声言预征丁漕，在所必行，田某说的出，办的到，有反对者，我必铲除之。山东人能将我赶掉，我即走开不办，否则我在任一天，我要干一天。又威胁说今日报界亦在座，谁要泄漏我今日之秘密者，我即封闭之。与会者面面相觑。

同年的第一次直奉战争以直胜奉败而告终。曹锟、吴佩孚进一步把总统徐世昌赶下台，让解职已经六年的黎元洪复任总统，黎元洪则打出"废督裁军"招牌来沽名钓誉。遭到鲁人反对的田中玉通电表示：废督裁军，请自中玉始。这不仅是配合曹、吴敷衍黎元洪，更主要的是在缓和山东民众的不满。

在田中玉统治下的山东当局，对盗匪横行听任不管，将已得预算的游击费扣留不发，因此各军旅都不出力剿匪。山东民众苦于匪患，不得已团结自保，田又乘机把军队缴回的旧枪高价售给乡民，得款数十万元，尽数肥己。

1923年5月6日，在苏、鲁交界处临城（今薛城）、沙沟两站间发生匪首孙美瑶劫持几百名中外乘客要挟政府招安封赏的大案。由于旅客中有外国人，北京政府下令将山东督军田中玉、省长熊炳琦交陆军、内政两部议处，同时，又将应付事件的全责委之于田，田亲往枣庄与匪首谈判，首先达成被劫者与家属通讯联络的协议，后又达成放人协议。当中外旅客全部放回后，外国驻华外交使团两次通牒中国，要挟北京政府，其中有惩戒田中玉的条款。1923年10月5日，外交使团再次要挟北京政府惩戒田，曹锟被迫于10月15日罢免田中玉督军职，仅授益威将军虚衔，田遂隐居大连。

田中玉自蛰居大连，很少抛头露面，来往天津大连之间也是潜踪而行。他早在从政之初就出资兴办实业，以后又与北洋系其他要人合资开办工商企业和金融机构。离开政治舞台后，田更亲自过问所办实业。他还在山海关购置大量房产，曾为其孀居的祖母与母亲建“姑妇节孝祠”，并遵祖母、母亲之训，在山海关等处捐设河北省田氏私立中学及田氏私立中学初中女子部、田氏预备学校、私立田氏初级小学等八校。1935 年 11 月，田中玉在大连病亡。

佟 麟 阁

范立君　于晶娜

佟麟阁，本名凌阁，字捷三。直隶（今河北）高阳县边家坞村人。1892年10月29日（清光绪十八年九月初九）生于农民家庭。其父佟焕文，母亲胡氏。兄弟二人，他居长，幼时就学于舅父胡老先生门下，读经史。当时中国内忧外患，高阳县在庚子之变后，惨遭八国联军中日本军队的烧杀抢掠，当地民众流离失所，困苦不堪。佟麟阁受父母和胡老先生嘱咐要勤奋读书，长大报国雪耻，所以他从小就有救民报国之志。

1907年由父母做主，佟与彭静智结婚。次年经人介绍到高阳县衙署充当缮写。公余浏览县志，增长知识，佟对燕赵自古多慷慨悲歌之士深为敬仰，遂有从军报国之志。1911年，辛亥革命爆发，11月，冯玉祥在滦州参加起义失败，次年冯经陆建章引荐，任北洋备补军左路第二营营长，后奉命到河北景县招募新兵。佟慕冯玉祥爱国之名遂投笔从军，开始了军人生涯。

佟麟阁入伍初为哨兵，驻守北京南苑。他训练刻苦，又有一定文化，不久升任该哨第一棚什长（班长）。在冯玉祥影响下，佟于1913年加入基督教，决心以耶稣精神牺牲自己，尽军人卫国保民的职责。同年被任命为排长。1915年升任陆军第十六混成旅第一团第三营第十二连连长。

1915年底，反对袁世凯称帝的护国运动兴起，冯部奉命入川“讨伐”护国军，而冯不赞成袁帝制自为，促成四川独立，沉重打击了袁的复辟活动。佟麟阁拥护冯的主张，参加了这一反袁行动。1917年，他又随冯在廊坊参加反对张勋复辟的战斗，升任副营长。1920 年，佟任第四团营长，驻防湖北。

1921 年，冯部入陕，打败陕督陈树藩后，第十六混成旅扩编为陆军第十一师。1922 年初，佟麟阁任该师第二十二旅第四十四团第二营营长。同年 4 月，第一次直奉战争爆发，他作为冯部先锋出兵潼关，进攻倾向奉系的河南督军赵倜，大获全胜，为冯定河南做出了贡献。1923 年，冯玉祥为培训高级军官，在北京南苑开办了“陆军检阅使高级教导团”，佟麟阁带职入团受训一年。他学习勤奋，每次考试总是名列前茅。同年 8 月，被任为陆军步兵少校，并加中校衔。1924 年 2 月升任团长，3 月被授陆军步兵中校加上校衔。同年 9 月第二次直奉战争爆发，冯玉祥于 10 月 22 日发动北京政变，囚禁曹锟，脱离直系，电请孙中山北上主持大计，改所部为国民军。佟部在回师北京后接着又奉命率一个加强营在徐水以南挫败直军曹世杰旅一部，协助友军合围保定。旋部队扩编，他升任国民军第一军第十一师步兵第二十一旅旅长。

1925 年 3 月，冯玉祥就任西北边防督办，改所部称西北军。同年 7 月，佟麟阁被授陆军步兵上校加少将衔，后又升任西北军第十一师师长。11 月下旬，郭松龄起兵反奉，密约冯玉祥联合行动，佟奉命进攻热河策应郭军。他即率部占领滦河，出任滦河防守副司令。不久一度脱离张作霖的直督李景林改变态度，与张宗昌取得联系，组成直鲁联军，对抗冯军。佟又奉命参加进攻天津战斗，李景林败走山东；但因直系吴佩孚复起，与奉张取得“谅解”。在奉直及直鲁联军的联合攻势下，1926 年 4 月中旬，西北军退出津、京，撤往察哈尔、绥远等地。佟部第十一师奉命断后，进驻得胜口一带，协助第十师刘汝明等部扼守京北的南口。南口是西北军顺利退往西北的要冲，佟麟阁利用南口的山势构筑了坚固的阵地，奉军猛扑南口正面受挫后，改攻侧翼佟部阵地。佟指挥部队顽强反击，大量杀伤敌军，坚守南口四个月。后因多伦不守，奉军进至张家口，威胁到南口后路，佟部才于 8 月 13 日悄然撤出阵地前往绥远。南口战役显示了佟麟阁的军事才能，成为西北军历史上的著名战役。

当时正在苏联考察的冯玉祥得知南口失利的消息，立即回国，于 9 月 17 日在五原誓师，就任国民联军总司令，重新整训部队，并与国民政府接洽。按照国民军当时部署，佟率部进入甘肃，在进军陕西解除西安之围后，移军天水。1927 年被任命为甘肃陇南镇守使，代理甘肃督办。同年 4 月，冯玉祥接受武汉国民政府任命，就任国民革命军第二集团军总司令，佟麟阁任第十一军军长。1928 年 1 月，佟麟阁部在河州（今临夏）被回军马仲英部围困，损失很大，冯玉祥令吉鸿昌接管该部，佟赴兰州休息。

同年 10 月，冯玉祥为应付蒋介石排斥异己的举措，着手削弱包括第二集团军在内的其他派系实力，将所部缩编为十二个师（新制）。佟麟阁任暂编第十一师师长，继后改任第三十师、第二十师师长。不久调南京任国民政府参事，1929 年，国民政府编遣会议后，任第一编遣区办事处委员。1930 年春，冯、阎（锡山）联合起兵中原，对蒋介石作战，佟麟阁重返军队，担任第二十七师师长，驻守西安。由于张学良率军入关，冯的高级将领梁冠英、吉鸿昌、孙连仲投蒋，致使反蒋失败。冯玉祥率军西撤，被杨虎城阻于潼关。西北军余部被编为陆军第二十九军，宋哲元任军长，佟麟阁任副军长兼军官教导团团长，而佟看到西北军大势已去，不得不交出兵权离陕而去。

1931 年“九一八”事变爆发，东北三省沦陷，华北成为抗日前线，二十九军接任察哈尔省防务，佟麟阁于 1932 年 8 月被任命为察哈尔警备副司令。1933 年 1 月 3 日，日军攻占山海关，3 月 3 日承德失守，二十九军被急调到长城一带迎敌。3 月 9 日，长城要塞喜峰口失守。宋、佟调三十七师兼程前来，乘夜收复了喜峰口两侧制高点，压住了日军，次日又顶住了日军的疯狂进攻。面对装备精良的日军，宋、佟及三十七师旅长赵登禹总结经验，决定采用夜战。入夜，由赵登禹率兵迂回到敌后，接近日军特种兵营地，举大刀冲入敌营，击毙日军无数，炮兵大佐被击毙在睡梦中，出奇制胜，夺回了喜峰口。

面对日军侵略的严重形势，冯玉祥坚决主张团结抗日。此前，冯来到张家口与佟麟阁共商大计，得到佟的支持，于同年5月成立察哈尔民众抗日同盟军，冯玉祥任总司令，佟任第一军军长，兼代察哈尔省主席，并为同盟军军事委员会委员和常委。他与吉鸿昌第二军、方振武第三军紧密配合，向张家口北部的日伪军展开强大攻势，将其赶出康保、宝昌、沽源，收复多伦，屡战屡胜，军威大振。但蒋介石诬冯玉祥"滥收散兵土匪"，"妨害统一政令"等，派兵加以围攻。在日、蒋的夹击下，抗日同盟军腹背受敌。8月，冯不得不抱恨离开张家口，退居泰山，由宋哲元再任察省主席，佟改任察哈尔警务处处长兼省会公安局局长。不久佟也离开张家口，退居北平香山，以研究圣经教义、练字、摄影消愁度日。

随着华北局势的恶化，中央军退出华北，二十九军军长兼冀察政务委员会委员长的宋哲元百事缠身，急需一位文武兼备的干才协助。在宋及张自忠、冯治安、赵登禹、刘汝明的邀请下，佟麟阁于1936年夏复任第二十九军副军长兼军官教导团团长，驻守南苑。此时中国共产党领导下的平津学生抗日救亡运动掀起了新高潮，提出了"拥护二十九军，保卫华北"的口号，使佟麟阁受到鼓舞，看到了希望。1937年7月7日，卢沟桥事变爆发，是日午夜，日军向宛平城开炮，中国守军奋起反击，抗日战争开始。当时宋哲元尚在山东，由佟麟阁主持军部，他抗日意坚，力主战议，在南苑的一次军事会议上他慷慨陈词："衅将不免，吾辈首当其冲。战死者光荣，偷生者耻辱。荣辱系于一人者轻，而系于国家民族者重，国家多难，军人应当马革裹尸，以死报国！"同月13日，二十九军高级将领联名通电全国，表示："保卫国土，义不容辞，坚决抵抗，誓与卢沟桥共存亡。"冯治安、赵登禹将军纷纷请战，全军将士群情激愤。18日，日军再次炮轰宛平城。此后，北平城外战争打打停停，日军佯示和议，拖延时间，以便增兵。而宋哲元迷惑于日军"和谈"假象，南京政府也没有抗战决心，未能及时集结军队，佟麟阁只好坐守南苑。

日军在华北地区已有十万兵力，并在继续增加和集结。从7月20日午夜开始，日军发动大规模攻势，很快攻占廊坊、丰台，南苑战斗频繁。27日，日军调动一个步兵旅团、一个炮兵联队、一个机械化旅团、飞机三十多架，猛攻南苑、北苑、黄寺、沙河、团河等地，南苑至北平间的公路也被敌人切断。佟麟阁等人说服了宋哲元，紧急调赵登禹部来北平增援。28日拂晓，日军由南、东、北、西四个方向向北平附近阵地发起总攻。南苑是日军进攻的重点，守军仅有二十九军卫队旅、军官教导团等部约二千人，在敌密集炮火之下，处于极其不利的境地，面对强敌，佟与赵誓死坚守，英勇抗击，由晨至午，战斗激烈，双方损失惨重。下午，佟麟阁等奉命率部向大红门转移，中途被日军包围，尤奋力与敌苦战。佟麟阁在指挥右翼部队向敌阵突击时，一颗子弹击中了他的腿部，顿时鲜血染红了裤腿和鞋袜。部下劝他退后急治，他不允依然带领士兵拼杀。这时又遭敌机狂轰滥炸，佟麟阁头部再受重伤，流血过多，英勇殉国，终年四十五岁。中国红十字会将其遗体从永定门运回北平城，安置在雍和宫附近的柏林寺内。同月31日，南京国民政府追赠他为陆军上将。1946年，北平市政府和各界人士把佟的灵柩移葬到北平西郊拦箭沟半山腰处，并将北平西城区的一条街和通县的一条路定名为"佟麟阁路"。1979年8月，中共北京市委统战部发出通知，定佟麟阁为抗日阵亡革命烈士，北京市人民政府并为佟将军修墓立碑。

主要参考资料

王成斌等主编:《民国高级将领列传》第2集，解放军出版社1988年版。

党德信、杨玉文主编:《抗日战争国民党阵亡将领录》，解放军出版社1987年版。

武月星等编著:《卢沟桥事变风云篇》，中国人民大学出版社1987年版。

茅海建主编:《国民党抗战殉国将领》，"中华民国史丛书"，河南人民出版社1987年版。

郭雄编:《抗日战争时期国民党正面战场重要战役介绍》，四川人民出版社 1985 年版。

中国人民政治协商会议全国委员会文史资料研究委员会《“七七”事变》编审组编:《“七七”事变——原国民党将领抗日战争亲历记》,中国文史出版社 1986 年版。

马洪武编写:《抗日战争事件人物录》,上海人民出版社 1986 年版。

土肥原贤二

汪仁泽

土肥原贤二，日本冈山人。1883年（日本明治十六年）8月8日出生在一个军人家庭。父亲土肥原良永系陆军少佐，兄土肥原鉴曾任陆军少将。土肥原贤二自幼受到家庭中武士道精神的熏陶。

土肥原贤二十四岁时入日本仙台地方陆军幼年学校，后以成绩优异转至东京中央陆军幼年学校，毕业后考入日本陆军士官学校为第十六期生。1904年秋毕业，任步兵少尉，供职于高崎步兵第十五联队。期间曾一度被派至中国张家口一带从事谍报活动，工作出色，1907年升为中尉。次年被选送进日本陆军大学深造。1912年夏毕业后，任职于日本军部参谋本部。11月奉派至中国，任驻华公使馆武官坂西利八郎①的辅佐官，开始间谍生涯。他经常随坂西与我国北京政府军政要人交往，曾受张作霖聘任为齐齐哈尔驻军的军事指导官两年。此后一度回国任冈山步兵第五十四联队队附，后又被参谋本部任为少佐部附，派至欧洲短期工作。1920年，奉派至黑龙江尼港地区调查该地日本领事馆受不明国籍舰艇炮击事件。起初漫无线索，后来他从中国一炮舰的用煤记录中发现事发当天的耗煤量激增，据此迫使中国方面道歉，索

① 坂西利八郎（1870年—1950年），清末民初的日本驻华使馆武官，同时受聘为清政府兵部顾问，后又任冯国璋总统府的顾问，冯下台后转而支持段祺瑞，成为日本政府与北京政府间的重要人物。见杜春和等辑《北洋军阀史料选辑》下册，中国社会科学出版社1981年版，第237页。

赔巨款，他也因此受到参谋本部的嘉奖和重视，不久晋升为中佐。1928年初，土肥原受聘为张作霖的私人军事顾问。5月张在与北伐军作战中失败，指挥奉军退回东北。此时张在全国革命形势的影响下，不愿再对日本俯首听命，拒绝中日合修吉会铁路，因此与日方矛盾激化。在土肥原等人的合谋策划下，6月3日张作霖从北京退回沈阳途中，在皇姑屯车站被炸毙①。不久土肥原升为大佐，并任关东军特务机关长。

土肥原精通汉语，谙熟我国习俗，交游广阔，平时寓所宾客满座，皆系军阀显宦等辈，他从宾客高谈阔论中刺探我国机密情报，成为日本军部有名的“中国通”。他待人接物貌似温厚，实则城府深沉，惯施阴谋诡计，用心险恶，手段毒辣。1931年初，日本加紧谋划侵占我国东北，土肥原先转任天津特务机关长，8月改调奉天特务机关长。在到任视事前，为制造“九一八”事变，土肥原特赴上海、汉口、北平、天津等地，搜集我国军政情报，进行综合分析，以作最后的估量②。在事变前数天亲去日本东京，向当局汇报，成为事变的主要组织和策动者之一。事变发生的当天，他绕道朝鲜重返沈阳。事变得逞后，他出任奉天（即沈阳）市长，兼日本关东军总司令本庄繁的发言人与占领区“自治指导部”的负责人。他在沈阳及占领区内组织成立日伪地方机构，并实行鸦片专卖，公开发售毒品③，广设妓院、烟馆，毒害我国人民。9月22日，日本关东军军部召集土肥原、坂垣、石原等人商议事变后的对华政策，土肥原建议制造一个“以宣统皇帝（溥仪）为首”的“满洲国”傀儡政权，作为永

① 张作霖被炸时，另一日本顾问仪我诚也在车上陪同，竟得免一死，爬下车后即去责问土肥原，为何事前不告知他，险些“我也给干了”。见杜春和等辑《北洋军阀史料选辑》下册，第230页。

② 远东国际军事法庭证据第2190号B。

③ 日本为了筹措侵略军费，早在1929年起即在台湾、朝鲜储存及设厂制造鸦片毒品（远东国际军事法庭证据第377号）。法庭审讯土肥原时。田中隆吉作证称：“满洲每年税收仅鸦片一项就达二千万日元。”“所有东北的鸦片和毒品买卖都是由沈阳特务机关负责。”（远东国际军事法庭证据第3470号）

久霸占我国东北的第一步。他的建议经军部批准，并指定由他负责执行。11月8日，土肥原在天津策动武装暴乱，当晚乘混乱之际，将溥仪用汽车接至塘沽港，搭轮劫持至东北。1932年3月，溥仪的傀儡政权正式在长春(伪称新京)登台。翌年2月，在土肥原秘密策划下，国民党热河省主席汤玉麟弃地附逆，日军顺利占领了热河全境。4月土肥原因功晋升少将，旋被任命为广岛第九旅团长。一年半后来华，复任奉天特务机关长。

1935年，日本帝国主义图谋扩大对中国的侵略，策动“华北自治运动”。土肥原于6月初以关东军代表和华北日本驻军代表的双重身份，借口日本特务人员大月等四人在河北张北受阻的所谓“张北事件”，要挟中国政府当局指派察哈尔代省长秦德纯与之谈判，签订了城下之盟《秦土协定》，从而使日方控制了冀、察两省。此时土肥原又频繁往来于张家口和承德之间，与内蒙德王多次会晤，筹划炮制伪内蒙古自治政府。11月，土肥原又唆使早年毕业于日本早稻田大学的国民党通州专员殷汝耕打出反蒋亲日的旗号，成立伪冀东防共自治政府。12月，土肥原进一步迫使宋哲元成立半独立的“冀察政务委员会”，后又当上该会的最高顾问进行“指导”，使华北政局“特殊化”。此后天津一带汉奸、特务公然横行，嚣张一时，抗日力量受到严重遏制。

1936年初，日本军部图谋扩大侵略鲸吞我国，着手扩编和充实侵华军事力量。3月将土肥原调回日本东京，任留守第一师团长。翌年3月，又以“钦命”调任宇都宫第十四师团长。“七七”事变爆发后，土肥原率领该师团，更新装备，从大阪出发，于8月20日在我国塘沽登陆后，立即投入华北侵略战场，气焰十分嚣张。他纵容侵略军沿路烧杀，疯狂残害无辜，惨绝人寰，直抵黄河渡口。1938年5月，土肥原师团为配合进攻武汉，准备向郑州发动攻势。6月11日，国民党军队在花园口炸开黄河堤岸，水淹数十县，使土肥原所率侵略军在一片汪洋中陷入绝境，被困经月；但18日土肥原本人忽奉调回国，任日本参谋本部部附，此时他的军阶已升至中将。

是年7月8日，日本五大臣会议决定策划在我国的日军占领区内成立一个“统一的中央”伪政权，为此特设由土肥原、津田、坂西等人组成“对华特别委员会”，并指定土肥原为主要负责人。土肥原立即在上海虹口设立“土肥原机关”。为了物色傀儡工具，9月土肥原在上海与唐绍仪进行了两次秘密会谈，但不久唐被暗杀而无果。接着他又以吴佩孚为对象，经过多次接触，吴未能答应日方要求，拒绝日本拉其下水，还要日军撤出中国，结果以1939年底吴的突然死去而告失败①。此时土肥原转而参加原已在进行中的对汪精卫一伙汉奸的招降工作，经过日方以土肥原、影佐祯昭等为代表与汪伪陈群等为代表的多次谈判，后来汪精卫直接参加，双方于1940年3月在南京成立汪伪国民政府②。土肥原因功于4月被授予二等金鸢勋章。

1941年4月，土肥原擢升陆军大将，并被召回日本，先后任航空总监、最高军事参议官兼陆军士官学校校长等职。1941年6月，苏德战争爆发后，土肥原调至中国东北任日军第五军司令官，于中苏边境制造事端，指挥所部在诺门坎地区对苏作战，破坏苏日中立条约，牵制苏联兵力。希特勒1942年11月特颁给土肥原鹰徽卐字勋章，并赞扬他“在联合作战方面颇多贡献”。1943年5月，土肥原调任日本东部军司令官。

1944年初，由于英美盟军的反攻，日本在太平洋和东南亚的处境日趋险恶。是年3月，土肥原奉调赴新加坡就任第七方面军总司令③，

---

① 吴佩孚当时在北平，对吴的计划在土肥原机关内部称为“吴工作”，所需经费在中国日占区的海关关余项下支付，动用时日人姓名是保密的(远东国际军事法庭证据第3608号A、3743、3744、2190号A)。

② 据影佐桢昭等人在法庭上陈述：汪精卫逃出重庆经河内于1939年5月到达上海，6月初即与土肥原等人直接谈判，直到汪伪政权的建立，土肥原一直是直接“指导者”(远东国际军事法庭法庭证据第3302号，法庭记录第30115页、30441页)。

③ 土肥原在上任时曾对下属训话，自称“我以‘主一无适’作为精神信条”。“主一无适”一语出自我国宋儒程朱学说，意谓至诚则专一而不移，“心中无欲，天理自纯”。这既说明他标榜以“至诚”来笼络部下，又可见他对我国儒家学说颇为熟悉。

防守马来亚、苏门答腊、爪哇、婆罗洲等地区。任职期间纵容侵略军在辖区内肆意拷打、屠杀、虐待集中营的平民和战俘，种种暴行令人发指。10月，日本海军在菲律宾莱特海面与美决战中大败，丧失制海权，新加坡已成为盟军进击的目标，土肥原向日本大本营表示决与阵地共存亡，同时加紧野蛮统治。1945年4月，土肥原被召回本国，任军事训练总监，为军方最高三长官(陆军大臣、参谋总长、训练总监)之一。

1945年8月，日本被迫宣布投降，铃木内阁总辞职，土肥原曾被提名为新内阁陆军大臣人选，后未果。8月24日，日本东部司令官田中静一自杀，土肥原降格接任遗缺，以稳定局面。9月12日，拱卫东京的第一军总司令杉山元帅又自杀身亡，土肥原再被派去递补。但未及上任，次日即作为甲级战犯被盟军逮捕。在审讯中他态度顽劣，始终未发一语，拒不认罪①。1948年11月12日，被东京远东国际军事法庭判处绞刑，12月23日在东京鸭巢监狱被处决。

① 土肥原在法庭上对其宣读起诉书后，他竟声明不认罪。在受审时他自知铁证如山，罪责难逃，始终未发一言。中国政府国防部次长秦德纯1946年5月在法庭上作证时称日本侵略我国，“土肥原是执行侵略政策最重要的主持人”。法庭根据大量证据，并在审讯同犯坂垣等人时，其罪行又得到相互印证，最终他同坂垣等同被判处极刑。

万 福 麟

丘 琴 姜克夫

万福麟，字寿山。1880 年 12 月 21 日（清光绪六年十一月二十日）生。吉林省农安县人。万福麟八九岁时受雇于王老魁地主家，白天放猪，晚间在伙房烧火及刷洗炊具等，主人怜其贫困，年终分给半个长工的劳金，直到他任黑龙江督办，时人仍戏称之为“万半拉子”。

1894 年中日战争后，东三省成为俄、日帝国主义觊觎之地，不断收买民族分裂主义者和胡匪作乱。清政府敕令奉天将军增祺扩充军力。这时，万福麟正当壮年，遂弃农应募入伍，被编入吴俊陞的奉天后路巡防营。万在讨伐陶克陶胡、巴布札布等顽匪战斗中屡立战功，由士兵提拔为哨官，清末升任管带。民国成立后，吴俊陞部改为奉天骑兵第二旅。1916 年袁世凯称帝，扩编吴俊陞部为中央陆军第二十九师，万升任第一一四团团长。1920 年升任第五十七旅旅长，长期驻防黑龙江并曾兼任中东路哈满段护路军司令。

1924 年，张作霖扩军，吴俊陞任镇威军第五军军长，万福麟升任第十七师师长，辖马占山、张殿九两个骑兵旅。1925 年 10 月，张作霖为与冯玉祥争夺华北地盘，命令吴俊陞率万福麟骑兵师并指挥奉军穆春和吉军张九卿两个骑兵师及黑龙江省的梁忠甲步兵旅，横越蒙古草原向多伦进军，抄袭张家口冯玉祥西北军后路。此时郭松龄倒戈反奉之战突然爆发，11 月下旬，吴俊陞接张作霖告急电，命令进入热河的部队迅速班师赴援。等到吴部骑兵调回到出击地点时，吴即于 12 月 21 日到达辽中前方指挥作战。22 日拂晓，以万福麟骑兵师为突袭部队，穆春骑兵师随万师挺进，张九卿骑兵师在大民屯左翼警戒。23日拂晓，归马占山指挥的焦景彬骑兵十七团首先攻入郭松龄的指挥部，后穆师王永清骑二旅终于将郭俘获。战后，万福麟升任第八军军长，马占山继万任第十七师师长。

这时吴佩孚被直系将领拥戴再起于武汉，由助孙传芳反奉转为联合张作霖、阎锡山发动对冯玉祥国民军作战。1926年6月，从两广出发的国民革命军很快打败吴佩孚、孙传芳，抵达长江流域。冯玉祥国民联军转进陕、甘，准备东出潼关，逐鹿中原。1927年2月，张作霖借口援吴，派张学良、韩麟春率三、四方面军团进入河南，万福麟部入列张、韩麾下陈兵豫西，堵塞冯玉祥军进入中原。6月，张作霖在北京就任安国军大元帅。9月，阎锡山突然背盟，出兵娘子关，企图截断奉军归路，很快被奉军击败，缩回山西老巢。晋军傅作义第四师抢占涿州后被奉军截住，未能撤回山西。张学良为拔除锲入奉军后方的钉子，指挥部队连续发动三次攻击，亦未攻下。张作霖复派万福麟为攻城指挥官。万指挥柏桂林部工兵挖掘坑道，轰击城垣，又令邹作华指挥百门大炮向城内狂轰，并调来六辆坦克突击城门，均未得手。万久攻涿州不下，备受张作霖申斥。万福麟提议以毒瓦斯弹攻城，被张采纳，但这些炮弹系第一次世界大战剩余物资，早已失效。后经三、四方面军团参谋长鲍文樾建议，采取围城战术，奉军围困两个多月，天气逐渐变冷，百姓饿毙者数以千计，守城晋军亦饥饿难忍。鲍文樾与傅系保定军校同窗好友，在鲍劝说下傅遂于1928年1月6日开城接受改编。从此，傅作义、万福麟以涿州围城之战知名于世。

1928年6月4日，张作霖和吴俊陞被日军炸死，东三省参议会推举张学良为东三省保安总司令。张接任后，任命万福麟继吴俊陞为黑龙江省军务督办，常荫槐为黑龙江省长。奉军退回关外后，张学良为减轻人民负担，大力裁编军队。常野心勃勃，利用省款组建数团山林警备队，以扩张势力，且轻浮狂躁，咄咄逼人，不断流露出万系东北边防军副司令，应将司令部移至海拉尔。万忍无可忍，乃向张学良及其夫人于凤至哭诉。凡此种种,均为张在处决杨宇霆时将常剪除的重要原因。

同年12月31日,张学良就任国民政府任命的东北边防军司令长官,张作相、万福麟为副司令长官。翌年7月,张保举万任黑龙江省政府主席。从此,万集黑省军政大权于一身。万福麟统治黑龙江三年,是张学良大力从事东北建设的时期。万在黑省积极剿灭胡匪,社会安定;禁种鸦片,招收冀、鲁灾民开垦,农业得到很大发展;修筑齐克(齐齐哈尔——克山)铁路等。但用人唯亲,所有重要官职均委之自己亲属。东北陆军第二十九旅,委其内兄王永盛为旅长;东北陆军第三十旅,委其义子于兆麟为旅长;黑省仅有的洮昂(洮——昂昂溪)、齐克两条铁路,竟委其长子万国宾为局长。

万福麟与张作相、吴俊陞、张景惠、汤玉麟这些同张作霖打天下的人相比属于晚辈,是被张学良提拔到封疆大吏位置的,故对张奉命惟谨。1930年,国民党新军阀混战,蒋(介石)、阎(锡山)、冯(玉祥)均派代表至沈劝张学良参加己方,张偏重助蒋,张作相、张景惠、汤玉麟等则主张坐山观虎斗,万与于学忠、王树常等则唯张学良的命令是从。是年9月,张决定拥蒋,被国民政府任命为国民革命军陆海空军副司令。1931年1月,设副司令行营于北平(今北京),节制北方八省军队。5月,张患伤寒病,住协和医院,万来北平探视。张患病不能理事,万即以北平军分会常委身份会同军分会参谋长戢翼翘、于学忠(第一军军长)、王树常(第二军军长)、鲍文樾(军分会办公厅主任)代张处理军务。是时,被张收编的冯玉祥旧部石友三,闻张学良患重病,突于邢台叛变,万福麟即飞调黑龙江的王永盛、于兆麟两国防旅入关,协助于学忠、王树常两个军平息了叛乱。9月18日,日本关东军乘东北军大部调进关内,突然进攻沈阳北大营,随后即占领辽宁、吉林各重要城市。张学良大病初愈,尚不能完全理事。闻变后,各将领惶惶然不知所措。张于9月23日派万福麟和鲍文樾飞南京见蒋介石请示方略。蒋面告万、鲍二人:“你们回去告诉汉卿,他现在一切要听我的决定,万不可自作主张,千万要忍辱负重，顾全大局。”万等返回，转达蒋意，促使张学良对日军进攻持暂不抵抗的做法。

同年10月，日军开始向黑龙江进攻，张学良电委省防军第三旅旅长马占山代理黑龙江省政府主席，任讨逆军总指挥，东北边防军副司令长官公署参谋长谢珂为副指挥。马、谢二人率领黑省三万驻军对日军和伪军张海鹏部作战。万国宾代行其父职务，大权在握，对马、谢多方掣肘。此外，万还派人与投敌的蒙边督办张海鹏谈判，幻想保住万家父子的江山。11月中旬，日本关东军进攻嫩江桥，省垣岌岌可危，万国宾竟席卷黑龙江省库公款潜逃，据上海《申报》揭露数字达一千一百万元。对万国宾侵吞巨量公款事，国内外报刊纷纷抨击，万福麟声名狼藉。嫩江桥一战马占山名声大噪后，国民政府正式任命马为黑龙江省政府主席，并于1932年1月17日，免去万福麟的主席及边防军副司令职。后由张学良于1月21日任命万为陆海空军副司令北平行营总参议，倚为左右手，参与重大军政事务的决策。1933年春，日军开始向热河进攻。张为抵抗日军侵略，自兼华北第一集团军总司令，指挥于学忠、万福麟、宋哲元、商震等军团。任命张作相为华北第二集团军总司令，指挥汤玉麟、孙殿英两军团及退入热境的东北义勇军防守承德、赤峰及朝阳、开鲁等城。时万任第四军团总指挥，辖奉军主力五个师，布防于凌源、叶柏寿(今建平)、平泉等地，阻击日军沿锦(州)承(德)大道西进。日军进袭时，防守热东前线的汤玉麟第四军团不战溃逃，防守叶柏寿、凌源两要道的王永盛、于兆麟两师亦溃败。日军发动进攻未及旬日热河即丧失，全国舆论大哗，要求惩办汤玉麟、万福麟。张学良被迫引咎辞职。张仅通缉汤玉麟，撤销王永盛、于兆麟师长职务，对万未予任何处分。

同年3月11日，张学良通电下野，在离平前将东北军整编为四个军，万福麟任五十三军军长，辖缪澄流、周福成等五个步兵师，黄显声、郭希鹏两个骑兵师和乔方炮兵旅，为当时东北军中最大的一个军。1934年1月，张学良回国后，万和于学忠两个军仍在华北。

自何应钦接替张学良为北平军分会代委员长后，万即极力与何靠近。当时蒋介石为控制军队，在各军设立政训处，派往东北军的政训处均遭主官拒绝，而万独接受。1935 年，日本特务机关对万和东北军进行所谓谋略工作（抗战期间日军大本营给的代号谓“狗工作”），万始终未为所动，保持了中华民族的气节。

1936 年初，张学良接受中共提出的“抗日民族统一战线”政策，接纳中共党人，改造东北军。万认为张此举尽听信青年人，早晚要吃亏的。张为逐步撤下不跟他走的高级将领，1936 年秋，将黄显声由西安王曲军官训练团教务长提升为五十三军副军长兼一一九师师长，万极反感，从此和张产生矛盾。西安事变爆发，张学良令万率军抢占郑州，切断陇海铁路。黄显声和进步军官主张执行命令，万却表示这么大的事汉卿也不和我商量就干，简直是胡闹。由于万按兵不动，使何应钦顺利地输送十余万中央军进驻潼关。翌年 2 月，西安事变和平解决，万立即解除黄显声一一九师师长兼职，并拟将中共掌握的一一六师吕正操六九一团缴械，由于吕事先采取措施，万的阴谋未能得逞。此后，万即根据国民政府军事委员会整编方案，将五十三军缩编为一一六、一三〇两个乙种师，并借机派其亲信充任师、旅长，将五十三军牢牢掌握在自己手中。

1937 年卢沟桥事变，平津沦陷，全面对日抗战开始。是时，万福麟任第二十六军团长，指挥本军和冯占海独立第九十一师，布防于固安、永清永定河南岸。9 月 19 日，日军进攻万福麟军团防守的永定河防线，首先击溃防守固安的冯占海师，以后连连得手，国民党军队纷纷南退，万部也随之南撤。第一战区代司令长官程潜拟调万部坚守石家庄，万为保存实力既不架设电线与行营联系，还派其军部参议李树滋去子牙河前线联络吴克仁，谓平汉线中央军已溃，应离开交通要道与他靠拢，退入太行山，企图将吴的部队抓到手。对于津浦、平汉前线军人拥兵避战的罪行，抗战将领纷起抨击。后蒋介石在开封召开军事会议，仅将韩复榘和檀自新枪毙了事，万因何应钦庇护未被追究。同年 10 月，万福麟军撤退到辉县整顿。翌年1月，土肥原师团渡过漳河。奉战区严命万率部迎击，但屡战屡败，退入太行山区，在八路军掩护下休整。1938年5月，万福麟部渡黄河，徐州会战时固守郑州、汜水河防。7月，武汉会战开始，蒋介石将万部调往长江南，隶陈诚第九战区张发奎第二兵团，部署在阳新一带掩护武汉卫戍部队右侧翼。10月初旬，日军攻下长江沿岸要塞后，又于14日攻陷阳新，万率部于三溪、金牛镇等地节节抵抗，最后以残余部队坚守贺胜桥掩护武汉守军撤退。25日武汉失守，万始率残部退往湘西。

同年冬，蒋介石改委万福麟为军事委员会委员，周福成升任军长。万到重庆后经常与东北老官僚刘哲等作竹雀之戏。1940年5月，万奉命任辽宁省政府主席。抗战后期与萧振瀛联合开办大同银行。1945年5月，万当选为国民党第六届中央执行委员会委员。同年9月，任军事委员会委员长东北行营政治委员会委员。1948年3月，国民党政府聘他为顾问，不久即离沈阳。1949年，万随国民党前往台湾，在台曾任"总统府国策顾问"。1951年7月15日，因脑溢血在台中寓所去世。

主要参考资料

[美]鲍华德主编、沈自敏译:《民国名人传记辞典》第11分册，中华书局1981年7月版。

岳超:《奉晋两军涿州之战》，方正等编《张学良和东北军:1901—1936》，中国文史出版社1986年12月版。

夏商周:《抗日战争时期的五十三军》，辽宁省人民政府参事室编《文史资料》(内部资料)1982年号。

日本防卫厅防卫研究所:《中国事变陆军作战史》第1卷，天津政协编译室译，中华书局1979年版。

中国社会科学院近代史研究所民国史研究室:《中华民国大事记》

1932、1933 年，中华书局 1981 年版。

《万福麟》，刘绍唐主编《民国人物小传》第 3 册，台北传记文学出版社 1984 年版，第 285 页。

《万福麟》，秦孝仪主编《革命人物志》第 22 集，台北“中央文物供应社”1969 年版，第 330 页。

汪 大 燮

朱杰仁

汪大燮，原名尧俞，字伯唐，一作伯棠，浙江钱塘人。1859 年 12 月 20 日（咸丰九年十月二十七日）生。先世由安徽黟县弘村迁居钱塘。父汪清冕，字子周，广东候补盐经历。汪大燮从小过继给汪清澜为嗣子。1878 年应童子试为秀才，1889 年中浙江恩科乡试举人。后因累次会试不中，遂捐赀为内阁中书，又由会典馆保升侍读及户部郎中。不久，考取总理各国事务衙门章京，任驻俄使馆参赞，然未成行。1895 年参与发起北京强学会，任强学书局总办事人，又充《中外纪闻》主笔。1900 年义和团运动爆发，汪奔赴慈禧与光绪所在的陕西，当时总理衙门在陕西者只有一二人，汪大燮得以参与中外交涉事宜。《辛丑条约》谈判时，俄国趁机占领东三省，提出特别利权，迫清政府签订专约。议和大臣李鸿章急电西安请旨，清政府方面已准备妥协，而汪大燮代新任驻俄使馆大臣桂春上说帖，痛陈各国均势利害，谓万不能于和约之外，别订专约，致使各国仿效。后清政府从其议，拒与俄国签订关于东三省的特别条约。自此后，当局以汪大燮知外国情势甚详，经常咨询。

1901 年，总理各国事务衙门改为外务部，汪大燮任和会司员外郎。1902 年任赴英贺国王加冕专使载振的参赞。同年，发生中国留日学生的成城入学事件，为此清政府派遣汪大燮为首任留日学生总监督。1903 年在留日学生发动的拒俄运动中，汪大燮一面劝导学生，一面向清政府和日本政府方面密告留日学生的动向。同年补外务部左参议。1905 年转右丞，充出使英国大臣。

汪大燮在驻英任内，以张国体保国权为帜志，同时意识到“今日政治之乱，非立宪何能挽回”。11月，汪大燮与出使美国大臣梁诚拟定奏稿，并联合前出使英国大臣张德彝、前出使法国大臣孙宝琦、前出使德国大臣荫昌等八人入奏，请求清政府以五年为期，“改行立宪政体”，指出“立宪政体，利于君，利于民，而独不便于庶官者”，而“保邦致治，非此莫由”。为此清政府应急需实行三事：一宣示立宪宗旨，二布地方自治之制，三定集会言论出版律，此三者为“宪政之津髓，而富强之纲领”。1906年3月，载泽、尚其亨、李盛铎三大臣考察英国政治，汪大燮为之安排行程、联络，聘请英国学者按日给三大臣及其随员讲述英国宪法纲要、内阁各部的设置及地方自治制度，并“尽昼夜之力”向载泽等痛陈改行立宪。

汪大燮密切关注国际形势的变化，对于其时甚为流行的“黄祸论”，敏锐地感觉到这是当时欧美强国为争夺东方殖民地的借口，尤其是德国在东亚的争夺利权，其结果是英、德相争。就中国而言，“倘英、德弃旧嫌而结新好，必将以我为礼物，此则无可挽回矣”。同时，汪大燮对禁绝鸦片、币制改革、海军与财政上了一系列的奏折，对晚清的改革有较为系统的认识。1906年5月，英国下议院对鸦片贸易政策进行辩论，要求英国政府停止鸦片贸易，汪大燮获悉后，于7月初上折请求清政府禁绝鸦片。汪认为“若设我果有禁意，英必投袂而起以表同情，可以断言矣”，指出如果只是“以征为禁”，虽利于税收，而英国“反恐有要求也”，并提出包括稽查、限种、戒瘾和专卖的一整套办法。汪的上奏终使清政府于9月发布禁烟上谕。1907年1月，汪大燮条陈“行用金币”，主张实行金本位制，以解清政府国库之支绌。汪大燮认为按照日本的办法，金银币的比价定为一比二十八，银币高于银块市价十分之二，则中国赔还洋款、赎回铁路及购买武器等费都可节省二成，一年就可省银一千七八百万两，这样就可以救政府财政之急。这一奏折也引起清政策决策层的重视，交度支部条议。1907年4月，度支部尚书溥珽以汪大燮折中所说“何言之太易，于国际通商、货币原理均未加体验”议复。

当然，汪大燮也深知“用金银一节，非真正财政家不易断”，但在其看来中国只有解决了财政与海军问题，“乃能立于不亡之地”，因此又“具海军计划于政府”，主张利用英国的帮助重建中国海军，而海军所需有经费则从鸦片专卖中筹得。

1906年，汪大燮补外务部右侍郎。1907年6月由英国回北京就任，即卷入了江浙铁路风潮事件。先是，1898年盛宣怀与英国银公司签订苏杭甬铁路借款草约，1903年5月盛以英商办路逾期多年为由提出废约，1905年江浙绅商分别组成铁路公司集款筑路，而英国银公司此时突然催定正约，并由英国公使朱尔典(J. N. Jordan)出面向清政府施压。汪大燮奉命与英国公使磋商两全之策。汪大燮认为“用外财办国内事，各国皆有之，但患事权同去耳”，故提出“部借部还”和借款、造路分为两事办理的方案，即借款一百五十万镑，不用路权作抵押，而用其他国家收入项抵押；出售铁路债票，由中国自行购回；修筑铁路材料由中国自行采办，英国方面不得干预；聘英国工程师一人，受中国总办节制。浙江方面群情大哗，谓汪“以浙人卖路媚外”，为“浙路罪魁”，宣言削除汪等人浙籍，并恐吓掘汪家祖墓。对此黄远生在民国初年有过中肯的评论：“汪氏之爱国热诚及缜密勤慎，以吾所见，前清大官中，吾未之见。苏杭甬一案，知其内容者，皆知与汪氏丝毫无关而横被唾骂，几于葬送此人一生，此真平情论事者所引为痛心者也。”1907年的丁未政潮中，汪科举时的座师、军机大臣瞿鸿禨因袁世凯等的攻讦于7月被开缺回原籍，8月袁世凯任外务部尚书。汪遂不安于位，9月转任出使英国考察宪政大臣，并于11月出京，江浙铁路交涉事宜转由袁系的梁士诒负责。

1908年，汪大燮赴英就职，其间又补仓场侍郎，复转邮传部左侍郎。1909年考察事务结束，成书《英国宪政丛书》上奏。1910年出任驻日公使，1912年由驻日公使改任中华民国临时外交代表，传递有关清帝逊位及改共和政体事项。5月，共和党成立，汪以驻日公使的身份，为该党留日支部长，后共和党、民主党和统一党合并为进步党，汪当选为名誉理事。1913年任中华民国外交代表。同年，任满回国。8月，熊希龄正式受命组阁。9月，熊组成“第一流人才与第一流经验的内阁”，实际只有教育、司法、农商几个位置由熊来配置，因袁世凯早就选定了内务、外交、交通等总长，汪大燮任教育总长。汪在教育总长短短的任上，颁布普通教育暂行办法，设法维持各中小学、师范学校，同时制定专门及大学各项学制，制定学制系统，组织社会教育事项。但其在任上也发表废除中医的言论，谓“为民族进化计，为民生改善计，不可不取断然手段废止中医”，遭到京师医学会的反对；又以费用过多，风气不正，学生程度尚低及京津为一个大学教育区只能设立一个大学为由，拟将北大停办，合并于天津北洋大学，遭到反对后，又谋将北洋大学移至北京，也遭北洋师生的反对。

1914年2月，汪大燮辞去教育总长。3月，任平政院院长。平政院直隶于大总统，专司行政裁判，负责“察理行政官吏之违法行为”，汪大燮根据东西方各国的规章制度，为草创平政院制定各项规章制度。但实际上，平政院长是闲曹，所谓“察理”俱托空言。正如当时有人指出：“民国有势力无法，少有凭藉者断非平政院所能制裁，其无势力者先自默尔，与人无竞，更不劳裁判。”1914年5月，新约法公布。这个约法规定设立“参政院”作为总统的咨询机关，并在立法院未成立以前代行立法院的职权，还拥有宪法起草权。而参政院的参政由总统委任。这样袁世凯通过参政院掌握了制宪权。5月，袁世凯任命黎元洪兼院长，汪大燮为副院长，秘书长林长民。8月18日，参政院迎合袁之意，建议修改1913年10月公布的总统选举法，后通过修正案，改总统任期为无限期，可由现任总统推荐下任总统人选。1915年9月，参政院议决请政府召开国民会议讨论国体问题；12月，由汪大燮提议，参政院议决由参政院以国民大会总代表名义向袁世凯上“改用君主立宪”的推戴书。1916年6月，袁世凯复辟帝制闹剧收场，29日，参政院被裁撤。

袁世凯死后，黎元洪继任总统，特任段祺瑞为国务总理组阁。段祺瑞提出由汪大燮任交通总长。但汪为舆论所不容，7月12日汪大燮提出辞职。10 月，段祺瑞提议由汪大燮任外交总长，又为众议院所否认。段祺瑞执政后，即发生总统府与国务院权限之争，进而由于对德参战问题而进一步激化。1917 年 5 月，黎元洪邀请张勋入京调停。7 月 1 日，张勋在京复辟帝制。5 日，段祺瑞组织"讨逆军"，汪大燮负责与各国公使团的外交问题交涉。1917 年 7 月，段祺瑞以三造共和功臣的姿态再次组阁，汪大燮任外交总长。11 月下旬，段祺瑞的"武力统一政策"失败，提出辞呈，以汪大燮暂代国务总理。当时第一次世界大战正酣，屡次催促中国参与对德战事，汪大燮力主参战，认为参战能使中国国际地位得以提升，缓期庚子赔款，从而使财政困难得以缓解。先是 2 月间，汪在北京参与和日本首相特使西原龟三商议参战条件；3 月，汪以日本赠勋大使身份，在东京与日本首相大隈重信、寺内正毅和外相本野一郎就对德参战问题交换意见；4 月，段祺瑞组织国际政务评议会，这一机构专门研究有关参战的各种具体问题，为内阁决策提供依据，由段任会长，汪任评议员。正是在汪大燮任外交总长期间，中国正式对德奥宣战。这一决定，最终使中国得以在"一战"结束后，能以战胜国身份参与巴黎和会。

1918 年 12 月，徐世昌在中南海总统府内设立外交委员会，为总统和政府提供有关巴黎和会的政策、方针、措施等咨询及建议，"凡关于和会的各专使来电，都由外交部送委员会"，并"承大总统之命调查审议外交事件"，由汪大燮任委员长。汪大燮向徐世昌密陈第一次世界大战后远东形势，认为中国以收回胶济铁路利权和青岛主权为主要目标。1919 年 1 月 6 日，外交委员会将所拟政府对巴黎和会的提案草案呈北京政府，包括收回租借地和铁路附属地、统一管理铁路和撤销外国邮电机关、取消领事裁判权、关税自主、撤退外国军队、停付庚子赔款等内容。1 月 8 日，国务院将其发给中国代表团，成为中国政府的正式提案。由此外交委员会和北京政府在讨论和拟定方案时，没有意识到其严重性，方案没有涉及山东问题。但统一铁路案触动了日本在山东的利益，虽然得到英、美的支持，但遭到新旧交通系的曹汝霖、陆宗舆、梁士诒的反对。1919 年 2 月 18 日，钱能训在中南海召开特别会议，汪大燮、林长民坚持此案。汪在给徐世昌的条陈中说："改变政治性质之路为商业性质之路，改变一国单独垄断之政策为本国完全之基础"，并强调"能改则存，不改则亡"。此案终以研究系的妥协告终，国务院电令中国代表团在提案中删除这一条。汪大燮为此提出辞职，使外交委员会处于停顿状态。后经林长民恳请汪回会视事，外交委员会才重新开始工作。

与此同时，汪大燮等还从事国民外交活动。1919 年 2 月 12 日，蔡元培、汪大燮、林长民、熊希龄等在北大召开"国际联盟同志会"成立大会，强调国际联盟应保证各国政治的独立和领土完整，汪任代理理事长。后又联合国际联盟协会、国际研究社国际联盟同志会合组中国促进国际联合总会。2 月 16 日，蔡元培又与汪、林、熊等一道组织成立"国民外交协会"，从事国民外交活动。国民外交协会成立后，一面致电出席巴黎和会的中国代表维护国家领土主权完整，废除一切不平等条约和第一次世界大战期间中日签订的密约和合同，收回德国在我国山东的一切权利，同时在国内多次举行演讲，呼吁全国人民为争取国家权利而斗争，实行国民外交，摈除秘密外交。

4 月 30 日，巴黎和会决议将德国在山东的权益让给日本。5 月 1 日，陆徵祥电北京政府，请示是否签字。外交委员会获知后，立即召开紧急会议商议对策，决定致电中国代表团拒签和约，并由汪大燮、林长民二人将致专使的拒签电文亲呈徐世昌。但国务总理钱能训于 3 日又另电专使签约，为林所知。汪大燮见事已至此，辞去职务，并命令结束外交委员会事务。当晚，汪大燮将此消息告知北大校长蔡元培。蔡元培立即将这一消息转告持坚决反日立场的北大学生许德珩及《新潮社》的罗家伦、傅斯年、康白情、段锡朋等，把拒签和约的希望寄托在爱国青年学生身上。五四运动由此而引发。五四运动发生后，汪大燮联合王宠惠、林长民，联名具呈警察总长吴炳湘保释被捕学生。而皖系认为五四运动是研究系煽动起来的，谓"学生受政客林长民、汪大燮之运动"。

故自五四运动爆发后，对研究系提出一系列的弹劾案，攻击“汪大燮、林长民等擅用职权，径电欧使，借破除势力范围之名，不惜将全国铁路置于各国共同管理之下。铁路为国家之命脉，汪大燮等宁不知之”？

1919年12月，徐世昌特邀段祺瑞、汪大燮等入府咨询，决定组成由国务总理靳云鹏为会长，汪大燮、林长民等为委员的鲁案委员会对此进行研究讨论，决定中国方面不单独与日本交涉的宗旨。1921年8月，美国政府邀请英、法、日、中等九国参加华盛顿会议，以讨论限制军备和太平洋、远东问题，不声援中国代表。同年8月，梁士诒、汪大燮等组织太平洋研究会，希望能够联合南方一致讨论，并为此致电询孙文、陈炯明、黎黄陂等。9月，汪大燮、孙宝琦在北京发起华盛顿会议中国后援会，再次希望“无党派畛域之分，惟冀抒发国内贤达之所见，共同主张”。华盛顿会议结束后，为研究太平洋会议(华盛顿会议)有关中国各项条款如何施行问题，1922年4月北京政府外交部设立太平洋会议善后委员会，特任汪大燮、孙宝琦为正、副会长。

1922年，汪大燮任平政院院长。第一次直奉战争结束后，汪大燮与蔡元培、梁启超等联名发表解决时局意见通电，寄希望于直系的吴佩孚，称其“伟略硕望，举国所仰，倘荷合力促成，民国前途，实利赖之”，提出解决时局当先谋国家统一，“谋统一当以恢复民国六年国会，完成宪法为最敏速最便利之方法。但宪法未成以前，所有统一善后各问题，应由南北各省选派代表于适中之地组织会议，协谋解决”。这呼应了吴佩孚所提“恢复法统”与开国民大会的主张。

1922年9月，王宠惠组成“好人内阁”，受到直系吴佩孚方的支持。11月，众议院长吴景濂等借口财长罗文幹签订奥国借款展期合同有纳贿情事，迫总统黎元洪将罗逮捕入狱，内阁遂总辞。汪大燮受黎元洪之托具状将罗文幹保释。29日，黎元洪任命汪大燮组阁。汪于30日上午就任国务总理兼财政总长，但声明代理期不超过十天。但即使如此，汪就任的当日，议会方面张伯烈即以汪“事前迎接罗犯出狱，事后补具保结”通电反对汪任国务总理，随即议会方面的吴景濂、直系津保派江西督军蔡成勋、直隶督军王承斌等人也通电反对。12 月 1 日和 5 日，汪大燮副署了《山东悬案细目协定》及附件，中国接收青岛和赎回胶济铁路，基本上解决了山东问题。12 月 10 日，汪大燮通电代阁期满离职。仍任平政院院长兼文官高等惩戒委员会会长，先后达五年之久。

1925 年，段祺瑞执政府建立，汪大燮兼外交委员会会长。汪大燮于会中设立条约编纂处，将国际不平等各约详加论列，编成《分类编辑不平等条约》一书，一直为外交官员作为交涉参考的依据。

汪大燮晚年致力于善举，1920 年 10 月任中国红十字会会长；同年北方五省旱灾，汪大燮与熊希龄、梁士诒等组织华北救灾总会，并邀请旅京外人各救灾团体联合组织国际统一救灾总会；1922 年 4 月，汪大燮联合在北京的公共团体及各公民，组织注重京师治安、维持市民粮食及保护妇孺、救济失业为宗旨的京师公益联合会，任会长，步济时(John Stewart Burgess)等任副会长。1926 年至 1928 年间，北京周边久成战场。汪大燮与王士珍、熊希龄等设立北京临时治安维持会，救济难民。此外，汪大燮还于 1921 年创设平民大学。

1928 年 12 月 17 日病逝于北京。

主要参考资料

《汪大燮书札》，上海图书馆编《汪康年师友书札》第 1 册，上海古籍出版社 1986 年版。

出使英国大臣外务部右丞汪大燮奏为罂粟流毒日深请设法铲除事、呈条拟禁止罂粟办法清单；奏为库储支绌行用金币有无利弊折，录副奏折，中国第一历史档案馆藏。

李剑农：《中国近百年政治史》，武汉大学出版社 2006 年版。

汪 逢 春

寿祝衡

汪逢春，名朝甲，字凤椿，逢春是他行医用的名字。1884 年 5 月 29 日（清光绪十年五月初五）生于江苏吴县。父亲是从事丝绸业的小商。汪逢春十余岁时，在吴中名医艾步蟾的门下学医，勤奋刻苦，博览群籍，虚怀深求，因而医学基础相当扎实。

1908 年，汪逢春离开家乡来到北京。为求进一步精进医术，他一面担任“法医”，一面求教于名医力轩举。公余常为患者诊治，疗效显著，就诊者日众。1913 年辞去法医职务，正式悬壶行医。由于治愈不少疑难大症，名声日起，与肖龙友、孔伯华、施今墨并称为北京四大名医。

汪逢春讲究辩证施治，主张“尊古师古而不泥古”，也不存门户之见。他诊疾疗病，一面循规前贤，一面对气候、方土以及病人的体质认真参酌。在诊治一些重症时，往往在医方中写明“备候高明政定”，非常尊重同行，决不固执己见。在诊治内伤症方面，他认为“脾胃为后天之本”，主张着重护理脾胃，力求早日自行吞纳，依靠自身之支持，俾能早日复原。他常说：“药以治病，不能持以补虚，病后体虚可以药补，如体质素弱，徒以药补不如食补。”在治疗外感方面，则认为“肺主皮毛，风寒首先犯肺”，着力于“由皮毛宜达，使外邪早出，免内传为患”。

汪逢春以擅长治湿温病著称。湿温病一般多见于夏秋之交，由于暑热与湿气侵入人体，破坏了人体内的正常生理机能，引起了病理变化。这种病理变化，特别表现为既有热象，又有胃肠机能障碍。汪逢春在治疗时，首先认定此症由于“气郁不得宣畅，以致肠胃秘结不通”，分清主次矛盾，然后根据轻重缓急分三个步骤进行治疗：“第一步先投以辛香宣化为主、通腑为佐的药剂；俟头痛止而仍昏晕，形寒解而身热未净之际，再采取第二步，投以清湿解热、兼通肠胃的药剂；乃至身热已退，舌苔渐化，胸闷已舒，小溲渐淡，其湿温化而未净之际，再采取第三步，投以泄化余热兼治肠胃之剂。”如此，则湿温得化，余邪得解，肠胃得通，湿温病自然痊愈。

在用药方面，汪逢春还常常采用将药末装入胶囊中，随药汁吞送的“少而精”的办法。这种办法，既能节约药物，又能达到收效“大而快”的目的。诸如治疗温病，初起时“以紫雪丹七分，犀角粉一分，二味同研，以胶囊装好，匀两次以药汁送下”。此外，还常用“沉香末一分，洋芦荟末二分，二味同研，以胶囊装好，分两次以药汁送下”的办法以达到和络通导的作用。

汪逢春对待患者认真负责，满腔热忱，在处方上往往记入护理注意事项，诸如“病虽小效尚在紧要之际宜乎避风慎口”，“千万少劳不可动气至嘱千万”，“深虑由泄转痢幸勿轻视”等等。他对求治患者中无力购药者，往往签名盖章于处方处，嘱患者持赴指定药店免费取药若干剂，其药款则由他本人于月底统结付款。汪逢春救世治人的医风，一时多为传诵。

汪逢春虽业中医，但对西医学说及诊断方法也认真参酌。在诊治重大疑难病症时，往往主动建议延聘西医到患者家会诊，共作治疗方案，以期收综合治疗之效。

汪逢春重视培养医药业传人。他收录门人很是严格，需要详知底细并具有相当的文学、书法等基础，更需要经过一段时间认真的考察，方肯收纳。门人的学习是分阶段进行的。首先是半日侍诊，半日在家学习指定书籍。然后开始抄录方底，熟习老师的处方，包括诊断、药味、书写方式等等。再则根据学习程度提出问题，请教老师，达到明确的理解。为使高年级的门人得到实习的机会，他在医室中另设施诊部，由门人先拟定诊断处方底稿，经他本人检阅修订后再正式处方。1936 年冬，他还组织门人成立了“同砚小集”，以期相互钻研共同提高。在门诊休息之日，他与门人聚集在公园，就平日门诊中疑难病例，循经典或先贤之遗著作深入的探讨。他在京前后共收入室弟子二十余人，造就了一批中医。他的弟子辑录了一批他的门诊医案，于 1941 年编集《泊庐医案》出版。

汪逢春主张业药者也应知医，1942 年，在天安门西侧廊为国药业公会主办了中药讲习班，延聘具有真才实学的前辈瞿文楼、杨叔澄等为主讲教师。

汪逢春于 1949 年 8 月 2 日在北平去世。

主要参考资料

汪逢春撰，吴子祯等辑：《泊庐医案》，1941 年印本。文内所引资料，均出于此。

冯仰曾：《介绍汪逢春医案数例》，《中医杂志》1958 年第 8 号，第 549 页。

谢海洲：《北京四大名医》，中国人民政治协商会议北京市委员会文史资料委员会编《北京文史资料选编》第 2 辑，北京出版社 1979 年版。

汪 精 卫

闻少华　丁贤俊

汪精卫，名兆铭，字季新、季恂、季辛，精卫是他的号。1883年5月4日（清光绪九年三月二十八日）生于广东三水。原籍浙江山阴（今绍兴）。父汪琡，游幕广东番禺（今广州），先后在三水、曲江、英德、四会、陆丰等县做过多年幕僚，其后即寄籍于番禺。

汪五岁进家塾读书，九岁随父寄居陆丰县署，开始阅读王阳明《传习录》和陶渊明、陆游的诗词。其母亦督促他刻苦攻读。因此汪自称："一生国学根基，得庭训之益为多。"①他十五岁前双亲相继病故，随长兄汪兆镛客居广东乐昌，致力于文史、经世之学，并习应制文字。1902年应番禺县试，获第三名，接着又参加广州府试，名列榜首。旋应广东水师提督李凖之聘，任家庭教师。这时，正是《辛丑条约》签订之后，民族危机深重，在时代潮流的影响下，他与古应芬、朱执信、胡毅生等青年知识分子在广州组织群益学社，讲求实学，相互策励。

1904年，汪精卫考取留日法政学校速成科官费生，由于"留学法政，从宪法学得到了国家观念及主权在民观念。从前所谓君臣之义，撇至九霄云外；固有的民族思想，勃然而兴"②。一年半后，汪在速成科毕业，留在法政学校专科继续自费学习。

1905年7月，孙中山在东京筹组同盟会，汪精卫加盟并参加起草

① 张江裁：《汪精卫先生年谱》，第1页。

② 《汪精卫自述》，《汪精卫先生行实录》，第2页。

会章。8 月 20 日同盟会开成立大会，汪被推举为评议部评议长。同年 11 月《民报》创刊，汪精卫是主要撰稿人之一。他根据孙中山的意图，在《民报》上用“精卫”的笔名发表了《民族的国民》、《论革命之趋势》、《驳革命可以召瓜分说》、《驳革命可以生内乱说》等一系列文章，痛斥康有为、梁启超等人的保皇谬论，指出：“满洲政府一日不去，中国一日不能自立，瓜分原因一日不息。”①这些文章笔锋犀利，爱憎分明，为他在革命党人中赢得了声誉。

1906 年，汪精卫于日本法政学校毕业，次年春随孙中山赴南洋吉隆坡、庇能等地筹设同盟会分会。8 月，革命党人在新加坡出版《中兴日报》，与保皇党的《南洋总汇报》展开论战，汪是该报的主笔之一。汪精卫有很好的口才，常在南洋召开讲演会，宣传反清民主革命思想。他的演说“出词气，动容貌，听者任其擒纵”②，深受当地华侨欢迎。他先后参与筹设河内、仰光同盟会分会和在新加坡设置同盟会南洋支部等活动，组织同盟会分会百余处，工作卓著成效。

1907 年至 1908 年间，革命党人发动多次武装起义都遭到失败，同盟会内部又发生分裂，反清革命转入低潮，革命党内一些人中弥漫着悲观失望情绪，汪精卫认为，此时只有“直接激烈之行为”，才有可能使“灰心者复归于热，怀疑者复归于信”③。于是，他在 1909 年约集同志数人潜入北京，与虏酋拼命。孙中山、黄兴、胡汉民等人曾多次劝阻，汪仍自行其是。1910 年 3 月，汪与黄树中（即黄复生）等在北京谋炸摄政王载沣，事泄被捕。

清政府为了粉饰立宪骗局，收买人心，仅将汪处以终身监禁。他被捕之初，曾写过悲壮的诗句：“慷慨歌燕市，从容作楚囚；引刀成一快，不

① 汪精卫：《革命决不致召瓜分说》，《汪精卫文存》初集，第 94 页。

② 《胡汉民自传》，《近代史资料》1981 年第 2 期，第 29 页。

③ 汪精卫：《致孙中山先生书》（1909 年 12 月），载张江裁《汪精卫先生庚戌蒙难实录》，第 2 页。

负少年头。”①肃亲王善耆对汪大施软化手腕，还多次赴监狱探视，对汪表示倾慕。汪精卫感恩戴德，思想逐渐发生变化。

1911 年 10 月武昌起义爆发，各省相继响应。清廷一面起用袁世凯，用武力镇压革命；一面释放政治犯，以缓和形势，收买人心。11 月 6 日，汪精卫被释出狱。当时，袁世凯正想拉拢一些革命党人为自己所用，他看上了汪精卫并让其子袁克定与汪结为异姓兄弟，汪和一些革命党领导人也把推翻清王朝的希望寄托于袁世凯。汪在袁的示意和革命党部分领导人的默许下，便和君宪党人杨度于 11 月 15 日联合发起“国事共济会”，标榜调和南北，共济国事。11 月下旬，清军攻下汉口，进攻汉阳。袁世凯一面再次对湖北军政府进行和平试探，一面又向汪表示愿配合革命党人在北京发动一次起义，对清室进行军事恫吓。但革命党人起事后，袁却按兵不动，致使党人遭到无谓牺牲。因此，有些革命党人义愤填膺地说：“世凯、兆铭果相继为奸，以杀我北京革命同志矣。”②12 月初，汪在天津组织同盟会京津保分会，有些革命团体因此不愿加入，另外成立革命同志协会。

12 月 27 日，汪到达上海，被任命为南方代表伍廷芳的参赞，参与议和，但他暗地里则和北方代表唐绍仪过从甚密。他赞同总统一席“非袁莫属”的主张，吹捧：“项城雄视天下，物望所归，元首匪异人任。”③年底，孙中山归国，旋即被各省代表选为临时大总统。孙中山反对和议，汪就对孙施加压力说：“你不赞成和议，难道是舍不得总统吗？”④

袁世凯掌控政权后，汪精卫自命清高，1912 年 8 月辞去一切职务，

① 汪精卫：《双照楼诗词稿》，第 1 页。

② 胡鄂公：《辛亥革命北方实录》，中国史学会主编《中国近代史资料丛刊·辛亥革命》（六），上海人民出版社 1957 年版，第 279 页。

③ 甘簃：《辛亥革命和议之秘史》，中国史学会主编《中国近代史资料丛刊·辛亥革命》（八），第 117—118 页。

④ 吴玉章：《武昌起义前后到二次革命》，中国人民政治协商全国委员会文史资料研究委员会编《辛亥革命回忆录》（一），中华书局 1961 年版，第 118 页。

带着新婚的妻子陈璧君到法国留学去了。1913年3月，宋教仁被刺，孙中山主张起兵讨袁。6月初，汪从法国匆忙赶回上海，同拥袁的张謇、赵凤昌等密商调停条件：由国民党议员占多数的国会选举袁世凯为正式总统；皖、粤、赣、湘四省都督在袁任临时总统期间暂不撤换；宋案"将来罪至洪（述祖）、应（桂馨）而止"①。袁却不采纳汪的调停条件，悍然下令撤销国民党系南方三督，挥兵南下。7月中旬，李烈钧在湖口起兵反袁，汪以懊丧的心情向张謇诉说："不图甫抵沪滨，即闻江西战事，崩析之祸，一发而不可收。"②

讨袁失败后，汪精卫又以超然于政坛之外的姿态，跑到法国去进行"考察"。1915年12月，蔡锷在云南发动护国战争，孙中山也策动讨袁，汪曾一度返国。袁世凯死后，国内政局纷乱，汪又跑到法国去"经营其'小休'的生活"③。

1917年7月，孙中山率海军南下护法，汪精卫在此之前也自法返国，从事党务和政治工作。1919年，他参加孙中山在上海创办《建设》杂志的工作。1921年，孙中山在广州就任非常大总统职，汪任广东教育会会长。

1923年，孙中山接受中国共产党的建议，准备改组中国国民党。对此，汪精卫大致是赞成的，但对接纳共产党人加入国民党却表示反对。他说："共产党如果羼入本党（国民党），本党的生命定要危险，譬如《西游记》上所说，孙行者跳入猪精的腹内打跟斗、使金箍棒，猪精如何受得了。"④由于孙中山的坚持，他转而拥护三大政策，他承认："中国国民党改组，对于本党，实在是起衰振废的良剂。"⑤他受孙中山指派参加

---

① 《张謇致袁世凯书》，《近代史资料》1963年第2期，第43页。

② 《张謇致袁世凯书》，《近代史资料》1963年第2期，第49页。

③ 雷鸣：《汪精卫先生传》，第112页。

④ 胡汉民：《革命与反革命最显著之一幕》，《革命理论与革命工作》第3册，上海民智书局版，第87—88页。

⑤ 汪精卫：《怀廖仲恺同志》，《汪精卫集》卷4，第172页。

中国国民党第一次全国代表大会的筹备工作，并被选为中央执行委员会委员，不久又任宣传部长。1924 年 7 月，国民党中央政治委员会成立，汪是委员之一，参与国民党中央核心领导。

同年 11 月，汪精卫随孙中山北上。1925 年 3 月，孙中山在北京逝世。在孙中山病危时，汪精卫被在京国民党人士推举草拟遗嘱，经孙中山同意并签字认可，这件事更增加了汪的政治资本。7 月广东国民政府成立时，汪被推举为国民政府常务委员会主席兼军事委员会主席。8 月，发生了廖仲恺被刺案。12 月，国民党内出现了反对三大政策的西山会议派。对待这些事件，汪都站在国民党左派立场予以处理。1926 年 3 月 20 日，蒋介石策划了以反共、反汪为目的的中山舰事件，汪精卫对此大为不满，于是愤而辞职，出走法国。

汪精卫出走后不久，蒋介石被任命为北伐军总司令，大权独揽。北伐军攻下南昌后，蒋在那里设立总司令部，与当时的革命中心——武汉国民政府分庭抗礼。在武汉的国民党中央委员和国民政府委员为了抑制蒋介石的独裁，成立临时联席会议执行最高职权，并发表宣言，“迎汪复职”；此时蒋介石等也觉得有利用汪的必要，迭电促驾。这就大大提高了汪的身价。1927 年 4 月 1 日，汪精卫由法国抵达上海，蒋介石正在上海密谋发动政变，随即拉汪合伙反共。但蒋主张立即分共，汪则希望暂能维持合作，主张召开国民党第四次中央全会解决分共问题。4 月 5 日，汪精卫和陈独秀发表《汪陈联合声明》，否认蒋介石在策划反革命阴谋，要求国共两党“抛弃相互间的怀疑”，“如同兄弟般亲密”①。

4 月 10 日，汪精卫到达武汉。那里的革命气氛和强烈的反蒋呼声，使他别无选择，只能以左派身份发表激昂的演说，表现出进步姿态。就在“四一二”政变的前一天，他在一段题词中写道：“中国国民革命到了一个严重的时期了，革命的往左边来，不革命的快走开

① 《汪精卫陈独秀联合声明》，上海《时事新报》1927 年 4 月 5 日。

去。”①“四一二”政变发生，蒋介石在南京组织政府，汪斥责蒋破坏三大政策，屠杀共产党人，他表示：“每日得着各地屠杀的消息，真使我们流泪。”②

但不久，武汉国民政府的内外危机迅速增长：帝国主义军舰的威胁，蒋介石对武汉的封锁，工商业主闭厂怠工，流亡分子的造谣煽惑，国民党将领相继发动叛乱。汪精卫感到利用共产党和国民党左派很难攫取政治权力了，于是撸下左派桂冠，决心反共。以汪为首的国民党中央发出了一系列限制工农运动的禁令，强迫总工会制裁工人，下令解散农民协会，收缴武汉工人纠察队的武装等等。6 月 1 日，汪更以共产国际代表罗易向他透露的共产国际给中国共产党的训令为借口，说共产党要颠覆国民党，作为公开反共的“理由”。7 月 15 日，汪精卫亲自主持清党分共会议，正式宣布跟共产党决裂，并在武汉地区开始了血腥大屠杀。

“四一二”政变、“七一五”分共后，宁、汉在反共的基础上合流了，但他们之间的权力争夺并不能消除，加上国民党内还有西山会议派、桂系、粤系等派别，使得斗争更加复杂。在激烈的角逐中，蒋介石于 8 月 13 日通电下野，南京一些国民党上层分子主张迎汪赴宁主持政局。9 月，宁、汉、沪（西山会议派）三派达成妥协，成立了中国国民党特别委员会，作为临时最高党政机构，推汪为特委会委员和“国民政府”委员。由于特委会被桂系和西山会议派所控制，汪精卫十分不满，重返武汉另组政治分会，宁、汉再度分裂。随后汪又南下广东，在粤系张发奎、黄琪翔的支持下，要求召开四中全会，解决党统问题。12 月 11 日，中国共产党趁粤桂战争之机，发动广州起义。桂系和西山会议派借此对汪精卫进行猛烈攻击，汪不得不于 12 月再度出走法国。

1928 年 1 月，蒋介石重新上台，利用国民党二届四中全会排挤了

① 汪精卫：《给〈中央副刊〉的题词》1927 年 4 月 11 日。
② 汪精卫：《到汉演说概要》1927 年 4 月。

汪精卫集团。汪系重要成员陈公博、顾孟馀等国民党二届中央执行委员和监察委员不甘失败，聚集上海进行反蒋活动。同年冬，他们成立了中国国民党改组同志会（简称改组派），打着恢复民国十三年（1924）国民党改组精神的旗号，遥戴汪精卫为领袖。1929年3月，蒋介石一手包办的国民党第三次全国代表大会，通过了警告汪精卫和永远开除陈公博等人党籍的决议。

蒋介石的独裁统治和排斥异己政策，也引起各地方军阀的不满。1929年，先后爆发了蒋桂、蒋冯、蒋唐、蒋张桂等战争。汪精卫认为时机已到，一方面指使陈公博等在反蒋军阀中推波助澜，一方面从国外返抵香港，准备亲自出马。但上述反蒋战争相继失败，汪只能驻港待变。

1930年春，改组派又利用阎锡山、冯玉祥、李宗仁等对蒋的不满，策动他们发动更大规模的反蒋战争。阎、冯、李鉴于汪精卫在国民党内有一定的声望，于是决定联汪反蒋。他们议定：汪主持党务、阎主持政务、冯主持军务。为了反蒋，汪精卫不惜跟过去被他视为反革命的西山会议派头目邹鲁、谢持等人联合，酝酿召开中国国民党中央党部扩大会议，另组反蒋的中央党部和国民政府。5月，蒋、阎、冯、桂军阀大混战揭幕。8月，汪抵北平主持国民党中央党部扩大会议，被推举为七人常务委员会委员和国民政府委员。这时屯兵关外的张学良，对于双方的力量对比具有举足轻重的影响。9月，张学良决定派兵入关助蒋，阎、冯联军迅速溃败，汪精卫由北平逃往太原，随后潜赴香港。11月，在蒋派控制下，国民党召开三届四中全会，决定开除汪精卫的党籍。次年1月，汪宣布解散“改组同志会”。

1931年初，南京国民政府内部围绕约法问题爆发了蒋介石与胡汉民两派的激烈斗争。2月，胡被软禁。胡派的重要成员古应芬等人联合粤、桂军阀陈济棠、李宗仁等共同反蒋。汪精卫于5月下旬由港返穗，联合反蒋各派在广州召开国民党中央执监委员非常会议，另组广东国民政府，与南京国民政府相对峙。汪与唐绍仪、孙科、许崇智、古应芬等当选为常委。不久,“九一八”事变发生,全国人民谴责军阀混战,要求团结一致抗击日本侵略。在蒋介石再次下野并释放胡汉民的条件下,宁粤对抗转化为权力分配的谈判。10月,粤方汪精卫、孙科等赴上海参加“和平统一会议”,决定双方各自同时召开国民党第四次全国代表大会,选出中央委员,再合起来开一中全会,产生政府。这时粤方又分裂为广州、上海两派。汪精卫一派在上海单独召开“四全大会”,推选中央委员。12月,宁、沪、穗三方面的中央委员到南京参加四届一中全会。此时,蒋介石辞职离京赴奉化;胡汉民滞留香港,拒绝进京;汪精卫则突然称病住院,等待与蒋联合上台时机的来临。1932年1月,蒋、汪经过谈判,组成了汪、蒋合作的政府,汪出任行政院长。不久,汪任中央政治会议主席,蒋任中央军事委员会委员长,形成汪主政、蒋主军的局面。

是年,“一二八”淞沪抗战发生,汪精卫唱着一面抵抗、一面交涉的调子,在日本帝国主义的武力进逼下,一再屈辱求和。南京政府先后与日本签订丧权辱国的《淞沪协定》、《塘沽协定》。1935年11月1日,国民党在南京召开四届六中全会,汪被刺受重伤。12月7日,国民党五届一中全会举行,汪虽被推举为中央政治会议主席,但行政院长职务则由蒋介石所取代。次年2月,汪去德国就医。

1936年12月,西安事变发生,汪精卫兼程返国,但当他于1937年1月抵沪时,蒋已被释放回南京。汪想取代蒋的打算落空。

汪精卫对西安事变后出现的国内和平新形势阴存反感,继续坚持其媚日、反共立场。同年2月在国民党五届三中全会上汪继续叫嚷:“尤勿使数年以来之剿匪工作功亏一篑。”①

7月7日“卢沟桥事变”发生,全国人民同仇敌忾,抗日救亡运动高涨。汪精卫不得不装出支持抗战的姿态,但又散布失败主义,说什

---

①　荣孟源、孙彩霞编:《中国国民党历次代表大会及中央全会资料》(下),光明日报出版社1985年版,第426页。

么“一个弱国对于一个强国，不得已而战，极度的牺牲是万万不能免的”①。后来他自己承认：“自从卢沟桥事变发生以后，我对于中日战事，固然无法阻止，然而没有一刻不想着转圜。”②所谓“转圜”，即是求和的同义语。

9月，国民党中央决定组织国防最高会议，推汪为副主席。1938年4月，国民党临时代表大会选蒋介石任国民党总裁，汪任副总裁，汪对屈居蒋下，深感压抑。

抗战开始不久，汪精卫周围聚集了一批随时准备向日本投降的民族败类，他们以汪精卫、周佛海为中心，在南京组成“低调俱乐部”。后来又网罗一些反共知识分子和无知青年，在汉口成立了以进行文化宣传为幌子的公开团体——“艺文研究会”，宣扬战必败和投降卖国主张。

10月，广州、武汉相继沦陷后，汪对抗战前途更加悲观失望。据汪自称：“我对于觅得和平（即降日）的意见，在会议里不知说过多少次了，到广州丢了，长沙烧了，我的意见更加坚决，更加期其实现。”③

日本侵略者在进行军事侵略的同时，又加强了政治诱降活动。继1937年对国民政府诱降活动失败之后，1938年1月16日由首相近卫发表第一次对华声明，扬言不以国民政府为对手讨论和平，期望真能与帝国合作的中国新政权的建立与发展，施展分化的策略，促使汪精卫一伙与日本帝国主义勾结的企图付诸行动。

11月3日，日本政府又发表第二次对华声明，提出建设东亚新秩序的口号，声称国民政府……更换其人事之构成而举更生之实，来参加建设东亚新秩序，则并不加以拒绝。汪立即通过周佛海派高宗武、梅思平到上海，于该月中旬与日本侵略分子影佐祯昭、今井武夫会议。20

① 汪精卫：《大家要说老实话大家要负责任》（1937年8月3日），转引自《汪精卫集团投敌》，第179页。

② 汪精卫：《我对于中日关系之根本观念及前进目标》，《汪主席和平建国言论选集》，第25页。

③ 汪精卫：《复华侨某君书》，《汪精卫先生关于和平之重要言论》，第24页。

日，双方达成的“日华协议记录”及“谅解事项”，明确规定日本支持汪精卫成立“新政府”。其中重要条款还有：缔结防共协定，日军驻扎内蒙地区，承认伪满洲国等。他们并商定了汪精卫等降日的“行动计划”。

12月18日，汪率领其党羽陈璧君、曾仲鸣、陶希圣等从重庆飞昆明，次日逃往越南河内。按预定步骤，日本近卫内阁于22日发表“第三次对华声明”，以“相互善邻友好”、“共同防共”、“经济提携”三原则对汪公开招降。汪即于29日发出“艳电”响应，并说：“国民政府即以此为根据，与日本政府交换诚意，以期恢复和平。”①

汪公开叛国后，全国群情激愤，国民党中央于1939年元旦召开紧急会议，决议永远开除汪的国民党党籍，并撤销其一切职务。2月中旬，蒋介石派谷正鼎赴河内，劝汪去欧洲游历，汪不理会。蒋转而采取硬的一手，派特务赴河内刺汪，误中曾仲鸣。4月25日，汪精卫等在日本特务保护下由河内到海防，28日再换乘日轮北光丸号，于5月上旬秘密抵达日军占领下的上海，住进江湾日本特务头目土肥原公馆。

5月31日，汪精卫偕周佛海、梅思平、高宗武等人在影佐祯昭等陪同下，乘日本军用飞机抵东京，和日本新首相平沼骐一郎会谈，汪乞求以“国民党(指汪记国民党)为中心，联合各党各派，放弃容共抗日政策，建立国民政府”②。汪还和日本陆军、海军、财政、外务大臣及前首相近卫等分别进行会谈，要求这些侵略头目支持他建立伪中央政权。6月18日汪精卫回国。7月，他在上海、南京与早已投敌并建立地区性伪政权的其他汉奸头目梁鸿志、陈群等会谈，筹组伪中央政府。同月9日，汪还在上海发表题为《我对于中日关系之根本观念及前进目标》的广播讲话，声称：他一贯的观念是对于日本冤仇宜解不宜结，并将本此观念，对于日本努力于转敌为友。同月下旬，汪精卫在上海召开干部会议，组成周佛海、梅思平、林柏生、叶蓬、李士群、丁默邨等近二十人的汪伪政

① 《汪主席和平建国言论集》，第1页。

② 《汪精卫与平沼会谈内容》，《日本外务省档案胶卷S487号》。

权的基本班底。

1939 年 8 月下旬,汪精卫在上海纠集投敌的国民党员秘密召开汪记中国国民党第六次全国代表大会,推汪为伪中央执行委员会主席,还授权他组织伪中央政权。在这次群魔乱舞的会上,汪打出了"和平反共建国"的黑旗。9 月,汪赴南京与华北伪临时政府、华中伪维新政府汉奸头目王克敏、梁鸿志等磋商,商议成立伪中央政府及伪中央政治会议事务。

这时,日本政府一方面通过"梅机关"①继续与汪精卫等人磋商成立伪中央政权的细则;另一方面用"桐工作"为代号派人与重庆政府代表谈判。12 月,汪与"梅机关"签订《日华新关系调整要纲》及《秘密谅解事项》。《要纲》承认"满洲国";蒙疆、华北、长江下游和华南岛屿作为日华强度结合地带,由日军长期占领;伪政府成立后日本设顾问监督;伪军警由日军训练,武器由日本供给;经济大权由日本掌握;资源任日本开发;禁止一切抗日活动等等。

在日本侵略者导演下,1940 年 1 月,汪精卫、王克敏、梁鸿志等在青岛举行第二次会谈。汪就《日华新关系调整要纲》及《秘密谅解事项》部分内容作了说明。会谈正式决定组建伪中央政府。

由于对重庆诱降的"桐工作"受阻,日本只得加速建立汪伪政权。1940 年 3 月 30 日,汪伪国民政府在南京正式登场,汪精卫就任伪国民政府代理主席和行政院院长,同年 11 月 29 日正式就任伪国民政府主席,伪临时政府和维新政府同时解散。在日寇刺刀保护下的汪伪政权虽号称"中华民国",其实际辖区仍只有苏、浙、皖的一部分,宁、沪两市,以及鄂、赣、湘等省的少数地区。

从 7 月 5 日至 8 月底,汪、日进行"调整国交"的谈判。11 月 30 日签订了《中日国交调整条约》,日本政府正式承认了汪伪政权。这项条

---

① "梅机关"是 1939 年 5 月日本军部在上海设立的特务机构,由影佐祯昭负责,其中心任务为扶植汪精卫建立伪政权。

约包括《日本国中华民国间基本关系条约》、《附属议定书》、《关于附属议定书中日两国全权委员间了解事项》、《附属秘密协约》等，进一步确定了汪伪政权的附庸地位。接着，汪又在《中日满共同宣言》上签字，承认伪满洲国。

1941年6月，汪精卫率领党羽再次访日，向近卫乞求援助，获得贷款三亿日元。汪在日本陆相东条的招待会上表示，“不管国际情势如何变化”，他都要履行与日本签订的基本条约及中日满共同宣言之精神，与日本一道，“从速建设新秩序，以图共存共荣”①。7月，德国、意大利等法西斯政府承认汪伪政权。11月25日，德、意、日、西班牙等国签订延长德、意、日《国际防共协定》有效期，并邀汪伪参加此项协定。次日汪发表谈话说，他愿意和德、日、意等国一起，“坚守东亚轴心”和“世界反共轴心”②。

同年12月8日，日海空军偷袭珍珠港，发动太平洋战争。汪发表声明，决心与日本“同甘共苦”，“临此难局”③，表示参战的希望。但是日本侵略者反应冷淡，“中国（指汪伪）参战是否必要？是否得策？须考虑各方面的影响及如何与帝国（日本）战争配合”④，拒绝了汪的要求。直到1942年2月，为了扩大侵略战争，日本认为有强化汪伪国民政府的必要，于是将上海、厦门、广州、天津、汉口等地租界的行政权移交汪伪国民政府管理。汪精卫“深表感谢之忱”，并说：“今后与日本益当密切提携，以期实现东亚永久之和平，并完成东亚新秩序之建设。”⑤5月，汪精卫偕林柏生、褚民谊等访问“伪满”，声称他是抱着休戚相关、安危相共之至情来访问的，希望共同支持日本，完成大东亚战争。同年

---

① 上海《中华日报》1941年6月21日。

② 上海《中华日报》1941年11月27日。

③ 上海《中华日报》1941年12月9日。

④ 吴相湘：《第二次中日战争史》（下册），台北综合月刊社1973年版，第846页。

⑤ 上海《中华日报》1942年2月19日。

12月20日，汪精卫应召第三次赴日，他向日本侵略者保证，“决与友邦日本同心协力，共安危共生死”，使“大东亚战争”，“得到最后胜利”①。

1943年1月7日，日本驻南京大使重光葵会见汪精卫，转告日本政府决定让汪伪政府对英美宣战。9日，汪伪政府声称：“当悉全力与友邦日本协力，一扫英、美之残暴，以谋中国之复兴，东亚之解放。”②同日，汪精卫与重光葵签订《共同宣言》，强调：“为完遂对美国及英国之共同战争，兹以不移之决意与信念，在军事上政治上及经济上，作完全协力。”③9月20日，汪精卫、陈公博第四次秘密去日本，双方讨论改订日汪同盟条约问题。

同年10月30日，汪伪与日寇签订所谓《日本国与中华民国同盟条约》及《附属议定书》，以取代《关于日本国与中华民国间基本关系条约》和有关附约。条约标榜“永久维持两国间善邻友好”、“互相尊重其主权及领土”、“为建设大东亚并确保其安定起见，应互相紧密协力，尽量援助”、“实行两国间紧密之经济提携”④。11月，日本首相东条纠集汪伪、“伪满”、泰国、缅甸、菲律宾等傀儡，在东京召开所谓“大东亚会议”，汪精卫在会上叫嚣：“大东亚会议得到泰、缅、菲三国参加及印度临时主席列席，共荣圈的范围更加扩大了。”⑤

汪精卫一贯以反共自诩，投降日寇后更以反共邀宠于主子。1941年3月，汪伪政府成立清乡委员会，由汪精卫兼该会委员长，5月开始“反共清乡”。汪叫嚣，清乡地区是“和平反共建国的实验场所”。1943年汪又强调，“清乡就是建国，就是参加大东亚战争”⑥。第一年以苏州

① 上海《中华日报》1942年12月26日。

② 上海《中华日报》1943年1月10日。

③ 上海《中华日报》1943年1月10日。

④ 复旦大学历史系近现代史教研组编：《中国近代对外关系史资料选辑》下卷第2分册，上海人民出版社1977年版，第198页。

⑤ 汪精卫：《同心协力共存共荣》，《汪主席和平建国言论选辑》，第427页。

⑥ 《汪精卫伪国民政府纪事》，第222页。

为中心，划江苏省内十个县为实验区，集结伪军一万五千人，配合日寇，挨村挨户搜索盘查，编定保甲，联保连坐。设置封锁圈，限制人员与物资的流通。强调“保障治安”，扬言要“在和平区域内，整理起一条东亚同志阵线”①，妄图消灭中国共产党领导的敌后抗日武装力量。后来清乡范围逐渐扩大到太湖东南以及浙、赣、粤等省。敌伪铁蹄所至，杀人放火、奸淫妇女，抓丁抢粮、抢劫财物，对沦陷区人民欠下了累累血债。

为了配合日寇侵略战争的需要，汪伪政权在经济上对沦陷区人民进行敲骨吸髓的榨取。1941年，在南京设立伪中央储备银行，发行了大量的没有准备金的伪钞，日寇用刺刀维持着这些废纸的流通。不仅滥发纸币，而且为日本强征物资。连日本战犯重光葵也不得不承认，日本对中国“完全是单方面的榨取。日本榨取的大多是军用物资，只供消耗，并没有再生产可能。战区愈广，需要这一类的物资更多，除了用占领区的军票支付，更无其他经济手段。因此通货膨胀，民怨沸腾”②。

日伪统治下的沦陷区，苛捐杂税多如牛毛。仅以苏北地区为例，除了六项专税外，另有大车税、民生税、县税、团税、枪杆税、复兴税、补助税、扬子税、附属行营军事补助税等，甚至公开征收鸦片特税。名目繁多，不胜枚举。

汪精卫卖国集团还大力推行奴化教育，强调所谓发扬固有道德，开展“新国民运动”，灌输反共思想，宣扬“中日亲善”、“和平反共建国”、“完成大东亚圣战”、“共建大东亚共荣圈”、“共存共荣”等等。汪伪还利用暑假举办学生训练班，提出“打倒共产主义”。汪精卫特别指出，上海是“二十余年来共产思想之策源地”、“须从思想清乡着手”、“不仅剿已有之匪，尤在防未然之匪”③。

① 汪精卫:《今年新国民运动之要点》，上海《中华日报》1943年1月1日。

② [日]重光葵:《昭和之动乱》，转引自吴相湘《第二次中日战争史》下册，第845页。

③ 上海《中华日报》1942年9月15日。

1943年8月，汪精卫因当年被刺未取出的子弹引起疼痛，同年12月经手术后，又患感冒并发脊髓炎症。1944年3月3日，偕陈璧君、周隆庠及其子女赴日治病，11月10日死于日本名古屋帝国大学医院。

主要参考资料

《汪精卫集》(1—4册)，上海光明书局1930年版。

张江裁编：《汪精卫先生行实录》，南京1943年版。

《汪精卫先生集》(双照楼诗词稿)，1945年初版。

朱子家：《汪政权的开场与收场》(1—4册)，香港春秋杂志社1959、1960、1961、1964年版。

《汪精卫文存》(初集)，广州民智书局1927年版。

《今井武夫回忆录》，翻译组译《今井武夫回忆录》，上海译文出版社1978年版。

黄美真、张云编：《汪精卫集团投敌》，上海人民出版社1984年版。

黄美真、张云编：《汪精卫国民政府成立》。

黄美真编：《伪廷幽影录——对汪伪政权的回忆纪实》，中国文史出版社1991年版。

陶希圣：《汪记舞台内幕》，战地图书出版社1940年版。

汪　康　年

汪仁泽

汪康年，初名灏年，字梁卿，后改名康年，字穰卿。浙江钱塘（今杭州）人，生于1860年1月25日（清咸丰十年正月初三）。其父汪养云，清咸丰举人，初授教谕，后纳资为广东候补知县。汪康年年幼时随父在粤就读私塾，1882年丧父，回乡里谋得书局校对工作，不久往汉口开馆授课。

1889年，汪康年入京应优贡考试，入选。初选主考为瞿鸿禨，遂结师生之谊。旋复考取八旗官学教习。是年秋返浙应乡试，中举人。次年受两湖总督张之洞聘请，赴武昌教读张的孙辈，成为张的幕宾。不久又兼任汉口自强书院编辑和两湖书院史学斋分教。1892年汪入京应会试，中试，但因足疾骤发，不及应殿试，遽返湖北。1894年入京补应殿试，并谒见主试官翁同龢，执师生礼。

甲午中日战起，汪康年关心战局，遍阅京沪各地报刊，见内容殊多失实，乃萌自办报刊之念。甲午战败，割台赔款，全国震动，汪深受康有为维新思想的影响，亦认为“洞明时事之流，已佥知非变法不足以图存”，且“非将教育、政治，一切经国家、治人民之大经大法，改弦易辙，不足以变法”①。遂创议组织“中国公会”，往来于沪汉间，“讲求中国之所以贫弱，西国之所以富强”②。但中国公会一时难以成立，因有先办报

① 汪诒年：《汪穰卿先生传记》卷2，1938年版。

② 汪诒年：《汪穰卿先生传记》卷2，1938年版。

馆“而寓学会于其中”之议①。

1895 年夏，康有为等人在京沪先后成立“强学会”，汪康年应康之请至沪主事，并携家迁居上海。不久北京强学会受劾被封，上海强学会也随即解散。汪康年、黄遵宪等人谋再振之，商议以报馆为倡始。次年春，汪康年与梁启超共同商讨创办《时务报》的宗旨及章程，以上海强学会结余款项移作办报经费，不足之数再向外募捐。1896 年 8 月 9 日（清光绪二十二年七月初一）《时务报》在上海创刊，石印旬刊，月出三册。梁为主笔，汪任经理，掌财政、人事，间亦执笔论著。先后延请麦孟华、徐勤、章炳麟等人为撰述；张坤德、郭家骥及日人吉城贞吉分任英、法、日文翻译。报设论著、上谕、奏折、京外近事、域外报译、西电照译等栏，该报传播维新救亡思想，成为宣传变法图强的主要刊物。初期梁启超等人议论新颖，文字通俗，以犀利的笔锋“去塞求通”，深受时人欢迎，阅之“心气勃豁，顿为之喜”，“论不变法之害，沉着痛切，言言扼要”②。因此不数月风靡海内，印数达万余份，“为中国有报以来所未有”③。在推动变法制造舆论方面，作用显著。张之洞乘机邀誉，札饬以公费购发全省官员及书院诸生阅看。

汪康年先师事翁同龢，复与梁启超同事，与谭嗣同亦时有书信往返，在师友的影响下，“以为民气之郁久矣！宜重民权、瀹民智，用以明目而达聪”④。故于《时务报》第四册上发表《中国自强策》，提出“复民权”的主张；继在第九册上《论中国参用民权之利益》中称，“天下之权势

① 此时友人邹沅帆来书劝告：“若能先译西报，以报馆为名，而寓学会于其中较妥。”（见上海图书馆编：《汪康年师友书札》第 3 册，上海古籍出版社 1987 年版）汪康年深以为然。

② 光绪二十二年七月二十三日陈立三《致汪康年书》及同年八月十六日纪钜维《致汪康年书》，上海图书馆编《汪康年师友书札》第 2 册，上海古籍出版社 1986 年版。

③ 梁启超：《创办时务报原委》，《知新报》第 66 册。

④ 唐文治：《同年汪穰卿先生传》，《茹经堂文集》第 2 编第 6 卷，太仓唐氏 1927 年版。

出于一则弱，出于亿兆人则强，此理之断然者”，“若夫处今日之国势则民权之行尤有宜亟者。盖以君权与外人相敌，力单则易为所挟；以民权与外人相持，力厚则易于措辞”①。虽然他的民权论仍不脱“君民共治”的范围，但发表后立遭顽固势力的指责非难。张之洞授意僚属，以民权文字触犯纲常伦理为辞，嘱其“以后文字真要小心”，“实做经理二字，千万不可动笔”②。汪原是张的旧属，《时务报》又受张的资助，此后遂不敢再侈言民权。但梁启超等人的论著仍不断侵及洋务派的利益，为张之洞等所不容，曾以停发该报相胁迫，并一再通过僚属促汪转而干涉笔政。适值梁启超离沪去湘，汪兼代笔政，乃擅改梁自湘发来论著，引起梁的不满。此时维新派拟推龙泽厚进报馆，以“稍分汪氏之权”，但汪视《时务报》似“一人一家所开的生意”而拒之③。嗣后梁启超辞去《时务报》笔政，汪遂总揽一切。从此《时务报》转而成为洋务派张之洞集团的喉舌。

是年11月，汪康年与曾敬贻等在沪创设“蒙学会”并发刊《蒙学报》，“以启蒙为主”“开通锢蔽”为宗旨。12月汪偕曾敬贻东渡日本，遍游东京、横滨、大阪等地，采访政治风俗，联络朝野名流，匝月而返。1898年1月，汪康年等在沪设立“东文学社”，招生开课，授以日文，议拟于毕业后送日留学。

《时务报》虽已风行全国，但旬日一册，对于时事评论往往不能及时，汪康年遂与人另行集资，在沪创办《时务日报》，日出一期，锐意经营，改革版面，仿照西文报刊，用白报纸两面印刷，分版面为四版两栏，与当时沪地《申报》等尚用有光纸一面印刷、书册式不分格栏之面貌迥然不同。1898年5月11日创刊，与《时务报》同时发行，记载中外要

① 汪康年:《论中国参用民权之利益》,《时务报》第9册，光绪二十二年九月十一日出版。

② 梁鼎芬:《致汪康年书》,上海图书馆编《汪康年师友书札》第2册。

③ 梁启超:《致汪康年书》,(光绪二十四年二月十一日),上海图书馆编《汪康年师友书札》第2册。

闻，评议时政得失，并重在摘译西报、沟通商情。汪欲“联气类，宣上德，达下情，转圜时务，广牖见闻”，使“壅蔽顽固之俗一变而洞澈，而愤励”①。该报采访、论述皆由汪一人担任。7月，上海发生旅沪甬人抗议法租界当局持强欲毁四明公所义冢事件，该报全力声援，获得好评，销路渐广。

是年6月11日（四月二十三日），光绪帝下“明定国是”诏，宣布变法。7月经言官奏请改《时务报》为官办，派康有为为督办。汪康年以“商款仍旧商办”为由，将《时务报》“暂行停止，俟康工部到申，再由其筹办，本报特改名《昌言报》，仍与从前《时务报》蝉联一线”②。此时汪与梁启超的矛盾已公开化，梁诋汪私据《时务报》，但汪得张之洞的庇祖，仍占用《时务报》馆址，自办“商报”——《昌言报》。汪自任总理，聘梁鼎芬为总董。同时汪将《时务日报》改名为《中外日报》继续发行。《昌言报》在戊戌政变后的总董改为日人安藤虎雄，11月19日出至第十册后停刊。

1900年，义和团运动事起，《中外日报》诬之为“邪民拳乱”，并提出“乱民必宜剿，必不宜抚；宜急剿，必不宜缓”的主张。7月东南各省督抚勾结各国订立“东南互保”，汪为之奔走联络与制造舆论。次年《辛丑条约》签订后，俄军久驻奉天（今沈阳）不撤，并胁迫清廷签约。汪康年闻讯激于义愤，与蒋智由等召集会议，力陈其害，演词慷慨激昂，闻者动容，并摘登报端，沪地西报亦竞相转载。汪又腾电中外，并上书张之洞等督抚，请为力争，引起当局瞩目。由于朝野舆论一致抗议及全国民众掀起拒俄运动，卒使俄军分批撤出东北。

1904年春，汪康年暂委他人代理《中外日报》，入京补应朝考，授职内阁中书③，此后经常往来于京沪间。次年，在京浙人筹建浙省铁路，

---

① 汪康年：《论设立时务日报宗旨》，光绪二十四年闰三月二十一日《时务日报》第1号。

② 汪康年：《昌言报跋》，光绪二十四年七月初一《昌言报》第1册。

③ 清代沿明制，在内阁设中书若干人，掌管撰拟、记载、翻译、缮写诸事，官阶为从七品。

公推汪康年等为代表，由汪持公函到沪邀集同乡，组成商办浙江铁路公司。此时清廷以科举既废、教育趋向犹待商议，于1906年特设学部谘议官，汪康年与名流陈宝琛、张謇、严复、汤寿潜等二十三人入选。

汪康年于1907年在京筹设《京报》，以为“报馆与政府距离既近，见闻自较确实，不致有捕风捉影之弊……较之设在外省，虽言之力竭声嘶，而政府仍不闻不见者，其效力实有大小之殊”①。《京报》于5月10日（三月二十八日）发刊。其时军机处内首席大臣奕劻与大学士瞿鸿禨对抗，相持不下。汪康年既是瞿的门生，又有姻亲关系，《京报》遂成为瞿的政治斗争工具，多次揭载奕劻父子卖官纳贿的贪污秽行，奕劻、袁世凯一伙对汪恨之入骨。西太后对奕劻的作为亦有所闻，一日单独召见瞿鸿禨时，微露罢奕劻之意。瞿喜甚，退而告汪康年，汪即转告在京友人、英国伦敦《泰晤士报》记者高某，不料高某遽发电伦敦，在该报上刊出消息，外国公使纷至宫廷询问。西太后既怒瞿的泄密，奕劻、袁世凯复落井下石，乘机策划言官罗列“交通报馆”、“阴结外援”、“分布党羽”等罪名劾瞿，瞿遂被免职，着即开缺回籍。《京报》亦于7月17日接巡警总厅一纸公文被勒令停闭。汪康年颓然返沪，继续主持《中外日报》，仍持君主立宪派立场，拥护清政府实行“新政”。

1908年6月，《中外日报》刊载来稿《金陵十日记》，极言南京军警政绩之腐败，致获咎地方当局。两江总督端方电苏松太道蔡乃煌，盛气诘责。蔡与汪康年本系旧交，并曾资助该报，是该报股东，蔡乃以地方长官及股东身份代拟认错书稿一纸，交人转饬汪康年照抄。汪答以此腕可断，此稿不可照缮。后在蔡的压力下，汪被迫将《中外日报》售予蔡乃煌。次年，汪康年与清廷驻比利时使署职员王慕陶创办“海外通讯社”，并参加中国新闻常会。

1910年11月，汪康年复办《刍言报》于北京，五日一期，月出六册。在创刊例言中称“本报义取询于刍荛之意……以评论及记载旧闻供人

---

① 汪康年：《京报发刊词》，刊于光绪三十三年三月二十八日《京报》创刊号。

研究为主”，间及摘登要闻，补充漏刊消息①。此时清廷已病入膏肓，而《刍言报》仍持保皇立场。

1911 年 8 月，各地保路运动如火如荼，汪康年惊呼：“聚集无数人妨害官吏之行动，阻社会之生活，即大乱之道也。”不久武昌起义，震撼北京，汪康年避居天津。11 月 3 日晚得在京友人来书密告：清廷将起用袁世凯。汪阅毕叹息不已，称：“今方主张共和，然是人可为拿破仑，不能为华盛顿。”遽起就寝，夜半忽发呻吟声，家人往视已昏迷不醒，延至次晨去世。

① 汪康年：《刍言报第一期小引》，清宣统二年十月，《刍言报》第 1 期。

汪 笑 侬

汪仁泽

汪笑侬，原名德克金，字俊青，满族旗人，1858 年 5 月 15 日（清咸丰八年四月初三）出生在北京一官宦家庭。自幼颖慧，就读私塾。少年时喜阅诗词，观赏戏曲。十七岁考取秀才，进入八旗官学。二十二岁应乡试，中举人。此后他无意仕途，转而涉猎琴棋书画、医卜星相，博闻强识。其时西学东渐，他广览西方心理学、法学以及商业史、西洋史，甚至催眠魔术等书籍亦无不涉猎，与友朋讲研佛法和金石等学，更醉心于京剧戏曲，潜心听书顾曲。他曾进北京翠凤庵票房，向名伶金秀山学戏，往往乐此不疲，流连忘返，一度作为票友登台客串，竞蜚声京都。亲友劝其进取功名，他答道："我不愿作书卷中的蠹鱼。"①

1879 年冬，汪笑侬的父亲盼他光耀门庭，为他出资捐得知县官职，分发河南太康任县令。他到任后在案牍之余，聘一梨园子弟为幕友，朝夕高歌唱和，不习于宦海浮沉。时有当地乡民受豪绅鱼肉，他秉公仗义，为民伸曲；豪绅受惩怀恨，贿赂河南巡抚，挟私参劾，汪笑侬竟因此受革职处分。亲友为之惋惜，他说："我如何而来，如何而去，今日幸摆脱桎梏，逍遥自在了。"②

① 周信芳：《敬爱的汪笑侬先生》，载中国戏剧出版编辑部编《汪笑侬戏曲集》，中国戏曲出版社 1957 年版。

② 周信芳：《敬爱的汪笑侬先生》，载中国戏剧出版编辑部编《汪笑侬戏曲集》。

汪笑侬回到北京后，决心下海从伶，专事梨园生涯。往访心仪已久的名伶汪桂芬，自陈志趣，欲投门下。汪桂芬见其既非科班出身、又中过举、当过县令，而伶工须自幼练功，怕他吃不起苦，成不了名，故以“谈何容易”而拒之。汪笑侬闻言并不灰心，日夜苦练，终于粉墨登场，复邀汪桂芬往观，托人探听对其评价。汪桂芬嫌他嗓音带嘶，扮相不佳，笑而不语。他得悉后愤然改姓名为汪笑侬，意谓“汪桂芬非笑于我”，以此激励自己。他艺术上求进心更切，凌晨即起吊嗓，兼练武功，博采程长庚、汪桂芳、孙菊仙、谭培森各派之长，复融粤调、徽调、汉调诸唱腔精华，结合自己嗓音的特点，创成新腔。他吐字有力，深沉苍劲，抑扬顿挫，铿锵慷慨，时而低沉，时而高亢，善于随剧情的发展变化而加以运用，世称“汪派”。

当时演员地位低下，“倡优隶卒”被视为社会末流。汪笑侬因此而被削去满籍，遂出京门。族人纷加指摘，他却莞尔一笑说：“我作官不过七品知县，如今王侯将相随我为之，这是何等赏心乐事！”从此遨游南北，开始他四十年的舞台生活。他以天地为逆旅，世界作戏台，更名僢，加号仰天，自称“天地寄庐客”。他面对腐败的政治、黑暗的社会，将愤世嫉俗、忧国忧民之情，通过戏曲，力尽唤起民众、高台教化之责，“隐操教化权，借作兴亡表”，因此被称为“隐伶”。

1898 年戊戌变法失败，谭嗣同临刑长吟“我自横刀向天笑”，汪笑侬痛呼：“他自仰天而笑，我却长歌当哭”，并以北宋故事编演《党人碑》以悼之。他借剧中人痛斥权臣把持朝政诛杀贤良，矛头直指戊戌政变中的顽固派。对于帝国主义列强大举侵略，汪笑侬痛斥清执政者“只知衣锦食肥，大好神州将无噍类”。他在《大陆》、《民报》、《浙江潮》等革命报刊上发表诗文，抨击时政，抒发爱国思想。

汪笑侬在上海从事演出的同时，还凭着他深厚的文学修养，渊博的历史知识，切合时弊，创作了十多出借古讽今的新剧《受禅台》、《哭祖庙》、《长乐老》、《纪母骂殿》和时装戏《镂金箱》、《博览会》、《立宪镜》等。在创作中，他不拘泥于形式，富有创新精神，常打破京剧十言、七言的常规，在句中加词、加字，最长达数十字，使唱白更趋生动活泼。他还打破了京剧只演中国故事的束缚，曾用外国历史故事，创作《瓜种兰田》、《苦旅行》等剧，开风气之先。他从昆曲、传奇及其他地方戏剧中移植改编为京剧的有《党人碑》、《马前泼水》、《马嵬驿》（又名《六军怨》，后又补充发展为全本《风流王子》）、《博浪锥》、《易水寒》等十多出；并整理京剧老戏《张松献地图》、《骂阎罗》、《完璧归赵》、《空城计》等，经过他的润色、增删、丰富、提高，使剧本既求情节合理，又重吻合史实，文采斐然、上口流畅，较旧本有很大的提高。由于他能编能演，又集各派之大成，艺术趋于炉火纯青，因此被誉为戏剧界的一代"伶圣"。

汪笑侬的爱国思想和艺术上的造诣，甚为社会所重视。1904年，革命党人柳亚子（亚庐）和陈佩忍（去病）等人与他合作创办了我国第一本戏剧刊物《二十世纪大舞台》，撰稿者大多是革命人士。该刊在《发刊词》中公开主张改革戏剧，宣传民族革命。汪笑侬的《长乐老》等爱国主义作品和《安乐窝》等反清剧本，刊载于该刊，为各界瞩目。因此仅出两期，即遭清政府查禁，但影响甚广。是年，汪笑侬根据波兰与土耳其交战兵败乞和的史实，编演新戏《瓜种兰田》，痛诉亡国痛苦。剧本先载于革命刊物《警钟日报》上，后又重印单行本问世。陈独秀曾作评介："暗切中国时事，做得非常悲壮淋漓，看这戏的人无不感动！"①

1905年4月，美国订立排华法案，苛待在美华侨。上海等地掀起反美运动，汪笑侬备受鼓舞，欣然赋诗："一声怒吼睡狮醒，三载惊闻大鸟鸣。"并在上海春仙花园再次取材波兰亡国痛史，编演《苦旅行》，"表明不爱国的恶果，无主权国民之苦况"，激发群众的反美爱国热情，后来遭到租界当局的干涉，不久即被禁演。

① 汪笑侬自编外国故事新剧《瓜种兰田》，先刊于《警钟日报》，旋又在陈独秀主编的《安徽俗话报》第11至13期上连载，陈并撰文评介。

1909年，汪笑侬应邀赴济南演出，并就任山东省戏剧改良所所长。辛亥革命前夕，他编演著名的“三骂”：《骂阎罗》、《骂王朗》、《骂安禄山》，借剧中人强烈抨击黑暗的专制统治。他在编演《张汉祥刺马》一剧中，歌颂革命党人暗杀两江总督马新贻一事，宣扬革命思想，受到舆论的广泛赞许，被称为“戏班第一革命巨子”。

辛亥革命后，汪笑侬在天津演出，并任正乐育化会(伶界联合会)的副会长。又主持戏剧改良社，任社长，从学者百余人。他还撰写《戏剧教科书》，连载于天津《教育报》上。1914年，他随前辈孙菊仙到京演出，忽闻袁世凯阴谋复辟帝制，他以诗讽袁：“利用共和窃专制，奸雄依样画葫芦。”①随即愤而南下，在上海登台演出《博浪锥》，借剧中人张良之口，声言要“把专制君万剐千刀”，痛挞袁氏。1916年6月袁死后，他重返北京，编演孔尚任同名戏曲《桃花扇》，情文并茂，博得时人激赏。其后甘冒险阻，前往当时尚未收回的大连演出《哭祖庙》，借三国蜀亡故事，用大段反二黄淋漓尽致地抒发忧国伤时的感情。当他唱到“国亡家破，死了干净”时，情深意切，悲凉万分，听者动容，台上台下一片哭泣之声，一时在大连市民中广为传诵。此剧后在上海演出时，竟遭歹徒投掷烟幕弹进行破坏，可见该剧在社会上影响之大，以及敌人对它的恐惧。由于认识水平的限制，他也写过少量消极的剧本，如在《煤山恨》中不满明末农民起义领袖李自成等。

汪笑侬饱学多才，胸怀理想，但茫然不知出路何在，一生颠沛困苦，郁郁不得志，晚年乃借烟酒浇愁。1918年春，他在上海丹桂第一台演出时，突然嗓音失调，哑不成声，从此时演时辍，生活更为困顿。是年7月，应浙督杨树棠之召，赴杭州祝寿献艺，竟遭警厅挟嫌拘捕，虽不久释出，但因此愤郁成疾，10月27日在沪病逝。

汪笑侬艺术上的成就，受到戏剧界人士的重视和高度评价。1957

① 罗义俊：《剧班第一革命巨子——爱国艺人汪笑侬》，《中国近代爱国者的故事》，上海人民出版社1982年版，第417—423页。

年在他诞辰一百周年时，中国戏剧家协会重修他的墓地，剧协主席田汉题碑“爱国艺人汪笑侬之墓”。出版的《汪笑侬戏曲集》，收集了《哭祖庙》、《党人碑》、《长乐老》等创作和改编的剧本十八种，周信芳撰《敬爱的汪笑侬先生》一文为序，书后并附有钱杏邨（阿英）所辑《竹天农人（笑侬）诗辑》，收有他的诗词近百首。

王 伯 群

熊宗仁

王伯群，名文选，以字行，贵州省兴义县景家屯人。1885 年 9 月 6 日（清光绪十一年七月二十八日）生。其父王起元，通文墨，以办理团练而著名乡里，1903 年病故。王伯群少时在当时任兴义团练头目的外祖父刘官礼处，从姚华、徐叔彝等人就读。1905 年得其当时任兴义县劝学所总董的舅父刘显世资助，东渡日本。先入大塚弘文学校，后考入中央大学，专习政治经济，1910 年毕业，再入研究院深造。留日期间曾加入同盟会，但思想却深受梁启超政闻社的影响。

辛亥武昌首义，全国响应，留日学生纷纷返国参加革命，王伯群亦随之回到北京。1912 年 1 月，他在京参与章太炎、程德全、张謇等人组织对抗同盟会的新政团——中华民国联合会，并积极筹组黔省支部。未就绪，适上述诸人在上海发起统一党，王遂赴沪参与其事，得推为本部干事，后受统一党委托，联络已返贵州的留日学生张协陆和符经甫，以原贵州的立宪派人士为骨干，成立统一党黔省支部，并谋在各府、州、县筹设分部。2 月，唐继尧率滇军入黔。3 月 3 日，在第四标标统刘显世和旧巡防营的配合下，颠覆了贵州军政府。以自治学社为主体的革命派纷纷逃离贵州，在北京等地成立"冤愤团"，向全国控诉贵州反动派和唐继尧的暴行，外界舆论群起谴责唐、刘。王伯群在沪，为唐继尧、刘显世辩护，他"以为非借言论机关，不能将吾黔是非邪正表白于天下。

适统一党亦有大共和报之设，遂经理其事”①。在任《大共和日报》经理期间，兼理刘显世驻沪代表事务。从1912年至1913年5月，在“统一党—共和党—进步党”的演变过程中，王伯群均出任干事。他把孙中山、黄兴将临时政府设在南京的主张视为“荒谬计划”加以反对，积极支持袁世凯武力统一全国的活动②。

1913年，袁世凯镇压了“二次革命”，次年3月解散参、众两院后在京召开约法会议，制订了袁记“新约法”。这期间，袁氏复辟帝制的用心日益显露，国内外革命党人反帝制舆论日益强烈，王伯群与胞弟、贵州陆军第一团团长兼护军使署副官长王文华及贵州巡按使戴戡相谋，谓“国难且作，辄为备”③。“筹安会”出现后，进步党在全国各阶层反袁声浪的推动下，出于自身利益的考虑，由拥袁规劝袁，走向公开反袁。梁启超、蔡锷在京津秘密策划以滇黔为立足点，准备发动武装反袁，电召戴戡、王伯群到天津相商。天津会议决定蔡锷到云南发动武装起义，梁启超到南京、广西游说冯国璋、陆荣廷作响应，戴戡、王伯群负责策动贵州独立。王伯群以“当局(刘显世)意向，文华能左右之。所部虽成军日浅，气锐，可一战也”④为词，自请负责策动王文华迫刘显世反袁。12月14日，他先蔡锷假道香港、越南，到达昆明。稍后，蔡锷也辗转到滇。王伯群参加了由蔡锷、唐继尧主持召开的决定云南起义具有重大作用的第四、第五两次军事会议⑤。云南起义爆发后，王伯群由滇经兴义到贵阳，与王文华一道策动贵州独立。1916年1月27日，贵州宣布独立。护国战争中，王伯群是护国第一军右翼总司令戴戡和右翼东路支队司令王文华的主要谋士。护国战争结束后，王伯群因曾参与密谋滇

① 《王伯群君在进步党黔支部演说词》，《贵州公报》1915年2月3日。

② 《王伯群君在进步党黔支部演说词》，《贵州公报》1915年2月2日。

③ 汪兆铭：《勋三位陆军中将王君文华神道碑》，《兴义县志稿·人物志》。

④ 周素园：《贵州陆军史述要》，中国人民政治协商会议贵州省委员会文史资料研究委员会编《贵州文史资料选辑》第1辑，1963年版，第18页。

⑤ 参见《中央党务公报》第7卷第1期，第12页。

黔首义的天津会议，与梁启超、蔡锷、戴戡、汤觉顿、蹇念益、陈国祥一道，被誉为“天津会议七君子”①。8月，北京政府任命王伯群为黔中道尹。

护法运动期间，王伯群开始参与贵州的经济事务。先任专司开采铜仁等处矿产的裕黔公司董事，不久当上主办全省矿务的群益社的理事长，成了省中瞩目的实业活动家。

1918年11月，王伯群以贵州省长公署代表赴广州协助护法军政府工作，直接参与了孙中山领导的护法运动，次年加入中华革命党。1919年1月，受委为广州护法军政府议和代表，赴上海参加南北和议，并得督军兼省长刘显世授权为贵州全权代表，常驻上海。

五四运动爆发，王伯群也察觉到时代潮流的变化，认为“现在科学时代，无科学不足以立国，无新学识不足以成才……谋国之本，树人为先”②。当中国留日学生纷纷归国参加反帝爱国运动时，贵州留日归国学生二十余人，在黄齐生倡导下，组织贵州教育参观团，王伯群曾予以支持，并请刘显世拨济经费二千元③，王本人也资助经费一千元。

1919年3月30日，王伯群以贵州全权代表身份，同美国华侨实业公司代表赵士觐在上海签订了借款修筑渝柳铁路(由四川重庆经贵阳至广西柳州)草约，该草约中有将铁路沿线三十公里区域内的矿产、森林归华侨实业公司开发和采伐的条款，规定贵州省长公署以每百元实收九十六元、年息六厘向该公司借款美金五百万元，并允许该公司有在贵州投资、兴办实业的优先权。草约内容透露后，刘显世所倚重的一伙人纷纷反对。财政厅长张协陆、政务厅长陈廷策、督署秘书长熊范舆和省议会议长张彭年等人，以草约条件苛刻、借款偿还方式于贵州不利，

---

① 天声:《中兴民国内幕之人杰》,《贵州公报》1916年7月15日。

② 《赴沪代表王伯群呈据上海留学生倪松寿请助留美各情》,贵州省档案馆藏件,全宗2,案卷148。

③ 《王伯群致刘显世电》,贵州省档案馆藏件,全宗2,案卷177。

并以王文华有言将从借款中提取一百五十万元偿付黔军欠饷为由，攻击王伯群兄弟“卖省”营私。这就是贵州“渝柳铁路借款案”。刘显世对王伯群签订草约同意于先，见张协陆等人反对激烈，又犹豫于后。他担心王氏兄弟权力膨胀，转而支持反对王氏兄弟的行动。因此，草约未得批准，从而加剧了护国运动前后逐渐形成的王文华集团（握有军权的“新派”）与刘显世集团（握有行政、经济大权的“旧派”）之间的矛盾。王文华发起了一系列行动，揭露张协陆等人贪污腐败，攻击刘显世集团。到年底，政争更加激烈。陈廷策遭人暗杀受伤，张协陆被迫服毒自杀，张彭年辞职避祸。这就是贵州所谓的“民八事变”。与此同时，王伯群与王文华借口军民分治，在贵州策划召开了一个非正式的政治会议，“想要刘（显世）让出督军或省长一席”①。王伯群利用南北和议代表身份在上海、广州极力活动，迫使刘显世作出让步，“允南北统一后让伯群长黔”。②

1920 年冬，王伯群随孙中山由沪返粤。孙中山恢复军政府后，当时交通部长唐继尧未到任，由王署理。是年 11 月，贵州发生了“民九事变”，王文华集团杀死刘显世的亲信熊范舆和郭重光，迫使刘显世宣布辞去贵州督军和省长职务。事变发生前，王文华为避“以甥逐舅”、“以下犯上”之嫌而赴上海。次年 3 月 16 日，王文华被黔军司令部总参议袁祖铭收买刺客刺杀身死。王伯群曾与浙江督军卢永祥策划行刺袁祖铭复仇未遂。是时，贵州政局大乱，黔军陷于群龙无首的局面，五个旅长相互火并。1921 年 4 月，北洋军阀以饷械支持袁祖铭在武汉成立定黔军总指挥部，准备回黔定乱。王伯群希望取得黔军总司令卢焘、第一旅旅长窦居仁、第四旅旅长张春圃及其妹夫第五旅旅长何应钦等的支持，重振黔局，反对袁祖铭回黔。1922 年 3 月，广东军政府委任王伯群

① 桂百铸:《刘显世集团内部斗争散记》,《贵州文史资料选辑》第 1 辑,第 106 页。

② 1919 年 12 月 4 日《刘亚休致熊克武密电》,原件藏四川省文史研究馆。

为贵州省长。王伯群由上海启程,经湘西入黔,准备开府铜仁,但被袁祖铭所阻,未能就任。8月,北洋政府委任袁祖铭为贵州省长,王伯群无力与袁抗争,返上海作寓公。同年,在上海加入国民党。

1924年6月,厦门大学发生学潮,二百多名学生失学。部分教授为学生鸣不平辞职到上海。王伯群与这些教授共同筹商,决定为失学的厦大学生创办一所新学校,并由他捐款二千元作基金。经多方筹措,新创办的大夏大学于同年夏成立,马君武任校长,王伯群被推为该校董事会主席董事。他主张大夏大学"本学术研究之自由与独立,涵育革命与民主精神"①;以"三苦主义"(即职员苦干,教授苦教,学生苦读)、"师生合作"和"自强不息"作为校训②。1925年,王伯群出席段祺瑞执政府的善后会议并任临时参政院参政。1926年冬,大夏校长马君武回桂主持广西大学,王伯群经大夏校董会推为校长。同年底,王伯群与同乡窦简之见北伐军节节胜利,相约前往投奔。二人设法贿买孙传芳部下,得以安全出境,潜赴何应钦之国民革命军东路总指挥部。何以王系文人,不宜任军职,畀予"总参议"一席。北伐军到达上海后,王兼任上海财政委员会委员。

"四一二"政变后,王伯群被南京国民党政府任命为中央政治会议委员。9月,宁、汉、沪三派组成国民党中央特别委员会,王伯群为委员。1928年,王伯群任国民党政府委员、交通部长兼招商局监督。在交通部长任上,他免去法国人铁士兰(Henri Picard Destelan)担任的邮政总办,接收英国在烟台和威海卫的水线收发处,取消外国在华设立的电信营业局,设立国际电讯局、邮政储金汇业局、真茹国际大电台及开办宁、沪、汉、青岛的自动电话,由部统管全国无线电台,与美商合办中国航空公司,与德商合办欧亚航空公司,恢复吴淞商船专科学校,创设航政局,并先后公布了航空条例、电信条例、邮政汇兑国立法及邮政储

① 《大夏周报》第24卷第14期。

② 参见民国二十七年四月二十四日、五月十四日出版的两期《大夏周报》。

金法，使交通部所司渐上轨道。他还主张兴建粤汉、湘桂、黔桂诸铁路，因资金和技术不足而未能实施。1929年3月，王伯群以贵州代表出席国民党第三届代表大会，当选为候补中央执行委员，次年递补为执行委员。第四、五两届连任执委。1931年10月至11月，在国民党召开的宁、粤“上海和平会议”后，王辞去交通部长职，改由陈铭枢兼任。时值四川军阀刘文辉、刘湘交恶，川局纷扰，王伯群被派为特使入川协调川局。由汉口赴重庆时，川军刘文辉部以重金贿赂船主和王的随员，将步枪六千支和子弹数百万发藏于特使“专轮”底舱。事为刘湘特工侦知。“专轮”甫抵渝，枪弹皆为刘湘截获。刘湘遂借故不与王谋面，致使协调川局之行一无成效。由渝返汉时，王的随员双清、刘协恒等又私运毒品，以图牟利。不意又为刘湘获悉，预报武汉行营。“专轮”到汉，又被扣留，毒品被没收。一时各报竞相刊载，舆论哗然，双清、刘协恒二人因此入狱，王伯群则以“不知情”而免议处。1932年，王伯群被任命为国民政府委员，受命为川滇黔视察专员，次年任行政院驻平政务整理委员会委员。

1937年“八一三”淞沪抗战失败后，大夏大学与复旦大学决定内迁。王伯群赴南京与教育部商定，设大夏、复旦两校第一联合大学于江西庐山(后迁重庆)，设第二联合大学于贵阳。1937年12月27日，第二联合大学在贵阳正式开课，王伯群任校长。国民政府迁都重庆事竣，令大夏、复旦两校分立，以重庆第一联合大学为复旦大学，贵阳第二联合大学为大夏大学，任命王伯群续任大夏大学校长，欧元怀为副校长。王为大夏在贵州确定的宗旨是：“抗战教育之推行”、“协助政府以开发西南之资源”、“促进西南之文化”①。在内迁贵州的各大、中学校中，图书设备较完备者首推大夏。大夏迁黔期间，王伯群继任国民政府委员。

1938年3月，王伯群与贵州省主席吴鼎昌筹划在花溪成立“农村改进区”，由大夏大学和贵阳县政府经理其事，旨在使百姓“生活安定”、

① 王伯群：《弁言》，《大夏周报》第14卷第7期。

“努力于各项生产建设”，实现“抗战建国”①。1939 年，王伯群受任为国史馆筹备委员。1940 年，副校长欧元怀出掌贵州省教育厅，大夏大学校务全由王伯群承担，并先后在贵阳、柳州创设大夏中学。王伯群曾以“学不倦，教不厌，行不惑”三语自勉，并与大夏师生相期②。贵州食盐素仰川省，抗日战争时期，盐运受阻，贵州食盐昂贵。王伯群主张开发黔盐，积极与刘熙乙等人筹办裕民盐井公司，并出面聘人来黔勘测盐区。为培养盐务人才，王伯群在大夏大学附设盐务专修班，首开大学培养盐务人才的先例。该专修班共培养学生四五百人，分布国内各盐务机关任职③。大夏大学自创办到 1944 年，先后毕业学生达数千人，成为颇有影响的私立大学之一。

1944 年 12 月，日本侵略军攻陷贵州独山、荔波等县，声言将袭取贵阳、遵义，直捣陪都重庆，西南一片惊慌失措。王伯群急赴重庆商议保卫贵州及大夏大学去留问题。因胃溃疡复发，12 月 20 日病逝于重庆江北陆军医院。

---

① 参见民国二十七年五月十四日出版的《大夏周报》。

② 何辑五：《悼伯群先生》，《中央日报》1945 年 1 月 25 日。

③ 刘熙乙：《悼伯群校长》，《中央日报》1945 年 1 月 25 日。

王 伯 元

董建侯 宋紫云

王伯元，字怀忠。1893 年 6 月 4 日(清光绪十九年四月二十日)出生在江苏吴县(今苏州)，祖籍浙江慈溪。父亲王清芬曾在江苏海门、苏州一带经商，后任苏州恒孚银楼经理，定居苏州。王六岁延师课读，十七岁到上海震丰永金号当学徒，三年后被留用跑外勤。在学徒期间，王已加入上海金业公会，开始参加社会活动。1916 年，应涵恒金号资方徐伯熊邀请，任该号经理①，1918 年改任天昌祥金号经理。时值第一次世界大战行将结束，市面金价时涨时落，王观察行情变化，常能不失时机地为天昌祥金号买卖标金，从中牟得暴利，受到资方赏识。

1921 年，王伯元辞去天昌祥职务，自筹资金开设裕发永金号任经理，同时做金业交易所的经纪人，在金业界渐露头角，不久被推选为上海金业交易所理事。他在金业交易所任事，掌握标金行情。遇到赤金行情②比外汇汇票行情低时，他就卖出汇票买进赤金，从中套利，逐渐积有巨资。1923 年，王又独资开设元发证券号，买卖各项有价证券，从中谋利。不过数年，王便从一个普通商人一跃而为百万富翁，在慈溪长石桥广置田产，兴建住宅。

---

① 当时资本家开设金号，根据金业公会会章规定，必须聘请金业公会会员担任经理，即资本代理人。

② 上海黄金市场的价格，是根据国际市场价格决定的，当时每天看汇丰银行外汇行情为依据。第一次世界大战前按英镑计算，欧战后按日元计算。

王伯元深知从事黄金投机买卖风险极大，遂转而投资金融事业。1929 年，他联合上海金融界领袖秦润卿、徐寄庼、李铭等人，通过交通银行总行副理梁晨岚的联系，接办中国垦业银行，进行投资改组，资本总额一次收足二百五十万元，王伯元独自投资一百四十万元，占百分之五十八。该行原创于 1926 年，经改组后总行由天津迁到上海（天津设分行），成立董事会，推上海钱业公会会长秦润卿为董事长兼总经理，王伯元为常务董事兼总行经理，掌握实际权力。秦润卿作风正派，办事稳健，素为上海金融界所敬重，在答应出任垦业银行董事长兼总经理时，有言在先：一是垦业银行不做买卖外汇业务，二是垦业银行的股东和负责人不准向本行借款宕账。王完全赞同。

王伯元主持垦业银行总行，积极推进业务。他首先向董事会建议，拨出基金十万元成立储蓄处，开展储蓄业务。吸收的储蓄存款，第一年为六十余万元，第二年达七百余万元。1933 年，储蓄处在南市文庙公园设立一个储蓄所，吸收的储蓄存款以零星细数居多，为广大市民所欢迎。

王伯元曾任上海公共租界工部局地产委员会委员，熟悉地产业务情况。他于 1931 年在垦业银行总行添设地产部，办理房地产押款业务，代收房租，但不直接经营地产买卖。他私人拥有四处房地产，面积五十余亩，每月可收房租九千元，为了使房租能及时入账，也交由地产部经收。同年，垦业银行上海总行新建八层钢骨水泥大楼，内设保管库及银库，于 1933 年 10 月初落成，其二楼以上房屋全部出租，每年收入租金三四万元。

当时，上海浦东一带的农民，多以植棉为业，新棉上市时花价往往被商人压低，棉农多愿以棉花向私营仓库作质，待价而沽。王伯元针对这一情况，于 1934 年由垦业银行与浦东恒大新记纱厂、恒源兴记轧花厂合作，设仓库十一座，对棉农办理棉花抵押放款。棉农以籽花或花衣作质，垦业银行凭仓单放款，每年投放贷款五十余万元，为银行资金谋得出路。

王伯元对民族工业抵押放款，肯于放手。亚浦耳电器厂的产品与舶来品竞争，垦业银行不断贷款给予支持。1935年，市面萧条，银根吃紧，民族工业岌岌可危，垦业银行仍继续投放资金，对振华纱厂、经纬纱厂、章华毛纺厂、亚浦耳电器厂等均先后承做数额较大的抵押放款。

王伯元对于代客买卖有价证券，富有经验。1940年，他建议董事会拨出资金五十万元设立信托部，办理信托业务，兼收各种定期活期信托款项。对外商发行的股票，如橡树种植股票及其他实业股票均有投资，但坚持不做买卖外汇业务。

王伯元能与秦润卿和衷共济，一贯采取稳步发展的方针，以抵押放款为主，坚持做“多单”不做“缺单”①。储蓄业务发达，则运用储蓄存款资金购置房地产，收租作息，保证资金运用稳妥。1943年底，秦润卿因年事已高，辞去垦业银行总经理兼职，仍任董事长。1944年初，王伯元接任总经理。

垦业银行原以放款于垦牧农林等事业、辅助实业发达为宗旨，而实际上经营业务与一般商业银行相类似。1948年，国民政府颁行银行法，规定“银行之种类应在其名称中表示之”。秦润卿、王伯元等人反复商讨，为求与银行法不相违谬，决定取勤恳乃业之意，改“垦业”为“恳业”，名“中国恳业商业储蓄银行”，简称“中国恳业银行”。

王伯元除主持经营恳业银行外，私人投资的企业尚有同庆钱庄、同润钱庄、元大钱庄、绸业银行、国泰银行、贻成面粉厂、天一保险公司等多家。

王伯元成为巨富后，曾为疏浚慈溪长石桥至樟桥大河、重建宁波市的老江桥、兴办长石桥植本小学捐资，并在长石桥附近买下荒丘为义冢。王还在南洋中学和复旦大学设置奖学金，先后资助几十名家境贫寒学业成绩优良的学生。

---

① 银行经常有余款存放同业者称“多单”；反之经常依靠同业借入款经营投放者称“缺单”。

在日本侵略军占领上海期间，王伯元先后出任伪上海市保甲委员会副联保长、伪上海市财务委员会主任委员，成为他难以洗刷的历史污点。抗日战争胜利后，王慑于清议，避地离沪，1948年底赴美国侨居。

1977年9月28日，王伯元在美病故。

王 承 斌

邵桂花

王承斌，字孝伯，满族。1874 年 8 月 21 日（清同治十三年七月初十）生于奉天宁远州（今辽宁兴城市）。王幼入私塾启蒙，1898 年受业于表兄吴景濂，学习经史纲鉴。1902 年，吴景濂入京师大学堂就读，在其影响下，王于翌年考取京师优等师范学堂。时国人有识者倡导御侮自强与尚武精神，有志青年竞相向往之。1905 年，王承斌弃文习武，投保定北洋速成武备学堂，1907 年毕业。同年秋，升入保定军官学堂，1909 年毕业，补授禁卫军排长，旋即被派往东北，担任曹锟为统制官的第三镇三等参谋官，驻防长春，后升至管带。

辛亥革命爆发后，清廷急调第三镇入关，旋即开赴山西镇压革命。12 月 12 日，攻陷娘子关，进逼太原。1912 年 1 月，第三镇驻防南苑拱卫京师，时王参加反对共和、维护清廷的复辟团体“宗社党”。为此，吴佩孚曾多次劝曹锟开除王的军籍，曹不以为然，但王与吴的芥蒂由此而生。

同年 2 月 15 日，袁世凯被南京临时参议院推为第二任临时总统。2 月 29 日晚 8 时，第三镇部分官兵于京城哗变，大肆抢劫，为袁拒绝南下就职制造了口实。8 月 19 日，陆军改制，王任第三师第六旅第十一团团长，授陆军上校，未几加陆军少将衔，后补授陆军少将。1913 年秋，袁世凯镇压“二次革命”后，王承斌随第三镇入湘，驻守岳州。1915 年冬，护国战争兴起，王随第三镇入川西征。1916 年 1 月，王承斌升任第三师补充旅旅长，并于川境招募成军。2 月 6 日，王部先抵泸州，初显身手。10日，王与吴佩孚部进攻中兴场，护国军以少胜多，顶住北洋军压力，与其相持于川南。

6月6日，袁世凯病逝，黎元洪继任总统。月底，第三师奉命出川驻防保定。转年5月24日，黎元洪任命王承斌为直隶第一混成旅旅长。嗣后，王补授陆军中将衔。王承斌在曹锟手下任职多年，随其南征北战，被曹收为心腹。

1917年7月1日，张勋复辟，王承斌部为西路讨逆军，在吴佩孚指挥下攻打辫子军。张勋复辟失败后，段祺瑞重掌北京中枢，拒绝恢复国会和临时约法。9月1日，孙中山于广州组织护法军政府，南北对立局面形成。段祺瑞推行“武力统一”政策，积极对南方用兵，以曹锟为攻湘第一路军总司令兼两湖宣抚使。1918年2月7日，曹锟督师南征，调王承斌等三个旅赴前线，吴佩孚为前敌总指挥。吴指挥第三师占领衡阳后不再前进。6月16日，吴在前线通电罢战主和，并自行决定停战。参战官兵不服水土又有厌战情绪，因病减员甚多。时王承斌在湘南因病一再请假，故前线军事行动已陷停滞。6月27日，北京政府授王承斌为陆军中将。

1920年5月22日，吴佩孚指挥第三师从湘南且战且退，27日王承斌等部过长沙，湘督张敬尧陈兵以待。6月9日，该师返抵直豫之交驻扎。15日吴佩孚至保定与曹锟商讨对付皖系办法。6月23日，张作霖以调人身份向段祺瑞陈述曹、吴的五项要求，为段所拒绝。张以调停失败，宣布“中立”，随后派出奉军两个旅入关助直讨段。7月9日，直系于天津举行讨皖誓师大会，吴佩孚任讨贼军前敌总司令兼西路指挥，曹瑛任东路指挥，王承斌任后路总指挥。设大本营于天津，设司令部于高碑店。7月14日，直皖战争爆发。16日，吴率王承斌等部包抄袭击皖系两个师，切断其归路。吴、王在直皖之战中身先士卒，使直军将士奋勇前驱，经过五昼夜激战，以皖系失败告终。同年10月17日，王承斌升任第二十三师师长。曹锟久居保定，以王帮办直隶军务。王在曹嫡系中之地位仅次于吴佩孚。吴深恐被王取代，竟不断施计离间曹、王。

同时，吴克扣王部军饷，致使王部因索饷未果而发生哗变，王为此受到曹的申斥。

直奉以暂时的联合战胜皖系，共同控制了北京政权，然直奉间的矛盾又在酝酿新的战争。1922 年 2 月 3 日，直系召开保定会议，王承斌力主对奉让步，这符合曹氏兄弟心意。2 月 11 日，张作霖于奉天召开军事会议，王奉命于同日抵奉，旨在调和奉张与吴佩孚的冲突，避免战争。此后，王又两次衔命出关进行调停，均无功而返。不料王竭力弥合张、吴裂痕，竟成为吴攻击王有"通奉嫌疑"的佐证，致使王在临战前被拒保定高级军事会议大门之外。

1922 年 4 月 19 日，直系在京畿琉璃河一带聚集十余万军队，以王承斌为西路司令，布防京保一线，后王又改任中路司令。26 日，王在任丘、河间首先同奉军接战。29 日，第一次直奉之战爆发，两军分别在三个战场上厮杀。随着战局的变化，王兼领中西两路指挥，在王指挥下，直军大败奉军，西路奉军十六师投诚，牵动全线瓦解，张作霖被迫下令总退却。奉军败绩，王自告奋勇追至滦县停进，代奉求和，恳请吴佩孚以张、曹姻亲为重，前时意见不合非为世仇，得吴首肯，允王全权处理对奉问题。在英国人调停下，6 月 17 日，王承斌、杨清臣等直方代表与奉方代表孙烈臣、张学良签订和约八条与附约两款，战事始告平息。

战争中，王奋力督战与奉军厮杀，大败奉军，战功显著，但竟受吴佩孚派人暗中监视，王对吴恨之入骨。战后王大发牢骚说，老马为主人效驰驱有年，现已不被信任，应当知难而退了。又说，我是奉天人，就疑心我通奉，然则曹仲帅和张雨帅为儿女亲家，岂不也是通奉！

直曹打败奉张，进入鼎盛时期。曹锟得意忘形，迫不及待要赶走徐世昌，实现总统梦。直系实际领袖吴佩孚却大谈"法统重光"的好处，使黎元洪复任总统，既便于赶走徐世昌，又能使南方军政府无法可护，不打自倒。6 月 4 日，王承斌继曹、吴之后领衔发拥护电。迎黎复职时，王充任代表赴津促驾。

黎元洪复总统职后，于 6 月 24 日特任王承斌为直隶省长。8 月 6

日，曹锐正式“因病”辞去直隶省长职，王才正式接省长任。

1923年2月22日，王等军政要员齐集保定，共商倒阁之事。其目的在于去黎，为曹当总统铺平道路。然直系内部在总统产生、联皖抑联奉乃至内阁问题上意见分歧越来越大，形成津、保、洛三派。津、保派曾在王的策动下，联合起来对抗洛吴。

曹锟为尽早登上总统宝座，积极进行倒黎活动。6月13日，黎元洪因不堪北京军警当局的多方压迫而避往天津，黎的专车在天津站被直隶省长王承斌扣留，并发通电谓：黎秘密出京，并未向国会解职，印信亦未交出，不知是何用意。为其劫车索印寻找借口。王还逼黎在代拟的三份文件上签字：向国会辞职文；令国务院代行总统职权文；声明临行时所发命令无效。当黎被迫签字并电京交出总统印信后，方才放行。但黎一回到津门本宅即发电声明，前所发三份电报系由王承斌胁迫而成，非出己意，应属无效。

直系在索饷、逼宫、劫车、索印丑剧中扮演主角的正是一年前请黎元洪复职时声泪俱下的王承斌，社会舆论对王多有非难和谴责。王辩解说，军警包围专车是相当仪仗兵和军乐队，固属迎接元首之惯例，为己开脱罪责。其后，王又设法阻止滞留天津的国务总理张绍曾回京，以便让高凌霨一伙放手搞贿选。6月21日，王承斌致（个）电与高凌霨、吴毓麟、王毓芝，把吴佩孚给曹锟的（号）电照转，还在电文结尾加：宪法不许成立，大选早日观成。这个电报被人探听出来公诸报端，引起各方强烈的反感。吴矢口否认发过此电，王则声明此电为奸人伪造，正在密查中，实际上不过是欲盖弥彰罢了。这和王同日给上述三人的另一电报中，要求做好三件事：军警严密监视议员，不得令议员出京；妥速进行大选，以法定正统名义号召中外；不许制宪的内容完全一致。

此时，曹锟也急不可耐，用重金四十万元收买众议院议长吴景濂包办大选。曹还调来山东省长熊炳琦坐镇北京，具体协调大选。王承斌则往来于京、津、保之间指挥大选，同时肩负筹集贿选经费重任。

为疏通议员，王承斌7月13日进京会见吴景濂。其办法有三：担保制宪会议不致临时改为大选会议;担保大选票费完全兑现;众议院议员瞬息届满,如有人愿入政界,当援助使其得所。附带条件:各政团对上述条件不满意者,当明白表示,不能临选反悔贻误大局;不得故意缺席。王出京前,向熊炳琦面授机宜:许诺出席制宪会议议员,足法定人数三次以上时,于此三次中分期发还去年至今之欠费;坚持先宪后选,避去票价之名目,给予一次酬勋若干等。

9月12日,贿选大会流产。以包办大选自诩的吴景濂不得不邀请王承斌到京主持一切。14日,王承斌到京。王表示这次来京,定使选举大功告成,否则决不返津。为此王使出全身解数,不惜血本贿赂各大报馆,京中除两家公正报纸外,无不接受王的津贴,故所发消息无一真实。为打击上海反对派,王托江苏督军齐燮元以五十万元收买上海各报馆,以造成不赞成黎元洪在沪组织政府的舆论,也不容黎在沪久住。王同时派人到沪进行反黎和反孙中山的活动。为拉拢齐燮元,王电齐称:如需巨款,请即电知,决不延误用途。王向议员则提出了进行大选和公布宪法同时并举的方针,并且决定在选举前发给每票五千元的支票,选后三日即可兑现,以坚议员之心。10月1日,于贿选办公处——甘石桥俱乐部向"猪仔议员"共发支票五百七十三张。

10月5日上午,国会开会选举总统。场内军警、侦缉队、保安队密布,如临大敌。为凑足法定人数,选会三次延长时间,直到下午1时20分,签到者有五百九十三人,曹锟以四百八十票当选总统。6日,王承斌如释重负回津。曹锟贿选总统耗资甚巨,据当时天津《大公报》揭露:贿选经费经王承斌、吴景濂、高凌霨等结账总共用去一千三百五十六万七千余元。这笔巨额贿选费中,有王承斌搜刮来的民脂民膏,以"借军饷"为名,饬令直隶各县征收一万至八万元,共勒索约四百万元;他还饬令直隶地方官厅逮捕贩卖鸦片的坐商、行商几百人,除少数处决家产充公外,绝大多数烟贩由家属缴纳巨金赎人。

曹锟就任贿选总统后,王承斌马上发贺电到京,恭颂圣明。王在贿选总统过程中作用特殊,论功行赏,曹锟任命王为直隶军务善后督理。

但王承斌意犹未足，看上直鲁豫巡阅使一职，直截了当向曹要官。为满足王的要求，曹决定免去吴佩孚直鲁豫巡阅副使职，改任两湖巡阅使。此举为吴所不容，吴派其参谋长面见曹锟陈述利害，谓是谁给你曹家打下的天下，离开吴子玉，你这总统稳不稳？曹锟恍然大悟，11 月 11 日，特任吴佩孚为直鲁豫巡阅使，以王承斌副之，并授王为将军府匡武将军，陆军上将。这样一来，王不但要听命于曹，还要受制于吴。12 月 28 日，吴电令王承斌，今后无论何项团体，若有集会索薪或罢工情事，须严加取缔惩办，先给王一个下马威。

由于王接近吴景濂及常与奉系往还，为曹氏左右所不喜，致使直鲁豫巡阅副使职权形同虚设。虽为直隶省长，然实权仍操纵在前省长曹锐及津派手中，王除每月从井陉煤矿捞取十万元补贴外，别无他利，有实权的只有一个二十三师师长兼职。然而好景不长，在吴佩孚提出“军民分治”的口号下，以省长不便带兵为由，于 1924 年 2 月 28 日被免去第二十三师师长兼职。王承斌军权旁落，对吴更加切齿。从此，王广泛联络津、保派策划联冯倒吴。王曾企图拥戴齐燮元为副总统，以遏制吴，未果。不久，王与冯玉祥、齐燮元秘密结成反吴联盟，后王又加入冯玉祥、胡景翼、孙岳的反吴同盟。

王承斌失去军权后态度更为消极，曾几次致电曹锟请辞，外界舆论认为此系王不满曹采纳吴的“军民分治”主张之故，实为直系内讧加剧之显露。经过曹几次殷殷慰留，王始打消辞意。1924 年 8 月 17 日，曹锟派陆军总长陆锦赴津，与王承斌商洽防奉南下援浙事。8 月 23 日，曹锟召开紧急会议，筹防东北。是日，王承斌到京谒曹，陈述此次主战非宜，未被采纳。曹嘱王速筹军饷百万元。9 月 1 日，吴佩孚在洛阳集议御奉援苏，王亦派代表参加。10 日，曹锟召见冯玉祥，请其负责山海关军事，冯表示不能胜任，并谓，去年不应解除王承斌等兵权。11 日，曹与冯、王商议出兵开鲁。14 日，王应允出任讨逆军副总司令。

是月，江浙战争爆发，张作霖趁机派兵入关。17 日，吴佩孚在京就任讨逆军总司令，并在四照堂召开军事联席会议，部署对奉作战，前线分三路,后援为十路,兵力约二十万。以王承斌为副司令兼直隶后方筹备总司令;以彭寿莘、王怀庆、冯玉祥分任第一、二、三军总司令等。当王向吴佩孚领取开拨费时竟遭吴无故训斥,王、吴嫌隙已成鸿沟,无法弥合,行动上王处处消极抵制。

第二次直奉战争打响后,冯玉祥部奉命出兵古北口,直趋赤峰,但冯寻找借口迟迟不进,暗作倒戈部署。吴佩孚对冯始终存有戒心,10月3日,派王承斌到承德前线,以副总司令代行总司令职,指挥冯玉祥、王怀庆的二、三两军,以此对冯进行监视。吴又派车庆云、陈德修等为前线执法官赴热河督师,殊不知王承斌与冯玉祥已另有所图。4日,冯玉祥与王承斌在古北口密议时局,冯深知王对吴之怨恨,为争取王的合作,将其倒戈计划全盘托出,王对冯表示同情,从而结成同气。王在古北口停留两日即转入承德。21、22两日冯将两旅军队悄悄开入北京,23日晨1时,冯在北苑召集会议,胡景翼、王承斌等出席,一致主张和平停战,并议及维持现政府或另筹过渡办法以及宪法与国会有否修正改组之必要等。与此同时,冯军将京内车站、电报、交通通讯机构占领,并派兵包围总统府,将卫队缴械,曹锟被囚禁。第二次奉直战争从9月15日到11月3日,一共打了五十多天,以直军主力全部覆灭和吴佩孚狼狈遁逃为其结局。

11月2日,王承斌到公府劝曹锟辞职,曹即向国会提出辞职咨文,并令内阁摄行总统职权。曹锟面对逼他下台的人,正是一年前筹集贿选巨款并劫车夺印捧他上台的那个健将,不由得百感交集。

由于王承斌是参与北京政变主要人物之一,11月3日冯玉祥在京召集军政要人会议,决定恢复王承斌二十三师师长职,派往天津收束军队,办理善后。由于张作霖背约,奉军入关。11月11日晚,奉军李景林部将王承斌新编二十三师缴械,王仓皇避入英租界,不敢出面。12日,直隶省议会及各法团在李景林授意下,以直人治直为标榜,推李景林为直隶保安司令,并继王承斌为省长。12月12日,京师地方检察厅托天津地方检察厅票传避居天津租界之曹锟贿选涉嫌行贿人王承斌、吴景濂等，并搜查吴的住宅。此后王寓居天津。

1936年，王承斌病逝于天津寓所。

主要参考资料

《盛京时报》1905—1935年。

荣孟源等主编：《近代稗海》第1—5辑，四川出版社1985年版。

章伯锋主编：《北洋军阀》第1—6卷，武汉出版社1990年6月版。

徐友春主编：《民国人物大辞典》，河北人民出版社1991年版，第68—69页。

[美]柏脱等编：《中华今代名人传》，上海时代传记公司1925年版，第148页。

王 宠 惠

郑则民

王宠惠，字亮畴，原籍广东东莞。自其祖父起，迁入香港。父亲王煜初是香港基督教堂牧师。王宠惠 1881 年 12 月 1 日（清光绪七年十月初十）在香港出生，家住香港荷理活道 75 号，与孙中山早年学医之西医书院为近邻。孙与王煜初常有交往，王宠惠从小便认识孙中山，随着年龄的增长又加深了彼此的了解与友谊①。

王宠惠幼年入香港圣保罗学校学习英文，继入皇仁书院。1895 年考入天津北洋西学学堂（北洋大学前身）学习法律。1900 年毕业后，到上海南洋公学（交通大学前身）任教。1901 年赴日本留学，致力于政法问题的研究，并曾参与秦力山、沈翔云等在东京创办的《国民报》，任英文记者。1904 年赴美留学，取得优异的学习成绩，获得耶鲁大学法学博士学位。接着前往英国继续研究国际公法，又获得了英国律师资格，还被选为德国柏林比较法学会的会员。1907 年，他将德文版《德国民法》翻译为英文，由英国伦敦著名的斯蒂芬斯书店出版。问世后，立即博得称誉，风行一时，成为英、美各大学法律学院所指定的必读课本。这便奠定了王氏在国际上的法学声誉的坚实基础②。

---

① 王宠惠：《追怀总理述略》，载尚明轩、王学庄等编《孙中山生平事业追忆录》，人民出版社 1986 年版，第 372 页。

② 浦薛凤：《忆王宠惠博士及其英译〈德国民法〉》，台北《传记文学》第 38 卷第 3 期，第 91—94 页。

王宠惠在欧美求学期间，同孙中山过从甚密，受孙中山民主革命思想的影响较深。当1904年孙中山到达美国纽约时，王听孙谈论有关反对清政府的革命计划。同年8月，王协助孙用英文撰写了一篇对外宣言，即《中国问题的真解决》，指出中国问题是整个远东问题中“不能不特别注意”的。该文还揭露了清政府的黑暗统治，劝说西方各国放弃支持清政府的政策，呼吁欧美人民对中国革命以道义上与物质上的同情和支援①。1905年8月，同盟会成立后，王宠惠加盟并参与筹措经费、发展会员的工作。

1911年9月，王宠惠由欧洲回国，抵天津时，武昌起义爆发。11月3日上海光复，王抵上海后，受沪军都督陈其美聘为顾问。12月，南北双方代表在上海英租界市政厅谈判，王受任为南方代表伍廷芳的参赞。12月25日，孙中山自美洲归国，各省代表在南京举行会议，王宠惠以广东代表身份出席，被推为各省代表会议的副议长。这次会议选举孙中山为中华民国临时大总统。1912年1月3日，王宠惠经孙中山提名，被任命为南京临时政府外交总长。

王宠惠就职后，协助孙中山发表对外宣言，争取各国对南京临时政府的承认，阻止各国对清廷的继续支持。他们在《对外宣言书》中表示：“凡革命以前清政府所与各国缔结之条约，民国均认为有效”、“革命以前，清政府所让与各国国家或各国个人种种之权利，民国政府亦照旧尊重之。其在革命军兴以后者，则否”②。

1912年3月，袁世凯当上了中华民国临时大总统，王任唐绍仪为第一届内阁的司法总长。6月，唐绍仪忿于袁世凯的独裁，辞职出走，王也继唐绍仪之后与同盟会阁员一起辞职，改当外交部顾问。不久又

① 广东省社会科学院历史研究所等编：《孙中山全集》第1卷，中华书局1981年版，第243—255页。

② 中国社会科学院近代史研究所民国史研究室等编：《孙中山全集》第2卷，中华书局1982年版，第10页。

往上海，任中华书局英文编辑部主任，兼在孙中山所创办的铁路总公司任顾问。1913年受聘任复旦大学副校长，从事法学研究，当年著有《宪法平议》，随后又著《宪法危言》、《比较宪法》等书。1915年袁世凯称帝前夕，曾派人到上海，准备收买王宠惠为袁鼓吹帝制，他拒绝说："余之笔为共和民主而写作，不能以拥护帝制受辱。"①

1916年护国运动发展，5月西南方面在广东肇庆成立"军务院"，任命王宠惠为外交副使，他在上海曾有所活动。袁世凯死后，黎元洪继任北京政府总统。1917年王宠惠赴北京任法律编纂会会长，1920年改任大理院院长，兼北京法官刑法委员会会长、法理讨论会会长。1921年10月，与施肇基、顾维钧同被派为北京政府全权代表，出席在美国华盛顿召开的太平洋会议。回国后，于12月任梁士诒内阁的司法总长。

直系军阀在1922年5月第一次直奉战争胜利后，控制了北京政府的统治权。同年8月，孙中山因陈炯明叛变从广东回到上海。吴佩孚企图利用孙的政治威望，同他协调关系，标榜统一，以谋求向外国借款。孙中山为了集中全力推翻陈炯明，对北方采取了缓和态度。他授意在北方任职的王宠惠同吴佩孚密谈，借以削弱直系军阀对陈炯明的援助。王回忆说："民国十一年，总理见厄于陈逆炯明，于是慨然哀民生之多艰，思得较有实力，而又可与共事者谋统一之局。时北方大势在汴、洛间，宠惠始则经南北同志之怂恿，继得总理之同意，遂与汴、洛为秘密之谋，兼借此而阻北方援陈之举也。"②

华盛顿会议后，美国为了控制中国，加紧侵华活动，增加对华投资，注意支持和培养亲美的政治势力。王宠惠和胡适等人在1922年5月发表了《我们的政治主张》一文，提出了"好人政府"的口号，要求"宪政

---

① 谢瀛洲：《王宠惠先生传略》，载王宠惠著《困学斋文存》，中华丛书委员会1957年版。

② 王宠惠：《追怀总理述略》，载尚明轩、王学庄等编《孙中山生平事业追忆录》，人民出版社1986年版，第533页。

的”、“公开的”政府和“有计划的政治”①。他们草拟了“政治计划”，争取美国公使芮恩施（Paul Samuel Reinsch）和直系军阀吴佩孚等的支持。6 月，黎元洪在直系军阀扶持下入京取代徐世昌，行使大总统的职权，任命颜惠庆署理国务总理，王宠惠任司法总长。8 月初，国会开会后，黎正式提出由唐绍仪出来组阁，名单中王改任教育总长。吴佩孚等强烈反对唐绍仪出山，主张由王宠惠组阁，以便争取与孙中山的合作和美国的支持。8 月 15 日，吴电请王宠惠出面组织“超然内阁”，表示愿意全力撑腰。王宠惠先以教育总长兼代总理。

1922 年 9 月 19 日，王宠惠在吴佩孚等支持下，改组内阁，署理国务总理。曾在《我们的政治主张》一文上签字的罗文干和汤尔和也入阁任财政总长和教育总长。因此，这届内阁被称为“好人政府”；但内阁的实权操控在直系军阀手里。王宠惠等整天忙碌，向外国势力乞讨借款，为军阀筹措内战经费，引起人民的不满。当时直系内部分为以曹锟、曹锐为首的保（定）派和以吴佩孚为首的洛（阳）派。王宠惠倾向洛派，对其提供较多的军费。保派对王宠惠内阁十分不满，企图通过推倒内阁，进而驱逐黎元洪，使曹锟早日夺取大总统的“宝座”。11 月 18 日，倾向保派的国会议长吴景濂等借口财政总长罗文干在签订借款合同中有贪污问题，逼使黎元洪下令对罗加以逮捕，形成轰动一时的“罗案”。事件发生后，先是在吴佩孚干预下将罗释放，接着曹锟与直系其他军阀发表通电，主张惩办罗文干和王宠惠等人。吴为了摆脱孤立困境，只得屈从于曹，王宠惠等人失了后台的支持，被迫于 11 月 29 日下台，由汪大燮署理内阁。

王宠惠在国际法学界是有名望的学者，1921 年 6 月曾代表北京政府出席国际联盟会议，被选为国际仲裁法院裁判员。1923 年，国际联盟又选他任海牙常设国际法庭正法官。王辞内阁总理后，遂前往荷兰就任。1924 年 1 月又回国就任孙宝琦内阁的司法总长。孙提出“奉行

① 《努力周报》第 2 期。

宪法”、“和平统一”的主张，遭到财政总长王克敏的抵制，拒绝提供经费，王宠惠感到难以有所作为，于7月辞职，1925年再次出任修订法律馆总裁。

1926年1月，王宠惠被选为国民党第二届中央监察委员。这时全国革命运动日益高涨，南方的广东革命政府正准备进行北伐，北洋军阀的统治日渐面临困境。同年5月，北京政府颜惠庆内阁重新复活，任命王为教育总长，但他没有就任。

1927年“四一二”政变后，蒋介石在南京建立国民政府。6月24日，南京国民党中央政治会议任命王宠惠为司法部长。同年9月中旬，宁、汉两个国民政府合并，仍任王为司法部长。

1928年6月，蒋介石在南京宣告“统一告成”后，发表对外宣言，提出关于“改订新约”问题，即国民政府就关税自主和领事裁判权两个问题向各列强进行一次软弱的外交活动。王宠惠作为司法部长，为上述交涉提供了法律依据。其中关税自主权问题获得美国等一些国家的承认，取得一些成效。至于废除领事裁判权问题，进展甚微，至“九一八”事变发生后就搁置起来。1928年8月，国民党中央在南京召开二届五次全会，讨论通过在训政时期实施立法、行政、司法、考试、监察五院制度，王宠惠同胡汉民、戴季陶三人，被推为拟定国民政府组织法草案审查委员。10月8日，中国国民党中央常务会议决定任蒋介石为国民政府主席，实行五院制，任王宠惠为国民政府委员、司法院院长。

1931年初，蒋介石在接连打败了同他对立的地方实力派后，即准备召开国民会议，制定“训政时期约法”，以便利用民意机关和法律形式巩固和扩大自己的独裁统治；但他的主张遭到胡汉民等人的坚决反对。2月28日，蒋把胡汉民囚禁起来后，召开一系列会议确定起草约法，推举王宠惠、邵力子、邵元冲三人起草初稿，王宠惠为主稿，王写出初稿后，经约法起草委员会及国民党中央审议补充后，于5月8日由国民会议通过。这部《中华民国训政时期约法》，计八章八十九条。这是一个具有宪法性质的文件，它以法律形式肯定了国民党一党专政和蒋介石个人独裁合法化。

当蒋介石扣押胡汉民后，触发了两广的反蒋行动，王宠惠的态度倾向于两广方面。4 月他和孙科一起离职，从南京赴上海。5 月，汪精卫、孙科等在广州召开非常会议，成立“国民政府”，要求蒋下台。王宠惠不愿深陷国民党内部的派系纷争，起程赴荷兰担任海牙国际法庭正法官的职务。1934 年 12 月，国民党四届五中全会曾选王宠惠为国民政府委员、司法院院长，他未返国就职。1935 年又被选为国民党第五届中央监察委员。王宠惠在海牙国际法庭任正法官约五年，这一职务需要法学精深、资深并经验丰富者方能胜任。王在参与多起重要判案中，常阐发法学见解，贡献自己的智慧，深得同任法官的尊重①。

1936 年，王宠惠辞去国际法官之职。这时正当全国抗日运动高潮，他是国民党内以宋子文为首的英美派的重要人物，对日本的不断扩大侵略深感不安。西安事变后，他从英美派的根本利益出发，反对重开内战，主张和平解决。蒋介石被迫接受国共联合抗日之后，于 1937 年 3 月起用王宠惠继张群任国民政府外交部长。不久又兼代行政院的院务。这时，日本新任外相佐藤标榜“对华亲善外交”，发表演说表示要改善与中国的关系。王宠惠也向日本驻华大使川越表示：“热望调整中日国交，对佐藤外相演说至甚钦佩，愿在事实上努力促其具体化。”

1937 年 7 月 7 日，卢沟桥事变发生后，国民政府最初企图把这一冲突作为地方性局部事件加以解决。7 月 12 日外交部发表声明认为要“以外交之方式，谋和平之解决”，但由于日本政府继续进逼，8 月 13 日又发动对上海的大规模进攻，蒋介石不得不下令所属各部“毅然进入全面抗战”。8 月 14 日，王宠惠以外交部的名义，发表了自卫抗战声明，宣布中国为自卫而抗战，声明指出：“中国为日本无止境之侵略所逼迫，兹已不得不实行自卫，抵抗暴力。”“中国决不放弃领土之任何部分，

① 浦薛凤：《忆王宠惠博士及其英译〈德国民法〉》，台北《传记文学》第 38 卷第 3 期，第 91—94 页。

遇有侵略，惟有实行天赋之自卫以应之。”①这表明国民政府顺应全国人民抗日的要求，决定自卫抗战。

“八一三”上海抗战爆发后，国民政府寻求国际上的援助，苏联表示积极的同情和支持。蒋介石派孙科和王宠惠赴上海与苏联驻华大使鲍格莫洛夫会晤，由王宠惠和鲍大使在南京谈判，8月21日签订《中苏互不侵犯条约》。同年11月布鲁塞尔国际会议后，外交部又秉承蒋的旨意，指示出席会议的国民政府代表说：“我国求在九国公约规定之精神下，谋现状之解决，此系我方应付之原则。”②

1938年10月，武汉失守以后，国民党转向消极抗日，积极反共，王宠惠在外交上予以配合。1941年皖南事变后，王歪曲事实，为国民党开脱罪责，并通过驻美大使胡适等人在国际上大造舆论，吹嘘国民党反共军事部署周密，“即令共军续有异动，必可立予制止”③。

1941年4月，王宠惠调离外交部，不久改任国民党国防最高委员会秘书长。太平洋战争爆发后，蒋介石当上了中国战区最高统帅，为了劝说印度停止反英，共同抗日，并谋成立中印联盟，乃于1942年2月4日出访印度，王宠惠和宋美龄等十余人陪同前往。1943年11月，王又陪同蒋介石前往埃及出席开罗会议。经过美国罗斯福、英国邱吉尔同蒋介石的会谈，以及三国高级随行人员四天的商讨，于11月26日一致通过了《中美英三国开罗宣言》。当蒋介石发表《中国之命运》后，王宠惠受委托将其译为英文。1945年4月，中国派出有国共两党代表参加的代表团，出席在美国旧金山召开的联合国宪章制宪会议，王宠惠是当时国民党派出的代表之一。该会制定了联合国宪章及集体安全和平之

① 复旦大学历史系中国近代史教研组编：《中国近代对外关系史资料选辑》下卷第2分册，上海人民出版社1977年版，第11—14页。

② 中国第二历史档案馆藏档案。

③ 《王宠惠、王世杰致胡适电》1941年2月1日，中国社会科学院近代史研究所中华民国史组编《胡适任驻美大使期间往来电报》，《中华民国史丛稿专题资料选辑》第3辑，中华书局1978年版，第94页。

基本原则。

1946 年 11 月，蒋介石非法召开国民大会，王宠惠参加了大会并参与制宪工作。国大通过了一个所谓《中华民国宪法》，把蒋介石的独裁和内战“合法”化。宪法规定大权集中于总统一身，它可以不受刑事诉究，任期六年连选连任。与此相反，人民、地方和议会处于无权的地位。王宠惠还赶忙写了《中华民国宪法之要点》一文，吹嘘这个宪法是“一部具有特性而最新式的民主宪法”①，接着，王宠惠再次任国民党政府司法院院长。

1949 年中华人民共和国成立前夕，王宠惠以养病为名赴香港。1950 年转往台湾，积极支持台湾当局沿用“中华民国”称号，恢复五院制政府，由蒋介石“复行视事，继续行使总统职权”。王宠惠在古稀之年仍继续担任“司法院院长”，实际上他年事已高，不常亲理“院务”。1958 年 3 月 15 日王宠惠因心脏病于台北逝世。

① 王宠惠:《困学斋文存》，第 139 页。

王 光 祈

李义彬

“五四”时期我国著名的社会活动家、少年中国学会的主要创始人王光祈，字润玙，笔名若愚。四川温江人。生于1892年(清光绪十八年)。祖父王泽山是清季四川著名诗人，有诗集刊行于世；父亲早卒。王光祈出生时，他家在温江城外开设一个锅厂。后来家境衰落，生计日艰。

王光祈童年依靠寡母劳动生活。九岁开始入私塾读书。后由于得到四川总督赵尔巽(赵曾是王泽山的受业弟子)的资助，十三岁时入成都第一小学，毕业后考入四川高等学堂分设中学堂丙班，与李劼人、周太玄、曾琦等同学。他在这里学习了五年，1912年毕业。1913年，他离别家乡，先到泸州，1914年由泸州出川到达北京，入中国大学攻读法律，对“国际公法”和“中西外交史”尤感兴趣。课余时间在清史馆任书记工作，以此所得作为学费和生活费。1918年6月毕业后，先后任成都《群报》和《川报》的驻京记者。

“五四”前后，王光祈生活在新文化运动的发源地北京，又从事新闻工作，因此广泛接触了“五四”时期的社会思潮，并受到较深的影响。这个时期他的思想十分庞杂，既有传统思想的影响，又接受了一些无政府主义和空想社会主义的思想。1918年6月30日，他同李大钊、周太玄、曾琦等在北京发起筹备“五四”时期的著名社团——少年中国学会，被推举为筹备处主任。学会的宗旨，经他提议，开始定为振作少年精神，研究真实学术，发展社会事业，转移末世风气。学会正式成立时，宗旨又改为“本科学的精神，为社会的活动，以创造少年中国学会”①。1919 年 7 月 1 日正式成立时，他被选举执行部主任，一直到 1920 年 3 月他赴欧留学，少年中国学会的会务主要由他主持。他仿效蔡元培在北京大学的经验，在学会里实行“兼容并包”的方针。他说，他之所以采取这个方针，是因为“战后世界潮流的变迁最烈的，因之青年思想亦是一种变迁锐进的。故本会会员有偏重国家主义的，有偏重世界主义的，亦有偏重安那其主义的，是不能一致的，亦不能强同的”②。因之，学会会员的成分复杂，信仰不一致。

“五四”前，王光祈对列强的野蛮侵略和军阀的黑暗统治深恶痛绝，积极探索改造社会的途径。他欢迎俄国的十月革命，1918 年 12 月 22 日在《每周评论》创刊号上发表的《国际社会之改造》中说“俄德革命，社会党的骤然兴起”，这是第一次世界大战中出现的“差强人意的事情”。他在这篇文章中还主张用“打破国界人种”的办法，“扫除那资本家、军阀、贵族的威权”，建立一个“由各地方自治团体联合起来的理想社会”。1919 年初，他在给友人的一封信中，怀疑英美的资本主义制度“究竟与大多数人的幸福有无关系”，他说：这些国家“造成一种世界无敌的财阀，一般平民生活于这种财阀之下，与我们生活于军阀之下同是一样痛苦”。他认为新生的苏俄的社会主义制度“关于经济组织有所改造，比较的差强人意”，但其“国家权力甚大”，“拿国家权力来干涉个人生活，实是一件不合民情的主张”。他理想的社会“是宜在个人自由主义之下，为一种互助的、自由的、快乐的结合”③。王光祈在“五四”时期通过《新青年》、《每周评论》和《少年中国》等报刊，进行了反对列强反对军阀

---

① 《少年中国学会规约》，少年中国学会编《少年中国学会周年纪念册》，1920 年印。

② 北京少年中国学会总会编辑：《少年中国学会会务报告》第 1 期，中华书局 1919 年 3 月印。

③ 《王光祈致君左》，《少年中国学会会务报告》第 4 期，中华书局 1919 年 6 月印。

的宣传。作为《川报》驻京记者，他在这家报纸上及时报道了中国在巴黎和会上外交失败的消息和北京“五四”爱国运动的情况，对四川“五四”爱国运动的兴起起了推动作用。

1919年初，王光祈曾说：他“因留意世界大势，不知不觉的就中了社会主义的魔术了”①。但是，他接受的并不是马克思的科学社会主义，而是克鲁泡特金提倡的互助的无政府主义。他在《每周评论》第十八号上写道：“互助的无政府主义常常攻击国家社会主义（指科学社会主义）道：有了国家，便有了强权。又采行集产制度，便免不了交易。有了交易，就免不了嫉妒竞争的心。有了嫉妒竞争的心，那社会上又要闹得不安宁了。并且人的能力，虽然是有差等，但是所需要的，同是一样。今若以所得报酬，以工作的多寡为比例，是强者智者所得常常有余，弱者愚者所得常常不足，与今日的地狱社会，有何区别？故不如各取所需的方法完善了。”②实际上这也是王光祈当时的思想和主张。

王光祈不只是鼓吹无政府主义，而且积极地去实践。开始，他曾设想在农村建立一个“新生活的组织”，并异想天开地描绘了一幅蓝图：在城市近郊，建立一个菜园。这个菜园不大不小，适宜十来人种植便可。菜园中间建筑十来间房子，楼上作为书房、阅报室、藏书室等，楼下则作为卧室和饭厅。会员每日在这里种菜两小时，读书三小时，翻译书籍三小时，其余时间可游戏、阅报。会员的生活除靠种菜收入外，还靠译书的稿酬。稿酬的一半作为译者的津贴，另一半则作为共同生活的费用。王光祈十分向往这种世外桃源式的生活，他说“在乡间半工半读，身体是强壮的，脑筋是清楚的，是不受衣、食、住三位先生牵制的”，“是一个最美、最乐的自由世界”③。可惜，这个“自由世界”只是座海市蜃楼、空

① 《王光祈致君左》，《少年中国学会会务报告》第4期，中华书局1919年6月印。

② 若愚：《无政府共产主义与国家社会主义》，《每周评论》第18号（1919年4月20日）。

③ 若愚：《与左舜生书》，《少年中国》第1卷第2期（1919年8月15日）。

中楼阁，根本不能实现。它反映了当时的读书人急欲摆脱帝国主义和专制主义的压迫，追求自由和平等新生活的强烈愿望。王光祈设想的这个“新村”虽未实现，1919 年末，他却在城市里搞起“新生活”实验来了。在陈独秀、李大钊、胡适等人的支持下，他参与发起并直接组织了北京工读互助团。这个工读互助团分为三组：第一组十三人，设在北京大学附近；第二组十一人，设在北京工业专门学校、法文专修馆附近；第三组十余人(全是妇女)，设在女子高等师范附近。几十名青年为了改造社会，脱离家庭、婚姻和学校关系，集体生活，一面从事炊事、洗衣、印刷、装订等项体力劳动，一面在北京大学等校旁听。他们劳动所得归公共所有，“强者帮助弱者，智者帮助愚者”，幻想实现“人人作工，人人读书，各尽所能，各取所需”的理想，以这种“不流血的经济革命”来“创造新社会”①。在当时中国社会的经济基础上，企图实行共产主义的分配原则，这是注定要失败的。事实也如此。北京工读互助团虽名噪一时、影响颇广，但其生命极其短暂，只存在了几个月就烟消云散了。

五四运动后，随着马克思主义的广泛传播和革命形势的发展，反封建的新文化统一战线开始分裂，少年中国学会内部发生了分化。李大钊、邓中夏、高君宇、黄日葵等成为信仰马克思主义的左翼会员；曾琦、李璜、左舜生、陈启天、余家菊等成了信仰国家主义的右翼分子；王光祈等一大批人是学会中的中间派会员。“五四”后，他逐渐摒弃了对无政府主义的信仰和进行社会革命的主张，走上了教育和实业救国的道路。左翼会员极力要改变学会那种宗旨笼统和组织涣散的状况，想使它成为一个在马克思主义指引下的革命团体。王光祈不赞成这种主张，认为改造社会可以不触动现行的社会制度，从“教育实业下手”即可。他解释说：“教育可以革新我们的思想，灌输各种知识；实业可以增益我们物质上的幸福，减少我们生计上的痛苦。”还说，从事教育和实业，就是

① 王光祈：《北京工读互助团》，《少年中国》第 1 卷第 7 期(1920 年 1 月 15 日)。

少年中国学会“会员活动的方向”①。他反对李大钊等关于学会要确定主义信仰的主张。在他看来，当时中国人根本没有信仰和实施主义的能力，充其量只能做些确定主义的“预备工夫”。再则，他反对“抄袭”现成的主义，主张重新“创造一个少年中国主义”②。

1920年上半年，王光祈到德国留学，先在法兰克福大学攻读政治经济，同时兼任上海《申报》和《新闻报》的驻德记者，以稿费维持生活。起初他不懂德文，由魏时珍阅德报口译，他笔记整理成文。两年后，他迁居柏林，改习音乐，走上了“音乐救国”道路。此时的王光祈远离了国内蓬勃发展的革命形势，踏上了复古的道路。他把“少年中国运动”倒退为“中华民族复兴运动”。他认为中国社会一切弊病的根源是因为中国人在性格上“充满了因循、苟且、庸懦、麻木、冷酷、贪吝、无聊”。他说，中国的当务之急，复兴民族之路，是从事“自反自修的国民改造运动”。这个改造运动的根本途径，就是利用西洋的科学方法，整理中国古代的礼乐，“用以唤起中华民族的根本思想，完成我们的民族文化复兴运动”③。他在1924年写的一首诗反映了他当时的这种思想，“处世治心惟礼乐，中华立族旧文明；而今举世方酣睡，独上昆仑发巨声”④。

以1925年的五卅运动为起点，全国反帝反封建的革命运动出现了高潮。这时少年中国学会内部的分化和斗争更为深刻和激烈，左右两派势同水火，互不相容，学会分裂已成定局。长期远离祖国的王光祈无视这一客观现实，仍想维持这个名存实亡的学会。同年10月15日，他在填写少年中国学会改组调查表中表示，“倘会中国家与共产两派不能

---

① 王光祈：《少年中国学会之精神及其进行计划》，《少年中国》第1卷第6期（1919年12月15日）。

② 《会员通讯：王光祈致恽代英》，《少年中国》第2卷第11期（1921年5月15日）。

③ 中共中央马恩列斯著作编译局研究室编：《五四时期期刊介绍》第1集，人民出版社1958年版，第261页。

④ 《醒狮》周报第4号（1924年11月1日）。

合作,则主张将学会分为:(甲)少年中国学会国家主义派;(乙)少年中国学会共产主义派;(丙)少年中国学会民族主义派"①。当然,这也只是一种幻想。事实上从1925年下半年起,这个学会就停止了活动,无形中宣告解散了。

1926年,王光祈从柏林大学转到波恩大学继续研习音乐,先后出版了《西洋音乐进化论》、《西洋音乐与诗歌》、《西洋音乐与戏剧》和《东西乐制之研究》等著作。从1932年11月1日起,他开始在波恩大学东方学院担任讲师,讲授中国文艺。1934年,以"中国古代歌剧研究"论文,获得音乐博士学位。其后,经左舜生推荐,蒋介石曾通过驻德使馆参赞谭伯羽劝其归国,未果。

"九一八"事变后,王光祈痛恨日本帝国主义侵占我国东北的罪行,虽在国外也积极投身于爱国活动。"他做了不少攻击日本替中国辩护的文章,发布于柏林及法兰克福各大报。"②1934年2月19日,他在给友人的信中记述了他在波恩与留学生们一道抵制和反对日本帝国主义御用文人讲演的爱国行动。他写道:"本月15日,有一日本教授在此讲《满洲国与日本》,并附以有声电影。此间同学,交涉阻止无效,乃与东方语言学院院长接洽,于讲演之前,由该院院长说明吾辈反对经过之情形,并朗诵吾辈拟就之抗议书一遍,读毕,吾辈全体同学退席,以表示抗拒之意。"③

1936年1月12日,王光祈病死于德国波恩。其骨灰由友人运回国内,安葬于成都东门之牛市口。

---

① 张允候等编:《五四时期的社团》(一),三联书店1979年版,第515页。

② 陈剑修:《与王若愚先生同舟赴欧的追忆》,王光祈先生纪念委员会编《王光祈先生纪念册》,1936年版。

③ 魏嗣銮:《我所能记忆之光祈生平》,《王光祈先生纪念册》。

王 国 维

耿云志

王国维，字伯隅，自号静安，又号观堂，浙江海宁人，生于 1877 年 12 月 3 日（清光绪三年十月二十九日）。他的父亲王乃誉，本为儒生，太平天国时期弃儒经商，又曾一度在江苏溧阳县做小官。他的家庭是"中人产也，一岁所入略足以给衣食"，"家有书五六箧"①，是个有读书传统的中等收入家庭。

王国维三岁丧母，六岁入塾读书，十五岁进州学。他于 1893 年、1897 年两次赴杭州应乡试，都没有考中。当时西学渐盛行，他便放弃举业，于 1898 年到上海，在汪康年等办的维新派报纸《时务报》当书记校对。是年 6 月，开始以业余时间去罗振玉所办的东文学社，跟日本人藤田丰八等学习外文及理化等科学。学社只有六个学生，王在文史方面的才识很受罗振玉赏识，王事罗以师礼，并终生依庇于他。戊戌政变发生后，《时务报》停办，罗振玉把王国维留在东文学社治庶务，资助他继续学习，1900 年秋，东文学社解散。次年春，王应罗振玉之招，赴武昌，在罗主持的农务学堂任译授。秋天，罗资助他去日本东京物理学校读书，1902 年夏，因病回国。

1903 年，王国维受聘于南通师范学堂，任心理、论理学教员。次年，因罗振玉就任江苏师范学堂监督，王国维随去，在该校任心理、论理

---

① 王国维：《自序》，《静安文集续编》，收入《海宁王静安先生遗书》，商务印书馆 1940 年版。

及社会学诸科教员。1906 年,罗振玉被调入京,在学部做官,王国维又跟随入京。次年,由罗振玉举荐,被派在学部总务司行走,以后又任学部图书馆编译、名词馆协修,直到 1911 年辛亥革命时止。

王国维治学开始,对西方哲学发生兴趣,倾心研读尼采、康德的著作,对叔本华的书尤为爱好。1902 年,他从日本回国后,住在罗振玉家中为罗编译《农学报》及《教育世界》杂志,直到 1907 年。他在《教育世界》上发表过大批哲学论文。到北京以后,他的治学兴趣集中于文学方面,特别潜心于词曲。先后有《人间词甲稿》、《乙稿》和《人间词话》问世;并写成《曲录》、《戏曲考源》、《宋大曲考》等数种整理与研究古代戏曲的著作。在此基础上,于 1912 年流亡日本时撰成《宋元戏曲史》(最初发表时,书名为《宋元戏曲考》)。

1911 年辛亥革命爆发后,王国维于当年 12 月携眷随罗振玉逃居日本京都,开始过亡命遗臣的生活。到日本后,罗振玉对王国维说:"方今世论益歧,三千年之教泽不绝如线,非矫枉不能返经。士生今日,万事无可为,欲拯此横流,舍返经信古末由也。"①从此,王国维"尽弃前学,专治经史"②。

王国维居日本四年多,以研究整理罗振玉"大云书库"所藏经史、古器物为事,并常与日本学者相交流。其间,考释甲骨文与"流沙坠简",先后写成《简牍检署考》、《流沙坠简考释序》、《殷虚书契考释序》以及其他考古学论文多篇。

1916 年春,王国维应犹太富商哈同(S. A. Hardoon)的聘请,回国到上海,为哈同编辑《学术丛编》杂志,并继续从事甲骨文及考古学的研究。1918 年,王国维兼任哈同办的所谓"仓圣明智大学"教授。1919 年,应藏书家蒋孟苹之请,为他编写《密韵楼书目》(1923 年初完成)。同年,参加纂修《浙江通志》,担任总纂的是与王国维关系非常密切的清

① 罗振玉:《海宁王忠悫公传》,《海宁王忠悫公遗书》初集,1927 年刊行。
② 罗振玉:《观堂集林序》,《海宁王忠悫公遗书》初集。

室遗老沈曾植。

王国维在上海一直住到1923年春。这是他学术活动最盛的时期，著述极多，主要为甲骨文及古史考证。较重要的有《殷卜辞中所见先公先王考》（后来在清华研究院将其改写为《古史新证》）、《殷周制度论》及《戬寿堂所藏殷墟文字考释》等。1921年，王国维将辛亥以来的主要著述辑为《观堂集林》二十卷，于1922年刻印完成。

1923年4月，以罗振玉的关系，王国维又被清末陕甘总督、宗社党主要成员蒙古贵族升允举荐，召为故宫"南书房行走"，给废帝溥仪当先生。他5月入京就职，得到"五品"官禄。从此，作为已经退位但还不甘心灭亡的清室的臣仆，拖着长辫随侍废帝左右。1924年11月5日，冯玉祥将溥仪驱逐出宫，溥仪避居日本使馆，王国维"侍行未敢稍离左右，其后又时往日使馆觐见"①。而且为了表示效忠清王朝，还几次要投"御河"自杀，经家人严密监视未遂。

当时，清华学校筹设研究院，由胡适推荐，拟请王国维当院长。他以"时变方亟，婉辞谢之"②。1925年初，溥仪亲自劝他去就任，他才接受聘请，允任教授。王国维在清华研究院两年多，除教授经史小学等科外，还从事古代西北地理及蒙古史料的研究整理工作，曾刊行《蒙古史料四种校注》。

1926年7月，广东革命政府开始北伐。到1927年4、5月间，北伐军进抵河南，冯玉祥部亦由陕西东进。当时北洋军阀即将崩溃，革命形势空前高涨。王国维对革命十分恐惧，感到清室复辟的幻想已经破灭。6月2日，他写就遗书，其中说："五十之年，只欠一死。经此世变，义无再辱。"然后便到颐和园投昆明湖自杀，"在水里将遗老生活结束"③。

---

① 赵万里：《王静安先生年谱》，《国学论丛》第1卷第3期，第126页。

② 赵万里：《王静安先生年谱》，《国学论丛》第1卷第3期，第126页。

③ 鲁迅：《谈所谓"大内档案"》，《鲁迅全集》第3卷，人民文学出版社1956年版，第421页。

王 和 顺

黄碧琴

王和顺,字德馨①,号寿山。1868 年(清同治七年)生于广西邕宁县一个壮族的贫苦农民家庭。王和顺青年时曾投入刘永福部下,参加过抗法战争,担任过哨官。战争结束后,清政府大批遣散抗法战士,王和顺回到家乡并参加了三合会。

19 世纪末至 20 世纪初年,广西天灾频仍,瘟疫流行。处在饥饿和死亡线上的广西各族人民,在会党的组织和领导下,酝酿大规模的反清斗争。王和顺这时正在宣化县(现在邕宁县及南宁市的一部分)署当衙役。他有五个兄弟当时因抗租税而被官府杀害,目睹清政府的黑暗统治,他心中燃烧起了反抗的怒火。县署衙役当时肩负有所谓“捕盗”的任务。王和顺利用职务的方便,暗中串联了许多穷苦失业的壮汉族兄弟和散兵游勇,设台拜会,组织抗清队伍。1898 年,他被清政府逮捕入狱。次年 8 月,从狱中逃出,召集会员,“聚众拜台”,公开举起了反清革命斗争义旗。在王和顺的影响和推动下,当时南宁府属的邕宁、横县、隆安以及思恩府属的武鸣等地,先后发生多次会党武装反清斗争。

① 邹鲁:《中国国民党史稿》,中华书局 1960 年版,第 3 册,第 757 页,关于云南河口起义的叙述中,称王和顺为“张德卿”;冯自由:《革命逸史》,第 5 集,中华书局 1981 年版,第 119 页,关于钦廉起义的叙述中,说王和顺“改名张德兴”;《中华民国开国五十年文献》,台北正中书局 1964 年 2 版,第 1 编第 13 册,第 155 页,记述,“王和顺,字德馨”,可见,“卿”、“兴”、“馨”几字之差,皆为谐音之故。

1902年，清政府特命广西提督苏元春兼任广西边防督办。这年6月，苏元春饬令总兵马盛治率领大军镇压人民起义。王和顺率领会党武装，将马盛治的队伍围困在隆安县马鞍山峡。马盛治率部突围，被王和顺开枪击毙，其部几乎全军覆没①。

1903年，广西人民起义出现了新的高潮。清政府以苏元春"疏防失职"革去其职，充军新疆。另派岑春煊署两广总督，督办广西军务。岑春煊调集了湖南、广东、贵州、广西、云南等省大军共十多万人，妄图一举扑灭广西的人民起义。广东调来的军队称"安勇"，由陆爵率领，兵多粮足、装备精良，王和顺在南宁石埠布阵诱敌，而将大队人马埋伏在隆安县境的梅龟山。陆爵驱兵急进，在梅龟山遭到伏击，伤亡过半。这支有"天上雷公，地上安勇"②之称的清军，被王和顺一仗就打垮了。

经过马鞍山峡和梅龟山两战役的胜利，王和顺声威大振，许多分散的会党武装，纷纷投奔王和顺部下。都安的韦五嫂（会党领袖韦五之妻）、南宁的关运培等抗清义军与王和顺领导的会党武装汇合在一起，形成了以南宁为中心，势力扩展到马山、都安、武鸣、隆安、扶绥、上思等地区的各族人民大起义。王和顺成为这一带地区会党的著名领袖。

1904年3月12日至4月21日，王和顺联合南宁地区的黄五肥、滕正宜，钦州的黄三等，集中了三千多名会党武装，在武鸣赖屯、花园村，及隆安的局理、都吉等地，与广西提督兼代理边防督办丁槐亲自督率的十多个营清军，展开了激烈的战斗。随后，王和顺又率领义军转战到了扶绥、上思一带，依靠当地壮、汉人民的支持，凭借十万大山天险，

① 关于马盛治之死，史志有不同的记载，本文采用余一清：《南宁地区人民的反清斗争》（中国人民政治协商会议广西壮族自治区委员会文史资料研究委员会编《广西文史资料选辑》第2辑，1962年版）之说，第230页。

② 余一清：《南宁地区人民的反清斗争》，《广西文史资料选辑》第2辑，第230页。

与清军周旋。同年5月,柳州爆发了会党领袖陆亚发领导的起义,桂、柳、庆三府一带(即今桂林、柳州和河池三地区),人民纷纷起来响应。王和顺挥师北上马山、都安县境,与柳州地区会党起义军相呼应。随后又由上林县率队南下,占领了上林县和宾阳县交界的一带地区。接着转战邕宁、武鸣一带,专门打击罪恶昭著的土豪劣绅。

1905年前后,广西会党起义暂趋低潮,王和顺不屈不挠,一直坚持反清斗争,他对清政府的招抚诱降视之"如粪土","宁备历艰险,未尝稍贬节操"①。清政府对他恨之入骨,悬赏万金购其头颅。由于寡不敌众,王和顺避往安南西贡(今越南胡志明市)。

1907年3月,孙中山从日本到达安南西贡策划武装起义,王和顺前往谒见孙中山,并加入同盟会。旋随孙中山由西贡经海防到达河内,受命负责钦州、南宁一带的起义活动。同年4月,钦州、廉州"三那"(即那黎、那彭、那思)地区爆发了刘思裕领导的大规模的抗捐运动。清政府派巡防营统领郭人漳和新军标统赵声(同盟会员)前往镇压。孙中山认为这是一个发动起义的好机会,派人去郭、赵军中活动,并委王和顺为"中华国民军南军都督"②,深入"三那"地区进行起义的准备工作。王得知驻扎防城的清军连长刘辉廷、李辉堂有反清之意,决定在防城发动起义。这个计划得到孙中山的赞同。同年9月1日,王和顺率领"三那"的群众武装二百多人,从王光山出发,袭取防城。3日,王和顺以南军都督名义,发表了《告粤省同胞文》、《招降满洲将士布告》等文告,揭露清政府的腐朽反动,号召人民起来推翻清王朝、建立民主共和国。由于得到清军连长刘辉廷、团长唐浦珠以及驻防城江对岸的守军连长李辉堂的内应,王和顺率领革命军于5日攻入防城,部队发展至五百多

① "中华民国开国五十年"文献编纂委员会编:《中华民国开国五十年文献》第1编第13册,第145页。

② "中华民国开国五十年"文献编纂委员会编:《中华民国开国五十年文献》第1编第13册,第156页。

人。接着王和顺又率队向钦州进发,但因驻钦州清军统领郭人漳不肯依约内应而没有攻克,起义军又转攻灵山,与清军激战三天,终因弹药缺乏,被迫撤回“三那”。由于一时无力进取,王和顺下令解散队伍,自己则退到河内,向孙中山报告钦廉防城起义经过。孙中山勉励王和顺继续战斗,命他负责组织桂边的镇南关(今友谊关)、水口关、平宜关(今平而关)一带的活动,着手准备镇南关起义。11 月,王和顺赴那模村与凭祥土司李佑卿商议夺取镇南关炮台的问题,但因李佑卿的部下拒绝合作,孙中山改派黄明堂为镇南关都督,派王和顺募集同志,夺取龙州水口关作为声援。

1908 年 4 月,孙中山命令黄明堂、王和顺、关仁甫三人筹划云南河口起义。4 月 29 日,黄明堂、王和顺、关仁甫率领一百多人在河口起义,与清军血战一昼夜,占领了炮台,击毙清防务处督办官王玉藩,缴获枪支一千多支,子弹二十万发。驻河口清军六个营全数投降。5 月 4 日,王和顺率领队伍沿滇越铁路线向北推进,两营清军相约来降,王部顺利占领了南溪。5 月下旬,清政府调集了云南、广西、贵州、四川清军数万人向河口大包围,王和顺率队迎战,相持了二十多天。起义军弹绝粮尽,不得已撤出河口。王和顺和黄明堂率部六百多人退入越南,后被法国殖民政府扣留,驱逐出境并派轮船押送新加坡。

王和顺在新加坡居住三年,1911 年 3 月 29 日广州黄花岗起义后,他到达香港,继续从事革命活动。1911 年 10 月,武昌起义胜利,王和顺回到广东,他没有来得及征得同盟会南方支部的同意,便自告奋勇募集粮饷,于 11 月初(农历九月十一日)发动了惠州起义,组织的惠军与清军在飞鹅岭血战七昼夜,光复惠州。11 月 9 日,广东光复。各地民军纷纷开进广州城,王和顺也率领惠军不下一万人的十七个营的队伍,进驻广州长堤一带。此外,还有黄明堂的顺军、陈炯明的循军等也相继进驻广州。不久,陈炯明任广东副都督,独揽广东军政大权,他扩充自己的实力,排斥异己,实行消灭民军的政策。当时各路民军中“以王和顺惠军势力最为雄厚，又颇有纪律”①，是民军中影响最大的一支队伍，因此，被陈炯明视为眼中钉。陈炯明召开所谓裁军会议，遭到民军领袖王和顺和黄明堂的反对。当时，王、黄已意料到冲突不可避免，就将队伍退驻于东堤一带。1912 年春，陈炯明出动军队包围惠军驻地，遭到惠军的顽强抵抗。双方激战了几天，惠军终因枪弹接济不上而失败，王和顺出走香港。1915 年袁世凯复辟帝制，中华革命军及护国军讨袁，王和顺亦组织义军，参加讨袁运动。

1922 年 6 月，陈炯明公开叛变孙中山，王和顺回到梧州，与滇军将领张开儒、杨希闵兴师讨逆，1923 年初随滇桂军进入广东。以后，王和顺离开军队，隐居广州多年。因积劳成疾，久患足疾，医治无效，于 1934 年在广州逝世。

---

① 李蘅皋：《王和顺惠军与陈炯明循军冲突内幕》，中国人民政治协商会议广东省委员会文史资料研究委员会编《广东辛亥革命史料》，广东人民出版社 1962 年版，第 392 页。

王 怀 庆

张学继

王怀庆，字懋萱。1876年（光绪二年）生于直隶宁晋县。因家庭贫困，自幼年起即在家从事放牛、牧羊、种地等农活，十二岁母亲去世，十五岁那年因不堪忍受继母的虐待离家出走，流落到直隶芦台时正赶上淮军将领聂士成部在此招兵，遂入伍当兵。王怀庆不仅勤快而且胆大，受到上司赏识，不久被保送到天津北洋武备学堂第二期学习。毕业后回到部队，提拔为哨官。1893年升千总。1894年随聂士成开往东北参加甲午战争。1900年，王怀庆升任直隶提督聂士成帐下的中军兼马步卫队管带。1900年6月，八国联军攻陷天津大沽后，聂士成奉命率部守卫天津。7月9日，聂士成所部在天津城南八里台战役中，与八国联军展开浴血奋战，在前线督战的聂士成中炮阵亡。王怀庆不顾生死，将长官的遗体从战场上背回，随后又亲自护送聂士成的灵柩回安徽合肥原籍埋葬。王怀庆忠于长官的举动得到朝野一致赞扬，聂家更是感激万分。

1903年，聂士成的母亲专函介绍王怀庆前往投奔直隶总督兼北洋大臣袁世凯，袁世凯对王怀庆效忠主将的行为早有耳闻，次年即破格提拔王怀庆为北洋常备军第一镇马一标标统，1905年春改调第二镇马二标标统。同年夏，王怀庆因镇压直隶沧州、献县、河间等地的农民起义"有功"，晋升为北洋常备军骑兵第二协协统。

1907年4月，王怀庆随东三省总督徐世昌前往东北，任东三省总督署军务处会办兼奉天中路巡防营统领，是徐世昌在东北倚重的军事助手之一。

1909 年 2 月，改任淮军五路统领，同年升任直隶通永镇总兵，驻防开平镇。

辛亥武昌起义爆发后，第六镇统制吴禄贞、第二十镇统制张绍曾、第二混成协统蓝天蔚联合在北方发动“滦州兵谏”。吴禄贞被袁世凯指使的刺客刺杀身亡。兵谏失败后，清廷下令第六镇、第二十镇分散各地，以防异动。其中驻防滦州的第二十镇第七十九标是北方新军中革命力量最强的一支部队。该标第一营管带施从云、第二营管带王金铭等都是激进的革命党人。这两营官兵“自排长以至士兵，十九倾向革命”。在北方革命党人白毓昆、孙谏声、凌钺等人的策动下，七十九标官兵于 1910 年 12 月 31 日宣布起义，通电“主张共和”，正式成立北方革命军政府，推王金铭为军政府大都督，张建功为副都督，施从云为总司令，白毓昆为参谋长，孙谏声为军政部长，朱佑保为民政部长，凌钺为外交兼司法部长，陈洋为前敌总指挥，张良坤为秘书长。1912 年 1 月 4 日晚，起义部队按计划向天津进军。不料，部队准备开拔时，张建功突然叛变，率所部第三营进攻军政府。起义军受到很大损失。起义军为争取时间进攻津、京，遂放弃同张建功作战，登车西进。

清廷电令通永镇总兵王怀庆部与第三镇统制曹锟派部队阻击起义部队。起义部队乘坐的火车行至雷庄，遭到王怀庆部与第三镇优势兵力的阻击。起义军奋战一天，终以敌我悬殊，弹尽援绝，死伤惨重。这时，王怀庆派人到起义军中，假意请王金铭去雷庄车站议和。王、施遂带少数官兵前往会谈，途中为王怀庆伏兵扣留，并予以枪杀。王怀庆杀害王、施后，与曹锟的部队一起对起义军发起最后进攻，将起义残酷地镇压了下去。

1912 年 3 月，王怀庆任天津镇总兵。6 月 2 日，任蓟榆镇守使；6 月 28 日改调多伦镇守使，因镇压蒙古叛军有功，先后获得二等文虎章、勋五位的奖赏。1914 年 9 月，调任冀南镇守使。袁世凯在宣布接受帝制后，大封功臣，于 1915 年 12 月 23 日册封王怀庆为“二等男爵”。

1916 年 6 月，王怀庆调任大名镇守使。

袁世凯死后，王怀庆依违于直、皖两派军阀之间。1918 年 2 月，王怀庆升任直隶军务帮办，9 月授将军府庆威将军。10 月 10 日，徐世昌宣誓就任大总统，委王怀庆为总统府高等顾问。

1919 年五四运动爆发，京师步军统领李长泰因处置失宜，被迫于 5 月 21 日去职，徐世昌任命王怀庆署理京师步军统领兼第十三师师长(同年 7 月 31 日改为实任)。

1920 年 7 月，直皖战争爆发。战争结束后，徐世昌命王怀庆任京师步军统领兼署京畿卫戍司令，督办近畿军队收束事宜。王怀庆根据曹锟的旨意，将京畿的皖系溃兵先聚集起来，然后一律缴械，遣送回原籍。甚至连北京政府陆军部和段祺瑞公馆卫队共三千余人也全部缴枪遣送回籍。前后有四五万人的皖系军队被王怀庆解除武装遣回原籍，此举得到直系军阀首领曹锟、吴佩孚的赞赏。

1922 年 1 月，毅军统帅姜桂题病故，北京政府命王怀庆会办毅军事宜。4 月 28 日，第一次直奉战争爆发，5 月 3 日，张景惠指挥的西路奉军被击败，此路奉军于次日败退至北京附近时，王怀庆指挥他的军队在南苑，对正在败退的奉军发动攻击，一举俘虏奉军三万余众。

奉系战败退回山海关外，北京政局由直系军阀首领曹锟、吴佩孚把持，5 月 28 日，王怀庆实任京畿卫戍总司令，29 日又兼任热(河)察(哈尔)绥(远)巡阅使兼热河都统兼第十三师师长，多种职务集于一身，成为第一次直奉大战的赢家。

直系接连取得直皖战争和第一次直奉战争的胜利，曹锟的政治野心急剧膨胀，吴佩孚为此策划将大总统徐世昌赶下台，迎前大总统黎元洪复位，召集旧国会，再利用旧国会选举曹锟为大总统。为此，吴佩孚首先指使直系议员发表宣言，斥徐世昌的大总统非法无效，后又指使直系将领通电逼迫徐世昌立即辞职。徐世昌不甘心失去大总统宝座，更不愿被北洋后生辈逼迫下野，于是找来王怀庆问计。徐世昌问王怀庆："你是我的体己人。你说，事到如今，咱们还有没有什么法子可想?"此前,王怀庆已得到曹锟的密令,叫他派兵押解徐世昌出京。王怀庆听完徐世昌的问话,直截了当地回答:“只怕没法子可想了。我看您老还是让步,免得节外生枝。”6 月 2 日下午,徐世昌发表辞职通电,随即由王怀庆亲自护送乘火车出京前往天津寓所。

6 月 11 日,黎元洪被直系军阀捧上台。直系的意图是让黎元洪复位补足任期。可黎元洪一登上大总统的宝座就舍不得下台,想方设法延长总统任期。黎元洪恋栈,使得迫不及待要上台的曹锟忍不住了,决定以武力驱黎下台。于是,身为京畿卫戍总司令的王怀庆又担当起驱黎元洪下台的急先锋。

6 月 7 日,王怀庆奉曹锟旨意,率领军警五百余人,腰佩军刀闯入新华门,围住黎元洪办公的居仁堂,索要军饷。面对王怀庆率领的气势汹汹的军警,黎元洪答应端午节(6 月 28 日)前拨军饷四百万元。王怀庆才带领军警退出大总统府。

其实索要军饷只不过是名目,真正目的还是逼黎元洪辞职。6 月 9 日,北京城的警察全体罢岗,守卫大总统和黎元洪在东厂胡同住宅的卫戍部队也撤走了。6 月 10 日,又有三百多名军官到黎元洪在东厂胡同的住宅闹事,住宅内电话被军警监视,自来水龙头也被堵塞。天安门前还有大批的所谓公民团集会,高喊“总统下台”的口号。6 月 11 日,又有千余名军警闯进黎元洪的住宅。黎元洪住宅内的水电全被切断,电话不通,一片混乱。身为京畿卫戍总司令的王怀庆竟向黎元洪提出辞职,表示不再负责维持治安。王怀庆还指使第十三师中下级军官集体辞职。至此,黎元洪感到大势已去,于 13 日下午匆匆乘专车离开北京。

将黎元洪驱赶下台后,王怀庆又将他搜刮来的几千两烟土(鸦片)献给曹锟,用作贿选费用。在正式选举那天,王怀庆率大批军警到象坊桥众议院以刺刀监督议员选举,众议院里里外外布满军警,在众议院对面的墙上还架设起了机关枪。议员们投曹锟一张选票,可得五千银元的支票(重要议员还有高达一万甚至几万的特殊票价)。曹锟以贿选的形式坐上了中华民国大总统宝座。

曹锟上台后，要王怀庆尽早去承德组建巡阅使公署。王怀庆因为迷信，迟迟不肯出京。曹锟念他保自己当选大总统有功，让他在北京成立热察绥巡阅使署军务处。热河都统的职事则由热河军务帮办米振标代行。

1924年9月，第二次直奉战争爆发。曹锟任命吴佩孚为直军总司令。9月17日晚上，吴佩孚在中南海四照堂召开军事会议，派兵点将。王怀庆自告奋勇担任直军第二路军总司令，指挥第十三师及驻热河的米振标部毅军，总兵力大约有两万三千余人，此路的作战任务是出喜峰口，趋平地泉至朝阳攻击奉军。王怀庆的对手是奉军第二军。军长李景林，副军长张宗昌，此路奉军大约三万人，其作战路线是由北镇出朝阳，经凌源，直奔喜峰口。

王怀庆受命后却按兵不动。原来，王怀庆每次出征都择黄道吉日。王怀庆迟迟不到前线，热河前线只有第二路副司令米振标指挥的毅军。奉军第二军军长李景林练兵一向注重"急行军"，他以快速行军进攻朝阳，迅速打败了战斗力弱的毅军，占领了朝阳。王怀庆到前线后，见奉军攻势猛烈，为了保存实力，不敢与奉军交锋，节节败退。随后，直军第三路军总司令冯玉祥与援军第二路司令胡景翼率军倒戈，回师北京与北京警备副司令孙岳发动北京政变，将大总统曹锟囚禁，第二次直奉战争以直系大败告终。直系失败后，王怀庆被北京政府免去热察绥巡阅使、陆军第十三师师长等本兼各职，第十三师的番号也被取消。王怀庆被免职后，寓居天津。

1937年卢沟桥事变爆发，北平、天津很快沦陷。王怀庆离开天津回原籍宁晋县居住。日本侵略军继而占领涿州、保定、石家庄、邯郸等地。为了进一步掠夺华北的资源，日军制定《华北各铁路运营纲要》，拟委任王怀庆担任平汉铁路治安军总司令。王怀庆闻讯，借故推辞，重返天津。

王怀庆在任京畿卫戍总司令和热察绥巡阅使时，从北京故宫、颐和园及承德避暑山庄盗出大批古玩、玉器和名贵字画等文物。1937年他从天津回原籍居住时，将这些珍宝带回藏于家中。为时不久，藏在老家的珍宝被日军洗劫一空。王怀庆受此打击，从此精神失常，多年卧床不起。

1953 年，王怀庆病死于天津。

王 家 烈

周春元　林国忠

王家烈,字绍武,贵州桐梓县人。1893 年 7 月 10 日(清光绪十九年五月二十七日)生。其父王大章,在乡村教私塾十多年,后任保正,常以调解为名向乡民勒索“规矩费”(即讼费)。王家烈七岁读书,1909 年考入桐梓县高等小学堂,1911 年因经济困难而辍学,翌年去遵义,以教私塾为生。

1914 年,王家烈投笔从戎,入贵州陆军步兵六团,先后为列兵、下士、副班长。次年 8 月,进黔军贵阳模范营学习。1916 年回原部参加护国战争,编入陆军第一混成旅步兵二团二营五连,为少尉排长。年底随护国军右翼总司令戴戡进驻成都。次年春返贵州,入贵阳讲武学校,肄业。1918 年 4 月,回部队任中尉排长,驻营铜仁。6 月入湘,参加护法战争。1920 年 4 月回黔。这时,第一混成旅十团二营营长周西成为培植个人势力,大力提拔桐梓同乡,王被提升该营连长,驻防黎平、永从。翌年春,孙中山命黔军援桂,王随周部入驻广西柳州,不久,又离桂返黔,驻铜仁。

1922 年春,袁祖铭取得贵州统治权,时任黔军第一混成旅旅长的周西成不愿附袁,率部入川投靠川军石青阳部。王家烈随往,在石部任营长。6 月,王经石介绍,加入国民党。以后,王家烈协助周西成在涪陵收编从重庆东下鄂西的杨森军千余人,被提升为团长。1923 年初,进兵遵义,又协助周收编了两个团,再次为周扩充了实力。周擢升师长后,王被提为旅长。同年 4 月,王在江津将北洋军、川军两营多兵力缴械，第三次为周扩充了实力。嗣后，周令其移驻叙永，养精蓄锐，历时两年。

1926 年 1 月，周西成担任贵州省长，王家烈随之返黔，继续为周效力。因职位在周的妹夫、师长毛光翔之下，王不服，要求周合理调整职务，结果被周撤职。1927 年春，王被重新录用为团长，驻铜仁。不久，被提为师长。9 月湖南爆发秋收起义，蒋介石急电贵州出兵。王受周西成命，率师抵湖南沅陵，但因与湘系熊震、陈汉章等争夺地盘，一再失利，而且孤军深入、难以持久，旋奉令回黔，仍驻铜仁。1928 年春，王被周委为第九路军前敌总指挥，驻四川綦江、东溪，帮助川黔边防军赖心辉、郭汝栋部，防备川军刘湘移黔。这时，驻鄂西的四十三军军长李燊得到南京的支持率部返黔。11 月，周西成、李燊之战爆发。王被周委为酉阳、秀山前敌总指挥，与李军战于龙潭、秀山、铜仁、松桃等地。混战持续到年底，王家烈屡战不利并在作战中受伤。1929 年春，龙云滇军两个师与李燊部合力攻入黔境。5 月，周西成死，6 月，王家烈进据贵阳。

这时，毛光翔任贵州省主席兼二十五军军长，常在人前贬低王家烈，又不公开发表王的军职。王心怀不满，渐与毛分裂，投靠了蒋介石。是年冬，张发奎、李宗仁联合反蒋，王受蒋介石委派，出兵黔桂边境，牵制李宗仁、白崇禧后方，接着又占据黔东南一带。1930 年 4 月，毛光翔欲夺王兵权，诡称滇军袭黔，急电王“轻骑来省，指挥作战”①。王不从，且攻占铜仁、松桃以及黔东北一带，扩大自己的地盘。7 月，蒋介石令王家烈出兵湘西，攻打工农红军，王被任命为“湘黔边区剿匪司令”，驻洪江。1931 年 7 月，王又出湘西南的靖州、绥宁，与湘军章亮基等联合，“清剿”北上与中央红军会师的红七军李明瑞、张云逸部，蒋介石拨

① 王家烈：《桐梓系统治贵州的回忆》，中国人民政治协商会议贵州省委员会文史资料研究委员会编《贵州文史资料选辑》第 2 辑，贵州人民出版社 1979 年版，第 25、28、33 页。

给枪一千支、子弹二十万发。11 月，王出席国民党第四次全国代表大会，蒋当面夸奖他“剿匪很有成绩”①，拨给迫击炮十六门、子弹二十万发。

1932 年 1 月，王家烈以毛光翔要其回省参加“整编会议”为名，率主力退黔。由于得到蒋介石、何应钦的支持，他被任命为二十五军军长。毛光翔自知实力不足，被迫表示“欢迎”，“推荐”王当贵州省主席。不久，王又兼任国民党省党部指导委员会主任委员，掌握了全省党政军大权。

是年冬，被赶下台的毛光翔联络王家烈部属蒋在珍、犹国材、车鸣翼等密谋反王，坐镇贵阳的王率部与战，指挥不当失利被迫退出贵阳至榕江。1933 年 1 月，王再率部与战才夺回贵阳，恢复统治。这场军阀混战一直延至 1934 年春。王家烈统治贵州后，贪恋酒色，昏庸度日，不理政事。他妻子万淑芬干预军政，握兵八团，乘飞机纵横捭阖于南京与两广之间，大量安插万氏家族和铜仁同乡，形成铜仁派。铜仁派与铜梓派争权夺利，人民怨声载道，有人曾作对联称：“王纲堕地，万恶滔天。”②

从 1934 年下半年起，王家烈接受蒋介石命令，多次参与阻击长征过黔的工农红军。他先派旅长李成章率兵三团，在思南一带追击贺龙领导的红二军团；9 月，在黄平一带，亲自指挥所部追击萧克领导的红六军团；12 月，中央红军进入贵州，王又亲自率部进行防堵，并设军部行营于遵义、镇远，动用兵力二十一个团。次年初，蒋介石委王为“剿匪”第二路第四纵队指挥。他以侯之担师六个团固守遵义，以柏辉章师开赴遵义、刀靶水之间，据守乌江渡。1935 年 1 月 6 日，中央红军攻克

① 王家烈：《桐梓系统治贵州的回忆》，中国人民政治协商会议贵州省委员会文史资料研究委员会编《贵州文史资料选辑》第 2 辑，贵州人民出版社 1979 年版，第 25、28、33 页。

② 王指王家烈，万指万淑芬。

遵义，8、9 两日连占娄山关、桐梓。王被迫退回贵阳，继续指挥黔军尾追红军。同年 2 月，红军二渡赤水，再入贵州，王部又尾追红军至遵义北郊董公祠、飞来石等地。红军将其击败，再克遵义城，王狼狈逃至金沙、黔西。由于接连丧城失地，受到蒋介石的电报训斥。

蒋介石早认为川、黔、滇三省各自为政，极不利于全国统一施政，在红军进入黔边时，他即决心“乘追堵红军的机会，完全掌握西南”①。王家烈部在西南军阀中力量较弱，蒋乃乘其新败，派薛岳于 3 月 30 日用武力控制贵阳，吞并了王部侯之担师。4 月，红军主力入滇，黔境战事已近尾声，蒋又逼王于军政二职中辞去一职。王无可奈何，辞去省主席职。接着，蒋又派人煽动王的部属闹饷，同时密以巨款收买师长何知重、柏辉章，逼王下野。王无奈，只好辞去军长职务，后被委以“军事参议院中将参议”闲职，于 5 月 3 日离黔去武汉。

同年 11 月，蒋介石让王家烈入南京陆军大学高级班学习。1938 年 8 月，日军进攻广州、武汉，蒋介石派王至鄂南，任第二十军团副军团长(军团长是汤恩伯)。不久，又调他到重庆任军事委员会高级参议闲职。1942 年，改为军政部参事。1946 年 5 月，王被迫退役，回遵义闲居。因王有社会声望，1947 年被桐梓县选为“国大代表”。1949 年 7 月，王去贵阳治病，被当时省主席谷正伦委以绥靖公署副主任职。王未到任，贵阳即告解放。

中华人民共和国成立后，王家烈历任西南军政委员会委员，第一、二、三届贵州省人民代表，省人民政府委员，省政协副主席等职。1966 年 8 月 11 日病逝于贵阳。

---

① 晏道刚:《蒋介石追堵长征红军的部署及其失败》，中国人民政治协商会议全国委员会文史资料研究委员会编《文史资料选辑》第 62 辑，文史资料出版社 1983 年版，第 15 页。

王 家 襄

夏高阳

王家襄，字幼山，浙江会稽（今绍兴）人。1872 年 10 月 27 日（清同治十一年九月二十六日）生。其父王官亮，举人出身，曾署河南怀庆知府。王家襄幼失怙恃，由伯叔抚养成人。少时有志于学，用功甚勤，但屡试均未考中，以后改读法律。

1904 年，王家襄以县丞分江苏，随即考取官费留学生，东渡日本学警政，毕业于东京警视厅特设警察专科。1906 年回国，任浙江全省巡警参议，旋调任绍兴府巡警总理，后转任浙江高等巡警学堂提调，兼法制教习。1909 年 9 月浙江谘议局成立，王家襄当选为议员，多有建白。在第一次常年会议上，王家襄被选为谘议局常驻议员和资政院议员，参与君主立宪活动甚力。

1911 年，王家襄应友人之招，赴吉林任巡警道。10 月，武昌起义爆发，吉林巡警多为满、蒙人，对革命扞格不入，王联络官吏，“阳示镇定，阴调护之”①。不久，民国成立，南北统一，吉林未经动乱，王家襄颇获赞誉。旋南归，任浙江杭县知事。1912 年 4 月，他被浙江省议会推选为第一届参议院议员，赴京就职。

民国初年，政团纷起，分合迭变。王家襄先为民国公会会员，继为共和党员。后来共和党与统一党、民主党合并为进步党，王又为进步党

---

① 张寿镛：《王幼山先生传》，《风云》第 1 期，上海风云出版社 1943 年 9 月刊印。

党务部长。

1913 年初，袁世凯下令进行国会议员选举，王家襄被选为参议院议员。“二次革命”起，张继辞参议院议长职，王当选为参议院议长，并被推选为宪法起草委员会委员及理事，参与起草宪法。王自居于国民党与北洋派以外，以“独立自主”的中间派人士面目出现，其实进步党为袁世凯所用，已成为在国会中打击和对抗国民党的御用工具。

“二次革命”后，国民党势颓力衰，袁世凯为所欲为，不等宪法的制定，急于当正式总统，王家襄在国会为之奔走。是年 9 月，众议院和参议院先后通过了先举总统、后定宪法案。10 月 4 日，宪法起草委员会公布了匆匆制定的《大总统选举法》。6 日，国会在袁世凯党徒唆使的“公民团”包围下，演了一场逼选总统的闹剧。10 日，袁在清宫太和殿就大总统职，王家襄以选举会主席身份向袁授大总统证书，并去武昌向黎元洪授副总统证书。

不久，袁世凯向国会提出增修约法案，欲变责任内阁制为总统制。当时王家襄及其他进步党议员，正在草订一部既可以维持国会的表面尊严和议员的个人地位并同时也可供袁利用的宪法，已进入到三读会。不料袁竟派出八名代表强行“列席”宪法会议，直接干涉制宪。在国会最后一点面子亦难以维系的情况下，议员们拒不接待八代表，使袁大为恼怒。10 月 25 日，袁世凯通电指责宪法起草委员会为国民党议员操纵把持，宪法草案侵犯政府特权，取消行政独立，形成国会专制，“势必亡国灭种不止”，号召各省“共抒谠论，于电到五日内迅速条陈电复”①。于是，各省都督、民政长等群起应和，解散国民党、撤销国民党议员、撤销宪法草案、解散宪法起草委员会之声喧嚣一时。曾为袁效命的王家襄等进步党议员，到这时也不得不为维护所谓国会尊严，宣称国会议员除名应由国会自行决定，不受外力干涉。

11 月 4 日，袁世凯悍然下令解散国民党，撤销国民党籍之国会议

---

① 谷钟秀：《中华民国开国史》，上海泰东图书局 1914 年版，第 150—152 页。

员，派出大批军警彻夜追缴国民党议员之证书、徽章，连跨党者、脱党者亦被追缴，使国会不足法定人数而不能开会，一手扼杀了国会的活动。王家襄等进步党议员震惊之余，以参、众两院名义分别向政府提出质问书，限期答复，袁党置若罔闻。拖延了很多日子，内阁总理熊希龄才函复两院议长王家襄、汤化龙略称："大总统于危急存亡之秋，为拯溺救焚之计，是非心迹，昭然天壤，事关国家治乱，何能执常例以相绳。"①接着，袁指派专人召集政治会议取代国会职权。一个半月后，1914 年 1 月 10 日，袁竟下令停止两院现有议员职务，正式宣告解散国会，王家襄等进步党人也被撇在了一旁。

袁世凯在实现了总统独裁制后，于 5 月设立参政院，自行指定当朝显宦、前清官僚、进步党名流等七十人为参政，王家襄亦列名于中。参政院名曰"以备大总统之谘询，审议重要政务"②，实为筹备帝制之专设机关。接着，袁又下令参政院代行立法院职权，以便明目张胆地变更国体。在筹安会鼓吹帝制的喧嚣声中，参政院于 9 月 1 日开会，要求变更国体、实行君宪的"请愿书"犹如雪片飞来，各种名目的"公民请愿团"接踵而至。在讨论请愿事件的参政院会议上，王家襄发言表示反对，谓："今日之事，除将一切请愿书却下外，无他办法。"③次日，王知如此表态必为袁党所不容，在友人促使下托故离京，未再参与其后参政院上书拥戴袁世凯称帝的丑事。

1916 年 6 月，袁世凯死，黎元洪继任总统，下令裁撤参政院，恢复约法和国会。8 月 1 日，国会重开，不久宪法起草会议亦续开，王家襄回到北京，仍任参议院议长。

1917 年 2 月间，由于德国采取无限制潜艇政策封锁海上，段祺瑞

---

① 李剑农：《戊戌以后三十年中国政治史》，中华书局 1965 年版，第 193 页。

② 顾敦鍒：《中国议会史》，苏州心正堂 1931 年版，第 211 页。

③ 张寿镛：《王幼山先生传》，《风云》第 1 期，上海风云出版社 1943 年 9 月刊印。

政府抗议无效，提出对德绝交问题。王家襄支持段祺瑞对德绝交的主张甚力，在参、众两院议员中为段游说，遂获得国会通过；但在进一步对德宣战问题上，各派意见分歧甚剧，议员中袒护黎元洪者颇不乏人。5月10日，段之对德宣战案提交国会，同时唆使几个所谓“请愿团”二千余人包围国会，殴辱议员，企图胁迫国会通过。议员愤懑不已，停止会议，不予讨论，遂使段之国务院与国会间冲突激化，王家襄虽欲竭力斡旋，亦难挽回。时段指使“督军团”出面干预，联名呈请黎元洪改正宪法草案，解散国会；而国会则断然主张内阁改组，迫段去职。23日，黎下令免段职，督军团遂宣告反叛，张勋以调停为名要黎限期解散国会，接着张勋更演出复辟丑剧。王家襄得到黎被迫下解散国会令的消息，便携带参议院印信微服出京，在天津以参议院名义通电声讨。

段祺瑞讨伐张勋竟功后，重掌北京政府大权，有意任王家襄为总长或省长，王未受，而力主恢复国会。段不愿尊重约法、恢复国会，下令另组参议院，于1918年8月另立第二届国会，世称“安福国会”，王家襄拒绝与他们往来。1920年段祺瑞在直皖战争中败北，安福国会于8月解散后，王家襄与吴景濂等人积极筹划恢复旧国会，向直系首领曹锟等人游说恢复国会之诸多好处，建议恢复法统。1922年5月，王等在天津成立第一届国会继续开会筹备处。6月1日，召集国会议员一百五十余人在天津开会，通电全国继续行使职权，同时宣布徐世昌是非法总统。王家襄与吴景濂、熊炳琦等人秉承吴佩孚之意，环请黎元洪复大总统职。6月11日，黎复出，随即下令恢复旧国会。8月1日起，国会开第二次常会，王家襄仍为参议院议长。王联络同志，主张此次国会应专事制宪，暂时停止行使其他一切职权。他们力陈民国成立已十一年，仍无宪法，前此责任或可诿为外力干涉，“此次开会，若不专力制宪，或因政争阻碍制宪通行，则国会咎无旁贷”①。但另有一批议员在曹锟唆使下，提议讨论黎元洪复职是否合法，谋作政治买卖另举曹锟为总统。10

① 李剑农：《戊戌以后三十年中国政治史》，第351页。

月，国会开第三次常会，参议员第一班任满，王家襄依法退议长职，仍当选为参议员。王热心于制宪，想继任议长，但是杨永泰的呼声也很高，重选议长之举竞争激烈。由于双方各有研究系和政学系为后台，势均力敌，各不相下。“初则彼此以不出席相抵制，继则以武力相对待。展开选会，屡次斗哄，均无结果而散。遂有行政委员会之组织代理执行会务。”①

曹锟急于登上总统宝座，策动内阁辞职和军警索饷，黎元洪被迫于1923年6月离职去津，行前将总统印章交王家襄，王不受。国会议员被直系操纵、受贿者越来越多，王乃托故出京，不再视事。旋曹锟命杨永泰以五十万元巨赂要王家襄赞助贿选，王拒不受。

此后，王家襄不问政事，专任中英合办的福中矿务公司督办，寓居北京，不与在位者相通，仅时与一二知己文酒聚会。1928年6月16日病逝。

① 顾敦鍒：《中国议会史》，第357页。

王 金 发

裘士雄 徐和雍

王金发，名逸，谱名敬贤，字季高，号孑黎，金发(亦称“金法”)是他的乳名。浙江嵊县董龙岗人。1883 年 4 月 3 日(清光绪九年二月二十六日)，王金发出生于小康人家，祖遗水田三四十亩(一说一百多亩)。他的祖先“因恶清避居董龙岗”，祖父王修宫不满清朝腐败统治，1861 年“太平军入浙，欲有所展布，毅然从之，得为偏裨，率队驻宁波，已而太平军败，知事不济，乃散归，恣饮以终其身”①。父亲王启孝亦耻仕清，在籍从事耕读。王金发从小就受到社会和家庭的民族革命思想的熏陶和感染。

王金发少时聪颖过人，生性强悍，好习武弄枪棒，尤喜射击。其母徐珍梅督教甚严。王二十一岁考中秀才，同时也练就了一手射击绝技。“时值欧风东渐，梁启超、康有为等刊行《新民》、《时务》等报大声呼号，又有孙文、黄兴辈潜结志士，为积极地进行，于是，‘革命’、‘排满’、‘民权’、‘天职’、‘自由’、‘流血’种种新词几乎遍及国中，尽人乐道。”“而金发亦于此时在乡联合胡士俊、胡春霖、周志由、张陔南等创立大同社，名为办学，实则植党结群，以待时机之至。”②他参加反清的会党组织——乌带党，继而归附平洋党，并很快取得绿林弟兄们的信任和拥戴，被推举为“龙头”(首领)。王金发“凡所举动，均以

① 楼翼谷:《景风翁家传》，载敦伦堂《王氏宗谱》(八)。

② 谢震:《王季君行述》，载敦伦堂《王氏宗谱》(八)。

身为党徒先，故党徒咸乐就之”①。他们抗捐拒税，劫狱反官，从事反清斗争，清政府甚为震惊和不安，故“官府捕之，急如星火”②。1905年春，光复会领袖徐锡麟到嵊县寻访王金发等，密谈竟夕，相见恨晚。是年8月，王金发应邀入徐锡麟等革命党人创办的大通学堂，并参加了光复会。同年冬，他与徐锡麟、王振汉、陈伯平、马宗汉、范爱农等东渡日本，“金发入大森体育学校，及至试验，成绩竟以第一人高标毕业”③。

翌年夏，王金发回国后任大通学堂体操教员，协助秋瑾培训骨干，准备武装起义。1907年7月6日，徐锡麟在安庆仓促起事失败被杀，继而秋瑾以大通学堂为据点的光复军起义，也在发动之前便遭清政府的血腥镇压。7月13日清军来时，“金发适在校，欲谋抵敌，秋瑾以己系女人毫无证据，即被捕亦无妨，而催金发速行，与竺（绍康）等为后图。金发不从，促之再四，声色俱厉，金发不得已逾墙远遁”④。结果，秋瑾当天被捕，7月15日凌晨在绍兴古轩亭口英勇就义。王金发虽系清政府悬赏千金通缉的“要犯”，处境甚为艰险，但他的革命意志丝毫没有动摇，他更名孑黎，坚持反清斗争。王金发常向为富不仁之户摊款索粮，“以四分之一散贫民，以二分接济党人机关，以一分自充旅费”⑤。1907年冬，他策动裘文高率台州数百义勇，伺机抗击清军的剿捕，嵊县白竹之战，杀死清军管带刘庆林、哨官杨华泰等。1908年夏，王金发变卖家产和向亲友筹借数千元，与陈其美、竺绍康在上海开设天保客栈，作为革命党人秘密联络机关。他是以暗杀为手段惩治内奸、叛徒的能手，曾在绍兴干净利落地击毙出卖秋瑾的胡道南，替秋瑾烈士报仇；曾在十里洋场上海惩戒投靠端方的刘师培，责令刘确保已被捕入狱的张恭人身

① 岑梦楼：《王金发》，上海华洋书局1915年仲秋初版。
② 岑梦楼：《王金发》。
③ 谢震：《王季君行述》，载敦伦堂《王氏宗谱》（八）。
④ 谢震：《王季君行述》，载敦伦堂《王氏宗谱》（八）。
⑤ 谢震：《王季君行述》，载敦伦堂《王氏宗谱》（八）。

安全;还指派堂兄王敬良在上海四马路处决叛徒汪公权。当时此类暗杀事件,多系王金发所为或参与指挥,因此,王金发名声大振,敌人则闻风丧胆。王金发或向华侨筹款,或购置枪支弹药、或联络会党,其足迹遍布日本、南洋、港澳、上海和浙江等地。

1911年10月10日,武昌起义爆发,全国各地纷纷响应。王金发积极参与光复上海的斗争后,即与张伯岐、蒋介石、王文庆等率领敢死队于11月2日赶赴杭州,4日晚,与驻杭新军第八十一标、八十二标等部攻克军械局、抚署,活捉浙抚增韫。5日杭州光复后,汤寿潜被推举为浙江都督。次日,起义军领导人会议,王金发提出汤寿潜曾参与杀害秋瑾,要求改选,否则就用炸弹对付,被褚辅成竭力劝止,王乃愤而率部离杭。其时,绍兴的"几个旧乡绅"也拼凑了所谓"绍兴军政分府",民政长则是原知府程赞清,治安科长则是"以刑幕致富"、杀害秋瑾的谋主章介眉。绍兴"光复"后的第二天,鲁迅和挚友范爱农到街上去走了一通,只见"满眼是白旗","然而貌虽如此,内骨子是依旧的"①。因此,他们派代表赴省城请求派驻革命军。这样,王金发于11月10日率领革命军乘船到绍兴主政,鲁迅曾组织绍兴府中学堂师生和绍兴各界人士到五云门外欢迎。

王金发在绍兴主政期间,为开创新的政治局面做了一番努力。进城后,他重组绍兴军政分府,本人就任都督。王金发得悉程赞清的罪恶历史,曾欲捕杀,但为陈夔枢等人所劝阻,王金发受理群众的控告,将"矢忠清廷"的章介眉逮捕归案,并镇压了几十个民愤极大的恶霸,没收了景五四等土豪劣绅的不义之财。王金发接受北伐军副总司令(黄兴任总司令)的委任令,练兵筹饷,待命北伐。王金发饬令免一年钱粮,平米价、禁鸦片、奖励兴学、劝导实业、赦免"罪犯",隆重公祭徐锡麟、秋瑾等烈士,并优厚抚恤其遗属,还任用了一批新人,其中鲁迅被委任为山会初级师范学堂监督(校长)。因此,光复初期,绍兴在各方面呈现出一

---

① 鲁迅:《朝花夕拾·范爱农》,《鲁迅全集》第2卷,第313页。

派生气勃勃的景象。

可是，好景不长，自 1912 年袁世凯窃据政权后，中国的政治局势急剧逆转，绍兴的复辟势力随之掀起一股“拥袁（世凯）、反孙（中山）、倒王（金发）”的恶浪，革命队伍内部也产生分裂，有的人倒向复辟势力一方。而王金发小有胜利，便陶醉在凯歌声中，丧失了应有的革命警惕性。他的某些失误和缺点也为政敌提供了口实，如在军政分府里任用了一批无能的亲朋故旧，助长了以权谋私、贪赃枉法的歪风；扩军后，新兵素质差，滋事生非，违纪扰民的事件屡有发生；王本人经不起权力的腐蚀，渐渐变成老官僚一样，动手刮地皮。诸如此类，不仅使王金发的新政方案计划得不到进一步实施，而且舆论日非，招致“祸绍”的罪名。

鲁迅在日本留学时已和王金发熟识，他看到绍兴政局的逆转和王金发的转变，感到痛心和不满，曾创办《越铎日报》撰文予以监督、规劝和批评。王金发公开声称：“一声光复，满幕都翻。凡我同盟，宜如何开诚布公，咸与维新，冀大造国利民福。”①“现在共和之局已定，断无再有反对之人……本都督推诚相见，无诈无虞，愿我同胞，共喻斯义。”②其时，一方面有黄兴、陈其美等上司派员或来函来电替章介眉讨保说情；另一方面王金发惑于章的韬晦之计，竟予以平白开释。鲁迅他们对王金发的这些错误言行，是竭力反对的。王金发虽然没有像传言所说的要派人去暗杀他的老朋友鲁迅，但他却是非不分地停发了学务经费，使鲁迅在此后不久便怀着失望的心情离别故乡。王金发在绍兴成了士绅们的“众矢之的”，最后也抵制不住袁世凯撤销军政分府和遣散部队的通令，被迫卸职，于 8 月 1 日挈眷赴沪“闲居”。在沪他出资筹办“竞雄女校”，又在南京路福建路口开设“天然旅馆”，秘密联络旧部。他的“寓公生活”无非是一种掩护而已。

---

① 王金发致孙中山电文，载《（南京）临时政府公报》第 17 号。

② 朱忞等编著：《鲁迅在绍兴》，浙江人民出版社 1981 年版，第 196 页。

1913年3月20日，宋教仁在上海遇刺，王金发经多方侦察，“查悉确系应桂馨间接指使，武士英为凶手。季高遂率从者带巡捕与陆惠生乘汽车跟踪至妓院获之，并查获武士英，研讯口供，再检查其家中函电，牵连要人不一，其首逆则袁氏”①。于是，报界竞相披露，全国民心共愤，导致“二次革命”爆发。王金发在上海招集旧部奋起响应，出任浙江驻沪讨袁军总司令，命谢飞麟起草讨袁檄文，亲赴宁波策动驻军，以图响应，终因浙江都督朱瑞的阻挠反对而连遭挫折。“二次革命”失败后，袁世凯以“国事犯”悬赏通缉王金发。王金发蛰居上海，陷于困境。其母在别人的怂恿下，背着王金发，托人写信至陆军部呈请赦免。王金发在亲友的催迫下，曾赴京争取“受得实职，以冀实行其革命之本旨”②，而陆军部却提出要他拿获革命党人自赎。王金发不屑卖友求荣，愤然离京返沪。他表面上仍逍遥自娱，暗地加紧活动，图谋重新举事。1915年5月，王金发以赴杭筹建新寓为名，打算招集旧部，以图东山再起，不幸为督理浙江军务的兴武将军朱瑞所捕。章介眉辈闻讯欣喜若狂，急电政府：“稂莠不去，嘉禾不生，恳即明断，以张法纪③。”6月2日，朱瑞既无罪状宣布，诿为“未奉特赦明文，遵通缉令”④，将王金发枪决于杭州，时年仅三十三岁。他“临刑时神色如故，无恐惧态，但求速死”⑤。广大革命党人和人民闻讯既悲愤又痛惜，孙中山誉王金发为“东南一英杰”，不禁感叹说：“天地不仁，歼我良士。”⑥

---

① 谢震：《王季君行述》，载敦伦堂《王氏宗谱》(八)。

② 谢震：《王季君行述》，载敦伦堂《王氏宗谱》(八)。

③ 岑梦楼：《王金发》，上海华洋书局1915年仲秋初版。

④ 岑梦楼：《王金发》。

⑤ 绍兴《越铎日报》1915年7月5日。

⑥ 沈鹏年：《孙中山与王金发》，中国人民政治协商会议浙江省委员会文史资料研究委员会编《浙江辛亥革命回忆录》第3辑(《浙江文史资料选辑》第30辑)，浙江人民出版社1985年版。

主要参考资料

浙江嵊县董龙岗《王氏宗谱》(1—8卷)。

裘孟涵述、汪振国记:《王金发其人其事》,中国人民政治协商会议浙江省委员会文史资料研究委员会编《浙江辛亥革命回忆录》,浙江人民出版社1981年版。

陈去病:《王逸·附姚勇忱》,《江苏革命博物馆月刊》第13期。

王 金 铭

梁旭毅

王金铭，字子箴。1880年6月23日（清光绪六年五月十六日）生于山东武城县。他父亲王成耕种祖遗的七亩半地，不足赡养全家十一口的生活，以高利借来一点资本，做买卖土布的小本生意。王金铭八岁入私塾读书，勤奋好学，喜爱阅读《说岳全传》、《三国演义》等小说，培植了他的民族意识。十七岁时进本地洪瑞钱庄当学徒，备受东家的苛待。

1898年，王金铭离开家乡，到天津小站投奔在新军中的大哥王金镜，旋应募加入北洋常备军左镇第三协第七标前营。王为人正直，不染恶习，不久即被提升为棚的副目。1900年随新军调往山东镇压义和团运动后，被提升为左哨哨长。1905年，调任北洋第五镇第十八标一营前哨哨官，驻扎在济南千佛山下。1907年，升为第一混成协第七十九标第一营营副，队伍开到奉天，驻扎于新民府。

王金铭在军中常以岳飞的名言"文官不爱钱，武将不怕死，则天下治矣"作为座右铭。这时候，同盟会员孙谏声、戴锡九等已先后打入北洋新军任下级军官，在官兵中秘密散发革命书刊，传播革命思想，策动起义。由于王金铭品行端正，足智多谋①，成为革命党人争取的对象。他阅读了《扬州十日记》、《嘉定屠城记》等书刊，又结识了施从云、冯玉祥等倾向革命的下级军官。他们于1910年春发起组织"武学研究会"，以读书研究军事为名，秘密开展革命活动。

① 冯玉祥：《我的生活》第一本，天津民国日报社1946年5月版，第94页。

同年9月，王金铭所在的第一混成协与奉天巡防中路独立第一、二标合编为第二十镇，不久王升任管带。由于第二十镇统制张绍曾对革命持同情和赞助态度，参谋长刘一清是同盟会员，因而为武学研究会的发展创造了有利条件。后来参加武学研究会的官兵愈来愈多，风声过大，受到该镇反动军官的疑忌。为了掩护革命活动，王金铭、孙谏声等山东籍的官兵又发起组织"山东同乡会"，举第四十协统领潘榘楹任会长，以遮人耳目，王金铭为副会长，负实际责任。他们利用这种合法的组织形式，广泛开展革命活动，把外省籍的施从云、冯玉祥等人吸收为名誉会员，并把武学研究会的骨干分子全网罗到"山东同乡会"内。他们分赴奉天、北京、天津、唐山等地联络革命同志，在唐山设立"山东同乡会"暗作机关。

1911年9月，第二十镇的一个混成协奉命参加永平(今河北卢龙县)秋操。队伍行抵昌黎县崔庄时，武昌革命爆发，清廷电令停止秋操，队伍暂驻滦州，旋又下令该镇赴武汉攻打民军。王金铭、冯玉祥、施从云及广大士兵获悉这一消息后，要求统制张绍曾率部起义，进攻北京，推翻清政府。张绍曾不敢接纳他们的要求，但也不愿去武汉攻打民军，决定拒绝受命，在滦州按兵不动，并联合蓝天蔚等人，向清廷提出十二条立宪政纲。清政府表面上接受他们的立宪要求，于11月3日颁布《重大信条十九条》，但接着于11月6日下令解除张绍曾第二十镇统制的职务，削去他的兵权。王金铭、施从云等得知这个消息后，立即在文庙召开七十多人的会议，挽留张绍曾，力请张率部起义。这时张看到与他联合起义的吴禄贞已被刺身亡，自己势孤力弱，乃借口养病，避往天津租界。

张绍曾去职以后，接任第二十镇统制的潘榘楹是一个反对革命的将领。他为了拆散革命力量，把全镇部队分散驻于葫芦岛、海阳镇、锦州、临榆等地，滦州只留驻第七十九标，而标统岳兆麟也是个反对革命的军官。他们密布侦探，监视革命官兵，禁止自由往来；但王金铭和施从云、冯玉祥等继续领导革命官兵坚持斗争。王金铭密派郭凤山赴天津，与革命党人王葆真、孙谏声、董锡纯等酝酿滦州起义计划。其时，天津北洋法政学堂学校一批师生已组成革命团体“共和会”，派凌钺、张良昆、于树德等人到滦州来运动新军。王金铭、施从云等乃与共和会会长白毓昆及凌钺、孙谏声等人秘密会见，商定了滦州起义计划。

12月下旬（农历十一月初），王金铭潜赴海阳镇，把滦州和南方联络的情况以及白毓昆和王葆真的意见，告诉冯玉祥。他们认为京奉线一带革命实力单薄，主张密约烟台民军由海道自秦皇岛登陆，支援海阳镇和滦州的起义，又商议了配合民军登陆的起义计划，分头布置，只待民军登陆即行发动。

王金铭从海阳镇返回滦州时，白毓昆已先带着“中华民国军政府北军大都督之印”的印信，率领二十多名敢死队员来到滦州，公开宣传起义，全城家喻户晓。王金铭一见大惊，因为烟台民军未到，还没有与各方联络妥善，起义日期也没有约好。可是起义已经公开宣布，无法挽回，他们便于12月30日在北关师范学堂营部召开会议，决定起义部署，并推举标统岳兆麟为北军大都督。他们明知岳“反对革命甚力，借此饵而诱之也”①，会后并把起义的全盘计划告诉了他。当天晚上，他们又以第四十协官长目兵署名，发出主张共和的通电。

可是，岳兆麟并没有被王金铭、施从云说服，他于第二天早晨逃往开平，向通永镇守使王怀庆告发，把起义的计划全部泄露。王怀庆立即电请直隶总督陈夔龙转报袁世凯。袁采纳陈夔龙的献策：一面派王怀庆赴滦州“劝解抚慰”、“察其真相”，同时“收束兵队”、“密筹抵御”②。1912年1月1日，王怀庆来到滦州，采取软硬兼施的手段，以求达到“顺机消弭”的企图。王金铭义正词严地驳斥王怀庆说：“清廷误国殃

① 罗正纬：《滦州革命纪实初稿》，中国史学会主编《中国近代史资料丛刊·辛亥革命》（六），中华书局1957年版，第346页。

② 《直隶起义清方档案》。罗正纬：《滦州革命纪实初稿》，中国史学会主编《中国近代史资料丛刊·辛亥革命》（六），第377页。

民，罪已昭著，海内志士，同举义旗；凡有血气，皆当振臂兴起，光我民族……我辈宣言独立，词义正大，心之所至，万死不辞。”①同时立刻派人把王怀庆监视起来，并以大都督之职饵诱王怀庆参加起义。王假装接受，暗中却与第三营管带张建功勾结，1 月 2 日早晨，佯称入城就职，途中在张建功掩护下逃跑。

王怀庆逃走以后，王金铭、施从云等人立刻召开紧急会议，成立军政府，宣布独立，推举王金铭为北军大都督，张建功为副都督，施从云为总司令，白毓昆为参谋部长，孙谏声为军政部长，凌钺为外交部长兼敢死队长②。当天王金铭宣誓就职，正式宣布“直省独立于滦州”③。滦州全城张贴独立布告及“王大都督布告赏罚十六事”，以安民心，并通电全国宣布独立，发表对内对外宣言。

军政府原定独立的第二天即 1 月 3 日直取天津，由于接到王怀庆伪造的南军从秦皇岛发给王金铭的电报，决定暂缓出兵，等待来援。等到 1 月 4 日还未见南军开来，才明白是中了敌人的诡计，乃于当日誓师，发出檄文。下午五时许，起义军正准备登车出发，张建功图穷匕首见，踞城叛变，射击第一、二营官兵，王金铭下令还击，双方相持约两个小时。王金铭等决定放弃滦州城，直取天津，乃率领第一、二营官兵及敢死队员共七百余人登车前进。当晚十二时许，火车行驶到雷庄附近，突然脱轨。原来，王怀庆已电请袁世凯调了第三镇第十二标增援，在雷庄设防，拆去一段铁轨，并布置炮队一营，截击起义军。王金铭指挥全军下车，与敌军激战约两小时。敌军鸣号停战，派人请王金铭、施从云到雷庄议和。他俩当即答应愿往，众官兵阻止，认为王怀庆诡计多端，

① 罗正纬：《滦州革命纪实初稿》，中国史学会主编《中国近代史资料丛刊·辛亥革命》（六），中华书局 1957 年版，第 348 页。

② 邹鲁：《中国国民党史稿》第 4 册，中华书局 1960 年版，第 972 页。另见凌钺：《关于滦州起义史实之辩正代电》，见“中华民国开国五十年”文献编纂委员会编《中华民国开国五十年文献》第 2 编，第 5 册，台北正中书局 1975 年版，第 269 页。

③ 胡鄂公：《辛亥革命北方实录》，中华书局 1948 年 8 月版，第 152 页。

恐遭毒手。王、施认为:“如果和议能成,双方免受无谓的牺牲,一直可攻京津;如出意外,以身殉志,求仁得仁,有何憾焉。”①官兵纷纷报名同去,王、施率领一百多官兵到达雷庄,敌人伏兵四起,把他们包围逮捕。王怀庆致电袁世凯邀功,袁电令首先杀王金铭。王金铭临刑时挺身叉手,大义凛然。清军统带汪学谦责备他说:“清朝待恩厚汝,何故反耶?”王金铭怒斥说:“汝非黄帝之苗裔耶?胡为出此言也!满人以异族入主华夏垂三百年,宰割我土地,鱼肉我人民,凡有血性人人欲得而诛之,何反之有!”②这时王金铭看见他的马弁刘荣在旁边,便对协统陈文运说:“若无罪,可纵之去。”刘荣说:“予随大都督上阵杀贼,今不幸被困,生死同也,都督死,吾何生为!”③遂同时遇害。

王金铭死后,灵柩存于雷庄,一个月后,他的好友连之铎将其移到天津,后来他的胞弟王金钰又把灵柩移到山东,安葬于武城县。1924年10月,冯玉祥在北京政变后,于北京中央公园(今中山公园)内为王金铭、施从云铸立了铜像,像的基石上刻有滦州起义始末及烈士殉难的经过。以后冯又在泰山为王、施建祠立碑。

附记:本文曾参考山东省政协文史资料委员会有关资料。

---

① 刘骥:《滦州起义记》,《近代史资料》1958年第2期,第59页。

② 罗正纬编:《滦州革命先烈事略》,《滦州革命纪实初稿》,中国史学会主编《中国近代史资料丛刊·辛亥革命》(六),第365页。

③ 罗正纬:《滦州革命纪实初稿》,中国史学会主编《中国近代史资料丛刊·辛亥革命》(六),第365—366页。

王 荆 山

马国晏 刘 辔

王荆山，又名王琳，吉林长春县人。1876 年 1 月 11 日(清光绪元年十二月十五日)生。其父王永祯，从原籍山东逃荒至东北，佃租田地耕种，勉强度日。王荆山幼年家境贫寒，十三岁入私塾读书两年，十五岁偕弟王奂清，随同叔父去黑龙江瑷珲(今爱辉)，在“和顺成”银匠铺学手艺五年。由于银匠业日趋衰落，生计艰窘，王荆山二十一岁北渡黑龙江赴俄境，拟以挖金为业。因体力不强，又无同伙，便改做小商贩，靠肩挑背扛贩卖花生、榛子等食品为生。翌年 6 月，乘船行千余里，至当时中国人俗称“黄河口”地方，继续做小商贩，略有盈余。迨至 1900 年沙俄强行驱逐黑龙江以北中国居民，王荆山被迫渡江南返，是年底回到长春。

这时，长春已遭俄军侵占。王荆山利用粗通俄语之便，出入于俄军兵营，为俄军采办粮秣赚取佣金。1902 年秋，他结识铁路工程师塞尔维亚人苏伯金。其时苏伯金在长春修建火磨，王荆山受雇“跑外”，为该火磨采办建筑材料和生产原料。两年后，日俄两国在东北交战，俄军节节败退，苏伯金惧怕日军进占长春，便将火磨委托给王荆山经管，只身往哈尔滨暂避。次年苏伯金返长，见火磨完好无损，于是对王荆山颇为信赖，并将所产面粉全部交王包销，作为酬答。此时王荆山已稍有积蓄,便约同刘向阳、刘麟阁,集“羌帖”①九千,王自出三千,开设“裕昌源”粮米铺,主要经销苏伯金火磨所产面粉,兼加工高粱米、榨制豆油等②。王荆山为洋商当掮客,又自开商铺,从此发迹。

1914 年第一次世界大战的战火首先在塞尔维亚点燃,苏伯金仓促返国,将火磨以四万九千卢布的低价出兑给王荆山。王获此意外之财,如虎添翼,遂于该年 9 月 12 日开办“裕昌源”火磨。此时欧战正酣,国际市场上面粉及其他粮食供不应求,价格上涨,“裕昌源”赢利甚厚。

为取得进一步发展,1915 年春,由英商伊达洋行经手,王荆山以四千五百余卢布,在长春头道沟“铁路附属地”内购地七千坪③作为新厂址。王用三年多时间,修建厂房、平整道路、添置机器,至 1917 年冬,“裕昌源”火磨在新址建成投产。该厂雇佣工人六十名,日产面粉一千五百包,一昼夜可加工小麦近四十五吨④。该厂设备比较先进,场地宽敞,并建有联结铁路的专用线,这些对“裕昌源”的日后发展起了重要作用。事过三十余年,讲述到“裕昌源”这一变化时,王荆山仍掩饰不住当时踌躇满志的心情,说:“裕昌源之事业为之划一新纪元。”⑤

“裕昌源”迁入新址后,除加工面粉,每年还收购数百以至上千(火)车皮的大豆和其他粮食,或囤积起来待价而沽,或径直发往大连外销出口,其中仅运往日本的大豆每年就近万吨。为了运销粮食大豆,王荆山在大连开设了“裕昌源”分号。1919 年,王在吉林市以十九万元收买

---

① 从 19 世纪后期至 20 世纪 20 年代,在中国部分地区流通的俄币,俗称“羌洋”、“羌帖”。此时多指银卢布,一卢布含银九钱,其市价高于银洋,而银洋一元仅含银约七钱二分。

② “王荆山档案卷”,长春市公安局藏。

③ 坪,日本计算地积的单位,约合三点三平方米。

④ 中国科学院经济研究所等编:《旧中国机制面粉工业统计资料》,中华书局 1966 年版,第 216 页;又日本工业化学会满洲支部编:《东三省物产资源与化学工业》(上),沈学源译,商务印书馆 1936 年版,第 203 页。

⑤ “王荆山档案卷”,长春市公安局藏。

“恒茂”火磨，改称“裕昌源吉林火磨”，一昼夜加工小麦二十一吨①。1926年又在哈尔滨收购了一处正在修建中的火磨，一年半后竣工投产，是为“裕昌源”的哈尔滨分号。此外，“裕昌源”在长春还增设碾米厂和烧锅，并经营房产，在黑龙江安达县开设“裕达”火磨。

随着资本积累的迅速增长，王荆山不再满足单独经营粮食加工企业，开始向金融和其他产业投资。1921年，趁长春“益通商业银行”发生亏损之际，“裕昌源”加入三分之一股本(该行额定资本一百万元，实收二十五万元)，王从而取得了董事长的职位。1941年，王荆山又让其子出面，投资开办“大明陶瓷厂”。

多年的苦心经营让王荆山积累了不少财富，并且随着财富的增加得以跻身上层，成了当地的头面人物。1922年，长春地方当局为了城市建设和整顿市容，成立市政筹备会，王荆山被聘为筹备委员。其后，王担任长春头道沟商务会会长。王还通过举办社会公益和教育事业，来扩大自己的影响，如创办私立自强学校、修建校舍和学校经费均由他负担，又创办“荆山幼稚园”等。

为了取得铁路运输和资金融通的方便，王荆山积极与长春的日本经济界拉关系。早在1912年王就因在当地商界比较活跃，被长春满铁事务所看中，物色成为商业参观团成员，赴日本参观访问。1921年至1931年，王兼任“长春信托会社”社长。该社直属于日本关东厅，每年从东北收购大量大豆出口。

1931年“九一八”事变日本侵略军占领东北后，在长春实业界中，王荆山被物色成为接受其侵略政策的应声虫。在残酷的殖民统治和严密的经济控制之下，王荆山企图通过投靠日本侵略者来保全和发展自己。1941年，在伪满经济部授意之下，王荆山将日本“锺渊纺织公司”所属“义大”火磨合并于“裕昌源”，并聘请日本人为常务理事；同时，王向日本“泰东烟草”、“军援产业”、“满铁”等企业投资。王荆山还积极靠

① 《东三省物产资源与化学工业》(上)，第203页。

拢日伪，与汉奸臧式毅、阮振铎、丁鉴修等人交往甚密，“裕昌源”中并有这伙人的股份。王荆山曾以“民众代表”的身份，参与了对伪满傀儡溥仪来长春的“迎銮”丑剧。国联李顿调查团到东北，王在日寇指使下，参加了“请愿团”。该团假借民众的名义，颂扬日寇的侵略暴行是“拯民众于水深火热之中”。1934 年，在日本侵略者的策划下，王荆山被选任“新京头道沟商工会会长”。1937 年该会与市内商工会合并，成立“新京特别市商工公会”，王又充任副会长。当南美萨尔瓦多宣布承认伪满洲国后，曾委托日伪为其选派驻伪满的“名誉领事”。王荆山遂于 1940 年担任了虚有其名的“萨尔瓦多驻满洲国名誉领事”。日寇为了利用王荆山为其侵略活动服务，给王多种头衔，诸如新京特别市咨议、日满实业协会常务理事、中央禁烟促进会委员、满洲军援产业株式会社社长、银行协会会长、新京防范协会会长等十几个伪职衔。1942 年，在伪满洲国“七二五”物价停止令实施一周年之际，王荆山在报刊上发表讲话，拥护“七二五”停止令的无限期延长，重弹“日满一体，共同防共”的反动滥调。1943 年，在伪新京市公署的策动下，王荆山带头发起“五大城市捐纳飞机”的活动，为日寇的侵略战争效劳。

“八一五”光复后，王荆山曾被苏联红军拘留，获释后避居哈尔滨，后闲住长春。新中国成立后，1951 年在“镇反”运动中，王荆山于 4 月 26 日被逮捕，以汉奸叛国罪判处死刑，次年 3 月 19 日在长春伏法。

王 闿 运

白吉庵

王闿运，字壬秋，又字壬父，书斋名湘绮楼，故以湘绮为号，湖南湘潭人，1833 年 1 月 19 日（清道光十二年十一月二十九日）生于善化县（今长沙）。其父王士璓，业商。王闿运六岁丧父。七岁入塾，三年后日诵不及百言；后能成诵，又不能解，因此常被同学们嬉笑。塾师激励他说：读书被人嗤笑，是可羞耻的，而被人耻笑还不奋发，那就太没出息了。之后，他发奋向学，废寝忘食地攻读，而且持之以恒，结果有长足的进步。十七岁时应童子试，答卷中有"月落梦无痕"的佳句，甚得师友之赞赏。十八岁入长沙城南书院学习，老师选文四十篇授之，未数日竟能应对如流，不失一字。十九岁应县试，补诸生。不久与邓辅纶、邓绎、李寿蓉、龙汝霖成立兰林词社。他们的诗文极力模仿两汉、魏晋时代的文体，如五言诗、骈体文等；但只是形式上的功夫，缺乏创见，所以后来有人评论他们的作品是"假古董"。

1853 年 3 月，太平军攻下南京，旋即进行西征。次年冬，王闿运应湖北布政使夏廷樾之约，至武昌游玩。是时，正值湘军与太平军在九江交战。他们议论湘军"攻坚之不便"①，于是由王起草，上书曾国藩，建议回师武汉厚集兵力，始可东下直取金陵，但这个意见没有被曾国藩接受。后来湘军水师败绩，王闿运很得意，认为自己有先见之明。在这一年，太平军进展神速，横扫东南七省。他见此情景，忧心忡忡，仿北朝诗

① 王代功：《湘绮府君年谱》第 1 卷，1923 年湘绮楼藏版，第 13 页。

人庾信的《哀江南赋》,依韵作赋,以表达他对清王朝的眷念及对太平军的恐惧心理。

1855 年,王接受友人邓辅纶之聘,往湖南武冈教家塾,并从此开始研究“三礼”。因经文难懂,于是先作“仪礼演”十三篇,分章节、正句读、作注解。后来在此基础上写成《礼经笺》、《周官笺》、《礼记笺》等书。1857 年,他赴长沙参加乡试,得中第五名举人。

1859 年春,王闿运到北京应礼部试,未中。他认为京城乃文人荟萃之地,故决定留下,居法源寺。不久经友人介绍,入户部尚书肃顺府中为塾师。次年,曾国藩任两江总督,王闿运闻讯赶到安徽祁门,在曾帐下充当幕僚。因他为人恃才傲上,不为曾倚重。王多次建言,均未获采纳。王在军中待了一个时期,因母病返回湖南。

1864 年 7 月,曾国藩的湘军攻占太平天国首都南京,王闿运于 10 月赶到军中,本想获得一官半职,但遭到曾国藩的冷遇。他觉得脸面无光,遂不辞而别,乘船北上,重游燕赵。同年 11 月到山东齐河,遇大雪冰封,船不能行,上岸夜宿村舍,无限感慨,于是作《思归》一首,序云:“叹停车徘徊,感念伊人,咏其思归之篇,悲所志之不遂。”①从此产生“归隐”的意愿。

翌年 5 月,王回到长沙,即率其妻儿移居衡阳西之石门,过乡村生活。日以课读儿女和埋头经史著述为事,但间亦出乡远游或访友。1871 年再次赴京会试,仍名落孙山而归。从此潜心著作,成册者有《庄子内篇注》、《今古文尚书笺》、《诗补笺》、《衡阳县志》、《春秋公羊何氏笺》等书,而其中又以“公羊传”为代表作。

1876 年夏,湖南蒸水暴涨,附近村庄受灾。王因房屋倒塌,无法安身,遂移居长沙,在营盘街宅中建湘绮楼为书斋,从而结束了十二年的所谓“隐居”生活。

王闿运回到长沙后,受原湘军将领郭嵩焘等人之托编撰《湘军志》,

① 王闿运:《湘绮楼诗集》第 6 卷,1907 年刊本,第 20 页。

为避开城市喧嚣专心著述，移居城之东山。1878年冬，《湘军志》初稿略定，时逢四川总督丁宝桢来请，遂入川任成都尊经书院主讲。到职后他要求学生专心向学，不问政事，并规定学生不得条陈时事，若在外违约者，“经长官告知，院册即行除名”①。在教学方面，他提倡分经授业，仿汉代儒生办法，每人专治一经。他说治经之法，治《易经》当先知一字有无数用法；治《尚书》当先断句读；治《诗经》当知男女赠答之词；一洗三陋，方可言《礼经》；理明然后治《春秋》，等等。在此任教八年，他培养了一批经生，其中较著名的有治《公羊》、《穀梁》、《春秋》的廖平；治《尚书》的戴光；治《礼经》的胡从简；还有刘子雄、岳森等人，都是当时知名的学者，号称“蜀学”②。王也被誉为“一代名儒”③。

王闿运在成都从事讲学的同时，仍继续编撰《湘军志》，1881年此书全部完成，并已付刻。10月，他携《湘军志》刻版回到长沙后，湖南官绅对此书议论纷纭，其中郭嵩焘等人也很有意见，认为是书之编撰，多采人世谬悠之谈以为实录，而且对湘军将领、包括曾国藩在内，多有微词，明扬暗贬。曾国荃尤为恼火，认为王闿运在叙述湘军攻占南京时，没有表彰他的功绩，把一场大胜仗写得平淡无奇，而且贬斥湘军兵将之间是“以利为义”等等。因此视为谤书，必欲毁之而后快。在此情况下，王怕遭遇不测，随即将书及刻版送交郭嵩焘，请他出来调解，并嘱为销毁，以免后患。他致书郭嵩焘说：“以众怒难犯，先生与交笃，在湘绅中又负重望，故出此也。”④于是，王闿运经过多年心血成就的这部书，在官僚集团的威慑下，结果付之一炬。

次年，王闿运返回尊经书院。蜀中诸生听说刻版已毁，愤恨不平，故重刻之。从此《湘军志》广为流传，成为王的一部代表作。该书对湘

---

① 王代功：《湘绮府君年谱》第2卷，第27页。

② 钱基博：《现代中国文学史》，上海世界书局1936年版，第49页。

③ 王森然：《近代二十家评传》，书目文献出版社1987年重印，第1页。

④ 郭廷以：《郭嵩焘先生年谱》（下），台北中研院近代史研究所1971年版，第884页。

军将领的情况作了一些客观的描述，对后人研究这段历史提供了一些难得的资料。

1886 年，王妾莫氏病逝成都，王亲为移柩回乡。不久，四川总督丁宝桢亦病故，他便留在湖南了。逾年，他勉强接受郭嵩焘三顾之请，任长沙思贤讲舍主讲。1891 年，王辞主讲，应彭玉麟之聘，去衡阳任船山书院山长。之后常居于此，但也时常外出访友或是讲学。

1898 年戊戌变法时，湖南巡抚陈宝箴等人也提倡新学，在省城设立南学会。同年陈拟派王闿运之长子王代功率领学生游学日本，王坚决反对。他的弟子杨锐、刘光第等人在北京参与维新运动，曾秉承清廷意旨，拟请王出山任职，去信征求意见。王闿运认为变法终不久长，于是婉言谢绝了。

1902 年，他的另一个弟子杨度，因受新思潮的影响，准备赴日本留学，他劝阻无效。后来他感慨地说：读书不能改变人的气质，习俗之染甚于师友之言，时势使之然也。为此他曾上书反对开办新学。

1904 年，王闿运正式应江西巡抚夏时之请，携家属到南昌任江西大学堂总教习。初时讲授《礼记》，不月余，地方议筹款十六万元建新学，他极力反对，但无济于事，便辞去教职到夏时署中当幕僚。不久夏调任陕西巡抚，王乃告辞还乡，仍讲学于船山书院。1908 年夏，由于湖南巡抚岑春蓂奏荐“耆儒”，清廷授王闿运为翰林院检讨；后又加侍讲衔。次年北京新设礼学馆，他又被聘为顾问官。

辛亥革命前一年，湖南长沙发生抢米风潮，清吏采取镇压手段，民众愤极，于是焚毁了巡抚衙门及外国领事馆，并要求岑春蓂下台。王闿运为此赶往省城，写信慰问岑春蓂，为清吏辩护。

1911 年 10 月武昌起义后，各省区纷纷响应，一个多月内，全国半数以上省区宣布独立。王对革命神速发展甚为惊奇，说这是历朝以来所未及防之事。次年，民国成立，衣冠制度皆已改变，但他仍然穿清朝的服装。他为清帝被迫退位而不胜惋惜，并赋诗抒发胸中之悲哀，悼念清室之覆亡。

1913年，袁世凯镇压“二次革命”后，旋即解散国会，启用一批清室遗老，成立参政院。次年4月王闿运被邀入京，5月被任命为国史馆馆长兼参政，时王已年过八旬。不久，复辟之风甚嚣尘上，那时在国史馆任编修的宋育仁发表了“还政清室”的演说，王表示赞成，并已署名。后来，这股逆风遭到全国人民的反对，袁世凯不得不佯为制止，将案件“交内务部查明办理”。同年11月，宋育仁被遣返回四川，在宋离开北京时，王派其长子到车站送行，并送了二十元钱。后来他怕牵连自己，也在年底匆匆离京，到汉口后才写信给袁世凯辞国史馆馆长职。袁世凯曾复函抚慰，并请他“遥领史职”①。

1915年，袁世凯加快步伐推行帝制活动，筹安会为之呐喊。时杨度派人到湖南请他作表劝进，且致函说：总统将称帝，因先生为国老，惧持异议，故欲请劝进。王从清室遗老的立场出发，对袁氏帝制自为持反对态度，于是写信告诫杨度说：“总统为人民公仆，不可使仆为帝。”②云云。

1916年10月20日，王闿运病逝湖南衡阳山塘。王生前著作甚丰，有《湘绮楼诗文集》、《湘绮楼日记》、《春秋公羊传笺》等数十种。

---

① 王代功：《湘绮府君年谱》第6卷，第13页。

② 王代功：《湘绮府君年谱》第6卷，第17页。

王　克　敏

王春南

王克敏，字叔鲁，1873年(清同治十二年)生，浙江余杭县人。1901年乡试中举，旋由清廷派赴日本，先后任浙江留日官费生经理员、留日浙江学生监督、驻日公使馆参赞。1906年，清廷派出使大臣杨枢为留日学生总监督，王克敏任副监督。次年冬王返国，供职于度支部，不久转入外务部。1908年，入直隶总督杨士襄幕，襄赞外交事务。1910年任直隶总督陈夔元属下的直隶交涉使。

1913年，王克敏赴法国游历。返国后，任中法实业银行董事。1917年7月，继李思浩任中国银行总裁。是年11月，王士珍临时组阁，王克敏入阁任财政总长，仍兼中国银行总裁及盐务署督办。1918年3月，王因内阁改组辞职。12月，作为北京政府十名代表之一，参加南北政府的和平善后会议。1920年起，历任中法实业银行总裁、天津保商银行总理、中国银行总裁、教育减债基金委员会委员等职。其间，北京政府曾决定派王克敏为江苏省省长，因该省民众团体坚拒而作罢。

1923年6月，总统黎元洪去位，内务总长高凌霨摄政兼代内阁总理，王克敏于7月16日出任财政总长，刚刚一周即因张作霖要挟和天津直系势力反对而辞职。10月6日，王又辞去中国银行总裁职务，同年10月10日，曹锟就任贿选总统。王克敏与曹锟渊源很深，在保定时就与曹时相过从，深相结纳，因而得于11月12日出任财长。在中国与法国就“金佛郎案”进行交涉时，王克敏充当法国内应，出卖国权。不久，孙宝琦奉命组阁，王克敏仍任财长。王与孙不相容，曹锟袒护王，孙不得已于1924年7月2日提出辞呈。接着顾维钧、颜惠庆相继组阁，王克敏蝉联财长。王克敏积极为北京政府聚敛钱财，时人蔑称他为北京政府的“钱鬼子”。

1924年10月，冯玉祥发动北京政变，拘禁贿选总统曹锟。王克敏逃匿至使馆区，不久潜至天津，任保商银行总理，后又任海关附加税保管委员会委员、关税自主委员会委员等职。1927年1月，任张作霖安国军总司令部财政讨论会委员。

1928年6月，北伐军战胜奉系张作霖后，王克敏被通缉，乃避居大连。不久，仍依附奉系，任东北边防军司令长官公署参议，兼财政处处长。后经张学良疏通，南京国民政府于1929年11月取消对王的通缉。1932年，王出任东北政务委员会委员，同年1月，北平政务委员会成立，王克敏为该委员会属下财政整理委员会副委员长，实掌全权。1933年5月被派为行政院驻北平政务整理委员会财务处主任，7月任华北战区救济委员会常委。1935年6月4日至25日，任天津市市长。6月18日至8月29日，代理行政院驻北平政务整理委员会委员长。1935年12月任冀察政务委员会委员。次年1月，冀察政务委员会经济委员会成立。7月13日，王克敏接替萧振瀛为主席。9月12日，王克敏以不得日方谅解为由，提出辞呈。卢沟桥事变前夕，王克敏前往上海蛰居。

1937年7月底，日本侵略军占领北平后，立即积极筹划组设傀儡政权为其统治工具。10月，日本政府派喜多诚一为北平特务机关长，负责物色汉奸人选筹组华北伪政府。喜多亲往上海，迎王克敏至北平。王受宠若惊，甘为汉奸。抵平后，即受命与董康、汤尔和、朱深、齐燮元、王揖唐等，在北京饭店成立“政府筹备处”，开始了伪政府的筹建工作。日方以王克敏人望未孚，不拟把他作为伪政权的元首，而王权衡利害，也愿意替伪政权找一个挂名元首，自己操持实权。他极力拉拢曹汝霖，曹只愿以在野之身给予赞助。王克敏便转而拉靳云鹏，曾与王揖唐、齐燮元、高凌霨两次去天津拉靳下水，亦遭拒绝。王乃赤膊上阵，粉墨登场。

王克敏等人原拟于1938年元旦成立伪政府，后据日本旨意，提前于南京陷落的次日，即1937年12月14日在北平怀仁堂成立，以此表示华北的“中华民国临时政府”对南京国民政府有“新陈代谢”的意义。“临时政府”下设议政、行政、司法三委员会，王克敏任行政委员会委员长，并任议政委员会常委和行政部总长。该伪政权施政方针为：绝对排斥容共政策，与防共各国协力，“确保东亚和平”；与日本实现“真正的亲善提携”；等等。1938年4月，日本派汤泽三千男为首的行政、法制、军事顾问三名及辅佐官十五人驻“临时政府”。该伪政权遂为日人所直接控制。

王克敏成为汉奸政权的首领后，大量掠夺华北物资资助日本侵略军。他与华北日军当局的平生钒三郎商定，在华北设置“日华经济协会”，下设华北开发公司，每年向日本输出大量粮食等物资，并向日提供大量中国劳工。

王克敏又自任汉奸组织“新民会”会长。该组织主张建立日本、中国、伪满洲国的联盟，“共存共荣”，“由日华满之联盟，更进而为大亚细亚之联盟”。他宣扬奴化苟安思想，为日本侵略和汉奸卖国张目。

王克敏有心将华北的“临时政府”与梁鸿志在南京成立的“维新政府”合流，组成统一的伪中央政权，1938年4月下旬特地去东京，谋取日本政府允准。5月3日会见日本首相近卫文麿，无果而还。王约梁鸿志在大连会谈，梁只同意采取分治合作办法。9月22日，在北平成立“中华民国政府联合委员会”，由“临时政府”、“维新政府”两方各派委员三人组成，王任主任委员。南北两伪府实现了形式上的联合，实则各行其是。

汪精卫1938年12月叛变投敌后，秉承日本帝国主义的旨意，为建立伪中央政权，于1939年6月27日与王克敏在北平举行会谈。同年

9月中旬及次年1月下旬，汪精卫与王克敏、梁鸿志先后在南京、青岛举行会谈。在青岛会议上讨论了“中央政府树立大纲”、“华北政务委员会组织条例”等，并就“临时政府”、“维新政府”与汪伪中央政府之间的关系，及“中央政治会议”人员分配等问题，达成了协议。

1940年3月，王克敏到南京参加伪中央政治会议。汪伪“国民政府”成立前一天的3月29日，伪临时政府撤销。汪伪国民政府建立的同时，设立“华北政务委员会”，王克敏任委员长，兼任内政总署督办。不久，王克敏的后台喜多奉调返国，与王有嫌隙的森冈升任华北联络部部长。在森冈与汪精卫的压力下，王克敏被迫提出辞呈，于6月7日辞去本兼各职。

1943年7月2日，“华北政务委员会”委员长朱深病亡，由汪时璟暂代。在日方支持下，王克敏于11月10日复任“华北政务委员会”委员长，又于1944年4月任“华北税务委员会”委员长、“华北剿共委员会”委员长，7月任“华北政务委会教育总署”督办。

王克敏为汪伪中央政治委员会第一届委员会当然委员，第二、三、四、五、六届委员会延聘委员，又任1943年1月成立的“最高国防会议”委员。次年5月，任汪伪“全国经济委员会”副委员长、“物资调查委员会”委员长。王克敏因长期生活骄奢淫逸，身体羸弱不堪，不得不于1945年2月8日去职。

抗日战争胜利后，国民政府于1945年11月30日发布命令，通缉陈公博等七十七名汉奸，王克敏列名其中。12月6日，王克敏在北平被逮捕，拘于北城炮局胡同陆军监狱。12月25日，王克敏病死狱中。

主要参考资料

贾士毅：《民国初年的几任财政总长》(六)，台北《传记文学》第6卷第3期。

张炳如:《华北敌伪政权的建立和解体》,中国人民政治协商会议全国委员会文史资料研究委员会编《文史资料选辑》第39辑,中华书局1963年版。

秦孝仪主编:《中华民国重要史料初编——对日抗战时期》第六编《傀儡组织》(三),台北国民党中央委员会党史委员会1981年版。

王　乐　平

刘培卿　刘　镇

王乐平，名者塾，1884年12月8日(清光绪十年十月二十一日)出生于山东诸城县王家楼子(今属五莲县)。其父王季龙是举人，教书为业。王乐平自幼随父上学，十八岁中秀才。尔后在家务农。

1906年夏，王乐平到济南考入山东高等学堂，翌年加入同盟会，开始了革命活动。他和山东优等师范学堂于洪起、陈幹等同盟会员组织“保矿会”，反对清政府以山东矿产为抵押向德国借款，被学校当局以“革命嫌疑”为由开除学籍。1908年底，王回诸城，在相州中学任教数月。1909年夏返济，考入山东法政专门学堂，继续学习并开展革命活动。

辛亥武昌起义爆发后，王乐平和丁惟汾等人组织山东各界联合会，迫使山东巡抚孙宝琦于11月13日宣布独立，成立了山东临时议会和临时政府，王被推举为议员，倡办学生军保卫新政权。11月24日，袁世凯胁迫孙宝琦取消独立，以其亲信张广建署藩司，吴炳湘署巡警道，在济南捕杀革命党人。王乐平弃学避居青岛。1912年1月，他受山东革命党人委托，去南京谒见孙中山，受孙派遣，赴烟台参加以胡瑛为都督的山东军政府工作。当时山东革命党人正在登州、黄县、青州、诸城等地组织起义，王被委任为革命军司令，曾指挥胶东之役，与清军展开激烈的争夺。不久南北议和，2月，王乐平作为山东军政府的代表之一，与张广建的代表举行谈判。4月，山东军政府从烟台迁济南，重选议会。山东独立时创刊，旋被张广建取缔的革命党人机关报《齐鲁公报》恢复，改名《齐鲁日报》，王乐平担任该报主编。1913年讨袁的“二次革命”失败后，《齐鲁日报》被迫停办，王在山东高等学堂执教。翌年春，孙中山从东京派人携密书赴山东联络革命党人武装倒袁，使者途中被捕，联络名单被搜出，山东都督靳云鹏按名单捕人。王乐平遭通缉，避难甘肃，先担任甘肃教育厅课长，后到陕西略阳县任厘金局长。

1916年初，王乐平返回山东，往来于中华革命东北军驻潍县居正部及驻周村吴大洲部之间，策划讨袁。6月袁世凯死后，王被推举为参议员，到北京就职。1917年7月，张勋复辟，国会被解散，王回山东。他利用在甘肃、陕西所得之款，在博山殷家沟兴办了一处年产二万吨的煤矿。不久，因受日本资本和官僚资本的排挤，难以维持，乃重返政界。1918年8月，王当选为山东第二届省议会议员，并任省议会秘书长。

1919年五四运动爆发，王乐平代表山东省议会去上海，发动山东旅沪人士参加运动。6月18日，他率领山东各界八十六人组成的请愿团晋京请愿，在怀仁堂向总统徐世昌面陈山东人民的爱国要求，慷慨激昂，声泪俱下。同年夏，他在济南创办了“齐鲁通讯社”(不久改为“齐鲁书社”)，推销进步书刊，联络革命同志。12月，在省议会讨论财政预算的会议上，他根据调查所得的确凿资料，提案弹劾山东督军张树元侵吞军费，获得与会者的拥护。1920年冬，陈独秀函约王乐平在济南组建共产主义小组，但王乐平没有行动。1921年底，他应陈独秀的邀请，在王尽美动员下，拒绝了北京政府安排他去美国参加“华盛顿九国会议”的派遣，而作为山东革命团体的代表，和王尽美、邓恩铭等共产党人一起，赴苏联出席共产国际召集的远东各国共产党及民族革命团体第一次代表大会，并实地考察了苏联的社会制度。1922年5月回国后，他向孙中山汇报时，建议采用“俄国之组织方法”，孙深以为然，遂派他回山东主持国民党党务，注意同共产党合作。

王乐平同共产党山东组织建立了良好的合作关系，共同建立了“平民学会”，创办了《十日》杂志。王乐平利用这个半公开的学术团体，作为复兴国民党山东党务的机关，王尽美则利用它宣传马克思主义。同年 6 月，国会恢复，王乐平重新出任参议院议员。他往来于北京、上海、济南、青岛等地，从事反对北洋军阀的革命活动，和丁惟汾等人在北京组织了国民党北方分部，着手党务改组。1923 年 7 月，因反对曹锟贿选，王离京赴沪，与丁惟汾合办《北方周刊》，鼓吹反对军阀的北方革命。年底又与丁去青岛创办胶澳中学，作为国民党在青岛的立足点。

1924 年 1 月，王乐平作为孙中山指派的山东代表，和王尽美、丁惟汾等人一起出席在广州召开的国民党第一次全国代表大会。会后，王被派回山东，负责建立有王尽美等参加的国民党山东临时党部，并派人到济南、青岛、烟台、淄博、惠民等地建立了临时党部。同年 8 月，他与共产党人一起，召集山东三十一个团体开会，成立了“山东反帝国主义大同盟”，开展以废除不平等条约为中心内容的反帝运动。12 月，他和王尽美、王哲、阎容德在天津受到孙中山接见，被委为国民会议宣传特派员，回省开展国民会议运动。1925 年 1 月 7 日，他主持成立了济南国民会议促成会，随后又成立了山东国民会议促成会总会。2 月初至北京，参加了国民会议促成会全国代表大会的筹备工作，出席 3 月 1 日至 4 月 5 日召开的国民会议促成会全国代表大会。会议期间，孙中山逝世，王乐平担任孙中山治丧委员会委员、招待股第五组组长。会后，他回山东。于 4 月 27 日至 29 日在济南公园主持召开了山东各界追悼孙中山大会，发起组织了“孙文主义研究会”。7 月 11 日至 13 日，国民党山东省第一次代表大会正式选举产生了有共产党人参加的国民党山东省党部，王乐平当选为主任委员。同年冬，军阀张宗昌通缉王乐平并派人包围他的住宅，他逃往北京。1926 年 1 月，王乐平赴广州出席国民党第二次全国代表大会，当选为国民党候补中央执行委员。会后回北京，和李大钊等一起，领导了反帝爱国斗争。3 月 18 日，在天安门召开群众大会时，他是主席团成员之一。群众到铁狮子胡同执政府门前示威请愿时，他举旗走在队前，并被群众公推为五位代表之一，进府同段祺瑞交涉。当地军警镇压时，王被棍棒打伤。

北伐战争开始后，王乐平赴广州，随军北上。9 月，他潜入武昌，对吴佩孚军队进行策反工作，策动吴的暂编第三师团长贺对庭（山东临沂人）部反正，以配合北伐军攻克武昌。不久，王又赴九江、南昌等地主持对北洋军队的收编工作。邓演达在武汉成立湖北政务委员会，王应邀到武汉，担任政务委员会委员兼武汉电信局局长，旋任“中国国民党中央执行委员暨国民政府委员临时联席会议”成员。王乐平自认为是国民党的元老，一向看不起蒋介石，他反对蒋介石的专制独裁。1927 年 3 月，出席在武汉举行的国民党二届三中全会，赞同全会关于维护国民党三大政策，反对蒋介石军事独裁，并撤销蒋介石国民党中央常委会主席、军事委员会主席等职务的决议。“四一二”政变后，丁惟汾劝说王乐平去南京拥蒋，王拒绝。但王在武汉遭到山东左派青年的反对，难以为继。7 月，经顾孟馀介绍去开封，在冯玉祥举办的党政训练班担任主任，培训国民党党务工作人员。

王乐平对国民党分崩离析和政客角逐的局面十分不满，产生了改组国民党的想法。他撰写《中国国民党的改组与训练》一书，提出“恢复十三年精神，改组国民党”的政治主张。该书于 1928 年初出版，成为改组派的基本纲领之一。

1927 年 9 月，王乐平追随汪精卫先后去上海、广州。11 月 1 日，王参加汪精卫在广州召集的部分国民党中央执监委员会议，赞同在广东另立国民党中央，以与南京政府相对抗。17 日，张发奎、黄琪翔在广州发动事变后，王乐平积极支持广东省代理主席陈公博。1928 年 2 月，国民党召开二届四中全会，蒋介石拉拢王乐平，为王所拒。嗣后，王在上海竖起改组国民党的旗子。6 月，王乐平与顾孟馀合办《前进》杂志，抨击蒋介石，支持陈公博的改组国民党主张，还创办了大陆大学，培养国民党改组派的人才。同年冬，王乐平和陈公博、顾孟馀、王法勤、白云梯、朱霁青、潘云超、郭春涛等在上海开会成立“中国国民党改组同志会”总部，下设宣传、组织、总务三部，陈公博总负责，王乐平和朱霁青分管组织工作，兼管军事。王派人到各地联系，成立了改组派的各省市党部和海外分部。1929 年 1 月，改组派在上海召开中央及地方组织负责人会议，亦称第一次全国代表大会。会后陈公博出国，王乐平实际上成了改组派总部负责人，兼大陆大学代理校长。总部的一切组织、宣传、军事联络等筹措工作，都由他最后决断。他主持总部工作，指挥各地改组派的活动。其时人民群众特别是知识分子和青年学生中颇多反蒋情绪，王借“济南惨案”和选举国民党“三大”代表等机会，在政治上广造倒蒋舆论。他还利用一些军事实力派反对蒋介石的情绪，组织“护党救国军”，策动李宗仁、张发奎、石友三等部军事倒蒋。

改组派的活动给蒋介石以很大威胁，蒋介石对王乐平恨之入骨，密谋铲除。1928 年秋，王乐平护送其父灵柩从上海回诸城安葬时，蒋介石一面假意送花圈，一面密令山东当局逮捕王乐平。王乐平闻讯乘帆船逃回上海。1929 年 11 月 19 日，蒋密令国民党军政机关查禁改组派总部。接着，派陈希曾到上海，嘱令特务头子杨虎于 1930 年 2 月 18 日将王乐平刺杀。

主要参考资料

《王乐平先生墓碑》碑文。

九皋:《访辛亥革命老人郭叔蕃》,《团结报》1981 年 11 月 7 日。

丁惟汾主编，于恩波等编纂:《山东革命党史稿后编》卷 1 第 2 章，台北山东革命党史编纂委员会 1971 年版。

山东省社会科学历史研究所编:《山东革命历史档案资料选编》，山东人民出版社 1981 年版。

向汉文:《改组派回忆录》，中国人民政治协商会议全国委员会文史资料研究委员会编《文史资料选辑》第 17 辑，中华书局 1961 年版。

王 陵 基

刘识非

王陵基，号方舟，四川乐山县人。生于 1883 年 9 月 10 日（清光绪九年八月初十）。其父继承祖业，在乐山、成都经营绸缎庄。王陵基少时在家馆中就读，1903 年 7 月考入四川武备学堂速成班学习一年。时值四川增设新军，缺乏初级干部，王陵基被派往各县招募弁目学生。学生招回后，由日本士官学校毕业生徐孝刚任管带，王陵基任队官，从事弁目生的训练。不久，王随徐孝刚到日本购运武器，自请留在日本学习，乃入东斌学校一年，又在成城学校学了几个月的日文。1906 年回国后，在川军协统钟颖部任参谋。不久，钟颖部调驻拉萨，王随往。

1908 年秋，四川开办陆军军官速成学校，原弁目队学生刘湘、杨森、王缵绪、潘文华等多数考入军官学校。该校步、骑、炮、工、辎各科长，最初都由日本军官充任，由于缺乏翻译，当局把王陵基由拉萨调回成都，担任该校翻译。辛亥革命前，不少军官速成学校学生和弁目生是同盟会会员，参加了四川保路同志会的革命活动。王陵基则拒不参加同盟会，还说军人是保卫国家的，军队只能受国家的指挥，军人以服从为天职，用不着参加什么党。

辛亥革命后，四川增编新军三个镇（师），王陵基在四川副都督胡景伊的保荐下，任第二镇的标统（团长）。1913 年“二次革命”起，在上海的川籍同盟会员熊克武组织了两千多人回川，受孙中山委任为蜀军总司令。熊率部到达重庆后，兼重庆镇守使，通电讨袁。袁世凯即令川督胡景伊与滇黔联军总司令唐继尧出兵围攻熊克武。王陵基向胡景伊请缨率部讨熊，被胡擢任川军第二师先遣支队长兼川东宣抚使，率部由南充向重庆进攻。王部到达重庆附近时，滇黔联军黄毓成部已逼近重庆，熊部因各方围攻众寡悬殊，弃渝出走。黄部先入重庆，王陵基将其部队主力驻在江北，自率有力部队进入山城，与黄火拼争夺重庆。在巷战中，民房被毁甚多，居民伤亡多人，重庆士商呼吁停战，王、黄各执一词互相攻讦不止。北洋政府遂将黄、王二人"解职查办"，黄毓成率部回黔，王陵基调任督署参议。不久，北京政府又恢复王陵基少将军衔并发还勋章奖章。

1915年2月，袁世凯派其亲信陈宧督理四川军务兼四川巡按使，掌管四川军政大权。王陵基经胡景伊引见受到陈宧赏识，常被询问川事。不久袁世凯恢复帝制，王陵基说袁是改朝换代的英雄，愿作"从龙之士"。12月护国战争爆发后，陈宧派王陵基任第一师第四团团长，不久王陵基又升为第三师第五旅旅长。1916年5月，陈宧见反袁声势日盛，被迫通电反袁，宣布独立。第一师师长周骏则对袁表示忠诚，通电讨陈。袁世凯将陈宧撤职，任周骏督理四川军务，赐周以存武将军勋位。周骏电荐王陵基为陆军第十五师师长兼重庆镇守使，并在电中陈述王的忠袁言行。王赢得袁之欢心，被授为尚威将军。王陵基旋奉周骏命令，率部向成都进攻，申讨陈宧。6月，袁世凯病逝，周骏、王陵基声名狼藉，被迫从成都撤向南充，不久赴北京。经多方疏通，王谋得烟台镇守使兼烟台知事职。1918年初，王又到北京另谋出路未成，悻悻回川。

1921年2月，王陵基投奔驻重庆的川军第二军军长杨森，任该军参谋长，不久被派到第六混成旅帮助整理部队，旋任该旅旅长。1922年初，川军各派互争地盘，爆发内战，但懋辛第一军与刘成勋第三军等组成"省联军"，与杨森第二军对抗。杨森惨败，得王陵基旅掩护，率残部逃往宜昌，王陵基自请留在四川。1923年7月，刘湘任四川军务善后督办，王投刘麾下。1924年初，受任陆军第二十八混成旅旅长，次年升任川军第三师师长兼江(北)巴(县)卫戍司令。

1926年，北伐军节节推进，刘湘于12月将所部改编为国民革命军第二十一军，王陵基任该军第三师师长，兼重庆卫戍司令。这时，重庆组成以杨闇公为首的国民党四川省党部。王陵基认为侵犯了他的权限，对省党部的活动大为不满。1927年3月24日，英、美帝国主义制造“南京事件”，打死打伤我军民两千余人，四川人民极为愤慨，省党部组织群众于4月3日在重庆举行示威大会。王陵基事先未能禁止，遂指使军警向群众开枪镇压，打死四百余人，打伤一千余人；他还指使暴徒捣毁了省党部、四川日报社及中山、中法等学校，杀害了第二十军政治部主任漆树芬及冉钧、杨闇公等。惨案发生后，受到各方舆论严厉谴责，刘湘默不吭声，王陵基则反诬共产党破坏重庆治安，并派特务四处捉拿共产党人。

王陵基为了发展他的势力，取得刘湘支持，在卫戍区保安团开办一个团务学校，学生由各县选送，毕业后派回各县为保安团骨干，校长请刘湘兼，王自任副校长负实际责任。不久。王又开办重庆军官学校，招考中学毕业生训练一二年，培养一批有文化的军官作为自己的亲信，校长仍由刘湘兼，王自任副校长。两校开办后，王经常到校讲课。毕业学生后来大多是王部的高、中级干部，分配在地方任保安团干部的亦多倾向于王。

1931年，红二方面军贺龙所部在鄂中洪湖地区发展革命根据地，蒋介石委刘湘为长江上游“剿匪”总指挥。刘湘不愿离开四川，即委王陵基为代总指挥，率六个旅、两个加强团及特种部队“围剿”洪湖地区红军。王陵基欣然承诺，对其亲信夸耀说：“剿匪”既可发挥自己的才能，又可增长声望，还可借机谒见蒋介石，增加将来发展机会。王亲率主力前往沙市，除以有力部队固守沙市外围据点外，派第四师师长范绍增和前敌指挥官郭勋祺分左右两路向洪湖革命根据地进攻。嗣后并请武汉行营主任何成濬派出三四个师在潜江、沙洋及襄阳以南地区阻截红军。王陵基亲到前线督战，得悉红军主力向荆门方面移动后，认为红军将包围其左翼，亦以主力向左移动，要在荆门地区同红军决战，妄图在荆门、郢城地区消灭红军。红军打了几个歼灭战后，向老河口方面作战略转移。王陵基所部伤亡甚大，不敢深入洪湖地区，退而固守当阳、曾家集一线。

此时，王陵基得悉河南有三股土匪，各有人枪一两千，当即派人前往联络，招抚为第三师第一、二、三路警卫部队，名义上为增大“剿匪”力量，实际扩充了他个人的武装。

1932 年底，红四方面军主力进入川陕边区，建立和发展革命根据地。1933 年 7 月，蒋介石任刘湘为四川“剿匪”总司令，统率四川各路军队围攻红军。刘委邓锡侯、孙震、李家钰、杨森、王陵基、刘邦俊分任六路总指挥，向红军进攻。王陵基为第五路，指挥八个旅共二十四个团和特种部队，并代刘邦俊指挥第六路的四个旅，于 12 月中旬向革命根据地进攻。红军为集中力量，主动放弃达县、宣汉，王陵基立即向上表功，并企图借机吞并第六路的队伍，因而惹起各路“剿匪”军不满，刘湘遂将其撤职。王被撤职后，百无聊赖，跑到上海当了两年寓公，花天酒地。1936 年春，刘湘又邀其返川，任省保安司令部保警处长并代行保安司令职。

1937 年 7 月卢沟桥事变后，抗日战争全面爆发。1938 年初，王陵基任第三十集团军总司令兼第七十二军军长，于夏初出川抗战。8 月参加南浔战役，防守瑞昌武宁一线。嗣后，王部新十三师在万家岭一役奏捷获奖。抗战进入相持阶段后，王部陆续参加了长沙会战、南昌会战等。1939 年 6 月，王升任为第九战区副司令长官兼第三十集团军总司令，率七十二军驻修水。此后王追随蒋介石消极抗日、积极反共，常向其部属讲：打日本人没有什么，将来打共产党才要真正流血。我把我的意见多次向委座（蒋介石）提出，委座也赞赏我的见解。他多次建议在湘鄂赣边区组织“剿共”部队等，深得蒋介石信任。他指令参谋长宋相成搜集八路军、新四军“妨碍”、“破坏”抗战材料报到重庆去。1941 年初皖南事变发生后，他指令第一线部队及时消灭新四军和共产党组织。王还责令所属把消灭共产党及人民抗日武装力量视为最重要任务，规定各级主管长官要层层具结，并推行连坐法，三人连环保。他在总部成立肃奸委员会，自兼主任；各军、师成立肃奸小组，军、师长任组长。他对共产党员或有嫌疑的人，都凶残地加以杀害，被逮捕的新四军和共产党员押到总部，极少有生还的。他说，委座曾指示过，对共产党宁可误杀三千，不可走漏一人，这句话很有道理。

1941 年冬，日军发动第三次长沙会战，由于王陵基平时散布消极抗日保存实力言论，其部属对日军也就不积极作战。会战开始，王率主力赴平江、长江地区参战，令七十二军三十四师陈良基部担任武宁、修水方面守备。三十四师抵抗不力，节节败退，使少数敌、伪部队窜到修水地境，总部仓库几遭失陷，王陵基不得不在前方抽调两个团星夜兼程回援。会战结束后，王陵基回到修水，将七十二军军长韩全朴撤职，三十四师师长陈良基撤职查办，还枪毙一个团长泄愤。

王陵基一向把“剿共”看得比抗日重要。1945 年春初，第三十四师参加湘粤赣边区会战，收复了江西省政府所在地太和，继续追击南窜之敌。王陵基却下令三十四师立即改变追击日军之部署，回援湘鄂赣边区去进攻渡江南下之八路军王震部。他还设宴招待团以上军官，告诫他们拼命“剿共”，不要怕伤亡，将来一定优先弥补。

王陵基忠实执行反共政策，深得蒋介石的信任和嘉许，1943 年春晋级陆军上将，1945 年春又当选为国民党第六届中央执行委员。抗战胜利后，又擢升为第七绥靖区司令官，辖两个集团军。王陵基深恐反共落于人后，自请将七十二军派到长江北岸去承担“剿共”任务，得到蒋介石赞许。

不久，王陵基调任江西省主席，他要七十二军调到江西担负“绥靖”任务，与武汉行营发生了矛盾。后来蒋介石电令将七十二军仍留鄂东北“剿共”，将驻江西的青年军两个师拨王指挥。王在江西大量征粮征兵，以补充蒋介石全面发动内战的需要。

1948 年春，王陵基调回四川任省主席。他对蒋介石的任命心领神会，表示要做好“反共后方基地”的建设。他一到四川，就大刀阔斧地更换专员、县长，委派原刘湘部特别是第三十集团军军官充任各级文武官员。他下令各地彻底肃清中共地下组织，对反对他的民间机构、人民团体等，则进行威胁利诱和分化瓦解。他极力扩大反共地方武装，同时联系胡宗南、宋希濂、孙震、杨森等，想利用他们的力量阻止解放军入川。

1949 年夏秋，人民解放军以摧枯拉朽之势进入西南后，蒋介石委任王陵基为四川反共救国军总司令。王立即委任各区专员为该区“反共救国军”总指挥，又令各总指挥委县长为师长，大力发展反共武装。12 月，四川大部地区陆续解放，王陵基还想要退守雅安，但人民解放军已撒下天罗地网，其所属之十个保安团亦先后起义，王走投无路，于 12 月下旬只身化装逃跑，在途中被人民解放军俘获。

1964 年 12 月 28 日，王陵基获得特赦出狱。他晚年患严重高血压和心脏病，获赦后曾入医院治疗。1967 年 3 月 17 日病故于北京。

主要参考资料

四川省文史研究馆编辑：《四川军阀史料》第 1—5 辑，四川人民出版社 1981—1988 年版。

周开庆编著：《民国川事纪要》，台北四川文献研究社 1974 年版。

王　懋　功

陈德军

王懋功，原名国华，字东成、东臣。江苏睢宁县双沟镇人。1891年（清光绪十七年）出生在一个小知识分子家庭。六岁从父亲读书。十四岁应童子试中秀才，旋入徐州中学。后弃文习武，相继在南京陆军小学、陆军第四中学、保定军事学校学习。

1912年南京临时政府成立时，在江苏任陆军第一师连长、营长。1913年南京兴师讨袁，王懋功率部响应，先任江苏陆军第一师司令部一等参谋、代理参谋长，继任安徽讨袁军第一师参谋长，积极进行反袁斗争。

讨袁失败后，被通缉，乃易名懋功，赴广东，1917年至李烈钧部任营长。1920年8月转任广东省政府警卫军营长暨统领。警卫军改制为粤军后，任粤军第一路军统领（团长）。随粤军总司令陈炯明自福建回师广东，驱赶桂系军阀莫荣新、陆荣廷后，任粤军第一军第一独立旅旅长。

1922年5月随粤军第一军军长许崇智率部北伐，进入江西。6月，陈炯明发动叛乱，王懋功率部随粤军回师讨伐陈炯明。讨陈受挫后，率部入闽驱逐北洋军阀李厚基。经过激烈战斗，李厚基溃败逃走，王懋功部进占福州。10月，入闽北伐军改名为讨贼军。1923年孙中山命东路讨贼军由福州回广东讨伐陈炯明，王懋功改任东路讨贼军第一独立旅旅长兼第三旅旅长，后又任东路讨贼军中央军命令传达所所长。

1924年1月第一次国共合作正式形成。6月，王懋功任孙中山海陆军大元帅大本营参军。1925 年初，先后任黄埔军校检阅委员会委员，第三期入伍生总队长，随右路军参加讨伐陈炯明的第一次东征。1925 年 3 月东征军抵达潮汕后，为给随同出发的黄埔第二期学员补课，成立潮汕分校。其时，蒋介石与许崇智相互斗法，王懋功原本是许崇智手下的旅长，改投到蒋介石的门下之后受到重用。4 月，王懋功任潮汕分校本部行营主任。8 月，任国民革命军司令部参谋长兼第二师师长。蒋介石率第一军主力参加第二次东征后，王懋功奉命留守后方，兼代国民政府广州卫戍总司令。但是，王懋功投靠蒋介石后，和蒋的一些嫡系亲信王柏龄、贺衷寒等关系紧张，陷入到激烈的党派纷争之中。为了走私问题，王懋功和虎门要塞司令陈肇英发生冲突；又因包赌、包烟、包娼的问题，与广州市公安局长吴铁城结仇。

1925 年 8 月 20 日，廖仲恺案发生。国民党中央执行委员会、国民政府委员会和军事委员会举行紧急联席会议，由汪精卫、许崇智、蒋介石组成特别委员会，负责处理“廖案”。1926 年 1 月 14 日，经汪精卫推荐，王懋功担任廖案审判委员会委员。自此，王懋功和汪精卫日益接近，并受到汪精卫的拉拢。1926 年 2 月 6 日，国民政府军事委员会会议议决黄埔军校经费三十万元，王懋功第二师经费十二万元，结果第二天，军校经费减至二十七万元，而王懋功第二师的经费则增至十五万元。2 月 24 日，国民政府成立两广统一委员会，广西军队改编为第八军、第九军，以李宗仁、黄绍竑为军长。而按照次序，广西军队应该编为第七、第八军，第七军的序列即预留给王懋功的第二师。这些行动，引起蒋介石的不满。2 月 26 日，蒋介石突然扣押王懋功，免去其第二师师长职务，并押送赴沪。

王懋功被免职后，1926 年秋天奉令与贺衷寒、杜从戎、陆瑞荣四人到苏联伏龙芝陆军大学学习。随又到德国、法国考察研习政治、经济和军事，并与汪精卫书函往来，讨论国内局势前途。1929 年冬回国，任十一军军长，该军改编为骑兵第八师后任师长。这时王懋功追随汪精卫，奔走于李宗仁、白崇禧、唐生智、冯玉祥、阎锡山之间，为汪精卫联络军事力量反蒋。1930 年王懋功以汪精卫侍从武官及军事顾问的身份,参加了“中国国民党中央党部扩大会议”以及中原大战等一系列反蒋活动。

倒蒋失败后,王懋功隐居天津日租界。1931 年 12 月在国民党四全大会上,当选为国民党第四届候补中央执行委员,并被推举为国民党中央民众运动指导委员会委员。1932 年 1 月,王出任任正太铁路管理局局长,从法国人手中收回正太路。1933 年 6 月,王兼任山西省政府委员。在正太铁路管理局局长任内,王懋功委派中共党员,恢复和建立了正太铁路工会,做过一些有益于工人福利的事情。

由于国民党内派系斗争十分激烈,一些留俄学生在学成归国之后,成为各方势力拉拢的对象。1933 年下半年,留俄学生以苏俄评论社社员为基础,由南京和各地的留俄学生二百多人发起成立了留俄同学会。在留俄同学会的成立大会上,蒋介石被推举为名誉会长,王懋功选为理事。1935 年 11 月,在国民党五全大会上,王懋功继续当选为国民党中央候补执行委员。1936 年,调平绥铁路局局长;11 月,获国民革命军誓师十周年纪念勋章。

1937 年 7 月 7 日,抗日战争全面爆发。9 月,王懋功被任命为国民政府军事委员会军法执行总监部中将副监。1941 年 2 月,任苏鲁战区副总司令,同年去职后,又被调为江苏省主席,未到任。1943 年 7 月,任国民党中央组织部评议员。1945 年 1 月,由国民政府委任为江苏省政府委员、省主席。2 月 15 日,接印主政。旋即兼任国民党江苏省党部主任委员、江苏省三民主义青年团干事长以及第十战区中将司令长官、苏北挺进军总指挥等重要职务,全面掌握了江苏省党政军的大权。

1944 年春至 1945 年初,在共产党领导下,华中敌后战场开始对日伪军局部反攻。1945 年 3 月,王懋功在皖北阜阳召集江苏省各区县专员、县长、县党部书记及各挺进部队司令举行紧急会议,指示党政军各部与共产党抢夺江苏地盘。

1945 年 5 月国民党六全大会在重庆召开,王懋功当选为国民党第六届中央执行委员。8月10日，王懋功从广播里听到日本投降的消息，当即带领江苏省政府、省党部由皖回苏准备接收。9月，国民政府陆军总司令部电令王懋功主持接收江苏省境内的一切行政与地方性事业机构。王懋功随即主持成立了江苏省党政接收委员会，拟定组织和办事规程，决议各项接受程序，处理接受事宜。当时江苏省所接收敌伪的资产在苏、浙、皖接收区遥遥领先，据统计，至1946年底，安徽省处理敌伪产业收入总额为一亿三千三百亿元，浙江为两亿八千八百亿元，而江苏省达到了一百二十三亿多元。

1945年10月，江苏省政府从苏州迁到镇江。12月，王懋功继续被任命为江苏省政府委员、省主席。1946年1月，兼江苏省保安司令，获忠勤勋章。3月，任国民党江苏省党部主任委员、江苏省三民主义青年团干事长。

国共内战全面爆发后，王懋功积极贯彻国民政府"行政配合军事"的方针，提出江苏"以整个省政设施与剿匪军事相配合"，要求各县市长于军事收复行动开动之始，即率领县府人员及县保安队，"与剿匪国军齐头并进"，每收复一地，则恢复该地的基层组织，编制保甲，清查户口，"扫除残匪"，组织民众自卫队。在苏南各县，王懋功对共产党力量实行武装"清剿"；在苏北，则进行扫荡。至1947年上半年，国民党军队几乎控制了江苏省全部的县城。

1946年夏秋之间，苏北徐海地区遭受特大水灾。王懋功遍巡各地视察灾情，在上海及江苏等处募捐，在灾区设站赈济，向国民政府请求拨款。灾后，又举行以工代赈，恢复水利，并借救灾之机侵占苏北新四军所接收的一些地区。由于大量游资涌入米市，江苏出现全省米荒。王懋功检举囤积投机分子，采取各种措施维持米价的稳定。

1947年5月18日，国民党政府颁布了《维护社会秩序临时办法》后，王懋功提出《群策群力共谋安定建议》，制定了江苏省政府的两阶段施政方针：第一阶段配合军事行动，恢复全部省境，以武力掌握江苏；第二阶段，逐渐恢复秩序，强化治安，派捐派税，供应军需，以军事巩固江苏。1948年7月,王懋功又主持制定了《江苏省戡乱时期施政纲领》,强调江苏戡乱工作之重心在加强地方武装,组训民众,"配合国军肃清匪患"。"纲领"要求苏北应在绥靖区司令部指挥下,从速整编保安团队,增强战斗力;要求苏南从速建立督察队及相关机构,维持治安秩序。在江苏省主席任上,王懋功为南京政府提供了大量的人力、物力。他自己讲道:"在余任内,每年增兵配额,无不先期完成,且额外征募三万人以上;军粮供应,所有征实征借征购之粮食,应缴中央部分,大部未到期已由中央提取净尽。"

王懋功在省主席任内一直默认以"反蒋拥共"为宗旨的孙文主义革命同盟在江苏的组织活动。1948年春,孙文主义革命同盟正式通过其政治纲领。9月,王懋功被免去本兼各职。11月,调任总统府战略顾问委员会战略顾问。未几去台湾。1950年5月去职。1952年10月退役,任"总统府国策顾问"及"光复大陆设计研究委员会"委员。1961年12月27日,王懋功在台北病逝。

主要参考资料

中国第二历史档案馆编:《中华民国史档案资料汇编》第4辑,江苏古籍出版社1991年第2版。

上海市档案馆编:《汪精卫致王懋功密函选》,《历史档案》1984年第4期。

吴晓晴等主编:《江苏文史资料》第49辑,1993年版。

睢宁县地方志编纂委员会编:《睢宁县志》,中国社会科学出版社1994年版。

《申报》1947年5月11日、13日、24日。

王 少 堂

倪 波 沈道初

王少堂，原名德庄，又名熙和。1887 年(清光绪十三年六月)生于江苏扬州。王家数代说书，名字均带一“堂”字，扬州人称之为“堂门”。他的父亲王玉堂系著名的评话艺人。

童年时代的王少堂，得到王玉堂的直接传授和督促，学练评话技艺。七岁时他开始模仿父亲演说《水浒》。为了记住评话内容，他天天观摩父亲说书，反复背诵，久而久之，便把数十万字的《水浒》刻印在脑海之中，为后来说讲《水浒》打下了基础。他十二岁开始登台表演，演说《武松》、《宋江》、《石秀》、《卢俊义》四部。十六岁时已经获得一定的艺术成就，尤以说《武松》最为成功，在扬州、兴化、镇江一带颇有影响。1908 年，二十一岁的王少堂开始离开父亲独自说书。

王少堂在继承其父说书艺术传统的基础上，有所发展。他吸取了专说《三国》的康国华和善于表演的刘春山的精华，使表演与说书结合，形成了自己独特的艺术风格。他把《水浒》的说书时间从他父亲延续的四个月延续至八个月，仅《武松》一部的说词就长达八十余万字，大大扩展了施耐庵的《水浒传》有关部分。

王少堂说书有三样道具：扇子、手帕、醒木(惊堂木)，有时还有一把小茶壶。他说书不离桌，边说边演，但基本是靠说来吸引听众。他说得意境清新、奇巧豪放、人物形象栩栩如生，给听众留下深刻的印象。还穿插了很多“噱头”，丝丝入扣，引人入胜，富有独特的艺术风格，深受广大听众的喜爱。由于王少堂的技艺高明，并常去扬州附近各地演出，这使历史悠久的扬州评话一时在苏北、南京及安徽芜湖、合肥一带广为流行。

辛亥革命推翻了清王朝的专制统治，年轻的王少堂受到孙中山民主革命思想的影响，在说书中揭露专制社会的丑恶形态，赞扬民族、民权、民生的三民主义，宣传了孙中山的民主革命主张。

1932 年“一二八”事变爆发，日本侵略军强占上海闸北，十九路军孤军抗战，得到全国声援。在这国难当头的时候，王少堂义愤填膺，在扬州、盐城等地说书时，常到军队中作劳军表演，并把说书收入的一部分捐献给扬州“救国储金会”、镇江“书社联合会”，用以表达抗日救国的心意。

王少堂的爱国行动受到扬州宜陵镇保守官吏的忌恨，他们有意陷害，于 1932 年 4 月，把王抓去坐牢。王身受八个月囹圄之苦，了解到监狱的黑暗情况。此后他以自己的亲身经历，在说书中借古讽今，抨击国民党统治下警察局、监狱的黑暗。

扬州解放后，王少堂的说书艺术得到新的发展。1949 年，他参加扬州艺人讲习班，认真修改评话《水浒》，删除了许多思想糟粕，提高了思想性。1958 年，王少堂参加江苏省曲艺会演，获得了荣誉奖。同年，被选为第二届全国人民代表大会代表，以后又当选为第三届全国人大代表。1959 年任扬州曲艺协会主任、江苏省文艺协会执委、省曲艺研究会会长、省曲协主席和中国曲艺协会副主席。同年 7 月 1 日，王少堂加入了中国共产党。此后，他整理了几百万字的《水浒》评话稿，出版了评话《武松》一书，还积极为曲艺团学员讲课，精心培养新人。

1968 年 1 月 6 日，王少堂逝世。

王 世 杰

严如平

王世杰，初名燮廷，字雪艇，湖北崇阳县人。1891年3月10日（清光绪十七年二月初一）生。父亲王为翰，字步瀛，事农商，有子八女二，王世杰在兄弟中行五。王世杰幼时入塾，勤奋好学，业绩优异，九岁识时务文字，被塾师视为奇才。1903年赴武昌应童子试，未及试毕即向往鄂督张之洞兴办之新学，考入南路高等小学，分在理化选科西堂，除学数理化等外，亦学中国文学、教育、地理等。1910年王以优异成绩毕业后考入天津北洋大学采矿冶金科。

辛亥武昌首义后，王兴杰辍学南归，任职于鄂省都督府秘书，曾参与守城战事。旋奉派赴湘请援成功，与赵恒惕率领之旅乘轮返鄂，驰援武昌解围。嗣后王与石瑛受命组设国民党湖北支部。继在武昌创办经济杂志，倡言共和，反对专制。1913年反袁之“二次革命”失败后，王赴英国留学，考入伦敦政治经济学院。1917年获法学学士学位后转赴法国，入巴黎大学研究公法，1920年春获法学博士学位。巴黎和会时，王被旅欧同学会推为代表，往见中国政府代表，陈述不可签约之主张。后又赴比利时、意大利，出席国际联盟同志会。

1920年冬，王世杰应北京大学校长蔡元培之邀归国，应聘为北大教授，讲授行政法、比较宪法等。王撰之《比较宪法讲义》，经商务印书馆编印列为《大学丛书》。不久兼法律系主任，佐蔡举新校政，主张教授不要因政府财政困难欠薪而兼课兼职、而请假旷课，应当以教学为重，不请假、不兼课、不索薪，虽被人认为“伪君子”，但不为所动。1921年8

月，王与蔡元培、蒋梦麟等发起“国立八校太平洋会议研究会”，以研究美国邀中、日、英、法、意五国出席华盛顿“太平洋会议”讨论缩减军备及太平洋和远东问题为主旨。1924年12月，王与陈源、周鉴等在北京创立《现代评论》周刊，传播学术，鼓吹民主与科学，抨击时政。

其时，以打倒军阀为号召的国民革命在广东等地兴起。1924年2月，广东大学筹备成立，王世杰欣然应邀任筹备委员，并兼法律委员会委员，为筹议各科组织、课程厘定、设备计划、图书扩充、经费筹集、规章制定等建言甚多。

1927年4月，南京国民政府成立后，设立中央法制委员会，王世杰列名为委员。6月被任命为法制局局长。王邀集专家草拟各种公私法规，积极推进法制建设。翌年10月，王被国民政府提名为海牙国际公断院公断员。

王世杰对发展教育事业十分关注。他商请大学院院长蔡元培，将武昌大学扩大为国立武汉大学。1928年3月，王被任命为武汉大学校长。王履任后，以原校址狭隘、陈旧，乃在武昌郊外珞珈山开辟新地。他多方筹措经费，购地迁地，备历艰辛，费时三年，初步建成。他还聘海内外各科教授来校执教，并扩大招生，使学校日益发展。1932年3月，王兼任湖北省教育厅厅长。

1933年4月，王世杰出任国民政府行政院教育部长。其时抗日救亡运动勃兴，各校学潮风涌，王世杰力加遏止，以求恢复教学秩序。他在教育部长职位上历四年八月之久，主要业绩有：谋求中央和地方教育经费之独立，确定国立各校经费额度、使各校不再欠薪，安定教职员生活；严格学校考核标准、不避权贵，停办水准过低的十余所学校；提倡设科学、医药、艺术、体育等专门教育校系，以期各方面平衡发展；扶助、促进职业教育之发展，推行国语注音符号、促进国语统一运动等。其间有些人假学校以培植个人政治势力，有些人则提倡复古而攻击现代教育，王周旋于中，甚为费力。

日本帝国主义大规模侵略我国之态渐露，王世杰审时度势，先于

1936 年密令一些著名大学预做迁校准备，并督导故宫博物院将珍贵文物先由北平迁至南京，再由南京迁往内地。

1938 年 1 月，国民政府行政院改组，王世杰不再任职教育部，改任中央政治委员会外交专门委员会主任委员。他经常约请政治、经济、外交各界名流学者共同研讨时政，每周应蒋介石之约餐叙一次，接受蒋之政策咨询。他研究中外关系甚力，密切关注国际时局之变化，惟始终主张联络英美，对日抗战到底，不为任何私情所动。对联苏或联德之议，则予以否决。曾多次主持签署外交意见促蒋抉择，颇受蒋之重视。

王世杰从 1938 年 2 月起正式列名为国防最高会议委员，置身于中枢最高决策机构。王还先后担任军事委员会政治部指导委员（1938 年 3 月至 1940 年 9 月），军事委员会参事室主任（1938 年 4 月至 1946 年 5 月），三青团中央干事（1938 年 7 月起），三青团中央监察会监察、常务监察、书记长（1938 年 9 月至 1947 年 9 月），中央党政训练班总教官（1939 年 4 月至 1944 年 5 月）、教育委员会主任委员（1939 年 4 月至 1940 年 11 月），国民党中央宣传部长（1939 年 12 月至 1942 年 12 月、1944 年 12 月至 1945 年 8 月），中央设计局秘书长（1941 年 1 月至 1943 年 8 月），国民参政会秘书长（1938 年 6 月至 1943 年 10 月），主席团成员（1943 年 10 月至 1948 年 3 月）等。虽然兼职众多、政务繁忙，但他辛勤不懈，且学识渊博、执简驭繁，举措得当，所以多获赞誉，亦颇得蒋介石等当权人士之信任和好感。

王世杰秉承蒋介石旨意，为协调党派关系，促进朝野合作，达成举国一致对日作战，做了许多工作。他曾参与国共第二次合作之商谈，力主以协商方式解决分歧。随着蒋介石推行限共政策，国共关系日趋复杂紧张，王曾与张治中作为国民政府代表赴西安，与中共代表林伯渠举行会议，磋商解决僵局方案。后又移至重庆继续商谈，历时 4 月。1944 年 9 月，美国总统私人代表赫尔利(Patrick Jay Hurley)来华，表示愿意参加国共之间的斡旋，王参与商拟《协议之基本条件》五条。赫尔利访问延安与中共领导人会谈后，王又参与讨论修改，另提修正案。1945

年 1 月至 3 月，王参与和中共代表的多次商谈，对中共提出公开“各党派会议”之方案，王主张改为“政治咨询会议”。嗣后政治协商会议在重庆举行，王为国民党方面八代表之一，并是政府组织召集人。

王世杰于抗战期间对外关系方面所显露的学识与才能，在蒋介石和国民党统治集团中获得好评。1943 年 11 月开罗会议结束后，王世杰被任命为中国政府访英团团长，为推进中英合作和中、英、美、苏四国的战后合作与英方作了具体磋商，并落实了英国政府给予的五千万英镑贷款。1945 年 7 月 30 日，王世杰被正式任命为国民政府外交部部长。这是一项“临危受命”的决议。此前，担任行政院长兼外交部长的宋子文，于 6 月率领有蒋经国等人参加的中国政府代表团赴莫斯科，与斯大林为首的苏联政府代表团在 6 月 30 日至 7 月 12 日间举行了五轮谈判。宋子文秉承蒋介石旨意，为取得苏联和美国对我国抗战的最后援助和对蒋介石国民政府的支持，屈服于苏联和美国的强大压力，在五轮谈判中虽然据理力争，还是基本上接受了是年 2 月间美英苏之间首脑秘密签订的涉及中国主权的《雅尔塔协定》，包括维持外蒙现状，大连商港国际化，保障苏联在该港的优越权益，恢复苏联租用旅顺港为海军基地，中苏共同经营中东铁路和南满铁路等。但是宋子文虑及签订这些协定的政治责任，于 7 月 30 日辞去外交部长职。王世杰接任外交部长的首项使命，就是签订这些协定。8 月 5 日，他赴莫斯科，与苏联方面继续进行后期谈判。四轮的艰苦谈判，王折冲撙俎、费尽脑筋，只在细节上得到一些修改，大局已难以挽回，报经重庆批准后，最后于 8 月 14 日以中国政府主席全权代表身份，在《中苏友好同盟条约》及一系列附属协定上签字。好在蒋介石向王说了：“你就是代表中国政府去签字，这个责任也不是你一个人负得了的。”

此后，王世杰于 1945 年 9 月赴伦敦出席中、英、美、苏、法五国外长会议，商讨对意、罗、匈、芬五国之和约。1946 年 7 月，率团赴法国出席二十一国代表参加的巴黎和会，讨论欧洲各国之领土争议等问题，其后也参加了其他一些国际会议。

王世杰在其任内的主要外交事务，是处理中美两国之间的关系。抗战胜利后，蒋介石即加紧谋划取得美国支援发动内战。王世杰秉承蒋介石旨意，对美国政府曲意迎求，先后签订了一系列有损我国权益的条约和协定，其中以1946年11月签订的《中美友好通商航海条约》为最。这个条约并不只是通商航海协定，而是涵盖了政治、经济、军事、文化等各个方面，规定了两国领土、市场、河流港口、文化教育均全部对对方开放，享有最惠国待遇。从条文上说来是采取"平等互惠"的原则，规定了双方对等的互惠，实际上却是使美国不仅保留并扩大了已经被废止不平等条约中关于门户开放的规定，恢复了美国沿海贸易及内河航行权，还新增加了军舰行驶的特权，破坏了中国领土自主权。至于贫穷落后的中国，又怎样把自己的军舰和商船开到美国的"一切口岸、地方及领土内"去自由航行呢？"平等互惠"实为不平等的美方独惠。在此前后，中美之间签订的其他诸多条约、协定和撰文，也无不是在"平等互惠"的名义下，对美国的侵略敞开了大门，使美国获得了极大的利益。王世杰的这种屈辱外交，受到有识之士和国内外舆论的抨击。

尽管美国给蒋介石和国民党政府很大援助，王世杰也为之效力甚勤，但蒋介石发动的内战还是节节败退，江河日下，国民党统治摇摇欲坠。1948年12月，王世杰在蒋介石下野前夕，辞去了外交部长一职，但他力劝蒋不要言退，说不能一日无君。1949年末，蒋介石撤去台湾，王世杰亦随之去台，任总裁办公室顾问、设计委员。1950年3月，蒋介石在台复任"总统"，王为"总统府"秘书长。1962年兼任"行政院国家长期发展科学委员会"主任委员。

1962年4月，王世杰在台湾担任中研院院长。王早在1935年6月中研院初建时即为社会科学方面之评议员，此后历任十届。1948年3月，王为中研院第一届人文组院士。1962年2月，担任中研院长的胡适在欢迎新院士的酒会上猝发心脏病不治而逝，王乃于4月继任此职，历时八年。

王世杰晚年对我国历代书画兴致颇浓，尤其对台北故宫博物院珍藏之书画，做了很多研究，主编出版了《故宫书画录》（与罗家伦合编）、《故宫名画三百种》、《故宫法书》以及《艺苑遗珍》、《艺珍堂书画》等，颇受书画艺术界的重视。

王世杰一生在法学和外交方面的著述甚多，主要有：《联邦宪法权限之分配》（1920 年巴黎大学法学博士论文）、《女子参政权之研究》（1921 年北京新智识书社出版）、《比较宪法》（1928 年商务印书馆出版，1943 年与钱端升合著增订版）、《中国不平等条约之废除》（与胡庆育合编，1967 年台湾出版）；其他还有：《宪法原理》、《移民问题》（与张梁任合著）、《代议政治》（与昔尘合著）、《中国奴婢制度》等。1980 年，台湾出版了《王世杰先生论著选集》，1990 年影印出版了《王世杰日记》（1933 年 5 月至 1979 年 9 月，共十册）。

1981 年 4 月 21 日，王世杰病逝于台北。

主要参考资料

王世杰：《王世杰日记》，台北中研院近代史研究所 1990 年版。

《王世杰先生行述》，1981 年台北版，治丧委员会印行。

武汉大学旅台校友会编：《王世杰先生论著选集》，台北裕台公司 1980 年版。

程道德等编：《中华民国外交史资料选编》，北京大学出版社 1985 年版。

王铁崖编：《中外旧约章汇编》第 3 册，三联书店 1962 年版。

世界知识出版社编：《中美关系资料汇编》第 1 辑，世界知识出版社 1957 年版。

严如平、郑则民：《蒋介石传稿》，中华书局 1992 年版。

蒋经国：《关于 1945 年与斯大林谈判的回忆》（1956 年），曾景忠、梁之彦选编《蒋经国自述》，团结出版社 2005 年版。

王　士　珍

公孙訇

王士珍，字聘卿，号冠乔，别号冠儒。直隶（今河北省）正定县牛家庄人。生于 1861 年 7 月 14 日（清咸丰十一年六月初七）。曾祖父王朝凤，精通医术，长于书法。祖父王履安是个秀才，工医之外，擅长武术，有戎马书生之称。父亲如柏和伯父如松都早逝，王士珍兼祧两房，由伯母刘氏和生母丁氏抚养成人。王九岁入塾读书，十六岁习弓马。这时家道已经中落，王于 1878 年考入正定镇标学兵队，不久开赴山海关驻防。

1885 年，李鸿章为培养新式军事人才，奏准在天津创立北洋武备学堂，通饬淮军各部选送学员，王士珍遂被聂士成保荐考入北洋武备学堂。王肄业三年，“操行学绩俱优”①。期满，仍回山海关，督办随营炮队学堂。

1894 年中日战争爆发，王奉命率由学员组成的炮队，随直隶提督叶志超于 6 月开赴朝鲜牙山。7 月 29 日，日军进犯牙山时，王士珍曾多次请战增援，皆被叶志超所拒绝。成欢驿失陷，王士珍所率炮队随直隶提督叶志超抵达平壤，与入朝清军奉天练军统领左宝贵等部会合。9 月 12 日，日军兵临城下，王士珍所部防守大西门至七星门阵地。王士珍观察阵地地形后，积极建议，认为应于城外山上设兵布防，敌至方能应战。叶志超以为王士珍年轻多奇，不予采纳。14 日，日军攻城时，

---

① 高拜石：《古春风楼琐记》第 6 集，台湾新生报社 1981 年版，第 151 页。

王士珍誓言为国效力，率炮队与进犯的日军顽强鏖战，杀伤敌军无数。当王士珍闻知左宝贵壮烈牺牲的消息时，他亲手操炮，轰击日军。作战中他左手无名指被炸掉，额头也被弹片击伤，后在炮队官兵护卫下突围。

回国后，王改统榆防炮队，仍驻防山海关。和议签订后，王随新任直隶提督聂士成移驻芦台。

中日甲午战争彻底暴露出湘、淮军的腐败，清政府逐渐认识到编练新式军队的重要性，1895 年 12 月，任命袁世凯接替胡燏棻，在天津附近的小站编练新军。王被任命为督操营务处会办兼讲武堂总教习，旋即转任工程营管带，兼工兵德文学堂监督。王在小站辅佐袁世凯练兵，以悉心筹划、办事认真，博得了袁世凯的重用，凡有关训练军队的上奏或下发的文牍，袁世凯都命王士珍参赞擘划。凡全军成绩考核和升降黜陟，也不无与之磋商。

1898 年，荣禄奉诏到小站检阅新建陆军时，王士珍指挥工程营搭帆布桥迎接，荣禄一行人马“行过如履坦途”，深为“惊异”①。待荣禄检阅完毕回津时，王再次架成此桥，荣禄认为时已二月，河水将要解冻，恐有危险，王士珍禀告说：“勿虑，三日后冻方解。”果然三日后解冻，荣禄“深服”王士珍“料事精赅”。荣禄曾致函袁世凯称王士珍“负治国大才，不第长于兵事也”②。1899 年 9 月，王士珍、冯国璋、段祺瑞领衔主持编成《新建陆军兵略汇存》与《训练操法详晰图说》二十二册，“成为袁军教学的标准课本，也是晚清编练新军主要的教育典范”③。该年冬，袁世凯获悉清廷将任命他署理山东巡抚的消息后，立即派王士珍率少数亲信赴山东视察一切，以便做好所部新建陆军移防山东的准备。王士珍连日奔波山东各地，仅一月余，就将省内，尤其是屯兵处和沿海要塞

① 尚秉和：《德威上将军正定王公行状》，北平文楷斋承刻印，第 3 页。

② 尚秉和：《德威上将军正定王公行状》，北平文楷斋承刻印，第 4 页。

③ 刘凤翰：《武卫军》，台北中研院近代史研究所 1978 年版，第 193、492 页。

形势一一了解，随即向袁世凯复命，袁“惊喜过望”，遂令王士珍为小站留守司令，坐镇小站，指挥各营依次开拔。

袁世凯任山东巡抚后，以王士珍参谋全省军务。此时山东义和团反帝斗争已如火如荼地开展起来。王士珍权衡利弊后，建议：先行劝解，继威以兵，如仍不从，再捕诛首犯，解散胁从。此议为袁世凯采纳。

袁世凯为了取媚德国侵略者，任命王士珍为全省操防营务处督办，饬令冯国璋、段祺瑞协助，抓紧军事训练。未几，袁世凯特邀请德国驻胶州总督到济南阅操。总督看到袁世凯的新军确比清朝旧军操练精娴，又知道主持操练的王士珍、段祺瑞、冯国璋三人都是受过德国军事教育的，故当面称赞王、段、冯为“北洋新军三杰”。

1901 年 11 月，袁世凯署理直隶总督兼北洋大臣。在保定设立北洋军政司，王士珍被任命为总参议，总管全军操防营务。不久为左翼翼长。在此期间，王士珍为袁世凯推行常备军制，编写了常备、续备、后备各军章制，为北洋陆军六镇的建立打下了基础。

1903 年，清政府成立练兵处，袁世凯为会办大臣，操实权。袁荐王士珍为军学司正使，旋调任军政司正使，并先后兼任北洋军第二、六镇统制官，授正黄旗蒙古副都统，赏头品顶戴。故新军编定营制，厘订饷章及军屯要扼，多由王士珍主持制定。

1906 年 10 月，清政府抽调二万北洋军在彰德举行秋操，王士珍以军令司正使充总参议，整个秋操几乎全是在王的指挥下进行的，从始至终井井有条，获得各方称赞，中外被邀参观者，赞誉王“调度擘划，为不可多得，所以特别对王垂青，其誉望也骎骎乎驾于冯、段二人之上”①。

是年冬，兵部和练兵处合并为陆军部，王士珍被任命为陆军部右侍郎。

1907 年，王士珍以侍郎衔外放为江北提督，节制文武，兼理盐漕事务。1908 年秋，王率江北新军参加太湖秋操，秋操尚未结束，革命党人

---

① 高拜石:《古春风楼琐记》第 6 集，台湾新生报社 1981 年版，第 163 页。

熊成基率新军在安庆举行起义。两江总督端方飞电请王士珍派兵往剿，在王部追击下，起义遂告失败。

王士珍自从外放江北提督后，乘机敛聚，宦囊渐丰。先后在北京西单、前门和天津等处购置房产，并在故乡正定县广置产业。他首先委其叔父王如云在牛家庄盖起家宅一处、家庙一处、小学堂一座。不久，又在正定城内西门里购宅基地二十余亩，大兴土木，建造王氏宗祠和公馆四百余间。同时期在本县和邻县藁城购地十五顷。

1908 年 11 月，光绪、慈禧相继驾崩，袁世凯失宠。王士珍称病请开缺。

1911 年 10 月，武昌首义爆发，袁世凯在“非袁不能收拾局面”①声中，东山再起，他首先奏请起用已开缺的王士珍，任王为襄办湖北军务。袁世凯任内阁总理后，王士珍被任命为陆军大臣。

王士珍心有清室，念念不忘其恩泽，当袁世凯逼迫清帝退位时，王深为不满。溥仪退位既成事实，王士珍又竭力为其退位力争优厚条件。溥仪退位，王士珍决计辞职，他表示“身任陆军大臣，决不愿署名于皇帝退位诏后”，遂即“退居乡里不问政事”②。

袁世凯继任中华民国临时大总统后，鉴于王士珍“不攘权夺利，不植党营私”③，故几次派人去正定请王士珍回京担任要职，皆被王婉言谢绝。不久，王士珍被段祺瑞请到北京，遂就任模范团筹备员，被授为陆军上将。5 月 9 日，袁设立陆海军大元帅统率办事处，任王为六大办事员之一，但“实权最大”④。

1915 年 5 月，段祺瑞称病退居西山，袁以王士珍署理陆军总长。8 月，段辞职，由王继任陆军总长。

---

① 李宗一：《袁世凯传》，中华书局 1980 年版，第 173 页。

② 见《正定县情》（未刊）。

③ 高拜石：《古春风楼琐记》第 6 集，第 164 页。

④ 杜春和等编：《北洋军阀史料选辑》上册，中国社会科学院 1981 年版，第 94 页。

王士珍为人精明圆滑，时称“好好先生”。正当帝制密锣紧鼓之时，上书劝进者比肩继踵，唯独王士珍“迄不签署”①。有人向他试探，他淡淡地说：“自己人嘛！何必来这一套。”②1916年4月23日，王调任参谋部总长。此时袁世凯极想利用王士珍团结北洋僚属维持局面，故二人密谈“退位之法”③。6月6日，袁世凯终因帝制失败羞愤成病而死，副总统黎元洪继任总统，段祺瑞任国务总理兼陆军总长，王士珍仍任参谋部总长。不久，因“参战”问题引起府（总统府）院（国务院）之争，段祺瑞极力主张按照日本的意图对德宣战，黎元洪则受英美影响不主张对德宣战，王士珍提出“德国不可轻侮”④的劝告。1917年5月，黎元洪免去段国务总理兼陆军总长职务，王士珍被任命为京畿警备总司令，李经羲任总理后，又任命王为陆军总长兼参谋部总长。

段祺瑞被免职后，离京赴津，积极联络各省督军，一面谋以武力倒黎，一面又暗中支持张勋策划丁巳复辟。6月14日张勋率辫军进京，6月30日夜，王士珍为张勋所胁，跟随张勋、康有为等进宫奏请复辟，随后又同梁鼎芬、李庆璋一行人去总统府，逼迫黎元洪“奉还大政”。因此，复辟王朝授王士珍为“内阁议政大臣”和“参谋部大臣”等职，并赏穿军衣。特别是当冯玉祥等人率军攻入北京，张勋作最后挣扎之时，王士珍和陈宝琛还为张勋出谋划策，“决定拟一道上谕给张作霖，授他为东三省总督，命他火速进京勤王”⑤。

丁巳复辟平息以后，王士珍深感无脸见人，准备再回故里隐居。然而，段祺瑞不但不追查其罪责，反对其竭力抚慰，还说王士珍对维持北京秩序有功，继续留任参谋部总长职务至是年底。

---

① 尚秉和：《德威上将军正定王公行状》，第9页。

② 高拜石：《古春风楼琐记》第6集，第166页。

③ 李希泌、曾业英、徐辉琪编：《护国运动资料选编》下册，中华书局1984年版，第661页。

④ 杜春和等编：《北洋军阀史料选辑》上册，第205页。

⑤ 爱新觉罗·溥仪：《我的前半生》，群众出版社1982年版，第102页。

段祺瑞重掌北洋政权后，与总统冯国璋在对付南方护法军政府的策略上，发生分歧。不得不于 11 月 15 日辞去本兼各职，王士珍被任命为陆军总长，30 日，冯国璋又任命王士珍署理内阁总理。在王士珍任总理期间，不断受到段派机关报的恶意攻击，经不起风波的王士珍，终于 1918 年 2 月 20 日借病请辞。

1920 年 10 月，总统徐世昌保荐王士珍为苏皖赣巡阅使，王辞以老病。第二年特任为德威上将军，管理将军府事务。未几，王士珍辞去军界职务，以“野鹤闲云”自处。不久，宣布担任月薪五百元的北京电车公司董事长。

1926 年 5 月，吴佩孚联络张作霖、阎锡山“讨伐”国民军。国民军退出北京，王士珍被北京社会团体及知名人士推为京师临时治安维持会会长和京师救济联合会会长以维持北京秩序。

1928 年 5 月，蒋、冯、阎向张作霖发动全线攻击，王士珍等人在北京发起和平运动。张作霖退出北京，王士珍再次出任治安维持会会长，电请南京政府迅速和平接收京津地区。

王士珍两次组织治安维持会，尽心竭力维持社会秩序，使北京免遭战争灾难，为京师民众所钦重。此后，王士珍还曾几度主持北京的慈善事业。

1930 年 7 月 1 日，王士珍患肠癌在北平去世。

王　泰

庞守信

王泰，又名学聚，字会文。河南省临汝县人。1904年(清光绪三十年)生。家贫，只有五亩薄地，父亲出外谋生时，客死外乡，母亲领着他兄妹二人经常以乞讨为生。十六岁时，王泰离家出走，跟着“杆首”、“膛将”打家劫舍，到处流窜，曾多次负伤，但未丧命，故人称“橡皮人”。

20年代的中州大地，战争连绵，兵匪横行，灾害频仍，民不聊生。王泰落草为寇，由匪卒、“小杆”、“大杆”，逐渐成为名震一时的“膛将”。他和临汝、宝丰、鲁山、郏县、伊阳等地的著匪崔二旦、孙世贵、李老末、李长有、戴正、魏国柱、牛绳武等人时合时分，聚众数千乃至数万，活动于豫西、豫东、豫南和豫皖、豫鄂边等广大地区。

1926年10月，王泰与牛绳武等联合行动，攻陷周口镇，踞商水县之邓城，连破西华县之逍遥集、河状村、南流渡口、南沱村等地，占据该县西南的半壁达半年之久，次年4月归顺河南保卫军总司令靳云鹗。王泰被招抚后，移防京汉路西，临行时在南流渡口杀人票数百，并将附近六七十里村舍、树木烧伐殆尽。

1927年9月，靳云鹗部被冯玉祥军击败而溃散，王泰率部投靠当时分驻于宛属各县和汝、鲁、宝、郏、伊一带的建国豫军樊钟秀部，被编为樊部李万林军第一混成旅，王为旅长，下辖三个团，活动于汝南、方城、叶县、上蔡和桐柏县之平氏镇等地。

1928年6月，王泰脱离樊钟秀部，由襄县开至许昌，投靠魏益三军，旋即乘火车北上，驻于北京南苑。但王泰旅未编番号，也没有任何名义。7 月，蒋介石下令编遣军队，王泰所部在南苑被缴械。

没有了部队的王泰，不甘心就此被招抚。他只身潜返河南宝丰大营，伙同孙世贵等招外队①，聚散匪、重新组合拉杆，窜扰于豫南、豫皖边界。8 月，王泰率部攻破正阳县城，掳县知事，烧杀甚惨。秋冬，王泰与李老末股联合活动，东窜安徽省临泉县，以新村集为据点，四处骚扰，攻陷许多村镇。新村集南的李老炳寨是个大寨，住有许多富裕士绅，王、李集中全力轮番猛攻破寨，击毙守卫团丁四五千人，逃跑者十不二三。一时尸骨横陈原野，恶犬相率啃食，路断人稀，商人往阜阳购货均需结队持棒而过。此后，王泰又率部回归樊钟秀部李万林军②。

1928 年 12 月，樊钟秀部由赵天清、李万林带领，向冯玉祥军缴械。王泰、孙世贵等没有从命，又离开樊部"自由行动"，将队伍由豫东鹿邑、柘城一带拉到南阳等地，重操匪业。1929 年至次年春，王泰先后活动于正阳、罗山、方城、南阳、赊旗、应山等豫南、鄂豫边广大地区③。

1930 年 3 月，蒋介石派樊钟秀由上海返回河南招收旧部，以备与阎、冯交战。樊以王泰、孙世贵两大杆匪众为基础，编为一个军，孙世贵为军长，王泰为师长，计二万余人；但樊违逆蒋意，宣布拥阎、冯反蒋。这时，任应岐率部由蚌埠到许昌投樊，也编为一个军。至此，樊军达四万余众，被阎、冯编为反蒋联军第八方面军④，樊为总司令，任应岐为前敌总指挥，王泰兼任许昌警备司令。4 月上旬，中原大战开始，樊军踞京汉铁路重镇许昌，与蒋军激战。6 月 4 日，蒋军飞机轰炸许昌城，樊钟秀重伤致死，邓宝珊接任总司令。王泰继续指挥所部抗击蒋军。7

① "外队"系被收抚后又被暗放的土匪。官军让其继续拉杆为匪，二者互相利用；外队给抚军暗送金钱，抚军给外队暗送枪弹；抚军不能自安时则有所归，外队不能自安时则有所靠。

② 范龙章：《回忆解放前豫西土匪的活动情况》(未刊稿)。

③ 根据正阳、方城等县县志资料。

④ 王留现等：《樊钟秀和建国豫军》，中国人民政治协商会议河南省委员会文史资料研究会编《河南文史资料选辑》第 1 辑，1979 年版，第 71—72 页。

月，孙世贵、王泰部万余人奉命转战于新蔡、项城、商水、太康等地，于8月上旬进驻太康县城。不意蒋军骤至，包围攻城十余日，且有飞机投弹狂炸。旋由郜子举、梅达夫进城，收编王泰部为国民革命军第五军第十七师，王为师长①。中原大战结束后整编军队，王泰部被编为旅，王为旅长，12月调驻西华县城②。

王泰爱枪如命，视枪为最大“家产”。家里要钱置买田地，他总是拒绝，并说：“我有钱了买枪也不置家业，有了枪杆子啥都有了，枪就是我最大的家产。”因此，十年来他家里的房屋仍旧露着天③。

十年来的兵匪生涯，养成了王泰的流寇习性，他虽多次归顺或被收抚为官军，但仍不习惯正规军纪律的约束。1932年1月，王泰奉令调往安徽省涡阳、蒙城驻防，他拒不受命，经西平、遂平、宝丰、郏县等地，将部队拉到豫西南一带。他与崔二旦、李长有、焦文典、魏国柱、洪泰昌等股匪纠合一起，约计二万余人，窜扰于南阳、南召、镇平、邓县、内乡、淅川等地，攻城略地，破寨陷镇，与各地民团交战，战线绵延至数百里，奸掳烧杀，惨不忍睹。王泰部在镇平县境焚毁民房四万七千余间，伤亡男女一千四百余人，掳去人票四千余，受灾人口达十一万余。2月16日，国民党军刘镇华部由方城等地赶到，与宛西各县民团联合进击，股匪溃散。是月下旬，王泰率部逃入湖北省光化、襄樊等地活动。4月，王率部经房县、竹溪、竹山转至四川万县地区，为川军刘湘部第三师师长王陵基收抚，编为一旅，王为旅长，计四千余人。

次年，中国工农红军第四方面军入川，建立川陕革命根据地。川军田颂尧、刘湘等部不断向红军根据地发动进攻，王泰所部亦被调往川东梁山等地，与工农红军作战，破坏根据地。当时，红军曾在前线多次散

---

① 杜鸿宾等修，刘盼遂纂：《太康县志》卷1，1933年版，河南赈务会编《豫灾纪实》，1930年版，第41—42页。

② 《西华县志》卷1。

③ 王泰妻刘自贞的回忆。

发传单,号召王泰部官兵弃暗投明,参加红军,但王泰继续进攻红军不止。

1935年夏,王泰所部被王陵基并入川军,王被授予旅长空衔。王泰有职无兵,百无聊赖,乃于1936年独自离开川军,由重庆经汉口转赴北平,拟在察北保安司令孙殿英处谋一差事未成。次年移住天津法租界,但常到北平孙殿英处活动。“七七”事变后,王泰在北平与孙殿英谋划,认为形势对己有利,准备返回河南组织武装,东山再起。此时,宋哲元召集在北平闲住的各方将领,成立抗日民军总司令部,委孙殿英为北城区司令,王泰在孙处觅得了游击队长的职位,准备配合宋哲元的正规部队作战。但是,日军攻势凶猛,宋哲元于7月28日夜率部退出北平,孙殿英只好带着王泰等二百余人,出西直门经门头沟往房山一带逃去。王泰在途经卢沟桥附近时不幸被日军捕去,于7月29日遭杀害,时年三十三岁①。

① 根据范龙章等人的回忆资料。

王 天 培

熊宗仁

王天培，字植之，号东侠，侗族。贵州天柱县人。1889 年 1 月 5 日（清光绪十四年十二月初四）出生于一个兼营商业的地主家庭。其父王伯登，曾任清军绿营都司，得清政府授予振威将军封号。

王天培幼时在本地北乡学堂就读。1906 年转入县城高等小学堂。次年毕业，考入贵州陆军小学堂。1909 年升入武昌陆军第三中学堂。辛亥革命爆发时，王天培与同学一起参加了武昌起义。1912 年，王升入保定陆军军官学校。次年初，因母逝世，告假回乡奔丧。曾纠合乡绅谭毓坤、李世荣等组织乡兵，查禁会党。

1914 年，王天培由保定陆军军官学校毕业，经陆军部委派回贵州，在王文华黔军第一团任见习排长，奉命“视察南防，协助清乡”①。不久，王升任连长，并在王文华创设的集训黔军的模范营任教官。

护国战争时期，王天培随同护国第一军右翼东路司令王文华出湘西。在与北洋军马继增部争夺晃州、芷江之间的杀牛坪战斗中，王天培率领的连队英勇顽强，立下了功劳。护国战争结束后，王天培晋升为营长。

1917 年 8 月，王天培随黔军总司令王文华入川作战，驻军綦江。12 月，王天培第二营与北京政府委派的四川查办使吴光新的军队激战于巴县土桥、三百梯，为黔军顺利攻克重庆开辟了道路，得到王文华和

---

① 《王永泓、王永明哀启》，贵州省档案馆藏件。

纵队长袁祖铭的赏识，不久升任黔军第二团团长。

1918 年 3、4 月间，王文华与袁祖铭争夺黔军领导权的斗争公开化，王天培因与袁为贵州陆军小学同学，又是换谱兄弟，站在袁祖铭一方，成为拥袁派的得力人物之一。在黔军军官中逐渐形成的“士官系”和“保定系”①两大派系斗争中，王天培是“保定系”中有影响的实力人物。1920 年 10 月，袁祖铭被王文华解除兵权，准备赴上海之前，曾与王天培密谈数次。袁走后，王天培与袁时常有函电往来，因而成了以后袁祖铭“定黔”时拥袁派的首领。

1920 年 11 月 10 日，贵州发生“民九事变”，贵州军阀中以王文华为首的“新派”推翻了以刘显世为首的“旧派”统治，军政大权落入窦居仁、谷正伦、胡瑛、张春浦和何应钦五个旅长手中，黔军代总司令卢焘和代省长任可澄都成了有名无实的傀儡。接着出现“五旅争权”的局面，各旅长竞相争夺对团的控制权。王天培的第二团隶属于谷正伦的第二旅，但王一向对谷怀有二心。而第五旅旅长何应钦为了压倒谷正伦，极力拉拢王天培。王两面讨好，坐收渔利。黔军总司令部为了调和五旅之间的矛盾，将全省划分为五大防区，分别由五旅所属的十个团割据，王天培第二团驻锦屏一带。本来第二团只有两个营，在由贵阳赴锦屏途经镇远时，他收编了刘显潜等人的游击军四百余人，编为第三营。

1921 年夏，孙中山号召西南各省出兵援桂，谷正伦乘机将王天培团带到广西。王天培到柳州后，又收编了张廷光等人的游击军武装二千余人，实力已经超过一旅。黔军在广西并没有参加什么战斗，因为陆荣廷等已经退出了广西，战事告一段落。但谷正伦、王天培等部以此标榜自己支持孙中山，援桂有功。1922 年 1 月 19 日，孙中山调黔军到桂

① “士官系”是黔军军官中以日本士官学校毕业的何应钦等为首的一派，基本立场是站在王文华一边；“保定系”是以袁祖铭、王天培等为首的贵州陆军小学、武昌陆军中学和保定陆军军官学校毕业生组成的，基本立场倾向袁祖铭。

林、柳州，改编为中央直辖黔军，以谷正伦为总司令，王天培为第二混成旅旅长。王并于此时加入了国民党。

这时，贵州政局混乱，袁祖铭想乘机夺取贵州军政大权，率部回黔。王天培先派其弟王天锡率第二营到湘西去迎袁，随后自己率部由榕江、独山到达贵阳，扶持袁祖铭上台。袁先以定黔军总指挥名义发号施令，8 月接受北京政府任命为贵州省长。王天培在“定黔”中立下了首功，被袁祖铭委为定黔军第二师师长兼省公署军务处长。王此时所拥有的军事实力，已超过定黔军的半数。

同年 12 月，滇军胡国璘旅假道贵州自桂返滇时，王天培与袁祖铭合谋，在剑河县的瑶光河口将其所部一千六百多支步枪、四挺机关枪全部缴械，进一步扩充了自己的实力。唐继尧甚为愤恨，于 1923 年 2 月派其弟唐继虞率滇军万余人，以护送滇黔联军副总司令刘显世回黔主政为名(袁发动“定黔”时，曾允拥刘回黔，成功后背约拒刘)，大举侵黔。袁祖铭兵力不足，一触即溃。王天培随袁祖铭退到川东，进驻重庆，加入了四川军阀的混战。

袁祖铭在四川军阀混战中扩充了实力，1924 年底重新组编黔军，把王天培部编为第九师，下辖王天锡第十七旅、牟银洲第十八旅和牟守光独立旅。1925 年 2 月，袁祖铭请北洋政府任命王天培为贵州军务督办，目的在于削弱王天培对在川黔军的控制权。王天培识破了袁祖铭的计谋，不回黔就职，仍然驻在重庆。

1926 年夏，四川军阀刘湘、杨森联合驱逐黔军，王天培的第十八旅大部投降川军。王在四川站不住脚，要回贵州也有困难，时值北伐战争起，便转而依附于国民革命军。7 月中旬，王在綦江宣誓就任国民革命军第十军军长职，这支军阀队伍摇身一变就成了北伐军。当时，袁祖铭也投入北伐军，受委为左翼军前敌总指挥，王天培、彭汉章两部由袁祖铭节制率领进抵湘西。由于他们行动迟滞，一度引起蒋介石的怀疑。8 月 6 日，蒋介石“电催王天培、彭汉章迅速集中津澧，与正面齐头并进，以便会攻武汉”①，王天培第十军担任洞庭湖以西的助攻任务，配合其他部队，击溃了吴佩孚军卢金山部，解除了长江上游的军阀势力对武汉的威胁，立了战功。同时他收编了卢金山的残余队伍，使第十军扩大为六个师和四个直属团，官兵达九万余人。

1927年，蒋介石发动“四一二”政变后，武汉国民政府决定出兵东下讨蒋，派吴玉章等人到宜昌慰劳第十军将士，劝说王天培支持革命的武汉政权，但王天培执意投靠蒋介石、阻止武汉北伐军讨蒋。蒋介石的南京政府成立时，王天培当上了军事委员会委员。5月1日，蒋介石委王天培任第三路军前敌总指挥。王天培指挥第十军的“枵腹”士兵，与奉鲁白俄军的铁甲肉搏②，先后攻下安庆、徐州，占领鲁南。7月，津浦线上战事逆转，孙传芳、张宗昌的联军反攻，李宗仁、白崇禧等部全面溃退，第十军孤军突出，寡不敌众，致使临城、徐州相继失陷。为了重新控制战略要地徐州，蒋介石自兼总指挥督师反攻，7月26日电令王天培为他火中取栗。王天培在“兵疲弹竭，伤亡众多……兵心涣散，士气颓丧异常”的情况下，驱赶着在徐州陷落时就“伤亡逾三分之一”的第十军投入战斗，节节溃败，直到淮河边上③。蒋介石在遭到失败后，以退为进，于8月13日通电下野，并将王天培当做替罪羊，以擅自撤退、克扣军饷等罪名将其逮捕下狱，于9月2日在杭州被秘密处死。

① 陈训正:《国民革命军战史初稿》第1辑第2卷,《近代史料丛刊》第79辑,台北文海出版社1972年影印版,第65页。

② 王天培在被蒋介石枪毙以前所作的《宁归歌》中有“哀我将士,万里从征,枵腹从公兮,惨惨无人知……白俄铁甲兮,搏以肉体”之词。

③ 陈训正:《国民革命军战史初稿》第1辑第3卷,第122页、第140—141页、第108页。

王天纵

综文

王天纵，幼名天同，原名天从，字旭九。河南嵩县鸣皋镇臧凹村人。1885年（清光绪十一年）出生于一个贫苦农民家庭。全家耕种七八亩山坡地，虽终年辛劳，仍难温饱。其后他的父亲将土地卖掉，移住鸣皋镇做小生意。王天纵及其弟王天佑，均因家贫读不起书。兄弟二人在帮助父亲劳作之余，常喜参加附近练武场子，学习练拳使棒、舞刀弄枪，从此思想上就崇尚游侠作风。到十八岁补上本镇陆合总局的团勇，他利用团里的快枪精心练习射击。

其时，镇上有孟继珍（外号孟老七）其人，是位官宦子弟，为人讲义气、爱交游、疏财济困、好打不平，故附近数县各阶层皆有交结；短处是不爱读书，使气任性。听说王天纵精于射击，遂延之于家，以友待之。孟家枪弹俱全，王天纵获更多练习射击机会，技术更加精进，几乎击无虚发，人呼之"神炮"。孟因故与鸣皋镇上的一位老进士郭铭鼎家结仇，后郭的众多学生诉之官府，河南知府文悌奉省令查办此案，派巡防营官兵拘孟。王为感激孟对他多年知遇，保护孟家眷属免遭拘捕，率孟宅家丁持枪抵抗，突围赴南山，从此王天纵和追随者过起绿林生涯。

王天纵一伙初无定址，游窜于伏牛山区伊洛流域，官府虽屡派队搜剿，但因王飘忽无定，也打不着他。经过两年多的流窜、联络，团伙已发展到二三百人枪，于是选择杨山修寨扎营，占山为王。他对山寨的防御、远近的侦察和情报联络、山寨的供应征集，以及对属下应遵守的禁令等，都规定得有章有法。由于王天纵的"盗亦有道"和驭下有方，杨山寨迅速发展到千余人，王天纵成了伏牛山中的绿林领袖，东西数百里内的绿林刀客，莫不听其指挥。他曾在杨山召开过伏牛山各地绿林头目会议，以后还结拜兄弟十四人，如张屏、张治公、柴云升、憨玉昆、陶福荣、关老九等。王以绿林中的侠义相标榜，故当时人以“中州大侠”称之。而杨山附近各县一般穷百姓亦公认王天纵为公道大王，甚至豫西一些文人亦慕王之作风与他交往；洛阳的外国传教士和跑津、沪、汉的大商人，也与王有交往，王在津、沪购买械弹物品，皆经他们之手。王天纵唯一不妥协的，只有清政府官吏和清军。

自王天纵占杨山扎寨后，清政府即指派河南巡防营管带谢宝胜率兵进剿。十余年中谢率部搜山攻山不下百十次，王天纵凭借地利人和、情报及时，采用远程奇袭、截击、迎击或吸引敌人向远离山寨的地方兜圈子等战法，与清军周旋于伏牛山中。但每次战斗大都是绿林跑了，官兵就算胜了，并以此上报得胜邀功请赏，十几年间谢宝胜就由一个管带屡获擢升，到官居南阳镇台。

王天纵虽身居山寨，却很注意外边形势，订阅上海《申报》以了解时事。为了到外埠开阔视野，经过精心准备，王装扮成一名候补道，携带熟悉官场交际者为随从，于1909年经汉口前往上海游历。在沪两月余，除游览、参观外，广为交游，结识不少朋友。还托人购办了一批德制“自来得”手枪，在汉口交货。在沪期间还获得一位同住一家旅馆的张姓候补道的青睐，张将其女许王为妻。王游沪满载归来，既慕西洋的物质文明，又恨外国人在中国境内租界的横行霸道，遂萌发了民族革命思想，从此就与同盟会的河南籍革命人士有了联系。

辛亥革命爆发后，陕西首先响应，革命军光复西安后出兵潼关；河南同盟会党人会集洛阳图谋起事，派吴沧洲、刘纯仁上杨山联络王天纵及伏牛山各路绿林武力，推王天纵为丁部大将军，约王攻占洛阳迎接陕西的东征军。嗣以攻洛失败，王天纵等率部八千余人前往潼关与陕西民军会合，经秦陇复汉军东征大都督张钫委任，王天纵任东征军先锋官兼第一标统，张治公、柴云升、憨玉昆、丁同声、赵忠、王修己等为标统。

另聘刘纯仁为总参议，杨勉斋为秘书长，刘镇华、蒋我山、贾巨卿、石又謇、刘玉山等为参议，在东征戎幕中参赞军机。因之军威复震。

随后，东征军出潼关攻击清军，在战斗中王天纵亲自率部攻克函谷关天险，会同柴、憨、赵等部夺取灵宝城，并追敌至渑池，嗣以清军增援，王等不善于正面阻击作战，败退潼关。

鉴于当时形势，王天纵建议由他率部先占南阳，再发动伏牛山中武力，从南进击洛阳，与东征军收夹击之效，较易成功。此议为张钫所采纳。随后王率数百人枪经龙驹寨、荆紫关，在伏牛山中发动绿林武装，进出邓州，与鄂北革命军季雨霖联系会攻南阳。南阳既下，会南北议和成功，清帝退位，袁世凯继任临时大总统，各省停战，王应邀赴京，从此离开了带领十余年的绿林部队，为袁所羁縻。

王天纵奉召进京，仅带卫队一连，所部交其参谋长马文德带领。袁任命王天纵为陆军部中将顾问兼京师军警督察处副处长，所带卫队编入督察处的稽查队供其指挥，负维持街道秩序稽查奸宄之责。王不惯官场生活，颇感无聊，1914 年至 1915 年间袁世凯大捕革命党人，他更感味道不对，就不大到督察处办事。当白朗纵横豫陕时，他想趁机离京，向袁请缨说：白朗部下有他的旧部，愿出京招抚白朗，但为袁所婉拒。及袁帝制失败而死，黎元洪接任总统，对王颇为垂青，王仍留京供职。其后张勋复辟帝制，在反帝制诸军攻击张勋辫子军时，王曾率领其原来的卫队扒开南河沿以北围墙，猛攻张勋的公馆，迫使张勋避入荷兰使馆。

孙中山南下护法后，曾派于右任抵京访问张钫，传达请即赴陕领导靖国军在西北发展的指示。张钫离京前曾往晤王，密告赴陕的任务，并劝王仍应本辛亥革命精神，服从孙中山先生的领导，继续革命。其后，王通过田范九与孙中山取得联系，又派陶福荣、李魁元等赴豫西和南阳一带召集旧部。1918 年 1 月 4 日，王天纵在河南宣布自主，自称河南靖国军司令。由于鄂、豫两省为北军所控制，发展不易。其时四川已为熊克武部靖国军所控制，王于是前往四川夔府组织靖国豫军。5 月 2

日孙中山任命王天纵为靖国豫军总司令。到1919年夏靖国豫军已编成两个师，由李魁元、陶福荣分任师长，但部队的给养颇为困难，在川又属客军，王不愿就地征发，因而出发颇感周折。王积劳成疾，于1920年春逝世。

当张钫在陕得知王天纵去世的消息后，极感悲痛，撰《中州大侠王天纵》一文对王多有赞语："天纵于清朝末年竟敢独树叛逆之帜与清兵对抗，辛亥年能参加反清革命，最后复能厌弃军阀统治，走到孙中山先生的革命旗帜下思有所作为，总算是一个能进步的人物，比之同时之豫西其他许多闯荡起家者高出多多矣。故我对辛亥前后豫西地方之闯将，独取王天纵、樊钟秀二人焉。"①

主要参考资料

张钫：《中州大侠王天纵》，中国人民政治协商会议河南省委员会文史资料研究委员会编《河南文史资料》第15辑，1985年版。

李铭西：《东征先锋官王天纵》，《河南文史资料》第7辑，1989年第2版。

雷蕴吾：《王天纵攻打清兵守备衙门》，《河南文史资料》第7辑。

贺觉非：《王天纵在鄂西》，《河南文史资料》第8辑，河南人民出版社1983年版。

① 王传，系根据文后所列"主要参考资料"编撰而成，故署名"综文"。

王 统 照

鲁 海

王统照,字剑三,山东诸城人。1897 年 2 月 9 日(清光绪二十三年正月初八)生。父亲是当地的地主。他七岁时父亲去世,母亲为他延师课读。1907 年,王考入县城高小。这时候他爱读《封神演义》、《今古奇观》、《聊斋志异》等小说。高小毕业后,1913 年考入济南育英中学。

同年夏天,王统照用章回体写了一部长篇小说《剑花痕》,描写辛亥革命时期男女青年志士的革命活动。他认为这部小说很不成熟,没有送去发表,但从此引发了创作的欲望。1916 年,他的短篇小说《遗发》在《妇女杂志》上发表,这是他最早发表的作品。

1918 年夏天,王统照到北京,考入中国大学英文系,开始读到《新青年》等刊物,结识了郑振铎、耿济之等人。五四运动时,王曾参加火烧赵家楼、痛打卖国贼的爱国行动。由于他酷爱文艺,积极投入了新文化运动,热情地写新诗和白话体小说。他最早的白话小说是写一个青年因自由恋爱不遂而牺牲的悲惨故事,发表在他自己负责编辑的《曙光》杂志上。

1920 年冬,王统照与周作人、朱希祖、耿济之、郑振铎、瞿世英、沈雁冰、蒋百里、叶绍钧、郭绍虞、孙伏园、许地山共十二人,组织了文学研究会。该会的宣言说:"将文艺当做高兴时的游戏,或失意时的消遣的时候,现在已经过去了。我们相信文学也是一种工作,而且又是于人很切要的一种工作。治文学的人,也当以这事为他一生的事业,正同劳农一样。所以我们发起本会,希望不但成为普通的一个文学会,还是著作同业的联合的基本，谋文学工作的发达与巩固。”①

王统照自始至终是文学研究会的骨干。他把自己的政治热情倾泻在作品中。在文学研究会的《小说月报》和《文学旬刊》上，他发表过《遗音》等短篇小说和《生命的火燃了》、《少年的梦》等新诗。在新文化运动初期，“这两个刊物都是鼓吹着为人生的艺术，标示着写实主义的文学的”②。1922 年，王在文学研究会创办的《诗》月刊上，又发表了《未来的阴影》、《烦激的心河》等诗歌。这年他在中国大学毕业，到平民大学任教。

1923 年，王统照出版了长篇小说《一叶》，翌年又将前几年所写的短篇小说汇集命名《春雨之夜》出版。这些小说多是以青年男女的苦闷、追求人生的意义为题材。他的小说文笔细腻，受到许多读者的欢迎，内容上虽没有为读者指出一条出路，但却强烈反对旧社会、旧制度，在新文化运动初期有一定影响。

1925 年，王统照出版了他的第一本诗集《童心》，收有 1918 年到 1924 年间写的诗歌九十首。他初期的诗，从形式上看，受旧诗的影响较大；从内容上看，有些是讴歌田园的，但更多的是探索人生。他因为找不到答案，对人生感到“玄秘”和“悲哀”，同时也相信人生有一个光明的前途。他在一首诗中写道：“前路定有明光，阴影终将退去。”③这在一定程度上反映了当时部分小资产阶级知识分子的彷徨而又怀有希望的情绪。

1927 年，蒋介石发动“四一二”政变，屠杀革命党人和群众。严酷的现实使王统照痛苦不安。这年夏天，他从北京回到青岛，在青岛市立中学教课，以后在山东大学中文系兼课。“有时一股强烈的悲感冲上心

① 《文学研究会宣言》，《小说月报》第 12 卷第 1 期(1921 年 1 月)。

② 郑振铎：《〈新文学大系·文学论争集〉导言》，上海良友图书印刷公司 1935 年版，第 8 页。

③ 王统照：《夜行集》，生活书店 1936 年版。

头，无可排遣，又读不到什么书，便写下十篇左右的短篇，类如《搅天风雪梦牢骚》……。”①

1930年，王统照去东北旅行。这时东北尚处于“九一八”事变前夕，但日本帝国主义的种种侵略迹象已昭然若揭，他目睹这一切，忧心忡忡，写了报告文学集《北国之春》，描述了东北人民的痛苦生活。

1933年，王统照出版了诗集《这时代》，收入他1925年到1932年写的诗。序言中说，在这火与血的时代里，他逐渐摆脱了怀疑与伤感，变得坚强起来了。长篇小说《山雨》也是这个时期写成的，他在跋中说：“意在写出北方农村崩溃的几种原因与现象及农民的自觉。”这是王的代表作，也是新文化运动中著名的小说之一。接着，他又写了另一部长篇小说《春花》，以五四运动后的济南为背景，写一群中学生在大革命的浪潮中走向不同的道路，于1936年出版。

这时，王统照已成为著名的诗人、作家，青年慕名请教的很多。他对爱好文学创作的青年竭力培养，当时在青岛的臧克家、王亚平、吴伯箫，在外地的王西彦等，都受过他的教益。他曾与闻一多(当时任青岛大学教授)一起，资助臧克家出版了第一本诗集《烙印》。

《山雨》出版后，受到读者的欢迎和评论家的好评，但也触犯了国民党反动派。国民党中央宣传委员会以其“内容颇含阶级斗争意识……予以警告，勒令禁止发行”②。1934年王统照出国去欧洲。他先到伦敦，在大英博物馆里阅读、抄录资料，又去剑桥大学研究文学；以后，从欧洲去非洲，游历了埃及，再回到意大利，凭吊了著名诗人雪莱的墓地，写了《在雪莱墓旁》等诗。后来，他的游记汇编为《欧游散记》，于1937年出版。

王统照1935年春游欧回国，住青岛观海山旧居。这年夏天，老舍、

① 王统照：《王统照短篇小说集·序》，《王统照短篇小说集》，开明书店1937年版。

② 国民党中央宣传委员会图书杂志审查委员会《通知》第397号，见王统照《山雨》，开明书店1933年版，末页。

洪深、赵少侯、王亚平、吴伯箫、孟超、臧克家等一批作家聚集于青岛，创办了《避暑录话》文艺周刊。所谓“避暑”，既是避炎热，也是避国民党反动派的“炎威”，王在这个刊物上发表了许多诗歌。

1936年秋天，王统照到上海，接任大型文学刊物《文学》主编。这是30年代全国最有影响的文学刊物之一，发表了许多左翼作家的作品，也发表了一些青年作者的作品。同年10月，华北危急，王统照与巴金、茅盾、郭沫若、鲁迅等联合签名发表了《文艺界同人为团结御侮与言论自由宣言》，吁请“全国的学者、新闻记者、作者与读者，一致起而力争言论自由，以收全国上下一致救国的效果”①。12月，王参加了上海文化界救国会。

1937年6月，王统照自己编辑了《王统照短篇小说集》，收进1915年到1932年这十七年间的主要作品，认为“殊觉自惭！不但观察、思想觉得浮薄，文字也无甚气力”②。他以1932年为限，是因为自1933年发表《山雨》以后，他的思想境界前进了一步。

1937年7月抗日战争爆发，不久上海租界成了“孤岛”，王统照与许广平、郑振铎、唐弢等人继续从事文学活动。1938年起，王在上海音乐专科学校任教，兼暨南大学中文系教授；还为《大英夜报》编副刊《七月》，为《文汇报》的副刊《世纪风》写稿。由于当时环境恶劣，他除与郑振铎、耿济之、柯灵、唐弢等交往外，很少外出，写作也多用笔名。1941年太平洋战争爆发，12月8日上午，日本军队冲进上海租界，王统照为学生上了最后一课，要求学生“要有志气，要有冲破黑暗的精神”③。从此他化名王恂若，在沪蛰居。

抗战胜利后，山东大学在青岛复校，王统照应邀在中文系担任教授，同时还为《民言报》主编《艺文》副刊。这时，青岛成了美帝国主义的

---

① 王瑶：《中国新文学史稿》上册，新文艺出版社1953年版，第185页。

② 王统照：《王统照短篇小说集·序》。

③ 徐开垒：《我的“最后一课”老师》，《人物》1981年第3期。

军事基地，山大的校舍被占为军营；国民党“劫收”的情景，闻一多在昆明被特务杀害的消息，使王逐渐认识到国民党反动派的本质。1947年山东大学学生开展“反饥饿、反内战、反迫害”斗争，受到国民党当局的残酷镇压。在白色恐怖笼罩下，王挺身而出，在学生大会上演讲说：“同学们，我支持你们！”王统照的行动影响了一些老教师，也鼓舞了青年学生们的斗志。1948年10月，他在诗中写道：“北国鼓声萦梦寐，平生意想剩华巅。”①表现了对反动派的战斗精神。

1949年7月，王统照到北平参加中华全国文学艺术工作者代表大会。9月，他出席青岛市第一次各界人民代表会议，被选为常委。1950年任山东省文教厅副厅长、省人民政府委员。1951年被选为省文联主席，1952年任山东省文化局局长。他还是第一、二届全国人民代表大会代表和全国文联委员、全国作协理事。

1957年11月29日，王统照病逝于济南。

1949年后，王统照的诗集《鹊华小集》、文学评论集《炉边文谈》，以及《王统照短篇小说集》、《王统照诗选》先后出版，并重印了长篇小说《山雨》，编印了七卷本的《王统照文集》。

主要参考资料

王统照：《这时代·序》，载《这时代》，1934年版。

王统照：《江南曲·序》，载《江南曲》，文化生活出版社1940年版。

田仲济：《序言》，载《王统照文集》第1卷，山东人民出版社1980年版。

王统照墓志铭。

臧克家：《情感的彩绳》，《前哨》1978年第2期。

王亚平：《忆诗人王统照》，《前哨》1978年第2期。

臧克家：《剑三今何在》，《人民文学》1979年第6期。

① 晦庵：《童心》，《书话》，北京出版社1962年版，第18页。

王 文 华

熊宗仁

王文华，字电轮，又字果严。贵州兴义人。1888 年(清光绪十四年)生。祖、父辈均为地主，清朝咸、同年间曾参与组织团练，镇压黔西南回民起义，在当地颇有影响。外祖父刘官礼系兴义知府，与其子刘显世等办团练起家，称霸兴义一方。王文华幼年丧父，与兄王伯群多得舅父刘显世资助。

1895 年王文华入塾就读。稍长，值刘官礼聘贵阳名士姚华等人到兴义执教，王与刘氏宗族子弟皆从姚受业。1906 年王文华毕业于兴义笔山书院，次年考入贵州通省公立中学，未卒业即转入优级选科师范文科。在校期间，与爱国团体贵阳科学会负责人张忞结为忘年交，深受其爱国主义、改良主义思想濡染。当时，孙中山的民族主义思想已传播贵州，以张百麟、钟昌祚为首的贵州自治学社与东京同盟会发生联系，宣传反清爱国思想。王文华通过张忞与自治学社成员有较多的接触。他剪去发辫，阅读《民报》等革命书刊，并参加了贵州陆军小学席正铭、阎崇阶等人发起的反清秘密活动。

1910 年，王文华辍学，受聘为兴义公立高等小学堂学监，兼历史、地理和体操教员。后经人辗转介绍，注籍于美国三藩市同盟会支部。次年王任高等小学堂堂长，与窦居仁、何辑五创办体育学会。

辛亥武昌起义后，贵州革命派在贵阳策划武装起义。王文华在兴义以体育学会名义向团防局借枪，想有所行动，因官方警觉，计划受阻。贵州巡抚沈瑜庆为防止贵阳发生武装起义，电召巡防营管带刘显世速率部来省护卫。当时王文华在刘部当前队队官。军次安顺，11月4日以杨荩诚为都督的贵州军政府已宣告成立。刘显世派王文华到贵阳与革命派联络。由于革命派失去警惕，宪政派又极力怂恿，枢密院长张百麟等迎刘显世到省，授予枢密院军政股股长兼第四标标统职，王文华在该标当了管带。

贵州辛亥革命应时而起，兵不血刃取得成功。为了夺取政权，代表官僚地主和上层资产阶级利益的宪政派、耆老会和地方团练势力公开合流，引滇军唐继尧部入黔。1912年3月3日凌晨，王文华奉唐继尧之命，率领部分滇、黔军，援城先登，直扑都督府，逼走代都督赵德全①。旋唐继尧任贵州都督，于1913年任王文华为省城警察厅厅长。10月，云南都督蔡锷卸任晋京，唐继尧回滇继任滇督，刘显世就任贵州护军使。王文华建议改旧巡防营为陆军，共编练六个团，以德、日军事教程进行训练。王文华自任黔军精锐第一团团长，以卢焘、胡瑛、李雁宾等为辅佐，确立了自己在黔军中的领导地位。

1914年3月，王文华辞去省城警察厅厅长职务，倾力于军队。6月，王文华任护军使署副官长。是时，袁世凯复辟帝制的阴谋已现端倪。王伯群在京、津参与梁启超、蔡锷等人反袁密谋，函告其弟王文华秣马厉兵，应时起事。次年4月，王文华在贵阳设立模范营，抽调各团下级官佐轮流来省进行政治、军事训练，宣传民主共和思想，并劝说刘显世参加武装反袁。12月21日，北京政府突然任命王文华为陆军步兵上校，以示笼络，王未为所动。25日，云南起义爆发，在蔡锷、唐继尧等发表的讨袁通电中，刘显世亦列名其中。贵州耆老会主张降袁，刘显世因黔军已表示讨袁，依违两可，犹豫不决。王文华向刘显世陈词："吾志与民国同命，舅氏不谓然，请以第一团兵变告北京。吾自驰助蔡君，灭家亡身吾独任之，事成则归舅氏。"②并将黔军两个团集中镇远、铜

---

① 都督杨荩诚率军北伐援鄂，副都督赵德全代之。

② 汪兆铭：《勋三位陆军中将王君文华神道碑》，贵州省档案馆藏件。

仁,准备作战。

1916年1月中旬,护国第一军先遣支队进抵贵州,24日支队司令戴戡抵贵阳,贵州人民和黔军将士热烈响应护国讨袁。此时,北洋军马继增的近畿第六师和卢金山的第十八混成旅约三万余人进逼源陵。刘显世在内促外迫之下,于27日宣布贵州独立,任王文华为护国第一军右翼东路司令,率领黔军三个团入湘迎击北洋军。时黔军以数千之兵抗敌数万,兵员伤亡甚大,加之刘显世、熊范舆等扣饷扣械,王文华曾迭电辞职,以示抗议。由于湘西人民大力支持,黔军士兵英勇奋战,王文华亲临前敌指挥,战局得以稳定。激战至5月中旬,卢金山全旅被歼,马继增兵败自戕,北洋军退出湘境,湘西、湘南均为护国黔军控制。王文华被贵州报纸誉为“黔中第一伟人”。

护国之役胜利后,贵州组建陆军第一师,王文华任师长。他罗致了何应钦、朱绍良、谷正伦、张春浦、王纯祖、李毓华等留日士官生,形成了握有军权的少壮派集团。他们主张适应世界潮流,刷新贵州政治,被称为“新派”。刘显世因列名参与护国运动,当上贵州督军兼省长。他以省长公署秘书长熊范舆、顾问郭重光、政务厅长何麟书和财政厅长张协陆四人为台柱,掌握全省政治、经济大权。因这帮人具有浓厚的封建保守性,被称为“旧派”。从此便开始了王文华为首的新派同刘显世为首的旧派之间的内部斗争。

1917年4月,王文华以贵州军事代表身份到北京参加为对德宣战问题而举行的督军团会议。在段祺瑞操纵下,5月19日督军团要求改正宪法草案和解散国会,王文华不赞成干涉制宪和胁迫国会,拒绝签字,愤而赴沪,拜谒孙中山,并加入中华革命党。7月,孙中山南下护法,王文华兼程返黔,表示愿“竭尽全力,扩张军备,以作孙先生后盾”①。

---

① 王健安:《王电轮先生教学时期的革命思想和他的几点轶事》,中国人民政治协商会议兴义县文史资料编写组编《兴义文史资料》第1辑,1960年版。

是年8月，王文华响应孙中山组织三省联军入川的号召，率黔军两个团出川东。11月，同北洋政府新任四川查办使吴光新部激战二十余日，于12月4日攻克重庆，正式组成三省靖国联军，推唐继尧为总司令，王自任靖国黔军总司令。1918年1月，王文华又任命袁祖铭为纵队长，率部参加联军对依附北京政府的川军刘存厚部作战。联军1月20日攻下成都，黔军立了首功。袁祖铭自恃战功显赫，乃活动所部团、营长联电刘显世，请委为黔军第二师师长。这正投合了旧派以袁制王的心意，刘显世立表赞同。王文华认为袁要求任第二师师长，是同他争权，便以归还建制为辞①，调袁为黔军总司令部总参议，剥夺其兵权。

1918年熊克武任四川督军后，主张地方自治、联省自治。孙中山对熊很不满意，一度把解决川事的希望寄托于王文华身上。3月25日，孙中山致电王文华："欲达护法救国之初心，唯有根本解决一途耳。"②希望他率领联军北伐。27日王文华与黄复生、叶荃等誓师东出援鄂，以图会师武汉、北定中原，但因陷入四川混乱局面，不能自拔。5月，王文华就任重庆镇守使职，旋因熊克武等人反对而辞职。

1919年五六月间，贵州发生"柳渝铁路借款案"③，旧派借机攻击王文华、王伯群弟兄不顾贵州财政困难，妄借外债，新派与旧派之间斗争激烈。由于五四运动的影响，贵阳的学生运动也发展起来，王文华通电全国，声讨卖国贼，支持学生的爱国运动。他亲往讲武学校演说，又支持其妹夫、讲武学校校长何应钦创办"少年贵州会"，发行《少年贵州

---

① 当时黔军的编制是以团为单位，共十个团，直属总司令王文华调遣。

② 广东省哲学社会科学研究所历史研究室、中国社会科学院近代史所民国史室：《孙中山年谱》，中华书局1980年版，第225页。

③ 王伯群以贵州全权代表资格同华侨实业公司代表赵士觐在上海签订了借款修筑由柳州经贵阳至重庆的铁路合同草约，其中牵涉以贵州路、矿作抵押和利息偿付等问题，王文华亦想从借款中支取军费，引起元老派对少壮派的猛烈攻击，时人称为"柳渝铁路借款案"。

报》，演出话剧，办补习学校，抵制日货①。讲武学校学生成了贵阳学生运动的主力。新派利用学生运动向旧派猛攻，政局大乱。政务厅长陈廷策被刺受伤，财政厅长张协陆服毒自杀，省议会推王伯群掌黔，刘显世被迫应允“统一后正式与伯群长黔”②。

1920年初，熊克武以“川人治川”为号召，排斥滇、黔军。王文华再度由贵阳赴重庆，指挥黔军加入川战，并开始在军中策划取代刘显世的活动。唐继尧以王文华倒刘，有碍其对贵州的控制，与刘显世谋划以韩建铎取代王为黔军总司令。刘为此部署其堂兄贵州游击军总司令刘显潜和驻湖南洪江的黔军清乡司令王华裔密谋倒王，并由其胞弟刘显治草拟了讨王通电。驻川黔军中也出现了以薛尚铭为司令的“靖难军”，拥刘反王。这些动向，加速了新派向旧派夺权的步伐。

同年，8月，川、滇、黔拟设联军司令部于重庆，王文华被推为筹备员，实际负责重庆一带防务。10月，熊克武联合各路川军大败滇、黔军，王文华部被迫撤离重庆。此时刘显世准备倒王，王为先发制人，在离渝前，以卢焘代理黔军总司令，部署黔军以“清君侧”为名，回黔向旧派夺权；自己则为甥舅关系，避免舆论谴责，先于10月15日赴沪就医。11月11日夜，以旅长谷正伦、何应钦和警卫营长孙剑峰为指挥，在贵阳发动“民九”事变，杀死了耆老会头目郭重光、省署秘书长熊范舆。政务厅长何麟书逃跑，其子侄三人被杀。刘显世被迫于13日通电解除贵州军、民两政职务，避难云南。

“民九”事变后，贵州各界电请在上海的王文华兼贵州省长。王为避“以甥逐舅”之嫌，借病辞谢。12月，王文华赴广州谒孙中山，被委为国民革命军事委员会常务委员，一度奉命往浙江劝说卢永祥参加讨伐徐世昌、段祺瑞。王文华在上海还联络辛亥革命后流亡沪上的周素园

① 徐廷栋：《贵州五四运动的回忆》，中国人民政治协商会议贵州省委员会文史资料研究委员会编《贵州文史资料选辑》第3辑，贵州人民出版社1979年版。

② 1919年12月4日和9日刘亚休致熊克武密电，四川文史研究馆藏。

等贵州革命派人士，与他们弃嫌修好，动员他们一同回黔执政。王的行动，遭到北洋军阀和贵州旧派的仇恨。他们利用王文华与袁祖铭的矛盾，唆使袁收买刺客，于 1921 年 3 月 16 日下午五时，在上海一品香旅馆门前将王文华刺杀身死，时年三十三岁。1930 年 3 月，国民党政府追赠王文华为陆军上将。

王希天

任秀珍

王希天,原名王熙敬。吉林长春人。1896年9月11日(清光绪二十二年八月初五)出生于长春金钱堡一个民族工业者家庭。王希天的祖籍为山东登州蓬莱县,清康熙年间,其祖辈迁居辽宁金州,以农耕为业。1847年(清道光二十七年),其祖父王文保移居吉林长春,始学皮革手艺,后在长春三道街开设"皮铺",经营日渐发达,家境殷实。王希天的父亲王相为王家的次男,以苦读求科举仕途。王希天七岁随父读书习字,九岁入塾,十二岁入长春龙王庙小学,因成绩优秀,未及一年便升入长春第一高小,十五岁考入吉林省立第一中学。翌年,与张万英结婚。

辛亥武昌首义爆发,各省纷纷响应,时在"一中"读书的王希天欣然带头剪掉自己的发辫并劝母亲为妹妹放足,劝言乡亲邻居戒毒,鼓励妇女学文化。辛亥革命虽然推翻了清王朝,成立了中华民国,但不久北洋军阀攫取了政权,帝国主义侵略依然如故,军阀苛政暴敛,民不聊生,"民国"徒具虚名。为了探求救国拯民的道路,王希天决心去研究外国的政治、经济、文化和科学,求取真实之学问,归以报效祖国。1914年11月,王希天东渡日本留学。

王希天到东京后,刻苦学习新知识,在欲求实业救国道路的探索中,曾产生净化自我、不为私利诱惑的圣洁感情。1916年春,他在东京美以美会接受洗礼,成为基督教徒,决心以济世救人的博爱精神去挽救世人的苦难。

在日本经过预科学习，1917 年 7 月王希天考取东京第一高等学校并获得官费。时值欧战后期，物价飞涨，留学生纷纷要求增加官费。王希天则以国家利益为重，规劝同学亦应撙节自持，养成俭朴之风。此论颇为多数学生所赞同。当年日本高等学校的食宿条件均甚简陋，多数学生对此难以适应，故寄宿生寥寥无几。王希天虽出身富裕家庭，却不畏清苦发奋读书，坚持在校食宿，并借此机会考察校内生活。他为人和蔼，富有同情心和正义感，常将所得官费节省下来接济贫困同学。中国留学生王朴山和预备留学的周恩来等都颇钦佩王希天的品格，他们志同道合，结下深厚的友谊。1918 年王希天被推举为中华留日美以美会执事，后当选为执事部长。

王希天在日学习期间，正是日本军国主义趁西方列强忙于欧战无暇东顾之机、加速对中国的侵略步伐之时。日本以对德国作战为名，于 1914 年 11 月夺取德国占领的我国胶州湾和在山东的各项权益。1915 年日本政府又向袁世凯提出臭名昭著的“二十一条”。1917 年日本与北洋政府签订以攫取在华特权和培植皖系军阀为目的“西原大借款”。1918 年 5 月更与北洋段祺瑞政府秘密签订了《中日共同防敌军事协定》，妄图实现其独占中国的野心。

在中华民族面临危难时刻，有着强烈爱国心的王希天和留日学生们自发组织起来抗争。在东京“一高”化学讲堂的一次集会上，王希天手持报纸大声疾呼：“国家兴亡，匹夫有责。诸君不见报纸所载‘中日军事密约’乎？我们当速起共谋抵制之方。”①王的讲演获得与会同学热烈响应。留日中国学生奋起共谋拒约的爱国行动，遭到日本当局弹压。他们不畏强暴，各校代表于 5 月 5 日在东京中华大商俱乐部集会，决议组织中国留日学生救国团；留日学生决定罢学归国，掀起声势浩大的拒约运动。会议还决定回国后，分上海和北京两路活动，在上海设救国团总部，北京设支部。

① 谢介眉：《王希天小史》，商务印书馆 1925 年版，第 5 页。

5月12日，王希天作为先发队代表与阮湘、李达等先期归国。14日他们在天津与《益世报》及各校联络宣传拒约，受到欢迎①。次日，王希天等到达北京，在湖南会馆与北大学生代表邓中夏、许德珩会晤，共同筹划京、津、沪的拒约运动，要求废除"中日密约"。王希天等走访北京《中华新报》、《晨钟报》、《北京日报》、《群强报》等报馆，揭露中日密约真相，争取舆论界的支持。又两度往见北洋政府教育总长傅增湘，面陈拒约要求。与此同时并发表《中华民国留日学生救国团宣言》，呼吁"一致对外"、"惩日人之妄，大华夏之威"。5月21日，留日学生救国团与北大等校学生两千多人集会于新华门前，向北洋政府请愿，要求废除中日密约，使拒约运动进入高潮。

王希天作为留日学生救国团北京支部负责人之一，来往于京、津之间宣传拒约运动。为抵制日货，他亲售国货，并成立了"国货贩卖部"。同年8月，在拒约运动遭到北洋政府阻止后，他亲赴哈尔滨的东华中学讲演，介绍拒约运动盛况，与会者无不为之动容。是年10月，国民杂志社在北京成立，王希天等留日学生亦加入为社员。震动中外的拒约运动虽然没有取得预期的效果，但却为一年后爆发的五四运动播下火种，成为五四运动的预演和前奏。在这场爱国运动中，王希天成长为很有影响力的留日学生领袖之一。

拒约运动过后，多数归国学生不愿再回日本，但由于国内无相当学校可入，转学他国又不可能，王希天只好和一些人再次去日本。翌年5月，五四运动爆发后，王希天等人在日本又积极组织声援活动。由此他被日本警方视为"煽动"留学生的"排日领导者"，并予以严密监视。

王希天归国期间，目睹了北洋政府的腐败，深感内政不修，"外交万无胜利之望"，心情十分沉重。为唤起民众的觉醒，他决心弃工习文。1919年，他于日本东京"一高"毕业后，即转入名古屋"八高"政法科学

---

① 《在京留学生日记》，《民国日报》1918年5月23日。

习。在“八高”，王希天除完成学业外，经常接触日本新思想学者，与地方平民友好往来，为此被日本当局视为“排日分子”，遭到莫须有的刁难和迫害，后因此患病，于1920年春被学校除名，赴长冈养病。在养病期间，他并未因病魔缠身停止自己的追求，而是利用各种机会了解社会，接触旅日华工，潜心探索知识分子与工农相结合的道路。1921年秋，王希天病愈返回东京，被推为中华留日美以美会宗教干事。同年10月，任中华留日基督教青年会德育部干事。

旅居日本的华工，多数是欧战后相继从中国浙江温州、处州和山东等地到日本行商谋生者，人数多达六七千人。仅来自浙江温州一带者就有三千五百多人。他们从国内带来雨伞、锯、六神丸、山东绣花边等小商品，到日本的长崎、门司、神户、名古屋、东京、北海道等地贩卖。当货源不充或本小利微难以维持生计时，他们便流落东京等地工厂做苦工，从事挑煤挖土等繁重的体力劳动。他们收入菲薄，常遭资本家和工头的刁难、殴打和克扣工资。他们多数居住在贫民窟，更有甚者只好栖身于桥洞、下水管道或露宿街头巷尾①。由于饥寒、疾病侵袭，横死街头者也屡见不鲜。特别是1918年留日学生归国参加拒约运动后，日本当局对旅日华工的迫害更是变本加厉，非但不准他们做工，还要将他们驱赶出境，生存毫无保障。对于旅日华工的艰难处境，王希天与好友王兆澄等深为同情，他们决心为维护华工的利益有所作为。这一行动，曾受到远在欧洲的好友周恩来的赞许②。

1922年夏，王希天在留日青年会召集的留学生负责人箱根会议及在大原海岸举行的夏令会上，先后讨论了有关华工事宜，建议“设法防止华工的困难，并谋其福利”。更于8月下旬，联合留日学生总会、青年会、圣公会等团体，共同向日本当局交涉，拒绝其“驱逐华工回国”的荒

---

① 孙宗尧(孙绍唐):《王希天烈士牺牲前后回忆》(未刊)。

② 思宇:《〈切磋集〉题记——怀念周恩来伯伯》,《吉林日报》1980年1月8日第4版。

谬命令;他们派出代表前往华工聚居地之一的大岛町进行视察,目睹华工的悲惨生活,决计为华工设立事务所、组织华工团体。经过多方努力,又争取到日本友人的帮助,王希天以个人名义向日本东京地方法院立案,于9月21日在东京大岛町建立了“中华民国侨日劳动同胞共济会”,王希天被选为会长。为了更好地为华工服务,他辞去了留日青年会德育部干事职务。

为促进共济会事业的发展,解决经费不足问题,王希天将自己的薪金由一百元降到三十元,生活颇为简朴。为解决华工的生活困难,他亲自向神户、横滨、大阪等地募捐,未及一年就募集大洋一千九百六十五元。王希天在共济会中设立了检病所、治疗部、教育部、慰问部和华工补习学校等机构。他的挚友孙绍唐为华工诊病,王朴山为华工讲授文化课,王希天则亲自到华工劳动场所视察,帮助华工解决实际问题。为了保护华工的利益,除了进行合法斗争,与争取日本友人的帮助与支持外,有时遇到华工与日本厂主、工头发生争执时,他便挺身而出据理以争。有一次共济会会计杨庭杰向日本工头索讨积欠的工资,工头立川却粗暴地将杨的门牙打落,王希天获悉后无比愤怒,立即出面与彼论理,蛮横的工头竟用短刀相威胁,他不畏强暴,捍卫华工的尊严,最后逼使对方不再敢逞凶,厂主也不敢再无理克扣工资或进行其他损害华工利益的活动,华工的合法权益得到一定的保护。王希天以自己的言行,实践其爱国拯民的理想,成为深受旅日同胞拥戴的华工领袖。

王希天主持共济会,为华工服务,行动正义,却成了日本军国主义者的“眼中钉”,被视为“排日巨魁”。1923年9月1日中午,日本关东地区发生大地震、继之大火,城市化为焦土,巨大的自然灾害,引起世界各国的关注。中国政府为此召开特别国会,讨论恤邻赈灾;中国各界民众也以极大的热忱关怀东邻蒙受的灾难,在物质上给予慷慨的援助。然而日本军国主义者却以“朝鲜人纵火”为借口,打着“维护社会治安”的幌子,趁机进行大搜捕、大迫害,天灾后又加人祸,东京地区的华工陷于一片阴森恐怖之中。

关东大地震发生前一天，王希天因行将赴美国学习，已辞去侨日共济会长职务，当震灾发生后，新会长王兆澄为救护侨日同胞竟被日本歹徒打伤，无法履行会长职责。面对此种危局，王希天毅然担当起共济会长的责任，约同好友王朴山、孙绍唐等联络中国驻日使馆、留日学生总会、教会、青年会等团体，组织“对日震灾救济会”，奋力援助和解救遇难华工。9月3日午后三时，日本暴徒三百余人拥至东京大岛町八丁目华人所住的林合吉客栈，将一百七十四名浙江温、处旅日华侨赶至客栈外的空地上，诓称：“即将地震，须卧地上。”当惊恐无助的华工被诱迫卧地时，暴徒们即上前狂砍乱杀，当场打死一百七十三人，仅一名叫黄子莲的重伤昏厥，倒在同伴尸体下方得幸存，恢复知觉后从尸堆中爬出前往共济会向王希天哭诉同胞被屠杀的悲惨情景。王闻讯心急如焚，他不顾震后秩序混乱、交通阻断等险境，不听友人极力劝阻，于9月9日晨八时只身骑脚踏车前往大岛町查访，欲以揭露日本军国主义虐杀华工的暴行。不料日本宪兵趁机将王希天拘留并押往宪兵司令部，后解至神户警署。他虽身陷囹圄，仍一心惦念如何去援救众多华工，置自身安危于度外。至12日凌晨三时，王希天被两名持枪日本宪兵捆绑押出警署，当行至东京关东区大岛町八丁目逆井桥时，隐藏在暗处的日本野炮第一连队中尉垣内八洲夫，突然窜出抽刀将王希天砍毙，随后将尸体砍碎抛入竖川河中灭迹，以图掩盖罪行。王希天就这样惨死在野蛮卑劣的日本军国主义者的屠刀下，牺牲时年仅二十七岁。

王希天和众多旅日华工遇害的消息，在国内外激起强烈的反响，我各界人士纷起抗议日本军国主义者残害侨胞的罪行。日本名古屋共济会支部、日本救世军总部、中华留日学生会等社会团体也先后举行王希天追悼会。中国政府外交部派人赴日调查王希天被害情况。1923年11月4日，王希天的家乡吉林人民在丹桂茶园为王希天及遇难华工举行示威性追悼会①。1924年3月2日，北京举行三万人参加的追悼

① 下田荣吉著、白金山译：《吉林学生运动今昔》(1911—1930)。

大会①。同年吉林创建“希天医院”,上海商务印书馆出版谢介眉编著的《王希天小史》,1926 年温州工学界同仁集资建造“吉林义士王希天君纪念碑”,以资景仰。新中国建立后,周恩来总理曾委托马骏烈士之子马德钟多次寻找王希天遗属的下落。1962 年 6 月 16 日,周恩来到吉林视察工作时接见了王希天之子王振圻。1973 年 7 月 11 日,国务院办公室根据王希天的生平事迹,下达了“关于王希天家属应按烈士待遇”的批示。1974 年 1 月 15 日,吉林省追认王希天为革命烈士,1983 年 4 月 1 日,中华人民共和国民政部向王希天家属颁发了《革命烈士证明书》。

1993 年,通过中日两国学者和各界人士的多方努力,日本关东大地震时虐杀王希天及旅日华工案,在尘封了七十年后方始真相大白,东瀛沉冤终获昭雪。王希天烈士的遗骨运抵故乡长春②。同年 9 月 3 日,在温州市华盖山上举行被侵华日军破坏的王希天烈士纪念碑的重竖仪式。同年,日本王希天悼念会今井清一、石井良一、田原洋、仁木富美子等知名学者,组织各界人士于日本东京山手教会堂,召开关东大地震七十周年纪念会暨王希天与中国劳动者问题学术研讨会。1994 年 9 月 4 日,吉林省史学界同仁为进一步研究王希天生平事迹,弘扬王希天烈士的爱国主义精神,发起成立长春王希天研究会。1995 年 6 月 30 日,王希天烈士陵墓在长春烈士陵园兴建,并于翌年烈士百年诞辰纪念日对外开放。

---

① 《京报》1924 年 3 月 3 日。

② 《长春日报》1993 年 9 月 25 日第 1 版。

王 小 航

娄献阁

王小航，原名照，字藜青，号小航，又号水东。河北宁河人。1859年6月8日(清咸丰九年五月初八)生。曾祖王锡朋做过安徽寿春镇总兵，1841年于定海对英作战时阵亡，谥刚节，赠提督衔。父王槙为太学生，袭骑都尉兼云骑尉职。王小航幼年丧父，由叔父抚养，从小喜欢观察星象，爱读天文、地理、兵法之类的书。十岁以后从塾师学诗文，1877年入书院。

当时北京同文馆招生，王小航欲报考，家中长辈以其曾祖被“鬼子”害死，后人不该学“鬼子”，拒允。但他仍广求时务诸书，凡同文馆、上海制造局和教会译印的新书均尽量搜集研读，亲族乡人把他看作中了魔气①。

1891年王小航中举人，1894年取进士，点翰林院庶吉士。适逢中日甲午战争，为维护地方秩序并准备御敌，他在家乡芦台办起了乡团，曾受到直督王文韶的称赞，说王小航“所练之乡团，队伍严整，饷项分明，为沿海一带表率”②。

1895年，王小航赴北京应散馆试，改任礼部主事，于是将乡团收束，至京供职。中日战争失败后，朝野要求变革之风日炽，在这种情况下，他于1897年回芦台创办了一所小学堂。是年冬，王仍回京供职。

① 陈光垚:《老新党王小航先生》,《国闻周报》第10卷第29期。
② 陈光垚:《老新党王小航先生》,《国闻周报》第10卷第29期。

翌年3月，王又与同省京官徐世昌、李石曾等在北京设立八旗奉直第一号小学堂①。

1898年戊戌变法时，王小航参与维新活动，多次上书言事。在"请布纶言以袪众惑，广慈训以定众志，设教部以释众疑"一折里，批驳守旧顽固派的言行，说明变法图存的必要性，提议设立"教部"。他在奏议中请求："以西人敬教之法，尊我孔子之教，以西人劝学之法，兴我中国之学。"以达到"道可卫而学可兴"的目的，从而可以看出他思想的温和。他劝光绪帝奉慈禧太后"巡幸中外"，"以孝治镇服天下"②，想让慈禧到海外去开开眼界。该折递到礼部，礼部汉尚书许应骙不允代奏，并劾王小航包藏祸心，而光绪则赞扬王"勇猛可嘉"，超擢四品京堂候补，并赏三品顶戴；同时怒斥许，将礼部堂官六人革职③。

在变法中，王小航与康有为等经常往来，但意见不完全相同，面对新旧势力和两宫间的激烈斗争，康主张扶帝抑后，削弱旧党的权势，王则想调和两派的矛盾，平定宫闱的变乱；康主激进，王主渐进；康较注意军政，王却看重教育。王小航曾对康有为讲："我看只有尽力多立学堂，渐渐扩充，风气一天一天的改变，再行一切新政。"康反驳说："列强瓜分就在眼前，你这条道如何来得及！"④在康等私下策动袁世凯进行兵谏之前，谭嗣同等两次要王去劝说聂士成保护光绪帝，并许聂以督直相酬。王认为那是使光绪去冒险，坚决加以拒绝。此外，当时光绪的亲信张荫桓力助康有为变法，王以张奸贪，不顾康的劝阻严劾张。正因这样，"旧党斥其党康，而康党复疑其党旧"⑤。

不久戊戌政变发生，王小航与康有为等均逃亡日本，此后王即退出政治舞台；与康的关系渐疏远。王流亡日本一年多时间，先后游历了东

① 陈光垚：《老新党王小航先生》，《国闻周报》第10卷第29期。

② 王小航：《戊戌六月礼部代递奏稿》，《小航文存》甲，第1—6页。

③ 黎锦熙：《王照传》，《国语周刊》第129期。

④ 王小航：《实心救国不暇张大其词》，《小航文存》丁，第72页。

⑤ 黎锦熙：《王照传》，《国语周刊》第129期。

京、高知等地，作诗二百多首，大半是抒发胸中悲愤之情，后自选一部分编成《雪泥一印草》。王颇注意研究日本的假名文字，为以后创造“拼音新字”奠定了基础。

1900 年春，王小航潜行归国，不敢公开露面。他身穿僧装，诡称“台湾和尚”。他从烟台上岸后，在山东、河北、江苏等地以化缘为生，备尝艰苦，有自撰《行脚山东记》，记其事甚详。

同年秋，王小航回天津隐居。不忍空耗岁月，着手仿日本片假名创编官话和声字母，初刻本翌年印于日本江户，署名“芦中穷士”。该字母共有声母五十（初为四十九），他叫“音母”，韵母十二（初为十五，后省去衣、乌、迂三字），他叫“喉音”，总计六十二个音符，均取汉字的某一部分构成。王制此字母主要着眼于普及教育，“专为无力读书无暇读书者而设”①，在拼法上，概用两拼，反对三拼。言文一致，只拼北京白话。拼音字母可用来注音，也可代替汉字。有人称它为“简字”，实际是中国文字由衍型过渡到衍音、实行拼音化的初步尝试，比以往的切音大大向前推进了一步，在文字改革运动史上有重要的意义。

为了推行新字，1901 年王小航冒险到北京求见李鸿章。李托病不出，由于式枚代见。在谈话中王提出教育救国的主张，说“中国政府非注重在下层的小学教育不可”，欲去下层教育的障碍，又“非制出一种沟通文语的文字，使文字语言合而为一不可”②。于式枚很不喜欢他的这套说教，王扫兴而归。

1903 年，王小航在北京裱褙胡同首次设立官话字母义塾，因不便与多人见面，用门人王璞为教员，自己隔屏听之。同时化名赵世铭往来京、津、保定间，暗中进行传播，取得不少人的同情。先是王璞上书管学大臣张百熙，称这套简字是使人人能看书看报的便捷之法。张等迫于下面的呼声，不得不在同年《奏定学堂章程》中规定：“自师范以及高等

---

① 王小航：《摘录官话字母癸卯再版凡例十一条》，《小航文存》甲，第 37 页。

② 王小航：《大谬》，《小航文存》丙，第 42 页。

小学堂，均于国文一科内，附入‘官话’一门。”①其后直督袁世凯也曾依从保定大学堂学生何凤华的请求，饬督署学校司妥拟推行办法。翌年直隶学务处通令全省启蒙学堂传习，更在天津办起了简字学堂。此外，名儒严修、吴汝纶等皆热心提倡，于是官话字母不胫而走，习者越来越多。

随着官话字母的流行，王小航正在为推行官话字母而尽力时，他的处境却日趋危险。有人向他提出警告，开始他尚不以为意，后他的朋友沈荩因揭露《中俄密约》被捕，忽以戊戌余党杖毙狱中，王才感到大难临头。但别无良策，他只好于1904年春向提督衙门投案自首，幸而得到那桐和庆亲王奕劻的帮助，免于一死，但仍定为永久监禁。不久，奕劻为缓和舆论，建议慈禧太后宽赦党人，清廷特诏除孙文和康、梁外，皆赦。王获赦出狱，并得开复原衔，但他不愿做官，继续搞他的拼音字母。

1905年，王在保定创办了拼音官话书报社，次年迁至北京。该社所刊行的拼音官话报销路很广，又印有伦理、史地和自然科学等拼音官话书，发行多达六万部以上。一时间官话字母颇为风行，除河北外，两江总督周馥、盛京将军赵尔巽均令在省城设立简字学堂；河南、山东、山西等地亦都有人学习和推广，迅速流传至十三省区，识者不下数万人。1907年劳乃宣在王氏所创字母的基础上，增加宁、吴、闽、广音各若干，成《简字全谱》，包括全国各地方言，从而官话字母在长江以南也可以通行了。但是当时学部诸要人多反对以北京音为官话，在在掣肘。1910年摄政王载沣竟借口恐汉文废绝，严禁官话字母传习，并将官话书报社封闭，王也被迫避往江苏。

辛亥革命后，王小航寓南京水明楼，曾撰《救亡以教育为主脑论》一文，继续致力白话教育之推广和普及。1913年，北洋政府教育部召开读音统一会，王小航被选为副会长。会上，王与正会长吴稚晖发生意见分歧，形成两派。吴强调汉字音读，王重视造新字；吴主张将十三浊音加入字母，王则极力反对，双方争辩相持不下。王联合北方及川、滇、

① 黎锦熙：《光宣语运史略》，《国语周刊》第130期。

闽、粤代表提出每省一个表决权案,使他的主张得到大会通过。会议还议决了一套“注音字母”(后称注音符号),又审定了六千余字的读音。王小航对这一结果不完全满意。不久吴、王相继辞职,由王璞代理会务。

读音会期间,袁世凯曾有意晤见王小航,王因袁曾出卖光绪破坏变法而不愿为伍,以“闲人不便搅忙人”婉辞。此后数年,王闲住北京德胜门附近水东草堂。段祺瑞当政时,王一度入幕,但很快离去。1918年,北洋政府教育总长傅增湘亲至草堂邀王做国语统一会领袖,王以年老力衰未允。

1922 年直奉战争之前,王小航曾写信给徐世昌反对财、内两部征收房捐,并批评了徐世昌纵弟贪赃的行为。又致书劝王士珍不要组阁,谓“不能以恢复国会、容纳南方护法之意,不必登台,不能废止妖异之督军团制,不必登台”①。不久,直奉之战结束,黎元洪复任总统。当时人民要求和平统一,王小航对黎抱有好感,也跟着凑热闹,作《屯田议》一文,主张“寓兵于农”,上书于黎②,还提出了十项具体办法,然而根本不可能实施。

1923 年以后王小航从事著述,主要有《三体石经时代辨误》、《表章先正正论》和《读左随笔》、《读易随笔》等,均持古文经学家的立场。1925 年曾在《甲寅》杂志上发表《说纲》一文,主张维持儒家的“三纲”,与时代思潮格格不入。1927 年又撰《方家园杂咏记事》,揭露了一些清廷内幕,较有价值。

王小航晚年仍持“教育救国”的主张,说“我国非教育内阁不能挽救”,又说他“三十余年拙论不离普及教育一语”③。但晚年思想更趋保守,1928 年和 1930 年他先后写了致李石曾、阎锡山、梁漱溟书多篇,反对三民主义,并公开抨击马克思列宁主义学说。

王小航于 1933 年 6 月 1 日病故。其著作大部分收在《水东集》中。

---

① 王小航:《劝聘老勿上台书》,《小航文存》乙,第 25 页。

② 王小航:《屯田议》,《小航文存》乙,第 7 页。

③ 王小航:《实心救国不暇张大其词》,《小航文存》丁,第 70、71 页。

王晓籁

汪仁泽

王晓籁，名孝赉，别号得天，后改号晓来。1886 年 1 月 28 日（清光绪十一年十二月二十四日）出生于浙江嵊县。父亲王芷湘为县里首富。王少年时就读私塾，平时爱习武艺。1905 年初次来沪，就读名师裴庆邦处，不久回嵊。

1907 年，王晓籁在家乡参加反清组织光复会。时秋瑾谋组光复军，派周亚卫来嵊募集人员，王及青年数十人应征赴绍兴，中途闻秋瑾事败被捕，旋即折返。因惧案发受缉拿，遂携眷避沪从商①。初任岳父楼映斋所设浙江萧山通惠公、合义和两丝厂驻沪账房经理。1910 年在沪与友人创办闸北商团，并开办闸北商场和闸北工程局。后又独资或合伙开设大来、天来、泰来、春来等缫丝厂数家。

1911 年武昌起义，上海响应，王晓籁组织闸北商团参加攻占北火车站之役②，上海光复后受到都督府的嘉奖。其时王与陈其美、沈缦云、王一亭等人过往甚密。1913 年“二次革命”时，上海组织讨袁军，王曾助饷支援。此后他积极从事商业活动，善于利用各种机会，多方结交，事业得以迅速扩展，先后任上海商业银行、中央信托公司董事、上海总商会会董、上海公共租界纳税华人会主席和闸北商会会长（皆连选连

---

① 《王晓籁回忆录》，上海市工商联合会史料第 31—520 号。

② 当时清政府上海道刘襄孙曾电南京两江总督张人骏，电文中有“闸北商团首先变”等语。

任)等职。1925年并代表上海商界列席关税会议。

1926年,国民革命军北伐前夕,广东国民政府电邀上海商界选派代表赴粤参观新政,沪总商会公推王晓籁等为代表。7月抵粤,与当时军政要人蒋介石、张群等人会晤,并参加了北伐军誓师大会。回沪后向总商会等团体作传达,盛赞广东革命政府廉洁奉公,北伐军纪律严明。此时上海为军阀孙传芳所控制,闻报指王为"宣传赤化",悬重赏通缉,王避居租界友人处。不久孙传芳军队节节败退,通缉令亦无形中取消①,而王的声誉却随之提高。此时上海总商会会长傅筱庵依附孙传芳,王晓籁与虞洽卿等人另组上海商业联合会与之对抗。王任该会总务长,暗中曾筹济北伐军军饷。1927年春,北伐军攻抵上海附近,上海工人在中国共产党领导下,举行第三次武装起义,以工人纠察队为主力,商界亦组商人别动队配合。他曾策动闸北保卫团响应,参与解除在沪奉系军阀毕庶澄部的武装②。起义胜利后,上海筹组临时市政府,成立委员会,他被推为商界代表,任主席委员。3月29日,召开市民代表大会,举行委员就职典礼,在进行中突接蒋介石来函,命令临时政府"暂缓办公",但在到会代表一致要求下即时成立临时政府,各委员仍宣誓就职。但随后各委员相继请求辞职,王晓籁也随之辞职③。4月初,沪上谣传工人将举行暴动,上海商界联合召开会议商讨对策。会上有人主张诉之蒋介石或白崇禧,以武力对付工人。王晓籁当即发言:"现在民气之盛,远非昔日,恐压力愈重,反抗力愈大,此事只能与工会磋商。"众皆赞同④。次日汪寿华应王之邀,代表总工会到商联会就劳资、工潮

① 《王晓籁赴粤参加北伐誓师》,上海市工商联合会史料第27—45号。

② 王晓籁:《我之经历》(1965年5月29日),上海市工商联合会史料第192号。

③ 任建树主编:《现代上海大事记》,上海辞书出版社1996年版,第312、479、486、509、515、675页。

④ 上海市档案馆编:《1927年的上海商业联合会》,上海人民出版社1983年版,第221、224、226页。

及外交等问题发表谈话，众表满意。王即席要求各业自行调剂劳资纠纷①。直至4月10日，已是蒋介石发动“四一二”政变前夕，王在上海建设讨论会上，仍高声呼吁“农工商学军警政各界，无分轩轾一致联合”，反对武力镇压工人。

南京国民政府成立后，王晓籁被指定为江苏兼上海财政委员会常务委员，与虞洽卿等人摊派筹募“二五附税库券”。同时还兼任财政部特税处副处长、全国卷烟税局局长等职。1929年5月，上海市商人团体整理委员会成立，虞洽卿、王晓籁、秦润卿等七人为常务委员。翌年7月上海市商会改组成立，王任理事长，不久又任全国商会联合会理事长。此后曾赴全国各地“考察商务”。

王晓籁平时乐于助人，广为人排难解纷。因此，沪上某些市民为求庇护，自称门生归依王的门下；越剧艺人多嵊县同乡，有人为避恶势力的胁迫，自愿认王为义父，王来者不拒，因此投拜者众多形成一股势力，遂被称为“沪上闻人”②。他又在家乡嵊县斥资十五万元创办芷湘医院，回报桑梓。1931年“九一八”事变后，蒋介石采取“逆来顺受”的不抵抗政策。9月22日，上海各界八百余团体代表五千多人集会，议决电请国民政府下总动员令，驱逐日军，扩大反日会、组织义勇军，并通过成立上海抗日救国会。王晓籁不顾当局取缔“越轨行动”的威胁，也参加了这次大会，并被选为救国会委员③。会后又与集会群众一起走上街头进行示威游行。接着王又无视不准组织民众抗日武装的禁令，与友人共同发起组织抗日义勇军，并于11月1日在公共体育场参加全市

① 上海市档案馆编：《1927年的上海商业联合会》，第221、224、226页。

② 据樊崧甫《上海帮会内幕》（中国人民政治协商会议上海市委员会文史资料工作委员会编：《上海文史资料选辑》总第31辑，上海人民出版社1980年版）称：“洪门在组方面只有横的关系，没有纵的系统，因为如此，所以比较涣散，在上海没有起什么作用。杨虎、王晓籁等五闻人也不过五个山头，但他们都是外行，根本不是洪门中人，不过借此名义结合而已。”

③ 任建树主编：《现代上海大事记》，第312、479、486、509、515、675页。

抗日义勇军三千多人的大检阅和宣誓典礼①。1932 年"一二八"沪战爆发，驻沪十九路军奋起抗敌。日军的疯狂侵略，更激发了王晓籁的爱国抗敌热情，他积极支援抗日将士。1 月 29 日，他以市商会主席的身份，以个人担保付款调集十辆大卡车，采购大量食品，连日派人代表上海商民送至前线慰劳浴血抗日战士。31 日，他被上海地方维持会（即上海地方协会前身）推举为副会长，并兼任粮食委员会主席。2 月 5 日，他亲自带领二百多名童子军（志愿抗日青年）到真如，将他们交给十九路军前线指挥部，参加对日作战②。20 日，市商会又组织童子军团，成立担架队赴前线救护伤兵。沪战开始后，因国民政府未公开支援十九路军一兵一弹，3 月 3 日市商会电责政府是"张强敌之焰，摧义士之气"③。在此前后的数月时间里，王晓籁奔波于宝山、真如、吴淞等地慰劳前线将士。在有损我国主权的《上海停战协定》签订后，市商会等团体集会表示反对，并进而成立援助东北义勇军联合会。在这段时间里，王晓籁自称"只知有国而已，生死置之度外"，不久便"落得顶秃、鬓斑、眼花、身病，却尚能志坚胆雄，心直气壮"④。

王晓籁反对当时各军事实力派的混战，1932 年 5 月，在地方维持会召开的一次反内战集会上，他当即声明：市商会可做废止内战发起者⑤，其后沪上知名人士通电各地发起组织废止内战大同盟。6 月，市商会召开代表大会，发表宣言，主张停止内战、提倡国货、反对设立上海

---

① 任建树主编：《现代上海大事记》第 312、479、486、509、515、675 页。

② 蒋光鼐、蔡廷锴、戴戟在《十九路军淞沪抗战回忆》一文中说："上海市商会会长王晓籁于 2 月 5 日到真如指挥部，随来二百多名童子军交十九路军指挥。他们在我军作战期间始终坚持工作，直到我军在苏州举行追悼会后，才解散回沪复学，其中数人在前线牺牲。"中国人民政治协商会议全国委员会文史资料研究委员会编《文史资料选辑》第 37 辑，中华书局 1963 年版，第 10—11 页。

③ 任建树主编：《现代上海大事记》，第 312、479、486、509、515、675 页。

④ 王晓籁：《我之经历》（1965 年 5 月 29 日），上海市工商联合会史料第 192 号。

⑤ 任建树主编：《现代上海大事记》，第 312、479、486、509、515、675 页。

自由市、反对鸦片公卖。此后王晓籁即致力于提倡国货运动,认为“国货是国家之生命线,亦即我人自己的生命线”①。1933 年 3 月,王晓籁等组织国货制品协会,任理事,并选送国货产品赴美国参加芝加哥博览会。1934 年 11 月,他发起创办的中华国货产销联合会开幕,三十家国货工厂联合临时商场也开始营业。1935 年 9 月,上海市民提倡国货会成立,王任执委,并发表通电和告市民书,使爱用国货成为深入人心的口号。此时王晓籁任理事长的中国航空建设协会,数年来共募得航空救国捐三千余万元②,支援了我国航空事业。1936 年 11 月,王以上海东北难民救济协会主席的身份,携带大量慰问品,率领慰问团赴绥远慰问抗日将士。

1937 年 7 月全面抗战开始,22 日上海成立全市各界抗敌后援会,推定王晓籁为执行委员,发表宣言号召市民以“自爱爱国、自救救国”的精神做永久抗战。“八一三”淞沪抗战拉开序幕后,当晚上海市商会主席王晓籁在电台发表广播演说,呼吁市民全力保卫上海③。此后他通过市商会组织安置难民、慰劳抗战将士、救护伤兵等工作。并经各团体讨论决定:连日汇集的慰劳品一律分批送至市商会,由该会逐日运至前线转交抗敌将士。10 月,成立上海市国民对日经济绝交委员会,推选王等为执委,通电全国组织相应执行机关。1938 年 11 月上海沦陷后,日伪势力猖獗,他自称在“明枪暗杀”中“险难言状”④。27 日,化名黎柳堂离沪去香港,转赴汉口,任中央赈济委员会常委,管红十字会救护队,往来于港、黔、渝、昆、蓉等地。1940 年,任第二届国民参政员,兼红十字会救护总队政治部主任。翌年,与虞洽卿在渝合组三民贸易公司,任经理;由虞斥资并亲自购买大批卡车往来滇缅公路上抢运物资。

① 《王晓籁》,商报社编《现代实业家》,1935 年版。

② 《王晓籁回忆片段》,上海市工商业联合会史料第 31—615 号。

③ 任建树主编:《现代上海大事记》,第 312、479、486、509、515、675 页。

④ 《王晓籁回忆录》,上海市工商联合会史料第 31—520 号。

1943年,王任国民参政会经济建设策进会常委兼滇黔区副主任,驻滇黔一年半。次年,国民党筹组青年军,王晓籁在此前后命其及龄在学子辈十人入伍。

1945年,王晓籁在渝筹组开来兴业公司及中国人事保险公司,自任总经理。又连任第三、四届参政员,以及由南洋华侨集资的中南贸易协会理事长等职。抗战胜利后,飞抵上海,继续从事商业活动,先后任中一信托公司、通易信托公司、江海银行、东南汽车公司等企业的董事长,中国银行、中央信托公司理事,上海市商会监事以及全国商会联合会理事长等职。1946年曾去台湾考察,后又以商会代表名义,去美国考察两个月后回国。此时蒋介石发动内战,滥发纸币,导致通货恶性膨胀,民不聊生。"天虽亮而云雾未开"①,他对国民党政府已感到绝望,与民主进步人士的交往日密,对中国共产党的政策有所认识。

1949年5月,上海解放前夕,王晓籁与刘鸿生父子同机抵粤。是年冬广州解放后,他搭沪粤线火车回到上海②。1950年在北京受到周恩来总理的接见,他欲自陈经历,周说:"当时你的行为我很了解,可不必再说,要紧的是谈谈今后。"③此后他作为中国人民银行总行代表,列席各部召开的有关会议,对于交通运输、经营丝茶及对外贸易等方面提供咨询。9月中旬回沪后,当选为上海市人民代表。1958年任上海市政协委员。"文革"期间,王晓籁受到冲击,于1967年6月15日去世。1978年他的历史错案得到了平反。

---

① 王晓籁:《我之经历》(1965年5月29日),上海市工商联合会史料第192号。

② 《王晓籁回忆录》,上海市工商联合会史料第31—520号。

③ 王晓籁:《我之经历》(1965年5月29日),上海市工商联合会史料第192号。

王 性 尧

罗九和

王性尧，原名师伦，1905 年 1 月 5 日（清光绪三十年十一月三十日）生于浙江镇海。其祖辈为嵊泗列岛的渔民，后移居镇海。其父王栋臣是镇海恒丰山货行的“阿大先生”（即资方代理人）。

王性尧自幼聪慧好学，入塾开蒙，兼习珠算。九岁入本地时中小学，成绩优异。小学毕业后，因家贫无力升学，去汉口亲戚家塾馆附读。他学习刻苦，两年后便达到了相当于高中的文化程度。

1921 年，王性尧由亲戚介绍，到北京泉通银行当练习生，并进修英语。1924 年到上海荧昌火柴公司当文书，他留心火柴生产，不久就熟悉火柴行情，人称“火柴状元”。不数年，他略有积蓄，由公司经理朱子谦介绍，投资于大华仪表厂，后被选为该厂董事。1930 年，火柴生产过剩，外货又大量倾销，为应付这种状况，荧昌公司与鸿生、中华火柴厂三家于 7 月合并，成立大中华火柴公司，王性尧升任公司总务科副主任。他为人信实可靠，又善于处理各方面的关系，经常代表公司外出联系生产业务，在公司内外俱获好评。

“九一八”事变后，日货充斥我国市场，民族工业受到很大打击。为了打开国货销路，抵制日本的经济侵略，中国银行总经理张嘉璈邀集生产国货的中国化学工业社方液仙、美亚织绸厂蔡声白等人定期举行“星五聚餐会”，研讨如何提倡和推销国货。王性尧作为大中华的代表，于 1932 年 3 月参加了聚餐会。同年 8 月，“星五聚餐会”商定成立正式团体“中华国货产销协会”，张嘉璈任理事长，王被推选为理事之一。“产销协会”在上海开设国货介绍所，并在重庆、福州等地开设了分所；次年2月，又在上海开办了中国国货公司。为了进一步扩大国货推销业务，“产销协会”于1934年1月正式成立中国国货公司国货介绍所全国联合办事处，简称“国货联办处”。张嘉璈认为需要有一个得力的人员主持业务，遂向新式管理卓著成效的大中华火柴公司物色联办处主任。经与大中华经理刘鸿生协商，重金礼聘王性尧任国货联办处主任。

王性尧主持国货联办处后，首先制订了一份筹设各地国货公司的计划，将筹设计划编印成册分发各工厂，向社会做广泛宣传。他联络各国货工厂，接洽银行贷款，筹划在全国各地开设国货公司。国货联办处初创时，在经济、人事、业务上都遇到了种种困难，但在王的擘划指导下，业务发展颇快，到1935年已有郑州、长沙、镇江、温州、济南、徐州、福州、重庆、广州、西安、昆明等国货公司十一处。“抵制日货、提倡国货”的号召，受到全国人民的支持，引起了社会各界的重视。

1935年3月，张嘉璈被排挤出中国银行，国货联办处失去了有力的支持者，王性尧只得紧缩业务，等待时机。不久，吴鼎昌担任国民政府实业部部长，在上海几个国货团体欢迎吴的一次宴会上，王性尧向吴陈述国货联办处在打开国货销路方面所起的作用和目前面临的困难，请求给予帮助，并面交了他草拟的发展国货公司的意见书。由于当时国民政府正在推行“国民经济建设运动”，实业部决定成立一个官商合办的“中国国货联合营业公司”（简称联营公司），吴鼎昌于1936年10月通知王性尧参加共同筹办。王被聘为“国民经济建设运动委员会”委员和联营公司筹备委员。联营公司筹备委员会在上海的办事处设于国货联办处。王性尧看到自己提出的意见书大部分被采纳，国货联办处又活跃了起来，一时兴高采烈，四处奔走。1937年4月，联营公司在南京正式成立，蔡声白为总经理，王性尧任副经理，国货联办处遂告结束。联营公司的总公司仍设在上海，于5月开幕，由王性尧主持业务。嗣后又在南京、武汉筹办国货公司，并计划对先前国货联办处所设的十一处国货公司投资改组，还打算组织“国货银团”。

几个月后日本帝国主义大举侵略我国，大片国土先后沦丧，联营公司的发展计划受挫。王性尧于 1937 年 11 月离开上海去汉口，在武汉主持国货公司开幕后，即往重庆改组重庆国货公司，并与四川宝元通合作成立了成都中国国货公司，旋又往贵阳筹设国货公司。1938 年 9 月，香港中国国货公司成立，同年桂林、广州、新加坡三处中国国货公司成立。联营总公司于 1939 年 1 月迁至重庆。王性尧往返于渝、沪之间，维持公司业务。

1940 年底，由于国民党政府内的派系之争，王性尧和经济部(即原实业部)所属几个机构的负责人在重庆被拘禁了两天。释放后，王性尧便决心改组联营公司，脱离官府。经过王的努力，次年 5 月联营公司的官股全部退出，中国、交通、新华三家银行承接了这些股份，联营公司改为私商经营。8 月，王因病到上海休养。12 月太平洋战争爆发，上海租界亦为日军所侵占，联营公司在沪办事机构受到威胁，王收起招牌，改用其他商号名称搞秘密运输，向内地输送布匹、日用百货等紧缺物资。日本侵略者想利用他的声望，几次派人拉他下水，他都设法拒绝。从此杜门谢客，在家写字、画画、学唱昆曲，并劝告朋友同事不要为日本人效力，保持了一个爱国工商业者应有的民族气节。不久，联营公司的活动为日方发觉，王的寓所被搜查，大弟被逮捕，他自己住进疗养院躲避。

抗战胜利后，联营总公司自重庆迁回上海，王性尧仍任公司协理。在美货泛滥于市场的情况下，国货生产和销售都受到冲击；加以通货恶性膨胀，市场行情不稳定，营业十分艰难。王性尧为了保住联营公司，从推进各地国货销售业务，转而从事运销业务，在华北、东北、西南、西北各地成立办事处，运销机制品及土产；同时又代理中国纺建公司，将棉纱、棉布运销香港、新加坡及南洋各地。

中华人民共和国成立后，联营公司获得了新的发展，王性尧任副经理，1951 年任总经理。以后王任上海市工商联副主任，致力于上海工商业的社会主义改造。王并任全国工商联常务委员、中国民主建国会中央委员、民建上海市常务委员等，被选为第一至三届全国人民代表大会代表，第一至五届上海市人民代表大会代表，第一至四届上海市政协委员、常务委员。

1968 年 6 月 17 日，王性尧在上海去世。

主要参考资料

王性尧：《参加“提倡国货”工作二十二年的回忆》，中国人民政治协商会议全国委员会文史资料研究委员会编《文史资料选辑》第 76 辑，文史资料出版社 1981 年版。

《联营公司简史》(原联办处副主任陆乾惕口述)，上海工商联档案室存。

王性尧“文革”期间所写“交待材料”三份。

访问原大中华火柴公司襄理戚福铭、原联办处职员施新元、原联营公司职员刘励杰及王性尧之女王逸秀等人的记录。

王 亚 南

林其泉

王亚南,原名际主,号渔村,笔名王真、碧辉。湖北黄冈人。生于1901年10月14日(清光绪二十七年九月初三)。父亲王凤庭是当地的破落地主,母亲早故。王亚南童年在乡里一边读书,一边种地。十二岁那年父亲去世。他在哥哥支持下到县城学堂读书,1916年毕业后到武昌读中学,1922年考进武昌中华大学教育系。王学习认真刻苦,成绩优秀;课余还到校外兼课任教,以贴补生活费用。

1927年初,王亚南大学毕业后,曾到武昌私立成城中学教了几个月的书,后由其同乡王仲友介绍,转到长沙,入北伐学生军教导团执教。是年国内政治形势剧变,蒋介石、汪精卫先后“清党”、“分共”,许多革命者被杀害,大革命失败了。这个现实给王亚南以很大的教育。他开始考虑个人的前途和国家的命运问题。1928年初,王离开长沙回到武昌,谋职未果,遇到留法回国的夏康农,同赴上海找工作,也无结果。不久,王从上海转到杭州,借住在古庙大佛寺中,想写小说谋生。适遇上海大夏大学哲学系毕业的郭大力也在那里,正从事马克思的巨著《资本论》第一卷的翻译工作。两人一见如故,朝夕倾谈,商量合作从事社会科学研究和翻译,先着手翻译资产阶级古典经济学论著。于是两人同去上海,与神州国光社等出版单位订了译书契约。这是王亚南走上经济学研究道路的开始。

1928年秋,王亚南东渡日本,得到在日本工业大学学习的同乡方达功的帮助,住在东京郊外一个僻静的小旅馆里。他一边学习日文和德文，一边同留在上海的郭大力合作翻译经济学著作。他们先后翻译出版了亚当·斯密的《国富论》、大卫·李嘉图的《政治经济学及赋税原理》等书。他自己还单独翻译了日本学者高畠素之的《地租思想史》以及《人类婚姻史》等。此外，他也写了一些经济学方面的文章。

“九一八”事变后，王亚南离开日本回到上海，以示对日本侵略我国东北的抗议。他在上海除了继续翻译和校订有关译著之外，开始从事一些经济学方面的研究工作，写作并出版了《经济学史》(上册)。1933年，王在上海暨南大学执教。

这前后，国民政府奉行“攘外必先安内”的政策，对日本帝国主义的猖狂侵略妥协退让，造成我国严重的民族危机，王亚南对国民党政权有了进一步认识。1933年11月，李济深和蒋光鼐、蔡廷锴等十九路军将领公开宣布反蒋抗日，在福州成立人民革命政府。王得知消息后，兴奋异常，放下写作，从上海赶到福州，担任了福建人民政府的文化委员兼《人民日报》社长。王利用《人民日报》这个阵地，撰写文章揭露国民党，并阐述自己的经济学观点。不久，“闽变”失败，王被通缉。1934年初王逃亡香港，香港当局令他限期出境。

1934年夏，王亚南去德国。他在柏林学习德语，注意搜集西方经济学资料。其间他应上海中华书局、世界书局之约，翻译了一些西方国家的经济学著作，如奈特的《欧洲经济史》等。因为当时希特勒执政，德国政治空气恶劣，生活费用昂贵，王住不下去，1935年秋离开德国经伦敦去日本，与在明治大学学习的李文泉结为夫妇。年底，同李文泉一起回国。在上海，王先后出版了《德国之过去、现在与未来》、《中国社会经济史纲》等书。不久，他和郭大力应中共上海地下组织创办的读书生活出版社之约，以1936年和1937年两年时间从事翻译马克思巨著《资本论》的工作。

马克思的《资本论》三大卷出版于1867年至1894年，五四运动后不久已被部分介绍到中国，但十几年中只翻译了第一卷。王亚南同郭大力一起决心进行《资本论》三大卷全书的翻译工作。这期间，王除于

1937年担任“上海著作者抗日协会”执行委员，参加一些抗日宣传工作外，几乎把全部精力倾注在翻译《资本论》工作方面。由于《资本论》中的一些名词概念在中文字典中查找不到，为要忠于原文又要让中国读者看懂，王亚南和郭大力根据德文原本，参考日文译本，也参考当时国内已翻译出版的第一卷部分，尽可能地加以通俗化，以方便中国读者阅读和研究。那时正值中日战争爆发前后，生活条件很差，王又患有严重的神经衰弱症和胃溃疡病，但他以极大的毅力坚持工作。郭大力则在翻译工作中承担了更多的章节。后来王常谦虚地说，在《资本论》翻译工作方面，他是郭的助手。

《资本论》中译本三大卷于1938年在上海出版，这是我国经济学研究工作中的一件大事，引起各方面的瞩目。这时第二次国共合作已经形成，王亚南于1938年初带病经香港到武汉，参加以周恩来为主任的军委政治部设计委员会，同各党派代表和民主爱国人士一道，参加抗日战争的民众发动工作。10月武汉沦陷，王从湖南经广西、贵州转到重庆，住在重庆乡下。那里生活艰苦，连报纸也看不到，王又患严重的胃病，以致无法工作。

由于国民党破坏国共合作推行反共政策，许多抗日团体和进步书报被摧残和破坏，王亚南在上海出版的《战时财政政策与金融政策》被查禁，他同郭大力合译出版的《资本论》从上海运到重庆时亦被扣留了几千部，连他的住处也受到搜查。王亚南十分愤怒，不愿再在重庆住下去。1940年9月，他应中山大学之聘，到粤北砰石镇，任经济学系主任，先后开设高等经济学、中国经济史和经济思想史等课程，还撰著了《中国经济原论》一书。《中国经济原论》运用马克思主义的立场、观点、方法，分析中国半封建半殖民地经济形态，总结以往这方面研究，开始形成了他的经济理论体系，是他的代表作之一。

1944年日本侵略军袭击粤北，中山大学西迁。王亚南未跟学校撤退，到赣南南康县郭大力的家乡，与郭同住一村。旋因日本侵略者侵袭赣州，王从江西到福建临时省会永安，担任福建研究院社会科学研究所所长。在永安,他除出版《中国经济论丛》等书外,还撰写了一些社会科学方面的文章(1946 年集为《社会科学新论》出版)。其间,他于 1945 年春到迁设在闽西长汀的厦门大学经济学系讲授经济学说史。

抗战胜利后,王亚南被聘为厦门大学法学院院长兼经济学系主任。从此,他专心在厦大从事教学和科研工作。他撰写了一些反帝、反封建、反买办官僚的论著,如《中国官僚政治研究》、《中国官僚政治与官僚资本》、《中国社会经济改造问题研究》等,修订出版了《政治经济学史大纲》。他还曾应邀到台湾大学讲学一个月。在厦大,王亚南在中共地下组织和民主进步力量的教育和影响下,不但同情和支持师生们反对国民党统治的斗争,而且积极参加他们的活动,因而引起了国民党特务的忌恨。王经常收到特务的恐吓信,有的信里还装了子弹,但是他泰然处之,并不惧怕和动摇。

在国民党政权总崩溃前夕,王亚南接受中共地下组织的劝说,于 1949 年 1 月乘飞机到香港,在中共地下组织所创办的达德学院教经济学,并为香港《大公报》、《文汇报》撰写社论。不久,达德学院被香港英国当局封闭,王亚南与郭大力一道,经中共地下组织安排,从香港到达北平,怀着极其兴奋的心情迎接新中国的诞生,并到清华大学讲授政治经济学。

1950 年秋,王亚南任厦门大学校长。1957 年 5 月他加入了中国共产党。同年春,王率中国大学代表团访问印度,并于这年下半年至翌年初,以教育专家身份到缅甸协助缅甸教育改革委员会工作。1955 年到 1965 年,王先后修订出版了《中国半封建半殖民地经济形态的研究》、《政治经济学论文集》,撰写了《马克思主义的人口理论与中国人口问题》、《中国地主经济封建制度论纲》、《论当前两种社会制度下的两种不同经济现象和市场问题》以及《资本论研究》等论著,并组织领导《中国经济问题》、《学术论坛》等学术刊物,组织编写《〈资本论〉通俗讲座》等。1961 年,王亚南参加全国高等学校文科教材编审会议,承担了编写经济学史方面教材的任务,会后同上海几位经济学教授编选出版了《资产阶级古典政治经济学选辑》。他还协同郭大力修订了《资本论》的中译本，并着手编写《政治经济学说史》。从 1954 年起，王亚南连续三届被选为全国人民代表大会代表，并任中国科学院哲学社会科学部委员、福建省人民政治协商会议副主席等职。

王亚南于 1969 年 11 月 13 日因癌症在上海去世。

主要参考资料

王亚南:《我的出身、简历及社会关系》(手稿)。

王亚南:《论文、著作登记表》(手稿)。

厦门大学图书馆:《王亚南校长译著系年目录》。

王亚南部分著作、文章及学术报告记录。

《王亚南言行录》。

王 亚 樵

姚怀然

王亚樵，原名鼎，字擎宇，别字九光。安徽合肥人。1889 年 2 月 14 日（清光绪十五年正月十五日）出生于农民家庭。其父王荫堂，号厚斋，略通诗文，粗知脉理，在乡以种田为业，兼以行医。

王亚樵七岁入邻村私塾读书，十三岁攻经史，习书法，喜读武侠小说，并学练武功。1906 年晚清末科考试，他去庐州书院参加府试未中，于是回到家乡设馆授业，一年后到附近众兴集的团防局当了司书。他与合肥青年学生许习庸、王庆廷、葛杰成、张梦九等人组织“正气学社”，因此结识了吴旸谷、柏烈武（文蔚）、常恒芳等革命党人。

辛亥革命爆发后，同盟会员孙万乘在合肥组织军政分府，因军费缺乏，准备没收李鸿章的义和、恒升典当及同泰钱庄等财产。其时，王亚樵以时局混乱，有机可乘，与李鸿章的侄孙李十一等人组织地方武装，胁迫李鸿章家的管事交出上述财产。管事报告军政分府，孙万乘即以反革命罪将李十一等人逮捕枪毙。王亚樵因去乡下办事，得以幸免。但军政分府追拿甚紧，王与好友邓子云逃往南京。

王亚樵到南京后不久，加入了江亢虎组织的“中国社会党”，随后回到合肥四处宣传，发展党员。他得安徽都督柏文蔚之助，加之他自己的组织才能，不到一年竟发展党员七八万之众。1913 年“二次革命”失败，倪嗣冲督皖，宣布社会党为乱党，下令解散。王亚樵受到通缉，逃往上海。在沪他由柏文蔚的介绍结识李少川、关芸农等人，并经景梅九介绍而加入无政府主义研究小组。

1919年，王光辉、谌小岑在上海组织湖南旅沪劳工总会，王亚樵受到启发，也在上海组织安徽旅沪劳工总会。安徽历来旱涝灾害严重，特别是淮泛区的灾民流落到上海当工人者不下几万人。他们在异乡谋生，备受资本家及地痞流氓的欺压。王亚樵组织安徽劳工会，以维护在沪皖籍工人权益为号召，所以加入该会者多达万人。王以其过人的组织才能，将这些人组织起来，成为他立足上海的基础。由于他敢作敢为，且讲江湖义气，好打抱不平，颇具“受人之托，不惜两肋插刀；路见不平，慨然拔刀相助”的豪侠性格。久之，在旅沪皖人中颇受尊重，凡有皖人为难之事，他都乐于帮助。他有什么事情，皖人也都愿为其效力。

当时上海滩递门生帖的风气甚盛，许多人为混口饭吃，便拜在王亚樵的名下为学生，王不分良莠一概收下，除供给食宿外，偶尔还给点零花钱，所以，投其门下的有数千人之众，王被人称为上海滩上的“小孟尝”。

王亚樵自己没有资产，为要养活这么多人，他常向大户“借”钱。如遇不肯“借”者，王就会给他制造许多麻烦。上海富翁不少，这些人为求安宁，不得不拿钱买安宁。而王与其他地痞流氓不同，有感恩图报思想，收了人家的钱，总要设法报答。渐渐地，那些大户皆愿解囊相助，王也因此有了名气。

1921年夏初，王亚樵率同乡席文翰、王竹如等人强行接管了“安徽旅沪同乡会”，并以此为基础，积极发展自己的势力。同年底，又派王铁明、邓洪铭、郭恒昌、黄道隆等人组织“小斧头队”，遇有纠纷，便召集这些人持斧而来，或砍或杀，凶猛异常，被人视为亡命之徒，多趋避之，甚至连杜月笙亦吩咐部下要让他三分。王亚樵的“斧头党”遂名扬沪上。其后，“湖南劳工会”的谌小岑等人前往广州另谋政治出路，把工会转交给王亚樵，他一跃成为“上海劳工总会”的总头目。

1922年，王亚樵在皖人李少川家认识了来到上海的粤军第一师第四团团长陈铭枢，很快结成莫逆之交。

其时，直系江苏督军齐燮元同皖系浙江督军卢永祥，为争夺上海地盘激烈争斗。卢为除去直系的上海警察厅长徐国樑，托王亚樵杀徐，许以重金酬谢。

王亚樵侦悉徐国樑于1923年11月10日下午在大世界游乐园对面的温泉浴室洗澡，即与同党郑益庵等怀枪伺候，待徐浴罢出来正要登车，王、郑出枪射击，弹中要害，徐于13日死亡。卢为酬王，除酬以重金外，并委王为浙江别动队司令。

1924年9月江浙齐、卢战争爆发后，王亚樵亦率部参加战斗。结果卢永祥战败，王的浙江别动队也作鸟兽散。他带领部分人员携带枪支弹药返回上海，准备重操旧业。后又随柏文蔚去河南投靠国民二军胡景翼，被胡委为河南混成旅旅长。不久，胡暴病身亡，王难以容身，又随柏文蔚南下广东，认识了蒋介石、胡汉民、居正等人。

1927年“四一二”政变以后，王亚樵也跟着蒋介石跑到了南京。因王有较大的社会势力，蒋也有借重之意。不料王受一些在野人士的策动，竟公开宣扬“民权高于党权”，反对独裁专制，被蒋视为“左倾”而弃之不用。王大失所望，乃转而利用“安徽旅京同乡会”，以谋求政治上的发展。时陈调元再次主皖，强征烟苗捐，盘剥老百姓，任用私人，激起安徽人民的公愤。王和同乡会负责人打着“皖人治皖”的旗号，向南京政府请愿，要求撤换陈调元；并将助陈祸皖的安徽省建设厅厅长张秋白刺杀在南京寓所。

1929年，国民政府接收上海轮船招商局，以赵铁桥为招商局督办。原招商局董事长李国杰十分不满，乃请王亚樵杀赵，答应事成之后将江安轮的用人权及营业收入归王所有。此时蒋、冯、阎中原大战爆发，赵铁桥用招商局的船替蒋介石运送兵员及给养。王恨赵助蒋为虐，乃允李之请，派党徒于1930年7月24日在招商局的大门口将赵击毙。

1931年2月28日，胡汉民被蒋介石囚于汤山后，西南发起反蒋运动，王亚樵受策动，也参与其事，力图刺杀蒋党要人以挫其势。1931年7月23日，王侦知宋子文将乘夜车自南京来沪，即派刘刚、李凯、谢文达、孙凤鸣等人到上海北站守候，于23日晨八时许在宋所乘专车到站时进行狙击，宋侥幸免死，其秘书唐腴胪中弹殒命。宋案发生后，当局侦知为王所为，乃通令悬赏缉捕。上海警宪当局曾几次追踪王亚樵，终因王机警过人、行踪诡秘而脱险。

1932年"一二八"淞沪抗战爆发，王亚樵基于民族义愤，积极投身抗战。他在上海的下层社会中有相当的号召力，在"一二八"事变当晚，即组成一支近万人的义勇军，由余立奎任司令，王在幕后主持。王还组织数支敢死队，专门锄杀日军和汉奸。3月1日，王派敢死队员将炸弹从水下送到停泊在浦东的日驱逐舰和停泊在浦西黄浦滩一带的"出云"旗舰下。惜因弹药位置放得不对，两舰未被炸沉，但也受震不小，慌得日军连忙把舰艇驶离江岸，并在四周布下电网。4月29日，日军在虹口公园举行"天长节"（天皇诞辰）庆祝大会，王亚樵策动流亡上海的韩国独立党人安昌浩、安昌杰、金天山、尹奉吉等人，将定时炸弹带进庆祝会场。结果，侵沪日军指挥官白川义则大将、居留民团行政委员会长川端被炸死，驻华公使重光葵、师团长植田、舰队司令野村、总领事村井、书记长友野等十一人被炸伤。

《淞沪停战协定》于5月签订后，王亚樵曾策动上海律师团责问交涉员郭泰祺，并召集部众锄杀日本侵略军士兵。9月，国联调查团来沪住华懋饭店，对外发表之谈话颇有偏袒日本之意。王乃派人去华懋饭店租下房间，准备伺机刺杀调查团团长李顿。事为王之老友李少川知悉，怕引起国际争端而对中国更加不利，力劝王不要莽撞行事，王方才罢手。但事为蒋介石所知晓，大为恼火，立饬军警特务限期捉拿，一时侦骑四出，到处追捕。王见难以安身，即化装离沪，避居香港。1933年11月，李济深、陈铭枢等人在福建组织人民政府，王曾由港赴闽，以安徽人民代表资格参加该政府。"闽变"失败后，王又随李济深、陈铭枢等人回到香港。王亚樵到香港后，参加了李济深、陈铭枢联合章伯钧、黄琪翔等人组织的"中华民族革命大同盟"，以"抗日、反蒋、拥共"为宗旨。王亚樵分工负责策划刺杀蒋介石等人，乃召集部属华克之、郑抱真、孙凤鸣、贺坡光等人计议，决定在南京组织通讯社作掩护，伺机行动。"晨光通讯社"成立，由华克之（化名胡云卿）任社长，张玉华、孙凤鸣、贺坡光等为记者。

1935年11月1日，国民党四届六中全会在南京召开，孙凤鸣以记者身份，怀枪进入中央党部礼堂。上午九时大会开幕式后，与会者齐往中央政治会议厅门前摄影。蒋介石见会场秩序不好，便到秘书长办公室找叶楚伧查问，没去参加合影。在记者群中的孙凤鸣见蒋不在，即将枪口转向第二目标汪精卫，于摄影完毕众人返身上楼进入会场之时，孙高呼“打倒卖国贼”，向汪连击三枪，弹弹命中。在场的张继将孙拦腰抱住，张学良上前将孙踢倒，汪的卫士又向孙连击两枪，孙当场负伤被擒，延至次日，不治身亡。

刺汪案发生后，国民党当局悬赏重金通缉王亚樵，并要求港英当局协助逮王归案。王在香港无法存身，遂在李济深的协助下避往广西梧州。王的处境困难，经济拮据，全靠友人每月给点生活费，对其部属已不能再有接济。时王之旧友余立奎因刺汪案被捕，余有一妾住在香港，被国民党军统特务诱骗收买后，带领特务至梧州寻找王亚樵。1936年10月20日，王亚樵被军统特务刺杀于梧州。

主要参考资料

宣济民：《我所知道的王亚樵》，中国人民政治协商会议安徽省委员会文史资料研究委员会编《安徽文史资料选辑》第7辑（北洋军阀和国民党统治前期史料专辑），1982年版。

余立奎：《王亚樵帮会暗杀集团的内幕》，《安徽文史资料选辑》第7辑（北洋军阀和国民党统治前期史料专辑），1982年版。

郑青士：《回忆王亚樵》，《安徽文史资料选辑》第7辑（北洋军阀和国民党统治前期史料专辑），1982年版。

沈美娟：《“暗杀大王”王亚樵》，台北《传记文学》第332—335期。

关德辛：《杂忆王亚樵》，台北《传记文学》第330期。

王尧臣　王禹卿

朱复康

王尧臣(名尔忠)、王禹卿(名尔正)兄弟,江苏无锡人。王尧臣于1876年10月7日(清光绪二年八月二十日)、王禹卿于1879年9月27日(清光绪五年八月十二日)生于无锡扬名乡的青祁村。其祖父王云亭,在苏州设肆经营南北货,后在吴县公署协助征收漕粮。父王梅森,在乡里设馆教授生徒。

王尧臣少时在其父所设村塾读过几年书,十六岁时先在无锡染房当学徒,1899年到上海在瑞丰衣庄当伙友,后升会计。1904年由友人介绍入顺全隆洋行,司账务。1907年在同乡祝大椿(怡和洋行买办)所设的华兴面粉厂任会计,曾先后调至华兴所设天津、营口、安东、大连、烟台、青岛等地分庄,主持面粉销售业务达七年之久。

王禹卿只读了五年书。于十四岁时搭信船到上海,在亲戚所设的胡亦来煤铁油麻店当学徒,十八岁升兼外账。1902年经人介绍入沈元来油麻店,店主令其招揽崇、沙各帮客商交易①。数月之后,王禹卿悉为罗致,店主既嘉其功,而又阴嫉其能,不久即借词辞退。王禹卿遂入恒来油麻店,被派赴烟台、天津、营口、乐亭等处进行兜销,其营业额辄胜于前任者数倍。

是年冬,王禹卿偶在烟台帮客商处,遇到同乡周某兜售无锡保兴面

---

① 油麻店专营桐油、苎麻丝、船钉等造船和修理材料。崇、沙各帮客商,指崇明、常阴沙一带造船商人。

粉厂的"飞虎牌"面粉。他熟悉北地各帮交易情况，并知面粉为北方人民日常生活所必需，销路定可打开，即去访见保兴驻沪经理荣宗敬，获得推销该厂各牌面粉的合同，不数月便销售数万包，荣氏于是知其干练。翌年，保兴改组为茂新，添置法国钢磨，并设苏北姜堰、黄桥、泰州等处办麦机构，遂挽王入茂新工作。荣宗敬先派王禹卿到黄桥麦庄任会计兼司函牍，不久改派他推销积粉，未满一月存粉销售一空。10月，又派他赴烟台销粉，仅一月工夫存粉三万余包售尽。1904年2月王赴烟台，6月转营口与各帮驻营口客商联系，除推销茂新所产面粉外，兼销进口美粉，并营汇兑。时逢日俄战争爆发，粉销大畅，驻营口三个月，销粉二十余万包。荣氏兄弟①知其有经营才能，正式聘为茂新公司销粉主任。

1906年，王禹卿任茂新驻津分销处主任，兼裕大祥号天津分号经理。裕大祥是上海买办资本家张麟魁、荣瑞馨和茂新的荣宗敬等所设的字号，经营北方花、纱、布、粉、麸、杂粮等贸易，以及从事股票投机。1908年因张麟魁投机失败财务大受影响，裕大祥倒闭。茂新亦受连累，经王禹卿向欠款各庄联系，立据负责归还，方得勉强渡过难关。

王禹卿任推销面粉的几年中，深知面粉工厂前途大有可为，遂与浦文渭、浦文汀兄弟合议集股。因资金不足，又与荣氏兄弟合作，共集资本四万元(其中荣氏兄弟二万元，浦氏兄弟一万二千元，王禹卿八千元)，订购美国粉机二百筒，日产一千二百包。1913年开工，定名为福新机器面粉厂，并挽其兄王尧臣为经理，这是王氏兄弟经营福新的开始。由于福新与茂新都是荣宗敬所主持，所以福新一开始就以"绿兵船牌"为商标。兵船粉早已畅销国内，因而福新货未出厂，已为客帮订购一空，尤其这时的麦价对粉厂极为有利，福新第一年盈利就达三万二千元，盈利率高达百分之八十。

王禹卿看到福新已经得手，便与荣氏兄弟商议扩大经营，第二年即

① 指荣宗敬、荣德生兄弟。

租办中兴面粉厂，并购地另建新厂。又恰遇第一次世界大战爆发，欧洲各交战国的面粉不但无力输出，而且要向国外采购。同时，处在战线以外的广大国际市场，由于参战各国暂时退出市场，货源短缺，我国面粉价格低廉，产量较多，自然成为各国的主要采购对象。此时，日商三井、三菱、英商祥茂等洋行纷纷向我国各面粉厂采购，运销欧洲，一时发生供不应求的现象。上海面粉工业蓬勃发展，形成了所谓黄金时代。从1913年至1920年5月前后，不过七年光景，福新系统从一个厂扩展到八个，分布在沪、汉两地。在全国各产麦区设置的麦庄和面粉销售批发处约二三十处。据1928年统计，福新八个厂拥有粉磨机二百八十台，资金六百一十万元，共有职工一千五百余人。平均每日用麦三万五千二百担，成粉七万零五百包，比初创时的产量增加约近六十倍，占当时全国民族资本面粉厂生产总能力的四分之一强。至1937年中日战争前，王尧臣一直担任福新第一、三、七厂经理，王禹卿任福新面粉公司经理兼福新七厂副经理。由于王氏兄弟与荣氏兄弟一起办厂，所以荣家所办的企业如申新纱厂等，王氏兄弟也大多参加了股份。

1919年欧美各国经营交易所之风甚炽，日商在上海也设有“取引所”①，经营粉麸期货买卖。王禹卿看到这一近代资本主义企业的产物交易所，对于厂商控制原料与产品价格都具有一定作用，于是怂恿荣宗敬联合同业，发起组织“中国机制面粉上海贸易所”，后来更名为“上海面粉交易所”，并议定以福新系统的兵船粉为标准粉。这样，福新便能对国内的麦市和粉价基本上有所控制。继面粉交易所成立之后，1920年王禹卿即与荣宗敬等又创设上海华商纱布交易所，经手买卖纱布、证券等业务。

王禹卿经营企业善于窥测市场动态，对掮客、跑街不惜多方笼络，所以市场消息比较灵通，在市场竞争上能取得优势。他深知经营面粉厂的关键首在麦源，每当新麦登场季节，便向金融界四处联系调集资

① 日语“取引所”，即交易所。

金，抢先购买大量原麦储存，到入冬以后青黄不接时，他厂已经停工，而福新系统各厂仍能继续生产。至于销粉方面，他不惜用高佣金招揽掮客或跑街等中间商。当时同业常例每千包付给佣金二元九角二分，他为了吸引各帮客商，把佣金提高到每千包八元一角九分。但他见销路已经打开后，又把佣金率逐步降低。

为了使福新获得更多的利润，王禹卿又联合同业，协议改革了历年遗留下来的一些办法，如粉厂的副产品麸皮最初不过供饲养家畜之用，都由居间人加佣转售，后来化学工业、食品工业逐渐发达，国外需要量日增，他就把居间商"加佣转售"这项权利由厂方收回。又如我国机制面粉向例每袋净重五十磅，而进口洋粉则每袋四十九磅，相沿由来已久。为了与洋粉竞争，在他的提议下取得同业同意，自1924年5月起，国产粉也一律改为每袋重四十九磅。

30年代初，王禹卿看到荣氏兄弟先后在无锡修建了梅园、小箕山等处园林风景，即效法荣氏所为，也在家乡建筑了一座"蠡园"。蠡园面临五里湖，点缀亭榭，风景优美，虽是私人园林，亦供公众游览。

1932年后，受资本主义经济危机的影响，再加上东北沦陷、市场缩减，日粉倾销、国产面粉销路滞呆，福新营业大为衰退。后因国民政府借款购买大量美麦，福新系统取得巨额美麦加工代磨，连同茂新代磨，占进口美麦总数的三分之二以上，于是转亏为盈。此时荣宗敬经营的申新系统各纱厂，则濒于岌岌可危之境。荣氏准备采取"以粉济纱"的办法来加以挽救，王禹卿坚决不允，且要荣宗敬允许福新系统另立总公司，以其本人任总经理，荣只好同意。申新在债权团的加紧逼迫下，荣宗敬不得已于1934年夏提出退职，由王禹卿出任茂新、福新、申新总公司的总经理。由于申新亏累太重，债务纷集，王禹卿也无法应付，不久也只得辞职。后由荣德生向申新提供全部有价证券，给予全力援助。经债权人同意，仍由荣宗敬复总经理职，但福新系统在上海各厂仍为王禹卿全权控制。

1932年，王尧臣在无锡设立赓裕布厂，最初资本十万元。抗战前共有布机三百三十五台，以后续有增添。1938 年，王氏兄弟又集资在上海创办寅丰毛纺织染厂，颇具规模，由王尧臣的次子王云程主其事。

1937 年“八一三”抗战爆发，福新系统的第一、三、六诸厂皆在沦陷区，二、四、七、八厂处于“租界”内，“孤岛繁荣”期间颇有盈利。抗战胜利后，上海属四区面粉公会，由杜月笙主其事，王禹卿以粉业巨子的地位，在公会中与吴礼门、杨管北号称“粉厂三巨头”。这时，福新联合茂新和国民政府粮食部，组织小麦联购处，垄断了苏、皖两地的部分麦源，又廉价购进日伪遗留下来的原麦物资，获得不少盈利。在这些联系工作中，荣德生的儿子荣毅仁的活动发挥了作用，于是荣毅仁又担任了福新副总经理之职。原由王禹卿独权控制的福新系统，又逐渐重归荣家掌握之中。

解放前夕，王禹卿避往香港，1965 年 5 月患心脏病卒于香港。王尧臣于 1965 年 4 月在上海病逝。

主要参考资料

《王氏三沙统谱》谱首，1936 年王尔忠、王尔正续修稿本。

《茂新、福新、申新总公司周年纪念册》，1929 年版。

上海社会科学院经济研究所经济史组编《荣家企业史料》，上海人民出版社 1962 年版。

上海市油粮公司档案资料。

王禹卿之媳张宜可访问谈话。

王尧臣之婿、前福新面粉公司经理曹启东访问谈话。

前茂新、福新、申新总公司银账房荣得其访问谈话。

王 揖 唐

萧栋梁

王揖唐，原名志洋，字慎吾，又字什公，后改名赓，字一堂，号揖唐，笔名逸塘，晚号今传是楼主人。安徽合肥人。1877 年 10 月 17 日（清光绪三年九月十一日）生。1904 年中甲辰科进士，嗣上书清廷请求选派出国学习军事，经北洋督练公所批准，于 9 月保送日本，先入东京振武学校习军事，毕业后分配到金泽炮兵第九联队实习。后以不适应军旅生活，改入日本法政大学学习。1905 年参加杨度等在东京组织的留日学生总会，并任皖省分会职员长。

1907 年，王揖唐回国后，在清政府供职，历任兵部主事、东三省总督署军事参议、吉林陆军第一协统领、吉林督练处参议。

1909 年，王揖唐随戴鸿慈赴俄国，任“赴俄答谢专使头等参赞”，参加俄皇尼古拉二世加冕礼，由俄授予宝星勋章。王在回国前，以两年时间，顺道访问欧美各国，考察军政、铁路、交通、运输事宜，回国后任吉林兵备处总办。

1911 年辛亥革命后，由徐世昌推介，王揖唐历任袁世凯总统府秘书、参议、顾问等职。其时，由于几千年封建专制被推翻，中华民国建立，民主共和思想广泛传播，人们思想言论顿获自由，各种政党如雨后春笋般出现。1912 年春，王先后加入“民社”、“共和促进会”、“统一党”三个政党；5 月 9 日，以黎元洪为理事长的“共和党”成立，王任干事；1913 年 4 月，王揖唐由西藏选为第一届国会参议院议员；5 月，共和党、民主党、统一党合并为“进步党”，由黎元洪任理事长，王揖唐为理事，兼国会中进步党"宪法起草委员",政治上依附袁世凯。1914 年初,袁世凯非法解散国会,废除民元制定之《中华民国临时约法》,随即召开约法会议,王由安徽选出担任约法会议议员,参与袁记《中华民国约法》的制定,为袁世凯独裁专制铺平道路。约法会议解散后,王又于 5 月担任依新约法产生的参政院参政,竭力拥戴袁世凯复辟帝制,曾在北京举办《国华报》,作为鼓吹策划帝制的喉舌。1915 年 8 月免参政院参政职,改任吉林巡按使。袁世凯复辟帝制失败后,王于 1916 年 4 月 23 日继朱启钤任内务总长,至 6 月 30 日辞职,从此加入段祺瑞为首的"皖系"。嗣后出国游历欧洲,在德、法等国考察陆军组织。

1917 年春,王揖唐归国后再次投入皖系。11 月,段祺瑞为反对孙中山而违法组织的临时参议院在北京成立,王揖唐任议长,负责修改 1912 年所定有关国会的各种法规,为过渡到正式国会做准备。1918 年 2 月,临时参议会公布《修正国会组织法》,选出参议员、众议员。同年 3 月 8 日,王受段祺瑞指使与徐树铮在北京安福胡同组织俱乐部,史称"安福系"。俱乐部的组织具有一个国家全部官制的雏形,下设干事部,主任王揖唐,又设政务研究会,会长李盛铎。其政务研究会会长相当国务总理,各股股长、副股长相当各部总次长。凡有重大议案,须经该会议决,议决之后,凡安福系议员必须在国会参、众两院一致主张。安福俱乐部外靠日本,内凭皖系,盗卖国权,大借外债,操纵国会,阻挠和议,祸国殃民。8 月 2 日北京临时参议会闭会,新国会开幕,由安福系包办,选举王揖唐为众议院议长,李盛铎为参议院议长。由于议员绝大多数为安福系成员,故称"安福国会"。9 月,在安福系操纵下新国会选举北洋元老徐世昌为大总统;1919 年 8 月议决宪法草案一百零一条。1919 年王曾任北方议和总代表,参与南北议和谈判。1920 年 7 月,直皖战争爆发,皖系失败,总统徐世昌于 8 月 3 日下午解散皖系安福俱乐部和安福国会,旋即明令通缉王揖唐,王被迫亡命日本,从事著述工作。

1924 年春,王揖唐从日本秘密回国,抵达天津,即与段系联系,参与段系复起活动。10 月,第二次直奉战争爆发后,直系将领冯玉祥发动北京政变，由冯玉祥、张作霖共推段祺瑞为临时政府执政。11 月 28 日，段任命王揖唐为安徽省长，兼督办军务善后事宜，执掌安徽军政大权。1925 年 2 月，王列名“善后会议”议员，参加段祺瑞为对抗孙中山国民会议而召开的善后会议，与议长赵尔巽及各省军阀代表和政客一起，通过了《国民会议代表条例》、《军事善后委员会条例》、《财政善后委员会条例》等。1926 年王纠集北洋军阀残余势力，对抗北伐。1928 年 7 月 11 日，国民革命军攻克北京后，南京国民政府以王揖唐“劣迹昭著”，下令通缉。王即匿居天津日本租界从事佛教研究。在此前后，王以“逸塘”作笔名，在天津《国闻周报》上连载《今传是楼诗话》达数年之久，后由《大公报》出版单行本。1931 年任东北政务委员会委员。1932 年后，历任国民党政府国难会议会员、华北战区救济委员会委员、行政院驻平政务整理委员会委员。1934 年一度游日，回国后出版《东游纪略》一卷，由天津《大公报》印行。1935 年 12 月，任宋哲元为首的冀察政务委员会委员，后任天津汇业银行总理。1936 年 5 月，任伪蒙古军政府实业署署长。

1937 年抗日战争爆发后，平、津沦陷，王揖唐叛国投敌。12 月 14 日，与王克敏等在北平组织伪政权“中华民国临时政府”，自任议政委员会常务委员、“中华民国临时政府”赈济部总长、内政部总长等伪职。1938 年 4 月，担任“华北临时政府”、“华东维新政府”在北平组织的“中华民国政府联合委员会”委员。1939 年 9 月，与王克敏等联名发表声明，支持汪精卫建立伪中央政府。1940 年 1 月，随王克敏等赴青岛，参与和汪精卫、梁鸿志的谈判，为组建汪记“国民政府”效力。3 月 29 日，汪精卫在南京组织的“中华民国国民政府”成立，王担任第一任考试院院长、兼伪华北政务委员会（由原“北平临时政府”改称）委员；6 月，继王克敏任伪华北政务委员会委员长，旋任伪中央政治委员会委员、兼伪内务总署督办。1941 年 3 月，配合日本占领军的“治安强化”运动，在华北开展“强化治安”运动，屠杀爱国志士，对抗日根据地实行经济封锁，掠夺华北资源，供给日本扩大侵略。太平洋战争爆发后，表示要“完成华北的决战体制”，使华北成为日本侵略者的后方兵站基地。1943年1月，王任伪最高国防会议议员、全国经济委员会副委员长，“新国民促进委员会”委员，后为常委。

抗战胜利后，王揖唐于1946年夏因汉奸罪在北平被逮捕，1948年9月10日被枪决，年七十一岁。留下的著作除前已述者外，尚有《近边建置概略》（民初版）、《上海租界问题》三卷（1924年）、《世界最新之宪法》、《逸塘诗存》等；译作有《德皇威廉第二自传》及《新俄罗斯》（日本川山俊彦著）等。

主要参考资料

李元晖：《今传是楼主人年谱》（王揖唐年谱），载王揖唐《逸塘诗存》，1941年《大公报》版。

孙彩霞：《新旧政学系》，华夏文化出版社1987年版。

田子渝、刘德军主编：《中国近代军阀史词典》，档案出版社1989年版。

《人物》1984年第3期，第107—108页。

王 一 亭

汪仁泽

王一亭，名震，号白龙山人。1867年12月4日（清同治六年十一月初九）出生在上海浦东三林塘外祖母家。原籍浙江吴兴，世代务农，父王馥棠从事商业，因避战乱迁居江苏南汇周浦镇。王一亭早年丧父，由外祖母抚养成人，十三岁时进李云书所设的上海慎余钱庄当学徒，晚上在广方言馆学外语①。二十岁时，进李所设的天余号做跑街，后升为该号经理。天余号拥有若干沙船，经营海运业务，走南北洋航线。

王一亭早在十岁时承外祖母教读《孝经》，内有插图多幅，引起了他的兴趣，故从小喜爱绘画②。少年时拜画家徐小仓为师，进钱庄后仍利用早晚时间学画。因他勤勉颖慧，逐渐入门，并为店中同人所知。某次，钱庄经理命他绘画一幅，交裱画店裱装时，适被画家任伯年见到，大为赏识。探悉是王一亭所作，亲往找王，收他为徒。从此他常往任家作画，画艺有了很大提高③。

1898年，日本大阪商船株式会社派出商船来华参加长江航运，1900年在沪设立分社，经李云书推荐并作保，谙日语的王一亭被聘为分社买办。1907年，该会社与其他三家在华的日本航运公司合并，成

---

① 《王季眉谈他父亲王一亭先生事略》，上海工商业联合会史料，编号29—127。

② 王贤：《吴兴王一亭先生行状》中引王一亭自述。

③ 《王季眉谈他父亲王一亭先生事略》，上海工商业联合会史料，编号29—127。

立日清汽船株式会社(以下简称日清公司),续聘王一亭为日清公司买办。由于该公司资力雄厚,又得到日本政府的资助和支持,营业迅速发展,王分得佣金甚多。后因日清航线专走内河,而三菱所属邮船公司专走外洋,王一亭又与日商三菱洋行买办李志芳约定合作,相互补益,双方言明:日清公司的佣金王得六成、李得四成,三菱洋行的佣金李得六成、王得四成,如此,即可多一层保险。当时日商规定买办佣金外洋线是货运收入的百分之三,内河线是货运收入的百分之五。王一亭每年的佣金收入可达数万元至十余万元。以后,王又兼任专走天津、大连、基隆等线的日本大阪邮船株式会社的买办和三井洋行在沪所设之上海制造绢丝社社长(买办)等职,收入益丰。数年后,他积资购得南市梓园作为住宅,园内饲养白鹤等各种鸟类,供作绘画写生之用。

1906 年 9 月清政府颁布上谕宣称“预备立宪”后,上海成立了预备立宪公会,王一亭被推为董事之一。不久上海城自治公所成立,李平书任总董,王一亭等人任董事,并组织了商团地方武装。1910 年清政府立宪骗局逐步败露,王一亭转向反清阵营。是年冬与沪地绅商沈缦云、叶惠钧等先后加入中国同盟会,王任同盟会上海分会机关部财务科长,经管分会款项。1911 年武昌起义后,上海同盟会员筹划响应。10 月 27 日,李平书经王一亭等人介绍,与同盟会沪地负责人陈其美会面后,参与运动上海军警工作①。11 月 3 日,上海起义,迅即占领闸北和上海城区,但江南制造局总办张楚宝犹负隅顽抗,革命军在陈其美率领下进攻受阻;陈只身入内劝降被拘禁。时闸北已光复,清军声言将从宁、松两路反扑,“无论革党、商团,擒获者一律正法”,而制造局一时难以攻下,形势危急。次日,李平书、王一亭、沈缦云、叶惠钧等商议于商团公会会所,李等犹豫不决,王一亭慷慨陈词,称:“事亟矣!进或亦死,退则必死,等死耳。与其引颈待戮,无宁为国殉身,若事有济,则与民国前途

① 李平书:《且顽老人七十岁自叙》,《近代史料丛刊续编》第 5 辑,台北文海出版社 1974 年版;姚文枏:《李通敏先生行状》,1929 年铅印本。

裨益良巨。”①遂决议再攻制造局，经过激战终于攻克，陈其美得救出险。不久上海光复，成立军政府，众拥陈其美为沪军都督，任王一亭为交通部长，后改任商务部长。此时王任董事长、沈缦云任经理的信成银行，几成为政府银行，都督府担保其钞票的流通。王常出面邀集沪地绅商筹措军费，并曾经手向三井洋行借款三十五万元。

在此前后，王一亭将历年买办积聚的资金，大量投资于民族工商业、金融业②，成为买办兼民族资本家。1904 年投资大达轮船公司，任董事暨经理；1906 年与沈缦云等创办信成银行和业成公司，后者经营地产业务，王任经理；1909 年、1910 年与顾馨一等先后创办立大、申大两家面粉厂，均任董事长；1913 年与朱子奎等集资二十五万元，改官办的中华商业储蓄银行为商办，王任董事长。此外，还投资湖州电灯公司，任董事长；投资上海内地电灯公司、华通保险公司、华兴火险公司、正大商业储蓄银行、上海义清地产公司、开明房产公司、沈阳地产公司等企业，任董事。由于他在商界的地位和声誉日渐提高，先后被推选为沪南商务公会会长、上海总商会协理、上海自治公所议董、上海面粉交易所理事长等职。

1913 年 3 月，宋教仁在沪被刺，袁世凯为宋的丧葬拨款，以掩饰其指使杀宋的罪行，王一亭被公推负责建造宋墓。不久，宋案真相大白，孙中山领导的“二次革命”爆发，上海组成讨袁军，居正任吴淞炮台司令，扼守要塞，监视长江海军的活动，王不断给予接济。王自辛亥革命以来，曾为革命军筹款数十万元，并垫付军政府所发行的公债款四十万元，后都无法收回。不久“二次革命”失败，袁世凯下令通缉王一亭、沈缦云、李平书等人。此令虽被租界当月扣压，并未执行，但王因此在政

---

① 伍特公：《上海商团克复上海纪略》（1947 年回忆，抄本藏上海社会科学院历史研究所）；章开沅：《辛亥革命与江浙资产阶级》，《历史研究》1981 年第 5 期。

② 据汪敬虞《中国近代工业史资料》第二辑统计，1895 年—1913 年王一亭投资于民族工业及航运业（不包括金融业）约九十三万元。

治上转入消沉，向张静江表示："我家有八十多岁的老母，今后不能再参加革命了。"①从此他脱离了政治活动，并登报退出国民党，从南市避居英租界爱而近路(今安庆路)，深居简出，潜心绘画。

王一亭的居处离名画家吴昌硕家甚近，经常走访，切磋画艺，有时请吴为其画作诗题款，结为知友。王受吴的影响，画风也为之一变，由工笔细绘趋向阔笔写意，但仍保持写实的特色。他用笔酣畅雄健，气势磅礴，设色鲜艳。吴昌硕称他："书法醇穆雄，酷类平原；画则山水花木，郁有奇气。"②他还善于为人写照，聊聊数笔，神形兼备。旅游青岛，所作《海滨浴场图》、《印光和尚对众说法图》等，均系写实作品，别饶情趣。他还常与书画家蒲作英、胡公寿、释虚谷、李梅盦等人交往，议论书画。日本对中国国画向颇崇尚，王一亭的作品也被日本画界认为具有"浑厚"的气势，受到广泛的欢迎，每年选送精品去日本，并多次被邀东渡，举办画展。曾受日本天皇接见，声誉日增，作品也愈传愈广。抗日战争前每年销日作品约数万元，所得大都用于国内慈善事业。1923年日本大地震，他曾代表上海绅商租招商局轮船一艘，捐募满船救济物资，赠与日本灾民。此时他将日清公司的买办事务交其子代理，自己整天作画。当时向他学画的生徒有陆伯龙、邓怀基、许醉侯及其幼子王季眉等数十人。

1925年五卅运动爆发，日清公司首先受到影响，营业一落千丈。王一亭每天收到很多责难以至警告的信件，谴责他"为虎作伥"。对此他内心极为紧张，但又不愿放弃优厚的买办收入。

1927年3月，上海工人第三次武装起义胜利，成立上海市临时政府，原拟任命王一亭为财政厅长，后因他的买办身份为人所反对而作

① 郑熊丞：《王一亭与同盟会、国民党的关系》，上海工商业联合会史料，编号29—155。

② 吴昌硕：《白龙山人小传》，1925年印本。

罢①。不久蒋介石到沪，曾专程访王；蒋在南京建立国民政府后，特邀他赴宁，授以中央救灾准备金保管委员会委员长之职，用以酬谢他对蒋在陈其美手下任职时的接济和“二次革命”期间蒋寓居梓园时所给予的款待。

王一亭因受其母亲的影响，信奉佛教。晚年由于其次子投机失败时受牵连，所任面粉交易所理事长一职被杜月笙所取代，住宅抵押后尚不足清偿债务，刺激甚大，精神空虚，信佛益笃，在家设佛阁，每日焚香礼拜，茹素持斋，十分虔诚。在此前后，他致力于各种慈善事业，与人共同举办义赈会、孤儿院、残疾院、中国救济妇孺会、同仁辅元堂、普善山庄等。曾为华洋义赈会作流民图多幅，印发各地劝募赈款。在绘画方面，常作佛像和佛家经典故事。在佛教团体中，王先后担任中国佛教会执行委员兼常务委员、佛学书局董事长、世界佛教居士林林长等职②。

1937年“八一三”事变后，日军侵入淞沪。由于他的地位易被日方利用，蒋介石电召其离沪去香港。到港后本拟即赴内地，后因病滞留近一年。其间惊闻上海、苏南、浙北等地相继沦陷，他客居异地，遥望故乡遍地烽火，竟失声大哭。其后病情日见沉重，1938年11月上旬从港搭船返沪，13日病故于上海梓园住所。

王一亭的遗作传世甚多，已刊印出版的有《白龙山人画集》一至四册、《廿四孝画册》、《王一亭选集》、《孔子哲学》及《王一亭题画诗选集》等多种。

---

① 王晓籁：《关于王一亭点滴情况》，上海工商业联合会史料，编号29—96。

② [日]桥川时雄编纂：《中国文化界人物总鉴》，(北京)中华法令编印馆1940年版。

王以哲

张玉芬

王以哲，原名海山，字鼎芳。1896年11月29日（清光绪二十二年十月二十五日）生于吉林宾县（今属黑龙江省）。

王以哲就读县立小学、中学后，1915年考入陆军预备学校，1917年进保定军官学校第八期步兵科学习，1920年秋毕业。后投东北军，为军士教导队排长，1923年12月升任连长，1925年初又升任第三步兵营营长。他在教导队期间，教授《简易测绘》，讲课通俗易懂，自做模型，著有《步兵操典详解》，为大家所喜读。

同年11月，郭松龄反奉，张作霖以教导队第四期的干部和学兵为基础，编成第二十七补充旅，王以哲任该旅第三十九团上校团长，隶张学良部。1926年夏，张学良、韩麟春的第三、四方面军联合军团，与冯玉祥的国民军战于南口。吴俊陞、汤玉麟部配合张、韩由背后进攻冯军，先后占领多伦、沽源，直入张家口冯军大本营。但吴部王永清骑兵旅纪律不好，竟抢劫多伦喇嘛庙金佛等器具。为平息群众义愤，张学良、韩麟春率卫队前往张家口缴王旅的械，联合军团司令部上校卫队长姜化南被叛军打死。张学良决定由王以哲接替姜任卫队队长，将王引为心腹。

同年冬，张学良为增强部队战斗力，在北京旃坛寺内成立讲武堂，招收具有初中以上文化的青年入伍，责成王以哲负责招考和训练。1927年春，张学良将司令部卫队扩编为卫队旅，王以哲晋升少将旅长。不久，山西的阎锡山改悬国民党旗，并就任国民革命军北方总司令。自

9月起，晋、奉两军发生冲突。10月，奉军集中三万之众，围攻坚守涿州的晋军傅作义部。王以哲的卫队旅也调来参战。涿州仍久攻不下，最后只好和平解决。翌年5月，张学良将卫队旅扩编为陆军第十九师，王晋升为中将师长。这时，张学良将第十九师学生队改为东北学生队，自任监督，命王兼教育长，招考满十五岁的高小毕业生入队学习，然后输送到高等军事学校或出国深造，后来不少人成了有名的军官。

1928年6月4日张作霖在皇姑屯附近被日本人炸毙。7月，张学良继任东三省保安总司令。同年秋，奉军陆续撤回东北，王以哲的第十九师由河北省开回沈阳，驻沈阳北郊北大营。经整编第十九师改为步兵第一旅，仍以王为中将旅长。年底东北易帜后，王以哲部第一旅又改为东北陆军独立第七旅。

面对帝国主义的侵略威胁，王以哲十分注重培养各级军官的军事指挥能力，在旅里成立了步兵研究班，对各团上尉以下的军官进行为期六个月的轮流训练，又于各连抽调士兵成立军事队，隶属于步兵研究班指挥。他也十分注意提高军队的文化素质，参谋处为各级军官制订了学习计划，学习情况列入年终考核项目。王尤其重视对官兵进行爱国教育，他亲自编定充满爱国激情的《旅训》、《旅歌》和《士兵问答十二条》，书写好装入镜框高悬于每座兵舍、讲堂、办公室。每当"总理纪念周"，他总要请一些社会名流学者来部队讲述国内外形势，以及俄、日对中国的侵略史等。王还在军队中实行军工制，1930年，全旅以营为单位，分别建立了一种工厂，营房外的空地被充分利用来种蔬菜，"移兵于工"、"移兵于农"。

1930年中原大战期间，东北军大部入关，助蒋介石打内战。张学良亦移驻北平，王以哲及其所部仍留驻北大营。日本趁东北后方空虚，不断制造事端，伺机侵略。王以哲预感到战争的严重危险，积极谋划对策，于1931年8月召集第七旅上校以上军官和情报人员会议，大家认为日本的军事进攻已若箭在弦，势难避免。会后，他携带有关材料赴北平面见张学良汇报，并请张将关内东北军调回一部分以加强东北防卫力量，而张交给王的却是蒋介石“力避冲突，以免事态扩大”①的一纸电令。

王以哲回沈后，为应付突然事变采取了一系列防御性措施。他本着衅不自我开，做有限度的退让的对策，决定一旦第七旅受到敌人的进攻就开炮迎击，只有在万不得已时才全军撤退。他又召集连长以上军官会议，要各连严加管束士兵不得随便外出，并组织全旅在 9 月 13 日至 15 日连续三夜，由北大营向东大营做转移演习。

1931 年 9 月 18 日晚十时许，日本关东军悍然向北大营的中国驻军发动了进攻。事变发生时，王以哲正在三经路家中，当他接到旅参谋长赵镇藩的电话，得知日军已向我北大营进攻后，立即赶往东北边防军总参谋长荣臻公署，要求反击，未被允许。第七旅的广大官兵在忍无可忍的情况下，毅然实行自卫，并于 19 日凌晨三点多钟边打边退，突出日军重围，撤往东大营。王以哲回军途中受阻，直到这天下午才抵达旅部。他含愤整顿部队，布置撤退。日军派出大队骑兵、步兵跟踪追击，且配合有飞机侦察轰炸，意欲全歼这支有生力量。王部昼伏夜行，隐蔽前进，终于 10 月上旬安全绕过南满铁路，由新立屯乘火车到达锦州。旋又奉命开进关内，驻防于北平附近的南口、昌平一带。日人办的《满州日报》也不得不承认：“王以哲旅的全体士兵，个个都怀着强烈的反日情绪，今已安然退至山海关矣，这是满洲治安的隐忧。”②

1932 年 8 月，张学良就任北平军分会代委员长，王以哲被调任北平军分会军衡处中将处长兼一〇七师师长。在此前后，为了加强对战士、干部进行宣传教育，王在所部办了《东望》周刊（后改为半月刊），并常在该刊上题词或撰文，曾写道：“所欲告我武装同胞者，不徒东望，必

① 中国人民政治协商会议辽宁省委员会文史资料研究委员会编：《张学良将军资料选》（《辽宁文史资料》第 18 辑），辽宁人民出版社 1986 年版，第 57—58 页。

② 程敏、顾龙生：《王以哲将军》，《人物》1980 年第 4 期，第 159—160 页。

须东归，不达不止，誓必我身而完成之。”①表达了抗日救国、复土雪耻的坚强决心。此外，他还积极支持由东北爱国人士组成的复东会的工作，使该会成了联系东北军和东北人的纽带。

1933 年初，日军袭击山海关，不久又向热河进攻。王以哲奉命率军出古北口，在滦东地区与日军激战，给敌人以重大杀伤。同年三四月间，张学良被迫下野，出国考察，行前将东北军整编为四个军，以王以哲为六十七军军长。蒋介石乘机对东北军高级将领大肆拉拢、分化，曾召王以哲赴庐山面见，要王听其调遣，参加“剿共”。而王以哲忠于张学良，不被收买，让蒋直接和张商量。蒋加倍赠送王程仪五万元，王用此款为全体官兵购置了学习用品、军衣和补助困难军属，自己则分文不留。

1934 年 1 月，张学良回国，2 月被任命为豫鄂皖“剿总”副司令，东北军陆续南下。王以哲的六十七军由河北调往大别山地区，参加“剿共”内战。在六十七军中有不少中共地下党员和进步青年，给王以很好的影响，使他对“剿共”持消极态度。1935 年夏，蒋介石又驱使东北军开赴西北，向陕北革命根据地进攻，王部奉命进驻洛川、富县、延安等地。王以哲等不但不能打回老家去，反而离故土越来越远，他想起东北军的处境，内心十分苦闷，常常唏嘘叹息不已。

由于张学良执行蒋介石的反共政策，东北军在短短三个月的时间内，有近三个师的兵力被歼灭，两名师长、七名团长阵亡或被俘。蒋介石对东北军减员不予补充，反而乘机取消有关师的番号，减发军饷，对死者不加抚恤。张学良经过深刻反省，逐渐接受了中国共产党的统一战线政策，迫切地希望和红军联合抗日。在杜重远、高崇民等进步人士和中共地下党员孙达生等的影响下，王以哲坚决拥护张学良联共抗日的主张，并受张嘱托积极寻找机会打通与红军联系的渠道。

1936 年 1 月初，已被红军俘虏、经过教育改变立场的原王以哲部

---

① 程敏、顾龙生:《王以哲将军》,《人物》1980 年第 4 期，第 159—160 页。

团长高福源带着重要使命回到东北军驻地。高在洛川先后见到了王以哲和张学良，进行密谈，加速了东北军与红军秘密而频繁的交往。同年2月下旬，应张学良之邀，中共中央派联络局局长李克农等为正式代表到洛川，先与王以哲达成互不侵犯、各守原防以及恢复交通和通商等项口头协议。后又于3月4日会晤张学良，进一步确认了局部停战协定。按照事前的约定，4月9日，中共中央副主席周恩来作为全权代表和张学良再次会谈于延安，从晚八时至次日晨四时，双方在诚恳的竟夜长谈中，达成了红军与东北军互不侵犯、相互帮助、互派代表以及红军帮助东北军进行抗日教育等一系列协定。王以哲参加了各次谈判的全过程，对会谈的成功起了关键性的作用。由于他的密切配合，红军与东北军双方电台建立了直接通讯，他对谈判的细节做了精心周密的安排，对周恩来、李克农等中共代表尽了招待和保护之责。王还两次掩护红军采购人员到西安购买物资，并收集南京、上海、北平、天津出版的报纸、杂志及山西、河北、绥远、察哈尔等省的军用地图送给红军。王以哲根据协议，将二千五百支七九步枪、六万粒子弹运交红军；派人护送钱之光赴西安采购石印机、无线电器材和烈性炸药等；指定专人负责为红军输送物资，红军的车辆可挂王以哲军用车的牌子往返于西安、延安之间，以通向苏区。他又在西安设两个秘密联络点，为叶剑英等共产党员和进步人士的活动提供方便条件。还护送过国际友人埃德加·斯诺、马海德等。

同年6月，为培养骨干做好抗日的准备，东北军接受周恩来的建议，并联合西北军，在王曲镇创办了军官训练团，王以哲任该团教育长。在开学典礼上，王声泪俱下地控诉日本帝国主义侵略中国的罪行，激励学生团结御侮，奋起救国。该训练团对普及联共抗日思想起了不小的作用，其中也有王的一份功劳。“九一八”事变五周年之际，王又著文慨叹：“我们何时能重返那美丽的田园？何时能慰我们的祖宗于地下，又何时能救我亲爱的父老兄弟姊妹们于水火之中？”表示：“唯有我们锋利的铁才可致敌人的死命！”“唯有我们热烈的血才可将我们的耻辱洗清!"①誓与侵略者战斗到底。

蒋介石不顾日本侵略扩大、全国人民要求抗日的强烈愿望,继续反共内战,于同年10月调胡宗南部十余万人至陕甘边界,"围剿"红二、四方面军,同时令王以哲指挥东北军七个师到西线配合胡宗南的行动,以阻挠红二、四方面军与红一方面军会师。王按照联共抗日的既定方针,与红军司令员彭德怀经常"函电交驰","将自己所部及胡宗南等部的进军路线、行止时间……通报彭,并按彭要求想尽办法阻滞东北军和胡宗南部的前进"②,使红军赢得了有利的时机,为红军击溃胡宗南军队作出了贡献。

王以哲完全拥护张学良、杨虎城1936年12月12日发动的西安事变,当日在八项救国主张通电上签名。14日,又出任张、杨组织的抗日援绥军第一军团副军团长,准备北上对日作战。

西安事变在中共中央促成下得到和平解决,蒋介石获释。然而蒋却背信弃义,不仅扣留了张学良,还调兵遣将组织了五个集团军的兵力,进逼西安。包括王以哲在内的东北军、西北军的八名高级将领联名向南京发出了措词强硬的通电。为了遏止蒋的军事压迫,实现停止内战、一致抗日的方针,周恩来副主席与东北军、西北军的高级将领共商,组成三方面联军,王以哲的六十七军布防西线,担负钳制、监视胡宗南、关麟徵等数路蒋军的任务。

西安事变发生后,面对当时事态,东北军内部发生了"和"与"战"的激烈争论。东北军中的一批少壮派军官力主与南京政府决一死战,救回张学良;而以王以哲为代表的大多数老一代高级将领认为西安事变和平解决的方针对逼蒋抗日、对整个国家民族有利,因而事变发生后的一系列问题也应力争和平解决。为了确定"和"与"战"问题,根据王以

① 程敏、顾龙生:《王以哲将军》,《人物》1980年第4期,第159—160页。

② 王秦:《为促进第二次国共合作献身的爱国将领——王以哲》,《人民日报》1986年4月27日。

哲的提议，1937 年 1 月 30 日晚，在他家中召开了有中共中央代表团的周恩来副主席、东北军的于学忠、王以哲、何柱国三位军长、西北军的杨虎城将军参加的“三位一体”的最高会议。东北军中的少壮派也派代表旁听会议。会上王以哲坚持和平解决的方针。王的主张得到与会者的赞同，三方面意见取得一致。三方最高会议的决定没有被少壮派军官接受。他们不听从以周恩来副主席为首的中共中央代表团多次劝说，于 2 月 1 日晚秘密举行会议，拟定了枪杀王以哲、何柱国的计划。2 月 2 日晨，少壮派军官派遣武装卫士闯进王以哲住宅，将王枪杀在病床上。

王以哲作为“东北军与我党接触最早的高级将领”①，得到中国共产党的高度评价，1936 年 8 月，毛泽东主席亲笔致函王以哲，称赞张学良、王以哲联共、抗日救亡的主张“实全国爱国同胞的主张”，肯定他们“首先提倡与实行”②联共抗日政策的贡献。王被害后，周恩来副主席置个人安危于不顾，穿过重重岗哨，第一个来到王以哲家中吊唁。2 月 4 日，中共中央向王以哲家属致唁电说：“鼎芳先生努力于抗日民族统一战线，不但是国家民族之干城，亦爱国人民之领袖。”③人民将永远不会忘记王以哲将军在抗日战争时期，对促成抗日民族统一战线的实现所起的特殊重要的作用。

① 罗瑞卿等著：《西安事变与周恩来同志》，人民出版社 1978 年版，第 71 页。

② 王秦：《为促进第二次国共合作献身的爱国将领——王以哲》，《人民日报》1986 年 4 月 27 日。

③ 王秦：《为促进第二次国共合作献身的爱国将领——王以哲》，《人民日报》1986 年 4 月 27 日。

王 荫 泰

朱佩禧

王荫泰，字孟群。祖籍浙江绍兴。1888 年（清光绪十四年）出生于山西临汾。父亲王式通（字书衡），光绪二十四年（1898 年）进士，京师大学堂提调兼办学务处，以文辞名当世。民国初年，王式通担任司法部次长，因总长王宠惠未就职，代理部务，兼任约法会议秘书长、政治会议秘书长、总统府法制秘书、内史，起草《约法》，成为民国初年的法学名家。王荫泰十五岁时赴日留学，就读第一高等学校。1906 年毕业，赴德国留学，进入德国柏林大学习法律。在留德期间，曾替其父王式通就法律问题向柏林大学的教授请教，并助其父制定清末和民初的一些法律条文。1912 年，王荫泰在德国柏林大学法学科毕业。

1913 年，王荫泰回国后，在北京政府中任国务院法制局参事，研究法制和外蒙问题。后到奉系杨宇霆部任职。1917 年，以特派使节身份赴日本，1919 年—1920 年兼库伦宣抚总务处处长。1921 年起任张作霖顾问，在外交事务方面得到了重用。1926 年 6 月 22 日，颜惠庆辞总理兼外长职，内阁会议通过以杜锡珪兼代国务总理及兼外长，田应璜为内务总长，任可澄为教育总长，王荫泰为外交部次长等①。直到 1926 年 7 月，王荫泰才从天津赴北京就任，这是他第一次担任外交部次长。因其时北洋政府与苏俄关系改善，签订《中俄解决悬案大纲协定》，苏联派加拉罕为驻华大使，这是外国向中国派驻的第一位大使。而按当时

① 《（北京）颜阁改组发表》，《申报》1926 年 6 月 23 日。

各国驻京公使团的惯例，公使团的首领应由驻华大使担任。这引起仇视苏俄革命的西方国家的不满。王荫泰上任不久，就中俄关系对英国记者系统地发表看法。他一面认为中俄关系应该保持和睦，但也指责“至中国一般人之心理，因中俄条约曾经规定，两国间均不得有侵犯干涉之行为，俄国对于此条，似未能积极履行，颇引为憾事。故现在所当努力者，即如何可以免除使中国人民有此印象”。第二，他认为苏联全权代表加拉罕在清华学校演讲涉及帝国主义侵略一事，“应研究不干涉原则之意义。……中俄两国现均在改造之时期，必须各谋适合于国情者为准绳，设对方参加意见启干涉之机，则必致引起种种误会也”。第三，对《中俄解决悬案大纲协定》签订，苏俄对中国之宣传和影响程度，王荫泰认为：“俄国革命时，中国改造已毕，故政治家及人民对于俄国改革情形均极为注意，即全世界之目光亦莫不注视于实行社会主义之苏俄。……于外国学说输入俄国之源流，亦颇为注意，此不独余个人为然，国内人士之注意于此者，正复不少，但研究学说纯是另一件事。若竟指此为苏俄主义已在中国得到若何势力，则不免误会。”①10 月 1 日，王荫泰担任条约研究会副会长兼中华汇业银行总经理。

10 月 2 日，法国公使就中国政府事前未通知法国而公布道胜银行清理办法，向中国外交部提出抗议。法国公使认为，该银行是法国政府所发起，是纯粹的法国银行。而中国政府认为根据道胜银行与 1920 年交通部之协定，该行是俄国银行，因为俄国革命后，道胜银行收归国有，开始整理银行的债权债务，并将存于该行的关余和盐余移交政府指定的银行。针对法国的抗议，王荫泰作出回应，道胜银行是中俄合股公司，法国不能过问②。

从 1926 年开始，中国和法国、日本、比利时等西方列强的条约依次到期，需要修约，并因为 1922 年华盛顿会议的协议，列强同意召开关税

① 《王荫泰谈中俄外交关系》，《申报》1926 年 9 月 11 日。
② 《法国公使访外交次长王荫泰》，《申报》1926 年 10 月 2 日。

会议。1925年10月，关税会议开幕，委员有顾维钧、颜惠庆、王宠惠、蔡廷幹、潘复、王荫泰、夏仁虎七人，到1926年12月，历时一年有余，没有达成任何协议，因所拨耗费会议经费一百三十万元至11月已经用完，至此关税会议停顿。1926年夏，蔡廷幹邀请西方各国代表非正式会谈一次，但各国意见冷淡，终究没有结果①。1927年，王荫泰任北京政府外交总长。他担任关税特别会议委员会委员兼全权代表期间，希望重新与西方列强订立税率、整理国债。可是，当时张作霖的北京政府面临蒋介石的北伐运动，“皆以军务方殷，尚未暇及时筹备”，列强也无意解决这个问题，中国恢复关税自主的路途仍不平坦。

1928年2月，王荫泰调任司法总长。但其时北伐军进展顺利，奉系安国军政府行将崩溃，王荫泰遂辞去职务②。1929年南下上海，开业当律师，成为当时非常有名的律师之一。当时王荫泰的事务所在江西路金城银行内，律师业务繁忙。

1937年“七七”事变爆发后，北平失陷，王克敏等受日本人指使组织伪临时政府，王荫泰闻讯北上。1937年12月14日，伪临时政府在北平成立，王荫泰出任“议政委员会”委员，成为汉奸，是当时临时政府的实权人物之一。有人用状元、榜眼、探花来比拟“华北”的汉奸三大王，状元王克敏，榜眼王揖唐，探花王荫泰。1938年4月，出任伪华北临时政府实业部总长。1939年兼任伪华北合作事业总社理事长。1940年3月，汪精卫等组织伪国民政府，华北伪临时政府改成华北政务委员会，实际上仍是独立的政府机构。王荫泰出任伪华北政务委员会常务委员兼实业总署督办。担任伪实业总署督办后，曾设立劳工局，督促伪劳工协会，强征华工，供敌用作运输军用物品或其他役夫。

1943年3月20日，华北政务委员会在北京外交大楼举行华北各省、市长会议，王荫泰以实业总署督办与会，并报告经济政策。他提出

① 《关税会议自行结束》，《申报》1926年12月16日。

② 《北方外交困难之一斑：王荫泰向张作霖辞职》，《申报》1928年3月6日。

华北粮食对策，说明输入物资、安定物价、圆滑配给等的办法；要求日本应交还专管租界及撤销之外法权；并就消灭“共匪”、整顿吏治、严惩贪污、甄用人才及强化地方自卫等重要问题提出意见①。

4月10日，王荫泰参加伪南京政府的“国府还都三周年纪念庆典”，他在中央广播电台播讲《参加国府还都三周年纪念后之感想》②。15日，与华中方面代表周佛海等就调整华北经济、华中粮食输往华北以及华北煤炭输往华中等物资交流进行了协商③。王荫泰向记者招待团说明三个问题：第一，针对华北灾荒，力谋从满洲、蒙疆方面输入粮食，从华中方面输入面粉，如果各方能运入大批粮食到华北，华北供应将圆滑，价格也将安定；第二，战时状态下，必须实行统制，今后需要民众多加协助，强化和扩充统制工作；第三，国府近已成立全国商业统制总会，华北应设立统制交易之分机关。王荫泰命令成立商统会分机关，委托商人收买，最后交给粮食管理局方面实行配给④。

6月13日，王荫泰代表伪华北政务委员会委员长朱深，前往伪满洲国视察经济政策实况，受到了伪满洲国外交大臣李绍庚、军事部大臣邢士廉等的欢迎。15日上午王荫泰进宫谒见伪满洲国皇帝溥仪，退出宫后，访问伪满洲国的“国务总理”张景惠，双方进行了恳谈。正午到关东军司令部，访问梅津美治郎⑤。

6月28日，王荫泰出席在南京举行的伪全国经济委员会第二次会议，并对记者发表感想⑥。后去上海，与全国商统会洽商南北物资交流问题。另外，华北灾情严重，为了消解粮食恐慌，王荫泰提出，分治标和治本两办法进行，治本是增产，本季麦作收成预料较去年要丰产；治标

① 《华北政委会召开省市长官会议》，《申报》1943年3月21日。

② 《王荫泰在京广播》，《申报》1943年4月11日。

③ 《王荫泰谈华北食粮问题》，《申报》1943年4月16日。

④ 《王荫泰谈华北食粮问题》，《申报》1943年4月16日。

⑤ 《王荫泰昨赴满》，《申报》1943年6月14、15、16日。

⑥ 《出席全经会议华北代表王荫泰等发表感想》，《申报》1943年6月28日。

是对粮食等物资进行统制，生产配给①。

1943 年 11 月，伪实业总署奉令改为伪农务总署，王荫泰兼任该总署督办暨伪华北政委会总务厅长官、伪物资物价处理委员会常委。1944 年 5 月，兼任华北食粮公社理事长。在华北合办之华北食粮公社，借词配给都市民食，命令各省、市、道、县搜括农村米、面、杂粮，而以大量食粮供给日军。他设立伪财务委员会，征收战时利得税，增发伪中国联合准备银行钞票，供日军金钱，扰乱金融。他派程希贤任伪华北禁烟总局局长，供卖鸦片，毒害民族。同时推荐亲信曾彝进在日本开发公司下的伪华北石炭贩卖公司任董事长，统制民众用煤，节余大量煤炭，每年用船运往日本，约四百余万吨②。在日人举行的献铜运动中，他将故宫博物院和颐和园里的铜器献给日本③。1945 年 2 月，王荫泰任伪华北政务委员会委员长，兼伪新民会会长。1945 年 3 月 8 日，汪伪中央政治委员会第一百四十五次会议通过王荫泰担任该"中央政治委员会"常务委员。

在抗战期间，王荫泰曾索回了日本黄金五吨、拒绝故宫收藏军火，掩护国民党地下工作人员、维持地方治安以协助接收人员。他在日本投降后，曾赶印一册《王孟群先生言论集》，罗列一切可资附会的言论，以逃避战后的惩罚。1945 年 12 月 7 日，王荫泰因汉奸罪被北平警备司令部逮捕，后和北平其他汉奸一起关押在汪时璟的别墅④。1945 年 12 月 10 日，他在《自白书》中写道："一失足成千古恨，不怨天，不忧人，自负其责可耳。"因为他在伪政府任职的七年时间内，曾任伪华北政务委员会实业公署督办、中日实业公司总裁，伪华北政务委员会委员长，

① 《华北缜密计划开发重要资源——王荫泰氏答记者问》，《申报》1943 年 11 月 21 日。

② 南京市档案馆编：《审讯汪伪汉奸笔录》下册，江苏古籍出版社 1992 年版，第 970 页。

③ 南京市档案馆编：《审讯汪伪汉奸笔录》下册，第 970 页。

④ 《平津省首次搜捕汉奸，王荫泰等 240 名入网》，《申报》1945 年 12 月 7 日。

成为“华北巨奸”之一①。1946年5月28日，王荫泰等十四人从北平押运南京，其间有记者问他感想时，他答道：“没有话讲，我的一切，华北人民都会知道的，相信政府的裁决也会公平的。”②1947年，王荫泰被判处死刑，后来改判无期徒刑。1962年12月15日病亡于上海市监狱。

主要参考资料

陶菊隐：《孤岛见闻——抗战时期的上海》，上海人民出版社1979年版。

南京市档案馆编：《审讯汪伪汉奸笔录》（上、下），凤凰出版社（原江苏古籍出版社）2004年版。

日本外务省东亚局调查部第六课编：《新国民政府名人鉴》，昭和十五年六月，亚洲历史资料中心，亚洲历史资料中心藏：REEL No. 調—0024-110。

曹汝霖：《曹汝霖一生之回忆》，中国大百科全书出版社2009年版。

① 《北平巨奸空运解抵京，王、江两逆在机场对谈》谓：“历任伪组织机关首长，搜刮民食，发行伪币，包庇赌场，资敌军械和原料，罪大恶极，列为北平字汉奸第一号。”见《申报》1946年5月29日。

② 《巨奸王荫泰等十四人今晨解京审理》，《申报》1946年5月27日；《北平巨奸空运解抵京，王、江两逆在机场对谈》，《申报》1946年5月29日。

王 永 江

武育文

王永江，字岷源，号铁龛。生于1872年2月17日（清同治十一年正月初九）①，奉天金州（今辽宁金县）人，祖籍山东登州府蓬莱县。他的祖父王作霖逃荒过海，定居金州，以农为业；父王克谦，少时曾在金州双兴货栈当学徒，后升任账房。

王永江童年拜宿儒李某为师。清末政治腐败，李怀才不遇，"愤中国国势陵夷不振，外交着着失败也。每读剑南集中从军感事诸作，常慷慨悲歌，倾酒狂醉"②。王永江受其师影响，也"钦慕放翁之为人，而酷喜其诗集"③。

王永江二十一岁时为廪生④。其时，为了谋生，他在旅顺口开设"采真堂"中药店。1904年日俄开衅，俄国战败，日本从俄国手中夺去旅大地区，日本商人竞相到旅大地区投资经商。王永江的中药店受到

---

① 《王公墓志铭》，[日]田岛富穗著《王永江》附录，满洲公论社1944年版，第231页。

② 《非好爵所能縻之王岷源近况》，《满洲报》1926年7月14日。

③ 《非好爵所能縻之王岷源近况》，《满洲报》1926年7月14日。

④ 王永江本人曾在《辛亥元旦吟》有中："昔年十五二十时，学书学剑未见奇。世上功名不解取，文场驰逐等游嬉。苟幸食饩二十一，公车三上翅三垂。归来无复寻章句，不慕良相慕良医。"又王永江的儿子王贤沣在《王永江的一生概略》（载政协大连市金州区文史资料委员会等编《王永江纪念文集》，大连出版社1993年版）一文中，有其父王永江"考取乙酉科优贡"之说，按乙酉科应为1885年，其时王永江仅虚岁十四岁，恐有误。今从王永江在诗中所说，二十一岁食饩为廪生。

日商西药店排挤，营业萧条，不久倒闭，他回到金州。时逢日本人创办“南金书院”，延请他为汉文教员。任教期间，他洞悉日本人在华实行奴化教育的卑劣用心，不满而辞职。此后，他对日本帝国主义在租界地实行的政治、经济、文化方面的政策颇为留意考察，尤其注意村屯制度和警察制度的实施情形。

1907年，辽阳地方团总袁金铠写信叫王永江调查日本租界地实行警察行政的情况，王将调查所得复信详述，袁深为满意，便邀他去辽阳办警务学堂，这是王永江踏上仕途之始。他参照日本警察制度，结合当地社会情况，编写教材、章程等若干种，培训了一批警察人员。由于他办警务成效显著，受到东三省总督的奖叙，被誉为奉省办警政的第一人。

1910年，王永江任辽阳警务所长。这时东三省鼠疫蔓延，王因明了医学，防疫有功，经辽阳知州史纪常保荐为候补知县，1911年改任南路巡防营管带。辛亥武昌起义爆发，东三省总督赵尔巽调他进省，入督府民政司民政科，参与镇压铁岭县革命党人起义①。

1912年，他署理东边兴凤道尹，“甫三月，即挂冠归里”②，经袁金铠相劝，才又出任辽阳、康平、牛庄、海城以及省城等地税捐局长等职。1915年，他任奉天省税务局长，兼官地清丈局长及屯垦局长，以“干练”而知名。

1916年张作霖当上奉天督军之后，深知欲成霸业、必须“延揽人才”，王永江经奉天军政两署秘书长袁金铠的推荐，被任命为奉天督军署高等顾问。同年11月被任命为全省警务处长兼省会警察厅长，后又任奉天财政厅长、代理奉天省长等显职，成为张作霖手下“文治派”的首领。王在张作霖的支持下，在奉省实行了若干措施，如整顿全省警政、招民垦荒、发展实业、整理税收等，为奉张的“霸业”竭尽心力。那时，张作霖感到原来绿林出身的军人难于约束，是统一奉天军政的障碍，决心

① 王永江:《铁龛诗草》二集，1919年版，第12页。
② 王永江:《铁龛诗草》二集，1919年版，第11页。

整顿军纪。王永江任警务处长之后，立即改革警政，仿效日本警察制度，重新厘定警务规章，在省城各处设立派出所。他严督部下按章办事，凡军民人等，如有违犯警章者，概依法惩处。其时，二十七师五十三旅旅长汤玉麟部下纪律最坏，在省城胡作非为，常用军权侵害警权，不时发生军警摩擦。有一次汤的部下在省城西关平康里妓院闹事，不服从警察干涉，并殴打警察，王永江下令将闹事人员拘押起来。汤玉麟闻讯大怒，径向警务处要人，扬言要率兵包围警务处。王永江也不示弱，在警务处院内，架起一门小炮借以防卫。汤玉麟无奈，怒气冲冲地去找张作霖告状，要求撤销王永江警务处长职务。王永江也自动提出辞呈，等待张作霖裁决。张作霖为了长治久安而支持王永江惩处闹事官兵，并对汤玉麟等人严加申斥。汤玉麟颇觉难堪，后竟与张作霖闹翻，于1917年3月被免去旅长职务。

张作霖统治奉天之初，金融紊乱，财政入不敷出，年亏空二三百万元，并负外债一千余万元，极为窘困。张作霖为了巩固统治，扭转财政困难局面，1917年任命王永江为奉天财政厅长兼东三省官银号督办。王永江就任后，对奉天省财政紊乱状况做了调查，研究积弊的缘由，力图刷新。

王永江有多年当税捐局长的经验，深谙聚敛之道，他首先整顿官营企事业。按照兴利除弊的原则，对官营企事业或予维持，或停办，或改由民营以进行整顿。对省内的荒地实行开放，奖励开垦殖民。对省内各矿山的采掘，则实行官营。

其次是整顿税收，制定田赋征收成绩考查条例。按税捐局所征税区的耕地面积、商户多少和农工产品生产情况，定出切实应征税额，超过定额增收的税款，对有关人员除记功外并留出提成部分作为奖金；对达不到征收定额者，查明原因，确实由于自然灾害等情况，准予酌情减免，如属贪污中饱或不尽职责者，则按章惩罚①。他还于1918年提请

① 王贤沣：《王永江的一生概略》。

省议会通过，发行省公债五百万元，年息六厘，从奉天省税捐收入溢出项下，每年拨出一百万元作为还本付息的担保。此项公债实际发行额为三百二十五万九千二百九十七元，并于1920年10月将本息全部偿还①。

经过一番整顿，到1920年3月，奉天省的财政状况已经好转，不仅偿还一千余万元地方外债和弥补了每年二三百万元的财政亏空，还有一千余万元的结余。对此，张作霖大喜过望，说："这实在是我梦想不到的。"②

张作霖看到王永江理财有方，决定将奉天省长职务交给王担任。王永江执意不肯，经张作霖再三促请，才应允任代理省长兼财政厅长（省长仍由张作霖兼任）。

王永江代省长后，首先是整顿吏治，对官吏实行甄别考核制度。贪赃枉法的，轻者撤职，重者依法惩处；奉公守法著有政绩的，予以奖励、提拔重用。他还注意培训县知事，开办讲座，亲自讲授"县知事学"，内容有：保护商业，奖励工艺的发明创造，振兴实业，宣传教化，沟渠整理，严禁苛敛诛求，边境开垦与殖民，褒扬荣典，保存古迹和提倡优良的风俗道德，兴办义仓、学塾，清查盗源，禁止吸毒，讲求卫生，提倡特产等等③。

王永江很注重文化教育事业，认为"教育为人才之本"④，大力普及小学，发展中学，并创办东北大学，造就专门人才。他还创办实业、发展交通。如建立奉天纺纱厂，开采铁矿、煤矿，修筑奉海铁路等⑤。此外，他倡导讲究卫生，把讲卫生作为地方官保护公众福利的一项职责⑥。

---

① [日]田岛富穗：《王永江》，第34—35页。
② [日]田岛富穗：《王永江》，第34—35页。
③ [日]田岛富穗：《王永江》，第95—105页。
④ [日]田岛富穗：《王永江》，第234页。
⑤ [日]田岛富穗：《王永江》，第234页。
⑥ [日]田岛富穗：《王永江》，第95—105页。

在王永江代省长期间，出现了短暂的所谓“仓廪足，治安宁”的景象。这时张作霖看到东三省的实权尽在自己掌握之中，奉省财富厚集，政治野心益炽。为了向关内伸张势力，不惜把人民的血汗用于扩军备战。1920 年 7 月，张作霖趁直皖战争之机，率军入关，助直倒皖，把势力伸展到察哈尔与热河，并与直系共同把持北京政权。王永江曾向张力谏说：“我们何必去参加内战呢?! 我们修明内政，把东北治理好，富强起来，到了那个时候，我们不用去打，他们自然就来投我们，地盘可以不扩自张，何必急在一时呢?”①然而，张作霖热衷于问鼎中原，迷信强权政治，对诤言无动于衷。从此，王永江与张作霖开始发生政见分歧。

1921 年底，奉系支持梁士诒组阁，直系军阀反对，直奉矛盾激化。1922 年 4 月 9 日起奉军入关，4 月 28 日直奉战争正式爆发，但不到一周，奉军战线便迅速瓦解。奉军战败后，缩回东北，张作霖在王永江等人的策划下，由东三省议会宣布东三省“自治”，与直系控制的北京政府断绝关系。张作霖觉得没听王永江的话吃了亏，他安抚王永江说，这回你当省长，放手干。同年 6 月，王永江被任命为奉天省长。

张作霖经此次失败，以所谓“存励精图治之心，蓄卧薪尝胆之志”，整军经武，准备对直再战。王永江任奉天省长期间，企图趁势进行某些改革。他认为欲使东北富强，必须注重文化建设，不参加内战。曾写信给杨宇霆说：“现在潮流所趋，日重文化，此后以中国人与中国人斗，胜者不足荣，败者不足辱……反足以遗害于国家而已。弟本明达，又系武官，当极力主张缩减军备，共图文化，他日使奉省为庄严灿烂之奉省，不当使奉省为焦头烂额之奉省，即大有造福于桑梓也。”②王永江建议兴办大学教育，培养专门人才。经张作霖同意，1923 年 4 月 26 日东北大学正式成立，王永江兼任校长。

---

① 王贤沣：《王永江的一生概略》。

② 王永江致杨宇霆的信(辽宁省档案馆藏)，《王永江纪念文集》，第 158—159 页。

王永江主张东三省闭关自守，增强实力、充实财富、储备人才、改革军备，说这是不战而胜的万全之策。这时，张作霖则全力整顿奉军，设立陆军整理处，改革军事教育机构，重用军校出身的军事人才，扩充兵工厂，建立海军和空军，兴建葫芦岛军港和东塔飞机场等，为此每年耗费二三千万元。王永江认为，军事之繁费有增无已，将来后患无穷，劝张作霖"幡然改计，以兵足自卫为度，而将兵工厂缩小一半作生产事业，汰粮秣处之冗费，去骈枝之机关，裁冗滥之闲员，省财力以救金融，均度支以兴庶政"①。但张作霖不愿听这些意见，总想进兵关内，打败直系以雪战败之耻。

1924 年 10 月，当第二次直奉战争爆发之时，王永江还是力劝张作霖武力不可恃，战事结束后速回东北，他说："战事结束后，我们什么也不要，因为北京如同一根无肉的骨头，谁夺到手也无肉可食，不如东北地大物博，有发展前途。我们有这样的好基础，决不应放置不顾，而去夺那无肉可食的骨头。"②第二次直奉战争，奉军获胜。张作霖背弃原先与冯玉祥约定的"奉军不入关"的诺言，于 1925 年初挥师入关，迅速占据了直、鲁、苏、皖等省，到 6 月将势力伸展到东南财富中心上海。张作霖的穷兵黩武行径，使关内人民深受涂炭，庞大的军费开支也使东北民不聊生。奉军各将领则争相扩编军队、抢夺地盘。奉军爱国将领郭松龄因不满张作霖的穷兵黩武，于 1925 年 11 月 22 日在滦州起兵反奉。张作霖为挽救自己的统治，不惜勾结日本出兵，才把反奉郭军击败。此时，奉天的危局虽然暂时渡过，但王永江所面临的内外交困局面却有增无已：日本帝国主义要求履行援奉反郭所许条件；而内部则是民生凋敝、财政困难和日益严重的金融危机。王永江为此急得"左目失明，心脏漏血"③，"征敛能手"也束手无策。1926 年 2 月 19 日，王永江

① 王贤沛：《王永江的一生概略》。

② 王贤沛：《王永江的一生概略》。

③ [日]田岛富穗：《王永江》，第 53—54 页。

请假回金州故里省亲，到家后以才弱事纷，留职无益，给张作霖写了辞呈，请开去本兼各职。他在辞呈中写道："窃永江从将军治奉，将十年于兹矣。初意本期举实业、教育、吏治、交通、屯垦诸大端，逐渐发展，兼经营东蒙，以为利用厚生根本之图。……自民国六年，畀永江以财政重任，勉竭愚忱，不避劳怨，得以财政日裕，内外债渐次偿清，度支由是以不乏……乃又值时局不靖，战端屡开，知进而不知退，而卒因军事之牵动，致金融紊乱，且犹复牵动不已，则一切期望，将难达到，民生日蹙，复何以固根本而图发荣……夫时局如此，简练军实，自属必要，然备兵自卫，与逞兵争雄，则利害相反。……况中原兵交方始，民生凋敝之秋，独东北一隅，最得地利，本足以自强，无待外求，而不速图之。轻内而重外，忽近而图远，将自投入荆棘之中，而纳人民于水火之内也。"①王永江的信也表明张作霖穷兵黩武政策的破产。从此王永江退出政界，张作霖虽多次挽劝，王始终未归。晚年王从事著述，其诗作有《铁龛诗草》二集。王永江对《易经》、《管子》亦有研究，著有《读易偶得》、《易原窥余》、《阴符经注》等。王在医学方面也有所造诣，著有《医学辑要》、《痼疾蒙谈》等书。

王永江于1927年11月1日病逝于金州②。

---

① 王永江致张作霖辞职书，[日]田岛富穗著：《王永江》，第53—54页。

② 《王公墓志铭》，[日]田岛富穗著：《王永江》附录，满洲公论社1944年版，第231页。

王 用 宾

萧栋梁

王用宾,字太蕤,山西猗氏人。1881 年(清光绪七年)生。王三岁丧母,备历艰苦,十岁开始读书,记忆力强。其父王盈伯因家贫,弃儒经商,供儿学费。王用宾目睹甲午战争惨败,丧权辱国,痛感非推翻清廷无以图存。1900 年庚子变后,更加致力于经世之学。1904 年,山西考选留日学生,王入选东渡,入日本法政大学学习。1905 年王在东京加入同盟会,并介绍山西留日学生一百余人入盟。历任东京同盟会山西支部长和太原同盟会山西支部长,并与同志景梅九、刘翼若、景太昭等在东京创办《晋话报》,倡言反清,因言论激烈,被山西当局查禁。旋即回国,在太原创办《晋阳公报》,任总编辑,1907 年 11 月创刊,作为宣传革命、联络同志的总机关,不久再赴日本。

1909 年,日本向清政府要挟安奉铁道筑路权,留日学生为此开会,倡议抵制日货,推王用宾负总责。王的寓所因此遭日警搜查,行动受到监视,愤而返回国内,在天津起草《为安奉铁道告国人书》,呼吁抵制日货。在津、京各报未及登完,因日本驻华使馆抗议,当局遂罚五报停刊,王被驱逐出京,回太原仍任太原《晋阳公报》总编辑。

1910 年春,山西交、文两县因清军铲除鸦片枪杀民众百余人,王用宾撰文抨击山西巡抚与谘议局,并决定召开大会声讨,被巡抚丁宝铨下令禁止,并封闭报馆,逮捕记者。王再次避往日本,家产被官府查封,其父被捕入狱,至丁宝铨被劾离晋,方才获释。

辛亥夏,王用宾奉命自东京潜至北京,窥视国内虚实。武昌起义爆发，王自京潜赴石家庄，与同志温寿泉、常子发等密商在太原响应。拟请陕西先动，引诱山西清军守河，再在太原发动。王按计划先入北京策动，温、常等入太原。10月22日西安宣布独立，晋抚派新军守河，新军获得弹药，即于10月29日起义，太原光复，举阎锡山为都督。阎遣人邀王返晋。因清军集中井陉，阻止山西新军前进，王即绕道河南返回河东，被推为河东兵马节度使，联络西安军队，光复河东，迫使兵备道余棨投诚反正。王即与余商定官商合作，维持治安，组织河东绅商议事公所，招练蒲、解两地民团三千余人，并密结会党及管世英所统盐捕营，合组革命军。后因清军反扑，娘子关、太原相继失守，河东亦陷敌手。王遂日夜兼程至河津，收集晋军，联合秦军，再次光复河东，重组河东军政府于运城，王任兵马节度使兼民政长，并率数千革命军独力与数万清军苦战数月，终使袁世凯不敢全力对付南方。

南北和议告成，袁世凯继孙中山任中华民国临时大总统。王用宾解除军民两职，前往太原被选为山西临时省议会议长。晋省议会乃分电各地，力促阎锡山回省复都督职。同年，同盟会山西支部改为国民党山西支部，阎任支部长，王任副支部长。1913年，王当选为参议院议员，参与“二次革命”，反对袁世凯提出的大借款案，声讨袁世凯帝制阴谋。后又南下参加护法运动，并随孙中山由广东赴上海。1920年粤军反攻胜利，孙中山回广东重组大元帅府，王先后被任命为大元帅府、总统府、大本营及国民党本部参议。后奉派为北方特派员，两次自粤北上，联络段祺瑞、张作霖同盟反直。1922年王任中国国民党山西支部筹备处长，曾以自己在天津的寓所作联络机关，联络国民党议员到上海集会，参与反对曹锟贿选总统的活动。

1924年1月6日，王用宾被指派为国民党“一大”山西代表，出席1月下旬在广州举行的改组国民党的“一大”会议。同年10月19日，孙中山任命王用宾为(北方)军事委员兼胡景翼部慰问使。北京政变后，王随胡景翼部国民二军到河南，任省长公署秘书长，代行省长职务。曾受黄埔军校校长蒋介石之托，先后招考北方各省学生一千四百余人，送黄埔军校肄业。1925 年孙中山、胡景翼相继逝世，国民军处境困难，至 1926 年春，国民二军从河南撤退，王用宾一度陷于开封，脱险后到杭州养病，目睹北伐军正向湖南、江西进军，直趋武汉，即策动夏超易帜，夏超败，王微服乘内河小轮赴上海。1928 年夏，王任国民革命军南路军总参议。10 月，任北平政治分会秘书长，旋任南京政府立法院第一届立法委员，1930 年第二届连任，兼任该院法制委员会和财政委员会委员长。1931 年，王兼考试院考选委员会副委员长。次年，特任为考选委员会委员长，并担任第二届高等考试、第一、二两届司法官再试，四川、云南、贵州三省司法人员考试典试委员长、中央党务工作人员从政考试典试委员兼秘书长。

1934 年王用宾调任司法行政部部长，致力于司法的党化，调训法官，清理积案，整顿司法收入，施行三级三审制。新设高等法院分院五十二所，增设各省地方法院二百所，县司法处九百余处，以加强南京政府的统治。1935 年，王用宾当选为中国国民党中央执行委员。1937 年 9 月，调任中央公务员惩戒委员会委员长。1941 年冬，被推为前线将士慰劳团第一团团长，赴陕西、河南、湖北各省慰劳抗日将士，甚为劳累。1943 年夏一度脑溢血，1944 年 2 月心脏病加剧，于 4 月 7 日去世，终年六十三岁。

王用宾于文字学造诣甚深，喜吟咏，有《半隐园诗草》四辑行世。

主要参考资料

邹鲁：《中国国民党史稿》，载《邹鲁全集》，台北三民书局 1976 年版。

王秀清总编：《运城地区古今名人传》，山西运城地区地方志办公室 1985 年，第 223 页。

《近代中国》1981 年第 25 期。

王 芸 生

熊尚厚

王芸生，名德鹏，字芸生。1901 年 9 月 27 日（清光绪二十七年八月十五日）生，直隶（今河北）静海人。他出生于一个贫苦的工人家庭，父亲在天津做炊事员。童年入蒙学馆读旧学，十三岁时因无钱继续学习，乃到天津一家木行当学徒。在学徒期间，他聪敏好学，除读些杂书外，还经常看报纸杂志，遂给报纸投稿。曾在天津《益世报》副刊发表过短文，萌生了将来做报人的想法。此后他借钱去读商务印书馆办的英文函授学校，又报名参加木行的英文打字班。经过刻苦自学，他对文、史、哲、经均有一定知识，又能独立处理英文文牍事务。他还崇拜王船山之学，对颜（习斋）、李（恕谷）四行之学也颇喜欢，后来十分崇尚力行哲学。

王芸生青年时代富有爱国热忱，在五四爱国运动中，接触了新文化，受到的影响使他“终生不可磨灭”。1925 年五卅运动时，天津洋务华员工会成立，他担任宣传部长，主编工会刊物，鼓吹反帝反军阀，宣传爱国主义。不久，直隶军阀褚玉璞镇压爱国运动，他受到通缉和追捕，遂南下上海，与秦邦宪（博古）等办《亦是周刊》和《和平日报》。同年 12 月，原为李秋生办的《救国日报》复刊，他回到天津入该报任主编，不久脱离《救国日报》另起炉灶，将其在木行的积蓄做部分资本，另约友人入股，用原《新民意报》的设备与社址，创办了天津《民力报》。他在言论上仍站在反帝反军阀立场，同情南方革命政府。1926 年 3 月，《救国日报》营业不佳，并入《民力报》共同经营。时直鲁联军在天津战胜了国民军，他怕受到直鲁联军的迫害再次逃到上海，经人介绍加入国民党，并在国民党上海特别市党部工作，担任副秘书长。其时西山会议派在上海另立中央党部，进行反对国共合作的活动，上海市党部遂陷于分裂状态，他站在左派一边，旋任国民党上海特别市党部秘书长。上海特别市党部内共产党员甚多，他受他们的影响，由秦邦宪(博古)、彭述之介绍加入了共产党。1927 年的春节，王芸生回到天津，在国民党天津特别市党部工作，并参加共青团的工作，同时每天替天津《华北新闻》写社论，继续进行反帝反军阀的宣传。同年“四一二”政变后，他退出了共产党。

此后，王芸生决心“摒绝一切政治的轇轕”，重返新闻界，于 1928 年 5 月加入天津法商永兴洋行买办叶庸方主办的《商报》，先后任记者、总编辑。他每天写一篇社论，引人注目，充分显示出他的才华。因为多次评说《大公报》的社评论点，其锋利的文笔受到张季鸾的赏识，被《大公报》暗邀前去工作。不久，王与《商报》总经理王缕冰意见不合，遂登报声明辞职，1929 年秋正式转入《大公报》工作。

王芸生初入《大公报》时，主编地方版，编辑要闻版，并研究田赋问题。由于他的思想敏锐，文字简洁明快，有时在张季鸾、胡政之口授下执笔成文，能将其意思充分表达出来，很快受张季鸾的器重。“九一八”事变后，张季鸾提议在报上辟专栏刊登日本侵华史料，以便唤醒国人救国，他被授命编纂《中日关系史资料》。为了使他有充分的时间和精力，张季鸾改派他负责编《国闻周报》。王芸生广泛搜集资料，进行深入研究分析，常去北平图书馆和北大、清华、燕京各大学图书馆查阅，资料不足时还专程去南京国民政府外交部查阅档案，并寻访曾与日本办过交涉的外交人士、名流，以及对日问题素有研究的专家学者。同时，为了查阅日文资料，他从师学习日文，还能说一口流利的日语。经过他的潜心研究，短短两年半，他从 1871 年《中日修好条约》写到 1919 年五四运动。后分辑册，定名为《六十年来中国与日本》，成为中日关系史的权威著作。从 1932 年 1 月起，每日在《大公报》发表一则中日关系史事，继由《国闻周报》连载。他因此而一举成名，被国民政府外交部聘为条约委员。

1935年《大公报》在上海增设分馆，9月王芸生被派到上海负责社评写作。他撰述的社评热情洋溢，很有气魄，更加受到张季鸾的器重，继许伯萱担任编辑主任。王的言论受张季鸾的思想观点影响较大，除坚持《大公报》的"不党、不卖、不私、不盲"四不主义外，和张季鸾的"深怀文章报国之志"一样，王芸生热忱希望国家站起来，挺身前进，不要继续睡在地上，任列强的欺凌。他深感"九一八"事变后失土受辱，整个国家面临生死存亡的时刻，为国家的前途着急，曾围绕中日关系、国民党的外交、日本与苏联、日本与美国等问题写过不少短评，宣传"从容赴死主义"，以图挽救国家的危亡。蒋介石曾邀他去讲学并面谈，使他一时对蒋寄予希望。

1937年11月上海沦陷后，日军设立新闻检查所钳制抗日言论，王芸生不屈于日本的淫威，拒绝接受日军的新闻检查。11月14日，他在上海《大公报》撰写《暂别上海读者》和《不投降论》两篇社评后，《大公报》上海版即停刊。他在社论中写道："我们是中华子孙，服膺祖宗的明训，我们的报及我们的人，义不受辱"；"我们是报人，生平深怀文章报国之志。在平时，我们对国家无所赞襄，对同胞无所贡献，深感惭愧。到今天，我们所能自勉，兼为同胞勉者，唯有这三个字——不投降"。1938年初，他至武汉参加《大公报》武汉版（原天津《大公报》迁汉）的编辑工作。到了重庆后，张季鸾患肺病日重，又长期住在南岸，很少亲自撰写文章，重要社评多由王执笔、文笔犀利。1939年5月，日机轰炸重庆，市区十家大报馆被炸，暂时改出联合版，王任十报编辑部联合委员会主任委员。1941年9月张季鸾病逝后，王接任重庆《大公报》总编辑兼社评委员会主任委员，独掌《大公报》言论，其声誉更隆。

在抗战前夕和抗战初期，王芸生都十分尊重蒋介石。他是一个极富正义感的人，敢于说自己的话而不盲从。1941年12月22日，他发表《拥护修明政治案》的社评，强烈要求国民党实行民主，修明政治，因此逐渐为蒋介石所不满。次年美国国务院战时情报局邀他去美国,蒋听信其属下所云"王芸生不可靠"而不准,王得知后心里很不痛快。1943年2月2日,王在题为《看重庆,念中原》的社评中,揭露河南的严重灾情,抨击重庆当局的腐化,蒋对此十分震怒。3月,王发起"爱恨悔运动",宣传"爱恨悔",被国民党指为替共产党做宣传,通知其不要再发表"爱恨悔"的文章。继后在翌年的夏季,王向蒋进言,希望把全力放在击败日本上,不要把力量用于消灭共产党,蒋又十分反感。抗战胜利时,他又向蒋进言,希望派员与苏联改善关系。《大公报》与国民党之间关系淡化,王芸生与蒋介石的关系若即若离。

抗战胜利后,《大公报》沪馆成为总馆,王芸生于1946年4月到上海主持社评委员会工作。在国共两党激烈斗争的情况下,他怀着民族主义思想,站在中间立场,既批评国民党,也批评共产党。1945年9月国共重庆谈判时,他向毛泽东说:"共产党不要另起炉灶。"当苏联从东北运走大批机器时,他执言表示反对,并对中苏共同使用旅大持异议。战后国民党接收大员四处抢掠、大发横财,他写社评批评,规劝国民党政府;美国总统特使马歇尔(George Catlett Marshall)来华,他写社评主张由美、苏共同出面调解国共之争,如此等等。王的这些言论,既为共产党方面和民主进步人士所不满,更招来蒋介石的恼怒。

1947年春,王芸生参加赴日考察团回国后,撰文反对美国扶持日本,还表示支持各地反美扶日的学生运动,并对美国魏德迈(Albert Coady Wedemeyer)在华以钦差大臣自居表示反感。在全国人民反内战的热潮中,他同情民主爱国人士和学生的民主运动,也同情被国民党军警拘捕的新闻记者,并进行营救,不附和国民党的所谓"戡乱政策"。

王芸生虽是站在中间立场,但由于他的许多社评及表态触到国民党的痛处,蒋介石等人即对之大加攻击。1947年2月,因他发表社评反问"何必防闲学生运动",蒋的幕僚长陈布雷就公开声言要与王在精神上绝交;《中央日报》更指名攻击他,指责《大公报》煽动学潮,1948年7月,《中央日报》发表社评《王芸生之第三查》,公开扬言要发动"三查运动"检讨他;南京《救国日报》更骂王"为匪张目",站在共产党一边。王芸生难以忍受,内心愤慨万分,对此不断进行反驳。在一次国民党中央宣传部举行的宴会上他疾言厉色反唇相讥,与蒋介石、国民党的关系日趋恶化,使其由中间立场逐渐向人民方面接近。1948 年冬,王芸生感到处境十分困难,又认为共产党不会容他,思想苦闷彷徨,遂去香港。1948 年,他发表社评《和平无望》公开表示转变立场,向人民靠拢。翌年初,中共中央派李纯青邀请王北上参加新政协会议,他才感到在绝望中看到了希望,随即秘密经海路于 3 月 18 日至北平。

1949 年 5 月,王芸生随解放军南下回到上海。6 月 17 日,他主持《大公报》发表《新生宣言》,后担任社长主持《大公报》。1953 年 1 月《大公报》迁天津,与天津《进步日报》合并,作为全国财经方面的报纸,他到天津工作。1956 年 10 月《大公报》迁北京。1957 年后,他不再过问报社事务,赋闲在家写些回忆《大公报》的文章。1963 年,他在周恩来的提议下,对《六十年来中国与日本》一书进行修订,并续写第八卷。时间从 1920 年至 1931 年,用大事记的体例完成。在 1976 年病重时还加紧工作,终于修订完毕。

王芸生在中华人民共和国成立后,历任华东军政委员会委员、中华全国新闻工作者协会副主席、中日友好协会副会长,当选为第一至五届全国人大代表、全国政协第二至五届常委。他曾两次访问日本,为中日友好做了大量工作。其著作除《六十年来中国与日本》外,还有《芸生文存》、《日本半月》、《由统一到抗战》、《劫后的上海》、《台湾问题》和《台湾史话》等。

1980 年 5 月 30 日,王芸生病逝于北京。

主要参考资料

王芸生:《王芸生文存》第 1 集,天津大公报馆 1935 年版。
周雨编:《大公报人忆旧》,中国文史出版社 1961 年版。

《大公报总主笔王芸生侧面观》,1947 年《人物》杂志第 2 期,第 31 页。

王鹏:《王芸生传略》,晋阳学刊编辑部编《中国现代社会科学家传略》第 4 辑,山西人民出版社 1983 年版,第 30—54 页。

李秋生:《我所知道的王芸生》,台北《传记文学》第 38 卷第 2 期。

王 云 五

熊尚厚

王云五，原名之瑞，小名日祥，族派名鸿祯，后改字云五，号岫庐，笔名出岫、龙倦飞，晚年自署岫庐老人。祖籍广东香山(今中山市)。1888年7月9日(清光绪十四年六月初一)生于上海。王家世代耕读，父亲王光斌弃农经商，到上海开设一小店。王云五八岁时在家由长兄王日华(秀才)课读，两年后长兄病故，乃改入私塾就读。

王云五学习刻苦，成绩优异，但因其长兄早逝，父亲不愿他再走科举的道路，十四岁受父命去一家五金店当了学徒。王云五上进心强，不甘于就此辍学，白天在店里学生意，晚上进夜校学英语，同时还阅读一些自己喜爱的书。当他读了科学发明家《富兰克林传》一书后，更增添了自己苦读成才的信心，半年后即离开五金店，入美国教会主办的守真书馆学习英语。十六岁那年，父亲又命他在一家洋行仓库当助理，再次被迫辍学。但他仍不甘心，半年后又入同文馆学习英语，次年春还兼任该馆的教生(助教)。同文馆附设有图书馆，使他有机会广泛阅读西方资产阶级学者亚丹、斯宾塞及孟德斯鸠等人的著作。

1906年冬，王云五被上海益智书室聘为英语教员，兼授数学、史地课，十八岁即开始步入教育界。翌年春，他任振群学社社长，10月转入中国新公学任英语教习，胡适(时名洪骍)、朱经农等为该校学生。嗣后中国新公学并入中国公学，他继续任教历时四年。他曾一度想出国留学深造，就读于美国所办"万国函授学校"土木工程专科，又由于二哥的病逝而放弃。1909年，江宁提学使李瑞清开办留美预备学堂，他又兼任该校教务长。

辛亥武昌首义后，上海革命军兴，学校停课，王云五为李怀霜主办的《天铎报》撰稿，并任《南方日报》译述。12月孙中山从欧洲回国，香山县的旅沪同乡会在㞒虹园设宴欢迎，王为宴会主持人，受到孙中山的青睐。1912年1月中华民国临时政府成立，王云五被孙中山聘任大总统府秘书。此时他就改革教育问题写信给教育总长蔡元培，因而得以在教育部兼职。3月教育部迁北京，他任专门司第一科科长，不久被荐为佥事，随即又兼北京国民党人所办《民主报》主编、国民大学法科英文教授。同年9月加入国民党。1913年3月，教育总长由农林总长陈振先兼任，王云五任主任秘书兼专门教育司司长。5月辞去教育部任职，8月任中国公学大学部专任教授，讲授英文修辞学、英国文学史及英法通论等课程，历时三年。其间一度兼任筹办全国煤油矿事宜处编译股主任。1916年春，他离京至沪，7月任苏、粤、赣三省禁烟特派员。此后他在上海从事编译工作，1920年为上海公民书局主编《公民丛书》，开始步入编译出版行列。

1921年9月，王云五经胡适推荐，进入商务印书馆接替高梦旦担任编译所长。上海商务印书馆为国内最大的近代化出版企业，"五四"以后力求出版有关新文化运动的书籍以适应时代潮流。王云五接任后，以"教育普及"和"学术独立"为出版方针，改组机构，延聘朱经农、杨杏佛、周鲠生、竺可桢、陶孟和、何炳松等专家学者，分别主持各部工作；创编各科小丛书，为日后编印《万有文库》做准备；扩充原附设的英文函授科，改名函授学社；加强与各大学及学术团体联系，增出大学教科书。从1922年到1929年，王主持编译所的八年间，先后编译出版有《教育大词典》、《动物学大词典》、《英文大词典》、《英文习语大全》，影印《四库全书》，出版《说文解字诂林》、《四部丛刊》、《百科全书》、《万有文库》第一集，以及《王云五大词典》、《王云五小词典》等等。

王云五在主持编译所期间还从事辞书检索的研究。他在高梦旦探索多年的号码检字法的基础上，参考陈文的号码检字方案，着手四角号码检字法的研究，于 1928 年 10 月完成四角号码检字法的发明。同时，为促进商务涵芬楼藏书的公开阅读，他又运用杜威的十进分类法，于 1927 年 4 月写成《中外图书统一分类法》。

王云五在商务的这些成就，使他在出版界开始显露头角，除兼任商务东方图书馆馆长外，还先后任大学院译名统一委员会主任、中华图书馆协会执行委员、中国公学校董等职。但因商务连年发生劳资纠纷，王云五为商务工会和职工所不满，1929 年 10 月辞去编译所长职离开商务。经杨杏佛向蔡元培举荐，转任中研院社会科学研究所法制组主任兼研究员。

1930 年春，商务印书馆总经理鲍咸昌去世，经夏小芳、张菊生、高梦旦等商议，再聘王云五回商务担任总经理。王云五到职后先往日、美、英、法、德、意等九国考察企业管理，9 月回国后向董事会提出实施科学管理的计划，推行科学管理以整顿商务。他针对商务各科问题与积弊，先后公布改组编译所和总务处的方案，组设编译评议会，推行总经理负责制，施行《编译工作报酬标准试行章程》等。这些"科学管理法"，尤其是编译工作按时计算、按字数付酬的办法，使职工工作量陡然较前增加二三倍，也不合脑力劳动的特点，因而遭到商务编译所、印刷所、发行所和总务处四个工会的强烈反对，提出十九条要求迫其答复。嗣后经上海社会局出面调解，王云五口头上表示撤回改革方案，而实际上于无声无息中坚持改革整顿，避开编译计酬及人事改革的阻力，先对成本核算和计划财务管理方面分项分步推行。

1932 年 1 月，上海"一二八"抗战爆发，商务总馆、总厂在战火中被毁，损失奇重。王云五宣布总馆、总厂停业，职工一律解雇，组设特别委员会和善后办事处处理善后。在经营管理上分别加强北平、香港分馆、分厂的经营。同年 8 月宣布总馆、总厂复业，新订雇用契约重新录用职工，陆续公布各种章程、规则，全面推行"科学管理"的改革和整顿。王云五以总经理兼生产部长及编审委员会主任委员，总揽编译、出版、印刷全权。经过加强对工厂的管理，实行职工三班工作制及其他种种的改革，商务生产增加，成本降低，大量重版旧书和增出新书，达到日出新书一种，还创立“星期标准书”向读者推荐新书。从 1934 年到 1936 年的三年间，商务每年出版新书一百八十种以上。其中包括《大学丛书》、《小学生文库》、《万有文库》第二集、《四库全书珍本》、《四部丛刊续编》、《幼童文库》、《丛书集成》、《四部丛刊三编》、《中山大辞典》、《国学基本丛书》及《中山文化史丛书》等。许多书籍具有很高的学术价值，对中国近代文化和教育事业的贡献颇大。王云五在出版界、知识界和工商界的声誉隆起，执全国出版界牛耳，成了国内最著名的出版企业家。他除任上海市图书馆协会主席、书业同业公会主席、温溪造纸公司董事长、中国经济学会理事及全国教育委员会委员等职外，还任国民政府行政效率委员会委员、工商部工商法规委员会委员、国难会议议员。

1937 年上海“八一三”淞沪抗战爆发后，王云五决定商务以香港分厂为生产中心，坚持仍以出版业务为主的方针，亲自驻港督导一切。他曾计划在长沙增设分厂，将主持人分配于上海、长沙、香港三地，分头开展商务的经营。嗣因长沙遭日机轰炸和沪地职工不愿去长沙而未实现，乃改变计划，于昆明、重庆、桂林、西安及江西赣州筹设分厂，在香港设总管理处驻港办事处，于重庆设编审处和印刷厂，仍以香港为出版重心，分区印刷供应教科书和参考书。1941 年 12 月太平洋战争爆发后香港沦陷，王云五改在重庆设商务总管理处统辖后方各分厂，其出版方针转以一般用书为主，用丛书方式出版各种抗战读物，继续编印《大学丛书》及其他专门著作，并新印和重印许多有价值的一般图书。

抗日战争时期，王云五除主持商务业务外，把大量的精力投入政治活动，在政坛上日趋活跃。从 1938 年 7 月到 1946 年 6 月，他连任国民参政会四届参政员，1942 年 10 月起任驻会委员，1943 年 1 月兼参政会经济策进会滇黔办事处主任，还任参政会第四届第一、二次大会主席团成员。此外，他还兼三青团设计委员会委员、中训团党政班讲师、中国访英团团员、国防最高委员会宪政实施协进会常务委员等职。

王云五虽然在 1912 年加入过国民党，但因在 1927 年国民党党员登记时未办手续，所以此时成了一位无党派的“社会贤达”。但他一直自称为“二无党党员”①，比国民党还国民党，在参政会上极力支持国民党和蒋介石，被称为“国民党之前哨”。在皖南事变发生后，中共参政员拒绝出席参政会二届二次会议，王云五无端指责此举为开了“恶例”，事后自称这是“从侧面协助政府以打击中共，较诸简单责备中共者手段实更厉害”②。在他担任参政会主席团成员时，对有利于蒋介石的议案，都竭力予以通过。1946 年 1 月重庆政协会议召开时，他又为会议代表。在讨论“国大代表”问题的激烈争论中，他替国民党说话，谓战前由国民党定下的九百名代表“是依法选出的”，应该有效③。

王云五以“社会贤达”身份四处活动，所言所行“比国民党还国民党”，因而受到蒋介石的特别器重。1946 年 5 月，国民政府行政院改组，他被任命为经济部长，一跃而成了政府大员。王云五辞去了商务印书馆总经理兼编审部部长职务，同时还辞去了参政会参政员和主席团成员的名分，喜形于色地宣称自己“来自民间，最知民间疾苦”，同时又“了解政府的困难”④。他以经济管理专家自任，表示自己“不是去做官，而是去做事”⑤。他标榜经济部的施政方针，是要将全国经济由官营为重心向民族工商业转变，统筹辅导“国营事业”的改良；并于上海、天津、汉口、广州分设工商督导处，负责民营工商业的调查、调整、辅导及扶助，对有竞争性的舶来品采取限制办法。他还打算设立计划委员会为其咨询机构，企图帮助国民党对民族资产阶级进行笼络和欺骗。但因蒋介石发动全面内战，经济萧条，物价飞涨，经济部无力管制，王亦

① 张道藩:《读〈我怎样认识国父孙先生〉有感》，台北《传记文学》第 2 卷第 1 期，第 19 页。

② 王云五:《谈往事》，台北传记文学出版社 1970 年版，第 68 页。

③ 《划时代的会议——政协会议》，新时代印刷出版社 1946 年版，第 49、56、60 页。

④ 上海《新闻报》1946 年 5 月 16 日。

⑤ 上海《新闻报》1946 年 6 月 9 日。

束手无策。

1946 年 11 月，蒋介石在南京召开制宪国民大会，王云五任国大代表及大会主席团成员。在大会中，他与莫德惠等具名提出反共的“关于动员戡乱时期临时条款案”，积极活动于大会内外，被国民党报刊捧为“国大之宝”、“主席团发言人”、“说明专家”等等。为此，蒋介石对之“信任有加”①。当王云五辞去经济部长后，1947 年 4 月又升为行政院副院长；后又兼国民经济委员会委员、预算委员会和赔偿委员会主任委员、善后事业委员会主任委员。1947 年 7 月，他参加蒋介石召开的国务会议，极力支持所谓“厉行全国总动员戡乱方案”进行内战。1948 年 4 月，任“行宪国大”第一次会议主席团成员。5 月行宪内阁成立，王云五改任行政院政务委员兼财政部长。

当时，国民党军事、政治和财政经济面临全面崩溃之势，蒋介石力图挽救危机，指示王云五和中央银行总裁俞鸿钧共同策划币制改革。王云五于 8 月初提出“统一财政经济决策机构”和“行政业务计划方案”，随又草拟了“金圆券发行办法”。蒋介石采纳了王云五的币制改革方案，于 8 月 19 日公布《财政经济紧急处分令》，发行金圆券代替法币，收兑民间的黄金、白银和外币，限制物价，以行政命令抢夺人民手中的财富。王自鸣得意，“长饮龙门”②。9 月，他前往美国出席国际货币基金会和世界银行第三届联合会，大吹其币制改革，以图讨好美国而获取贷款。可是，发行金圆券不过三个月，物价更如脱缰的野马，金圆券形同废纸，全国民怨沸腾，加速了国民党统治区社会经济的破产。王云五本非最高决策人，但一时成了众矢之的，遭到各方面的弹劾，于 11 月被迫引咎辞职，悄然离开南京去广州。其后，仅任行政院顾问。

1949 年 2 月，王云五前往香港，创办了国华两合公司出版社，又回到了出版界。翌年冬发行《自由人》三日刊，并增编出版《王云五综合词

① 王寿南主编:《我所认识的王云五先生》，(台北)商务印书馆 1970 年版。

② 当时上海《申报》载文讽刺他常穿着长袍，前往龙门饭店得意地独酌。

典》。1951 年 1 月，他在台湾设国华出版社分社，定居于台北。

王云五到了台湾后，重新活跃于政坛上，先后任“行政院”设计委员兼改制组召集人、“总统府国策顾问”，“考试院”副院长、公务员高等考试典试委员长、“行政院”副院长兼经济动员计划委员会主任委员，以及“国大”一届三次会议主席团主席等职，1963 年 7 月一度代理“行政院”院务，仍为台湾政界大员。他还任台北故宫博物院理事长、台湾政治大学政治研究所教授、“中华文化复兴推行委员会”副会长、中西文化经济协会常务理事、台湾商务印书馆业务计划委员会主任委员等。

1963 年 12 月，王云五在台湾退出政坛，仅任“总统府”资政，重新回到出版界，于 1964 年 7 月出任台湾商务印书馆董事长。他大力整顿改革台湾商务印书馆的经营出版，头两年续出旧书，随后大量印行新著及译本，先后出版《万有文库基要》、《四库丛刊初编》缩本、《丛书集成》简本、《各科研究小丛书》、《人人丛书》、《国学基本丛书》四百种、《古籍今注今译》和《中山自然科学大辞典》等书，平均日出新书约五种①。

王云五在主持台湾商务印书馆之余，还整理旧稿，从事新著，先后出版《谈往事》、《纪旧游》、《王云五新辞典》、《十年苦斗记》、《岫庐八十自述》、《商务印书馆与新教育年谱》、《二千五百余年来中国治学方法的综合研究》、《岫庐最后十年自述》等；并有译著《企业组织与财政》、《苏联工农业管理》、《美国全史》等；还编有《王云五大辞典）、《王云五新辞典》、《中山大辞典一字长篇》、《中国史地词典》等。

1979 年 8 月 14，王云五病逝于台北。

① 徐有守：《王云五先生与商务印书馆》，(台北)《东方杂志》复刊第 7 卷第 1 期。

王 造 时①

江绍贞

王造时，原名雄生。江西安福人。1902 年 8 月 3 日（清光绪二十八年六月三十日）出生于一个小商人家庭。王八岁入塾，1913 年入安福县高等小学。1915 年"二十一条"事件的反日风潮发生，使他受到爱国主义思想的影响。1916 年入南昌省立一中，翌年暑期考入清华学校中等科。五四运动爆发时，他被推选为清华学生代表团成员之一，负责组织学生演说、编写传单等工作。6 月 3 日，他率领同学在东安市场演讲，遭军警逮捕，后获释。8 月，为支援天津、济南学生抗议山东军阀马良枪杀爱国回民事件，曾往总统府请愿，被军警驱至天安门内禁闭，后逃出。在新文化运动中，他积极发表反封建主义的文章，在同学中有一定的威信，曾连续担任清华学生评议会主席及干事会主席。

1923 年 10 月 10 日，清华举行国庆十二周年庆祝大会，梁启超登台演讲，说中华民国之所以弄得乱七八糟，国民党要负重大责任。王造时即在《清华周刊》上发表驳梁的文章，指出中华民国之所以闹到乱七八糟，梁和他领导的研究系要负重大责任。此文由北京《时言报》作了转载。梁启超得知后十分气恼，向清华要求辞去教职。校长曹云祥找王谈话，要他写悔过书并向梁道歉，否则以侮辱师长论，将其开除。王据理反驳，表示无过可悔，如被开除，则诉之法院并向社会公开，曹只得

① 王造时：《由"真命天子"到"流氓皇帝"》，《新月》第 3 卷第 11 期（1931 年 8 月）。

不了了之。

1925 年五卅运动爆发,王造时代表清华参加北京学生组织的沪案后援会,并在《京报》副刊主编《上海惨剧特刊》;随后被沪案后援会派往武汉,调查武汉发生的惨案。

1925 年 8 月,王造时赴美,入威斯康星大学学政治学。他感到"五四"以来参加政治活动太多,在留学期间应埋头读几年书。1927 年南京国民政府成立后,他对国事前途感到渺茫,愈加发愤读书。1929 年 6 月毕业,获政治学博士学位。同年 8 月到英国入伦敦大学经济学院,随拉斯基(Harold Joseph Laski)研究国际政治。拉斯基是著名的资产阶级改良主义思想家、费边社会主义的阐述者。王受其影响,认为中国工人人数少,不具备实行无产阶级革命的条件。

1930 年秋天,王造时回国,在上海光华大学任教授兼政治系主任(后又任文法学院院长),同时在大夏大学、上海法学院等校兼课。他在学生中大力宣传爱国主义、民主主义和资产阶级改良主义,并在《新月》杂志上发表文章,表达他要求民主法制、反对专制独裁的思想。1931 年 8 月,发表《由"真命天子"到"流氓皇帝"》一文,意在影射蒋介石,反对国民党一党专政,但对共产党建立农村革命根据地和开展游击战的活动,认为是"流寇政策"。

"九一八"事变后,王造时出于爱国热忱,立即撰写了《救亡两大政策》的小册子(新月书店 1931 年 10 月出版),主张对内取消一党专政,对外与日寇拼命到底。同时参加发起组织上海各大学教授抗日救国会,任常务理事,并代表该会参加上海各抗日救国团体联合会。1932 年 1 月,国民政府聘任他为国难会议会员。淞沪抗战发生后,他受上海各抗日救国团体联合会的推派,往北平要求张学良出兵东北,以解上海之围,但后来国民党当局签订了《淞沪停战协定》,与日本妥协,国难会议也被当局用种种方法改变了原来"共赴国难"的宗旨。因此王造时和一些国难会议会员拒绝出席在洛阳召开的国难会议,而与黄炎培在沪发起组织民宪协进会。5 月,他在上海各大报上发表《对于训政与宪政的意见》，批驳汪精卫等人不同意结束训政的言论。他指出：“像国民党近几年来的干法，对外丧权辱国，对内压迫人民，党高于国，有党无国，即使到了万不得已的时候，推翻国民党的政权，也未始不是拥护中华民国之一办法。”①11 月，他与彭文应、潘大逵在上海创办《主张与批评》半月刊，自任主编。因反对国民党的一党专政，该刊仅出三期，即遭国民党当局禁止而停刊。1933 年 1 月他将刊名改为《自由言论》半月刊出版，在创刊号上，针对蒋介石“攘外必先安内”的方针，他发表《安内必先攘外》一文，痛论非对外抗战，不足以安内，非停止内战，不足以救亡。他逐渐改变了往昔对共产党的看法，说共产党“乃是有组织、有主张的政党”②，要求国民党停止“剿共”。

同时，王造时参加宋庆龄、蔡元培发起组织的中国民权保障同盟上海分会，被选为宣传委员；3 月又被选为执行委员。4 月，同盟全国临时执委会组织营救政治犯委员会，他为委员之一，与宋庆龄、蔡元培、杨杏佛等人一起，为营救被国民党当局逮捕的共产党人及其他爱国人士做了不懈的努力。他提出民权保障运动“须有广大的民众做基础，分子应该加多，组织应该推广，不应该限于党派的关系，更不应该限于名流的集团”③。他的意见切中同盟的主要弱点，受到重视。

由于王造时不断批评国民党当局，国民党当局始则想用高官厚禄为饵，诱其到南京做官，王不为所动；接着国民党特务组织寄匿名信，附寄子弹相威吓。上海教育当局下令光华大学撤掉他的职务，并密令各大学不得聘他任教。他不得已，只好挂牌当律师。11 月福建事变发生，他应陈铭枢邀约前往福州，准备参与其事。不久因估计成功的可能性不大，回到上海，在《自由言论》上发表《为闽变忠告当局》一文，要求

---

① 王造时：《对于训政与宪政的意见——批评汪精卫、于右任二氏的言论》，《荒谬集》，自由言论社 1935 年版，第 38 页。

② 王造时：《五月十五日的主张》，《荒谬集》，第 185 页。

③ 王造时：《自由之战争》，《荒谬集》，第 133 页。

国民党当局“乘机痛悔，与民更始”①。12 月，国民党当局以“言论荒谬”的罪名将《自由言论》查封。在以后一段时间里，他采取了缄默的态度。1935 年 4 月，他将自“九一八”起至 1933 年底的文章汇集成册出版，题名《荒谬集》，作为对国民党当局的回击。

正当王造时处于苦闷之际，1935 年 8 月 1 日，中国共产党发表宣言，呼吁停止内战，共同抗日。接着“一二九”运动爆发。这使王造时受到极大鼓舞，从此不再缄默，与马相伯、沈钧儒、邹韬奋、章乃器、李公朴、陶行知等二百余人于 12 月 12 日发表《上海文化界救国运动宣言》，提出坚持领土主权的完整、要求收复失地、保护群众爱国运动等八项主张。接着上海文化界成立救国会，他被选为执行委员、常务理事。1936 年初他参加发起大学教授救国会、上海各界救国联合会。5 月 31 日至 6 月 1 日全国各界救国联合会在上海召开成立大会，王造时出席并当选为常务委员。

国民党当局极力破坏抗日救亡运动的开展，他们勾通上海公共租界巡捕房，于 1936 年 11 月 23 日凌晨，将包括王造时在内的七位救国会领袖非法逮捕，不久解往苏州，拘押在江苏高等法院看守分所，是为轰动中外的“七君子”事件。王造时被捕后，陈立夫指使王的老师、河北监察使周利生向他提出，如放弃救国会活动，可先释放。王断然拒绝，坚定地和其他几位难友采取一致主张和行动。

1937 年 4 月 3 日，江苏高等法院以所谓“危害民国”的罪名对七人提起公诉，并于 6 月 11 日和 25 日两次开庭审讯。王造时等七人在法庭上义正词严地驳斥对自己的强加之罪。国民党法官虽然窘态毕露，但仍然不予无罪释放，并声言要判刑。直到“七七”抗战爆发后国内形势发生变化，七人才于 7 月 31 日获释。

8 月 13 日，王造时回到上海，适逢淞沪抗战爆发，他立即投入抗敌

① 王造时：《为闽变忠告当局》，《自由言论》第 1 卷第 21 期（1933 年 12 月 1 日）。

后援活动。上海沦陷后，他应江西省政府主席熊式辉的延聘，到南昌任江西地方政治讲习院教务主任。1938 年 7 月被国民政府聘为国民参政会参政员。1939 年春，王造时到吉安，汇集一部分文化人士及流亡学生组织前方文化社，创办生活书店，发行进步书刊。1939 年 5 月，他把吉安《日新日报》改名为《前方日报》，自任社长。他亲自写过不少宣传坚持抗战、反对妥协投降、要求民主、反对独裁的文章。汪精卫投敌后，他接连写文章揭露和谴责汪伪集团的罪恶。太平洋战争爆发后，他撰文反复阐明坚持持久战、中国必然会胜利的道理，并强调结成世界各国反侵略阵线的重要性。他的文章切中时弊，常被各报转载。

1942 年国民参政会改组，王造时与救国会的几个参政员被排斥；但在 1943 年底，国民党当局迫于要求实行宪政的舆论，设立了一个宪政实施协进会，又聘王造时为会员。

抗战胜利后，王造时回到上海，为《前方日报》迁沪做筹备，由于该报迁沪许可证迟迟未能领到，便与生活书店合股开办自由出版社，自任社长。

1947 年 1 月，国民党当局为分化拉拢民主党派人士，再次发表王造时为国民参政会参政员。在国民党当局发动全面内战近一年，其他救国会参政员已退出的情况下，他出席了 5 月召开的第四届国民参政会第三次大会。但他仍然想尽最大努力，促使国民党放弃内战，曾奔走于张群、陈诚、陈立夫等人之间呼吁和平。1949 年初，国民党政权覆灭前夕，代总统李宗仁派人动员他为和平运动奔走，这时王造时的回答是："现在不是和平问题，而是革命问题；不是条件问题，而是投降问题。"①予以拒绝。

中华人民共和国成立后，王造时历任华东军政委员会文化教育委员会委员、上海市政协第一届常务委员、全国政协第二届委员、复旦大

① 《王造时自述》，中国人民政治协商会议上海市委员会文史资料工作委员会编《上海文史资料选辑》第 45 辑，上海人民出版社 1984 年版。

学教授及上海法学会理事等职。1957 年被错划为右派。1971 年 8 月 5 日去世。1980 年 8 月 19 日，上海市政协、复旦大学联合为他补行追悼会，宣布政治上予以平反，并赞扬他在民主革命和社会主义革命时期所作的贡献。

王　占　元

张振鹤

王占元，字子春。山东馆陶人。生于1861年2月20日（清咸丰十一年正月十一日）。青年时代投淮军刘铭传部当兵。1886年被保送入天津武备学堂第一期学习，1890年毕业，投入宋庆的毅军，参加过甲午中日战争。1895年往天津小站投入袁世凯编练的新建陆军，被委为工程营队官。1902年，袁世凯着手扩充军队，以小站旧部为骨干，于保定编练成北洋常备军，王占元任步队第七营管带。第二年晋升为步队第一标统带。1904年，袁世凯、铁良奉命开始编练北洋陆军六个镇，王占元被提升为第二镇步队第三协统领。1906年王占元由副将衔补用游击，准以"参将留直补用"。1910年升为记名总兵。1911年4月，授陆军协都统衔。

1911年10月，武昌起义爆发，王占元的第三协奉命编入第一军，南下镇压革命。10月27日，在冯国璋的指挥下，王部伙同他部清军从革命军手中夺取汉口，纵兵烧杀抢掠，极为残忍。11月末，王部又配合李纯等部军队攻陷汉阳，使革命军孤守武昌，陷于严重困难。王占元因此受到清政府的赏赐，由统领晋级为第二镇统制。

1912年中华民国成立，原来进攻革命军的北洋陆军各镇改为师，原封不动地保留下来。王占元继续担任第二师师长，驻保定。1913年春夏间移驻信阳，参与镇压"二次革命"。1914年3月，兼"豫南剿匪总司令"，在信阳以东地区围歼以白朗为首的反袁武装①。4月，任湖北

① 《时报》1914年3月1日、3日、13日、23日。

军务帮办。

1915年，袁世凯策划称帝，王占元积极拥护，曾列名段芝贵等人的劝进电。10月，袁世凯授以壮威将军。12月底，云南护国军起义反袁，王向袁表示忠诚不贰，袁又授他以襄武将军督理湖北军务。1916年1月，正当袁世凯遭到全国人民的不满和反对而精神沮丧时，王占元还借湖北宜昌附近山洞发现龙骨化石之机，编造离奇的神话，向袁献媚说："当此一德龙兴之日"，"天眷民佑，感应昭然"①。这种为袁世凯称帝捧场的丑行，成为当时人们谈话的笑料。2月18日，王占元又以血腥手段镇压了武昌南湖陆军第一师炮队的反袁士兵②。

6月，袁世凯死后，黎元洪继任大总统，段祺瑞为国务总理。7月，授王占元以湖北督军兼民政长。王表面对黎恭顺，暗中附和实力派。不久，黎、段之间发生"府院之争"。1917年5月，吉林督军孟恩远在段的唆使下，串通各省督军，领衔要求解散国会，向黎施加压力。王占元曾与孟恩远一道列名通电。之后，黎特意召见王、孟二人，恳求他们向各省军阀进行疏通。5月下旬，段祺瑞被免职，九省督军宣布独立，王占元表面未曾列名，实际上仍然与各省军阀沆瀣一气。

袁世凯死后，北洋军阀日益明显地分化为直、皖两系，王占元站在直系一边。9月，孙中山在广州联合南方各省实力派，建立"护法"军政府，反对窃据北京政府的北洋军阀。这时，直、皖两系由于利益不一致，在对护法各省的和战问题上发生分歧。冯国璋依靠王占元等长江直系三督军的支持，高唱"和平统一"政策，反对段祺瑞的"武力统一"。11月14日，北洋政府驻防湖南前线的两师长王汝贤、范国璋在冯的授意下，首先通电撤兵，主张和平解决南北争端。接着，18日，王占元又同李纯、陈光远、曹锟联衔发出相同的通电。在直系的和平攻势下，段祺瑞的"武力统一"政策受挫，军事行动随之失利，皖系的湖南督军傅良佐

① 《时报》1916年1月17日。

② 《民国日报》1916年2月25日、26日。

被赶出长沙，段辞去国务总理职务。冯国璋取得暂时优势，但由于皖系的牵制，对和战犹豫不决。

王占元为保持他在湖北的统治，对和战采取观望态度，企图左右逢源。1918年1月27日，打着“护法”旗号的湘桂联军攻占岳州，2月11日，冯国璋免去被联军击败的北洋第二师师长王金镜的职务，由王占元兼代①。王占元和江苏督军李纯以南北议和调解人的身份展开活动，示意联军勿再进逼。湘桂联军并无真正实力，总司令谭浩明为了争取湖北中立，向王做出“不入鄂境”②的保证。南北对峙的局面暂时稳定下来。

1919年12月，冯国璋病死，曹锟成了直系首领。王占元附和曹锟、吴佩孚共同对抗皖系。1920年4月，他出席了曹锟为部署反皖在保定召开的直、奉两系联盟会议。5月，吴佩孚从湖南衡阳前线撤兵北上，路经湖北时，王占元慷慨资助饷械。6月13日，北京政府的总统徐世昌在曹锟的示意下，任命王占元为两湖巡阅使。7月，王又乘直皖战争之机，扣留了皖系的长江上游总司令吴光新，并收编了吴的军队，从而扩大了他在湖北的军事实力。

直皖战后，奉系张作霖把触角伸向长江中游，想方设法拉拢王占元。北京政府也想依靠他调解直、奉两系间的矛盾。1921年4月，国务总理靳云鹏在天津召集会议，参加会议的除曹锟、张作霖分别代表直、奉两系外，还邀请了王占元，一时称为“四巨头会议”。王占元在会上大肆吹嘘，捏称“湘川黔滇不日北附”③，想以此向北京讨取更大的好处。当时，广州非常国会选举孙中山为大总统，另立政府，王占元尾随曹、张等北方军阀一起通电反对。

王占元在湖北的残酷统治，引起人民的强烈反对。由于他克扣军

① 《大总统冯国璋命令》，《时报》1918年2月14日。

② 《李纯主张停战议和电》，《时报》1918年2月5日。

③ 《章太炎致赵恒惕电》，《民国日报》1921年5月10日。

饷，1921年前半年湖北境内连续发生兵变十多起，其中以武昌、宜昌的两次为最大。变兵烧杀抢掠，人民遭受惨重损失。因此，湖北倒王运动迅猛高涨。7月底，倒王运动主持人李书诚等联络湖南军阀赵恒惕，以湘军第一师师长宋鹤庚任援鄂总指挥，统率第一、第二两师，由岳州进攻湖北。王占元任命第十八师师长孙传芳担任前敌指挥，进行防御和抵抗，但不到十天，防线就全面被突破。8月7日，王占元被迫辞职，携带他在湖北搜括的大批财物，逃往天津。

王占元被逐出湖北后，派人串通张作霖、曹锟、吴佩孚、靳云鹏等军阀政客，企图东山再起。他经常往来京奉道上，极力巴结张作霖。1922年第一次直奉战争后，他又把赌注押在曹锟、吴佩孚一方。1924年第二次直奉战后，曹、吴失势，张作霖重返北京，对王占元极为冷淡，王的活动才稍加收敛。

1926年9月，王占元应五省联军总司令孙传芳的邀请，到南京就任孙的训练总监①，与孙共同抗拒北伐革命军，并一度幻想北伐军和吴佩孚两败俱伤，由孙传芳坐收渔利，让他再回湖北。北伐战争的胜利，摧毁了王占元的美梦。但他还要做垂死挣扎，配合英、日帝国主义的阴谋活动，偕同靳云鹏奔走于南京、天津之间，撮合张作霖、张宗昌和孙传芳捐弃旧嫌，共同抗击北伐军②。但历史作了无情的回答：北伐胜利了，北洋军阀被打垮了。王占元只好逃回天津，托庇英国租界的保护。

王占元曾经用搜括来的钱，先后在北京、天津、大连、保定购买了大宗房产③；在山东投资于纱厂④、煤矿⑤；在直隶投资于面粉厂⑥、电力

① 《申报》1926年9月9日。

② 《申报》1926年9月14日、15日、16日、17日、26日。

③ 郑延玺：《我所知道的王占元》，中国人民政治协商会议全国委员会文史资料研究委员会编《文史资料选辑》第51辑，中华书局1964年版。

④ 严中平：《中国棉纺织史稿》，科学出版社1955年版，第354页。

⑤ 山东省政府实业厅：《山东矿业报告》，北洋印刷公司1930年版，第164页。

⑥ 河北省国货陈列馆：《国货年刊》，第130页。

股份公司①;在湖北等地开设银号,垄断军用品,贩卖黄金,倒运铜元;在直隶南部、山东西部乘灾荒之年购置大量土地②;还把大量金钱储存在外国银行。在北洋军阀中,王占元算得上一个大地主兼大资本家。

1934年9月14日,王占元病死于天津寓所。

① 《保定工商业状况》,《工商月刊》1935年第7卷第4号,第65页。

② 郑延玺:《我所知道的王占元》,中国人民政治协商会议全国委员会文史资料研究委员会编《文史资料选辑》第51辑,第261—265页。

王　振

庞守信

王振，原名耀堂，字荣轩，因在兄弟五人中行五，人称王老五。河南宝丰人。1887年(清光绪十三年)出生于一个贫苦农民家庭。其父做过长工。王振没上过学，年轻时以务农为主，兼开小煤窑。清末豫西一带灾荒频仍，兵匪横行，民不聊生，王振铤而走险，投身绿林。

辛亥武昌首义后，河南革命党人组织民间武力会攻洛阳失败，一部分溃散的学生队路过宝丰西乡，王振等乘机围缴了他们的枪弹，自此聚众数百人，活动于宝丰、鲁山、郏县等地。1913年，白朗军起事，王振投白朗军。次年白朗军失败，王振重新为匪。1920年王振率匪众三百余人与杆匪刘占标等会合。因王善于谋略，被推为头目，遂有众二千余人，活动于临汝、登封、宝丰、鲁山、郏县、禹县一带，绑票、截款、烧杀掳掠，人民惨遭蹂躏。河南督军赵倜屡派官军追剿，均告失败。

1921年，王振潜至开封，向官府疏通，请求招抚。时值赵倜扩充宏威军之际，同意收抚，委王振为巡缉营营长，所部五百人，驻防于宝丰、鲁山、郏县一带。王振摇身一变而为营长，骄横异常，勒派敲诈，鱼肉乡里，当地居民一提起王老五，无不切齿痛恨。王振为了准备高升的资本，不断放出"外队"①，扩大势力。

---

① 外队，系被收抚后又被暗放的土匪。官军让其继续拉杆为匪，二者互相为用。外队给抚军暗送金钱，抚军给外队暗送枪弹；抚军不能自安时则有所归，外队不能自安时则有所靠。此为招抚土匪以来暗行之惯例。

1922年4月第一次直奉战争中，赵倜败北，宏威军瓦解，王振失去了靠山，重新落草。同年秋，王振与悍匪张庆（老洋人）等合伙，形成数万之众，西窜陕县、洛阳等地，声势浩大。吴佩孚急调刘镇华之镇嵩军往剿，将其击溃。王振所部匪众千余人流窜陕西商洛地区，又被镇嵩军第三路统领憨玉琨收抚，编为补充团，王振为团长，仍驻防商洛地区。

王振在驻地烧杀绑架，无所不为，乡民苦不得已，纷纷组设民团自卫，抗拒王部劫掠。但刘镇华竟然指商洛民团为反叛，添派郭金榜等协同王振"围剿"。王、郭"奉令洗杀，男女老幼不留，放火烧杀七十余村，祸延六百余里"。①

第二次直奉战争结束后，吴佩孚败归洛阳，镇嵩军叛吴拥段（祺瑞）。刘镇华命憨玉琨师出潼关，抢占河南地盘。1924年12月初，憨命其参谋长吴沧洲率王振等部进兵洛阳，赶跑了吴佩孚；接着进兵郑、汴。王振为憨玉琨争夺河南立了首功，被升为第一混成旅旅长，驻军登封一带。

1925年初，胡景翼任河南军务督办，所部国民二军进入河南，憨师被迫撤至豫西，自此，胡、憨两军时有冲突。1月23日凌晨，王振在憨玉琨的授意下，派部勾结禹县民团，偷袭驻禹县之国民二军曹世英旅，殃及无辜，人民被杀者两三千人，造成重大惨案。二三月间，爆发了胡憨战争，憨玉琨失败而自杀身亡，王振等率残部西窜，盘踞豫、陕边界熊耳山、伏牛山一带，收集余部，重组力量。后转入陕南武关、安康一带，依附驻陕南之皖系军阀吴新田，伺机待动。

1926年春，吴佩孚派军攻入河南，击败国民二军。此时，王振率部八团，约万余人，由灵宝出山，抢占了函谷关一带险要阵地，凭险阻击，切断了国民二军入陕的通道。刘镇华率后续部队赶到，击败国民二军，在陕县、灵宝整编部队。王振又立战功，实力猛增，被刘镇华委为镇嵩军第四师师长，辖四个旅和三个直属营，所部三万余人，成为镇嵩军的

① 陕西《新秦日报》1925年3月24日。

王牌部队。

刘镇华为了夺回陕西的统治权，于4月初率镇嵩军围攻西安，与杨虎城、李云龙所率国民军作战。王振野心勃勃，梦想再立首功，以取得陕西省长高位。他亲临阵前督师，组织敢死队反复冲杀，致使死亡枕藉，惨不忍睹。王振久攻西安城不下，便把怨恨倾泻到支持国民军的民众身上，放火烧毁了城郊十万亩即将成熟的麦田。11月，冯玉祥为解西安之围下令国民军入陕，与镇嵩军激战，杨虎城、李云龙部亦猛烈反攻，镇嵩军大败东逃，退至豫西。刘镇华将残部整编为两个军，任王振为第二军军长。

王振及其亲信骨干张得胜、姜明玉等，大都是豫西府十处、州五处①的山大王。他们败归河南后，在豫西各县及南阳一带任意搜刮，烧杀抢掠，闹得农民耕种失时，无法生活。1927年3月底至4月上旬，新安县红枪会进行武装反抗，遭到王振部的血腥镇压，新安铁门、辛庄一带，十七个村庄被焚烧一空，附近村庄人民纷纷逃避。

1927年5月，冯玉祥在西安就任武汉国民政府委任的国民革命军第二集团军总司令，率部出潼关进入河南，6月初占领郑州、开封等地，与武汉北伐军会师。盘踞豫西的刘镇华见奉军大势已去，转而投向冯玉祥，被编为第八方面军。王振坚不投冯，只身投奉。他到太原经阎锡山疏通，在北京与张作霖见面，后被派往济南与张宗昌配合，专做分化镇嵩军的工作。10月，直鲁联军与冯玉祥部在豫东大战，由于王振暗中策动，刘镇华部军长姜明玉叛冯投奉，致使冯军遭受重创。1928年6月，冯玉祥、阎锡山等部占领平、津，奉军败退东北。王振随同逃往关外，先居大连，后又移居天津等地。

1929年夏，国民政府河南省主席韩复榘为利用土匪势力，扩充军队，特召王振回汴，委以豫西警卫团总指挥名义，到豫西招抚土匪。王

---

① 府十处：即河南府所辖的洛阳、偃师、巩县、孟县、登封、新安、渑池、宜阳、永宁（洛宁）、嵩县；州五处：即临汝州所辖的临汝、鲁山、宝丰、郏县、伊阳。

振先后在洛阳、临汝、郏县、宝丰、禹县等地广招杆匪，滥委师旅，号称九师，约三万余众。先驻郏县，后移禹县，1930 年 4 月全部开入鄢陵县，分驻城乡。这支名为官军实为土匪的部队，到处占民房、抓壮丁、勒索巨款，强缴民团枪械，致使鄢陵民众纷纷外逃。

这时，蒋、冯、阎中原大战爆发，王振所部隶属阎、冯一方，被编在第八方面军中，同蒋军作战。9 月中旬，蒋军肖之楚第四十四师攻占鄢陵县城，王振退守城西冈底、张寨等地，遣人乞和，希图保住官位。肖与王虽有旧交，但深恨王曾缴过其部下枪支，乃将王诱入城内扣押，将所部包围缴械。10 月 13 日肖之楚以绅民控告王振祸豫之名，杀王振于鄢陵县城。

主要参考资料

陶菊隐：《北洋军阀统治时期史话》，三联书店 1978 年重印本。

靳容镜修，王介等纂：《鄢陵县志》卷 1，1936 年版，第 112—113 页。

尹文堂：《镇嵩军始末》，中国人民政治协商会议河南省委员会文史资料研究委员会编《河南文史资料选辑》第 2 辑，河南人民出版社 1979 年版。

王凌云：《豫西旧社会军匪横行的概况》，中国人民政治协商会议全国委员会文史资料研究委员会编《文史资料选辑》第 38 辑，中华书局 1963 年版。

长沙《大公报》1925 年 2 月、1926 年 5 月。

《时报》1921 年 8 月 12 日。

王 正 廷

郑则民

王正廷，字儒堂。浙江奉化人。生于1882年7月25日（清光绪八年六月十一日）。父王际唐是基督教圣公会牧师，曾在上海郊区传教。

王正廷六岁时在宁波进小学堂，十岁往上海入英国传教士所办的中英学校习英文。1896年，考入天津北洋西学堂二等（预科），后升入头等（本科）。1900年八国联军侵华，攻陷天津、北京，北洋西学堂被德国侵略军占据，学堂停办，王正廷辍学返回上海。1901年曾一度进海关任职，不久再去天津随原在北洋西学堂任教之坎特（Percy H. Kent）研习法律。其后到中美书院任英文科主任。1904年去湖南长沙中学堂担任英文科主任。

1905年，王正廷应中华基督教青年会总干事白乐门（Fletcher S. Brockman）邀请前往日本，在中国留日学生中筹设中华基督教青年协会分会。同年王在东京加入了中国同盟会。1907年赴美国留学，先入密执安大学，次年转入耶鲁大学文科研究院。

1911年夏，王正廷因父丧回到上海。10月武昌起义爆发，黎元洪被推举为中华民国军政府鄂军都督。王正廷前往湖北，在黎部下参与起草都督府组织条例，被任为都督府外交司司长，办理外交事务。12月中旬，袁世凯派代表唐绍仪同民军方面的全权代表伍廷芳在上海举行南北议和谈判，王正廷任民军方面和谈代表兼伍廷芳的参赞。12月下旬，他以浙江省代表的资格参加选举孙中山为中华民国临时大总统，任临时参议院议员①。

1912年3月，袁世凯继任中华民国临时大总统，唐绍仪组织新内阁，王正廷被任命为工商部次长。因总长陈其美没有就职，由王代理总长职务。7月，内阁总辞职，王正廷回上海，继白乐门之后任中华基督教青年会全国协会总干事。同时，他还与张伯苓等共同发起组织中华全国体育协进会，并筹备第二年在北京举行民国时期第一届全国运动会。此后，他长期兼任全国体育协进会理事长，多次领队参加亚洲运动会和世界运动会。他和孔祥熙均为奥林匹克委员会的终身委员。

1913年春，北京政府产生了正式国会，国民党员当选参、众两院议员的有三百九十二人，国民党成为国会中的第一大党。王正廷被选为参议院议员及副议长。时宋教仁力图实行政党内阁，为袁世凯所忌恨。3月，国会开会前夕，宋教仁被袁世凯派人刺杀于上海。王正廷等对袁世凯的违法活动及擅自与英、法、德、日、俄五国银行团签订《善后借款合同》进行了揭露和斗争。7月参议院议长张继离开北京，王正廷代理议长职务。在“二次革命”失败后，袁世凯于同年11月宣布解散国民党并下令收缴国民党议员的证书，王正廷遂离京去沪。1916年6月袁世凯死后，黎元洪继任总统，国会恢复，王正廷回京继续担任参议院副议长。1917年6月，张勋率兵入京“调停”总统黎元洪和国务院总理段祺瑞之间的所谓“府院之争”，迫使黎元洪解散国会之后拥清室复辟。7月，孙中山为反对北洋军阀解散国会、复辟帝制，提出拥护约法、恢复国会的主张，并从上海率“应瑞”、“海琛”两舰南下广东，建立护法根据地。王正廷拥护孙中山的护法主张，7月底电复广东省议会，同意前往广州开会。他与吴景濂电请美、英、法、俄等国赞助中国国会。8月初到达广州，受到孙中山的接见，并共同商议组织政府等事宜。8月25日，王正廷和其他南下的国会议员一起在广州召开国会非常会议，9月1日

① 张难先：《中华民国政府成立记》，中国史学会主编《中国近代史资料丛刊·辛亥革命》(八)，上海人民出版社1961年版，第11—14页。

选举孙中山为大元帅，成立护法军政府。9 月 11 日王正廷任中华民国军政府外交次长，并暂行兼署外交总长。1918 年护法军政府派王正廷赴美国，接洽美承认军政府事。

1919 年 1 月，参加第一次世界大战的美、英、法、德、意、日等国在巴黎召开“和平会议”。北京政府派代表参加和会，为表示中国南、北两个政府对外的“一致”，广东护法军政府派王正廷为中国出席和会的全权代表之一，他与陆徵祥、顾维钧、施肇基、魏宸组一起，曾向和会提出了一些要求：如希望列强放弃在华特权；取消日本与袁世凯订立的“二十一条”；收回大战期间被日本夺去的山东的一切权利等。但是，中国的正当要求不仅遭到与会列强的拒绝，并且和会还将日本夺得的山东权益明文载入对德和约。巴黎和会的这一消息传出，立即激起了我国人民的一致反对，爆发了伟大的五四运动，国外华侨也展开了爱国斗争。在当时形势和全国人民爱国运动的推动下，王正廷于 5 月中旬明确表示，如果签订和约不准中国保留意见，则无论如何“决不签字”①。这一主张符合当时我国各阶层人民的愿望，得到了多方面来电的支持，也得到广东护法军政府外交部长伍廷芳等的支持。这种态度对当时我国争取独立主权的外交斗争起了好的作用。我国出席和会的代表最终在全国人民和旅法华侨、留法学生共同斗争的压力下，拒绝在“巴黎和约”上签字②。王正廷在巴黎和会期间的表现，获得当时国内舆论的好评。

广东军政府于 1918 年 5 月通过改组排挤了孙中山之后，实已成为桂系一手把持的傀儡机构。1920 年初，滇、桂两系军阀因争夺驻粤滇军的统率权而关系破裂，国民党系的国会议员与军政府间的矛盾亦加

---

① 王芸生：《六十年来中国与日本》第 7 卷，三联书店 1981 年版，第 350—351 页。

② 关于 1919 年拒签“巴黎和约”的情况，王正廷在 1927 年 7 月为《国闻周报》作《近二十五年中国之外交》一文中，曾有较详细的叙述。又见吴天放编《王正廷近言录》，现代书局 1933 年版，第 127—155 页。

剧。4 月 21 日，林森、王正廷、吴景濂、褚辅成通电宣布：自 3 月 29 日起，广东军政府会议已不足法定人数，一切决议概属违法。王正廷及不少议员离粤去沪。

1921 年，王正廷到北京就任中国大学校长。这所大学原是民国元年由孙中山授命创立，黄兴、宋教仁先后负责经办。其后袁世凯复辟帝制，该校受到肆意摧残，在艰难中维持近十年。这时由王宠惠任董事长，王正廷任校长，经过筹款扩建，规模日渐完善，设立文、理、法三个学院。后来该校得到中国国民党的资助，长期存在下来，甚至在抗战爆发后，也以私立大学的名义继续留在北平，校长一直由王正廷挂名，直至北平和平解放为止。1921 年 5 月，王正廷还被选为海牙国际常设公断法院公断员。1922 年初，在华盛顿会议期间，美、英等帝国主义国家从各自利益出发，促使中、日两国代表在会外直接交涉，达成"解决山东悬案条约，规定让中国从日本手里收回胶州原德国租界地，改向各国开放"；同时"以中国国库券交付日本"，"以铁路产业及进款作抵"，由中国赎回胶济铁路①。3 月，北洋政府派王正廷为"鲁案"督办，与日本办理交涉，至 12 月签订了"鲁案协定"并办理移交胶澳管理手续②。接着王正廷担任青岛商埠督办兼胶济铁路理事长。当时北洋政府曾把这件事吹嘘为"外交胜利"，王正廷也从中取得了一定的政治资本，加强了他在北洋政界中的地位。1922 年 11 月 29 日，王宠惠内阁因遭到曹锟的反对而辞职，黎元洪先命汪大燮署理国务总理，王正廷署外交总长。这时直系军阀首领曹锟排斥现任内阁，逼迫黎元洪重组对他有利的新内阁，并企图赶走现任总统，为自己登台扫清道路，汪内阁处于风雨飘摇的状态。12 月 6 日，黎元洪不得不提出由张绍曾出来组织新内阁，因张与曹锟、吴佩孚的关系都很密切。在新内阁没有通过以前，汪内阁代理时

---

① 王铁崖编：《中外旧约章汇集》第 3 册，三联书店 1962 年版，第 208—212 页。

② 孙曜编：《中华民国史料》，《近代中国史料丛刊》第 13 辑，台北文海出版社 1967 年版，第 448、453 页。

间已到，黎元洪便于12月11日请王正廷暂行代理总理。王正廷于14日通电就职。内阁成员除王正廷兼任外交总长、凌文渊代理财政总长外，其他成员均是留任，即由高凌霨、张绍曾、李鼎新、许世英、彭允彝、李根源、高恩洪分别任内务、陆军、海军、司法、教育、农商、交通各部总长。12月31日，王代理内阁，打破自己不任免重要人员的诺言，升授吴佩孚为孚威上将军，冯玉祥为陆军上将。王正廷临时内阁是个过渡性的政府，时间较短，不为曹锟等的重视，只不过为张绍曾内阁起催生的作用。1923年1月4日，张绍曾内阁组成，任王正廷为司法总长，但他未就职。3月他出任中俄交涉督办，与苏俄代表谈判恢复邦交问题。1924年3月，双方会商《中俄解决悬案大纲协定草案》①第一阶段结束。其后由外长顾维钧亲自主持谈判，至5月31日《中俄解决悬案协定》正式签字，中俄外交关系恢复。1924年10月23日，冯玉祥发动北京政变，曹锟下台。31日，黄郛任代理国务总理，王正廷任外长兼财政总长。11月24日段祺瑞再次上台，当上了北京政府"临时执政"。黄郛下台，王也去职。1925年3月，王再任中俄会议督办。12月段祺瑞改组内阁，王任外交总长。1926年3月，辞职赴上海，不久，任全国道路协会会长。

1926年9月，冯玉祥在五原誓师就任国民军联军总司令，宣布加入国民党，并与南方国民革命军相配合，出潼关参加北伐。王正廷应邀参与冯玉祥的军事谋划。1927年夏，当冯军占领河南以后，鉴于陇海铁路有涉外事务，冯荐王正廷任陇海铁路督办。

1928年，王正廷被任命为南京国民政府外交委员会委员。5月，日本军队为阻挠国民党军队北伐竟炮轰济南，制造"五三"惨案。南京政府外交部长黄郛因执行蒋介石的对日妥协政策，激起全国人民的强烈反对，不得不引咎辞职。6月，王正廷继任南京政府外交部长兼国民党中央政治会议委员。其后他还曾任国民党候补中央执行委员、中央执

① 王芸生：《六十年来中国与日本》第7卷，第119—125页。

行委员等职。

1928 年 10 月，王正廷与日本代表谈判解决“济案”问题，日本方面仍然蛮横无理，拒不撤兵。王正廷按照蒋介石的旨意，对日本一再妥协迁就①，引起了南京市民的愤懑，于 12 月 13 日举行示威，并捣毁了王正廷的住宅。1929 年 3 月 28 日，中日双方达成所谓“济南协议”，除规定组织调查委员会调查所谓双方的损失外，还要中国政府负责保护在中国的“日本臣民”的生命财产安全。这个“协议”把日本帝国主义在济南杀害中国军民数千人等罪责一笔勾销，还声明：“视此不快之感情，悉成过去，以期两国邦交益臻敦厚。”②

王正廷任外长期间，为了应付全国人民日益高涨的独立自主的要求，也曾采取过一些新的外交手法。1928 年 7 月间，发起了“改订新约运动”，即国民政府在承认不平等条约的前提下，要求就关税和领事裁判权的有关条文进行若干修改。虽然在几年内先后与美、英、法、德等国家就“新关税条约”达成某些协议，在形式上争取到他们的某些让步，但中国受制于人的半殖民地局面却没有本质上的改变。至于连年宣称的“取消领事裁判权”问题，在 1931 年“九一八”事变发生后，国民政府又匆忙通令暂缓执行。尽管如此，王正廷任外交部长期间，办理了一些条约和协定，其中有的西方国家也作了某些让步，还同希腊、波兰、捷克等国订立了商务协定，进行了商品交流，当时外交工作还是有所进展。王本人不是亲日派，但由于他在“九一八”事变前后，仍然执行蒋介石“攘外必先安内”的方针，对日本的侵略采取妥协政策，再次引起全国人民特别是青年学生的强烈不满。9 月 28 日，南京、上海两千多名学生冒雨向国民党中央党部请愿，因不得结果，随即转向外交部，冲开警卫的阻拦，用墨水瓶掷伤王正廷的头部。王于纷乱中从窗口跳出，始得逃

① 洪钧培编：《国民政府外交史》，华通书局 1930 年版，第 185—194 页。

② 《芳泽谦吉与王正廷互换照会》（1929 年 3 月 28 日），《东方杂志》第 26 卷第 9 号。

脱。事件发生后,他被迫辞职。1932年1月,改任外交委员会委员。

1936年8月,王正廷出任南京国民政府驻美大使。1937年7月卢沟桥事变发生后,在美国国务卿安排下与日本驻美公使会面,但毫无结果。以后,他也没有能够从美国方面得到新的“援助”。1938年9月,国民政府将王正廷调回,改派胡适接替驻美大使职务。王正廷经香港转赴重庆,此后不再担任政界要职,只挂名为国民党中央执行委员和国民政府委员。

抗战胜利后,他回到上海,曾任上海市参议员、全国体育协进会理事长,还兼任中国红十字会会长、交通银行董事、菲律宾交通银行董事长、太平洋保险公司董事长等职。1961年5月21日在香港病逝。

王 芝 祥

王 川

王芝祥,号铁珊。1858年(清咸丰八年)出生于直隶通县。王芝祥从小饱读诗书,关心国内外政事,颇有康济时艰之志,周围聚集了大批志同道合之士。1885年考中举人,被清廷派至河南各地担任知县,成绩卓著,进而清廷颁发特旨升调其为广西知府。当时广西盗匪猖獗,时时滋扰百姓,王芝祥到任后采取果断措施剿匪,取得成效,深得清廷赏识,迅速被提升为盐司。1907年6月,清政府令王芝祥担任广西按察使,1911年7月担任布政使。

清季朝政不纲,社会秩序混乱,不少同盟会成员潜入内地开展秘密革命活动,出没于两广者尤多。革命党在广西的活动有着悠久历史。广西是太平天国起义之地,人民的民族革命意识极为浓厚,所以革命党人注重广西一地有其特殊背景。在张鸣岐任广西巡抚(1906年至1910年)期间,革命势力更是有所发展①。受环境影响,加之本身具有革命倾向,王芝祥任职期间没有对革命志士进行围剿,而是以其爱才之心尽力保护他们的安全。一时如黄兴、柏烈武、吕公望、赵恒惕、钮永键等革命党人或受其资助出国求学,或是暗中受其保护得以保全性命,因之王

① 李宗仁口述、唐德刚撰写:《李宗仁回忆录》,广西师范大学出版社2005年版,第39—40页。

芝祥与同盟会员建立了良好的关系①。

1911年10月10日武昌爆发推翻清王朝的新军起义，旋即各省革命党人纷纷策动本省响应。广西巡抚沈秉堃被迫接受革命党人的要求，于11月7日宣布广西独立。省谘议局推举沈为都督，布政使王芝祥、提督陆荣廷为副都督。11月8日，广西最高军事长官陆荣廷与同盟会代表谈判，表明赞成独立意愿，“附和共和”。清廷崩溃后，新的民主共和权力中心未能及时确立，各独立省纷纷树起“省人治省”旗帜，广西各党派和各界人士也呼吁“桂人治桂”。作为外省人的沈秉堃(湖南籍)、王芝祥，感到势单力薄难以立足②。此时武昌革命军和清军正相持不下，需要各地革命军增援。其时广西新军和旧军也时生摩擦，所以沈秉堃、王芝祥力主调新军北伐，既可协调新旧两军的冲突，亦欲乘机离桂自保。沈秉堃自愿以湘桂联军总司令名义亲自统率北上。王芝祥待陆荣廷将到桂林时，则以广西北伐军总司令名义率广西旧军六大队假道湖南开往武汉支援革命军。沈、王离开之后，11月23日，广西议院推举陆荣廷为都督。

1912年元旦，孙中山宣誓就任临时大总统，南京临时政府正式成立，中华民国诞生。南北和谈后，孙中山辞职，袁世凯当选为临时大总统。1912年3月6日，王芝祥担任第三军军长兼陆军部高等顾问官③。3月29日，唐绍仪出任国务总理，4月1日政府迁往北京。唐绍仪出任总理前为得到同盟会的支持，与同盟会达成了一个口头协议，即推举与同盟会素有交谊的直隶人王芝祥担任直隶总督；直隶士绅也有意选举王担任，并且也得到袁世凯的同意。谁知袁的许诺不过是权宜之计，目

① 《王芝祥(1858—1930)》，贾逸君编《中华民国百人传》，岳麓书社1993年版，第92页。

② 蒙力力整理：《陆荣廷主政广西要略》，黄德俊主编《桂西文史录》第2辑(1911—1937)，广西人民出版社1996年版，第1页。

③ 郭卿友主编：《中华民国时期军政职官志》，甘肃人民出版社1990年版，第18、27页。

的是为了骗取同盟会答应唐绍仪组阁。袁视直隶为自己的发迹之地，绝对不肯让给和自己素无关系的人，何况王芝祥与同盟会关系良好。因此，当5月下旬王芝祥从南京赶到北京、直隶省议会选举其为都督并呈请袁世凯任命时，直隶五路军队突然通电反对王芝祥做直隶都督。袁即以军队反对为借口，改派王芝祥为南方军队宣慰使①。唐绍仪以政府不能失信于直隶绅民，拒绝副署，但袁世凯置之不理，在6月15日把未经唐绍仪签名副署的委任状交给王芝祥，派其赶赴南京办理遣散军队事务，任命冯国璋为直隶总督。唐绍仪也因此事辞去内阁总理职务。

1912年9月19日，北洋政府授予王芝祥、徐宝山等四人为陆军中将加上将衔②。

南京临时政府建立后，随着新的政治格局逐渐建立，各种名义的政党纷纷成立。1912年4月11日统一共和党在南京召开正式成立大会，选举蔡锷、张凤翔、王芝祥、孙毓筠、沈秉堃等为总务干事。1912年8月，宋教仁在南京将同盟会进行改组，与统一共和党等五党合并组成国民党，孙中山、黄兴、宋教仁、王芝祥等九人担任理事。当时中国并不具备实行政党政治的基本条件，因而各政党之间难免互相排挤，不但破坏了民族团结，也破坏了正常的社会是非公理和竞争秩序，严重阻碍着国家政务的解决。

为纠正“甲党之所是，乙党必以为非；乙党之所非，甲党必以为是”的政党混乱局面，王芝祥、孙毓筠、于右任、章士钊等国民党人，于1913年2月16日在北京成立“国事维持会”，其宗旨在于疏通、调和“立法与行政”、“中央与地方”、“政党与政党”之间的冲突，以“维持大局，俾国家

① 陶菊隐著:《北洋军阀统治时期史话》(第1册)，生活·读书·新知三联书店1957年版，第134—135页。

② 郭廷以编著:《中华民国史事日志》，台北中研院近代史研究所1979年发行，第65页。

得抵于和平统一”①。嗣后国内政局迭变，战争连年不断，王芝祥本着“国事维持会”成立时确立的宗旨，凭借自己的声望或是为时局奔走呼号，或是以和平息争为职志，为各方所推重。

辛亥革命后，南方各省军政大权落到了各省都督手中，为独揽大权，袁世凯提出军民分治。此措施付诸实施时遭到江西都督李烈钧的反对，袁世凯对此非常忌恨。1912 年 12 月，在袁世凯的支持下，江西发生兵变。李烈钧为减少北京的压力，主动请行军民分治，并特荐与自己有师生情谊的汪瑞闿为江西民政长。李原以为汪处世温和，可利用他来缓和自己和袁世凯的矛盾，却不料汪瑞闿已经投靠袁世凯。李烈钧只好另想对策，迫使汪很快离开江西回到北京。正在这时李烈钧向日本订购的一批枪械及子弹被袁世凯收买的九江镇守使戈克安扣留，李烈钧坚决要求予以归还。眼看江西风潮愈演愈烈，大有一触即发之势，各路人纷纷出面主张和平解决。在北京，王芝祥为避免战争损伤国家元气，向袁世凯表示愿去江西调停。1913 年 2 月 16 日，王芝祥离京南下，3 月 1 日到达南昌进行调解②，请求改任赵从蕃出任民政长，袁世凯同意，民政长事件和平解决。3 月 15 日，李烈钧接收了被袁扣留两月之久的军械，剥夺了戈克安九江镇守使的职权。戈克安连续向北京告急，王芝祥闻讯后又立即从南昌赶到九江调停。在王芝祥的调解和李烈钧的坚决抵制下，袁世凯不得不让戈克安离职赴京，3 月 26 日任命王芝祥暂兼九江镇守使事务，以节制李烈钧③。江西局势也暂时恢复平静。

1916 年护国战争结束后，新任北京政府总统黎元洪任命蔡锷为四川督军兼省长，贵州人戴戡为川东巡阅使。蔡锷到成都后不久即因病

---

① 《国事维持会简章与第一次宣言书》，《申报》1913 年 2 月 25 日第 8 版。

② 郭廷以编著：《中华民国史事日志》，第 84、85、87 页。

③ 李新、李宗一主编：《中华民国史》第 2 编《北洋政府统治时期》第 1 卷(1912—1916)，中华书局 1987 年版，第 131—139 页。

辞职。9月13日北京政府特任云南人罗佩金暂署四川督军,戴戡暂署四川省长,兼会办军务。当时罗佩金驻守成都,在滇军军阀唐继尧的支持下不愿让戴戡到成都接任省长,11月又命令督署、省署官员改着便服参加公民大会反对戴戡,迫使戴戡迟迟不敢来成都,只得于1917年1月2日在重庆就职。北京政府以四川参加护国战争有功,特派王芝祥为四川检察使前往成都为有功人员晋级授勋,以示羁縻①。王芝祥于1917年1月7日抵达成都,正逢罗、戴二人相持不下之时。在王芝祥的斡旋下,1月14日戴戡自重庆到达成都视事②,罗佩金也不得不交出政权,实行军民分治。

自五四运动以后,教育经费的积欠越发严重,教育人士为维持生存纷纷起而采取行动。1921年为北京教师大规模索薪的第一年,6月3日当北京国立八高校教职员和学生一起赴总统府请愿时,在新华门与卫兵发生冲突遭卫兵殴打,数十人受伤。北洋政府为防止事态进一步扩大,力主缓和,派遣王芝祥慰问国立八校校长及教职员学生代表③。经过反复磋商,政府和八校教职员达成协议,事态才有所缓和。

1924年9月,第二次直奉战争爆发,直系将领冯玉祥不满吴佩孚排挤自己,于10月24日发动“北京政变”,囚禁总统曹锟,直系失败。当时依附于曹锟的京兆尹刘梦庚被迫去职,北京各界官绅民众共推王芝祥继任。11月5日段祺瑞政府任命王芝祥接任。12月31日,王芝祥又被调任侨务局总裁,1925年7月23日王辞去总裁职务④。此后王芝祥远离政界,专门致力于社会活动与慈善事业。

---

① 王连芳、赵振銮、赵泽光:《回族名将、爱国老人赵钟奇生平》,《中国穆斯林》1993年第2期,第38页。

② 郭廷以编著:《中华民国史事日志》,第279页。

③ 郭廷以编著:《中华民国史事日志》,第582页。

④ 刘寿林、万仁元、王玉文、孔庆泰编:《民国职官年表》,中华书局1995年版,第72页。

1913年，在湖南著名学者和政治活动家刘人熙筹办船山学社的过程中，王芝祥、张謇、夏寿康、庄蕴宽等社会名流，出于弘扬传统文化的愿望联名恳请总统袁世凯同意设立船山学社，最后得到批准①。船山学社成立后，刘人熙负责搜集和刊刻船山著作，出版《船山学报》，定期向各界人士讲述船山的学说，扩大了船山的影响，使得船山学说引起国内外学术界的注意。

1921年3月18日，山东济南成立了一个跨国性的民间宗教慈善组织——济南道院，由同善会头目杜秉寅出任总负责人，钱能训、王芝祥、何澍等人为名誉负责人。济南道院成立后不久即开始向外发展组织，在1921年到1923年短短的两年多时间已在天津、北京、上海、杭州、绥化、保定、武昌、南昌、福州、重庆等地成立一百多处道院，遍及长江以北及关外各省市，声势颇为浩大，影响也很广泛。王芝祥统掌上海、杭州、南京道院的事务。1924年日本大地震，济南道院趁机设立"神户道院"，是为向国外发展之始，后渐向南洋发展②。1922年10月28日，在王芝祥、杜秉寅、徐世光等九人的推动下，北京政府内务部正式批准成立世界红卍字会③，作为济南道院的下属组织，总揽道院所有的慈善事业。世界红卍字会中华总会会址设在北京，王芝祥担任中华总会会长④。每逢水灾、旱灾及战争爆发时，凡是有关赈务及救济之事，王芝祥无不极力提倡劝募赈灾，所以当时一般"贫苦无助之老弱妇

---

① 船山学社:《改组湖南船山学社筹备会缘起》,《船山学刊》1932年第1期,第25页。

② 朱式伦:《世界红卍字会在济南的兴衰》,山东省济南市政协文史资料研究委员会编《济南文史资料选辑》第4辑,1984年版,第151—153页。

③ 此非世界红十字会。据当时人分析,创办者的意图是要和世界红十字会、基督教青年会等并驾齐驱,希望逐渐发展成为真正的世界性组织。参见严薇青著《济南掌故》,济南出版社2001年版,第40—41页。

④ 《王芝祥(1858—1930)》,贾逸君编《中华民国百人传》,岳麓书社1993年版,第92页。

孺莫不知有大善士王铁老”①。总会创办了分会数十处。

1923 年 1 月，王芝祥协同邓孝然、汪大燮、王人文、刘莹泽向北洋政府内务部、教育部、京师警察厅送达组织世界宗教大同会立案书，声称设立世界宗教大同会是以“发扬基督、犹太、儒、释、老、回六大教真理以期宗教大同为宗旨”，目的是“为挽救人心计，和平世界计……专提倡宗教，讲求实证实用之道德，俾合人心日趋大同，以谋世界和平幸福”。1923 年 3 月 2 日教育总长彭允彝准予立案，23 日内务总长高凌霨也准予立案②。

20 世纪 20 年代王芝祥退出政坛后，除参加社会慈善活动外，赋闲家中教养晚辈。1930 年 7 月 21 日，王芝祥病逝于通县家中。

主要参考资料

郭廷以编著：《中华民国史事日志》，台北中研院近代史研究所 1979 年发行。

《王芝祥(1858—1930)》，贾逸君编《中华民国百人传》，岳麓书社 1993 年版，第 92—93 页。

① 《王芝祥(1858—1930)》，贾逸君编《中华民国百人传》，第 93 页。

② 《王芝祥等组织世界宗教大同会致内务部立案呈》(1923 年 1 月—3 月)，中国第二历史档案馆编《中华民国档案史料汇编》第三辑《文化》，江苏古籍出版社 1991 年版，第 719—724 页。

王 志 莘

吾新民

王志莘，原名允令。1896 年 4 月 21 日（清光绪二十二年三月初九）生。上海人。五岁时，父亲王南山去世，靠母亲刺绣收入维持生活。1910 年因贫辍学，由叔父介绍进钱庄当学徒。但他坚决要求读书，母亲省吃俭用，支持他到南洋公学求学。1915 年毕业，先后在定海县立小学、上海留云小学教书，并到新加坡做过教员、报馆编辑，经管过橡胶种植园。1921 年王志莘回国，考进上海商科大学（东南大学与暨南大学合办）读书，并担任中华职业教育社编辑，受到黄炎培的赏识。1923 年经黄炎培介绍，得到菲律宾华侨李昭北资助，到美国哥伦比亚大学留学，攻读银行系，先后获得学士及硕士学位。

1925 年，王志莘毕业离美，绕道欧洲考察各国银行业务，回国后在上海商科大学和中华职业学校任教。中华职业教育社创办《生活周刊》，他担任第一任主编，不久由邹韬奋接办。1926 年，王志莘进薛仙舟主持的工商银行，任储蓄部主任，提倡用合作贷款调剂工商资金，被称为平民银行。他又和薛仙舟、吴觉农等人设立“中国合作学社”，担任该社常务理事和“合作函授研究班”主任。1928 年江苏省财政厅厅长赵棣华筹办江苏省农民银行，聘请过探先为总经理，王为副经理。不久过探先去世，他接任总经理，大力发展农村信用合作社，当时江苏省农村合作社数目之多居全国第一。几年之间，王志莘在银行界逐渐崭露头角。

1930 年，王志莘出任新华信托储蓄银行（以下简称新华银行）总经理，是他一生事业的转折点。新华银行成立于1914年，是我国最早设立的储蓄银行之一。由于经营不善，1930年时负债累累，无法维持，乃由中国、交通两行增资改组。中国银行总经理张公权推荐王志莘主持整顿新华银行，王又引荐孙瑞璜为副经理。王志莘主持新华银行后，发表《改组宣言》，提出银行的使命，“在以社会为对象，从事于其经济力与信仰心二者之集中，进而运用之于社会，为社会福”。实际上就是采用欧美资本主义银行的做法，运用银行的资本和信用吸收社会的闲散资金，用于投资和放款。新华银行改组后大力举办生活储金（即活期储蓄，按十天最低余额计息）、存取两便储金、礼券储金（可转存各种储蓄，从填发日起息，也可向国货公司购货）、零存整取储金、俭约储金（亦属零存整取，但每月存储数不限）、子女教育储金、整存整取储金、整存零取储金、存本付息储金和人寿储金（办法同人寿保险）等各种储蓄存款；开办代客户经理房地产、代管理证券投资等各项信托业务；以及通过代收学费、水电费、牛奶费等各种服务方式，集聚社会零星资金。并先后设立十个市区办事处和吴淞、闵行、洛社等乡村办事处，机构之多在上海银行业中数第一。同时努力革新人事，吸收大中学校毕业生，注意选拔人才，优秀的还资助出国留学或考察。在职工福利方面，举办福利资金、子女教育补助金、业余进修补助金、医务室免费门诊、人寿储金等，对工作满二十年的老职工还赠送“欧米茄”金表，强调“新华精神”，喻银行为“大家庭”等，培养工作人员为银行终身服务的思想。几年之内，银行业务蒸蒸日上，成为当时上海银钱业中比较有朝气的一家新型银行。

王志莘过去在职教社工作时，就提倡“振兴实业，职业救国”，主持新华银行后，通过银行投资和放款，支持国货产销事业，因此先后担任中国国货公司、中国国货联营公司、中国丝业公司、中国棉麻公司等企业的董事或董事长。资金运用则取稳健方针，如该行1932年底各项投资和放款中，有价证券（主要是公债）投资占百分之五十六以上，多余寸头大半转存中、交两行。他除主持新华银行外，曾长期担任中华职业教育社理事，负责为该社筹措经费。1936年还应邀兼任国民政府经济部农本局常务理事及协理。1937 年担任赴泰国使节团团员，出国考察。1939 年又应钱新之邀请，兼任交通银行设计处处长。

抗日战争爆发后，王志莘经香港辗转到达重庆，于重庆设立新华银行总管理处，管理重庆、昆明、桂林等地分行业务。同时保留总行于上海，由副总经理孙瑞璜主持，管理沦陷区的上海、北平、天津、南京、广州、厦门等地分行业务。王志莘在重庆时，除主持新华银行外，还积极参加各种社会活动，曾担任第一届国民参政会参政员，兼任联合票据承兑所和联合征信所的主任委员和总经理等职务。他从抗战后方与各方人士接触和现实情况的教训中，思想上逐渐追求进步，主持进步事业。他曾对当时资金困难的生活书店一次给予贷款十万元。国民党特务造谣说生活书店接受共产党津贴，对它搜查迫害，后来又予以查封，王亦因此受到特务注意。1943 年王去昆明时，在重庆机场被阻回，不许他离开重庆。1944 年国际商业会议开会，王被选任中国代表团顾问，赴美出席会议。会后访问欧美一些国家作业务考察，至 1946 年初才返回上海。

抗战胜利后，重庆新华银行总管理处撤销，仍由上海总行领导各地分行业务，并增设香港、长沙、苏州、无锡等分行，广州、汉口两分行也先后复业。此外，并与世界各大城市通汇，业务进一步发展。1946 年上海证券交易所筹组，王志莘被推为常务理事兼总经理。当时他想把它改造成为新的投资市场，结果事与愿违，乃主动脱离。1947 年当选为“国大代表”。

王志莘对金融理论素有研究，著有《中国之储蓄银行史》和未出版的《合作金融》等书稿。他长期担任银行学会理事长，对银钱业从业人员的学习热心支持。1946 年，他担任银钱业业余联谊会理事会主席和合众进出口营业公司董事长。这两个组织是中共地下党领导的，但他并不知道。

解放前夕，国民党胁迫各界知名人士去台湾，王志莘不为所动，坚守岗位，留在上海迎接解放。解放后，他先后担任华东财经委员会和上海市财经委员会委员、上海市各界人民代表会议代表、上海市金融业同业公会副主任委员等职。新华银行是首批公私合营的银行之一，在中国人民银行的领导和支持下，业务迅速发展，还增设了青岛和南通分行，存款总额占全市合营、私营银行之首。1950 年全国金融业联席会议，肯定了新华等合营银行在改造企业和开展业务方面的成绩，提出了集中经营是私营金融业的新方向。会后，王志莘就和其他四家合营银行负责人磋商，于 1951 年成立新五行联合总管理处；半年后又扩大为有十一家大型银行参加的联合总管理处，他担任联合董事会常务董事和总管理处第一副主任；1952 年金融业全行业合营，他担任公私合营银行联合董事会副董事长和总管理处第一副主任（后改称副总经理）。在金融业改造中，他协商各方，沟通公私关系，协助筹建机构和安排人事，发挥了带头和桥梁作用。

在努力推动金融业改造的同时，他还积极参加各种社会活动，担任全国人民代表大会代表、中国民主建国会中央委员、全国工商业联合会常委、中国银行常务董事和财经出版社副社长等职。他对台湾回归祖国统一事业十分关心，多次向台湾亲友广播，希望促成祖国统一。1955 年他患胃癌，但仍非常达观，表示"愿以有生之日，尽可能为国家效力"，抱病参加各种会议和人大代表团视察活动。

1957 年 2 月 2 日，王志莘在上海去世。

主要参考资料

王志莘编：《中国之储蓄银行史》，新华信托储蓄银行 1934 年版。

朱锡祚：《新华信托储蓄银行沿革》，中国人民政治协商会议全国委员会文史资料研究委员会编《文史资料选辑》第 31 辑，中华书局 1962 年版。

黄炎培：《王母朱太夫人传》。

王郅隆

熊尚厚

王郅隆，字祝三。1867年(清同治六年)生于天津。父亲是粮商兼管运粮船的船帮把头。王少时入天津一家粮店当学徒，因舞弊被掌柜辞退。嗣后转做粮食和木厂掮客，兼营元庆木号。他善于投机，在一次买空卖空中发了横财。之后，他凭借钱财进行政治钻营，纳捐得清廷候补道衔，历任黑龙江、湖北、安徽等省盐务采运局总办，成为天津著名大盐商。1902年英敛之创办天津《大公报》，王为大股东。1910年张新吾等创办天津华昌火柴公司，他入股任董事，1918年华昌与北京丹凤火柴公司合组丹华火柴公司时，仍任董事。

1909年1月，袁世凯被摄政王载沣勒令返回河南老家"养病"，安武军的倪嗣冲也回到天津，王郅隆利用各种机会同倪嗣冲拉上关系，结为密友。1913年7月，倪嗣冲任安徽都督后，王任倪嗣冲的安武军后路局总办，常驻京、津，为其采办军需供应。同时，由倪嗣冲、段芝贵等出资，在安徽、河南等地贩运食盐，成为倪嗣冲的财政掌管人。他通过倪嗣冲的关系与段祺瑞手下干将徐树铮、段芝贵、曾毓隽等结党营私；与段芝贵等侵占了长芦盐商何炳宗等的资产后，组设天津长顺盐业公司攫取巨利；还和段祺勋、靳云鹏、许世英等合办河北井陉正丰煤矿公司。1914年周学熙任财政总长，以"支大收小"为由①，取缔了长顺盐业公司，改由芦纲公所承办，王曾多次试图恢复未成。

① 鸿隐生:《安福秘史》，上海宏文图书馆1920年版，第9页。

1916年春，天津中国、交通两行停止兑换，他在天津开办了保市银行。6月袁世凯败亡后，段祺瑞任国务总理，王在政治上更加得势。他通过段、徐等人，与日本驻华公使林权助等拉上关系，并参加了日本僧人吉井芳纯在日租界金刚寺设立的中日密教会（会长段祺瑞，副会长王揖唐、高凌霨），与王揖唐、倪嗣冲、张弧等，号称"八大金刚"。同年9月，王郅隆接办英敛之的天津《大公报》，聘胡政之任经理兼编辑，自任总董。

1917年5月，周作民、吴鼎昌等创办天津金城银行，王为该行发起人之一，投资十万元，曾任该行第一、二届董事兼总董。同年8月，王和日商大仓洋行、日本棉花会社合办天津裕元纱厂（1918年后，日资先后退出，改由大仓洋行给予贷款），资本二百万元，主要投资人还有王克敏、陆宗舆、倪道杰等。次年4月投产，后资本额增至五百余万元，五年之内获纯利六百余万元。1923年后，由于欧美列强势力的卷土重来，以及官僚办厂承担利息过高，裕元负债额达二百九十万日元，遂为日商所吞并。

段祺瑞因对德国宣战问题，于1917年5月被总统黎元洪解除总理职务后，一面策动张勋反黎，一面派徐树铮去奉天联络张作霖，同时还派王郅隆去拉拢倪嗣冲。结果段祺瑞借张勋复辟之手赶跑了黎元洪，接着又用"讨逆军"名义讨平了张勋，重新上台。同年11月，段祺瑞在日本帝国主义势力支持下，组成安福俱乐部作为政治工具，王郅隆担任了安福俱乐部常任干事兼会计课主任，成为安福系的干将、财经掌管人。1918年2月，当冯玉祥部在武穴发出寒电反对南北战争，直系将领陆建章以安徽讨逆军总司令名义，在鄂皖边境给主战的倪嗣冲以极大威胁时，他和徐树铮密商，引奉军入关助战，以解倪的受迫处境。8月，安福国会组成，王任参议院议员。1918年到1919年间，王为段祺瑞、张作霖、倪嗣冲之间的勾结，常奔走于奉、皖之间，随同安福系的得势而大显身手。倪嗣冲曾向段祺瑞推荐王任财政总长，又亲自活动安徽省长及南北和议北方代表，均未得手。此外，他还帮助皖系军阀秘密向日本购买军火。1919 年王假段祺瑞政府参战处名义，开办荣庆米行，每月购江浙大米二三十万石北运天津，出口日本获取厚利。1920 年春，他利用严重旱灾，大肆囤积、高价出售大米，又大发横财。同年 4 月，徐树铮在天津创设边业银行，他为该行发起人之一，任董事。王郅隆十余年来依靠安福系势力聚敛致富，到 1920 年前后拥有资产约计四百五十万银元①，被视为“安福财阀”。

1920 年 7 月，皖系在直皖战争中失败，王郅隆被列为第一批祸首，遭直系的通缉。他得日本大仓洋行经理的庇护，后离京避居天津日租界。皖系军阀为东山再起，1923 年王郅隆随徐树铮辗转到达日本，与日本军界、财界洽商，筹借军费；同时为扩建裕元纱厂向日本大仓洋行商谈借款。9 月 1 日，日本发生关东大地震，王郅隆在地震中被难，死于横滨。

主要参考资料

瀨江浊物编辑：《直皖战争始末记》，《近代史资料》总第 27 期，1962 年。

王芸生、曹谷冰：《英敛之时代的旧大公报》，中国人民政治协商会议全国委员会文史资料研究委员会编《文史资料选辑》第 9 辑，中华书局 1960 年版。

刘冰天：《关于徐树铮和安福俱乐部》，《文史资料选辑》第 26 辑，中华书局 1961 年版。

［日］外务省情报部编：《王郅隆》，《改订现代支那人名鉴》，东亚同文馆 1933 年版。

① 四川《民视日报》五周年纪念刊，1926 年 10 月 10 日。

王 缵 绪

马宣伟

王缵绪，字紫泥，号治易。1886 年 10 月 23 日（清光绪十二年九月二十六日）生于四川西充，家资殷富。王缵绪幼年勤奋好学，受业于举人，善书法，工律绝，好收藏书籍。1903 年他考取秀才，1907 年考入四川军事讲习所学习。1908 年春，四川陆军速成学堂在成都开办，他转入该校深造，与刘湘、杨森、唐式遵、潘文华、鲜英等同学，为后来在川军中形成之“速成系”之一员。王缵绪毕业后被分发到四川新军第三十三混成协见习；1910 年任陆军第十七镇炮兵排长，与队官（连长）杨森关系亲密。

辛亥革命后，川军编为五个师，王缵绪在第一师任连长。1913 年他随团长刘湘进攻熊克武、杨庶堪率领的讨袁军，升任营长。1916 年初，王缵绪又随刘湘进攻护国军，受到袁世凯的嘉许，被授予五等嘉禾章。1918 年 1 月，他被授陆军炮兵上校衔，同年 4 月升任第二师第八团团长。1920 年 3 月，刘湘策动在滇军任独立团长的杨森率部回川，委以第九混成旅旅长，并将王缵绪的第八团拨归杨森节制，王又与杨森共事。5 月，王缵绪升任旅长。

1922 年 6 月，杨森任川军第二军军长，率部与熊克武、但懋辛的第一军开战，王缵绪随杨出战。杨军号称十一个旅，于 7 月 8 日乘轮东下，分道袭击一军喻培棣、余际唐等主力。第一军以退为攻，主动撤出梁山（今梁平县），放弃绥定、渠县等地。杨部穷追不舍，遭到第一军全线反击。王缵绪旅遭到猛烈反击后退时，又遭刘伯承部袭击。王随杨森冒雨觅得木船逃往南岸，再乘船逃往武汉投吴佩孚。杨森、王缵绪为了重新组建队伍，在吴佩孚的授意和湖北督军萧耀南的支持下，由王出面，以绑票方式胁迫原川汉铁路负责人将储存在汉口银行的铁路股款提取出一百万元，作为军饷和购买枪械的费用。王缵绪从中先提十万元，购得步枪二千四百支、轻重机枪六十挺和一批子弹。他将枪弹运到夔府，再派人回乡招兵，在川鄂交界地区招募农民三千余人，成立了两个团和一个营的部队。这便是王缵绪一生引为自豪的“夔府成军”。

吴佩孚为图谋四川，委杨森为陆军第十六师师长，王缵绪为第三十二旅旅长。1923年，王与杨森在吴佩孚的援助下，打回四川。杨、王出兵先占万县，然后联合川军邓锡侯、陈国栋等部与熊克武等部交战。1924年2月，王缵绪随杨森攻占成都。北京政府3月20日授王陆军少将军衔，6月3日再授陆军中将军衔。杨森出任四川督理，总揽全川大权。王缵绪深恐杨森对自己用而又疑，便在自己左臂上用针刺一“森”字，再用蓝靛染上，令其部队官兵仿此刺字，以表忠心；杨森十分欢喜，委王兼任成都市市政督办。王缵绪上任后按照杨森旨意，在成都兴修马路，又在成都少城公园（今人民公园）内开辟公共体育场，成立通俗教育馆。

1925年1月，杨森发动统一四川之战，王缵绪被委为川军第一师师长兼北路总指挥。他率部由金堂、中江出发，占领乐至后向遂宁推进。王缵绪原对杨森任四川省督理仍兼中央军第十六师师长心有不满，对杨森重用子侄也极端反感。刘湘侦知王、杨矛盾后，便派第十师师长鲜英以同乡、同学的身份拉王倒戈重回刘湘部，许诺任他为第十六师师长兼四川盐运使。于是，王在进攻中按兵不动，7月31日在遂宁发出“息兵弥战”通电，使杨森部全线崩溃。战后，王如愿获得第十六师师长职，从此成为刘湘的部将。他率部到资中、内江、荣昌、隆昌等地驻防，组织“怜民社”，自任社长，要求全师军官一律参加。1926年11月，川军先后易帜，刘湘部改编为国民革命军第二十一军，王缵绪任该军第四师师长。

1930 年 5 月，王缵绪兼四川盐运使。他恢复了已废止的专商运盐制，名为招商承包，实为多数政客、军人及其家属化名垄断运、销，操纵盐价，牟取暴利。此时，他利用盐商出钱，在重庆创办《巴蜀报》，以黄绶任社长兼总编辑；又于 1932 年在重庆张家花园创建巴蜀小学，以后发展到初中。学校以“公正诚朴”为校训，请国文教员叶圣陶创作了校歌歌词。

在刘湘与刘文辉展开争夺四川霸权的两年交战中，王缵绪率师一直攻占乐山一线，助刘湘在四川夺得霸主地位。1935 年 1 月，王缵绪升任第四十四军军长，辖三个师九个旅。这时，蒋介石派南昌行营参谋团入川，做分化川军的工作。王见风使舵，开始投靠蒋介石。工农红军长征途经四川，王缵绪率十五个团在绵阳、江油、邛崃和大邑等地围追堵击，以示对蒋之忠诚。

抗日战争全面爆发后，刘湘率大军出川抗战，王缵绪所部四个师留守四川。1938 年 3 月，蒋介石任命王为第二十九集团军总司令，辖廖震第四十四军、许绍宗第六十七军。4 月，由副总司令许绍宗率第二十九集团军出川抗战。蒋介石为安抚川康地方实力派，收回任张群为四川省主席的成命，以王缵绪代理四川省主席。王欣喜之余感到自己名分不正，急于想去掉“代理”两字。于是经四川复兴社负责人介绍，在 6 月办了加入复兴社手续，取得蒋介石的信任。8 月 1 日王被正式任命为四川省主席。王就职后，对刘湘的班底大加裁撤，尽量安插蒋介石的亲信，引起川军各派将领的不满。王又向蒋介石密报了云南省主席龙云和刘文辉、邓锡侯、潘文华等签订的滇、川、康三省联防密约。刘文辉等感到王缵绪出卖川康利益，授意彭焕章、刘元塘、刘树成、谢德勘等七个师长，于 1939 年 8 月 5 日通电反对王缵绪，各地进入战备状态。王用“请缨出川”摆脱困境，于 9 月率领新编的四旅人马出征，参加“宜沙会战”。战后王率部坚守大洪山一年零三个月，于 1942 年 3 月调河南新乡整训，后升任第六战区副司令长官。1943 年 2 月，他指挥“滨湖战役”；同年 11 月又率部参加“常桃会战”，战后调任第九战区副司令长官。1945 年 1 月,王缵绪任重庆卫戍总司令,5 月被选为国民党中央执行委员。

抗战胜利后,国民政府迁回南京,重庆卫戍总司令部于 1946 年 6 月 28 日改组,王缵绪调任武汉行辕副主任,后又改任重庆绥靖公署副主任、西南长官公署副长官。王历居副职,多是空有其位,闲居成都,常与文人鉴赏金石书画、吟诗作赋以消遣。1949 年 12 月初,王被委为西南第一路游击总司令,奉蒋介石之命劝请准备起义的刘文辉、邓锡侯返回成都。刘、邓等于 12 月 9 日在彭县发出起义通电,王徒唤奈何。蒋介石随即撤离成都飞往台湾,王缵绪见大势已去,立即取消西南第一路游击总司令职,成立成都市"治安保卫总司令部",自任总司令,搜集残兵败将,维持成都地区的治安。在中共地下党组织的帮助下,王缵绪于 12 月 13 日发出起义通电,25 日在成都召开各人民团体会议,宣布成都解放。

成都解放后,王缵绪历任川西博物馆馆长、西南军政委员会委员、四川省人民政府参事室参事、成都市人民代表等职。他对这些职务认为太低,于 1956 年借治牙为名,化装潜往深圳,准备由罗湖桥偷越出境,中途被边防军俘获,押至成都收审。

1960 年王缵绪病死在狱中。

主要参考资料

《陆军第三十三混成协同官录》,四川省档案馆藏。

《弁目速成两校同学录》,四川省档案馆藏。

马宣伟等著:《杨森》,四川人民出版社 1989 年版。

《川康督办公署档案》,四川省档案馆藏。

马宣伟等著:《川军出川抗战纪事》,四川省社会科学院出版社 1986 年版。

卫 立 煌

严如平

卫立煌,字俊如。安徽合肥人。1897年2月16日(清光绪二十三年正月十五日)生。父卫正球,为本县石塘桥乡册书,登记管理当地田赋,1905年殁于瘟疫。此后全家赖其大哥卫立炯在县任职维持生计。卫立煌少时入邻村私塾就读。辛亥革命后,卫立炯任和县军事训练班主任,卫立煌亦前往和县,受到大哥及其友人革命思想的熏陶。“二次革命”起,和县宣布独立,袁世凯派倪嗣冲出兵镇压,卫立煌随大哥加入群众武装队伍抵抗,失败后潜回家乡。

1914年初,卫立煌去汉口报考学兵营被录取。结业后,卫不愿去北京入北洋军,到上海寻找革命党人。后南去广州,入朱庆澜的省军,旋任班长。1917年9月,孙中山在广州成立护法军政府,卫立煌被选派参加孙中山之卫队,不久升任警卫团排长。1918年5月,孙中山命陈炯明、许崇智率“援闽粤军”入闽讨伐李厚基,卫立煌奉派编入粤军第二支队。在一次夜战中,队伍被冲散,卫挺身而出,集合百余人袭击敌军指挥部反败为胜,晋升为连长,不久又因战功升任营长。此后,卫立煌在粤军许崇智部转战广西、江西、福建,并参加镇压商团叛乱和东征平定陈炯明叛军,战斗中英勇果敢,身先士卒,先升任团长,后又任补充旅旅长。1925年9月,粤军首领许崇智离开广州,所部粤军被改编,卫立煌旅被缩编为第九团,隶属国民革命军第一军第三师,卫改任团长。

1926年7月北伐军兴,卫立煌第九团先编入总预备队留粤,10月在何应钦指挥下入闽作战。在永定、松口两战中,卫立煌英勇沉毅,兼富谋略，立下战功，先升任第十四师副师长兼前敌总指挥，不久又任师长。平定福建后，卫部北上入浙，与孙传芳军作战。蒋介石发动“四一二”政变后，在南京另建国民政府，第十四师驻南京，后移镇江。8月下旬在龙潭战役中，卫率第十四师自镇江进占龙潭车站北侧之高地，日夜鏖战，全力拼杀六昼夜。击溃孙传芳军后，第十四师等部乘胜渡江追击，直至蚌埠。10月，第一军扩为第一、第九两军，卫升任第九军副军长，后又被任命为南京卫戍副司令，旋北上入陆军大学将官特别班第一期进修。

1930年初，卫立煌奉命在蚌埠组建第四十五师，任师长。在5月爆发的中原大战中，第四十五师奉命保持津浦线南段的畅通。中原大战取胜后，蒋介石接连发动对工农红军的“围剿”，1932年5月他调集二十五个师又七个旅，分兵三路进犯鄂豫皖苏区，卫被派为中路军第六纵队指挥官，率李默庵第十师和蒋伏生第八十三师，于6月先在平汉线南段花园车站附近活动，8月占河口后向黄安(今红安)前进，与红四军、红九军等红军主力遭遇，第十师在冯寿二地区受到伏击，消耗兵力甚多。第二纵队等部在黄安、新集、七里坪等地与红军激战受重创后，均停滞不前。蒋介石下令各纵队向鄂豫皖苏区的军政中心金家寨进击，重申将来设县时以先占者名字命名。9月，卫率第六纵队自新集北进策应第二纵队，于18日走山间小路袭占银山畈，越过大别山北部之蒙家山，与红军交战后进抵汤家汇。红军为保存力量转移东去，卫部第十师主力遂于20日乘虚进占金家寨。事后，蒋介石划霍山、商城、六安等县的边境地区设县，命名为立煌县(今金寨县)，并任卫为“豫鄂皖边区剿匪总指挥”。在1933年10月发动的第五次“围剿”中，卫又被任命为北路军第二路军第一纵队指挥官。

1933年11月，第十九路军蒋光鼐、蔡廷锴联合李济深等人发动福建事变，蒋介石调兵镇压，卫立煌被任命为第五路军总指挥。卫率主力沿闽江疾趋仙游和惠安东北之涂岭设伏，袭击十九路军南撤队伍；1934年2月，改编在泉州的十九路军余部。蒋对卫听从调遣、虽非亲信嫡系而肯效力作战，深为满意。以后，卫先后被任命为驻闽预备军总指挥兼驻闽第十绥靖区司令官、豫鄂皖三省边区“清剿”总指挥兼三省边区督办、闽赣浙皖边区“剿匪”总指挥。在1935年11月的国民党第五次全国代表大会上，卫被选为中央执行委员。1936年6月，他兼徐海绥靖分区司令官。

“七七”事变爆发，日本帝国主义首犯平、津。卫立煌率第十四集团军请缨北上，第十四军三个师迅速北调。部队开到保定，北平已失陷，乃绕满城至易县，进入太行山脉东侧；旋北进至北平西郊门头沟附近之千军台，与日军接战。1937年10月初，卫率部自石家庄入晋，任第二战区前敌总指挥，在忻口一线集结重兵，除李默庵第十四军、郝梦龄第九军外，还有刘茂恩第十五军、陈长捷第六十一军等，共约十万人，正面防御自晋北南犯之日本板垣第五师团等部共五万余人。卫指挥各军奋勇作战，在忻口地区展开了正面战场的大规模防御战。广大士兵满怀民族义愤同仇敌忾，坚守阵地，大量杀伤日军，军长郝梦龄、师长刘家麒等在战斗中阵亡。忻口战役在卫立煌指挥下支持了将近一个月，寸土不让，歼灭日军二万余人，力挫日本侵略军锐势，鼓舞和增强了全国军民的抗战信心。直至日军占石家庄后沿正太线突破娘子关直奔太原，忻口阵地侧背均受到威胁，卫才指挥守军撤至太原城北。11月8日，太原陷落，卫指挥各军撤向汾河以西、太原以南地区，集结在汾阳、平遥一线，继续抗御日军南下。卫作风谦和，对杂牌军不存门户之见，能够一视同仁，因此各军多能协同对敌。1938年1月，卫升任第二战区副司令长官兼前敌总指挥；1939年1月，卫任第一战区司令长官，驻洛阳，9月兼任河南省主席兼全省保安司令；翌年又兼冀察战区总司令。卫周密布防，在中条山背水为阵，保卫黄河，与日军对峙四年不懈。

国共合作抗日之初，八路军总司令朱德兼任第二战区副司令长官，统率八路军和地方武装力量广泛开展游击战，袭击日本侵略军。卫立煌钦佩八路军英勇抗日，在作战部署及战术配合等方面相互密切合作。1938年春节，卫亲去洪洞县马牧村八路军总部贺年，并学习八路军政治工作经验，建立第二战区前敌总指挥部战地工作团，开展抗日宣传活动。3月，卫率一部东去中条山，在大宁遭日军袭击，朱德接卫电后即派八路军驰援；此时驻石楼的日军又扑来，八路军一部赶至白儿岭奋勇阻击，掩护卫等脱险，卫深为感动。4月，卫偕参谋长郭寄峤等人自永和渡黄河到延安访问，受到毛泽东等人的接待和宴请，毛泽东称赞卫面对强敌不屈不挠，屡败屡战，是坚持华北抗战的领导者，使卫更增强了合作抗日的信念。他督促所属按时向八路军供给足够的饷械，遏制所部与八路军闹摩擦。对于八路军在敌后建立根据地，扩大游击战，卫都表示支持。他说，二战区的军队，凡是打日本的，都应当一视同仁，曾一次拨子弹一百万发、手榴弹二十五万枚给八路军。以后在第一战区，他与八路军驻洛阳办事处亦有较好的合作关系。他还请朱德向所部官佐演讲世界形势、抗战前途和游击战术。

自1938年冬抗战转入相持阶段后，蒋介石提出许多“限制异党活动”的办法，唆使部属制造反共摩擦。卫立煌认为这不符合国共合作团结抗日方针，予以敷衍和抵制。1939年10月，国民党特务伙同当地反动势力，袭击确山县竹沟镇新四军留守处，杀害伤残病员和家属二百多人。卫震怒之余，将南阳专员朱玖莹撤职，并惩处宛属十三县联防主任别廷芳等有关人员。1940年二三月间，第九十七军军长朱怀冰纠合庞炳勋、张荫梧等部，向太行区八路军驻地进犯，遭到八路军自卫还击。朱怀冰急电向卫求援，卫拒下驰援令，结果朱部主力及反共游杂武装共万余人被歼。卫还不顾蒋介石、何应钦之电令，照常给八路军发放饷械。1940年秋，蒋命卫北上太行山，遏制八路军向南发展。卫会晤朱德，协商议定了双方活动和抗日防卫的地区，划漳河为界避免摩擦。蒋介石指责他偏袒八路军，于1942年1月将他调离第一战区，解除本兼各职，改任军事委员会西安办公厅主任，剥夺了他的军权，并派人暗中监视。

1942年3月，我国组建中国远征军，入缅与英军并肩作战，以确保滇缅公路国际运输线畅通。卫立煌被任命为远征军第一路司令长官，但还未到任，被指为偏袒八路军有据，蒋介石即于4月改派罗卓英任之。远征军援缅作战失利，大部退回云南。1943 年蒋介石重组远征军，10 月命卫立煌接替陈诚任远征军司令长官职。卫到任后，在保山县马王屯建立前进指挥部亲自坐镇。他除了得到云南省主席龙云支持，保证远征军有足够的粮秣外，还与美国中缅印战区司令官兼中国战区参谋长史迪威建立友好联系。美方建立一支代号为“Y 部队”的联络部队，负责向远征军供应弹药和武器装备，以及组织空军配合作战。卫部署霍揆彰第二十集团军担负攻击集团军任务，宋希濂第十一集团军为防守集团军，另以何绍周第八军及第五军高吉人第二〇〇师为直属预备军在昆明待命。

5 月 11 日拂晓，卫立煌指挥远征军发起攻势。第二十集团军先后由栗柴坝、攀枝花渡过怒江发动攻击，第十一集团军的四个加强团亦分别由惠通桥、蚌董渡等地渡过怒江。第五十三、五十四军经过激战收复唐习山、大塘子，向腾冲攻击前进。第五十三军由高黎贡山东坡强攻，在罕无人迹的悬崖峡谷攀行三昼夜，到达山顶后乘势猛攻，日军惊惶失措，放弃阵地，退入据点固守。第二十集团军强渡怒江奏效后，卫立煌改变部署，指挥第十一集团军也全部渡江，参加攻击。8 月，卫指挥所部围攻松山，猛击腾冲。日军凭借坚固工事拼死顽抗，但我抗日将士在滇西人民的支援下英勇战斗，终于在 9 月 7 日攻克松山，14 日收复腾冲，击溃日守军第五十六师团主力及滇西日军指挥部；11 月 3 日光复龙陵，20 日进占芒市。卫指挥远征军乘胜追歼日军，12 月 1 日克复遮放，1945 年 1 月 20 日攻克畹町和猛卯，继续追击至南坎以西。经过远征军九个多月的艰苦战斗，盘踞在滇西和中缅边境两年之久的日本侵略军，共被歼灭一万七千余名。在远征军节节推进的同时，郑洞国、孙立人率驻印军在缅北艰苦作战，次第攻占了加迈、密支那、八莫、南坎等重要据点。1 月 27 日，远征军和驻印军在畹町附近的芒友胜利会师，中印公路遂即通车，被封闭近三年的对外交通运输线得到恢复，国际援助的抗战物资源源输入。卫立煌指挥远征军抗战奏捷，声震中外，3 月被任命为中国陆军副总司令。但卫与总司令何应钦的思想作风不合，难以合作共事，故不常到部问事。

卫立煌自1939年10月妻子朱韵珩病故后，独身生活数年。有人曾为孔祥熙之长女孔令仪说媒，为卫拒绝。1945年初，卫与旅美执教的韩权华在昆明结婚。韩是一个爱国心很强、音乐造诣和文化素养甚高的女子，她倾慕卫坚决抗日、具有民主思想而对卫感情真挚，婚后卫的心情颇为欢悦。

抗日战争胜利后，国民党统治集团亟谋发动内战，蒋介石以及陈诚等人扬言"三个月内消灭共军"。卫立煌主张国共之间的争执及八路军改编都应以政治谈判来解决，与内战叫嚣格格不入。1946年春，卫由重庆回南京。不久，内战烽火四起，卫态度消极，深居简出。11月，卫偕韩权华启程赴美，考察军事，历时半年；继又旅欧，在英、法、西德、瑞士、荷兰、比利时等国参观考察。他深为国内战事日剧而焦虑，在欧洲曾让亲友通过法国共产党人与延安联系，表示愿为早日结束内战实现和平进行合作。回国途中，他还参观中东各国，直至1947年秋返抵上海。

此时，蒋介石在内战中节节败北，尤其是东北战场，在人民解放军强大攻势打击下，四十余万国民党军队被迫退缩在长春、沈阳、锦州三个孤立地区。1948年1月，人民解放军发动猛烈的冬季攻势，蒋介石为挽救岌岌可危的局势，并解脱其亲信陈诚的困境，下令卫立煌继陈诚为东北行辕代主任兼"剿匪"总司令。卫推辞未成，北上就职。他力谋掌握一些实力，并部署各军屯守沈阳、长春和锦州，只是整训部队，修筑工事，竭力避免出兵与解放军交战，争取东北战局能够和平解决。但是蒋介石要东北军队出击，打通北宁路(今京沈线)沈锦段，将主力撤到锦州，以备转入关内。卫以兵力不足、地势不利等理由加以拒绝，相反要求蒋从关内增援三个军的兵力登陆葫芦岛来打通沈锦段，与蒋争执迭起。嗣后，蒋径自向范汉杰、杜聿明、廖耀湘等人发出指令，自行其是。卫坚持按兵不动，只想多掌握一些部队摆脱蒋介石的控制，以待时局的变化。

9 月，人民解放军发动声势浩大的辽沈战役，先打锦州。蒋介石不顾卫立煌的反对，以廖耀湘第九兵团等共十一个师又三个骑兵旅组成“西进兵团”，由新民出彰武和新立屯；又以锦西、葫芦岛的守军及从华北海运来的援兵共九个师组成“东进兵团”，沿铁路线北上增援锦州。蒋责备卫不肯出兵辽西是不想打仗，一再到沈阳及葫芦岛、锦西直接指挥。东北人民解放军集中主力攻打锦州，将“西进兵团”阻击于新立屯以北地区，并将“东进兵团”挡在塔山阵地以南，于 10 月 14 日向锦州发起总攻，激战三十一个小时，全歼国民党守军十万余人，解放锦州。18 日，蒋介石又抵沈阳，以卫立煌指挥不力，命杜聿明任东北“剿总”副总司令兼冀辽热边区司令官，指挥廖耀湘兵团开赴黑山、大虎山，企图夺回锦州。卫立煌要廖退守沈阳的主张，被蒋严词拒绝。在人民解放军的攻击下，经两日一夜激战，至 28 日廖耀湘兵团五个军十万余人在辽河以西、黑山、大虎山以东地区全部被歼，廖耀湘亦被俘。长春已先于 19 日解放，沈阳此时在人民解放军重重包围下，一片混乱。蒋为推卸责任，此时又命令卫为东北“最高指挥官”，叫卫在葫芦岛继续指挥。11 月 2 日沈阳守军被歼，东北全境解放。卫退抵北平。

东北战局是蒋介石三到沈阳亲自主持策定的，但他 11 月 30 日以“迟疑不决，坐失军机，致失重镇”的罪名下令将卫立煌撤职。卫携眷属离北平经上海至广州，但被拦阻而返回南京受软禁。卫在苦闷之中醒悟自己误随蒋介石二十多年，决心与其断绝关系。1949 年 1 月蒋下野，卫于春节潜离南京，到香港寓居，闭门阅读各种书刊。蒋介石曾两次派人来游说卫去台湾，卫均峻拒。

1949 年 10 月 1 日中华人民共和国成立，卫立煌致电毛泽东、朱德、周恩来表示热烈祝贺。1955 年 3 月，卫立煌为祖国各方面突飞猛进的成就所鼓舞，决然离港返回北京，发表《告台湾袍泽朋友书》，受到祖国和人民的欢迎。卫历任全国政协第二、三届常委，第二届全国人大代表、国防委员会副主席，为祖国统一贡献力量。1960 年 1 月 17 日卫病逝于北京。

主要参考资料

卫道然:《卫立煌将军传略》(手稿本)。

温广汉对卫立煌的回忆(手稿,1979年—1981年)。

台湾"国防部史"政局:《剿匪战史》,台北"国防部"史政局1967年版。

日本防卫厅防卫研究所战史室:《中国事变陆军作战史》,中华书局1979年—1983年版。

杜聿明:《中国远征军入缅对日作战述略》,中国人民政治协商会议全国委员会文史资料研究委员会编《文史资料选辑》第8辑,中华书局1960年版。

杜聿明:《辽沈战役概述》,中国人民政治协商会议全国委员会文史资料研究委员会编《文史资料选辑》第20辑,中华书局1961年版。

韩权华对笔者的两次谈话(记录稿)。

毛泽东:《关于辽沈战役的电报》(1947年5月20日—1947年10月27日),中国人民解放军军事科学院编《毛泽东军事文选》,中国人民解放军战士出版社1981年版,第453—502页。

卫立煌:《告台湾袍泽朋友书》,《新华月报》1955年第4号。

魏　　如

李新辉

魏如，原名汇茹，字子拔。浙江诸暨人。生于1897年4月3日（清光绪二十三年三月初二）。他的祖父魏彭年、父亲魏奕圭均系秀才，以教书为生。1910年魏如考入浙江绍兴府中学堂，时鲁迅为该校监学。辛亥革命前夕，该校革命气氛浓厚，魏如参加秘密组织“革命社”。1913年校方无端迫害四名毕业班学生，魏作为三年级级长，领导全校学生罢课，以示抗议。罢课失败，他被开除学籍，并通报全省。1914年，魏如改名大刚，进入美国基督教教会在杭州主办的之江大学。半年后，因对基督教持异议而退学，在乡村小学教书谋生。1915年入浙江第三中学读书，1916年考入交通部上海工业专门学校（交通大学前身）电机科学习。1919年五四运动爆发，魏如在校担任学生评议会书记，并兼任宣传队长，曾多次上街向市民宣传。

1920年魏如毕业后，先后入上海美商慎昌洋行、华商华昌贸易公司、英商久胜洋行担任练习工程师、工程师。1925年“五卅”惨案发生，外商洋行的中国雇员全体罢工，魏出于爱国热忱，与同学支秉渊、吕谟承、朱福驷等每人出资二百五十元开设新中工程公司，寓意“新中国”。魏如等人白天仍在洋行谋生，利用业余时间，代客设计洋行不愿承接的特殊电气和机械装置。半年后，新中公司约请原在慎昌洋行的工人吴梅生加入，开设工厂，用人力车床等简陋机械，制作抽水机和柴油机。1926年先后仿制五马力和八马力柴油机成功。

1927年，魏如工作的久胜洋行并入英商怡和机器有限公司，他入该公司动力部门为工程师。虽然报酬优厚，但魏总觉为外人服务于心不甘。1929年魏的同学王崇植被任命为青岛市工务局长，魏遂辞去怡和公司职务，应王之邀赴鲁，任青岛市政府技正兼自来水厂总工程师，先后为青岛市设计和改装全市路灯以利照明，为自来水厂改装设备使夏季供水无缺。不久王离任，魏见官场腐败，辞职回上海，专任新中厂工程师。

1932年上海"一二八"事变发生，地处闸北的新中厂全部毁于炮火。原任厂长吕谟承转任南通大生纱厂工程师，魏如接任新中厂厂长。在几年中，新中厂逐步恢复了机械制造部门，先后研制、生产三十六、五十四、六十七、九十马力新式柴油机，并兼营各种修理装置业务，承包建筑铁路、公路桥梁。在1934年和1935年先后承包了粤汉、浙赣、苏嘉等铁路桥梁数十座，获利甚丰，工厂由此得到进一步发展。1936年试制成功四十五马力汽车用高速柴油机，效果良好。

1937年淞沪抗战爆发后，魏如和支秉渊在国民政府资源委员会的帮助下，将新中厂迁至武昌购地造厂，准备长期制造汽车发动机。但未及半年，日本侵略军逼近武汉，魏在危急中一面安排工厂撤退，一面组织人员协助汉阳兵工厂拆迁。

魏如等将新中厂迁至长沙，喘息未定，又逢长沙大火，仓促间再移祁阳，制造专供汽车使用的煤气机，并装配汽车。抗战时期石油匮乏，这种煤气机汽车在内地发挥了作用。从1938年到1944年的几年中，新中厂在祁阳逐步发展，先后开设了锻铁、铸铁、炼钢、轧钢、金工、发电等十一个工场，生产各种煤气机、蒸汽机、切削机床、抽水机、鼓风机等。为了保证机器制造的原料需要，魏如又与银行家吕越祥等合办了民生炼铁厂，并招股开设了七里桥煤矿公司，开采烟煤以供发电之用。这时，新中厂就职工人数、业务及生产品种来说，都算是内地私营厂中规模较大的一家。

1944年，日本侵略军进攻湘桂路，逼近祁阳，新中厂又一次受到严重威胁。魏如除给不愿撤退的工人发给少数费用遣散外，将一千多吨机器设备迁往四川，先由湘桂路运往柳州，再经黔桂路辗转运往重庆。由于黔桂路秩序混乱，新中厂的器材几乎散失殆尽。撤退员工与家属沿途忍饥挨饿失散不少，又遇瘟疫，有的死于途中。退到重庆时，工人只剩一百余名，图纸和器材不满一车。新中厂一面由支秉渊带了一笔定金到美国去买旧机器；一面由魏如接受资源委员会的任务，在重庆开设分厂，生产四十五至二百四十马力煤气机，并制造迫击炮弹的引信，工厂逐渐重新发展起来。不久，新中厂与内迁各厂在重庆举办产品展览会，中共代表团周恩来等莅临参观，大为赞扬，并题词："供应前方的生产是国防工业的第一要义。"

抗战胜利后，中国民主建国会在重庆成立，魏如由胡厥文介绍入会。这时，国民党政府积极准备进攻解放区，置国计民生于不顾。内迁工厂无事可为，发不出工资，普遍解雇工人，停工停产，引起工人罢工。魏如与马雄冠等人邀集在重庆办厂的一百多位厂主，组成请愿队，先后向国民政府翁文灏、宋子文等人请愿，要求建造成渝铁路，以维持内迁工厂的生产。宋子文一心要进口外国设备，坚决不允在建造成渝铁路时使用国货。从这些现实教训中，魏如对国民党政府的媚外行径有了进一步的认识。

资源委员会乘内迁工厂处于困难之机，出面收买各厂机器设备，实际上是要并吞内迁工厂，扼杀民族工业的生机。对此，魏如坚决拒绝。他在 1946 年春回到上海，购得厂房，买了一部分日本赔偿的机器，加上由支秉渊从美国买回的机器，恢复了上海新中厂。

由于国民党政府大量倾销美国剩余物资，民族工业生产不断缩小，新中厂在极端困难中挣扎。这时，魏如经常参加民主建国会的秘密会议，读到《新民主主义论》等毛泽东著作和中国共产党的一些秘密材料，接受了中国共产党的政治影响，拒绝国民党政府的军工生产订货。新中厂紧缩开支，四处筹资金，找货源，勉强维持生存。在发不出工资时，魏宁愿抵押材料、机器去借款，也不为国民党政府生产内战所需的军火。

中华人民共和国成立后，魏如积极恢复和发展新中厂生产，在“三反”“五反”运动中被评为“完全守法户”，接受社会主义改造方针，带头将新中厂公私合营。1953年，魏如担任公私合营新中动力机器厂厂长，1956年后任上海农业机械公司（后改为汽车拖拉机工业公司）经理。

魏如从1953年起先后当选为全国工商联执行委员，上海市工商联副主委，第一、二、三届全国人大代表，上海市人民委员会委员，民建中央委员，上海市民建副主委、代理主委等职。

1966年10月18日，魏如在上海病逝。按他生前嘱咐，遗体捐赠医院解剖。

主要参考资料

《魏如自传》（未刊稿）。

上海市机器工业史料组编：《上海民族机器工业》，中华书局1966年版。

周维本、金文秋等人的回忆。

温 生 才

杨天石

温生才，字练生。广东嘉应（今梅县）人。1870 年（清同治九年）生。家里很贫穷，又无依靠，幼年时就被人诱到南洋荷属殖民地去做童工①，后归国给人家做仆役，又曾投身行伍当兵。1903 年左右再次往南洋霹雳埠锡矿做工。多年的苦难生活熬炼出了他刚烈的性格。某次，受当地技师无理鞭打，温生才瞪目怒斥说："你是人，我也是人，凭什么打人？瞧不起弱国国民吗？"一拳把那个技师打得血流满面而逃②。1907 年冬，同盟会在该地设立阅书报社，温生才读了《扬州十日记》一书，反清思想因之勃发。其后，又听过孙中山一次演说，非常信服，便托人介绍见面。他向孙中山表示，情愿为"排满"牺牲性命。不久，加入同盟会③。1909 年秋，与人在矿场开办广益学堂，白天汗流浃背地劳动，晚上聚会在学堂里讨论国事。由于觉得革命一时难以成功，温生才与华侨李佐汉等组织暗杀团，决心从暗杀着手，"誓除民贼"④。

1910 年广州新军起义前，温生才曾拟谋刺广州将军增祺，因无炸药而作罢。1911 年 3 月底，他由香港再次到广州，谋刺副都统兼署广

① 《温生才传》，杨佣子（徽五）：《榕园琐录》卷 6，梅县东山中学 1944 年印。

② 辟尘：《烈士温生才事略》，槟榔屿《光华日报》1911 年 4 月 18 日；古宜：《书温生才轶事》，《南社》第 23 集，未刊稿，国家图书馆藏。

③ 冯自由：《温生才事略》，《革命逸史》第 2 集，中华书局 1981 年版。

④ 《李佐汉传》，秦孝仪主编《革命人物志》第 1 集，台北"中央文物供应社"1969 年版。

州将军孚琦①,在给南洋怡保同盟会李孝章、李源水、郑螺生等人的信中,他说:"看满贱种太无人道,恨火焚心,时刻不能耐。自从徐(锡麟)、汪(精卫)二君事失败后,继起无人,弟思欲步二君后尘,因手无寸铁,亦无鬼炮,莫奈何,暂忍。能得手有鬼炮时,一定有好戏看。弟心已决,死之日即生之年,从此永别矣!"②4月8日,华侨飞行家冯如在广州燕塘表演飞机,孚琦等以下官吏都前往观看。温生才暗藏五响手枪一支,在东门外一茶馆伺候到傍晚,见有卫队前呼后拥、喝道而来者,便从茶馆冲出,排开卫队,左手攀轿,右手开枪,连发四弹。卫队、轿夫见状,惊逃四散。孚琦毙命后,他向东校场缓步走去。途中,被巡警等所捕。

审讯中,温生才气宇轩昂,谈笑自若。清吏要他招供,温说:"晚饭未吃,懒得说话。"清吏送来饭菜,温随吃随谈,声言:"与孚琦并无仇怨,不过近来苛细杂捐,抽剥已极,民不聊生,皆由满人专制,害我同胞,故欲先杀满官,后杀满族,为四万万国民伸气。"又讲:"以我一人,手枪一支,便吓杀数十旗兵,如入无人之境,可见官兵无用,将来对待外人,必不可靠!"③清吏讯以同党,答称:"十八省皆有,以广东为最多。"讯以何人主使,答称:"出于自己。"讯以同党所在,答称:"遍地皆是,惟伊额头无字,故不能识。"吓以刑法厉害,答称:"何不取来试试呀?"④4月11日,李准提讯,问至行刺情形,温眉飞色舞,双手拍腿,声言放第一枪见各卫队走散,心甚畅快,后连放三枪,见均中要害,更为欣慰。李准再讯同党及主谋姓名,即闭目不言,施以严刑,不言如故。4月15日,番禺县令再讯,温生才除痛斥官场腐败外,没有其他的话。县令喝令捆绑,温生才伸直两手,刽子手居然无法使之弯曲。赴刑场途中,温生才神色自

---

① 一说为谋刺清军水师提督李准,但证以下文"看满贱种太无人道","先杀满官"等语,谋刺对象应为孚琦。

② 邹鲁:《温生才传》,革命纪念会编《红花冈四烈士传》,上海民智书局1927年版。

③ 《神州日报》1911年4月16日。

④ 《神州日报》1911年4月18日。

然，绝无怯容，行至惠爱街闹市时，大声说："今日我代同胞报仇，各同胞务须振奋做人方好！"既而又说："许多事归我一身担任，快死快生，再来击贼！"①

温生才牺牲后，南洋华侨曾编演《温生才新剧》以志悼念②。

① 《神州日报》1911年4月22日。
② 《光华日报》1911年9月22日。

温　宗　尧

邵桂花

温宗尧，字钦甫。1867年5月21日(清同治六年四月十八日)生于广东新宁(今台山县)①。幼年入香港官办中央书院(1891年改名皇仁书院)读书，与孙中山为先后期校友。1892年3月13日，温宗尧与杨衢云、谢缵泰等十六人于皇仁书院教员陆敬科寓所成立以开通民智、提倡新学为宗旨的“辅仁文社”，群推杨衢云为社长。不久尢列经罗文玉介绍成为社员，旋经尢列介绍杨衢云与孙中山晤面，中山以革命说之。温宗尧于皇仁书院毕业后，负笈赴美留学。1895年2月21日，孙中山设兴中会总机关乾亨行于香港，“辅仁文社”并入该会，温遂成为兴中会会员。1897年，温宗尧任天津北洋大学堂教习，之后，返港任皇仁书院英文教员。时编有《英文文法易解》两册(商务印书馆版)。温以精通中、英文兼充改定英国通商条约委员冯克伊之书记。

1900年7月，温宗尧经门生黎科之介绍，任唐才常之“自立军”驻沪外交代表。8月9日，“自立军”于安庆举事失败，负责人秦力山流亡上海，温宗尧闻讯，嘱王宠惠匿秦于南洋公学。21日，唐才常被捕后遇害。温宗尧南下，出任两广洋务局局长、广东电话局总办、广东将弁学堂总办、江苏候补道等。

1904年，温宗尧受廷命，随唐绍仪赴印度，处理有关西藏交涉事

---

① 南京市档案馆编:《审讯汪伪汉奸笔录》(上)，江苏古籍出版社1992年版，第335页。

宜。1905年8月，温由印度返国。后入两广总督岑春煊幕，负责对外交涉事宜。

1908年，温宗尧奉廷命出任清政府驻藏参赞大臣。翌年6月27日，温宗尧与驻藏办事大臣联豫会奏筹办西藏事宜，列举开商埠、练新兵、兴学堂、垦荒地、开矿山五端，并请添设参赞一员驻后藏。1910年2月，温宗尧奉命赴川。不久，温宗尧入两江总督署，任洋务顾问，后入京任外务部参议。

1911年10月10日，武昌革命军兴，各省纷起响应。11月20日，各省都督府代表联合会议议决承认武昌为民国中央军政府，以鄂军都督执行中央政务。并请以伍廷芳、温宗尧为民国外交总、副长。24日，温宗尧与伍廷芳、张謇、唐文治托美国驻华公使嘉乐恒(Calhoun, William James)转电清廷监国摄政王载沣，请共赞共和政体。12月6日，监国摄政王载沣引咎辞职，以醇亲王退归藩邸。18日，民国代表伍廷芳与袁内阁全权代表唐绍仪在上海英租界市政厅召开南北议和首次会议。温宗尧等人为议和参赞。

1912年1月3日，中华民国临时大总统孙中山任命温宗尧兼任议和参赞，10日，任温宗尧为上海通商交涉使。11日，临时政府外交部成立，温宗尧与伍廷芳交卸湖北军政府外交代表职务。2月3日，温宗尧与唐绍仪、章太炎、程德全、熊希龄等组织统一党，任参事。继之，温宗尧又与岑春煊在上海另组国民公党，温任副会长。

2月15日，全国各地举行中华民国统一大典。16日，国民议和总代表伍廷芳、参赞温宗尧、汪精卫，以议和告竣电孙中山、黎元洪及各省都督，请辞议和代表职。17日，孙中山复电同意。4月16日，温宗尧辞去驻沪通商交涉使职，由陈贻范继任。8月25日，同盟会与统一共和党、国民共进会、国民公党等于北京召开成立国民党大会，选举孙中山等七人为理事，温宗尧等三十人为参议。9月20日，蒙藏交通公司于北京成立，举伍廷芳为总理，温宗尧、王人文为协理。12月3日，该公司以库伦事日急，呈请政府修筑张(家口)库(伦)轻便铁路。

1913年1月30日，温宗尧、伍廷芳、陈锦涛、王宠惠、王正廷等代表天津北洋大学全体师生，联名呈请教育部，取消北洋大学合并于京师大学之议案。

1915年冬，袁世凯复辟帝制，讨袁护国军兴。翌年4月19日，岑春煊偕温宗尧等由上海绕道香港，转抵广东肇庆。5月1日，护国军为谋统一指挥，于广东肇庆成立两广护国军都司令部，举岑春煊为都司令，梁启超为都参谋，李根源为副都参谋，章士钊为秘书长，温宗尧任都司令部外交局长，一致声讨袁世凯。2日，唐绍仪、温宗尧等一千三百九十七人以二十二省旅沪公民名义发表宣言，反对冯国璋东电，对其所提各款逐条批驳。

8日，滇、黔、桂、粤四省于肇庆成立护国军政府军务院，以唐继尧为抚军长，岑春煊副之并摄行抚军长职，唐绍仪为外交专使，王宠惠、温宗尧为副使。

1916年6月6日，袁世凯病死，黎元洪继任总统。25日，温宗尧与唐绍仪、梁启超、王宠惠电请黎元洪罢斥广东将军兼署广东巡按使龙济光职。7月14日，岑春煊以内部分裂日甚，宣布撤销护国军军务院，其抚军长及政务委员长、外交专使、军事代表，均一并解除。10月3日，黎元洪特任江苏督军冯国璋兼督办浦口商埠事宜，以温宗尧为会办。1917年3月，温宗尧与唐绍仪、章太炎等电参、众两院，反对加入协约国。5月11日，温宗尧与孙中山、岑春煊、唐绍仪等联电黎元洪，请严惩滋扰众议院之伪公民团。

1917年7月孙中山南下护法。次年5月，广州国会非常会议在政学系和桂系军阀操纵下通过《修正中华民国军政府组织大纲》，改护法军政府大元帅制为总裁制，孙中山辞去大元帅职。1920年4月8日，广州军政府主席总裁岑春煊召开政务会议，议决免除伍廷芳的外交、财政部长兼职，保留总裁本职。特任温宗尧为外交部长，陈锦涛为财政部长。5月4日，政学系召集留粤议员开会，改组军政府，补选熊克武、温宗尧、刘显世为军政府政务总裁，以代替孙中山、唐绍仪、伍廷芳，并重定各部部长，温宗尧得兼外交部长。5 月 15 日，离粤旧国会议员在沪开谈话会，宣言并声明，所有广州政学系议员私选总裁及政务会议任免职官及其他一切决议，概属违法，当然不生效力。

6 月 3 日，孙中山、唐绍仪、伍廷芳、唐继尧四总裁发表联合宣言，否认广州军政府及旧国会，决定移设军政府，谓：自今以后，西南护法各省区、各军，仍属军政府之共同组织。其广州现在假托名义之机关，已自外于军政府，其一切命令行动及所有西南盐余及关余各款，均交本军政府。

针对孙中山等四总裁联合宣言，6 月 6 日广州军政府政务会议议决：撤换南方议和总代表唐绍仪，改派温宗尧继任，并通告北京政府：孙中山、唐绍仪、伍廷芳三人的总代表业经取消。声明孙、唐、伍等宣言及一切行动无效。由于南方内部纷争，南北和谈也难进行。6 月 22 日，温宗尧被北洋政府免去浦口商埠会办职务。其后，粤、桂派系矛盾发生，9 月，温宗尧与陈锦涛访美、英、法三国驻广州领事，请其调停莫荣新与李福林、魏邦平之争。当驻闽粤军返粤讨伐桂系后，10 月 23 日粤军攻占博罗，进逼广州。岑春煊以广州陷入重围，自知无法挽回颓势，是日通电全国，宣布引退。次日，岑春煊、陆荣廷、林葆怿、温宗尧急电徐世昌、靳云鹏，声明即日辞去总裁、取消军政府。同日，岑春煊、温宗尧、李根源在广州英领事派兵保护下，乘“新疆号”离穗赴港。11 月 2 日，温宗尧等抵沪，寓居上海不问政事。

1920 年 11 月 28 日，孙中山等乘专车抵粤。次日，通电宣布恢复军政府。1921 年 2 月 10 日，广州军政府下令通缉岑春煊、陆荣廷、莫荣新、李根源、温宗尧、杨永泰等人。

1932 年 1 月 23 日至 28 日，南京国民政府先后敦聘国难会议会员二百四十五人，温宗尧是受聘会员之一。4 月 8 日，温宗尧曾到洛阳出席国难会议第一次大会。

1937 年 7 月 7 日卢沟桥事变爆发，全面抗日战争开始。7 月末，平、津相继沦陷，日寇在平、津两地分别组织“地方维持会”。12 月，南京陷于敌手。日寇又策划平、津两地维持会与1935年12月建立的伪冀东防共自治政府合并，并于14日在北平成立伪中华民国临时政府。接着日寇和汉奸又谋划于南京成立伪中央政府，拟拉唐绍仪任傀儡政府的首脑。日本特务机关指使温宗尧做唐绍仪的工作。1938年2月21日，温宗尧、陈锦涛、陈群、梁鸿志等一伙汉奸会商于上海汇中旅馆。随后由温宗尧往说唐绍仪，温面告唐开会情形，并请唐出山组织伪政府事。唐予以拒绝说，“如此我是不干的，而且我劝你也不必干”。22日，温宗尧偕陈锦涛复与唐绍仪晤谈，唐劝温、陈二人说，“我辈出处，应极端慎重，当此空前巨变之际，若稍有苟且，则一经投足，即无术自拔”。因此，温宗尧、陈锦涛亦曾抱消极之念。

然而说与做是两回事，温宗尧并未与唐绍仪同进退。1938年3月30日，伪中华民国维新政府成立于南京，温宗尧出任伪立法院院长，投敌附逆，堕为汉奸，曾参与梁鸿志与日本华中驻屯军所签订的若干条约，承认日本所要求的鸦片专卖权及管理伪维新政府所属区域内自来水、电气、航行等项之特权。9月22日，伪临时政府与伪维新政府在北平成立伪中华民国政府联合会，温宗尧是委员之一。12月，温宗尧与梁鸿志、陈箓等飞赴北平，参加伪中华民国政府联合委员会第三次会议。

1939年6月29日，温宗尧在上海与汪精卫进行单独会谈，并积极参与汪精卫的“和平运动”，力主建立强有力的伪中央政府，温还建议与日、德、意共同缔结牢固的防共同盟。

1939年9月23日，温宗尧与梁鸿志、陈群等联合发表声明，公开表示支持由汪精卫建立的“中央政府”。同年，温宗尧任隶属于日本特务机关的“大民会”(兴亚会)副总裁。日人松室孝良操纵该会大权，致力宣传亲日思想。

1940年1月22日，在日本顾问原田熊吉的陪同下，温宗尧与梁鸿志、陈群等赴“青岛会议”。24日，汪精卫、王克敏、梁鸿志三方举行第一次会谈，温宗尧为梁鸿志方面参加会谈成员之一。会议通过伪中央政府成立大纲、政纲、政府名称、首都、国旗和成立日期等案。26日，会谈结束。3月19日，汪精卫公布伪《中央政治会议组织条例》及出席“中央政治会议”三十人名单，温宗尧是伪维新政府方面政治会议三十名委员之一。22日，汪伪中央政治会议举行第三次会议，议决通过伪国民政府人员名单。温宗尧出任伪司法院院长。24日，汪精卫公布伪中央政治委员会名单：主席汪精卫、温宗尧是当然的五委员之一。30日，重庆国民政府明令全国严缉温宗尧等七十七名汉奸。同日，汪伪国民政府成立于南京。汪精卫及各院、部会主要人员温宗尧等宣誓就职。温宗尧等袍笏登场为傀儡。诸逆合影留念，温与陈公博坐在汪精卫之左右。同日，重庆国民政府外交部照会各国驻华使节，并训令中国驻外使节照会各驻在国政府，郑重声明：南京汪伪政府或中国他处存在之其他伪组织，其任何行为当然完全无效，中国政府和中国人民绝对不予承认，深信世界自尊之国家对中国境内之日本傀儡组织决不予以法律上或事实上的承认。是日，伪华北临时政府、伪中华维新政府发表宣言，宣布自即日起解散。

3月，温宗尧等著《时论集锦》(兴亚社版)，因属敌伪宣传品被查禁。5月，温宗尧新著《中日事变各要点评论》，因属汉奸宣传品，也为国民政府查禁。6月，温宗尧出任汪伪宪政实施委员会常务委员。1941年2月1日，汪伪东亚联盟中国总会成立于南京，汪精卫任会长，温宗尧为常务理事之一。4月4日，汪伪中央政治委员会举行会议，温宗尧连任第二届当然委员。1942年1月，温宗尧任汪精卫伪时局策进委员会副委员长(汪精卫为委员长)。3月，温宗尧任伪中央政治委员会第三届当然委员。1943年4月1日，汪伪政治委员会通过该会第四届委员名单，温宗尧连任当然委员。

1944年11月10日，大汉奸汪精卫病死在日本名古屋帝国大医院。11月12日，汪伪中央政治委员会召开紧急会议，推陈公博为伪行政院院长，代理伪国民政府主席兼军事委员会委员长，及新民运动促进委员会、经济委员会委员长。18日，汪伪中央政治委员会特任梁鸿志继温宗尧之后为伪司法院院长。

1945 年 8 月 14 日，日本宣布无条件投降。16 日，汪伪国民政府宣布解散。9 月 28 日，温宗尧被逮捕，先囚禁于上海军统看守所“楚园”，后解往南京老虎桥监狱。1946 年 7 月 6 日被判处无期徒刑。翌年 11 月 30 日瘐毙于狱中。

主要参考资料

章伯锋主编:《北洋军阀》第 1—5 卷，武汉出版社 1990 年版。

韩信夫、姜克夫主编:《中华民国大事记》第 1—5 册，中国文史出版社 1997 年版。

《盛京时报》1905 年—1937 年版。

闻 兰 亭

汪仁泽

闻兰亭，字汉章，号庸庵。原籍江苏武进。1870 年 2 月 14 日（清同治九年正月十五日）出生在江苏靖江季家市，其父为小商人。闻兰亭少年时在家乡私塾就读，十一岁丧父，十五岁经族人介绍进靖江一杂货棉布店当学徒。三年满师后，由友人推荐至武进俞大祥棉布号当职员，工作勤奋，应对敏捷，学到了从事棉纱布业买卖的本领。

闻兰亭二十一岁时，由店主派至上海该店联号的一家绸布庄当经理，与沪上花纱棉布业中领袖人物荣宗敬昆仲、穆藕初、刘国钧等广为结交。数年后，闻兰亭在上海自设纱布号，其后在沪郊各县及苏南一带设立分号，专为沪上各纱厂收购棉花、经销纱布。第一次世界大战期间，闻兰亭利用民族纺织业空前发展的机会，扩大经营范围，在长江流域中下游一带城镇陆续设立分号、联号达五十多家，营业额在同业中跃居首位，成为纱业巨子，当选纱业公所董事。1938 年创办上海纱业银行，自任董事长。

1920 年，闻兰亭和虞洽卿等人共同在沪创办上海证券物品交易所，虞洽卿任理事长，闻任常务理事，主持日常业务。闻为交易所制订各项规章制度，规定交易发生时，买卖双方必须交纳保证金。张静江等人常将不能兑现的支票强行抵充，以致造成巨额欠款，后由虞、闻等设法归还。孙中山在黄埔创办军校期间，虞、闻亦曾拨巨款接济。此后闻兰亭被推为全国交易所联合会会长、上海市总商会会董等职。1923 年 5 月，津浦铁路一列北上火车，在山东临城遭匪首孙美瑶率众拦劫，车内中外旅客三百多人，悉数被掳为肉票，其中颇多上海工商界人士，家属纷纷要求上海总商会设法营救。闻兰亭被推为总商会代表，赶赴出事地点，日夜会同地方当局与匪首谈判，从中斡旋，卒使中外旅客全部安然返回。

1927 年 4 月，蒋介石在南京建立国民政府后，闻兰亭任上海特别市商整会执行委员、江苏省商会联合会常务委员、中国红十字会总会执行委员会主席(后改任会长)。此时闻在上海热心社会公益事业，为人排难解纷，开始广收愿受庇护的义子、义女三四百人，门生千余人。其中既有医生、画家、律师、教师，也有工商、党政各界人员。他并接受数十家工商企业馈赠干股，挂名董事长、董监、理事等职，成为海上闻人。1931 年，长江水灾殃及十多省，灾民数千万，闻兰亭出任上海筹募各省水灾济赈会干事长，带头向工商各界劝募巨款及大量救灾药品、物资，送往灾区分发。次年“一二八”淞沪战起，闻以红十字会会长身份积极动员各界捐献钱物，设立难民收容所收容难民；设立伤兵医院，并组织医疗队、运输队，救护伤兵、运送物资，积极支援十九路军抗战。1935 年春，闻兰亭等人出面组织佛教界“和平护国法会”，掩护抗日爱国宣传活动。是年秋，闻兰亭受任全国赈灾委员会常务委员，赶赴江西等地办理赈济水灾灾民工作。12 月，又组织“上海慈善团体联合会”(简称慈联会)救灾会，参加上海抗日救亡运动。

1937 年“八一三”沪战爆发，上海军民奋起抗战。闻兰亭主持的红十字会设立伤兵医院，并组织战地服务队，成立红十字会救护队、医疗队、运输队，奔赴前线及各抗日根据地，运送物资，开展战地救护、慰劳等活动。此时沪郊各县难民大量涌入租界，人数达七十多万。慈联会组成“救济战区难民委员会”，由屈映光、闻兰亭、黄涵之分任正、副主任(屈于 1938 年初即离沪)，闻几乎每天到会办公。该会动员停业的游乐场、剧院、学校等处收容难民，设立难民收容所五十多处，并发动各界筹募经费，供给难民衣食住宿。三年中收容、救济难民达五十多万人次。该会任用进步人士和中共党员赵朴初、朱启銮、杨昌镛、梅达君等任职；

李一氓、曹荻秋、刘述周等也都先后参加收容工作。在中共地下党的领导下,难民中掀起了轰轰烈烈的抗日救亡活动,发展党的组织,先后组织三千多名进步青年,奔赴新四军等抗日部队,参加抗日战争。国民党和日伪方面,曾指名要求租界当局捕人,因有闻兰亭、黄涵之等人的保护而未得逞。

闻兰亭爱好京剧、书画、花鸟等。中年笃信佛教,家设佛坛,法号白莲居士,常游历各地名刹,捐款修缮寺院塔庙,并任中国佛学会副会长等职。此时他家中常有食客,日四五十人,其中既有中共党员,也有国民党员。上海租界成为"孤岛"后,国民党方面在其家中设置秘密电台,与重庆方面联络。闻又应中共地下党领导的职业界抗日救亡团体益友社等组织的要求,出任名誉理事,进行掩护。

1941 年底,日军进占上海租界后,多次威逼利诱闻兰亭出任伪职,为闻所拒绝。迨至 1943 年,日方筹设"全国商业统制总会"(简称"商统会"),强迫闻出任负责人,闻以年高体衰为由拒之。不久,日本宪兵队突然侵入其住所,将闻绑架而去。三日后由工商界林康侯、袁履登等人将其保释。此时日本欲拆毁华商纱厂百分之三十三的纱锭,作为废铁"敲锭献铁",纺织界人士焦急万分,一再就商于闻兰亭。有人以佛教名句"我不入地狱,谁入地狱"相赠,要闻出面庇护。闻乃于 1943 年 3 月出任伪商统会监事长(1944 年 7 月改任该会理事长,兼任伪棉业统制委员会主任委员、伪上海市民众福利协会理事长)等职进行斡旋,"敲锭献铁"一事被掩饰过去,使各纱厂免遭重大损失。此后"商统会"下设三十多个经济机构,中共党员渗入工作。闻兰亭在中共政策感召下,提供了这些机构的组织情况和活动情况,使中共方面比较详细及时地了解到敌伪经济活动。日方密令收购四十万件纱布等消息,都首先在延安电台揭发播出。后来,有些中共党员被捕,闻出面加以保释。抗战即将最后胜利之际,新四军一度准备进入上海,闻将"商统会"的重要档案交给中共地下党员,支持新四军接收上海,因此遭到国民党方面的仇视。

1945 年 9 月,闻兰亭以汉奸嫌疑案被国民党当局逮捕,次年 6 月提起公诉。在审讯过程中，国民党中统局出具公函证明闻出任伪职事前，曾经该局转报中央同意；军统局组长等人出证在闻家设置秘密电台，受闻掩护；该局地下工作人员戚再玉、吴是沂及国民党市党部张红薇、陆惠民等人出庭证明，曾在上海被捕后均经闻营救出狱。几十家纺织厂亦共同具状作证，大批原棉、纱布、机器，幸赖闻的保护而得以保全；敌征购棉花、纱布也经闻的交涉，并采用拖延、“化整为零”等手法减少了损失。颜惠庆、徐寄庼、王志莘等人还证明，闻曾在敌统治区掩护抗日工作，对敌伪采取消极态度，不合作；并参与策动任援道反正。

在审讯期间，闻兰亭曾四次拒绝出庭。1946年9月5日受审时声明三点：“(一)本人不承认通谋敌国、图谋反抗本国，更不承认是汉奸。(二)本人所担任伪职事务，事先系奉国民党中央命令，事后亦随时秉承中央之意志办理。(三)本人在军统局之一切口供及自白书，系出于环境所逼迫故应作无效。”①著名律师江庸、沙彦楷等为闻所作的辩护词中称：闻“数十年来襄助革命，服务社会，可说完全为公，不为自己”。“被告并无假借敌伪势力，作不利于本国之行为，而是假借敌伪势力，作有利于本国之行为，故不能称被告为通谋敌国，图谋反抗本国，而应称为通谋本国，图谋反抗敌国。”且出庭作证者“皆系自动前来，并非出于被告之自称和要求”②。沙彦楷说：“被告热心社会，如此下场，而真正祸国殃民者反逍遥法外，令人痛心！”③即使如此，闻仍被法院于1946年9月12日判处徒刑八年，理由是“出任伪职”，但又称“综其协助抗战，有利人民行为，不一而足”④，自相矛盾。闻不服，上诉。1947年1月，因病经核准保外就医。同年5月9日，最高法院认为闻“出任伪职系奉密令”一事，原审未予详研，上诉“指摘原判不当为有理由”⑤，撤销

① 《申报》1946年9月6日。
② 《申报》1946年9月6日。
③ 顾雪雍：《上海闻人闻兰亭》，《人物》第6期。
④ 《申报》1946年9月13日。
⑤ 《申报》1947年5月10日。

原判,发回更审。在更审中国民党中央党部专员嵇希宗出庭证明,闻出任伪职均经核准有案,掩护地下工作,"并在闻家设秘密电台,与中央暗通消息"①。8月5日,法院承认闻在"充任伪职期间,尚无不利人民行为"②,但仍改判三年六个月徒刑。闻仍不服,再次上诉。其后闻的病情日趋恶化,于1948年7月5日在医院病逝。

主要参考资料

恽逸群:《记闻兰亭》,《恽逸群文集》,江苏人民出版社1986年版。

吴成芳:《在革命工作中运用帮会关系的片断资料》,中国人民政治协商会议上海市委员会文史资料工作委员会编《上海文史资料选辑》第54辑(旧上海的帮会),上海人民出版社1986年版。

赵朴初:《我记忆中的闻兰亭先生》(赵致闻蕴如的信),上海市文史馆编《上海文史》1991年第4期。

① 《申报》1947年7月16日。

② 《申报》1947年8月6日。

闻 一 多

王子光

闻一多，原名闻多，字友三，辈名家骅。考入清华学校后，同学潘光旦建议加个“一”字，改为闻一多。1899 年 11 月 24 日(清光绪二十五年十月二十二日)出生于湖北浠水下巴河陈家岭。父亲闻廷政是清末秀才，对国学有相当造诣，一度参加过维新变革活动。

闻一多六岁入家塾读书，除熟读《三字经》、《朱子家训》外，还学习当时新编的学校教材。1910 年，入武昌两湖师范附属高等小学校。1912 年秋，考入清华学校。闻一多在这所学校前后读了九年半。他精力旺盛，读书很多，兴趣极广，观察问题敏锐，被同学公认为“博学之士”。

闻一多入清华不久，就编演了表现武昌起义的《革命军》，表现出对辛亥革命的热烈赞颂。1915 年，担任《清华周刊》编辑，后又担任总编辑和《清华年报》、《清华学报》编辑。1916 年冬，清华学生成立专司戏剧演出的游艺社，他任副社长。1918 年底，游艺社改组为新剧社，又任编演部负责人。他“奔走剧务，昼夜不分，餐寝无暇，卒底于成”①，是校内出名的编导和演员。闻一多自幼喜爱绘画，在清华中等科时，所作水彩风景画色彩鲜艳，层次分明，以“图画冠全级”而得奖，有的作品还被选送参加巴拿马博览会②。1919 年 9 月，他与同学杨廷宝等发起美术

① 朱自清等编:《闻一多全集·年谱》，开明书店 1948 年版，第 34 页。

② 王子光、王康编:《闻一多纪念文集》，三联书店 1980 年版，第 446 页。

社,“以研究艺术及其与人生的关系”为宗旨,发表《征求艺术专门者的呼声》。1920年12月,与杨廷宝、浦薛凤、梁思成等成立组成研究具形美术的团体“美斯司”,希望用“生命底艺化”促进生命的“高深醇美”①。

年轻的闻一多以更大的精力倾注于诗歌创作和研究。他爱读李白、李义山、陆游等人的诗,在外国诗人中喜欢济慈、雪莱、拜伦,这些诗人的作品对他的诗作有明显的影响。1920年9月,第一首新诗《西岸》发表于《清华周刊》,并开始以一个热情奔放的诗人出现在中国的新诗坛上。1921年创作十四行诗,并将这种体裁称之“商籁体”,受到新诗界公认,沿用至今。20年代他发表的新诗集《红烛》和《死水》,在当时的文坛上产生了一定影响。与此同时,钻研新诗理论探讨。1921年6月发表《本学年周刊里的新诗》,12月在清华文学社作《诗的音节底研究》报告,1922年3月写定论文《律诗底研究》,接着又在《创造月刊》先后发表《女神的时代精神》和《女神的地方色彩》,提出新诗既要接受外来影响,也要具有本地彩色等颇有创见性的观点。

1919年五四运动爆发时,闻一多当天深夜在清华食堂贴出岳飞《满江红》词,用以激发同学们的反帝爱国热情。五四运动中,清华成立学生自治会性质的学生代表团,他担任文书,负责宣传工作。6月中旬,全国学生联合会在上海成立,会后召开学联常会,他与罗隆基等人作为清华代表出席,并担任学联日刊股编辑。

1921年6月,闻一多念完了高等科四年级,正在迎接毕业考试,准备出国的时候,北京发生了李大钊、马叙伦等人领导的国立八校教职员索薪斗争,闻一多积极参加北京学联的罢课声援,不顾学校当局对罢考学生以“开除学籍”相威胁,拒绝走入考场。最后被学校给予留级一年处分,推迟出国②。

---

① 《美斯司宣言》,《清华周刊本校十周年纪念号》,1921年4月28日,清华学校印行。

② 王子光、王康编:《闻一多纪念文集》,第402、455页。

1922年7月，闻一多赴美留学，入芝加哥美术学院，专攻西洋美术。次年暑假后，转学到珂罗拉多大学美术系。系主任利明斯女士对他的创作评价很高，认为"闻一多是少有的艺术家"①，推荐他参加在纽约举行的评选极严的一年一度的画展。

闻一多转学到珂罗拉多大学后，逐步由学画改攻文学。他特别致力于诗的研究和诗的创作。对于欧美各国的爱国诗人的作品尤为酷爱，予以极高的评价与赞佩。1924年秋，转学到纽约艺术学院，与余上沅、赵太侔、张嘉铸等人共同编写排演了英文古装剧《杨贵妃》(又名《此恨绵绵》或《长恨歌》)，这是中国戏剧第一次在美国舞台的演出。留学期间，他关心国内局势。1923年暑假，与清华同级同学吴泽霖、罗隆基、何浩若、浦薛凤等人发起提倡国家主义的政治团体"大江会"。1924年暑假，"大江会"正式成立，成员还有吴景超、潘光旦、王化成、沈宗濂、梁实秋、吴文藻、顾毓琇、蔡公椿等人。在大江会中，闻一多是"文化的国家主义"积极提倡者，曾对熊佛西说："诗人主要的天赋是爱，爱他的祖国，爱他的人民。"②

1925年5月底，为了发动国剧运动，闻一多放弃还有至少两年的留学，提前回国。9月，任北京艺术专科学校教务长，在油画系主任徐悲鸿回国前，并兼任油画系主任。在北京艺专，与余上沅、赵太侔经过努力，创办了国立院校的第一个戏剧系。1926年4月，与朱湘、饶孟侃等在徐志摩主编的北京《晨报》副刊上创办《诗镌》，并在创刊号上发表《文艺与爱国——纪念三月十八》一文，表示对"三一八"惨案牺牲者的崇敬。文中说"陆游一个七十衰翁要泪洒龙床请北征"，"拜伦要战死在疆场上了，所以拜伦最完美、最伟大的一首诗，也便是这一死"③。他说："我们觉得诸志士们三月十八日的死难不仅是爱国，而且是最伟大

① 朱自清等编：《闻一多全集·年谱》，第43页。
② 王子光、王康编：《闻一多纪念文集》，第72页。
③ 《闻一多全集》(3)，第240页。

的诗。我们若得着死难者的热情的一部分，便可以在文艺上大成功；若得着死难者的热情的全部，便可以追他们的踪迹，杀身成仁了。”这是闻一多把文艺和爱国主义结合起来的观点的一个生动表述。

1927年春，闻一多应邓演达的邀约，参加北伐军总政治部工作，任英文秘书兼艺术股股长。亲自绘制了反军阀大幅壁画，悬于武昌黄鹤楼前，唤起群众“打倒列强除军阀”。9月，南京第四中山大学（后改名中央大学）成立，任外文系主任，教授英美诗、戏剧、散文等课程。

1928年秋，国立武汉大学成立，闻一多任文学院院长，自此专攻中国古典文学。1930年秋，国立青岛大学成立，任文学院长兼国文系主任。除在本系讲授名著选读、文学史、唐诗外，还在外文系教英诗等课。这时他致力于唐诗的研究，写出《杜甫交游录》。1931年1月，徐志摩编辑的《诗刊》创刊，刊登闻一多的《奇迹》，这是他发表的最后一首新诗。

1932年秋，闻一多回到离别十年的清华大学，任中文系教授。他讲授王维及其同派诗人以及杜甫和先秦汉魏六朝诗。接着又先后讲授诗经、楚辞、唐诗和乐府研究、中国古代神话研究。1936年，他还讲授艺术理论和美术史。这一时期，他发表了《岑嘉州系年考证》、《匡斋说诗》、《天问释天》、《诗新台鸿字说》、《高唐神女传说之分析》、《离骚解诂》、《敦煌旧钞本楚辞音残卷跋》、《诗经新义·二南》及《释朱》等作品。

1937年抗日战争爆发后，闻一多带着家眷离开北平南下。11月1日，清华、北京、南开三大学合并成国立长沙临时大学，他遂到长沙。1938年1月21日，临大再迁昆明，他放弃乘车，参加二百多学生和十数位教师组成的“湘黔滇旅行团”。在三千五百里的长途跋涉和风餐露宿中，和青年学生一道收集研究歌谣、民俗、神话以及苗区的服装、语言，并画了百余幅风景写生画。由于步行途中的匆忙和劳顿，他蓄起一把丰茂的胡须，誓言要等抗战胜利了才剃掉。由于深入民间，他开始了解到人民的痛苦。4月28日，旅行团到达昆明。5月4日，临时大学改为西南联合大学，闻一多在中文系任教。1940年暑假后至1946年春，任清华大学中文系主任，其间一度担任西南联大中文系主任。

1941年暑假后，清华大学文科研究所成立，闻一多主持中国文学部，整理《易经》、《诗经》、《楚辞》等著作，并指导研究生。1942年3月，《楚辞校补》出版，次年经教育部学术审议会评审，获社会科学类学术二等奖（一等奖汤用彤、陈寅恪等六人，二等奖朱光潜、刘节等十四人，三等奖洪深、郑天挺等三十二人）。新学年起，他讲授周易、乐府诗、中国文学史问题研究。

1943年春，周新民、李文宜、华岗（化名林少侯）等在昆明组织“西南文化研究会”，旋邀闻一多参加。他们每两周在唐家花园集会一次，开始主要讨论学术，后来渐渐学习中国共产党的方针政策，分析研究国内国际形势。毛泽东的《论联合政府》、《新民主主义论》和朱德的《论敌后战场》等著作，他都是在这个时期看到的。

抗日战争后期，闻一多目睹国民党官僚的贪污腐败有增无已，人民生活在水深火热之中，他拍案而起，走出书斋，喊出了“现在只有一条路——革命”①。他赞美解放区的诗人是“时代的鼓手”，赞美屈原是“人民的诗人”。他在鲁迅逝世八周年纪念会上沉痛地表示，“鲁迅对，我们错了”，要坚决学习鲁迅的榜样。年底，他严肃而沉重地在护国战争纪念大会上说：“因为要民主，就必须打倒专制独裁！袁世凯还没有死，我们大家要提高警惕。”②大游行完毕之后，他站在群众面前激动地喊道：“这是人民的力量，人民的力量是伟大的，无可抗拒的！人民的力量使反动者不寒而栗！”闻一多的这些言行，受到知识分子、青年学生和广大人民的尊敬，而反动派则视他为眼中钉。日本投降后，闻一多看到国民党反动派勾结美帝国主义，企图发动反人民的内战，他呼喊：“今天，我们第一要停止内战，第二要停止内战，第三还是要停止内战！”“我们第一是要民主，第二是要民主，第三还是要民主！非民主不能救人

① 王子光、王康编：《闻一多纪念文集》，第75页。

② 《闻一多全集》(3)，第240页。

民,非民主不能救中国!”他写了充满战斗精神的杂文、宣言、通电、抗议,参加了大规模的时事晚会、讲演会、新诗朗诵会、文艺座谈会、营火会、几千人几万人的大游行。这时候,正如他自己在《文艺与爱国》一文中所说的,“非现身说法不可”了。他要以自己的革命实践,“放射出光和热来”。

闻一多于1944年秋加入中国民主同盟。12月,被选为民盟云南支部委员,担任云南省支部机关刊《民主周刊》编委。1945年9月,被选为民盟中央执行委员及民盟云南支部宣传委员,同时兼任《民主周刊》社社长。他积极参加爱国民主运动,反对国民党政府的反动统治。12月1日,国民党在昆明制造了“一二一”惨案。闻一多悲愤异常,认为这是“中华民国最黑暗的日子”,凶残的程度“简直是黑色恐怖”。他始终和爱国学生站在一起,同张奚若、吴晗、潘光旦等一道为青年人辩护,支持学生的正义行动。1946年3月18日,四烈士出殡,闻一多走在四五万人游行队伍的前列,愤怒地向反动派示威抗议。

5月,西南联大学生开始分批复员北上。为了工作,闻一多留下来晚走一步。这时美国加利福尼亚大学邀请他去讲学,他以北方的青年还需要他,昆明还有许多工作等待他,因而谢绝了。

6月,蒋介石发动大军围攻中原解放区,同时加剧白色恐怖,迫害爱国民主活动。在昆明的特务、暴徒对闻一多不断进行造谣、威胁、恐吓和监视,但他毫不畏惧。

为了争取民盟的活动公开,和当地各界联系开展工作,并粉碎反动派对民盟和民主人士的造谣诬蔑,6月26日至29日,民盟云南支部负责人在商务酒家举行招待会,说明民盟的立场和态度是用和平的方法解决国事,反对暴力。

7月11日晚,李公朴被暗杀,闻一多无比悲愤,赶到云大医院,抱住李公朴的遗体哭喊道:“公朴没有死!公朴没有死!”大家劝他暂时避开,以防不测,他坚定地说:“决不能向敌人示弱,如果李先生一死,我们的工作就停了,将何以对死者!将何以对人民!”他不顾疲劳和危险,仍然按计划做好善后工作。

7月15日上午，在云南大学至公堂召开李公朴先生殉难经过报告会，闻一多虽经亲友多方劝阻，仍毅然出席大会，作了他的最后一次讲演。他拍着桌子厉声说："反动派！你看见一个人倒下去，可也看得见千万个继起的！正义是杀不光的，因为真理永远存在！"下午，他出席民盟在府甬道《民主周刊》社为李公朴被暗杀事件举行的记者招待会。5时半左右，闻一多的长子闻立鹤接他回家。在离宿舍大门才十来步远的地方，突然被特务用乱枪打死，时年四十八岁。为了保护父亲，闻立鹤也身中数弹。

闻一多被杀害的消息传出后，立即引起中外的强烈反应。毛泽东和朱德在唁电中称赞："先生为民主而奋斗，不屈不挠，可敬可佩。"周恩来以中共代表团名义致电悼唁，并在上海举行的记者招待会上，严厉谴责国民党反动派的暗杀罪行。民主同盟主席张澜表示"愤慨万端，莫可名言"。其他民主党派和全国各地人民以及加拿大、美国的爱好和平人士，都纷纷致电或举行集会，声讨国民党的血腥暴行。

闻一多的遗著由朱自清、郭沫若、吴晗、潘光旦、叶圣陶等负责编成《闻一多全集》，共四册，于1948年8月由开明书店出版。为纪念闻一多八十诞辰，1980年三联书店编辑出版了《闻一多纪念文集》。闻一多还有大量遗稿未曾发表，为此武汉大学闻一多研究室重新整理编辑了十二卷本的《闻一多全集》，1994年由湖北人民出版社出版。

说明：本文经中国社会科学院近代史研究所闻黎明研究员仔细审阅校正，谨此致谢。

翁 文 灏

严如平

翁文灏，字咏霓、永年，号君达、悫士。浙江鄞县人。1889 年 7 月 26 日(清光绪十五年六月二十九日)生于一个官宦绅商之家。祖父翁步云曾任清廷内阁中书；父亲翁勉甫好治新学，热心实业。翁文灏童年入塾勤读，十三岁考取秀才。1906 年考入法国天主教耶稣会在上海办的震旦学院，学习法文和数学等新知识，课余喜读《清议报》、《新民丛报》及《天演论》等新书刊。1909 年，他怀抱“科学救国”、“工业救国”的志愿考取公费赴欧留学，入比利时鲁汶大学，攻读地质、岩石专业。1913 年毕业，以优异成绩获理学博士学位，为我国第一名地质学博士。

翁文灏学成回国，正值北京政府工商部矿政司开办地质研究所(实即高等地质学校)，翁被分派在该所任讲师，1914 年任教授，担任矿物学、岩石学课程，为近代中国培育第一代地质科学人才。1915 年春，翁参加留学生文官考试，名列实科第一，被委任工商部荐任技正。1916 年北京创立地质调查所，丁文江任所长，翁任矿产股长，主持测勘各种矿产资源。1919 年丁文江赴欧洲考察，翁任代理所长；1921 年丁辞所长职，翁正式继任。1924 年，翁并兼北京大学、清华学校教授，后于 1931 年曾代主清华校务。

翁文灏主持地质调查所十余年，组织全所人员大量进行地质调查，积极开展地质、燃料、土壤新生代等重大项目的科学研究工作。1920 年 12 月 16 日，甘肃海原发生八点五级特大地震，他不畏艰难困苦，赶赴现场，因旅途艰辛，饮食营养失宜，患维生素缺乏症以至不能举步，仍坚持不懈抱病进行实地调查。

翁文灏对于我国地质科学基础理论研究颇多建树。他先后撰著《中国东部地壳运动》、《中国东部中生代以来的地壳运动与岩浆活动》、《中国东部中生代造山运动》等重要论文，创立了东亚燕山运动学说，阐明侏罗纪和白垩纪间亚洲东部的造山运动。他在《中国北部水平运动所成之构造》等文中，指出我国造山运动具有“推复体(nappe)构成”的特点，并论述了它的重要意义。这对我国后来探测石油资源，是一重要启示。翁撰著的《中国矿产志略》及其他论文，创建了我国矿产区域论。他应用地热分带，从理论上探讨我国南部的金属矿床分带，存在有锡钨钼带、铜铅锌带、锑带、汞带。他还将中生代花岗岩划分为与钢铁有关的偏中性花岗岩和与钨锡有关的偏酸性花岗岩两种。他论述成矿规律，首次提出了我国成矿系列的概念。

20 年代初，一些外国人因为在陕北延长投资钻井探油失败，即对在中国找到丰富油矿的可能性表示了怀疑和悲观的态度，“中国贫油”之说逐渐盛行。但翁文灏怀着在中国找到石油的希望，力排众议，组织力量进行勘探，先在陕北获得若干成果，继而又在甘肃玉门探得油田，奠定了我国西北石油开采的始基。1934 年 2 月，翁获悉浙江长兴煤矿有油气苗现象，于春节初二赶去察看，不幸所乘汽车行至武康县的桥上发生车祸，他头部受重伤，不省人事逾两月，后经多方抢救、医治，才逐渐恢复记忆力，继而完全恢复了健康。他一如既往，继续为探测矿藏不懈地工作。

对于我国地震地质研究，翁文灏做了许多开创性工作。他对甘肃海原地震以及我国地震史料的一系列研究论文中，指出地震的起源是某些地质构造形成的。他提出了初步的地震区域轮廓，列出比较详细的地震分布表，首次绘制出《中国地震分布图》。他于 1930 年在北平郊区设立了我国第一个鹫峰地震研究室；同时出版刊物进行国际学术交流，使我国地震学研究进入世界行列。他是近代研究中国地震地质科学的第一人。

翁文灏在地质地貌学方面取得许多成就，主要论著有《中国山脉考》、《中国北方河流的沉积物及其地质意义》、《中国地势》（与曾世英合著）、《中国地理通论》等，为创立我国地理科学作出了贡献。1934 年，他和丁文江、曾世英合作，编绘了我国第一部根据实测资料、按等高线彩色绘制的地形地图集《中国分省新图》和《中华民国新地图》，由上海申报馆出版，受到国内外的重视和欢迎。

为推动我国地质地理科学的发展，翁文灏做了许多组织领导工作。1922 年他参与发起成立中国地质学会，任副会长，1924 年起四任会长、理事长；1934 年又参加发起成立中国地理学会，被推选为第一任会长。

翁文灏地质地理学方面的成就，在国际学术界享有盛誉，先后被聘为国际地质学会副会长、伦敦地质学会名誉会员、德国赫勒自然科学院通讯院士，并获得柏林工科大学、加拿大哥伦比亚大学荣誉博士等称号①。

"九一八"事变后，潜心地质地理科学研究的翁文灏，眼见国本垂危，在《独立评论》等刊物上撰文，吁请当局保全国家领土和民族独立。1932 年夏，蒋介石在江西庐山邀见翁文灏，翁除向蒋讲述我国矿产资源分布情况外，并盼政府担负起保全国家领土疆域的责任。蒋表示要以巩固国防为己任，准备设立国防设计委员会，延揽人才筹划增强国家防御力量的各项工作，邀翁任该会秘书长。翁虽力辞任职，但认为蒋"尚能认识保全国土的责任"②，并有知遇之感。蒋曾拟任翁为国民政府教育部长，翁仍坚辞不就。但蒋一再"礼贤下士"，垂听翁之政见，并深表赞赏。蒋在 1935 年 12 月出任行政院长时，宣布翁为行政院秘书

---

① 本文记叙翁在地质地理科学方面之成就，多据翁文波《地质学家翁文灏》（《中国科技史料》1982 年第 4 期，第 24—29 页），并参考黄汲清《翁文灏选集·序言》，冶金工业出版社 1989 年版。

② 翁文灏：《回顾往事》（1951 年），中国人民政治协商会议全国委员会文史资料研究委员会编《文史资料选辑》第 80 辑，文史资料出版社 1982 年版。

长。翁在“共赴国难”的号召下自此加入国民党政权。他把地质调查所迁到南京，建立新址，扩大工作范围，自己仍住在所内，主持所的工作。

1937年4月，翁文灏受命访问英、德、苏等国当局，告以当前日本侵华之局势，“探询他们具体方针”①，并商谈军备易货及建设事宜。他及时将各国态度密电报告蒋介石。他在巴黎参加了法国科学院会议和地质学会年会；在莫斯科出席了第十七届国际地质学大会，当选为大会副主席、煤田地质组主席。

翁文灏由欧洲回国时，抗日战争已经全面爆发。他受任经济部部长，嗣后并兼资源委员会（由国防设计委员会改组）主任委员和工矿调整处（原行政院工矿调整委员会改组）处长，主管战时全国工矿企业生产。翁尽力组织沿海大中城市国营厂矿和民营工业将机器设备往内地拆迁，在西南和西北各地复工或建厂，并协助申请贷款、供应原料、调整产销，以至技术辅导。

翁文灏致力于发展后方工矿生产，组织和委派专家学者去主持开发和组织生产，先后在江西、湖南开采钨矿、锑矿，在四川天府、南桐扩建煤矿，在甘肃玉门开发油矿，在叙府、遵义、北泉开办酒精厂等等。1943年，翁文灏任战时生产局局长，配合美国的技术和财政援助，组织军、民厂矿合作生产焦炭、钢铁、机械、酒精等前线和后方急需的物资。

翁文灏于1938年加入国民党，在抗战胜利前夕的国民党第六次全国代表大会上被选为中央执行委员。此次大会后，国民政府改组，由宋子文任行政院院长，翁任副院长。抗日战争胜利后，翁连上辞职呈文五次，结果得以辞去经济部和资源委员会职，但仍留行政院副院长名义。1947年4月行政院改组，翁卸去副院长职，又再主持资源委员会。翁任中国石油公司董事长兼总经理，专心从事全国石油开发和生产工作。

1948年5月，蒋介石当上了总统后，在各派系激烈争斗相持不下

① 翁文灏：《1937年访问英、德和苏联的回忆》，中国人民政治协商会议全国委员会文史资料研究委员会编《文史资料选辑》第1辑，中华书局1960年版，第57页。

的情况下，提名翁文灏为“首届行宪内阁”的行政院长。翁虽居高位，却是有责无权，一切皆要听命于蒋介石。他上任后最大的难题是维持内战所需的庞大军费开支，摆脱通货膨胀物价飞涨的困境。蒋介石于8月19日发布了《财政经济紧急处分令》，发行金圆券代替法币，限期收兑金银和外币，并强令限制物价。结果不到三个月就彻底破产，金圆券急剧贬值，物价狂涨，黑市猖獗，民怨沸腾，社会骚乱。翁文灏于11月26日引咎辞职，为蒋介石担当罪责。

蒋介石于1949年1月21日下台后潜居故里，翁文灏去浙江奉化往见，劝他完全放弃政务、真正退休；但见蒋正在召见部属布置一切，继续操纵国民党军政要事，破坏和谈，乃大失所望，当即告退，不甘与其继续为伍。其时，翁对于公开主和的代总统李宗仁抱着希望，于2月初应邀出任代总统府秘书长，表示“只要还能替国家做点事，我决不迟疑”①，期为和平谈判效力。直至4月20日李宗仁也拒绝在《国内和平协定》上签字，翁乃决心完全脱离国民党统治集团。

翁文灏在国民党政权任职前后历时十三年，洁身自好，清廉从政，一心想专做自己的工作，不管党派政治。当他醒悟到自己的一切不能自主，无法摆脱国民党统治集团的操纵，甚至被冒名列于反共宣言而自己一无所知时，决心与国民党统治彻底决裂，拒绝去台湾任职。他担心得不到共产党方面的谅解，乃旅居香港，不久又潜去法国巴黎。当时美国驻法使馆向他发出了邀请，美国雷诺金属公司致函愿以优厚待遇聘他任顾问，美国地质调查所和美国矿冶工程及机械工程学会也向他发出邀请信。翁文灏经过深思熟虑和对时局的观察，决意改变方向，回归祖国。1950年冬，毛泽东、周恩来邀其归国，他十分兴奋，立即启程，于1951年3月回到北京。他是第一个从海外回到祖国的国民党政府高

---

① 唐德刚：《李宗仁回忆录》，广西人民出版社1988年版，第622页。

级人士，毛泽东评誉他是“有爱国心的国民党军政人员”①。

翁文灏到北京后，先后任全国政协第二、三、四届委员，并被国民党革命委员会推选为中央委员、中央常务委员、和平解放台湾工作委员会副主任委员。他常去各地参观、视察，并曾率领一批地质专家和科技人员去考察矿藏。他还从事翻译国外重要石油地质论著，并主持《法汉大辞典》编译工作。

1971 年 1 月 27 日，翁文灏病逝于北京。

① 毛泽东：《论十大关系》(1956 年 4 月 25 日)，《毛泽东选集》第 5 卷，人民出版社 1977 年版，第 279 页。

吴 鼎 昌

熊尚厚

吴鼎昌，字达铨。1884年4月（清光绪十年三月）生于四川绥定（今达县）。吴家原籍浙江吴兴，世代做师爷。父亲吴赞廷在绥定府做幕十余年，退休后定居成都，置有田产。1896年吴鼎昌入成都客籍学堂读书，后考中华阳县秀才。1903年5月，他获官费留学日本，入成城学校普通科读书。1905年加入同盟会，并任本部评议员。1906年6月，吴鼎昌考入东京高等商业学校，与胡霖（政之）、张季鸾同学。1910年7月毕业回国，同年秋在北京应游学生毕业考试，得清政府学部授给商科进士，次年春又经廷试，授翰林院检讨，在北京法政学堂任教习。其后经其族伯山西藩台吴匡涛举荐给东三省总督铁良，先后任东三省总督署度支、交涉两司顾问、中日合办本溪湖矿务局总办。1911年8月，经大清银行总监督叶景葵的介绍入大清银行总行充总务科长，不久转任大清银行江西分行监督。

辛亥革命爆发后，吴鼎昌由江西到了上海，参与上海大清银行清理处事务。1912年1月，南京临时政府应大清银行上海分行商股股东的要求，派员改组成立中国银行，吴又参与中国银行的筹备事务。2月，他被派为中国银行正监督，拟定中国银行条例，推行改革计划，决定北京分行、天津分行开业。袁世凯接任临时大总统后，中国银行总行迁往北京，其正监督职位未变。5月，黎元洪、熊希龄在北京成立共和党，吴鼎昌加入该党。11月，他任袁世凯政府工商部全国工商会议副议长兼工商部顾问。1913年5月，梁启超合民主、共和、统一三党组成进步党，吴任进步党政务部财政科主任。在“二次革命”战争期间，他曾著有《赣宁战祸之原因》，分析导致战祸之症结，在于“勉强而成之局”①，对袁世凯的统治有所批评。是年因财政总长周学熙要另设筹备中国银行机构，新派人充当总办，仍让吴继续管理几个分行。因有违其初衷，吴鼎昌辞职离开了中国银行。1914 年，他改任造币厂监督，为划一币制作出贡献。是年，总统府秘书长梁士诒为吴引见袁世凯，袁以“才大难驭”②，未予重用。1915 年 2 月，袁世凯授吴上大夫衔，12 月任袁登基大典筹备处办事员，受到笼络。次年 3 月，袁世凯被迫取消帝制后，他被任命为农商部次长，未就，再任造币厂总裁。袁世凯死后，吴鼎昌利用与徐树铮的关系投段祺瑞，6 月再任中国银行总裁，7 月兼国务院参议，从此成为皖系的理财大员。

1917 年 5 月，周作民与王郅隆在天津创办金城银行，吴鼎昌为发起人之一，任董事。7 月，盐业银行总经理张镇芳拨银行资金二十五万元资助张勋复辟，复辟失败后张镇芳被捕，经王郅隆向段芝贵推荐，吴入盐业银行清理复辟用款，攫取了该行领导权。嗣经段祺瑞内阁的财政总长梁启超正式任命，他担任了盐业银行的总经理。1918 年 3 月，段祺瑞第三次组阁后，组织安福俱乐部，吴任院外评议员。同月，经徐树铮推荐出任财政部次长，12 月被派赴欧美考察财政。1919 年 2 月，南北政府在上海举行南北和平会议，吴鼎昌任北方代表。在和会期间他参与密议，往返奔波传递消息，是北方总代表朱启钤的智囊人物。他和朱启钤主张另行选举国会，在和会破裂之前，奉段祺瑞的命令，在上海要求孙中山放弃恢复国会。

1920 年 7 月，段祺瑞在直皖战争中失败，吴鼎昌被直系列为祸首之一，被免去财政次长职务。吴退出了政坛，只剩下盐业银行总经理的

---

① 经世文社编:《民国经世文编》，1914 年版。

② 梅麟高:《吴达铨先生座谈会发言要点》，台北《传记文学》第 34 卷第 5 期，第 101 页。

职位，活跃于金融界。1922 年初，中南银行为发行钞票充实准备，请周作民出面发起，联合金城、盐业、大陆三行联合组成四行联合准备库，发行钞票，吴鼎昌被推为主席；7 月又组成四行联合营业事务所，他又兼任主任；1923 年组成四行储蓄会，任主任。所谓“北四行”集团于此形成，以北方数省为营业重心，发行钞票，主要吸收军阀官僚的存款，投资于北洋政府的公债、库券，为北洋军阀政府解决财政困难，为自己攫取高额利润，营业畸形发展，一时居北方银行业之首，吴鼎昌因而成了金融界首脑人物之一。

吴鼎昌虽活跃于金融界，但他对时政甚为关注，对昔日在政界的地位，仍颇留恋。1924 年，胡政之在上海办国闻通讯社和《国闻周报》发生经济困难时，吴每月给予四百元资助，并以“前溪”的笔名，在《国闻周报》上发表一些经济论文，后著有《中国经济政策》一书。

1925 年春，张季鸾赋闲在津，胡政之因办《国闻周报》亦常到天津，与吴鼎昌三人在津聚首议定筹款五万元，办一份独立自主的报纸。随即由胡政之出面，从王郅隆的后人手中盘购了天津《大公报》，组建《大公报》新记公司，以吴鼎昌任董事长兼社长，负财经责任，胡政之任总经理，张季鸾为总编辑兼副总经理，三人共组社评委员会商定述评。还规定社内人员一律不得担任社外职务，不拉政治关系，共同专心办报。1926 年 9 月《大公报》续刊，《国闻周报》亦由上海迁天津发行，吴又兼《国闻周报》和国闻通讯社社长。三社合一，通过掌握舆论工具扩展其影响，在政界崭露头角。

吴鼎昌投资《大公报》，与张季鸾、胡政之共同拟定“不党”、“不卖”、“不私”、“不盲”之言论方针。从 1926 年到 1935 年间吴常驻平、津，一面经管盐业银行等金融业，一面兼管《大公报》的出版，主管经营方针。他白天在盐业银行办公，晚上到报社参加商讨社务，研讨时事，选择社评题材，经常参与《大公报》的社评写作，财经方面的社评主要由他执笔。吴对世界贸易市场情况甚为熟悉，报馆购储外币和银行结账都由他决定，还善于选择商机，采买进口的白报纸，在行市有利时结汇，经营日隆。

《大公报》出版初期，正值北伐战争时期，吴鼎昌以“前溪”的笔名发表社评“战卜”，说“袒刘袒吕，左右皆非”①，竭力站在中间立场，不偏不倚，对政局采取观望态度。他主张和平解决南北战争，为《大公报》定下言论基调。眼见北伐战争进军胜利，而《大公报》仍处北洋军阀统治之下，他们发表数篇社评，虽对国民党有所批评，又有善意的劝告。当蒋介石发动“四一二”政变时，《大公报》批评蒋介石大开杀戒，呼吁不要杀害青年。南京国民政府成立后，蒋介石当权，《大公报》抨击国民党官僚贪污腐化，置工农于水深火热之中而不顾。

1928 年夏，张季鸾与蒋介石会面后，吴鼎昌主持的《大公报》逐渐转变了态度，表示“拥护与赞助国民政府之建设”，站在拥蒋立场。“九一八”事变后，蒋介石通过于右任致电张季鸾，希望支持其“安内攘外”的政策，《大公报》遂在言论上公开唱“缓抗”。1932 年 5 月，吴鼎昌在上海策动全国商会联合会、上海市商会、银行公会、钱业公会等团体，发起“废止内战大同盟”，声称“外侮纷来，源于内乱”，“苟内战不能废止，一切无从谈起”，博得了蒋介石的赞赏。北平政务委员会成立时，吴鼎昌名列委员。7 月，蒋介石在庐山牯岭召见了他，多次与之密谈。11 月，吴被任命为国防设计委员会委员，从此跨进了蒋介石政权的门槛。

1933 年 3 月，吴鼎昌在《国闻周报》上发表《如何救中国》一文，主张建立“好政府”，拥护“好领袖”②。次年，政学系首领张群、杨永泰分任湖北省政府主席和秘书长，吴鼎昌与之交往密切，常常谈论中日问题。1935 年，蒋介石开始调整对日政策，10 月吴组织平、津、沪、汉等地工商金融界首脑人物，以“赴日经济考察团”名义前往日本，自任团长。在日期间，吴等同日本大财阀组成“中日贸易协会”，从事所谓“中日经济提携”的活动。12 月，蒋介石组成一个“名流内阁”，以吴鼎昌任实业

① 《大公报》1926 年 9 月 2 日。

② 《国闻周报》1933 年第 10 卷第 1 期。

部长。吴随即辞去了《大公报》社长，不再过问《大公报》的事务（仍保留董事长一职），前往南京就任实业部长。他尽力替蒋介石拉拢四川的大小军阀，劝说段祺瑞脱离日本魔掌南下，将孔子的后裔孔德成接到南京，并提倡出口和合资办企业，帮助国家资本创设中国植物油料公司、中国茶叶公司、中国造纸公司等企业。吴鼎昌次第兼任国民政府财政委员会委员、全国经济委员会委员、财政部金融顾问委员会第一组委员、全国钢铁厂监督委员会主任委员、农本局理事长以及中国国货联合公司董事长，中国银行、交通银行董事等职。

1937 年“七七”抗日战争爆发后，吴鼎昌出任国民政府军事委员会第四部部长，主管民营工业，负责京、沪沿海地区工厂内迁事宜。11 月，他调任贵州省政府主席兼滇黔绥靖公署副主任，12 月兼贵州全省保安司令及军区司令，并正式加入了国民党。他在贵州大力起用年轻官吏，推行新县制、保甲制和新生活运动，禁止种植鸦片。1939 年，吴鼎昌吸收经济部、资源委员会、中国银行、交通银行、中国农民银行等资本，在贵州组成贵州企业公司和农矿工商调整委员会。以贵州银行为金融机关，建立起从工矿业、商业到农业的贵州地方资本企业。陆续开办化工、玻璃、火柴、烟草、面粉、丝织、电气、水利、水泥、农业机械、煤矿、木业、林牧及井盐、垦殖、商业等十六个公司，投资总额达二亿二千六百余万元。吴鼎昌将其主政贵州期间的心得与经验，撰著《花溪随笔》一书出版，别署“花溪老人”。1944 年 12 月，贵州独山为日军所侵占，吴以守土失守自请降处，辞去贵州省主席职务。

1945 年 1 月，吴鼎昌调往重庆担任国民政府文官长，成为蒋介石身边的幕僚。5 月，国民党召开第六次全国代表大会，他向大会作政治报告，并当选为中央监察委员。1945 年 8 月日本帝国主义投降，吴鼎昌向蒋介石建言，邀请中共领袖毛泽东前往重庆举行国共谈判，14 日由吴起草电文拍发延安。9 月他兼任国民党中央设计局秘书长（该局总裁为蒋介石），成为蒋介石“宠信历久不衰”的策士。其时，蒋介石正加紧准备发动全面内战。1946 年 6 月，上海十万群众举行反内战示威游行，并欢送上海市人民请愿和平代表马叙伦、阎宝航等赴南京请愿，23日晚发生下关惨案。次日请愿代表到蒋介石官邸，吴代蒋接见。代表问他："为什么要打内战？武力能解决问题吗？"吴答："我们也知道武力不能解决问题，可是现在不打，将来又怎么办呢？"①为蒋介石辩解。他为蒋介石分化和拉拢第三方面的中间势力效力甚勤。

1948年5月，蒋介石当选为总统后，吴鼎昌改任总统府秘书长。11月熊式辉、张群等在上海筹备组织新政学系——"笃行社"，他前往参加，但筹备会开了三天，即草草收场散去。岁杪，在国民党统治濒临崩溃之时，吴辞去了总统府秘书长职，改任总统府资政。1949年1月蒋介石下野，由李宗仁任代总统，吴鼎昌黯然前往香港寓居。

1950年8月22日，吴鼎昌病故于香港。

① 阎宝航：《揭露敌人反革命两手》，《人民日报》1962年6月22日第4版。

吴 光 新

张学继

吴光新,字自堂,亦作植堂、志堂。安徽合肥人。1881 年(清光绪七年)生。段祺瑞妻弟。早年入随营学堂学习,1903 年 6 月赴日本留学,入日本陆军士官学校中华队第三期炮兵科,1904 年 11 月毕业回国,任北洋陆军第三镇炮三标管带,奉天混成协标统。1908 年,入陆军大学正规班第一期学习。1910 年任第十三混成协炮标标统。1911 年 10 月辛亥革命爆发后,任第二军参议官,随北洋军第二军总统段祺瑞南下武汉,参与镇压辛亥革命。

1914 年 4 月,吴光新任北洋陆军第二十师师长,同年 8 月因病辞职。1916 年 9 月,北洋政府授予吴光新陆军上将军衔。1917 年护国战争结束后,入川的滇黔军与川军矛盾迅速激化,在成都及川南多次发生激战,把持北京中央政府的皖系军阀首领段祺瑞决定利用四川主客军矛盾激化的机会,将四川纳入北洋军阀的势力范围,于是他通过北京政府于 7 月 24 日任命川军第一师师长周道刚暂代四川督军,8 月 6 日颁布“特派吴光新为长江上游总司令兼四川查办使”的总统令,令其率领北洋军李炳之、刘耀龙两个混成旅由湖南岳州入川查办。北京政府还明令北洋第二十师以及冯玉祥、张锡元两个混成旅均归吴光新调遣使用。吴光新奉命后,于 10 月率领两个旅进驻四川重庆,准备谋取四川督军职务。然而,皖系的武力扩张政策不仅在湖南遭到了惨败,在四川也毫无作为。四川幅员广阔,境内川军、滇军、黔军矛盾重重,吴光新要想凭借区区北洋两个混成旅制伏四川境内主客各军、登上川督宝座实非易事。11月间，吴光新部遭到黔军的突然袭击，部队遭受伤亡。吴光新深感川事不可为，遂于11月14日电请北京政府惩办黔军，并“罢免查办职，以谢国人”①。不久，北京政府同意吴光新辞去四川查办使，专任长江上游总司令，退出四川，司令部改驻湖北宜昌。吴光新退到湖北后，得到湖北督军王占元在军饷、军械方面的接济，部队得以恢复。后又参加镇压荆沙民军起义，所部有一支人马从此在荆沙驻扎下来。

吴光新不满意有兵无地盘的状况，图川失败后，又盯上了河南督军的宝座。因为时任河南督军兼省长的赵倜是毅军将领出身，是北洋军的杂牌，在直皖矛盾中一直采取骑墙中立的态度，段祺瑞一直想将他赶下台，以皖系骨干取而代之。1920年2月，皖系集团经过研究后，决定任命吴光新为河南督军、王印川（河南人、安福国会众议院秘书长）为河南省长。在北京政府正式命令下达前，吴光新即以清剿河南境内土匪为名，率领所部由湖北宜昌进驻河南信阳，准备以武力驱逐赵倜。然而，皖系的图谋不仅遭到了赵倜的拼死抵抗，而且因为利害关系，直系各省督军及高级将领、奉系军阀首领张作霖以及南方护法军政府也纷纷发表通电表示反对更动河南督军，直系将领的态度尤其强烈，曹锟在致国务总理靳云鹏的电报中说：“去赵用吴，北洋解体，万不可办。”②皖系集团不顾各派的强烈反对，一意孤行，于1920年2月26日操纵国务院通过吴光新为河南督军、王印川为河南省长的决定，但徐世昌担心因此造成皖系与直系的决裂，只同意发表王印川为河南省长的任命，将吴光新任河南督军的任命扣押下来。皖系衡量利害后不得不让步，吴光新谋求地盘的企图遭受挫折。

从1919年下半年开始，湖南人民反对皖系湖南督军张敬尧的斗争如火如荼开展起来，迅速发展成为全国性的政治运动。与此同时，因为

---

① 四川省文史研究馆：《四川军阀史料》第1辑，四川人民出版社1981年版，第319—320页。

② 陈长河：《直皖战争期间的皖系骨干吴光新》，《安徽史学》2004年第3期。

直皖矛盾激化，驻扎湖南衡阳的直系将领吴佩孚奉曹锟之命，与西南军阀建立了反皖军事同盟，并准备将驻衡阳的一师三旅部队开回直隶，保卫直系老巢。段祺瑞获悉直系的意图后，密令张敬尧对撤防的吴佩孚给予迎头痛击，同时令吴光新将分驻宜昌、荆沙、岳州、信阳等地的部队全部集中到岳州，将吴佩孚部消灭于洞庭湖中。

1920 年 5 月 20 日，吴佩孚在没有北京政府批准的情况下率领所部自衡阳撤防北上，张皇失措的张敬尧一再打电报给段祺瑞及北京政府，请求速调吴光新部增援长沙，然而，吴光新是个无勇无谋的人，他根本没有勇气到前线去面对强悍的直系师长吴佩孚。当吴佩孚率部北上后，南方护法军尾随而来，张敬尧在所部士气低落、援军观望的情况下，于 6 月 12 日仓皇放弃长沙，逃到岳州收容残兵败将。6 月 13 日，北京政府以张敬尧擅自放弃省会，下令给予革职留任的处分，同时任命吴光新为湖南检阅使。吴光新随即赶到岳州坐镇，但是面对声势浩大的南方护法军，吴光新还是没有面对的勇气，他在逗留数日后就置张敬尧于不顾离开岳州逃往武汉，其部队也相继撤退到湖北境内。张敬尧率残部在岳州抵抗一阵后也向湖北撤退。6 月 29 日，北京政府宣布对张敬尧撤职查办，任命吴光新为湖南督军兼署省长，次日又任命吴新田为第七师师长负责收容张敬尧残部。吴光新认为，湖南局面复杂，自己无能为力，所以始终拒绝接受湖南督军兼省长的位置，他滞留武汉始终按兵不动，对于张敬尧的请求、企求甚至哀求，一概置之不理。

7 月 14 日，直皖战争爆发。7 月 16 日，隶属直系的两湖巡阅使王占元响应曹锟、吴佩孚，设计将吴光新从汉口骗到武昌加以扣押，开始软禁于督军公署花园，后解军法处关押，吴光新所部六个旅全部被缴械解决。王占元解决吴光新后曾专程到保定向曹锟报告，曹主张将吴光新"暗地处死"，因王占元不同意而作罢。直皖战争结束，皖系彻底失败，皖系骨干相继受到追究。7 月 29 日，北京政府下令免去吴光新的湖南督军及长江上游总司令等职，交王占元查办。8 月 30 日，北京政府又根据王占元的呈复，宣布褫夺吴光新的官秩、勋位、勋章，在湖北组织军法会审。9 月 5 日，王占元组织的军事法庭判处吴光新十五年徒刑。12 月，北京政府陆军部呈报总统徐世昌："已革军官吴光新，通谋叛乱，擅调军队，依律判处无期徒刑。"但所谓的无期徒刑并没有得到执行，1921 年吴光新被提前释放，到天津当寓公。

1922 年第一次直奉战争结束后，直系独霸北京政府，曹锟、吴佩孚亦因此而成为众矢之的。为了对付直系，奉系军阀首领张作霖、皖系军阀首领段祺瑞与孙中山之间结成了反直"三角同盟"。"段、张之间即信使不绝于途，无时无刻不在计议如何推翻曹、吴。"①吴光新与曾毓隽等作为段祺瑞的心腹和代理人经常奔走于京、津及沈阳之间。1924 年 9 月，第二次直奉战争打响，吴光新还担任了奉军第六军的副军长。

第二次直奉战争，直系因冯玉祥等倒戈而彻底失败。11 月，张作霖与冯玉祥推举段祺瑞为中华民国临时执政，吴光新跟随姐夫再次登上北洋军阀的政治舞台，担任陆军总长兼陆军训练总监。但此时北京政府实权掌握在张作霖与冯玉祥手中，作为陆军总长兼陆军训练总监的吴光新，除了奉办的公事外，没有什么作为。1925 年 3 月 24 日，吴光新与陆军部次长贾德耀、张厚琬代表等随段祺瑞到中山灵柩前宣布祭文。1925 年 12 月，吴光新被免去陆军总长，从此脱离政治，再度隐居天津。1933 年，应南京政府的邀请，吴光新随段祺瑞南下，先至南京盘旋数天后，即前往上海定居。

1939 年 11 月 25 日，吴光新病死于香港。12 月，国民政府宣布追赠吴光新为陆军上将。

---

① 何柱国：《孙、段、张联合推倒曹、吴的经过》，中国人民政治协商会议全国委员会文史资料研究委员会编《文史资料选辑》，第 51 辑，中华书局 1964 年版，第 12 页。

吴 国 桢

颜 平

吴国桢,字峙之。湖北建始人。1903 年 10 月 21 日(清光绪二十九年九月初二)生。吴家世代书香门第,父亲吴经明早年毕业于日本陆军士官学校,回国后任保定陆军速成学堂教官、步兵副军校、清政府陆军部科长等职,曾密谋响应辛亥举义,后曾任陆军部军学司司长等职。吴国桢三岁入塾,性聪慧,被族人誉为神童;五岁至北京入府学胡同小学和大兴两级小学,七岁能作文,八岁能赋诗。1914 年考入天津南开中学,用功读书,成绩优异,在校曾加入周恩来为会长的"敬业乐群会",任童子部部长,曾与周结金兰之交。1917 年考入北京清华学校,四年后毕业,被保送至美国衣阿华州格林纳尔学院留学;获经济学学士后,又入新泽西州普林斯顿大学,获硕士学位;1926 年以论文《中国古代的政治理论》获哲学博士学位,年仅二十三岁。

1926 年秋,吴国桢学成归国,先在上海政治学校执教;翌年被江苏特派交涉员公署延揽为秘书兼交际科长;1928 年至南京,任外交部第一司副司长兼条约委员会委员。他至汉口探亲,有意在家乡施展才华,遂以万言书《整理财务税收方案》送呈武汉政治分会主席李宗仁,提出改革武汉和湖北全省税收的意见。李甚为赞赏,即设湖北烟酒税务局,任吴为局长。吴颁布烟酒纳税通告,加强对烟酒销售的管理、监督和检查,令行法随,成效卓著,九个月收入税金九十万元,较上年同期多达五倍。1929 年 6 月起,吴历任汉口特别市政府参事、土地局长、财政局长。1931 年 5 月升任湖北省政府委员兼财政厅长。

1932年6月，蒋介石以“剿匪”总司令坐镇汉口，主持对工农红军的第四次“围剿”，吴国桢被蒋介石揽为私人秘书。吴除陪蒋会见宾客外，还要搜集和整理有关资料，为蒋决策作参考或依据；为蒋起草文电，整理讲话文稿；将英文报刊的要闻翻译给蒋听；出席各种会议充当蒋的耳目等等。吴的才华和敏快深受蒋之赞赏，但吴觉得在蒋身边工作过于拘谨、刻板。几个月后，吴被宋子文调去江西榷运局整理盐税，得以离开随侍“君主”之职。

1933年11月，三十岁的吴国桢被任命为湖北省政府委员兼汉口市市长。他着力市政建设，主持修筑沿江大堤和沿江大道，拓宽了十几条马路，扩建了中山公园。1935年夏，武汉地区遭洪水威胁，他率军民终日奋战于张公堤，十几天未曾回家。警备司令叶蓬下令将护堤官兵撤走，吴苦苦哀求、下跪磕头，仍未获理睬；吴转求武汉行营主任张学良调兵支援抢险，避免了一场堤破城淹的劫难。

抗日战争爆发后，武汉很快成为全国战时的政治军事中心，吴国桢以很大精力投入战时动员、后勤保障、组织疏散等工作。武汉会战打响后，他让眷属撤去昆明，自己独留汉口，组织支援前线和民众撤退工作，一直坚持到武汉失陷的前夕，始随军撤离。

吴国桢撤至重庆后，先被蒋介石任命为国防最高委员会政务处处长，九个月后被任命为战时首都重庆市市长。他主张“以法治的精神推进民治的市政”，施政纲领是三个“并重”：疏建并重——把没有职业的公职人员和职工的家属疏散到乡村，以减轻城区的负荷，同时趁敌机轰炸造成的废墟拓展街道，鼓励在新街两旁建造楼房；城乡（郊）并重——在整顿、建设老市区的同时，在小龙坎、沙坪坝、磁器口、歌乐山、九龙铺等地建起一批卫星城镇，尽量把工厂设在市郊；心物并重——注重市容、街道建设，同时倡导清廉、节俭新风尚，提倡集体结婚、慰问伤兵、义演义赛义卖等。由于日军飞机对重庆连续不断的轰炸，兼任防空副司令的吴国桢以很大精力管理民防，组织修建地下室、防空洞以减少损失。1941年6月5日发生较场口防空隧道窒息事件，吴国桢难辞其咎，受革职留任处分。

1942 年 12 月，吴国桢调任外交部政务次长，辅佐宋子文掌理战时外交。其时我国已与美、英等国结盟共同反抗日、德、意法西斯，外交活动十分频繁，而宋子文又常在美国，吴国桢主政外交部，责任重大。他思维敏捷、办事果断、作风民主、精于管理、颇获上下好评。蒋介石在决策许多国际事务时，多倚吴为股肱，或通电话或召见面商，有时一日数次。

吴国桢于 1945 年 8 月调任国民党中央宣传部长，1946 年 5 月出任上海特别市市长。其时蒋介石发动全面内战，军费支出庞大，财政赤字超过全年财政预算之数，常以滥发纸币充数。上海是全国最大的经济中心，为战争所累，金融混乱，百业萧条，物价飞涨，民怨沸腾。吴国桢如履薄冰，谨慎处置，竭力控制财政预算，组织宪警坚决取缔黑市和奸商，以期平定局面、苏解民困，但犹如杯水车薪，无济于事。1948 年 8 月，蒋介石为挽救濒临崩溃的财政经济，于 19 日发布《财政经济紧急处分令》，发行金圆券以代替法币，限期收兑金银和外币，并实施限制物价的政策。吴认为用行政手段强制管理经济，难以解救当前的经济危机，反易生出变乱，曾三去南京向蒋进言；蒋独断专行，吴乃谓请中央派员至沪直接主事。蒋介石即派蒋经国前往上海"督导"，实施《紧急处分令》，而要求吴管好市政，尽量与蒋经国合作。结果未及三个月，蒋介石的"紧急处分"与蒋经国的"督导"完全失败，上海陷于极度混乱之中。吴国桢如坐针毡，疲于应付，频频请求辞卸，直到 1949 年 5 月初始获允准，乃携眷属离沪去台。

吴国桢到台湾后，先任"总裁办公室设计委员"，先后陪同蒋介石出访菲律宾和韩国。1949 年 12 月被蒋任命为台湾省主席兼保安司令。他力图吸取国民党统治在大陆崩溃的教训，以"民主政治"刷新政务，稳定局势，大力整顿各项税收，严格收缴印花税、所得税、特种营业税、矿产税、货物税等，以填补巨额军政经费。他对蒋介石、蒋经国在台湾继续实行独裁专权和专制统治颇多扞格，几次阻挠蒋经国任意捕人杀人，还曾向蒋介石建言:“如钧座厚爱经国兄,则不应使其主持特务。盖无论其是否仗势越权,必将成为人民仇恨的焦点。”①劝蒋应让蒋经国做社会福利方面的事。他看到蒋氏父子仍然我行我素,而军政官员继续互相倾轧、争斗不休,还怀疑蒋介石企图制造车祸为害自己②,乃于1953 年 4 月辞去台湾省主席兼保安司令职,偕妻赴美,定居于伊利诺伊州伊万斯顿城,任《芝加哥论坛报》远东顾问,经常撰写文章、发表演说。对于台湾盛传他曾套取巨额外汇一事,他十分不满,于 1954 年 1 月写信要求彻底查明公布真相;半个月未见回音,即具一“辟谣启事”于报上刊出;同时在美国广播和电视中发表谈话辟谣,并说不愿回台湾是因为“目前的政府过于专权”。他还寄发了《上国民大会书》,并四次上书蒋介石,批评台湾当局“一党专政”、“特务横行”,说蒋介石“自私之心较爱国之心为重,且又固步自封”等。“立法院”院长张道藩出面对吴进行指控,在“立法院”提出十三项“质询”,并在“国民大会”通过对吴“严厉制裁”案;蒋介石也下“总统令”,要“依法彻查究办”“违法渎职情事”;国民党中常会则决议将吴“开除党籍”。

此后,吴国桢在美国的大学执教,并撰写史学论著《中国传统》和小说《永静巷》。他对于大陆日新月异的发展,尤其是 70 年代后期和进入 80 年代的变化与实行改革开放政策倍加赞赏。在 1983 年致南开同

---

①　吴国桢:《上总统书》(1952 年 6 月),见江南《蒋经国传》,美国论坛报 1984 年版,第 214 页。

②　吴国桢 1954 年曾在美国芝加哥对李宗仁说:1953 年(疑应为 1952 年 10 月底)蒋介石过生日,蒋夫妇到台北附近某山别墅避寿。那天特约吴国桢夫妇上山吃饭,并留吴在山上过夜,态度殷切。第二天吴国桢夫妇下山时,没有找到汽车司机,由蒋的官邸另派一名司机驾驶。中途因故停车时,司机发觉前面两个车轮和后面一个车轮外面的螺母都被取下了,若不是停车发现,到某个转弯处车轮飞脱车身,则吴氏夫妇和司机都会粉身碎骨。李宗仁从美国写信给在香港的程思远、陈孚木、周一志,详细介绍了吴国桢的上述谈话。周一志:《全国大陆解放后台湾国民党内派系斗争之一瞥》,中国人民政治协商会议全国委员会文史资料研究委员会编《文史资料选辑》第 81 辑,文史资料出版社 1982 年版,第 217 页。

窗、旧天津市长杜建时的一封信中说，中国“若能照此方针按步推进，不曲不折，既周且彻，一代坚持，一代继行，不出两代，中华神州当可成为二十一世纪中，世界上最富强康乐之一国”。他还接受邓颖超的邀请，准备回国参加中华人民共和国成立三十五周年的庆祝活动。不料于1984年6月6日病逝于美国萨凡纳城寓中。

主要参考资料

江南：《吴国桢八十忆往》(1984年4月13日)，《台湾与世界》第12期。

黄卓群：《吴国桢的履历》，中国人民政治协商会议鄂西州文史资料委员会编《鄂西文史资料》第8辑，1989年版。

吴水平：《我所知道的吴国桢》，中国人民政治协商会议鄂西土家族苗族自治州委员会文史资料研究委员会编《鄂西文史资料》第2辑，1985年版。

许有成：《吴国桢生平漫记》，武汉市政协文史资料委员会编《武汉文史资料》第2辑(总第40辑)，1990年版。

韩道成：《吴国桢有关资料汇辑》，台北《传记文学》第45卷第3期。

吴 晋 航

袁嘉新

吴晋航，名国琛。1887年(清光绪十三年)出生于四川仁寿。原籍浙江，祖父入川定居。父亲吴懋庚曾任梁山县沙河铺县丞，后改事警务。吴晋航以此渊源，于1909年考入四川警务学堂。

辛亥革命后，吴晋航在重庆警察局工作，由巡官、署员、科员而科长，1916年升任重庆警察厅厅长，次年卸职。其后，吴在大邑系军阀陈洪范、刘湘、刘文辉部任职，还任过丰都、梓潼、江安县县长。他在刘文辉部时间较长，与之关系甚深。北伐战争开始后，川军先后易帜改编为国民革命军，刘文辉被任为第二十四军军长，吴晋航奉派与张笃伦一道，任第二十四军驻汉口代表。1929年间，吴同冷杰生一道任二十四军、四川省政府(主席刘文辉)驻南京代表，与戴传贤、张群等交往，又挂上国民政府文官处参事头衔，为刘文辉联络各方。

1930年间，刘文辉与第二十一军军长刘湘各拥重兵十余万，为争霸全川，剑拔弩张。吴晋航及两军部分高级部属主张二刘合作，先安定川局，再于适当时机向云、贵、陕、甘、湘、鄂扩展，吴为二刘合作奔走联络。但二刘利害冲突不可调和，终于1932年秋兵戎相见。吴迭电刘文辉，劝其停战议和。刘文辉直到1933年秋败退万源，才由他大哥刘升廷出面，以亲族情谊请刘湘留点余地。吴晋航衔命去走刘湘的“神仙”军师刘从云的门路，刘湘方允刘文辉回驻雅安。

“二刘之战”后，吴晋航感到自己并无政治资本，决意弃政从商。经反复考虑，认为金融业发展的可能性较大。1934年初，他与掌握全川财权的第二十一军财务处长刘航琛相商，取得刘的支持，被邀先任川康银行总务主任，未及一年，即由主任而升襄理、经理。后因不满刘航琛恣意提款，与刘失和，1936 年吴晋航离开了川康银行。

吴晋航在川康银行工作时，与第二十四军原驻渝代表宁芷树共同发起，约集旧日袍泽，筹组和成钱庄。原拟集资十五万元，因入股亲友缺乏信心，不愿多认股额；吴晋航自己宦囊也不充裕，所认二万元股本，还是以他成都住宅向川康银行抵借而来，结果只筹集了十三万五千元。

和成钱庄于 1934 年 5 月开业，因股东多系军政人员，外界不免猜疑，初期业务清淡。吴晋航接近地方上层，消息灵通，不久即从吸收机关存款、做申汇、向地方银行领钞（当时地方银行准以四成公债六成现洋十足兑领地方钞，而在市面上公债只以二三折便可收进）等方面推进业务，获得厚利，头年结算盈余十多万元。1937 年和成增加资本为六十万元，改组为银行，吴晋航任总经理。

抗日战争全面爆发后，和成于西南各重镇遍设分支行处，以汇兑为重心，大力发展业务。又开办沦陷区汇款，便利后方人员寄钱沦陷区赡养家口。和成附设和益公司，从沦陷区购进纱布等物资运销西南，经营亦颇得手。不数年间，和成跻入川帮银行前列，被目为后起之秀。

吴晋航经营和成，一开始便注意物色人才。他认为有无一个主持业务的能手，是关系事业成败的关键。为此，他虚心求教于商界前辈，多方物色，郑重挑选，请来在重庆巨商汤子敬开设的正大永钱庄从事金融业有年的陈诗可。陈勤奋朴实，经营稳慎。陈主内，吴主外，配搭得当，当家得人。

吴晋航经营和成银行，以稳健著称。在经营中他注意市场动态，留心时局变化，力避大的风险；在通货贬值时，力求保本保值。同时，他通过投资结交四川畜产公司、民生轮船公司等大型企业；还把积累的百万美金部分存储于上海商业银行，显示资力，增加资信，在头寸周转上取得有力支持。

吴晋航比较开明，肯用青年。和成七百多名职工，大约有八成是招考来的青年，其中还有不少女青年，经过培训和业务实践，步步提升，分别担任总分支行处经理、副理、襄理、主任等职，人称和成为“青年银行”。吴晋航对青年职员不摆老板架子，多以老弟相称，同在一个食堂吃饭，常个别交谈。凡写信给他的，必亲笔作答。青年职工结婚，他亲往道贺，不在一地的，总要照顾关系，调到一处工作。青年职工中的中共地下党员遭遇危难的，他出于对青年的爱护，辄加营救和掩护。

吴晋航在金融业打开路子后，即向其他方面发展。早在1936年初，和成开业不久，卢作孚出任四川建设厅厅长，筹组四川生丝公司，吴晋航被荐为总经理。何北衡担任董事长的华通公司（后易名华懋公司），亦邀吴任总经理。随着和成银行的发展，对外投资日增，吴还担任了四川畜产公司、民治毛纺织公司、四川桐油贸易公司、民生轮船公司和《新民报》等企事业的董事长、董事等职。1943年，吴晋航被推为重庆银行业同业公会主席、重庆银钱业放款委员会副主任，已是重庆金融界有影响的人士。

吴晋航雄心勃勃，一心要把和成由一个地方性的金融机构办成全国性的，再进而成为国际性的金融机构。抗战胜利后，他将和成的经营重点移往上海，并在广州、南京、汉口、宜昌等地广设分行。1949年又在香港设立和成分行。数年间，分支行处几遍布南中国通商要地。

1948年，吴晋航同四川美丰银行经理康心如相偕赴美，考察银行业务。其时，和成公司已改组为和彝公司，并在香港、纽约等地设立机构，把业务拓展到海外。吴晋航到纽约，便以和彝名义，与美商英科公司签订代售契约，和彝长期存桐油三百吨于纽约作保证，英科提供一千吨油价的长期信用券，以便和彝陆续运油去美销售。

吴晋航弃政从商，但并未绝意于政治。抗战初起，他一度出任四川贸易局副局长。抗日战争中民主浪潮兴起，吴晋航受到进步影响，1942年周恩来初会刘文辉，即在吴晋航的住宅。抗战胜利后，民盟总部迁往上海，张澜由川去沪，吴均给予资助。他还接纳张澜在上海和成分行的小院居住。其后，张澜等民盟负责人到香港，他继续给予支持和帮助。

1947 年他被选为国民大会代表,参加了国民大会。

1950 年元旦,吴晋航从香港启程回北京,途经汉口,得到共产党员赵忍安帮助,进一步明了共产党的政策,加入中国民主建国会。其时,和成各地经理会议于汉口举行,遂决定将各行内外账目,悉向当地人民银行申报。5 月,吴晋航向人民银行总行行长南汉宸陈述和成业务情况,表明愿为新中国服务的意向。8 月,吴被邀参加在北京召开的金融会议。会后,和成银行即申请公私合营,1951 年 9 月参加联营联管,1952 年进入金融业全行业合营。吴晋航任公私合营和成银行副董事长,同时还任公私合营民生轮船公司副董事长。

吴晋航曾任全国政协第三、四届委员,民主建国会第一、二届中央常委。晚年参加文史资料撰写工作甚勤。1965 年 6 月 15 日吴晋航在北京病逝。

主要参考资料

吴晋航:《经营和成银行回顾》(未刊稿)。

吴 经 熊

李在全

吴经熊，字德生，英文名 John C. H. Wu。浙江宁波鄞县人。1899 年 3 月 28 日（清光绪二十五年二月十七日）生。父吴葭苍，早年当过学徒、米商，后成为当地一家银行经理、当地商会的主席。

1905 年，吴经熊在家塾接受启蒙教育，习读《二十四孝》等书籍。两年后，入陈氏翰香小学，除学习中国传统典籍外，还学习英语。1909 年，吴父过世。次年，吴经熊进入初中学习，开始接触自然科学知识。1914 年，进入宁波效实中学读预科。1916 年 4 月，十七岁的吴经熊与李友悌结婚。同年秋，进入上海沪江大学学习，后来因为在一次化学实验中受伤，遂应好友徐志摩的邀请，考入天津北洋大学，学习法律。1917 年秋，转学到上海，入读中国比较法学院，即东吴大学法学院。在这里，吴经熊深受该校笃信基督教的教务长兰金（C. W. Rankin）的影响，对《圣经》产生兴趣，同年冬天，接受教会的洗礼，成为一名基督徒。

1920 年 6 月，吴经熊大学毕业，获得东吴大学法学学士学位。8 月，吴经熊赴美留学，进入美国密歇根大学法学院学习。次年 3 月，在《密歇根法律评论》上发表《中国古代法典与其他中国法律及法律思想资料辑录》。4 月，与美国联邦最高法院霍姆斯（Oliver W. Holmes）通信，交流学术心得，两人成为忘年交。在密歇根大学，吴经熊学习了政治理论、宪法、国际法、罗马法、法理学等课程，由于学习刻苦，最后以全优的成绩，在入学不及一年，即于 1921 年 6 月获得密歇根大学法律博士学位。同年秋季，由于学业优异，吴经熊获得国际和平卡勒基基金资助，到法国巴黎大学游学，研究法律哲学和国际公法，并结识惹尼(Francois Reny)等法学名家。1922年春，吴经熊再次获得国际和平卡勒基基金资助，进入德国柏林大学访学，研究哲学和法理学，师从法学大家施塔姆勒(Rudolph Stammler)等人。1923年秋季，吴经熊以研究学者身份，进入美国哈佛大学，跟随法学泰斗庞德(Roscoe Pound)等人研究比较法律哲学。在以后的岁月中，吴经熊与这些世界级的法学家保持联系，探究学术与文化问题，鸿雁往返，传为佳话。

1924年夏，吴经熊归国，担任东吴大学法学院教授，讲授法学、哲学、政治学等课程，开始在中国学界尤其是法学界崭露头角。1927年1月，出任上海公共租界临时法院推事(法官)，从此开始进入司法界。3月，出任东吴大学法学院院长。1928年，被南京国民政府任命为编订法典委员会委员，主要从事民法的起草工作，不久又担任司法部参事。1929年8月，吴经熊出任上海公共租界临时法院院长，但未及三个月，于同年11月辞职赴美，担任芝加哥西北大学法学院特约讲师。1930年春，到哈佛大学法学院担任比较法讲座特约讲师，并研究司法思想。6月，返回中国。是年秋，在上海开办自己的律师事务所，从事律师业务。

1931年“九一八”事变爆发，东北沦陷，接着，1932年上海“一二八”事变发生，淞沪会战打响，民族危机日甚。在此关头，南京国民政府组织召开国难会议，吴经熊被聘为议员，参与国是。1933年，应国民政府立法院院长孙科之邀，吴经熊担任立法委员，在孙科领导的宪法起草委员会中，吴经熊以副委员长代理委员长，并以自己的名义公布了《吴氏宪草》，该宪草的部分思想被1936年公布的《五五宪草》所吸收。

1935年，与林语堂、温源宁等人在上海创办英文刊物《天下月刊》，吴经熊担任总编辑，这份刊物被人誉为“中国出版史上最具品位的杂志”。同年，吴经熊还与华懋生共同编辑出版了《法学文集》。1937年“七七”卢沟桥事变，全面抗战爆发，7月中旬，吴经熊到江西庐山，参加蒋介石召集的全国多党派及社会名流谈话会；12月，受时局影响，同时也是自己多年思想变化的结果，吴经熊接受天主教洗礼，成为一名天主教徒。次年，为避战乱，举家移居香港，《天下月刊》在港继续出版发行，吴经熊担任主编。1939年，吴经熊当选美国学术院名誉院士，8月，完成《唐诗四季》，陆续刊登在《天下月刊》上。1942年9月，应时任国民政府外交次长傅秉常的邀请，吴经熊来到重庆，出任立法院外交委员会委员长，与此同时，接受蒋介石和宋美龄的资助，开始用文言文精译《圣咏》、《新经全集》等。

1945年春，吴经熊担任中华民国代表团法律顾问，出席在旧金山举行的联合国成立大会，并担任联合国宪章中文本起草委员会主席。7月，他回到重庆，8月，向国民政府立法院报告《联合国宪章》，三读通过中译本。1946年初，吴经熊担任政治协商会议宪草审议委员会委员、起草小组成员，参与《中华民国宪法》的起草工作。9月，被任命为中华民国驻罗马教廷公使，同年底，赴罗马就任。次年初，抵达罗马，开始其外交生涯。他在公务之外，经常向《圣经》研究的专家学者请教，不断修改自己的《新经》译稿。1948年，吴经熊代表中国赴日内瓦，出席中国加入联合国世界人权会议。1949年2月，奉行政院院长孙科之命回国，拟出任司法行政部部长，因时局不稳而未果。不久，辞去驻罗马教廷公使职务。

1949年7月，吴经熊到美国夏威夷大学担任中国哲学与文学客座教授，11月，《新经全集》译本在香港出版。1951年4月，吴经熊的英文自传《超越东西方》在美国出版。是年秋，他转任美国新泽西州西东大学法学院教授，研究天主教自然法哲学，1961年至1966年，又担任该校亚洲研究教授。1957年，应台湾国民党当局的邀请，出任国际仲裁法庭仲裁员。1961年8月，返台出席阳明山会议，在会上，他建议设立研究中国文化机构。1966年，吴经熊返回台湾定居，9月，担任中国文化学院哲学教授。1968年，开始撰写《孙中山传》，次年当选国民党第十次全国代表大会中央评议委员。1971年，被聘为国民政府“总统府资政”,同年,出版《中国哲学的悦乐精神》、《国父的人格与学说》、《哲学与文化》等论著。1974年,吴经熊担任中国文化学院哲学研究所博士班主任。1981年,当选国民党第十二届中央评议委员。1985年,获得“行政院”文化奖。1986年2月6日,病逝于台北。

综观吴经熊的一生,除了在政界历任立法、司法、外交等部门要职外,在文化学术研究领域也颇有建树,同时还致力于东西方文化的交流沟通与相互理解。他平生著述宏富,内容广涉法学、哲学、宗教、文学等诸多领域,所获得名誉头衔也很多,如波士顿大学、波特兰大学、圣若望大学等校的法学博士,劳克赫斯大学、韩国岭南大学的文学博士,韩国圆光大学的哲学博士等。就吴经熊的学术成就来说,大体而言,前半生侧重于法学研究,后半生转到哲学、宗教、文化等领域。代表性的论著有:《法律的基本概念》(1922年)、《法律的三度论》(1927年)、《法学论丛》(1928年)、《法律哲学研究》(1933年)、《法理学汇编》(1935年)、《法律之艺术》(1936年)、《法学文选》(1936年)、《中华民国训政时期约法释义》(1936年)、《中国制宪史》(1937年)、《唐诗四季》(1939年)、《圣咏译义》(初稿,1946年)、《新经全集》(中译本,1949年)、《超越东西方》(1951年)、《正义之源泉:自然法研究》(1955年)、《孟子的人生观与自然法》(1957年)、《法理学判例与资料》(1958年)、《哲学与文化》(1971年)、《内心悦乐之源泉》(1981年)等。

主要参考资料

吴经熊著,周伟驰译:《超越东西方》,社会科学文献出版社2002年版。

吴经熊:《法律哲学研究》,清华大学出版社2005年版。

王健:《超越东西方:法学家吴经熊》,《比较法研究》1998年第2期。

田默迪:《东西方之间的法律哲学——吴经熊早期法律哲学思想之

比较研究》,中国政法大学出版社 2004 年版。

曾建元:《超越东与西:吴经熊的人与法律思想素描》,《清华法学》第 4 辑,清华大学出版社 2004 年版。

孙伟:《吴经熊与近代中国法制》,中国法制出版社 2010 年。

吴 景 濂

张树勇　张黎辉

吴景濂，字莲伯，号述唐，别署晦庐，晚年又自称“抱冰老人”。奉天宁远州（今辽宁兴城）人。1873 年 3 月 18 日（清同治十二年二月二十日）生。父吴大祥，在乡经商。吴景濂于 1882 年入塾读书，1894 年考取秀才，1898 年参加乡试，中第六名副车。后在家设馆授徒。戊戌变法时，吴同情维新派主张。

1902 年冬，吴景濂考入京师大学堂师范馆，四年后毕业，学部奏请给举人出身，并授给候补内阁中书，加五品衔。1907 年春回籍，经奉天提学使张鹤龄聘为奉天师范学堂监督。不久，吴在奉天创办全省教育总会，被举为会长。1908 年，他又在教育总会内设立宪政讲习所，鼓吹立宪，从而获得一些声望。是年夏，在东三省总督徐世昌的资助下，吴东渡日本考察教育。1909 年 10 月，奉天省谘议局成立，吴被选为谘议局议长。他极力主张编练全省预警（后改称“保安团”），兴建全省水陆交通网，并想通过向英、美借款，开发东北资源。

1911 年武昌起义爆发后，各省纷纷响应。奉天的一些革命志士要求吴景濂宣布该省独立，但吴借口“事关重大”，予以拒绝。随着全国革命形势的迅猛发展，吴看到清廷大势已去，乃极力拉拢革命党人，谋议通过和平方式逼走东三省总督赵尔巽，然后宣布独立。赵尔巽闻讯，立即调巡防营统领张作霖率部进省震慑，使宣布独立的计划告吹。11 月 12 日，赵尔巽操纵下的“奉天国民保安会”成立，赵被推为会长，吴景濂任副会长。这时，吴看到巡防营张作霖军队调省益多，形势日恶，又接到驻奉天巡防营另一统领冯德麟关于“省城保安局面恐生变化”①的密告，预感到自己在奉天处境有危险。时苏、浙有召集各省代表会正式选举临时大总统之议，吴作为奉天谘议局选出的省代表，于11月24日潜出沈阳，南下赴沪，参加会议。12月29日，他在选举会上投了孙中山的票，并参加制定中华民国《临时约法》的工作。

1912年1月28日南京临时参议院成立，吴景濂当选为参议员。这时政党林立，吴急谋在政治上取得重要地位，乃在南京参与筹组统一共和党的活动。4月11日该党开成立大会，吴被举为参议。统一共和党介于同盟会和拥护袁世凯的共和党之间，是当时重要的第三党，举足轻重。4月底，临时政府北迁，参议院重选议长、副议长。共和党为了削弱同盟会的势力，与统一共和党暗相提携，愿以正议长相许让。吴善于钻营，被统一共和党提为议长候选人。5月1日吴景濂被选为正议长。继而统一共和党为了在即将召开的国会选举中夺取选票，决定与同盟会联合。8月25日统一共和党与同盟会、国民公党、国民共进会、共和实进会五团体联合组成国民党，吴景濂被选为理事。

1913年4月8日，第一届国会正式开会，采参、众两院制，吴景濂被选为众议院议员，并被国民党推举为众议院议长的候选人。但袁世凯不愿国民党人当众议院议长，授意选进步党人汤化龙为议长，吴遂落选。国民党发动讨袁的“二次革命”时，孙中山曾派人至京要吴景濂南下讨袁，吴竟然拒绝南下。7月31日，袁世凯悍然传讯在京的国民党本部负责人员，令限三日内将黄兴、陈其美、李烈钧、陈炯明、柏文蔚等开除出党，并自行宣布“不与逆谋”。8月3日，吴景濂以国民党北京支部长的身份前往警备司令部，公然申明遵令将黄兴等五人开除出党。吴对袁这般恭顺，所以10月袁世凯任正式大总统后，吴被聘为总统府顾问。1915年8月间，杨度、孙毓筠等组织“筹安会”为袁世凯帝制活动大力鼓噪时，孙曾请吴景濂加入。吴善于观察形势，他对袁称帝之能

---

① 《吴景濂生前口述自传》(未刊稿)。

否成功,心存怀疑,遂谢绝参加。1916年3月,袁世凯在护国军的攻击下被迫取消帝制后,力图保住总统职位,吴景濂当时躲在天津,他看出袁之败局已定,乃发表《劝告袁前总统去国书》,反对袁继续任总统,袁十分恼火,当即下令予以通缉。吴潜往大连,联合东北革命党人杨大实、顾人宜、赵忠鹄等发起"三省公民讨袁协会",促袁世凯尽快下台。他的这一行动,又为自己赢得了政治资本。

6月,袁世凯死,黎元洪继任总统,段祺瑞任国务总理掌握实权。8月1日国会复会,吴景濂回北京参加国会。复会后的国会中,国民党与进步党互相抗衡。吴景濂和张继、王正廷等挂出"宪政商権会"的招牌,同进步党的宪法研究会进行斗争。不久商榷会又分裂为四派,吴景濂归入"益友社"一派。这些派系虽然各立门户,但无助于大局。因为这时的政局,既有南北的区界,又有直皖的分化,复有府院之争。国会中的党派,只不过在一系列政潮中推波助澜而已。1917年5月28日,众议院议长汤化龙在"府院之争"中辞职,吴景濂继任议长。6月12日,黎元洪被迫非法解散国会,19日吴景濂赴天津。张勋复辟后,吴与在津的六十五名国会议员一起通电讨伐复辟。

7月,孙中山南下广州揭起护法旗帜,吴景濂赴粤参加护法运动。8月25日,南下的国会议员在广州召开国会非常会议,吴景濂仍被选为议长。9月1日,国会非常会议选孙中山为海陆军大元帅,建立护法军政府,吴被聘为军政府高等顾问。不久,国会决定继续审议未完成的宪法草案。吴景濂派议员分赴京、津、沪等地,联络各省议员来广州开会,到1918年9月,以候补议员递补方法凑足法定人数,国会正式开会,吴再次被众议院举为议长,主持宪法会议。到1919年2月南北议和在上海举行,议员星散,宪法会议遂告中断。吴景濂亦离广州前往上海。1921年5月孙中山第二次回广州,重组政府并就任非常大总统时,吴正在上海办交易所。孙中山电吴"盼速偕留沪议员来粤开会"①。

---

① 《吴景濂日记片断》(未刊稿)。

但此时已在直皖战后，吴景濂默察全国形势，不愿再回广州，旋即借口母丧回籍，闲居天津，等待时机。

1922年第一次直奉战争的结果，直系首领曹锟、吴佩孚控制了北京政府。吴景濂见时机已到，便设法接近直系。曹锟想当总统，吴景濂与参议院议长王家襄等向曹、吴献策，在驱逐徐世昌后，以“恢复法统”的办法（指民六国会）作为“过渡”，然后“名正言顺”地扶曹上台。曹、吴同意后，吴景濂从保定回到天津，积极进行倒徐世昌的活动。5月16日，吴与王家襄打出了“第一届国会继续开会筹备处”的招牌，6月1日在津召集一些国会议员开会并发表宣言，宣称即日行使职权，同时宣布徐世昌为“非法总统”。曹、吴暗示各省直系军阀立即通电响应。吴佩孚并出面号召，为使“法统重光”应召集民国六年旧国会，并愿拥黎元洪复职。吴景濂与王家襄当即前往黎宅敦请黎元洪复出。11日，吴从天津亲送黎元洪赴京就职。次日，吴在京召开两院联席会议。到8月1日，第一届国会第二次正式宣布复会。黎元洪也深知自己地位的危险性，便竭力拉拢吴景濂。10月10日，授给吴景濂勋一位及一等文虎章。

曹锟把复会的旧国会看成自己手中的工具，为迅速完成“过渡”，必须利用国会把黎扶起后，再把他赶走。11月18日，在曹锟授意下，吴景濂等出面，指控财政总长罗文干在订立《奥国借款展期合同》的金佛郎一案中有“受贿”情事，迫使黎下令逮捕罗入狱。此举目的在于推倒以王宠惠为国务总理的“好人内阁”，为曹锟篡夺总统职位扫清道路。与此同时，吴景濂等人与曹家兄弟在国会内外加紧活动，收买议员，做“驱黎拥曹”的准备。经过他们一番紧张活动，1923年6月，终于把黎元洪赶下了台。然后以五千元乃至万余元一张选票的高价，贿买大批议员，在这年的10月5日，把曹锟选为“大总统”。8日，吴景濂亲赴保定，向曹锟呈送总统当选证书。随后，吴等又匆匆地搞了一部“宪法”，以图掩盖他们的贿选丑行。

曹锟登上总统的宝座后，吴景濂满以为自己包办贿选有功，一定会被曹锟派作内阁总理。“讵知曹锟甫得当选，即背义食言”①，准备把内阁总理许给自己的亲信、当时暂代总理的高凌霨。吴深感自己受骗，痛恨曹锟，并与高凌霨成为水火。12月，众议院内有一派拥高的议员提出吴景濂任期届满，应改选议长。同时，吴又听到高凌霨有不利于己的消息，便于同月21日携带众议院印信潜逃天津日租界匿居。北京地方检察厅以吴毁坏文书罪提起公诉。吴闻讯乃秘密东渡日本暂避。

吴景濂隔年后回国，闲居天津，虽企图东山再起，终无所获。随后便以皈依佛法为名，无所事事。1931年“九一八”事变发生，东北沦丧。翌年，“国联”李顿调查团经过天津时访问吴景濂，吴如实向李顿陈述日军在东北的暴行及东北民众的真实心愿。“七七”事变后不久，平、津陷落，日本侵略者和伪满洲国企图拉吴下水当汉奸，吴以老病托词拒绝。1944年1月24日，吴景濂在天津病故。

① 《吴公莲伯行述》(未刊稿)。

吴 俊 陞

孙德昌

吴俊陞，原名兆恩，字兴权。1863 年 10 月 11 日（清同治二年八月二十九日）生于奉天（今辽宁）昌图兴隆沟村。祖籍山东历城，出身农家，其父吴玉以贩马为业。

吴俊陞五岁随父落户于奉天省郑家屯（今属吉林省）。因生活贫穷，八岁就给双合大车店喂猪放牧牛马。1880 年，吴俊陞十七岁时投奔设在康平大屯的清军捕盗营丁春华把总手下，充当伙夫。三年后，自备马匹和武器，当上了一名骑兵。吴酷爱军旅生活，处事圆滑，1887 年由什长而哨长。因受当过马贩的父亲影响，以习马性、识马行、善相马闻名营内外。1897 年升为哨官，成了丁春华的得力助手。

清朝末年，辽西人民困苦异常，土匪猖獗，拉杆子立山头，四处抢掠。吴俊陞在讨伐胡匪（马贼）、蒙匪战斗中，常为军中先锋，屡立奇功，于 1906 年升任奉天后路巡防营统领，调驻郑家屯。1907 年 6 月，张作霖移驻郑家屯，两人皆行伍出身，一见如故。

辛亥武昌首义后，吴俊陞奉总督赵尔巽之命，率部赴奉天（今沈阳）拱卫省垣，曾与张作霖联名致电袁世凯，请率兵勤王，镇压革命。1913 年 2 月，吴被任命为奉天第二骑兵旅旅长，5 月加陆军中将衔，11 月到林西驻防。

1914 年 2 月，吴俊陞晋升陆军中将，3 月兼洮辽镇守使。1915 年袁世凯大搞帝制自为，吴曾递请愿书劝进，12 月被授二等男爵。1916 年日军悍然挑起中日军事冲突，制造“郑家屯事件”，日方提出种种无理要求，北京政府接受驻华日本公使的“警告”，吴俊陞被迫屈服承认，赔礼道歉。

1916年5月，二十七师师长张作霖与二十八师师长冯德麟为争“奉天王”秣马厉兵，吴俊陞向张作霖表示：“若大帅想打（指打冯），俊陞带兵打前敌。”①冯因附张勋复辟被解职，由张作霖兼任二十八师师长。1917年6月，张作霖将后路巡防营与骑兵第二旅合并，改编为陆军第二十九师，任命吴俊陞为师长，以报答吴助臂之功。吴对张表示：“虽不能同生，但愿同死。”②同年10月，吴俊陞受张作霖派遣进驻齐齐哈尔，解除黑龙江省驻军旅长巴英额、英顺的兵权。1919年7月，吉林督军孟恩远被解职，以鲍贵卿继任，孟不服，孟的外甥吉林师长高士傧请收回罢免孟的成命，并兴师讨伐张作霖。张任命孙烈臣为东三省南路总司令，吴俊陞为北路总司令，进行夹击，高士傧被撤职查办，孟只好交出吉林政权。1921年3月，孙烈臣调任吉林省督军兼省长，由吴俊陞署黑龙江省督军兼省长，6月加陆军上将衔。从此，以江省为基地，发展地方势力，实行军阀统治。他统治黑龙江达七年之久，极力驾驭部下，培植爪牙，把江省变成吴家天下，百般弄权，简直就是当地的土皇帝。民间盛传“石家兄弟，刘家外甥，靖家有旅长、县长，董家有厅长、道尹”③。

1922年4月至5月的第一次直奉战争以奉系失败而告终，5月10日北京政府免去张作霖本兼各职，任命吴俊陞为奉天督军、冯德麟为黑龙江督军。直系吴佩孚想以山东同乡同族关系拉拢吴俊陞，离间分化张作霖旧部，吴俊陞不为所动。张作霖于5月12日宣布东三省独立，

① 周大文：《张作霖统一东三省的经过》，中国人民政治协商会议吉林省委员会文史资料研究委员会编《吉林文史资料选辑》第4辑（张作霖等奉系军阀人物资料专辑），吉林人民出版社1983年版，第74页。

② 沈阳市参事室副主任姜明文口述。

③ 赵长碧、王鸿宾：《吴俊陞与日本帝国主义》，《北方论丛》1984年第1期，第91页。

自任奉军总司令;吴俊陞、冯德麟等通电否认北京政府命令。6月8日,东三省议会联合会推举张作霖为东三省保安总司令,孙烈臣、吴俊陞为副司令(孙、吴仍任吉林、黑龙江督军),正式宣告联省自治。保安司令部于7月16日组成,下设七处。旋又设立东三省陆军整理处(后改陆军训练处),实行整军经武,加强备战。同时奉系与孙中山及皖系取得联系,以采取一致行动,共同对付直系,此即所谓的反直"三角同盟"。吴俊陞作为张作霖的伙伴,一切遵照张的旨意。8月,黑龙江亦成立军事训练处,由吴兼任督办。

由于曹锟贿选总统,吴佩孚坚持武力统一,遭到全国人民反对,直系内部因内阁等问题也起分化,奉张乘机倒直已成不可免之事。1924年9月初,直系江苏督军齐燮元联合福建的孙传芳,向皖系的浙江督办卢永祥发起进攻,江浙战争爆发。孙中山、段祺瑞等通电支持卢永祥,张作霖借口援卢,迅速调集十七万人马,编成六个军,于9月15日向山海关、热河进发。直系以吴佩孚为总司令迎敌,17日第二次直奉战争打响。吴俊陞任奉系第五军军长,率二十九师及两个混成旅攻占开鲁,进逼赤峰待命,并将留守部队均配置江省各要冲,巩固后方。是役奉军占明显优势,而直军冯玉祥又于10月23日发动北京政变,使吴佩孚腹背受敌,全军主力丧失殆尽,万不得已,于11月2日率残部二千余人乘舰南下。

第二次直奉战争之后,奉张与冯玉祥的矛盾逐渐扩大,各方调和的结果是把段祺瑞重新推上政治舞台,任中华民国临时执政。1924年12月,令吴俊陞督办黑龙江省军务善后事宜。1925年元月,吴将省防军改为保卫团。2月,"善后会议"开幕,吴俊陞为善后会议会员之一。3月,东北军再次整编,吴兼任第十八师师长。

1925年10月,吴俊陞奉张作霖命令,指挥万福麟、穆春、张九卿等部骑兵,向多伦、张家口进军,袭击冯玉祥西北军后路。11月下旬,接到张作霖关于郭松龄在滦县倒戈反奉的告急电,吴俊陞立即从热河班师助张。张作霖派吴为"讨逆"军总司令兼左翼军司令。12月,吴亲至前线督阵，他所指挥部队除一部增援张作相的右翼外，其余均在左翼，形成夹击郭军态势。23日，巨流河决战，郭军受挫，由胜转败。24日，吴部骑兵更乘机袭击郭设在白旗堡的指挥部，郭松龄夫妇潜逃，被穆春骑兵师王永清团追上俘获，傍晚押在新民老达房（今老大房）一烧锅（酒厂）院内。25日，郭被害于老达房村外五里许辽河沿地。29日，张作霖在帅府召开讨郭善后会议，吴俊陞等一些老派人物认为附“逆”的这些东西都是“郭鬼子”（郭松龄外号）一手训练出来的，将来恐怕靠不住，不如将他们一网打尽，坚持主张“刑乱用重，此辈叛徒，不（宜）轻恕”①。

1926年1月，奉张与冯玉祥的国民军再战，7月吴俊陞部先后占领榆树沟、沙门口和多伦。时北伐军已从广东出发，接连在两湖、赣闽战场取得胜利。为了挽救北洋军阀即将灭亡的命运，解决北方统一及对南用兵问题，张作霖屡次召开会议，吴俊陞、张作相等老将希望保境安民，而张宗昌及少壮军官则要求以援吴（佩孚）、援孙（传芳）、“讨赤”为名，夺取被援助者土地。后孙传芳因被北伐军战败投奉。1926年11月，在天津蔡园会议上吴俊陞与孙传芳、张宗昌等十六名将领联名通电，推举张作霖为安国军总司令。张于12月就职，随即出兵河南及苏、皖，吴俊陞、张作相负责巩固后方。

1927年6月，吴俊陞、孙传芳等再次拥戴张作霖为中华民国陆海军大元帅，组织安国军政府，其军队统称安国军，吴俊陞任第七军团军团长。9月，齐齐哈尔人民示威游行，反对日本在临江设领事，吴派大批军警进行弹压。10月，吴被任命为东三省边防司令兼保安总司令。翌年1月，以通化为中心的东边道大刀会暴动，反对封建军阀和日本帝国主义侵略，吴亲自率部配合宪兵司令齐恩铭督“剿”，残酷屠杀大刀会员和无辜农民三千余人，烧毁民房数千间。

1928年4月，国民党继续北伐，蒋（介石）、冯（玉祥）、阎（锡山）、李（宗仁）的一、二、三、四集团军向张作霖的安国军进攻，安国军节节败

① 金毓黻：《郭松龄别传》，《吉林文史资料选辑》第4辑，第274页。

退，吉、黑增援军已赶到关内，张作霖派吴俊陞率领至德州布防，旋决定放弃德州，命吴在榆关设后方总司令部，吴于5月上旬偕张作霖家属回奉。张作霖见大势已去，决定退回关外。日本政府乘机要挟奉方解决“满蒙悬案”，未得满意回答，日本军方必欲除掉张作霖。张于6月3日夜乘专列返奉，吴俊陞得报即同莫德惠等前往山海关迎接，并同车北行。4日晨五时二十七分，列车行至皇姑屯三洞桥铁路交叉处，突然被日本关东军高级参谋河本大作等设伏炸毁。张作霖重伤送至大帅府，当日死去，吴俊陞头部被一硬铁扎入，脑浆外溢，当即身亡，终年六十五岁，正应了“但愿同死”一语。

吴俊陞四十岁以后开读《三字经》，曾自书“自古名将爱良马，从来美人属英雄”①，送日人早川正雄。吴作为军阀，集强悍、愚昧、荒唐、贪婪于一身。他依仗权势，搜刮民脂民膏，财产不计其数，在东北除张作霖之外，吴俊陞数第二号财主。吴占有土地之广，真乃洋洋大观，良田竟达二十七万垧之多。他大兴土木，建公馆多处，在奉天（沈阳）小河沿上坎山神庙地有之（今沈阳市大东区委），在郑家屯吴辕门处有之（今吉林省双辽县公安局），在北京北皇城根（地安门）有之，在大连黑石礁有之，而督军府在齐齐哈尔（今解放门北齐市建华区委）。吴还广办工商业，有绥滨火犁公司、齐齐哈尔广信公司（合办）、广信烧锅、油房杂货栈、钱庄银号及黑河金矿和典当多处。家养三千匹蒙古马，上百头双峰驼，放牧在齐齐哈尔、洮南等草甸子上。养猴子多达四十余只，每出巡得用两节车厢随车供其玩赏。

① ［日］早川正雄：《吴俊陞的面影》，大阪屋号书店1930年印行。

吴 克 仁

姜克夫

吴克仁，字静山，满族。1894 年（清光绪二十年）出生于吉林宁安一个农民家庭。童年入乡塾受启蒙教育，民国成立入县城高小和中学肄业。

宁安地处国防前线的牡丹江流域，曾备受日、俄侵略者蹂躏之苦，吴克仁目睹身受，壮怀激烈，遂立志弃文习武，考入保定军官学校第五期炮兵科学习，毕业后被分派到皖系边防军服役。直皖战后被张作霖收编，从此进入奉军。因吴学术优良，在第一、二次直奉战中屡立战功，先后由排长、连长升至营长。1925 年被选派赴日本入炮兵学校深造，翌年学成回国，任东北讲武堂炮兵研究班主任兼炮兵教导队上校队长。

1928 年 6 月，北伐军进逼京、津，张作霖于返奉途中被日本关东军炸死，张学良出任东北保安总司令后，着手整顿奉军，炮兵教导队改为炮兵教导团，吴克仁任团长，后又改任东北炮兵第十八团团长。1930 年，张学良为提高东北炮兵素质，派吴克仁赴法国考察炮兵，回国后升任东北讲武堂炮兵研究班少将教育长。吴精心治学，将在国外学到的炮兵战术传授给学员，为国家培训了大批炮兵指挥人才。1933 年春，日军侵略热河，吴克仁被任为国民革命军第一一七师副师长，编入王以哲的第六十七军，参加了长城抗战。

1934 年春，张学良自欧回国，因在意大利期间受法西斯主义影响，高唱“拥护领袖”口号，接受蒋介石所委鄂豫皖“剿匪”副总司令职，调东北军南下“剿共”。吴克仁时任一一七师师长，率部自北平清河镇进驻河南光山，对红二十五军作战。9月，红二十五军自鄂豫皖西撤进入陕南，张学良奉蒋介石令，派王以哲率六十七军开赴陕南追击。中央红军到达陕北后，蒋介石改委张学良为西北“剿匪”副总司令，督率王以哲等部进攻陕北，在榆林桥、直罗镇两次战斗中被红军歼灭了近三师之众。张学良既遭到红军的沉重打击，又在中共抗日民族统一战线政策的争取之下，认识逐步转变，终于在1936年4月在洛川与周恩来会谈，达成东北军与红军合作抗日的协定。此时吴克仁已升任六十七军副军长，随王以哲进驻延安，与参谋长赵镇藩共同协助王以哲执行张学良与红军达成的协定，负责对陕北红军输送弹药物资，保护红军人员来往的安全。东北军虽然原是一支军阀部队，但通过和红军的频繁接触，思想很快发生变化，许多爱国军官和广大士兵强烈要求停止内战，打回老家去。吴克仁痛感祖国遭受日本帝国主义的欺凌为军人之耻，于1936年春即参加了张学良为首的东北爱国进步军官秘密组织“抗日同志会”。

西安事变发生后，王以哲留西安协助张学良处理军政大计，吴克仁则率六十七军移驻陇东平凉地区，监视国民党军朱绍良部的行动。西安事变和平解决后，张学良亲送蒋介石回到南京，被蒋扣留，东北军内部因此发生混乱，王以哲竟被孙铭久等少壮派所杀。六十七军官兵闻耗，极为愤激，纷纷要求进兵西安为王以哲报仇。吴克仁与王以哲友谊素笃，虽亦极悲痛，但为顾全大局，力予劝阻，使东北军避免了一场更大的自相残杀的灾难。

王以哲遇害后，吴克仁经西安抗日联军总部委为第六十七军军长。1937年2月，东北军被迫调离陕、甘，东移苏北、皖北和豫东地区。六十七军军部移驻界首，各部分驻阜阳、涡阳、沈丘等地。所辖五个师经过整编，合并为一〇七、一〇八两个乙种师。

六十七军整编甫毕，即爆发了“卢沟桥事变”，吴克仁当即率全军将士通电请缨。7月13日，蒋介石在庐山发布动员令，东北军刘多荃、吴克仁两军皆在动员之列。吴克仁接到动员令后，即集结全军经商丘、徐州开赴沧州，接替自平、津南撤的二十九军正面阵地。8月下旬，六十七军又奉命驰赴大城，接替二十九军王长海部，堵击由独流出动的日本侵略军。当时二十九军在西起姚马渡、中经马厂迄小卫庄一线构筑阵地防守，六十七军开到大城后，即在左翼姚马渡扼守拒敌。

1937年夏季，我国北方大雨为灾，平地水深没膝，六十七军辗转跋涉，行军备极艰苦。但自“一二九”救亡运动后，中国共产党即派遣刘景希（谷牧）、杨西光等一批共产党员在该军开展工作，官兵都有一定的政治觉悟；开到前方后，中共东北特委又派于毅夫等人以东北救亡总会名义前去慰问、鼓动，故全军上下斗志昂扬。

8月21日，日军向津浦线发动新的攻势，吴克仁率六十七军对沿子牙河南下之日军中岛师团进行了顽强的阻击。但因正面二十九军于9月11日向南撤退，六十七军亦不得不于16日放弃姚马渡，辗转经献县到达邯郸，拨归商震指挥，担任防守临洺关的任务。10月15日，日军土肥原师团猛攻临洺关，六十七军在敌军猛烈炮火攻击下，死伤惨重，渐不能支，又得不到商震的增援，16日，吴克仁被迫率军南撤，到达新乡休整。

吴克仁对河北前线各军将领保存实力、怠于作战，致被日军各个击破，非常痛心，前往南京向蒋介石陈述，要求调离北战场。这时上海战局吃紧，蒋正苦于无兵可调，遂将该军迅速运至安亭。

淞沪抗战自8月13日爆发后，南京统帅部为了打破日本侵略军迫我作城下之盟的企图，提出了不惜任何牺牲守住大上海的口号，先后投入了八十五个师的兵力，在北起宝山，中经江湾、闸北，东迄浦东、川沙约一百公里的弧形阵地上，与日军展开了极其惨烈的搏斗。日军虽投入了二十余万人，挟其优势的火力，历时两个多月，攻势迄无进展。但至10月下旬，淞沪战场形势开始逆转。10月31日，日军突破我左翼方面军大场防线，威胁中央方面军侧背。适于此时吴克仁率六十七军开到战场，经第三战区前敌总指挥陈诚拨归右翼方面军张发奎指挥，作为右翼军的总预备队，驻军青浦。

11月5日，日军第六、第十八、第一一四三个师团及第五师团之国崎登旅团在金山卫登陆，获得滩头阵地后即直扑松江。张发奎当即命令吴克仁率六十七军协同四十三军郭汝栋部及松江专员兼保安司令王公玙死守松江三日，以掩护上海守军撤退。6日傍晚，吴克仁率六十七军赶到松江。当时郭汝栋所率四十三军仅存残部五六百人，武器又窳陋不堪，而六十七军则军容严整，装备齐全。吴克仁向王公玙了解敌情后，即命令一〇八师师长张文清率部防堵城西之敌，一〇七师师长金奎璧出新东门迎击北犯之敌。金师出击后，与日军谷寿夫师团先头部队遭遇，杀伤敌人五六百人，敌被迫后撤。该师三一九旅旅长吴骞负重伤，三二一旅旅长朱之荣阵亡，团、营长亦伤亡多人。7日下午，敌谷寿夫师团大队开到，将金师击溃，直趋苏州河左岸。张文清率一〇八师开出城外，敌军国崎登旅团即已接近松江城垣，乃令三二二旅旅长刘启文率部占领松江城至石湖荡之线。7日中午，刘旅在三十号桥附近与敌遭遇，刘启文力战阵亡。敌军遂突进到松江城西关大桥附近，与夏树勋三二四旅展开激战。至8日下午，战况愈趋激烈，夏旅伤亡惨重。吴克仁以战况紧急，乃亲自出城督战。坚持到8日半夜，吴克仁以守城任务已经达成，遂与郭汝栋、王公玙商定突围，令六十七军向昆山撤退。9日黄昏，吴克仁在指挥部队渡河时不幸中弹牺牲，年仅四十四岁。

淞沪抗战中，吴克仁为了掩护上海守军撤退，率六十七军坚守松江三日，不仅全军为此付出了重大牺牲，且本人以身殉职，其壮烈事迹理应受到褒扬。该军副军长贺奎于事后为吴克仁及各级战死官佐请恤时，国民政府军政部竟根据所谓战区情报，诬吴克仁为叛变投敌。第六十七军番号亦被撤销，缩编为一〇八师，拨归中央军王敬久部。吴克仁所受不白之冤，后经旅美报人田雨时于1981年撰文揭示，真相乃大白。为了褒奖吴克仁的英勇殉国，中华人民共和国民政部于1987年2月追认吴克仁为革命烈士，并向其子女颁发了烈士证书。

主要参考资料

王公玙:《“八一三”之役吴克仁军长殉国纪实》,台北《中外杂志》第28卷第3期(1980年)。

田雨时:《忠烈泯没昭恤无闻的吴克仁将军》,台北《传记文学》第39卷第1期(1981年)。

吴 禄 贞

李宗一

吴禄贞，字绶卿。湖北云梦人。生于1880年3月6日（清光绪六年正月二十六日）。其父吴利彬是秀才，在武昌教书，1898年病故。

1897年，吴禄贞考入湖北武备学堂，次年由湖广总督张之洞派赴日本留学，入陆军士官学校骑兵科，为中国留日第一期士官生。在校期间，与第二期学生清室贵族良弼交谊甚厚。当时，孙中山正在日本致力于启发留学生参加革命。吴禄贞虽然接受孙中山的民主革命思想，但不同意反满学说。同时，他和改良派首领梁启超也保持友好关系。1900年义和团运动时，改良派认为推翻西太后使光绪当权的机会到来。唐才常组织“自立军”，起兵“勤王”，吴禄贞秘密回国参加。“自立军”以汉口为中心，分立五军，吴禄贞和秦力山等率领大通前军，于8月仓促起事，与清军巷战数日，因寡不敌众，终于失败。吴禄贞逃到上海，不久返回日本士官学校。经过这次失败的教训，他更加倾向民主革命。

1902年4月，他毕业回国，在武昌武普通中学堂担任教习，暗中向学生宣传革命主张，在他鼓励之下，后来参加革命团体的青年有刘静庵、胡瑛等三十多人。1903年冬，他应黄兴邀请，同李书城、耿觐光等赴长沙，筹划在湖南发难。这时，适逢清廷在北京创设练兵处，编练新军。经良弼推荐，练兵处调他入京。他“初不欲往，同志中谓君为当道注目，与其在外无所建树，不若投身中央，伺隙而动”①。吴禄贞接受了

---

① 《吴君禄贞事略》，《时报》1912年3月8日。

劝告，于1904年4月抵北京。

1904年5月，吴禄贞被派署理练兵处军学司训练科马队监督（即科长），次年8月实授。在京时，他仍与湖北革命志士暗中保持联系。刘静庵被捕后，他通过良弼（军学司副使）和铁良（练兵处会办）向庆亲王奕劻说情，竭力挽救。1906年10月，他被派赴新疆伊犁考察新军。11月抵兰州，身穿便服谒见陕甘总督升允，"辞气之间未能谦和逊顺"，升允大怒，当即将他扣留，并诬奏他"冒充钦差"，沿途"需索供应"①。铁良奉旨查办，一面派员前往兰州调查，一面致电升允释放他。年底他回到北京。次年6月，铁良查办结案，复奏他"并未冒充钦差"，但"往谒督臣升允，便服请见，亦与体制未协，此实因该员游学外洋多年，于中国礼节律例均未深加考究所致，其轻率疏忽之处自应量予薄惩，俾资儆惕"②。为此，将其监督差使立即撤去。7月，他随东三省总督徐世昌到奉天，充军事参议。

吉林省延吉厅与朝鲜接壤，以图们江为界。日本侵占朝鲜后，即觊觎延吉地方，并于1907年秋制造借口，派兵渡江，侵占延吉厅所属龙峪、光霁峪等地，强立"间岛"名目，妄图吞并。吴禄贞奉命"密往确查"③，于9月担任延吉边务帮办，常驻延吉，"以军事机关兼理地方行政"④。他根据实地调查材料和文献记录，提出《延吉边务报告书》三册，证明延吉自古为中国领土，逐条驳斥了日本制造的"间岛"谬论。经他据理交涉，终于迫使日军退出侵占地方，因此得到军机大臣张之洞等人的赏识。1909年4月，他升任延吉边务督办，被授以陆军协都统，仍驻延吉。

---

① 《铁良奏请将吴禄贞冒充钦差详细电复由》，光绪三十二年十一月三日，故宫军务人事档。

② 《奕劻等奏查复吴禄贞冒充钦差由》，光绪三十三年五月七日，故宫军务人事档。

③ 徐世昌：《东三省政略》卷1，1911年版，第9页。

④ 徐世昌：《东三省政略》卷1，第9页。

1908年底,光绪帝、慈禧相继去世,溥仪继位,其父载沣为摄政王。载沣和少壮亲贵铁良、良弼等人,企图重用留日陆军学生,以削弱袁世凯北洋派的军权。载沣罢免了袁世凯以后,于1910年初调吴禄贞回北京,授以镶红旗蒙古副都统,派赴德、法两国阅操。吴禄贞回国后,向黄恺元(同盟会员)借了二万两银子,馈送庆亲王奕劻,谋出任一省巡抚。结果于12月23日被任命为陆军第六镇统制。

第六镇是袁世凯的嫡系部队,原由段祺瑞担任统制,协统李纯、周符麟及各标统都是袁世凯一手提拔起来的小站旧人。他们对非北洋派的吴禄贞自然心怀不满。吴禄贞又过于操切,一上任就试图通过人事调换,把军队控制在自己手中。先任命同盟会会员、留日士官生张世膺为参谋官,又以"烟瘾甚重,行同盗贼"为理由,将周符麟撤职。因此,各级军官"无不人人自危,各怀去志"①。不久,他又呈请任命李书城为标统,但陆军大臣荫昌不予批准。为此他写信指责荫昌"只知作官,不尽职守,有负国家委任"②,语气十分凌厉。荫昌怀恨在心,派陆军部检查官到第六镇秘密查访,罗织罪名,企图将他撤任。他"觉得第六镇无法整理,将来对革命也发生不了大作用,遂萌退志"③。从此常住北京,与蒋方震、李书城等饮酒赋诗,"借以消胸中的积闷"④。

1911年10月武昌起义爆发,消息传到北京,他一方面庆幸革命终于发生,另一方面又为未能控制第六镇而担忧。10月14日,第六镇第十一协(协统李纯)被调赴湖北,镇压革命。他曾请求随军南下,拟在前方倒戈,但为荫昌所拒绝,未能成行。于是他便前往保定,掌握第十二

---

① 《陆军部检查官吴宗煌上陆军大臣荫昌密呈》,宣统三年二月。

② 李书城:《我对吴禄贞的片断回忆》,中国人民政治协商会议全国委员会文史资料研究委员会编《辛亥革命回忆录》(五),中华书局1963年版,第450页。

③ 李书城:《我对吴禄贞的片断回忆》,中国人民政治协商会议全国委员会文史资料研究委员会编《辛亥革命回忆录》(五),第450页。

④ 李书城:《我对吴禄贞的片断回忆》,中国人民政治协商会议全国委员会文史资料研究委员会编《辛亥革命回忆录》(五),第450页。

协(协统吴鸿昌)。10 月 29 日,驻扎滦州的第二十镇统制张绍曾等通电,强烈要求清廷立宪。吴禄贞和张绍曾是日本士官学校同期同学,清廷遂派他前往“宣慰”,表面倚重,实则企图把他调离第六镇。他趁机赴滦州与张绍曾秘密会商,准备以武力推翻清廷。与此同时,山西也爆发革命,清廷急令第六镇第十二协开赴石家庄,进攻山西。吴禄贞又由滦州赶赴石家庄,令第十二协停战,并亲自赴娘子关,一面与山西军密商组织燕晋联军,与滦州驻军一起,直捣北京;一面以山西军已接受招抚谎报清廷。11 月 2 日,他断然截留北洋军运往湖北的军火,并电奏清廷要求下令停战,北洋军退出汉口,严惩纵兵焚烧汉口的军官。清廷大惊,疑心他是革命党,但又不敢贸然撤换他,唯恐把他逼上梁山,乃以假言假语嘉奖他,并于 4 日任命他署理山西巡抚。这时,袁世凯已经出山,由彰德到达湖北孝感,以钦差大臣、湖广总督的身份指挥北洋军对革命军作战。他侦悉吴禄贞的密谋后,立即派在湖北军中的周符麟携带巨款至石家庄,以两万元收买吴禄贞的卫队长马步周(字惠田)刺吴①。

吴禄贞平生志大气豪,错误地认为警备是怯懦的表现,得知周符麟至石家庄谋害他,仍不加戒备。11 月 16 日深夜,他在火车站司令部开会,至次日凌晨,马步周率领军官多人突然撞入。他见势不妙,企图夺门而出,为凶手击倒,头亦被割去。参谋官张世膺和副官周维桢同时遇难②。1912 年南京临时政府成立,孙中山下令对吴禄贞以大将军例赐恤。1913 年 11 月 7 日,遗体安葬于石家庄。有《吴绶卿先生遗诗》二卷行世。

---

① 关于刺杀吴禄贞的主谋人,另一说是良弼,见李剑农著《最近三十年中国政治史》,上海太平洋书店 1930 年版。

② 张世膺,字善飞,江西人。周维桢,字干臣,湖北麻城人。两人都是留日士官生,同盟会会员。

吴懋鼎

熊尚厚

吴懋鼎，字调卿，又名荫柏。1850年(清道光三十年)生于安徽婺源(今属江西省)。他的父亲吴宗禄在苏州经商，1858年举家移居苏州。吴懋鼎读了几年私塾后，入苏州二妙堂笔庄当学徒。后来他父亲常往上海做生意，托人将他介绍去上海充外轮跑仓。吴懋鼎在任跑仓时，常同一些买办打交道，遂与上海汇丰银行买办席立功相识。1864年经席介绍，他进了英商汇丰银行，业余刻苦自学英语，企望将来当上买办。

吴懋鼎工作勤恳，头脑聪敏，颇受汇丰银行主持人的赏识，1871年任上海汇丰银行副买办。1880年，他被派往天津，与汇丰银行代理人博维斯(F. D. Bovis)共同筹设汇丰天津支行。次年天津汇丰银行开业，他任该行第一任买办。其后，又任英商仁记洋行买办。

吴懋鼎在天津任汇丰银行买办时，因清政府在财政窘迫下常向汇丰银行借款，遂和直隶总督李鸿章攀上同乡关系，往来频繁。李在向英商汇丰银行借款兴办铁路和通过英商谦顺洋行替淮军购买军火时，都以吴为中间人，故此吴深得李的赏识。在李的保荐下，他捐得直隶候补道官衔，并充淮军钱粮所总办。其后还经李的引荐，被召至北京觐见了慈禧太后。

1887年，李鸿章在天津、唐山间建造铁路，4月将开平铁路局改名中国铁路公司，以吴懋鼎出任总办，指定天津汇丰银行为收款银行。1894年，吴被清政府任命为关内外铁路总局总办，任职三年，被称“办事干练”。

在康有为、梁启超、谭嗣同和杨锐等维新派首要分子的推动下，1898 年 6 月，光绪帝颁发《定国是诏》，开始变法，维新派人士和一部分知识分子纷纷响应。吴懋鼎在博维斯的支持下，也上书光绪帝，由李鸿章代奏条陈十项，建议在全国各大城市筹设商会。在变法期间，他被任命为京师农工商总局三督理之一，与端方、徐建寅平列。9 月 21 日，慈禧太后发动政变囚禁光绪帝，废除新法，重新听政，谭嗣同等六人被逮捕处死，康有为、梁启超逃往日本，吴懋鼎也遭到通缉拿办。由于得到英国公使馆的保护，他躲在北京汇丰银行里。事后经过李鸿章的力保，始免被缉拿，然而却丢了所任的官职，专任买办。他是天津外商银行买办的第一人，与天津怡和洋行买办梁炎青、太古洋行买办郑翼之、华俄道胜银行买办王铭槐合称“天津四大买办”。此后，他继续与清室大吏密切往还，投拜军机大臣荣禄为门生，又与邮传部侍郎、路矿督办胡芸楣及北洋新军头子袁世凯等结识。在袁任直隶总督期间，吴曾任天津商务局总办。

吴懋鼎早在 19 世纪 80 年代中期便开始兴办实业，是天津著名的买办资本家。1887 年他伙同天津武备学堂总办杨宗廉、盛军统领周盛波，集资一万八千银两开办天津自来火公司（火柴业），获李鸿章批准，在直隶省境内专利十五年。该公司产品销售京、津地区，大获其利。1891 年 5 月，制造厂发生火灾，被焚毁。同年 8 月，他利用被火焚毁的旧厂址，与司达赛（A. D. Starsatt）等四名英、俄商人创设华北贸易公司，经营进出口业务，资本银四万五千两，吴任总办，司达赛为稽查。

1888 年，在天津的英、德、法及丹麦商人共同投资，推吴为发起人，出面开办天津气灯公司。该公司开办后至 19 世纪 90 年代末，吴一直任董事。

1897 年，吴懋鼎经直隶总督王文韶批准，以资本银三十五万两筹办天津织呢厂。两年后投产，生产上等毛毯、呢绒及其他毛织品，供给天津外国驻军及贵族、官僚享用。八国联军侵入天津时，该厂厂房被毁。

1898年,吴懋鼎独资创设天津北洋织绒硝皮厂,资本额七十六万余两,获清政府批准专利十年,官督商办,包办清政府禁卫军及新军装备。未及十年,该厂因经营不善而无形停顿。

1899年,吴懋鼎与德商兴隆洋行合办天津打包公司,他占股二分之一。次年,八国联军侵占天津时毁于炮火。由于吴在八国联军侵入天津时,曾给英国领事馆通风报信,告知清军将炮击英国侨民所在地,为此他的织呢厂和打包厂均从《辛丑条约》赔款中取得赔偿,还被英皇授以维多利亚勋章及金壳表等奖品。

1905年,吴懋鼎独资创办天津电灯公司和自来水公司。开办后营业发达,然不久被英租界工部局强制收买。1907年他又与英商合办宛平通兴煤矿公司,资本银一百万两,中英各半,他任董事长。其后该矿营业不佳,转让给英商麦边经营。

此外,吴懋鼎还投资新记地产公司和中国投资公司,并为上海、香港等地一些英商公司的股东。

吴懋鼎在1905年辞去了天津汇丰银行和仁记洋行买办职务,居于天津英租界(今和平区)寓所。同年12月,清政府赏给他二品顶戴,任商部三等顾问官。他在晚年虽然仍和清政府官僚及北洋军阀政客密切往来,但却不愿再出山做官。1909年和1913年,清廷和袁世凯曾拟派他任山西巡抚、财政总长,他均推辞未就。

1928年1月,吴懋鼎病逝于天津,遗有财产约四五百万银两。

主要参考资料

吴焕之:《关于我父亲吴调卿事迹的回忆》,中国人民政治协商会议全国委员会文史资料研究委员会编《文史资料选辑》第49辑,中华书局1964年版。

[英]雷穆森著,许逸凡、赵地译:《天津》第20章《当代中国名流》,

《天津历史资料》1964 年第 2 期，第 146—147 页。

《吴懋鼎》，汪敬虞编《中国近代工业史资料》第 2 辑（下册），科学出版社 1957 年版，第 970—971 页。

团红石：《天津概述（1919 年以前）》，《天津历史资料》1964 年第 3 期。

吴 佩 孚

李宗一

吴佩孚是北洋军阀直系著名的首领。字子玉，山东蓬莱人。生于1874年4月22日(清同治十三年三月初七)。他的父亲在县城里开设杂货店，是个小商人。他六岁入私塾读书，十四岁入登州府水师营充学兵，兵事余暇仍继续读书。二十二岁时(1896年)考取秀才。次年因得罪了当地一个豪绅，被革去秀才，并遭到通缉。他遂逃到北京，以摆卦摊算命谋生。

1898年，吴佩孚到天津投入淮军聂士成部当兵，被派在一个姓沈的管带手下当戈什哈(即勤务兵)，传送文书，为文案郭绪栋所器重，当年被选拔入开平武备学堂肄业。1899年聂军改称武卫前军。次年夏八国联军入侵，开平武备学堂停办，吴回武卫前军，担任后路炮队队官，驻防北塘。10月随军赴马兰峪驻扎。1901年2月，武卫前军中、后两路裁并减员，吴被裁减。次年9月改投直隶总督袁世凯，被批准入保定武师范学堂，后转入测绘学堂，1904年1月毕业①。

1904年2月，日俄战争爆发，北洋督练公所与日本军队在烟台秘密合组侦探队，吴佩孚被选为队员。他和冈野增次郎(日本人)等扮成肩挑小贩，赴东北各地刺探俄军情报，因"功"以帮统记名。日俄战后，他奉调回保定，拨归北洋陆军第三镇差遣。1905年10月担任第十一

---

① 《步兵第十一标第一营管带吴佩孚衔名年籍三代详细履历清册》(第三镇统制曹锟造)，宣统三年四月。

标第一营督队官。次年升为第一营管带,1907 年随第三镇至吉林长春驻防。当时,第三镇统制曹锟对吴很器重,1908 年调吴担任炮兵第三标第一营管带。辛亥革命爆发后,第三镇奉调入关。炮兵第三标在娘子关哗变,原任标统撤职,吴遂受曹锟提拔,继任第三标标统。

1912 年,袁世凯当上民国大总统后,镇改称师,标改称团。吴佩孚担任第三师炮兵第三团团长,驻扎南苑。袁世凯镇压了孙中山发动的“二次革命”后,于 1914 年 4 月以曹锟为长江上游警备总司令,率第三师进驻岳州。吴佩孚改任师部副官长,随军南下,1915 年晋升为第六旅旅长。随后,袁世凯称帝,护国讨袁运动兴起,第三师于 1916 年初奉命入四川,镇压蔡锷领导的云南护国军。吴率第六旅先至綦江,2 月下旬与护国军战于纳溪,因攻占纳溪有“功”,袁世凯于 3 月 7 日申令授吴为陆军中将。但是,由于全国人民激烈反对帝制,袁世凯的皇冠迅速落地,并于 6 月 6 日因忧愤成疾而死,黎元洪继任大总统,第三师奉命撤回保定。1917 年 7 月,吴参加讨伐张勋复辟,充当“讨逆军”西路先锋,由保定进攻北京,与张勋所部“辫子军”战于天坛。

张勋复辟失败后,黎元洪下台,直系首领冯国璋代理大总统。皖系首领段祺瑞在日本帝国主义的支持下,以国务总理的名义总揽北洋政府大权。由于段拒绝恢复民国初年的国会和《临时约法》,孙中山联合西南地方军阀在广州组成护法军政府,与北洋军阀对抗。段妄图以“武力统一”中国,派曹锟、张怀芝带兵南下讨伐。吴佩孚随军驻汉口,代理第三师师长兼前敌总指挥。这时,冯国璋在英、美帝国主义的支持下,主张与西南军阀议和,不肯公开下讨伐令。在直、皖两系的矛盾中,曹锟和吴佩孚都属于直系,附和冯国璋。

1918 年春,护法湘军攻克岳阳。由于皖系的压力和形势所迫,冯国璋不得不下令派曹锟为两湖宣抚使,张敬尧为攻岳前敌总指挥,反攻湖南。当时,吴佩孚率领第三师及王承斌、阎相文、萧耀南三个混成旅,由鄂入湘,连陷岳阳、长沙等地,接连打了几个胜仗;他满以为凭“战功”可以得到湖南督军的职位,没想到这个据有地盘的实职竟然落到皖系张敬尧手里;他只赢得“援粤军副司令”和“孚威将军”的空衔,因此十分气愤。这件事是他以后反段的重要原因之一。4月,他攻占衡阳后,即按兵不动,并于耒阳公平墟与湘军谭延闿、赵恒惕所派代表商洽停战。段祺瑞屡次急电饬令进攻两广,他均置若罔闻,不予理睬。8月21日,更公开发出“罢战主和”的通电,反对段的“武力统一”政策,而主张南北议和①。为了哗众取宠,他还大唱“文官不要贪污卖国,武官不要争地盘”的高调,并以今生“不做督军,不住租界,不结外人,不借外债”来标榜自己。

1919年五四运动爆发,全国人民反帝反封建的怒火迸发出来,段祺瑞控制下的亲日卖国政府成为众矢之的。吴佩孚乘机接连发出通电,反对在巴黎和约上签字,主张取消中日密约,“支持”学生运动,摆出一副“爱国军人”的姿态,颇博得一般舆论的好评②。11月,吴与西南军阀唐继尧、陆荣廷等人的代表在衡阳秘密签订《救国同盟草约》,结成反段的军事同盟。12月冯国璋病死,曹锟、吴佩孚继承了直系军阀的首领地位。

1920年5月,吴佩孚得到西南军阀供给的军饷六十万元,自衡阳领兵北撤,抵汉口时,赋诗言志,斥皖系为“妖孽乱京畿”,自己是要“摧狂虏”,“扬国威”,并且是“不问个人瘦,为期天下肥”的大人物,还令军士沿途唱他自编的“满江红”军歌。随后,他把军队布置在京汉铁路保定至郑州一段沿线,即通电攻击皖系“安福俱乐部”把持政权、亲日卖国,要求解散安福俱乐部,罢免其首领徐树铮,对段进行直接挑战。由于皖系的卖国政策丧尽人心,人们对吴的反段寄予很大的期望,甚至把他视为“革命将军”。7月,段强迫总统徐世昌下令免曹、吴职。吴即挥兵逼近北京,联合奉系军阀张作霖,大败皖系军队于涿县和杨村一带,一举推翻了段祺瑞控制的亲日派政权。同日本敌对的英、美大喜过望,

---

① 《时报》1918年8月25日。

② 《民国日报》1919年6月4日、28日,7月8日、13日,1920年8月11日。

看中吴是一个可利用的工具，在报纸上对他大捧特捧，誉之为“强者”、“英雄”、“中国模范之统将”①。此后，北京政府落入直、奉两系军阀手中。8 月，吴通电发起召开“国民大会”，解决国事，企图利用“国民大会”这种形式驱逐皖系扶植的总统徐世昌，另外组织一个合乎他胃口的政府。但他的计划遭到张作霖反对，未能实现。9 月，曹锟升任直鲁豫巡阅使，吴为直鲁豫巡阅副使，驻洛阳“练兵”。

1921 年 7 月，吴佩孚以援助湖北督军王占元抵抗湘军为名，派萧耀南进兵湖北，镇压了湖北自治军，并把湘军赶回湖南，夺得了王占元的地盘。8 月，吴升任两湖巡阅使，派萧耀南为湖北督军，完全暴露了吴“不做督军”的伪善嘴脸②。

吴佩孚权势的增长，反映了英、美帝国主义势力在中国的扩张，这就激化了他和受日本扶持的张作霖之间的矛盾。1921 年底，张作霖支持梁士诒出任国务总理，企图压制直系势力。次年 1 月，吴率领直系军阀通电攻击梁士诒卖国媚外，向奉系回击。双方通电互相攻击达三月之久，至 4 月终于爆发了第一次直奉战争。吴率领直军在马厂、固安和长辛店等地击败奉军，张作霖退到关外。

自战胜奉系以后，吴佩孚成为北洋军阀的首要人物，政治野心大为膨胀。当时，一帮政客倡议“恢复法统”，即恢复民国初年的旧国会和由黎元洪复任总统。吴鉴于“恢复法统”既可使南方护法政府失去存在的根据（因为南方政府是借护法成立的），又可赶走徐世昌，因此立刻接受了这个主张。黎元洪于 1922 年 6 月复任总统。吴曾企图通过黎元洪和王宠惠内阁实现他“统一”中国的计划，而曹锟则急于取代黎元洪当总统，从而直系内部发生了“保（定）”“洛（阳）”的分化，使吴利用黎元洪的计划落空。于是吴进一步公开提出“武力统一”中国的主张，狂妄地

① 《西报揄扬吴佩孚》，《民国日报》1920 年 8 月 21 日。

② 改造湖北同志会编:《民国十年之吴佩孚》，1921 年版，第 113 页。

表示要“龙泉剑斩血汪洋，千里直趋黄河黄”①。他一心步袁世凯和段祺瑞的后尘，追求独裁者的专制的统一。

1923年10月，曹锟贿选为总统，吴升任直鲁豫巡阅使。曹、吴之间虽有权力之争，但始终没有决裂。当时，吴的巡阅使署所在地洛阳，实际上成为北方政治、军事的中心。巡阅使署机构庞大，除参谋、军需、执法、军械、政务、教育、交际、副官八大处的办事人员外，谘议厅拥虚位而列名顾问、谘议、差遣者有千余名。政务处为公署的重心，吴的心腹白坚武担任处长。各省都有代表常驻洛阳。英、美帝国主义又对他大力扶植：美国运给军火价值三百多万元，英国给他贷款，英人莫立斯(H. E. Mooris)和格林(O. M. Green)做他的政治顾问。此外，还有日本顾问冈野增次郎。在此期间，北京政府国务总理、总长、次长以及英、美、日本等国军政要人肩负着秘密的或公开的使命，络绎不绝地奔走于中州道上。1923年吴佩孚五十寿辰时，各方显要人物至洛阳祝寿者达六七百人。当时康有为想拉拢他支持清室复辟，也献上手撰的寿联：“牧野鹰扬，百岁勋名才半纪；洛阳虎视，八方风雨会中州。”②

这时吴佩孚的直属部队有五师一混成旅，他自兼第三师师长驻洛阳，第八师王汝勤驻宜昌，第十四师靳云鄂驻郑州和信阳，第二十师阎治堂驻潼关，第二十四师杨清臣驻开封，第二十六混成旅田维勤在河南，另外还有若干独立团，总计兵力十余万人，控制着河南、湖北、直隶和陕西等省地盘。他一面积极准备对付要向他复仇的奉系军阀张作霖，一面把势力伸向南方，勾结广东军阀陈炯明反对孙中山的北伐政策，指挥孙传芳、沈鸿英、杨森等军阀攻掠福建、广东、四川和湖南等地。

吴佩孚的军饷每月约八十万元，其来源很大一部分是靠截留京汉

① 冈野增次郎：《吴佩孚》，日本山梨县万圣阁1939年版，第830页。

② 吴佩孚先生集编辑委员会编：《吴佩孚先生集》下编，台北1960年版，第315页。

铁路的收入,京汉铁路又是他推行"武力统一"政策的最重要的军事交通线。为了利用和欺骗工人,他曾发表过"保护劳工"的主张。但是,当1923年2月京汉铁路工人在郑州成立总工会时,他指使军警进行破坏,下令不准开会。为反抗他的专横统治,京汉铁路工人举行总同盟罢工,他就撕下了"保护劳工"的假面具,公然命令军队进行血腥镇压,杀死四十多人,造成著名的"二七"惨案。他对工人的野蛮屠杀、赤裸裸的"武力统一"政策以及支持曹锟贿选总统,这一切使全国人民看清了他的真面目,从此他迅速地走向失败。

1924年9月,张作霖在日本帝国主义的支持下指挥奉军入关,第二次直奉战争爆发。吴佩孚应曹锟的急电,由洛阳到达北京,就任"讨逆军总司令",调动直系军队十余万,派彭寿莘、王怀庆、冯玉祥分别担任一、二、三军总司令,分三路迎击奉军。吴亲到山海关督战。正当两军激战时,第三军总司令冯玉祥带兵由热河前线回到北京,发动政变,囚禁曹锟,成立"国民军",反戈讨吴。吴前后受敌,大败而逃。他由大沽口乘船南下,溯长江到达武汉,企图依靠长江中下游的直系势力组织"护宪军政府",但未能得逞,即回洛阳。不久,国民军胡景翼部攻入河南,镇嵩军憨玉琨部也由潼关东进。吴在洛阳不能立足,退往信阳,准备入鄂。这时鄂督萧耀南为形势所迫,对他婉言拒绝,并请他通电下野。吴被迫退入鄂、豫边界的鸡公山,其残部约四万人多被胡景翼缴械或收编。当胡景翼军逼近鸡公山时,吴只得表示愿意下野,并于1925年春经过武汉,乘"决川"号军舰逃到岳州,托庇于湖南军阀赵恒惕。这时,赵正高唱"联省自治",通电保护吴,并赠给养。

吴佩孚在岳州暗中联络旧部,伺机再起。1925年10月,孙传芳在江苏发动反对奉系的战争,并通电拥吴出山。吴即乘机到武汉,通电自称受十四省区将领推举,就任"讨贼联军总司令",设总部于汉口东北之查家墩,任命张其锽为秘书长,蒋方震为总参谋长,派张联陞、寇英杰、陈嘉谟分任一、二、三路司令,攻入河南省。11月13日,北京政府临时执政段祺瑞下令讨伐吴佩孚和孙传芳,国民军和奉系军队分别沿京汉、津浦铁路南下。但不久奉系和国民军的矛盾尖锐化，张作霖派人联络吴以打击国民军。吴对国民军本来十分仇视，遂即宣布结束讨奉战争，而与奉军勾通，南北夹击国民军。1926 年 3 月，吴击败国民军岳维峻部，占领河南省。又沿京汉路北进，先后占领石家庄、保定。冯玉祥通电下野，赴苏联，将国民军交其部下张之江、鹿钟麟接管。张、鹿致电吴，请求停战议和。吴回电要张、鹿将部队交出。4 月，直鲁联军及奉军围攻北京，鹿钟麟发现段祺瑞与奉军勾结，遂将段赶下台。段逃往天津。鹿释放曹锟，并再次致电吴，请入京磋商大计。吴坚持原来要张之江、鹿钟麟同时下野的条件，张、鹿被迫率国民军退出北京，扼守南口。吴支持王怀庆于 5 月 8 日入京，就任卫戍司令，颜惠庆组织内阁。5 月 27 日，吴由汉口北上，30 日抵石家庄，会晤山西军阀阎锡山。6 月 3 日，在保定召开军事会议，决定继续攻击国民军。稍后，又派张其鍠、张志潭为代表与张作霖的代表郑谦在天津开预备会，双方议定"军事合作到底"。但奉方对颜惠庆内阁有保留。6 月 28 日，吴和张作霖在北京会谈，经英、日帝国主义的策动，双方表面上更紧密地勾结在一起，宣布"合作讨赤"，继续对国民军作战，而暗中却仍激烈争夺对北京政府的控制权。

当吴佩孚在长辛店指挥直军攻击南口的时候，国民革命军从广东出师北伐。开始，吴低估了北伐军的力量，仅派李济臣等督率杂牌军入湘，援助叶开鑫等。北伐军在广大人民的支持下迅速将敌军击溃，席卷湖南，直指武汉。这时，吴对革命战争的胜利发展才极为恐慌，一面严令李济臣等收集残兵两万多人坚守汀泗桥等要隘，一面让齐燮元代理总司令，留守长辛店。自己则率领刘玉春等主力军由京汉路仓皇南下增援，1926 年 8 月 27 日到湖北咸宁，亲至汀泗桥督战，以"大刀队"分八路监视直军，据险顽抗，斩退缩不前之旅、团、营长九人，下令退却者杀无赦。他原想守住汀泗桥，等待孙传芳的援军，以便向北伐军反扑。但是，北伐军以勇猛的攻击迅速夺取了汀泗桥要隘。吴退贺胜桥，扼险以守，革命军又来猛攻。他亲临督战，手刃后退官兵多人，可是仍阻止不住士兵溃逃。9月1日，他自己也狼狈败退到汉口查家墩。但仍命令刘玉春等收拾败兵，坚守武汉，负隅顽抗。不久，北伐军攻占汉口、汉阳，他经信阳败逃郑州，企图组织援军反攻，也未能得逞。10月10日北伐军攻克武昌，俘虏刘玉春等两万多人。至此，吴的主力被北伐军打垮。

1927年初，北伐军攻入河南，吴佩孚的残兵败将望风溃逃，靳云鹗、田维勤、魏益三等暗中向北伐军输诚，齐燮元以亲奉嫌疑离去。奉军以“援吴讨赤”为名，沿京汉路节节南下，妄图趁火打劫，夺取河南。吴众叛亲离，又处南北夹击之中，遂于5月13日偕其妻张佩兰等由巩县南逃。经南阳、兴山、巴东，抵达四川白帝城。先后托庇于四川军阀杨森、刘存厚，流寓于大竹、绥定等地。这时，他身边只有卫队千余人，仍然打着“孚威上将吴”的大旗，维持着“大帅行辕”的空架子，并不时与新旧军阀暗中勾结，伺机而动。但表面上他不得不通电全国，声明“入川游历，不问政治”。1930年，当新军阀蒋介石、冯玉祥、阎锡山在中原激战之际，吴企图乘机出川，自绥定起程至麻柳场，拟赴万县东下，为万县驻军王陵基部所阻，遂折回宣汉。次年7月至成都，与川军将领邓锡侯、刘文辉等会晤。这时，中原大战已经结束，蒋介石国民党政府拟聘请吴为高等顾问，借以笼络北洋势力，并派军舰入川迎接。但吴对蒋介石存有戒心，不愿乘船东下，而以应蒋电召为名，率领卫队取道松潘北上，经过兰州、包头，于1932年1月底到达北平。

当时，“九一八”事变已发生，日本侵略军占领东三省，全国抗日民主运动高涨。吴佩孚想趁全国动荡之际，借“抗日”旗号纠集北洋直系势力东山再起；但是，由于受到蒋介石的压力，未能得逞。当时，张学良正代理北平军分会委员长，月给他“补助费”数千元。国民党政府曾聘他为洛阳“国难会议”会员，他没有应召赴会，而一直住在北平什锦花园公馆里做自己的“大帅”。当伪满洲国出现时，他曾以个人名义通电声讨溥仪。

1935年，日本侵略者策动汉奸发动所谓“华北自治运动”，并企图把吴佩孚抬出来做傀儡。吴怫然作色道:“自治者,自乱也。”①1937年“七七”事变后,日军要他出任北平维持会长,他亦严词拒之。当年底,以王克敏为首的一群汉奸在北平组成伪华北临时政府,吴的旧部齐燮元担任伪京津卫戍司令。伪临时政府于1938年1月给吴“特高顾问”的空头衔,月送“车马费”数千元。6月,日本侵略者决定把伪华北临时政府和伪南京维新政府合并为一个汉奸政权。日本特务土肥原贤二等极力拉吴下水,吴故意向他提出请日本从中国撤兵作为交换条件。日本侵略者当然不会同意他的要求,他也就拒不接受土肥原的策动,表现了中国军人的民族气节。

1939年冬,吴佩孚牙疾发作,右颊肿痛。12月4日,日本特务川本芳太郎介绍日本医生为他开刀拔牙,当天暴卒于什锦花园公馆②。

① 章君榖:《吴佩孚传》,台北传记文学出版社1968年版,第202页。

② 关于吴佩孚的死,有不同的记载:一说日本特务为了让他当傀儡,花了大笔钱,他不出山,日本特务无法向日本政府交代,只有将他害死;一说拔牙时感染败血症或毒入神经不治而死;一说被汉奸齐燮元毒死,等等。

吴 奇 伟

戴仰明　林熙敦

吴奇伟，字晴云，别号梧生，广东大埔人。1890年1月28日（清光绪十六年正月初八）生。出身于贫苦农民家庭。十岁时在龙川县城伯父开设的一间店铺里打杂，勤恳苦干，为伯父所喜爱，资助入学读书。后考入广州黄埔陆军小学，毕业后转入武昌陆军中学和保定陆军军官学校。保定军校六期毕业后，回到广东在陈炯明部见习，逐步提升为排长、连长和营副等职。

1926年北伐战争开始后，吴奇伟在国民革命军第四军第十二师张发奎属下的第三十六团任中校参谋长。汀泗桥之役，第四军叶挺的独立团和黄琪翔、吴奇伟指挥的第三十六团，攻破了吴佩孚坚守的据点，战功卓著，使北伐军得以乘胜进攻武昌。1927年春，吴奇伟以战功升任第三十四团团长。随即在河南上蔡，东、西洪桥对增援吴佩孚的奉军作战。北伐军进军河南奏捷，不久即与由陕西向东出兵的冯玉祥部配合，击败奉军，占领郑州、开封。吴在这次战役中作战勇猛，腿部受伤。

1927年8月，“八一”南昌起义部队退出南昌后，吴奇伟团随张发奎部进驻南昌。9月，张发奎率部回粤，吴奇伟升任第十二师副师长兼第三十四团团长。

张发奎部回到广州后，在汪精卫的策动下，11月联合黄琪翔以护党为名发动政变。李济深、黄绍竑被迫离开广州，桂系部队沿西江败退。吴奇伟奉命率部赴西江追击。12月中旬发生了共产党领导的广州公社起义。张发奎急命吴奇伟率部集中惠州，防备驻在东江一带的李济深部队回师广州。广州公社起义被镇压下去后，广州复为李济深所得。张发奎、黄琪翔逃往香港。缪培南接替第四军军长，吴奇伟任第十二师师长，驻兵惠州。1928年1月，第四军在五华县双头圩、岐岭一线，以两天时间迅速击溃了陈铭枢指挥的李济深东路军四个师。吴奇伟率其全师精锐向连平方向穷追，远离主力。缪培南指挥第四军其余四个师在潭下圩一带迎击李济深的西路军四个师，激战三昼夜，双方伤亡惨重。吴奇伟率部赶回时，第四军已弹尽不支，遂被赶出广东，退到江西的安远、会昌地区集结，投靠了蒋介石。

5月，第四军奉蒋介石之命调到徐州集训，然后沿津浦路北上，进攻张宗昌的部队，攻取济南、德州，进驻沧州。编遣会议后，第四军缩编为第四师，原第十二师缩编为第十二旅，吴奇伟任旅长。1929年3月蒋桂战争爆发，第四师由山东调回江西九江，旋开赴湖北沙市、宜昌间，与驻在该地的桂系部队作战。4月桂系战败，第四师收编了桂军的一部分。不久，蒋介石命第四师乘船东下，阴谋在该师经过武汉时缴械。张发奎在香港获悉蒋的阴谋，秘密赶赴宜昌。9月通电反蒋，并将第四师的番号恢复为第四军，经湘西开往广西，联合李宗仁、白崇禧组织“张桂联军”，企图夺回广东地盘。1930年2月，第四军为陈济棠所败，绕道广东南路退却，损失很大，只得将三个师并为一个师，恢复第四师名称。张发奎为师长，吴奇伟任三十四团团长。

5月，中原大战爆发。“张桂联军”又乘机而起反蒋，进兵湖南。6月攻到长沙，赶走了何键。不久陈济棠奉蒋介石之命，派兵入湘增援何键。第四师腹背受敌，又退回广西，何键得以重返长沙。这时第四师已不足两个团，白崇禧给它补充了一个团，凑成一个师。张发奎于年底离开第四师，由吴奇伟任师长，驻防柳州。

1932年春，吴奇伟奉命率部调离广西北上，抵达江西樟树镇后，在同乡罗卓英劝诱下归附蒋介石，获军费五万元。

吴奇伟投蒋后，第四师又改为第四军，吴任军长。蒋介石随即派其参加对江西苏区的“围剿”。吴为保存实力，不肯卖力。1934年红军开始长征后，蒋命吴部归薛岳指挥，开往湖南衡阳、祁阳一带堵击红军。红军进入湘西南向贵州前进途中，吴部隔河并行，互不开枪。吴部经湘西芷江到达贵州镇远时，见红军已进入川、贵边境，遂回贵阳附近整训。红军三渡赤水，回师遵义，吴奉命驰援遵义。吴渡过乌江后，获知遵义已被围困。贵州省主席王家烈已从遵义逃出，却要吴部火速前往。吴部进抵遵义以南四十余里的大托铺附近，停止不前。旋红军突然回击大托铺，吴军惨败，漏夜退回乌江南岸。蒋介石得知红军占领遵义后，立即赶到贵阳，召见薛岳和吴奇伟。吴自知尾随红军不打又不救遵义之急，必将受到蒋介石的谴责，立即向蒋"请罪"。此后吴部撤至贵阳附近整训。红军南渡乌江，远离贵阳西进后，吴部又尾随红军经安顺、盘县，一路"送行"到雅安。吴部在雅安整训后东调。

1937年"八一三"战事爆发后，吴奇伟奉命率第四军到上海抗击日本侵略军。作战数天，伤亡很大。上海沦陷后，由南京撤至芜湖、九江一带。1938年吴升为第九集团军总司令，在南浔线上与日军作战。10月广州沦陷后，吴部调到广东兴宁、潮汕一带驻防。1940年春，吴率其一部防守广西柳州。不久调任第六战区副司令长官，兼长江上游江防司令，驻湖北三斗坪。同年6月，陈诚弃守宜昌后，吴指挥所属在湘北、鄂西的澧县、安乡一带作战，击退日军进攻。

1945年抗日战争结束后，吴奇伟任湖南省主席。这时他已成为"无兵司令"。一年后调任徐州绥靖公署副主任(主任为薛岳)。他们指挥所部进犯苏北、鲁南解放区，屡吃败仗。吴对抗战胜利之后再打内战，意态消沉，内心矛盾，1947年春托病住进南京汤山疗养院。

不久，吴奇伟又听从张发奎的安排，同张一起回广州，任广东绥靖公署副主任。随着人民解放战争的胜利，吴感到国民党统治的覆灭已为时不远。1948年8月，在中共地下党和旧部的帮助下，吴思想上有很大转变。1949年2月，秘密离开广州赴香港，通电起义。吴驻在东江一带的旧部两个保安团和其他若干部队，也举行了"东江起义"，为加速广东全境的解放作出了贡献。

解放后，吴奇伟参加了中华人民共和国开国大典。后任中国人民政治协商会议第一届全国委员会委员、广东省人民政府委员。

1953 年 7 月 10 日，吴奇伟因病在北京逝世。

主要参考资料

何滨：《威震敌胆的吴奇伟将军》，《团结报》1985 年 8 月 3 日。

姚仁隽、孙璞方：《解放战争时期起义的部分国民党将领简介——吴奇伟》，《人物》1985 年第 3 期。

吴 清 源

顾大勇

吴清源，名泉，字清源，排行为第三子。父亲吴毅，母亲张舒文。1914 年 6 月 12 日(农历五月十九日)生于福建闽侯一盐商家庭，同年 10 月随家人迁居北平，在北平度过童年。

吴清源四岁开始学习“四书”、“五经”，七岁从留日的父亲那里学会了围棋，不但沉迷于国内高手的名局，而且在父亲的指导下研读了大量日本的棋书和棋谱。父亲的辞世使年仅十一岁的吴清源开始以棋艺养活家人。经顾水如引荐，当时已有“围棋天才少年”之称的吴清源成为北洋军阀段祺瑞门下的棋客。十三岁时，他已隐然有中国顶尖高手之势，并且在日本人的俱乐部战胜了日本棋客，得到山崎有民先生的赏识。与岩本熏六段、小杉丁四段、井上孝平五段等日本棋手对局后，受到日本棋院濑越宪作先生的赏识和邀请，遂于 1928 年 10 月在母亲和大哥的陪同下赴日学棋，当时的名人秀哉亲自率领众棋士到火车站迎接。

初到日本，吴清源在棋院“段位认定”对局中连胜筱原正美(先)、本因坊秀哉(二子)、村岛谊纪(先)，被定为三段。因健康原因，1929 年一年之内没有参加棋士的升段大赛，只参加了《棋道》杂志和《时事新报》主办的“新闻棋”的对局，十二胜七负二平。在《时事新报》主办的擂台赛中，吴清源首次与“怪童”木谷实相遇，开创了“模仿棋”的先例，最终以三目之差落败。此后的四年间，木谷实一直是他最强劲的对手。1930 年，吴清源参加了棋士升段大赛，在春季大赛中七胜一败，在秋季大赛中八战全胜，晋升为四段。1932 年，在春季升段大赛中八战全胜；在秋季大赛中七胜一败，升为五段。在时事新报社主办的擂台式棋战中力胜十八人，当年取得了四十四胜五败的最高胜率纪录。

1933 年，十九岁的吴清源获得日本选手权战冠军，秋季开始与本因坊秀哉名人进行纪念性对局。吴清源执黑先行，第一子下在右上角"三三"的位置，这在秀哉的棋派中叫做"鬼门"，是禁忌的走法；第二步黑子下在左下角星位；第三步下在天元。起手使用"三三・星・天元"的布局让本因坊秀哉名人大吃一惊，也震惊了整个日本棋坛。随后，吴清源又占据了包含天元在内的四个星，形成了一个正方形的模样。这也是他研究的一个新布局。这样的布局和先前的常识是完全不同的，因此在隔壁观战的本因坊弟子之间引起了很大的冲击。这完全和本因坊一门所教的布局背道而驰，这样的对局使得《读卖新闻》的销量直线上升。秀哉名人一遇到困难的局面，就开始说"头疼"等等，然后就宣布"打挂"，就是比赛暂停。有一次，吴清源下了一步预先想好的棋，结果名人长考了三个半小时后，最终还是没有下子就回家去了。这场"恶斗"事关本因坊乃至日本棋坛的名誉，在新旧门派之争外，又添上中日恩怨，更加备受关注。这局棋"打挂"了十三次，下了三个月，翌年 1 月 29 日，在第十四次重开比赛后，才终于结束了，秀哉执白二目胜。在这期间，吴清源同时要参加秋季比赛和新闻社主办的比赛等十一局棋。而秀哉名人有众多弟子共同商议，据说第一百六十手那一子就是他的弟子前田陈尔出的妙招。名人多次"打挂"的行为引起争议，从此以后，日本棋院规定每局比赛必须当天结束，不得拖延。赛后，民意调查显示，吴清源在日本的知名度仅次于天皇。这一年，吴清源与木谷实共同创造了重视速度与实利的新布局，并在秋季大手合(升段赛)中使用新布局，11 月，吴清源与木谷实合著、安永一主笔的《新布局法》出版。

1934 年，吴清源升为六段。1935 年春季比赛取得全胜，未参加秋季赛。1936 年春季比赛获第二名；接着参加了日本新闻社联盟发起的比赛，至第十四轮对局时，因健康原因由医生劝告退出比赛，当年秋季比赛又未能参加，开始疗养。1937 年 6 月起，吴清源在富士见疗养所住院，至 1938 年 9 月出院。住院期间，担当了本因坊秀哉名人对木谷实七段的“名人引退棋”的解说，写出病中感想《莫愁集》，1940 年由天元社出版。

在“名人引退棋”中，木谷实战胜本因坊秀哉，按理，他应当是秀哉引退后的棋界第一人了，但是，人们认为还有吴清源在。1939 年 10 月，读卖新闻社发起了吴清源与木谷实的“升降十番棋”决胜战，即“镰仓十番棋”。在十次对局过程中，几次有人向吴家投掷石子、写恐吓信，威胁说如果吴清源胜了木谷实，就要小心脑袋等等。到第六局时，吴清源以五胜一负把木谷实降为“先相先”手合。至 1941 年 6 月，最终以六胜四负战胜木谷实七段。此后的 1939 年至 1956 年间，连续十六年，吴清源凭个人之力大胜“十番棋”，创造了日本围棋界的“吴清源时代”。除与木谷的十番棋外，还有 1941 年对雁金准一，1946、1950 年两次对桥本宇太郎，1943 年、1951 年、1952 年三次对藤泽库之助，1953 年对坂田荣男，1955 年对高川格。除雁金准一在一胜四负的情况下顾及身份退出比赛以外，吴清源将日本所有一流棋士与之对局的交手棋份，不是降为相差一段的“先相先”，就是降为相差二段的“定先”。这十六年，是吴清源的全盛时代，他从此被誉为“昭和棋圣”。

在下“十番棋”的同时，1939 年，25 岁的吴清源晋升为七段棋手。1942 年 2 月，与东京高等师范学校女生中原和子小姐结婚，婚后移居到和子家。3 月，晋升为八段。1945 年，在第三期本因坊战预选赛中与濑越宪作八段的对局成为日本宣布无条件投降前最后的一局。1948 年 1 月，与坂田荣男下三番棋，获三连胜。1950 年，吴清源“对六、七段选拔十盘棋”以八胜一败一平告捷；2 月，被日本棋院授予九段头衔；3 月，以七、八段中的十三人作为对手的“对七、八段棋战”开始，十胜三败告捷。10 月，移居箱根仙石原。1951 年 8 月，吴清源应邀访台湾，被授予“大国手”称号，并与少年林海峰下了让六子的指导棋，胜一目。1953 年 5 月，与已被自己降为“先相先”的坂田荣男下六番棋，以一胜四败一平初尝受挫的滋味。1955 年,从箱根仙石原移居小田原。1956 年,长子信树诞生;同年,梅兰芳应朝日新闻社的邀请访日,吴与之畅叙旧日友情。

1958 年,长女佳澄诞生,同年获得第一期日本最强决定战(名人战前身,读卖新闻主办)冠军。1960 年第二期获得第三名。1961 年,再获第三期冠军。同年,次子昌树诞生。8 月,吴清源在东京目白地区被摩托车撞伤后住院,棋力大受影响。从此,日本棋坛上的吴清源时代一去不返,继之而起的是林海峰、大竹英雄、石田芳夫和赵治勋等新一代棋手。这一年,吴清源与弟子林海峰一起应邀再次访台,并谒见了蒋介石。1984 年,七十岁的吴清源正式宣告引退,从此辞别了现役棋士生涯,致力于"二十一世纪围棋"的研究。1985 年,吴清源第一次访问中国大陆。

在风雨飘摇的年代,国籍问题一直困扰着身不由己的吴清源先生,并使他遭受到种种非难。1936 年,吴清源赴日八年后正式取得日本国籍;1946 年战后混乱时期,在他人操纵下,吴清源一度和妻子一同失去日本籍,处于无国籍状态;1949 年 2 月,他取得了"中华民国"的国籍,其妻则于 1952 年恢复日本籍。1979 年后,遵从本人意愿,吴清源再次取得日本国籍。

吴清源生逢乱世,又介于中日两国之间,内心的苦楚不言而喻。吴在自传《天外有天》中说,围棋与信仰犹如车之两轮,缺一不可。早在 1931 年,经木谷实引见,少年吴清源就成为西园寺公毅的信徒。1935 年 10 月,二十一岁的吴清源未参加秋季升段赛,回天津皈依红卍会,又经过两个月的修行成为道院红卍会的正式信徒。1945 年 5 月,吴清源的住宅在东京大空袭中被焚。纹枰犹在,家国幻灭,吴先生一度舍弃围棋,加入红卍会中的"玺宇教",与教主玺光尊一起辗转漂泊于各地,艰苦修行,宣传教义。直至 1949 年底,吴清源越来越不满于教主的压榨,才最终脱离"玺宇教"。围棋与信仰贯穿了吴清源一生的挣扎与徘徊,可以说,他热忱地走过一条宗教信仰的修行之路。

吴清源把“二十一世纪围棋”称作“六合之棋”。所谓“六合”，古汉语里是宇宙的意思，表示东西南北四方和上下天地。吴清源对21世纪围棋的构想十分崇尚调和、和谐。他认为围棋是一种艺术，又是一种生命哲学。对弈的最终目的，是从中领略圆满调和的“道”，追求棋艺和人生的共同完美。他认为，20世纪发生了两次世界大战，21世纪要以和为贵。《易经》讲究阴阳调和，围棋也不能脱离这个道路。他说：“围棋的最终目标不是胜负，而是调和。”

吴清源主要著作有《新布局法》(与木谷实合作)、《吴清源全集》、《吴清源自选百局》、《名局细解》、《吴清源打棋全集》(4卷)、传记文学《天外有天》、《中的精神》等；门下九段弟子有林海峰、王立诚、芮乃伟。

悟透棋道，也可悟出人生之道。吴清源在布局、定式、序盘等方面见解甚多，被称为“近代布局的奠基人”。吴清源虽然远离赛场多年，但他的围棋思想和“求道”的围棋精神却长期指导着现代围棋，并将更深远地影响世界棋坛的未来。

主要参考资料

[日]吴清源著，[日]桐山桂一日文执笔，王亦清译：《中的精神：吴清源自传》，中信出版社2003年版。

吴 世 荣

陈 民

吴世荣,祖籍福建海澄。1875年(清光绪元年)生于马来亚的槟榔屿。父亲吴有才在槟榔屿开设"瑞福"号,经营面粉、火柴及土特产,是当地著名殷商。吴世荣小时由父亲聘请家庭教师,传授中、英文。他勤奋好学,善于思考。读《史记·酷吏列传》至"汉兴,破觚而为圜,斫雕而为朴"时,若有所悟地对家里人说:善于治国的固当如此,就是理家、修身也何尝不是这样。为国不俭,终难富强;为人不俭,必将破产。汉文帝还不忍费百金修建露台,何况我们老百姓,为了家业的兴旺,当以"觚圜雕朴"四字为座右铭。后来,他继承父业,身为富商,但平日生活衣着,仍自奉甚俭,经常穿耐用的黑布裤子;而对社会公益事业,则慷慨解囊,毫无吝色。故甚得亲友的赞许,在当地华侨社会也颇著声誉。

1906年,孙中山经吉隆坡友人介绍,第一次到槟榔屿,要拜访某富商,但其人避而不见,使孙中山处于尴尬境地。吴世荣与好友黄金庆得悉后,主动出面招待,并介绍当地一些爱国华侨与孙中山会晤。孙中山返回新加坡后,派陈楚楠、林义顺到槟榔屿筹建同盟会分会,吴世荣及黄金庆、陈新政、辜立亭等二十二人首先加盟,而后熊玉珊、徐宗汉(女)、陈璧君(女)等亦陆续参加。吴世荣被推举为同盟会槟榔屿分会会长,黄金庆为副会长①。同时设立"槟城书报社"作为同盟会的外围组织。

① 冯自由:《华侨革命开国史》,上海商务印书馆1947年版,第87页。

槟榔屿同盟会分会成立后，革命党人感到有创办一家报纸的必要。黄金庆等原先办有《槟城日报》，但系商界中立性质，虽赞成同盟会的宗旨，却不便公开宣传革命，无法针对保皇派的谬论进行有力的辩驳。1910 年春，缅甸仰光同盟会分会庄银安因办《光华报》屡遭清领事迫害而至槟榔屿避居，庄与陈新政商议，拟将印刷《光华报》机件迁槟，添招股份，在槟榔屿出版《光华日报》。这一意见得到孙中山的赞同，并派胡汉民协助筹划创刊。4 月，《光华日报》筹备会成立，吴世荣与黄金庆、陈新政、丘明昶等被推举为筹备委员，胡汉民撰写缘起及招股简章①，作为槟榔屿同盟会机关报的《光华日报》于 12 月 20 日正式创刊，先后聘雷昭性(字铁崖)、戴天仇、方次石为主笔，积极开展革命宣传，逐步取代日益陷于困境的新加坡《中兴日报》，成为南洋革命党人最主要的宣传机关。

1909 年 5 月，同盟会南洋支部根据孙中山的建议，由新加坡迁至槟榔屿。从此，槟榔屿就成为革命党人在南洋的活动中心，孙中山本人也于次年 7 月移居槟榔屿柑仔园。汪精卫、黄复生谋炸清摄政王载沣未成，被捕入狱，同盟会即在槟榔屿筹款营救。为了策动广州起义(即“三二九”黄花岗之役)，1910 年 10 月，孙中山约黄兴、赵声和孙眉等秘密商议，并命吴世荣召集南洋各埠同盟会代表前来参加秘密会议，这就是国民党史上著名的“庇能会议”。会后，吴世荣又召集槟榔屿的同盟会员，积极进行筹款，支援革命起义。当时国际市场锡价暴跌，华侨商人经济拮据，加上保皇党的破坏，筹款颇为困难。吴世荣率先变卖店产倾资助饷，表现出爱国华侨为“恢复中华，建立民国”而不惜毁家纾难的革命精神。

1911 年 10 月武昌起义后，各省代表会议商讨组织临时中央政府，制定了《中华民国临时政府组织大纲》。南洋各埠同盟会公举吴世荣为总代表，归国参与组织中央政府。1912 年 1 月 1 日，中华民国宣告成

---

① 钟城芳主编:《光华日报七十周年纪念刊》，1981 年槟城出版，第 116 页。

立,孙中山出任临时大总统。吴世荣以南洋华侨总代表身份,参加开国大典,受到以孙中山为首的临时政府的隆重欢迎。

民国建立后,吴世荣响应孙中山的号召,致力于发展祖国的实业,在上海设立"上海荣公司",以"经理中华民国政府采办"为宗旨。他在致上海银行家沈缦云的信中说:"荣公司现在颇形发达,爪畦各埠来糖每月间到申数在七八万担,南洋侨商之见重者,可见一斑。"①为发展我国与东南亚各地的贸易,出力甚著。

吴世荣曾对人说:我国欲富强,不外"才"、"财"二字。"才"出于教育;"财"必商业、矿产。我国矿产甲环球,国民不能集股开采,弃利于地下,实在太可惜了。为了发动华侨回国投资,开发矿藏,在孙中山的支持下,吴世荣于1912年2月在南京发起组织"华侨联合会",这是海外华侨在国内建立的第一个群众性团体。联合会章程规定:本会宗旨"对于祖国,则代表华侨,协助实业、政治之进行;对于华侨,则联络各界,为谋保护发展之方法"②。首批会员有著名归国华侨陆秋杰、庄希泉等数十名,台湾著名历史学家连横也参加。为了推动南洋各埠成立"华侨公会",作为华侨联合会的分会,以期联合会的宗旨得以"广范围而谋普及",1912年4月,吴世荣与王少文联袂南渡,遍历美、荷各属,备受各埠华侨欢迎。不久,南洋各埠先后成立华侨公会二十多处;未成立公会的各埠和各地商会、书报社以及中华会馆等华侨社团,也表示赞成华侨联合会的宗旨,愿作其分会。一年之间,与华侨联合会接洽的华侨社团,不下二百多处,有力地促进了海外华侨的联系和团结。

1912年4月,孙中山辞去临时大总统职务,专心从事实业,研究实业建国计划,并倡议在上海组织"中华实业银行"以振兴实业、并便利南洋华侨经营内地实业为宗旨。吴世荣积极响应,认股十万元。孙中山派沈缦云与爱国归侨庄希泉前往南洋各埠劝募中华实业银行股份,吴

① 原函存沈缦云之孙沈云荪处。

② 华侨联合会编:《华侨杂志》第1期,1913年11月出版。

世荣备函介绍南洋各埠中华商会和华侨商界人士。由于华侨商人踊跃认股，招股任务圆满结束，共得华侨投资四百三十万元。1913 年 5 月 15 日，中华实业银行正式在上海开幕，孙中山任名誉总董，沈缦云任总经理，吴世荣任协理。这是国内民族资本与南洋华侨合资创办的第一家银行。后因政局剧变，中华实业银行被迫宣告解散。

1913 年，孙中山发动的“二次革命”讨袁之役失败。吴世荣返回侨居地槟榔屿，继续经商，并致力于华侨社会的福利事业。几年之后，因商业经营失败，又因患病，双腿成残疾，一度贫病交加，陷于困境。1918 年初孙中山得悉后，深为同情，曾赠款五百元，托瓜拉比勒（Kuala Pilak）的邓泽如代交，以应急需①。后国民党南洋总支部函告中国政府，使吴世荣从 1932 年起每月获得生活津贴。1941 年 12 月太平洋战争爆发后，津贴中断，吴世荣生活更为艰苦。

1945 年 7 月 21 日，吴世荣在贫病交迫中去世，身后极其萧条。

① 孙中山：《致邓泽如函》（1918 年 4 月 16 日），中国社会科学院近代史研究所中华民国史研究室《孙中山全集》第 4 卷，中华书局 1985 年版，第 447 页。

吴 铁 城

郑则民

吴铁城,1888年3月9日(清光绪十四年正月二十七日)生于江西九江。吴家原籍广东香山(今中山县)平湖乡。父吴玉田于光绪初年到九江任商店司账,后自营洋货店,曾任九江商会协理。

吴铁城幼年由其父延师教授经史、英文等课程,继入美以美会设立的九江同文书院读书。1909年同盟会会员林森从上海调往九江关任职,在交游中和吴铁城相识,逐渐成为好友。他们共同设立"浔阳阅书报社",宣传革命思想,吴经林森介绍加入同盟会。随后,吴铁城利用其父在商会中的关系,联络新军官兵和帮会力量,开展了一些反对清朝统治的秘密活动。吴曾回忆说:"广泛的周旋于一般商绅之间。就是军界方面的人,我也渗入去打交道。当时清军有一标人驻扎在九江(即五十三标),标统是安徽人马毓宝,我父亲和他认识,我也和他厚相交纳。""九江当时还有许多帮会中人……我很喜欢他们的豪爽气概,各帮的头目,我也结识不少。"①

1911年武昌起义爆发之前,吴铁城负责同武汉方面的革命党人联络,担任詹大悲主办的《大江报》通讯员,彼此间常通信息。10月10日武昌起义后,吴参与策动九江新军标统马毓宝于10月23日宣布独立。九江军政府成立,由马毓宝任都督,蒋群任帮办军务兼参谋长,林森负

---

① 吴铁城:《江西辛亥革命前后》,丘权政、杜春和等编《辛亥革命史料选辑》下册,湖南人民出版社1981年版,第35页。

责对外交涉,吴铁城任总参议,负责办理与军事有关的民事工作。清海军管带黄钟英率领海筹号等四艘军舰和几艘鱼雷艇,从武汉沿江东下,于 11 月 13 日驶抵九江。林森、吴铁城等代表九江军政府前往接洽,欢迎海军起义归附民军。九江独立和海军舰队起义增加了革命的声势,对沿江各省的起义有所推动。

11 月中旬,吴铁城、林森等被选为江西代表,赴上海、南京参加各省都督府代表会议。12 月下旬孙中山从海外归国,当选为中华民国临时大总统,在接见代表时,了解到吴是同乡的年青革命党人,决定将他留在身边工作。孙中山辞去临时大总统后,于 1912 年 8 月北上会见袁世凯,吴也随侍在侧。1913 年"宋教仁案"发生后,吴铁城经孙中山派赴江西催促李烈钧首先发难,起兵讨袁。"二次革命"失败,他亡命日本,不久进明治大学,学习法律。

1914 年孙中山在日本成立中华革命党,吴铁城首批加入。翌年,赴檀香山办理党务,任华侨《自由新报》主笔。曾以"吴丹"的笔名抨击袁世凯的帝制活动。袁世凯政府通过外交机构,对吴进行起诉,由美国检查庭审理,经过一场辩论,宣告不予起诉。1916 年春,吴返国,在香港、澳门等处进行反袁活动。

1917 年 7 月,孙中山南下护法,电召吴铁城回广州。广东护法军政府成立后,吴铁城任大元帅府参军。次年军政府改组,随孙中山回上海。

1920 年,吴铁城和孙科等到香港办理粤军由福建回师广东的策应工作。9 月,讨贼军总指挥朱执信在虎门联络讨桂军事时遇害,吴任代理讨贼军总指挥。这时,陈炯明、许崇智等率领粤军驱逐桂军出广州,吴带领部分队伍从石岐经宝安、东莞、广九路进入广州。11 月孙中山回广东重组军政府,吴仍任参军职务。1921 年 5 月,孙中山就任非常大总统,吴改任总统府参军。11 月孙中山赴广西准备出师北伐,吴留守广州,随后出任香山县"民选县长"。1922 年 6 月陈炯明叛变,吴铁城在香山县组织地方团警抗击陈军。在抵抗陈军失败后,他经香港转赴上海。继又奉孙中山之命与古应芬、孙科赴港设机关，主持策反及接应讨陈的军事工作。

1923年1月，孙中山在上海通电讨伐陈炯明，广西的桂、滇军奉命组成西路讨贼军，沿西江东下，连克肇庆、三水，直逼广州。粤军许崇智等部在福建组成东路讨贼军，经汕头向广州方向进攻。吴铁城任东路讨贼军第一路军司令，带领沿海民军也向广州推进，配合西路讨贼军驱逐陈炯明军出广州。2月，孙中山回广州设立大元帅府，经费奇缺，吴铁城曾为之筹集款项，以济急需①。不久吴铁城被任命为广州市公安局长兼省警务处长、工兵局筹备委员、财政委员会委员等职。东路讨贼军第一路军改编为广东省警卫军时，吴兼任司令②。1923年10月25日，吴铁城被指定为中国国民党的临时中央执行委员，参与国民党的改组工作。他曾主持设立警卫军讲武堂，吸收部分青年学习军事，办了两期，至翌年5月并入黄埔军校。1924年9月，吴随孙中山北伐，任行营警戒兼代大本营参军长。10月广州商团发动叛乱，吴奉命率警卫军参加平叛，再兼广州市公安局长，还兼任国民党广州市党部委员及组织部长。

孙中山在广州召开中国国民党第一次全国代表大会，确定“联俄、联共、扶助农工”三大政策，改组国民党，吴铁城和胡汉民、伍朝枢等“表面随和而实际抱阳奉阴违态度”，“他们本来也是不赞成改组国民党，不赞成三大政策的，但是他们在当时革命形势节节向前推进的情况下，只有在暗中反对，消极怠工，不敢公开说反对的话”③。实际上，吴铁城等早就以国民党广州市党部作为反共活动的据点。孙中山逝世

① 包惠僧：《大革命时期的回忆录》(2)，《党史研究资料》1980年第17期，第13页。

② 中国社会科学院近代史研究所近代史资料编辑部编：《陆海军大元帅大本营公报选编》，中国社会科学出版社1981年版，第420、454、464页。

③ 何香凝：《我的回忆》，中国人民政治协商会议全国委员会文史资料研究委员会编《辛亥革命回忆录》(一)，中华书局1961年版，第42页。

后，坚决捍卫三大政策的国民党左派领袖廖仲恺于8月20日在国民党中央党部门前遭到谋杀。当时吴铁城身任广州市公安局长，他不仅参与反对廖仲恺的活动，而且在知道有人要加害廖的情况下，竟然撤去中央党部大门的警卫。廖案发生后，又对被捕的凶手和嫌疑犯多方优待，引起了左派人士和工农群众的强烈不满。蒋介石为抑制粤系势力，乘机先撤去吴铁城广州市公安局长职，随后于1926年5月30日将吴扣押起来，囚禁于虎门横档炮台。直到同年10月，吴才获释前往上海。

蒋介石发动“四一二”清党反共政变，吴铁城表示支持，并尽力催促武汉方面的汪精卫、孙科等与蒋介石的南京政府合流。1927年6月，吴铁城重新被起用，先是任广东省政府委员、建设厅厅长。由于他擅长交际，与奉方人物有所交往，1928年秋，蒋介石派吴铁城等赴东北游说张学良易帜，统一于国民政府之下。1929年，吴奉命往北平参加迁移孙中山的灵柩到南京安葬。同年当选为国民党中央执行委员，国民政府立法委员。

1930年5月，蒋介石与冯玉祥、阎锡山“中原大战”，蒋介石派吴铁城、张群再次去东北争取张学良反对冯、阎。终于促成张学良于9月18日发表拥蒋通电，随即挥师入关，造成蒋军的胜利和冯、阎军队的瓦解。吴因此更加受到蒋的赏识和重用。

因约法之争，胡汉民被囚而形成宁粤对峙后，1931年10月吴铁城被加派为南京方面代表，与汪精卫、孙科为首的广州政府代表在上海举行“京粤代表会议”。双方经过讨价还价的谈判，在中央政制、党务和外交等方面达成某些妥协，结束了宁粤分立的局面①。

1932年1月6日，吴铁城继张群之后任上海市长兼淞沪警备司令。这时日本蓄意发动进攻上海的战争，先是在上海的日本浪人纵火烧毁三友纺织厂，捣毁北四川路的中国商店。接着派遣大批日本军舰

① 《1931年宁粤和平会议》,《历史档案》1982年第1期，第70—76页。

麇集于上海港，激起上海人民的强烈反对。27 日，日本驻上海领事向吴铁城提出最后通牒，要求道歉、惩凶、赔偿、取缔抗日运动等，限四十八小时内答复。吴执行国民党政府的妥协退让政策，在翌日晨下令封闭各界抗日救国会办事处，驱逐办事人员，还复牒给日本领事馆“深表歉意”。但日本帝国主义仍不满足，遂发动军事进攻，激起了十九路军和上海人民的奋勇抵抗，曾迫使日军三易主帅。但国民党政府仍然执行对日妥协政策，于 5 月 5 日与日本签订了《淞沪停战协定》。

此后，吴铁城继续担任上海市长兼淞沪警备司令。他着手进行了一些市政建设，于 1933 年在江湾建成了市政大楼、博物馆、图书馆、体育场和医院等。他忠实执行蒋介石的号令，严厉防范并禁止革命和进步活动，取缔抗日救国运动，摧残进步文化事业。他组织一批人员在上海大量收集政治、经济、军事情报，及时向蒋介石、宋子文、汪精卫等报告。关于西南地区实力派反蒋活动的情况，是他注意的重点之一①。

1937 年 3 月 21 日，吴铁城调任广东省政府主席。这里原是陈济棠盘踞的地方，1936 年 7 月陈反蒋失败，被迫下台。抗日战争爆发后，1938 年 10 月 21 日广州失陷，广东省政府撤往粤北连县。吴在粤任职期间，曾以贩运、走私大发国难财。

1939 年春，吴铁城前往重庆，改为主持港澳国民党的党务工作，兼管福建、广东的对外宣传。1940 年任国民党中央海外部长。同年秋奉命赴南洋各地，联络和争取华侨捐款资助抗战。他经香港到菲律宾、印度尼西亚、缅甸等国，历时五个月。1941 年春回重庆，任“南洋华侨协会”、“国民外交协会”理事长，随后担任国民党中央党部秘书长。他采用圆滑的手腕，排解国民党各派系、政客之间的明争暗斗，力图稳定国民党统治集团的内部秩序。1944 年 10 月，蒋介石提出“十万青年十万军”的口号，动员知识青年从军，吴铁城秉承蒋介石的意旨积极参与筹

---

① 《吴铁城关于西南军阀与蒋介石(1932—1934)斗争情况的密电》，《中国现代史学会通讯》1983 年第 3 期。

划，招募大批青年学生入伍，建立起“青年军”。这支队伍后来成为蒋介石争夺抗战胜利果实和发动内战的工具。

抗日战争胜利后，全国人民强烈呼吁和平，蒋介石同意于 1946 年 1 月在重庆召开有国民党、共产党、其他党派和无党派民主人士参加的政治协商会议，吴铁城是国民党的代表之一。在军队国家化和政治民主化等一系列问题上，吴秉承蒋介石的旨意与中国共产党和民主党派代表进行了激烈的辩论。

蒋介石在美国支持下发动全面内战之后，于 1946 年 11 月在南京召开国民大会，颁布宪法。1948 年吴铁城任立法委员，并一度酝酿竞选立法院院长一职。同年 11 月孙科组阁，吴铁城出任行政院副院长兼外交部长。1949 年 1 月 21 日蒋介石宣告“引退”，李宗仁任代总统，表示愿意以中共提出的条件为基础进行和平谈判，吴铁城公开反对，与孙科联手把行政院撤到广州。不久他辞去了行政院的职务，以民间代表身份到东南亚等国访问。

1949 年 10 月吴铁城赴香港，后转往台湾。在台湾，他被蒋介石任命为“总统府资政”等职。1953 年 11 月 19 日在台北去世①。

---

①　据记载，1953 年 11 月 18 日，吴铁城因王世杰被撤去“总统府”秘书长事，面见蒋介石为王说情，要求准王辞职，受蒋严厉斥责。吴不堪忍受，回家吃过量安眠药，以致于次日死去。参见程思远《李宗仁先生晚年》，文史资料出版社 1980 年版，第 161—162 页。

吴 旸 谷

马陵合

吴旸谷，字春阳。合肥人。1883年（清光绪九年）生。其父少庵，曾奉为孝廉，嫉恶清末官场腐败而不仕，以己学行督励诸子。吴旸谷幼承父教，读书不屑于科第功名，着眼于民族大义，治世经略，尤慨慕岳飞、文天祥之浩然正气。他从甲午战争、庚子赔款一系列事件中认识到："清廷不足恃，国人当丞起自救。"于1903年前后，约集同学乡邻在合肥成立了"自强会"，泛览古今及欧美哲理，研究伸张民志、复兴国家的有效方略。

1904 年春至上海，与高荫藻等人创办了青年学社和《警钟日报》，聘请蔡元培、秦效鲁主持教务，以研究学术为掩护，联络青年志士。由此结识陶成章、黄兴、龚宝铨、宋教仁等革命党人，并加入了军国民教育会。是年，前广西巡抚王之春也来到上海。王之春，湖南衡阳人，曾担任安徽巡抚，任内将安徽多处矿山出卖给帝国主义，深为安徽人民所不齿。这次他潜居上海，又大肆鼓吹联俄，散布割让东三省给俄国的谬论，引起革命党人的极大愤慨。万福华见王之春一而再地发出出卖中国主权言论，不禁义愤填膺，决心杀掉这个卖国贼，以儆效尤。决心既定，万福华便与当时在上海的革命党人林白水、吴旸谷等人开始秘密策划，由陈自新、万福华一起执行刺杀任务。万福华等探知王之春与庐江吴葆初是酒肉朋友，便以吴葆初的名义，约请王之春于 11 月 9 日到英租界四马路金谷香西菜馆二楼相会。届时，陈自新守候在二楼，只待王之春上楼，便开枪打死他，万福华则在楼梯下策应，以防万一。11 月 9 日，王之春带着仆役乘马车准时来到金谷香西菜馆，登上了二楼，不料陈自新竟临时怯场，没有开枪。万福华在楼下没有听见动静，过了一会儿，又见王之春带着仆役匆匆从楼上走下，知情况不妙，不容细想，一个箭步奔上前去，迎面截住王之春，一把抓住他的衣袖，大声呵斥道："王之春卖国贼！"接着拔出手枪，对准王之春扣动扳机。没想到他临时慌张，忘记把枪上的保险拨开，子弹打不出去。王之春和仆役万分惊骇，呆立在那里，木然不知所措。正僵持间，租界巡警闻风赶到，将万福华逮捕。案发后，青年学社被解散，军国民教育会上海支部遭到破坏。吴旸谷也只得离开上海，回到合肥。

1905年，在合肥绅士蒯光典的资助下，吴旸谷等五人到日本留学。吴旸谷在东京结识宫崎寅藏。这年夏天，孙中山由美赴日，筹备扩大革命组织，加紧发展革命运动。吴经宫崎介绍得与中山先生相见，当面聆听孙中山有关革命与建设国家的纲领。第二天，又在程家柽寓所同孙中山会晤。当时，黄兴、廖仲恺、胡汉民、张继、陈天华等在座，共同发起组织中国同盟会。吴旸谷为同盟会十六个发起人之一，在同盟会成立过程中起了很大作用，同盟会成立后，被推举为安徽省的主盟人。至此，吴旸谷的个人革命行动纳入了革命运动的主流之中。他从日本回到国后，先后在南京、合肥、芜湖、安庆等地发展了大批同盟会员，为辛亥革命积蓄了革命力量。

1906年春，吴旸谷到南京，联络在新军第九镇中的柏文蔚、倪映典，成立了同盟会南京支部。同年夏吴旸谷还介绍了岳王会全体成员加入同盟会。到合肥后，他建立了同盟会分会组织，取名江淮别部，又称武毅会，介绍了李诚安等人入会。在芜湖，他吸收了一大批爱国青年入会，其中有安徽公学青年师生张树侯、常恒芳等多人。

1906年冬，安徽成立新军混成协，其番号为三十一协，因马、步、工、辎各兵种均需要基层军官，因此设立弁目养成所，吴旸谷闻讯迅速返回安庆，策动同志，接受训练，以便在新军中发展革命势力。由于吴旸谷的努力，新军各部队的下级军官多数由革命同志担任。"凡在新军中，稍有知识血性者，无不收入其间。""每宣布满人之残暴祸国，无不愤激涕零，同呼效死。”经过努力，新军中加入同盟会的共达一百数十人之多。不久倪映典等先后回皖，熊成基也到皖投军，新军中革命党人力量壮大。但是，他在新军宣传革命时，并没有将同盟会组织与岳王会合为一气，他只是与岳王会成员“潜通声气”，并没有让岳王会放弃独立性。在策划起义过程中，被安徽巡抚恩铭察觉，吴旸谷只得急返合肥，在安庆的同盟会组织受到极大影响。

吴旸谷到合肥后，出任城西学堂堂长。在城西学堂三年中，吴旸谷兢兢业业，忠于职守。他不仅认真组织教学、管理行政，还亲自授课，教唱革命歌曲，对学生进行爱国爱乡的熏陶和教育，并且利用堂长这一公开职务做掩护，为革命做了大量的工作。他将暗中发展的几位同盟会员延聘为教师，进行革命准备工作。吴旸谷在合肥期间还倡议组织了合肥学会，作为同盟会合肥分会的外围组织，积极联络同志，宣传革命。同盟会员通过合肥学会在教育界发展力量。当时，除吴旸谷任城西学堂堂长、劝学所所长外，殷义椎担任了模范小学堂堂长兼师范讲习所所长，胡渭清担任了文昌宫小学堂堂长，殷葆田则担任了教育会会长，王善达担任自治研究所坐办兼商会坐办①。此外，合肥学会还组织了“暑期学术研究所”，专门联络各地有志于革命的青年学生，向他们灌输民主革命思想，引导他们走向革命。

吴旸谷在合肥期间还亲手编写革命理论的文章，油印成传单，题名为“天书”，使人携出城外，于通衢发散之。又宣传意大利复国之加富尔，并曰“中国亦有此人”。他得悉徐锡麟、秋瑾慷慨就义，悲愤交加。次年又得知熊成基起义失败的消息，他遥望安庆，吟诵出“浩荡长空一挥手，云翻雨复再来时”的警句，表示他推翻帝制百折不挠、再接再厉的决心。1908 年，熊成基领导的安庆起义失败后，其部下排长陈之轩率

① 龚啸云：《辛亥前后合肥的革命活动与军政公府的成立》，中国人民政治协商会议安徽省委员会文史资料研究委员会编《辛亥风云》，安徽人民出版社 1987 年版，第 139 页。

残兵四十余人退到合肥,合肥商会筹款数千元,由吴旸谷转给他们,并劝其分散隐蔽,保存实力。

吴旸谷在任堂长三年中,与地方相处甚洽,独与李鸿章之侄李斐军等斗争激烈。李在庐州知府和合肥知县处,屡言吴旸谷通谋革命党人,是危险人物,久在地方,必有大患。因此,吴旸谷不能安其位,他曾作诗曰:“三年辛苦凭谁诉,风雨无端忽找来。羞与群魔宣一战,聊为多难惜真才。”又诗曰:“杜宇啼枝夜未央,声声恨断月横窗。三年枉费屠龙技,付与东流逝水长。”

1911 年春,吴旸谷率城西学堂数十人潜往安庆。同年夏,又赴上海,与宋教仁、范光启、陈其美等同盟会领导人,为准备武装起义进行策划。

10 月 10 日,武昌起义爆发,湖北军政府成立。为响应武昌起义,吴旸谷到安庆密约王天培、胡维栋订下了安徽起义的行动计划,策动巡防营和巡抚衙门的卫队以配合新军的行动。为给安庆新军争取强有力的后援,吴旸谷带病去武汉联系,见到鄂军都督黎元洪,议定鄂皖联合响应的计划。黎元洪欲留其在武汉任职,但是他拒绝了,后被委任为鄂、皖两省的联络员。

10 月 28 日,他回到安庆,安庆革命党人士气为之一振。当天,吴旸谷在安庆召集会议,推举某营教官胡万泰为城外军事总指挥,定于 29 日夜十时由六十二标步兵与六十一标及炮营合力攻城。此前,他联系的革命力量甚众,计有新军六十一标、六十二标、炮营、马营、工程队、辎重队、陆军小学、测绘学堂的革命力量,而且与安庆城内的巡防营以及朱家宝的卫队也有联系。他计划将起义军分为三大支,由胡万泰任总指挥、孙方瑜为副总指挥,自己留在城内组织策应。但是,胡万泰临阵怯懦,当夜逃跑,打乱了整个计划。而六十二标代表李乾玉在城里等候改变计划,返回太迟,被该标标统拘留。李乾玉所带计划未能传达,全标未动。30 日黎明,清巡抚朱家宝率江防营出击,六十一标与炮营一哄而散。同日下午,六十二标革命党人击走标统,全标出发围攻安庆,至城下受到清军夹击。这时,王天培率学生军自北门登梯入城。因城内清军守备森严,双方相持不下。众人劝吴旸谷暂躲避一下,再图后举。这时,吴旸谷悲愤交加,呕血不止,誓以身殉职,不肯离去,决定一拼,称“军事无万全,况革命,难者我自当之”。此时,安庆城垣各要塞已满布清军江防各营。战斗至天明,起义军因攻安庆不下,最后各自散去,起义半途而废。31日,朱家宝曾闭城搜捕革命党人。谘议局局长童挹芳为保护吴旸谷,对朱家宝说:“闻革命党携炸弹数百,急则与城俱碎,不如暂开城,禁入不禁出,俾阴挟以去,免爆裂。”①吴旸谷才得以离开安庆,再赴湖北求援。

吴旸谷发动的起义虽然失败了,但对全省影响很大。吴旸谷到湖北后,发现湖北战事方殷,无力顾及安徽。他只得改道九江,与革命党人李烈钧等人同去说服九江镇军马毓宝起义。不几日,九江光复,吴旸谷即率学生军东下,并通知驻太湖桂丹墀军回援。不久,江苏和浙江等地也相继宣布独立。安徽谘议局议长窦以珏及童茂倩等人,见清廷大势已去,转而同情革命,开始与革命党人联合对安徽巡抚朱家宝施加压力,以维护地方秩序为由,要求朱家宝辞退江防营,招回新军。11月6日,安徽谘议局决定由地方自行宣告独立,改悬五色旗。同时议决:(1)召回新军;(2)调开江防营;(3)撤销督练公所;(4)警务、财政权移交谘议局接管;(5)朱家宝去留由其自决②。起初,朱家宝拒绝独立,并称:“家宝食清之禄,死清之事,城存与存,城亡与亡,诸君勿复多言。”其后袁世凯派人密电朱家宝“宜顺应时势,静候变化,不可胶执书生成见,贻误大局”。此时,各路大军会攻安庆,忠于清廷的江防军土崩瓦解,巡抚朱家宝迫于形势,终于在11月8日宣布安徽独立,成立军政府。安庆光复之后,吴旸谷立即宣布免除当年各地方的一半租税,并派员调查安

---

① 《吴烈士旸谷革命事略》,安徽省图书馆藏本。

② 张湘炳、蒋元卿、张子仪编:《辛亥革命安徽资料汇编》,黄山书社1990年版,第316页。

徽的财政情况。同时，召集各界领袖开会，推选安徽都督。会上，他登台发表演说，说革命是为了救国，是为了保民，“闻者莫不感动”。众人一致推举吴旸谷为都督。吴旸谷坚辞不受，并说：“战事方殷，不能以一身羁留安庆。”推朱家宝为都督、王天培为副都督。众人对其一心革命而不贪图名利地位的高尚品质和光明磊落的胸怀深感钦佩。他功成不居官位，正体现了革命党人只知做大事、不要做大官的革命精神。因对朱家宝并不信任，王天培意欲取代之。当天革命军又在高等审判厅宣布独立，公推王天培为临时都督，管鹏为军务部长，吴旸谷为全省经略。朱家宝只得同意将都督印让与王天培，同时又暗地里唆使他人将王天培逐走。11 月 9 日前后，一些反动军官煽动闹事，商人也宣布罢市，数百人冲击都督府。王天培无法控制局势，遂交出都督印平息众怒。吴旸谷为使王天培的人参加革命，亲自骑马到王天培住地平息事端，但被闹事者追逐，从马上跌下，头部负伤，昏迷不醒。

吴旸谷不做安徽都督，但对被推选为民军经略这个职务欣然接受。因为这正合乎他会攻南京的愿望。他强调，南京未攻下，长江中梗，影响革命发展，他决不能坐守安庆。他亲自检点部队，按名发饷。

安庆光复后，在芜湖的革命党人阚岚溪、吴振黄等人策动巡防营统领李宝林宣布独立。11 月 3 日，县署差总赵三在革命党人的影响下与知县朱绣封秘密谈判，要求宣布独立，但朱绣封不允。革命党人意见也不一致，无法作出决断。吴振黄急电吴旸谷来芜主持。当吴旸谷听说芜湖方面的情况后，就带病前往芜湖军中，做善后处理。吴旸谷到芜湖后在大舞台召开商学警军各界大会。会上，吴旸谷提出芜湖急于顺应大势，宣布独立。在各方压力下，李保林同意率所部反正，于 11 月 9 日成立芜湖军政分府，吴振黄为革命军司令，刘醒吾为参谋长，齐月溪为分府秘书长，下设军务部、财政部、民政部、警察厅等十一个部厅。不到一天，芜湖方面已化干戈为玉帛，免掉一场兵灾。

吴旸谷在芜湖传令各方部队进军金陵，而路过安庆的九江黄焕章部因索饷不遂，纵兵掠夺，安庆藩库、军械局、各大商号均被抢掠一空。

吴旸谷闻知，急返安庆。吴旸谷回到安庆后，直抵黄焕章旅部，怒斥黄焕章，令速撤出。黄焕章诈称认罪，暗中与参谋长王则密谋久占安庆。为了安抚黄焕章，吴旸谷表示可以代黄焕章筹饷，并立即召开绅商会议，集款以使黄焕章部离开安庆。管鹏、孙传瑗等人劝吴旸谷不要再入黄焕章的军营，但为了平息兵变，他认为自己义不容辞，说："安徽素称多志之士，今事至此，难道没有一个人敢出来仗义说话么?"此时，有人煽动黄焕章说，吴旸谷回到安庆必定会讨伐乱皖者，说黄焕章"无望出安徽一步"，欲久据安庆，必要除掉吴旸谷。所以，在吴旸谷第二次到黄部送粮饷时，黄焕章避而不见，让人引诱吴旸谷上楼，突派卫士袭击，打死警卫，将吴旸谷拘留并关押在藩署的楼上。消息传出，旅居安庆的欧美人士及领事出面作保，要求释放吴旸谷，黄焕章却避而不见。省城附近的部队自动向安庆集结，准备袭击赣军总部，进行营救。吴旸谷得知营救他的计划后并不赞成，告诫他们不要随便行动，千万不能因为自己而使地方老百姓受连累。11 月 18 日夜，吴旸谷预知有变，立即写信给刘焕文，通知革命党人从速撤出城外。又写绝命诗："来来去去本无因，只觉区区不忍心。拼着头颅酬死友，敢将多难累生灵? ……"诗还未写完，黄则持枪登梯，向吴旸谷开了七枪。吴旸谷英勇牺牲，时年仅二十八岁。吴旸谷后来被追赠为陆军上将。

主要参考资料

李松林主编:《中国国民党史大辞典》，安徽人民出版社 1993 年版。

王传厚:《以革命闯将闻名的吴旸谷》，中国人民政治协商会议安徽省委员会文史资料研究委员会编《安徽文史资料选辑》(纪念辛亥革命七十周年专辑)，第 5 辑，1982 年版。

"中华民国各界纪念国父百年诞辰筹备会"编:《革命先烈先进传》，1965 年版。

吴 耀 宗

汪仁泽

吴耀宗，广东顺德人。生于1893年11月4日（清光绪十九年九月二十六日）。父亲吴博樵在广州开设木材铺。吴耀宗自幼聪颖好学，因家庭人口多，经济较拮据，他常用竹竿在家门后面小河滩旁划沙练字。少年时在广州就读于英国人开办的育才书舍，由于成绩优异，每年都获得奖学金。1909年，入北京税务学堂，1913年毕业，先后在广州、牛庄等地税关工作。1917年调至北京总税务司署任职，工作之余，常到北京基督教青年会参加活动。1918年受美国来华传教的艾迪博士的影响，受洗入基督教。1920年，他因宗教信仰的关系，接受"非以役人，乃役于人"的思想，辞去当时被称为"金饭碗"的海关职务，到北京基督教青年会工作，先后担任学生部干事、主任。1921年与杨素兰医生结婚。1924年吴去美国协和神学院、德鲁神学院和哥伦比亚大学留学，并取得哥伦比亚大学硕士学位。1927年回国，在上海中华基督教青年会全国协会工作，担任专做青年学生工作的校会组主任。1934年后改任该会出版组主任和青年协会书局的总编辑，直到解放。

青年时代的吴耀宗由于受到基督教义"爱人如己"和国际上唯爱主义思潮的影响，在国内发起组织"唯爱社"，并担任该社主席，与唯爱主义的国际组织建有联系。参加唯爱社的多为基督徒中的知识分子，主张非暴力主义，认为只有用"爱心"才能感化人类、改造社会，使社会达到理想境界。此时，他还受印度民族运动领袖甘地及其非暴力思想的影响，曾将《甘地自传》译成中文，介绍给国内读者，后来他又利用赴印参加国际基督教会议的机会访问甘地，赠给该书中译本。

1931年"九一八"事变后，由于国民党政府对日本侵略者妥协退让，不到三个月，东北二百万平方公里的土地沦为殖民地，三千万同胞成为亡国奴。吴耀宗激于民族义愤，痛感唯爱主义不能救中国，并在与抗日爱国进步人士的不断接触中，受到他们的教育和影响，思想上发生了很大的转变，毅然辞去唯爱社主席的职务，参加抗日救亡运动。1936年5月，"全国各界救国会"在上海成立，他是发起人之一，并任该会理事，同时又先后参加了"东北社"、"国难教育社"等抗日救亡团体。他利用当时在青年会工作中与青年群众接触的机会，广泛开展抗日爱国宣传，积极从事救亡活动。

1937年7月7日卢沟桥事变爆发，全面抗战开始。吴耀宗积极拥护中国共产党的抗日民族统一战线政策，参加了宋庆龄发起组织的"保卫中国大同盟"，为中共领导的八路军、新四军募集医疗器械和药品①。他在沪组织"民社"，宣传抗日，提倡民主。是年冬发起"节约救难"运动，以劝募"寒衣"为掩护，为新四军募集军需物资②。1938年，周恩来以第十八集团军代表的身份，驻节汉口，是年夏吴耀宗亦因公到武汉，他曾向有关同志表示，希望能会晤这位久已敬佩的中共领导人。5月20日，周恩来在吴玉章的陪同下，亲自来到吴的住处晤谈。据他后来的回忆："是日，报载徐州已经失守。周恩来同志分析了抗战形势，论述了国共合作和中国革命问题，还谈到中国共产党对宗教信仰的态度。他着重指出：马列主义者是无神论者，但是尊重宗教信仰自由，并愿意和宗教界人士合作，共同抗日。他的谈话立场鲜明，观点明确，对未来

---

① 吴大琨：《我所知道的吴耀宗先生》，中国基督教三自爱国运动委员会编《回忆吴耀宗先生》，1982年版。

② 吴大琨：《我所知道的吴耀宗先生》，中国基督教三自爱国运动委员会编《回忆吴耀宗先生》。

充满信心,给了我很大的启发。”①

1941年,吴耀宗随青年协会书局内迁四川成都的华西坝,继续担任该书局总编辑,次年起,兼任基督教联合出版社社长。任职期间,他编译出版了具有进步倾向的《青年丛书》数十种,如《社会主义新史》、《反利润制度》、《今日之苏联》、《苏俄的公民训练》,等等②。此时蒋介石在国民党统治区加紧独裁统治,消极抗战,积极反共、反人民。吴耀宗对此极为愤慨,多次写文章、发表演讲,抨击国民党当局的黑暗统治。他还不顾国民党当局的威胁和迫害,大力支持成都青年学生的抗日民主运动,常昂首挺胸加入爱国学生反蒋示威游行的行列,并为青年学生的爱国民主活动提供种种便利。他在成都华西坝等处曾多次给青年学生作国际形势的报告,由于材料丰富,逻辑性严密,分析精辟,具有很强的说服力,使当时感到抗战前途黯淡、不满蒋介石独裁统治的同学们顿觉心境开朗,视野开阔。当时他和文幼章、沈体兰被誉为三位民主教授。他的住所,常有不少进步青年趋访,亲如家人,因之被称为“民主之家”。

在四川期间,吴耀宗曾于1941年12月11日和1943年5月25日两次到重庆曾家岩五十号走访周恩来。尤其是1943年的那一次,从上午谈到中午,周恩来留他用了午餐后,知道他身体欠佳,特为之在会客室搭铺午休后再继续畅谈到傍晚,那天董必武也在座,后来吴回忆说:“那次是周总理和我最长的一次谈话,继续了将近一整天。谈到党的宗教政策时,他重申:‘不同的世界观并不妨碍我们为了争取和平、民主而共同努力。你多年来为抗日和民主事业做了不少工作。在目前这样艰难的条件下,对每个人都是考验,希望我们能继续合作,在即将到来的新时期中为人民做更多的工作。’这是周恩来同志对我最大的鼓励和鞭策。”“从此我更相信中国共产党,更加敬佩周恩来同志,对我国的前途

① 吴耀宗:《立场坚定、旗帜鲜明,艰苦朴素、平易近人——纪念周恩来同志诞辰八十一周年》,《文汇报》1979年3月5日第3版。

② 江文汉:《吴耀宗——中国基督教的先知》,《回忆吴耀宗先生》,第42页。

也抱有更大的信心。临别之前,董必武同志还应我的要求,开了一张马列主义的书单给我,一共五六本,包括《共产党宣言》和《列宁传》。多年来,我一直珍藏着这张书单和这些革命书籍。"①

抗战胜利后,吴耀宗于1946年初回到上海。不久,蒋介石在美帝国主义的支持下,准备挑起全面内战。当时,制止内战、要求和平民主已成为全国人民的一致呼声。上海几十个人民团体在经过多次磋商后,决定推举一个由十一人组成的代表团,于1946年6月23日到南京请愿,向国、共两党和美国特使马歇尔(George Catlett Marshall)三方面呼吁和平,要求停止内战。吴耀宗是代表团成员之一。他还为代表团草拟了一份给马歇尔的英文《备忘录》,严正表示中国人民坚决反对美国支持蒋介石打内战、屠杀中国人民。在到南京后第三天,他亲自将《备忘录》交给马歇尔②。吴耀宗后来回忆说:"到了南京下关车站,代表团就被国民党特务包围殴打,许多人被打伤,送到医院。周恩来和邓颖超同志闻讯后,半夜赶来看望我们。邓颖超同志还送来了食物。第三天又在梅园新村中共办事处设宴招待我们。'下关事件'清楚地表明:一方面是制造事端,欲置代表于死地而后快;一方面是热情支持,亲切接待。到底谁要和平,谁要内战,不是最鲜明的对比吗?回到上海以后,邓颖超同志在刘少文同志陪同下,代表周恩来同志到我家来表示慰问。他说:党很重视我给马歇尔的《备忘录》。这对我是一个很大的鼓励。"③在这以后,吴耀宗的爱国民主的政治立场更加坚定,继续支持和参加上海人民的"反饥饿、反内战、反迫害"等民主运动,并曾帮助被迫

① 吴耀宗:《立场坚定、旗帜鲜明,艰苦朴素、平易近人——纪念周恩来同志诞辰八十一周年》,《文汇报》1979年3月5日第3版。

② 吴耀宗:《下关事件日记一页》,中国人民政治协商会议上海市委员会文史资料工作委员会编《文史资料选辑》总第24辑(上海解放三十周年专辑)中册,上海人民出版社1979年版,第77、78页。

③ 吴耀宗:《立场坚定、旗帜鲜明,艰苦朴素、平易近人——纪念周恩来同志诞辰八十一周年》,《文汇报》1979年3月5日第3版。

害的青年学生摆脱特务的追捕。1948年他在《天风》周刊上发表《基督教的时代悲剧》一文，指出中国的基督教与西方的资本主义关系太密切，在面临历史大转变的时代，基督教必须实行改革，否则将被淘汰。为此竟遭到了一些帝国主义分子的反对，被迫辞去《天风》社长的职务。由于反动势力的压迫，他在沪处境日艰，1948年12月世界基督教学生同盟在锡兰(今斯里兰卡)的科伦坡召开"亚洲基督教工作人员领袖会议"，吴被邀请作为讲员身份出席大会。会后，他借道香港，到达刚和平解放不久的北平，参加中国共产党领导下的新政协筹备工作。1949年9月，他以宗教界代表的身份，参加了中国人民政治协商会议第一届全体会议，并当选为全国委员会委员(后增选为常委)。1949年10月1日，他怀着十分喜悦的心情，在新中国的首都北京参加了开国盛典。

1950年5月，政协委员吴耀宗、刘良模、邓裕志和赵紫宸等基督教界知名人士到各地传达第一届政协会议的精神后，周恩来总理接见了他们，在中南海作了三次长时间的谈话。当他们反映了各地执行宗教政策方面存在的一些问题后，周总理说："中国的基督教长期来曾受帝国主义的利用，广大的人民不理解，有隔阂，这是很自然的。你们应当行动起来，让人民理解你们。既然中国人民站起来了，有能力管理自己的国家，中国人难道办理不了中国人的宗教?"①此后吴耀宗联合全国基督教会团体的有影响人士四十人，带头发起了一个基督教自治、自养、自传的"三自革新"运动，于1950年7月28日，发出了题为《中国基督教在新中国建设中努力的途径》的革新宣言，宣布中国基督教坚决割断同帝国主义的关系，揭露帝国主义利用基督教的种种罪行。对此，周总理曾建议说："这份宣言可以发表，让人签名嘛!"②到8月底，仅一个

---

① 吴耀宗:《立场坚定、旗帜鲜明，艰苦朴素、平易近人——纪念周恩来同志诞辰八十一周年》,《文汇报》1979年3月5日第3版。

② 吴耀宗:《立场坚定、旗帜鲜明，艰苦朴素、平易近人——纪念周恩来同志诞辰八十一周年》,《文汇报》1979年3月5日第3版。

月签名人数已达一千五百二十七人。为此《人民日报》在9月23日刊载了新华社发布的关于三自革新宣言签名的消息，在第一版上发表了题为《基督教人士的爱国运动》的社论，指出“这是基督教人士应有的使中国基督教脱离帝国主义影响而走上宗教正轨的爱国运动”；并刊出宣言全文，还用三个版面的篇幅，刊登了签名者全部名单。接着其他各报也纷纷发表评论，表示支持。到1951年3月底，全国各地各民族中的基督教徒在宣言上签名的，达十八万多人①。在此基础上，1951年4月在北京成立了统一领导全国基督教徒爱国运动的“中国基督教徒抗美援朝三自革新运动委员会筹备委员会”，吴耀宗当选为主席。1954年7月，中国基督教全国会议在北京召开，会上正式成立了中国基督教三自爱国运动委员会，吴耀宗继续当选为主席。他在发起和组织三自爱国运动中，团结广大基督教徒热爱新中国、走社会主义的道路。他在反映基督教各界人士的正当要求和协助人民政府全面贯彻宗教政策等方面，做了大量工作，起了有益的作用。在党和政府的关怀下，三自爱国运动使中国基督教会得以摆脱帝国主义的控制，割断了对帝国主义的依赖关系，逐步肃清了帝国主义的影响，使中国基督教会成为中国教徒自办的宗教事业。吴被誉为中国基督教界的思想家②。

此外，他还积极参加了各种国际性活动。曾担任世界和平理事会理事多年，多次出席有关的国际会议，向世界各国友人介绍新中国在各方面所取得的成就，增进了互相了解和友谊，为反对帝国主义、殖民主义以及保卫世界和平的正义事业，作出了一定的贡献。

吴耀宗曾当选为第一至五届全国人民代表大会代表和常委，第一、二届全国政协常委，第三、四届全国政协委员，上海市第一至五届人民

① 吴耀宗：《八个月来基督教三自革新运动的总结》，《天风周刊》第11卷第17—18期(1951年5月8日)。

② 邓裕志：《基督教界的杰出思想家吴耀宗先生》，《回忆吴耀宗先生》，第69页。

代表大会代表，并曾担任政务院政治法律委员会委员，华东行政委员会委员，华东文教委员会委员，中国人民救济总会副主席，中国福利会执行委员等职务。

他在青年会工作期间，除了编辑、出版宗教方面的书籍外，还撰写和翻译了《黑暗与光明》、《没有人看见过上帝》、《甘地自传——我体验真理的故事》等著作。1979 年 9 月 17 日，吴耀宗因病在上海逝世。

吴 贻 芳

王 娟

吴贻芳，祖籍江苏泰兴。1893 年 1 月 26 日生于湖北武昌，排行老三。父亲吴守训，秀才，数次考举人而不中，遂做私塾先生以维持生计。后走捐纳之路，得候补知县之衔，再经疏通，被委任为县牙厘局局长。母亲朱诗阁，大家闺秀。十六岁时，父亲吴守训因公案投江自尽。十九岁时，在清华学堂读书的哥哥吴贻榘跳黄浦江自杀。母亲朱诗阁在夫丧子亡的双重打击下撒手人寰。姐姐吴贻芬在为母亲守灵的夜晚也悬梁自尽。在不到一个月的时间内，吴贻芳经历了哥哥、母亲、姐姐的骤然离世。然而，家中上有年迈祖母，下有年幼妹妹，承受着巨大痛苦的吴贻芳，在姨父陈叔通的开导和鼓励下，终于又鼓起了生活下去的勇气。不久，和祖母、妹妹迁姨父陈叔通家。

1913 年 2 月，吴贻芳作为特别生插班到杭州弘道女子学堂四年级学习。1914 年，随陈叔通到北京女子高等师范学校和该校附属小学担任英文教员。1916 年 2 月，又作为特别插班生开始了在金陵女子大学的学习，并很快以全优成绩转为正式学生。在校期间，吴贻芳十分珍惜来之不易的机会，读书非常刻苦，同时受洗成为虔诚的基督教徒。在任金陵女子大学第一届学生自治会的会长时，带领同学们声援五四运动，参加罢课，举行游行示威。1919 年，吴贻芳以优异成绩毕业，并获得学士学位，成为中国女子大学里获得学士学位的第一批学生。毕业后，在北京女子高等师范学校担任英文教师和英语部主任。

1921 年，吴贻芳赴美密执安大学攻读生物学专业。1924 年，被推荐为北美中国基督教学生会会长。1925年，被推选为留美中国学生会副会长，并担任密执安大学中国学生会会长和科学会会员。

20世纪20年代，中国兴起了收回教育权运动，教会学校纷纷进行改组，由中国人接管。正是在这样的情形下，金陵女子大学校长德本康夫人(Mrs. Lawrence Thurston)提出了辞职。在其良师益友的提议、推荐下，校董事会通过了请吴贻芳担任校长的建议。1928年春，进入写博士毕业论文阶段的吴贻芳收到金陵女子大学董事会聘书，校方允其取得学位后再回母校任职。吴贻芳于当年10月获密执安大学生物学博士学位后回国。11月3日，吴贻芳出席新校长就职典礼，发表就职演说，正式就任金陵女子大学校长。

履任校长之职后，吴贻芳面临的首要任务是完成学校向政府的注册。金女大创始人的办学宗旨是培养为基督服务的妇女领袖，可国民政府要求教会学校“不得以宗教宣传作为目的”，规定“宗教课不能设为必修课”。吴贻芳充当教会和政府间的协调人，居中做双方的工作，终于在1930年12月经教育部核准立案，完成了注册。吴贻芳在协调与政府关系的同时，也主动争取政府支持，如邀请教育部及其他部门的官员到校讲演；1934年6月，邀请蒋介石及宋美龄出席学生的毕业典礼等。

作为教会大学校长，吴贻芳注重协调与教会组织的关系。金女大虽然完成了向政府的注册，但其主要经费仍来自于国外教会组织，为了争取国外教会对金女大的支持，吴贻芳积极参加教会工作。在1935年至1947年间，她担任中国基督教全国协进会执行委员会主席，多次出席国际间基督教协进组织会议，加强与教会组织和教会大学的交流。如1936年应邀赴英国伦敦出席国际基督教协进会常务委员会议，会后赴美参加哈佛大学三百周年纪念典礼。1938年出席在印度举行的第二届国际基督教协进会会议。

抗日战争爆发后，尤其是日军开始轰炸南京后，金女大正常的教学就被迫中断，吴贻芳和校务委员会商量，决定建立上海、武昌、成都三个办学中心。随着战事的扩大，将武昌和上海办学中心迁往成都，1938

年1月到达成都华西坝，借华西大学教室上课，在动荡不安和艰难困苦的环境中坚持办学。抗战胜利后，吴贻芳作出回迁南京的决定，1946年9月在原址复课。1951年，金女大与金陵大学合并，1952年全国高校院系调整时，在金陵女子文理学院旧址上建立了南京师范学院。1985年5月11日，吴贻芳致函江苏省政府，建议在南京师范大学内，增设一所公办民助性质的金陵女子学院。1987年3月，金陵女子学院成立。

从1928年到1951年，吴贻芳执掌金陵女子大学(金陵女子文理学院)校务二十三年，金女大誉满中外。吴贻芳调整了金女大的办学宗旨，淡化其宗教目的，强调其培养人格和造福社会的办学宗旨。她还结合学校实际，将基督精神渗入进人格，强调人格的爱国、奉献、牺牲品质，强调人格训练中的完整性，即德、智、体、群、灵五方面的充分发展等。吴贻芳重视系科建设，使金女大逐渐形成了较有影响的特色系科，如音乐系、社会学系、家政系及体育系等，其中影响很大、成就突出的主要是社会学系和家政系。社会学系所授课程偏重于社会服务、社会工作及社会调查，较为实用。如西迁成都后，应战时之需，在四川仁寿县组建了一个乡村服务处，以社会学系学生为主体，分成妇婴组、幼儿教育组、挑花组、鸡种改良组等，利用假期开展各项专门的活动。吴贻芳注重学校的制度建设，制定了严格的招生考试制度、学籍管理制度、考试评分制度，采用主辅修制度，实行积分制、学分制和弹性学制。在办学上，吴贻芳主张文理兼通，重视基础知识，强调社会实践和实验环节，重视外语教学和体育教育。金女大先后向国内外输送了九百九十九名毕业生，活跃在教育、医疗等领域，被称誉为“九百九十九朵玫瑰”。

抗日战争期间，吴贻芳非常关注国家和民族命运，积极参加了政治活动和社会活动。1937年7月中旬，应蒋介石的邀请与一些著名教授和社会名流到庐山商谈国事。1938年出任国民参政会参政员，是第二届国民参政会议主席团成员。1941年3月，第二届国民参政会议第一次会议决定实行主席团制，吴贻芳与蒋介石、张伯苓、左舜生、张君劢被推选出来，组成第一任主席团。1942年7月，第三届国民参政会期间，吴贻芳再次担任参政员并当选主席团成员。1946年11月，被选为国民大会代表，并被选进国民大会主席团。“七七”事变后，中国妇女慰劳自卫抗战将士总会成立，宋美龄任主任委员，吴贻芳当选为执行委员。吴贻芳还参加了宋美龄在庐山举行的妇女领袖会议，讨论抗战时的妇女工作。1938年3月，由包括邓颖超、何香凝在内的各方面知名人士一百八十三人，发起成立了战时儿童保育会，负责抚养遭受战火灾难、流落街头的儿童，吴贻芳任保育会的常务理事，做了大量工作。1943年3月，参加由晏阳初、桂质廷、吴景超、李卓敏、陈源组成的“战后问题中国研究小组”（又称“六人教授团”）前往美国，利用其影响力宣传抗日，争取美国朝野对中国抗日战争的支持。1945年，吴贻芳作为教育家和无党派人士出席旧金山联合国制宪会议代表团并在《联合国宪章》上签字，是签字的第一位女代表。抗战胜利后，在政治影响日益突出时，吴贻芳选择了减少参加政治和社会活动，如1947年辞掉了基督教全国协进会执行委员会主席职务，两次拒绝担任教育部长之职。

1946年6月，蒋介石挑起了全面内战，制造了“下关惨案”、“李闻惨案”、“五二〇”惨案等一系列惨案，激起全国人民的愤怒抗议，也让吴贻芳非常震惊。吴贻芳曾当面责问蒋介石，并要求将南京市警察局长撤职；她探访教育局长，要求不准军警进入金女大抓人；她还宣布不参加国民大会主席团。1949年4月，国民党要员纷纷逃往台湾，宋美龄派人送机票给吴贻芳，她选择了留下。在南京解放前夕，吴贻芳受邀担任南京各界治安维持委员会副主任，维持社会秩序。1949年9月，她以特邀代表的身份参加中国人民政治协商会议，与新中国的缔造者们一起，共商建国大计。

新中国成立后，吴贻芳长期担任一系列行政职务。1951年1月6日，决定接受中央人民政府经费，将金陵女子文理学院改为公办。5月至10月，金女院与金陵大学合并，担任金陵大学校务委员会副主任委员。1952年，院系调整后任南京师范学院第二副院长。1953年，任江苏省教育厅厅长，1955年3月，加入中国民主促进会，1957年任中国民主促进会南京市主任委员，1962年1月任民进江苏省主任委员，连选连任，直至逝世。1956年8月24日，当选江苏省副省长。1978年，当选第五届全国政协常委，第四届全国妇联副主席，重新担任江苏省副省长，江苏省政协副主席，兼任南京师范学院名誉院长。1979年2月，获美国密执安大学妇女校友会“和平与智慧女神”奖。

1985年11月10日，吴贻芳因病去世。

主要参考资料

程思辉、孙海英：《厚生务实 巾帼楷模——金陵女子大学校长吴贻芳》，山东教育出版社2004年版。

张竞：《吴贻芳》，《中国现代教育家传》编委会编《中国现代教育家传》第2卷，湖南教育出版社1986年版。

朱学波著：《吴贻芳》，《江苏文史资料》第60辑，江苏文史资料编辑部，1993年版。

孙岳等编写：《吴贻芳纪念集》，江苏教育出版社1987年版。

吴 有 训

李援朝　齐　辉

吴有训，字正之。中国近代物理学奠基人，物理学家、教育家。1897 年 4 月 26 日（清光绪二十三年三月二十五日）生于江西高安县黄沙岗石溪吴村。父亲吴起辅是一个私塾先生，后转行在汉口经商。吴有训天资聪颖，七岁时入堂叔吴起瑞的私塾读书，1912 年入南昌心远中学。1916 年升入南京高等师范学校理化科学习。在胡复刚教授的指导下，他对物理学尤其是 X 射线问题产生了浓厚兴趣。1920 年吴在南京高师毕业，辗转任教于南昌二中和上海中国公学。1921 年吴以优异成绩考取江西官费留美生，远赴美国深造。

1922 年，吴有训进入美国芝加哥大学研究生院从事物理学研究，师从美国著名物理学家 A. H. 康普顿（A. H. Compton）教授，对 X 射线光谱问题做系统研究。此前，康普顿发现 X 射线在被某些轻元素散射后，射线的波长有异乎寻常的改变，提出了 X 射线量子散射理论，这就是著名的康普顿效应。1923 年，康普顿将研究成果发表后，因实验证据不足，没有得到物理学界的广泛承认。此时吴有训成为康普顿的学生和助手，吴有训以高超的实验技术、严密细致的工作和精辟的理论分析，为康普顿效应的确立作出了重大贡献。在 1924 年至 1926 年间，吴有训就康普顿效应共发表论文十篇。吴有训的这些论文证明了康普顿效应的普遍性，并进一步对该理论提出一系列新见解。这些成果使康普顿效应得到了物理学界的广泛承认，康氏也因此获得 1927 年度诺贝尔物理学奖。1925 年，吴有训完成了《康普顿效应》的博士论文，旋即被聘为芝加哥大学物理系助教。同年,吴有训参加了美国物理学会第一百三十五届年会,并在会上做首席发言。1926 年,吴有训顺利通过博士论文答辩,获得博士学位。同年秋回国。

康普顿对吴有训的工作给予了高度的评价,康在 1926 年出版的《X 射线的理论及实验》一书中共有十九处提到了吴有训的工作,并引用了多篇吴的论文,尤其是吴有训所做的一张十五种元素散射 X 射线的光谱图,被康普顿用来证明其理论的重要依据。由此康普顿效应也被人们称为康普顿—吴有训效应。吴对康普顿效应的证明作出了重要贡献,为中外科学家所钦佩,也奠定了他在国际物理学界的地位。

回国后,吴有训参与了江西大学的筹办工作。1927 年夏他受聘于南京中央大学,任物理系副教授兼系主任。执教一年后吴又收到清华大学理学院院长叶企孙的邀请,到清华物理系执教。叶企孙尊重人才,当吴到职后,工资就定在叶氏之上,足见对吴的肯定与重视。

吴有训到清华后马上投入到科研与教学中,成为物理系教学的骨干。他教授的主要课程有:普通物理学、近代物理学、光学、中级光学、近代物理试验等课程。吴的授课以严谨认真的学风著称。他讲课风趣幽默,富有启发性,重视基本概念和提高学生动手能力。他把当时一些很重要的物理实验引入到教学中,如密立根油滴实验、汤姆逊抛物线离子谱、汤生气体放电、卢瑟福 X 粒子等。这些实验侧重培养学生独立科研能力和创新思维,深得学生的欢迎。在吴有训培养的学生中像钱伟长、钱三强等人,受其影响走进了近代物理科学的大门。

在清华教书育人的同时,吴有训积极倡导清华理学院开展近代物理学的研究。1929 年,吴有训在清华大学建立中国最早的近代物理实验室,在技术条件极为简陋的条件下,进行了许多开拓性的研究。这一时期吴有训的主要研究在 X 射线方面,特别是对散射和吸收的研究,有诸多成果问世。1930 年,吴有训在英国 Nature 杂志上发表《论单原子气体全散射 X 射线的长度》,这是中国人第一次利用国内条件完成的科研成果;在《清华学报》上发表《Compton 效应中变线强度与不变线强度之比率》。这些研究成果，在国际上有一定的影响。

1931年"九一八"事变爆发，吴有训毅然放弃了自己的基础物理研究，转而致力于应用物理学研究。1933年，吴有训赴美国参观访问。当时，抗战急需战时通讯用的真空管器材，他为学习真空管的制作工艺，以普通工人的身份深入工厂一干就是四个多月。在美期间他搜集了大量相关资料，并采购了真空玻璃管的生产设备，希望回国后开展中国电子工业的科研计划，但因没有得到国民党政府和中国金融、实业界的重视和支持，无果而终。

1936年初，吴有训被推举为中国物理学会会长。同年4月，德国自然科学院又选举吴有训成为该院院士，这是中国物理学家在当时世界学术界中享有的最高荣誉。吴在国际上的声誉，与他重视中外学术交流不无关系。他担任清华物理系主任期间，曾邀请英国剑桥大学著名的物理学家狄拉克(P. A. Dirac)教授、丹麦物理学大师波尔(N. Bohr)来华作学术报告。这些学术讲座使中国接触到了世界物理学的前沿，开阔了视野。

1937年，清华理学院院长叶企孙教授赴美考察，吴有训暂时代理清华理学院院长。"七七"事变后，抗日战争全面爆发，吴有训离开了刚刚分娩的妻子和女儿，随清华大学南迁至昆明。1938年，清华大学与北京大学、南开大学合组为西南联合大学，吴出任西南联合大学理学院院长。面临着三校合组的复杂情势，吴有训细心梳理人事关系，优化教学设备配置，克服战争带来的巨大困难，使西南联大的教学和科研得以继续。身为院长，吴有训不囿门户，选拔人才，其公正、严格的工作作风深得三校学子和同人的尊敬。

抗战期间，西南联大办学条件很差，物理系的仪器、设备少得可怜，吴有训带领员工秉持自力更生精神，没有电炉丝就用兵工厂的金属削片代替，缺化学原料苏木素就从当地一种木材中提取代用，没有显微镜载玻片就用日寇空袭震坏的玻璃代替，没有煤气就用蒸馏酒精代替。就在这样艰苦的条件下，吴有训等为国家培育了大批的物理学英才，黄昆、朱光亚、邓稼先、李政道和杨振宁等都是其中的杰出代表。

1938 年夏，国家抗战急需冶金工业，清华大学决定成立冶金研究所，筹备工作由吴有训负责，他带领同人仅用一年时间就使冶金所初具规模。该所在当时尚属首创，培养了一代冶金人才。作为中国物理学会的创始人和领导者的吴有训，积极开展学术活动和交流，在抗战八年中，该学会召开了七次年会，会员逐年增加，工作始终不辍。

1940 年，吴有训当选中央研究院评议员。1941 年中研院委托吴创办院刊《科学记录》(*Science Record*)，并出任总编辑。这是一本自然科学学术期刊，专门刊载抗战时期中国科学研究富有创见的论文，期刊用外文在国内外发行，是中国当时对外进行学术交流的唯一学术刊物。而这时正值抗日战争进行到最艰苦的时期，吴有训克服重重困难，终于使《科学记录》得以出版问世。

1945 年抗战胜利后，吴有训被国民政府任命为中央大学校长。在他的周密布置下，中央大学成功完成了复校任务。一万三千余名师生和两千多箱图书设备顺利从重庆搬回南京。在担任中大校长期间，他重视延揽人才，聘请赵忠尧、吴健雄、陈鹤琴、罗尔纲等到校任教。此外，还在中大新建原子核实验室，并与中央研究院合作在九华山建立我国最早的原子能实验基地。尽管吴有训行政事务繁忙，但他仍然坚持教学科研工作，他每周要为理学院学生讲授四个小时的“普通物理课程”，并继续对康普顿效应展开研究，先后发表论文多篇，其中对伦琴射线领域的研究在国际上居领先地位。

吴有训担任中央大学校长期间，反对国民党当局对高校师生的思想控制，他对学生的爱国运动采取了同情态度。1946 年 1 月 25 日，吴亲自参加了反对内战的万人大游行，走在队伍的前列。在 1947 年的“五二〇”运动中，中大师生被国民党特务打伤，他亲赴医院看望，并严词拒绝了逮捕进步师生的要求。正是在吴的支持和同情下，中央大学的民主运动开展得有声有色，被誉为“民主的堡垒”。

全面内战爆发后，吴有训对国民党政府的内外政策日益失望，先后十四次要求辞去中央大学校长的职务。1947年10月,吴代表中国参加在墨西哥召开的联合国教科文组织会议。在国外的一年时间里,他先后发表两篇研究人工放射性的论文。1948年秋,吴有训回国,辞去中央大学校长职务,举家从南京迁往上海,出任上海交通大学物理系教授。

1949年5月上海解放后,吴有训出任上海交通大学校务委员会主任、华东军政委员会委员兼文教委员会副主任。1950年中国科学院成立,吴有训出任近代物理研究所所长,同年12月又被任命为中科院副院长。在他主持下,中科院自力更生研制了一系列高级精密科研仪器,并根据国家经济建设的需要,统筹规划,充实提高科学院数、理、化、工程、仪器等研究领域的科研力量,为新中国科研的起步作出了重要贡献。1951年他赴东北重工业基地进行调研和考察,建议科学院在东北设立分院。1957年吴有训主持了国家测绘局和上海天文馆联合会议,决定采用我国自己的授时信号,使我国的授时工作走上了独立自主的道路。1963年参与制定了科技发展十年规划(1963—1972)。1964年又在上海主持了人工合成胰岛素的鉴定工作,该项目是新中国取得的重要科技成果之一。此外,还主编《中国科学》和《科学通报》,两刊登载了大量高质量的科技论文,为我国科技期刊在国际上赢得了声誉。

"文革"期间,由于得到了周总理的保护,吴有训没有受到大的冲击。1977年11月30日,吴有训在北京逝世。为了纪念他对近代中国物理学的贡献,中国科学院将他的论文编辑成《吴有训论文选集》于1997年出版。

主要参考资料

王大明:《中国现代科学家传记·吴有训》,科学出版社1991年版。
聂冷:《吴有训传》,中国青年出版社1998年版。
林家治:《吴有训图传》,湖北人民出版社2006年版。
郭奕玲等主编:《吴有训论文选集》,科学出版社1997年版。

吴　虞

吴嘉陵

吴虞，原名姬传、永宽，字又陵、幼陵，号爱智，笔名吴吾等。四川新繁人。1872 年 12 月 19 日（清同治十一年十一月十九日）生于四川成都的一个地主家庭。父吴仕珍，副榜贡生，教书为业。吴虞少时虽家境清寒，但求学心切，博览强记，接受传统文化教育，十五六岁时工骈文及诗。1891 年入成都尊经书院，从经学家、诗人吴之英学习诗文。稍长从廖平游学，颇窥朴学门径。

19 世纪末，吴虞受到西方文化科学知识和当时《蜀学报》鼓吹民权运动的影响，转向学习西方社会政治学说，被人称为“成都言新学之最先者”。戊戌维新运动失败后，守旧派指责吴虞“澹于命世，不事科举”，不承认“西学”是“异端”①。1902 年吴虞与王祚堂等人在成都创办“溥利公书局”、“开智阅报社”，传播新思想，后又与王祚堂、周克群等人议设“游学公社”，以便讲习日语做留学日本的准备。他还创议筹公费遣人留学，得到支持，四川遂派遣师范生三百余人东渡日本。1905年，他与伍伯谷等人倡设法学研究会于成都，以求普及法政知识，为地方自治及建立政党做预备。影响所及，以后四川各法学研究会接踵而起。

1905 年秋，吴虞留学日本，入法政大学速成科四班。他钻研了欧美各国宪法、民法和刑法，熟读卢梭、孟德斯鸠、斯宾塞、远藤隆吉、久保天随诸家的著作。他把西方近代政法学说同孔子的儒家学说作比较，

① 廖季平：《骈文读本序》，《蜀报》第一年第二期（1910 年 9 月）。

发现中国儒学与西学的差距极大,从而产生了反孔"非儒"思想,认为中国要前进,必须反对儒学,学习西方,冲破千百年来形成的一系列旧观念。他主张推进宗教、家庭改革,但未赞同政治改革运动。他在日本积极参加四川留日学生的爱国活动,与邓镕等人共同研究,反复商酌,于1906年提出了"改良川汉铁路公司议",力主川汉铁路"商办"。

吴虞于1907年从日本法政大学速成科毕业回国,先后在成都县中学、嘉定府中学、通省法政学堂官班任教习,并一度任《醒群报》主笔,鼓吹新学说,在报上发表反孔"非儒"的文章。在撰编《宋元学案粹语例言》中,他引用了被视为异端的明朝李贽的话,清政府学部令学政赵启霖查禁,并要开除吴虞的教职,后经人调解才免予开除。吴虞不断发表文章,发出要求言论思想自由的呼声。他批判君主专制制度和孔孟儒学,在四川参与支持立宪派活动,希望清政府实行君主立宪。他出资参加筹办立宪派的《蜀报》,并任该报的撰稿人。他还希望《蜀报》同德同力,扩其群策,览列强之诡画,弘爱国之大愿,上以慰先圣之玄灵,下以谋全蜀之幸福。

1910年,吴虞对其父纳妾李氏,不惜破产以供奢用,以致使其母忧郁而死的行为极为不满;母死后父迎李氏入家,命吴虞夫妇事以嫡母礼,吴虞更为不满,与父发生冲突,后来被他的父亲告到官府,一时轰动成都,被视为"家庭革命"。嗣经官方审断,他的父亲虽输了礼,但吴虞却遭到社会上欲以孔孟之道维持礼教的人们的责备,认为这是"非理非法"的"忤逆"行为。吴虞不畏舆论之攻讦,更积极地反对孔教和家族制度,批判封建礼教。

辛亥革命前夕,吴虞在《醒群报》撰文《反对儒教及家族制度》,介绍李贽的思想,反对儒学,署理四川总督王人文竟然下令逮捕他。吴虞逃离成都,王人文又以"非圣无法,非孝无亲,淆乱国宪"罪"移文各省逮捕"。吴虞躲到乡下,住在舅父刘黎然家。刘是哥老会首领,在当地很有势力,使他得以免为官府的阶下囚。

正当吴虞被通缉、处境艰难之时,四川保路运动爆发。吴虞对清政府的卖国行径表示了极大的愤怒，对罢市、罢课表示支持和同情。辛亥革命在四川获胜后，军政府成立，吴虞返回成都，先后担任《西成报》总编辑、《公论日报》主笔、川西道署顾问、代理内务科长、四川《政治公报》主编等职。与此同时，还参与筹建共和党成都支部的工作。

民国初年，由于袁世凯和北洋军阀攫取了统治权，资产阶级民主革命半途而废，又重新掀起尊孔崇孔的思潮。1914年7月，吴虞在成都《醒群报》上发表反孔文章，袁世凯即下令内务部查封《醒群报》。此后，成都各报都不敢刊登他的文章，他受到许多"名人雅士"的歧视。吴虞原本十分敬佩严复、章太炎、康有为等人，但在他们后来扯起尊孔旗帜时，吴虞即毫不留情地给予猛烈抨击。他认为，尊孔之人，其行为多不足道。他对连绵不断的四川军阀混战给百姓带来的痛苦，认为是法律遭到践踏，"人权"、"自由"得不到保障。在《书某氏社会恶劣状况论后》一文中指出："社会状况之恶劣，岂偶然哉，岂偶然哉！"在《情势法》一文中指出，袁世凯复辟帝制，是法制不健全所造成的，提出要健全法制、"庶民贼独夫有所惩惧"①，以防止袁世凯称帝丑剧重演。

吴虞对尊孔复古思潮进行了勇敢的抨击。当时，成都的报刊都不敢刊登他的文章，他于1916年冬写信给上海办《新青年》杂志的陈独秀。在陈的帮助下，他将《辛亥杂诗》九十六首交《甲寅》杂志发表。成都教育界的守旧派攻击他是"名教罪人"，他写了《明李卓吾别传》，在《进步》杂志上刊载，热情地讴歌了这位明朝的"名教罪人"，与守旧派针锋相对地进行斗争。他在《新青年》杂志上读到易白沙《孔子平议》一文，感到找到了知音。此后即在《新青年》杂志上连续发表了《家族制度为专制主义的根据论》、《儒家大同之义本于老子说》、《儒家重礼之作用》、《儒家主张阶级制度之害》、《消极革命之老庄》等反孔文章。吴虞高举打倒孔家店的旗帜，对孔学和封建旧礼教旧道德进行了比较系统的批判，在当时起了很大作用。胡适称吴虞为"四川省只手打倒孔家店

---

① 《吴虞文续录》，成都美信印书局1933年版。

的老英雄”，是“中国思想界的清道夫”①。

1917年，吴虞在四川法政学校担任法制史和国文教员。次年在四川法政学校、外国语专门学校执教国文和文史。在新文化运动的潮流中，吴虞又参与了少年中国学会成都分会组织创办的《星期日》杂志，同时他还支持学生创办的《威克烈周刊》，有力地推动了西南地区的新文化运动。守旧派对吴虞大肆攻击，企图将吴虞驱逐出教育界，但是吴虞得到广大青年的支持。

1921年夏，吴虞被北京大学聘为教授，离川北上，在北大讲“诸子文”及诗、文。初时听讲者慕名而来，十分踊跃，但因其新文学的基础欠深，讲课引申又多，到第二学期即受到学生的批评。与此同时，他还在北京高师、南方大学京校及中国大学、北京学院兼教。在京期间，他放荡不羁，经常前往妓院，并作一些恶俗不堪的艳诗。尊孔复古派遂以此为口实，对吴虞进行攻击嘲讽，使之声名狼藉。1924年4月29日《晨报》副刊发表了《孔家店里的老伙计》一文，认为吴虞不配称“打孔家店的老英雄”。

1925年8月，吴虞辞去北大等校教职返回成都，先后在成都大学、四川大学任教授。他仍坚持反孔非儒的立场，以资产阶级的世界观和方法论批判旧礼教和文化专制主义。后来，蒋介石提倡尊孔读经，成都一些趋炎附势之徒在《四川日报》辟专栏讨论尊孔读经、祀孔的“真理之所在”，又将“五四”时期已经批判过的孔子和儒家教条重新搬出来，吴虞十分反感。他在川大毕业典礼上，对学生发表题为《对祀孔问题的我见》的演讲，批判孔学和旧礼教、旧道德，提醒学生们不要受儒家学说的欺骗，而应追求国家富强之道。他在许多诗文中反对蒋介石提倡的复古教育。

吴虞在成都最后任教的几年中，仍遭到尊孔复古派的排斥和打击，

① 胡适:《吴虞文录序》,《胡适文存》卷4,上海亚东图书馆1925年版,第259页。

到 1933 年终于被四川大学解职。从此便隐退在家，仍坚持反孔非儒之论，并勤于佛事，闲时每日写日记。抗战时期，华西大学曾拟聘为教授，他以年迈为由辞谢。

1949 年 4 月 27 日，吴虞在成都自宅逝世。主要著作有《辛亥杂诗》、《饮水》、《明李卓吾别传》、《吴虞文录》、《吴虞文别录》、《吴虞文续录》等。

吴　樾

尚明轩

吴樾，亦作吴越①，字梦霞，后改孟侠。安徽桐城县人。生于1878年（清光绪四年）。父亲吴尔康，先官后商，经常离家在外。吴樾七岁丧母，靠二哥抚养。

吴樾幼年进私塾读书，十二岁起，年年参加“童子试”，均落第。十九岁后不再学习八股，爱读古文辞，特别喜好历史，“每读明史，朗诵长吟，感叹唏嘘不能置”②。从此，他放弃了由科举进身的道路。1900年到上海，本打算进“广方言馆”，因该馆过分偏重外语而放弃，于是离开上海北上，到了直隶（河北）保定。1902年，经乡前辈吴汝纶（时掌莲池书院）指点后，在清苑县报名考入保定高等师范学堂读书。这时他所抱的志愿，还只是将来获得“出身”，当一名教习。入校后，交游渐广，眼界日开，在当时革命思潮影响下，他更加喜欢议论时政，思想上在起着变化。

1903年是吴樾政治认识上起伏激荡的一年。据他自己回忆说，这

---

① 章士钊：《书吴樾狙击五大臣事》，中国人民政治协商会议全国委员会文史资料研究委员会编《文史资料选辑》第19辑，中华书局1961年版。据潘赞化私拟之《吴樾别传》谓：“樾，潘传作越，谓名本越也，樾乃清吏惩罪人加偏旁如孙汶云。”另据姚憾《吴樾烈士略历》（中国国民党中央执行委员会西南执行部编《革命先烈纪念专刊》，广州1933年版）谓：吴越是原名，“弃前名加木傍为樾，在烈士意思，无木傍之吴越为专制政府之小奴隶，有木傍之吴樾，为有共和思想之自由民”。

② 邹鲁：《吴樾传》，《中国国民党史稿》第5册，商务印书馆1944年增订版，第1248页。

年他先从朋友那里得到《革命军》一书，反复阅读，受到启发，“适其时奉天被占，各报警传，至是而知家国危亡之在迩，举昔卑污之思想，一变而新之”①。但是，他不久又受到《清议报》宣传的影响，反而一度推崇起改良主义者的康、梁来，曾说，若“人有非康、梁者，则排斥之”。又过了不久，他接连阅读了《警世钟》、《孙逸仙》、《黄帝魂》及《中国白话报》等革命报刊，思想上又起了变化，“乃知前此梁氏之说，几误我矣”②。是年暑假，吴樾与同学马鸿亮、金慰农、金燕生相偕南旋省亲，道出沪上，探西牢访问章炳麟、邹容，会晤陈仲甫、张继，并购读上海所出版的《訄书》、《仁学》、《嘉定屠城记》、《扬州十日记》等书，反清思想进一步发展，从此，毅然与改良派决裂，斥康、梁等为“半睡半醒之满洲走狗”，认定他们是些“欲遂一己之私心，甘作同胞之公敌”的人③。他反对康、梁的“立宪”主张，痛恨保皇党人，“念念欲杀尽此辈”④。

从入保定高等师范学堂起到1905年离校前，这四年中吴樾还和当时一些爱国志士有直接交往或通信联系。他和在南方的陈天华、蔡元培曾通过消息，和杨守仁（字笃生）共同推进过军国民教育会的工作，吴负责该会保定支部；和赵声在保定相识，并结为好友，还到上海和秋瑾接洽过⑤。他怀着满腔的热忱，日益关怀国家民族的安危，每与友人“谈及国亡种削之势，辄饮泣不止”。为了宣传反清排满，他在保定创立过两江公学，自兼教师，并办过《直隶白话报》，自任主笔。

当时，一些犯急性病的革命者，在策动起义迭遭挫折之后，转而接受虚无党的思想，热衷于搞个人恐怖活动。他们幻想杀几个、几十个满族权贵，使反动统治者畏惧走避而取得反清的成功。有些革命派报刊

① 吴樾：《暗杀时代》，《民报》临时增刊“天讨号”，1907年4月。

② 吴樾：《暗杀时代》，《民报》临时增刊“天讨号”，1907年4月。

③ 吴樾：《暗杀时代》，《民报》临时增刊“天讨号”，1907年4月。

④ 吴樾：《暗杀时代》，《民报》临时增刊“天讨号”，1907年4月。

⑤ 吴樾与蔡元培、杨守仁、赵声、秋瑾的交往关系，散见于一些回忆著述中，片言只语，缺乏具体材料。

也不断倡导冒险暗杀，宣扬暗杀活动的“神妙”作用。暗杀之风一时大盛。吴樾耳濡目染，也笃信此说，并成为这种冒险事业的一个积极鼓吹者与实践者。清户部侍郎铁良是个为人们所痛恨的满族亲贵，遂成为暗杀猎手们共同追踪的对象。1904 年一年内，有在南京下关和河南顺德两起谋划狙击铁良的案件发生，但都没有成功。吴樾也把铁良作为自己暗杀的目标，他特为走访曾参与暗杀铁良的胡瑛，慨然以后继自任，倡言：不杀铁良，不足以言革命！他为此还专门写了一篇《暗杀时代》，说明要杀铁良的意义与决心，以备自己牺牲后留传给后人。同年，吴樾与赵声在保定酒楼谈论反清革命行动时，还谈到军事行动与暗杀活动的难易问题，他对赵说：“兵革之事，请君任之，君为其难，吾为其易。”①又说：“异日提大军北上，而为某兴问罪之师者，必吾子也。”②

1905 年，吴樾在保定师范学堂临近毕业时，未参加考试即离校去东三省，将欲有所作为。7 月，他听说清政府将派载泽、绍英等五大臣出国考察宪政。认为这是清政府欺骗人民的手段，如果得逞，会麻痹人民的反清情绪，延长清政府的专制统治。于是他决定把暗杀铁良改为暗杀载泽等人，借以揭露清政府的阴谋。为此，吴樾从东北潜入北京，寄居前门外桐城会馆，多方侦探五大臣的出国日期，并写好绝命书数封，待机行动。9 月 24 日，考察宪政五大臣在前门车站登车，准备出发。吴樾怀揣炸弹③赶往车站，但站上戒备森严，不能靠近。他急忙买了一套无顶红缨官服穿在身上，乔装官方仆从，登上五大臣的专车，正准备投掷炸弹时，机车与列车接轴，车身突然震动，炸弹引发，五大臣仅绍英与载泽受轻伤，而他本人反不幸肢断腹裂，以身殉难。

吴樾牺牲后，面目血污，模糊难辨；陈骨骸数日，也没有人认领。后

---

① 章士钊：《书吴樾狙击五大臣事》。

② 吴樾：《与同志某君书》（《暗杀时代》附书）。

③ 吴樾使用的炸弹，章士钊推断是由杨守仁供给的，时杨隐于北京译学馆。见章士钊《书吴樾狙击五大臣事》。

侦缉员史某到桐城会馆，才查清这桩震动一时的刺杀案的发难者是吴樾。一年多后，1907 年 4 月，《民报》临时增刊“天讨号”，在刊载吴樾的《暗杀时代》时，将他在死难前致章炳麟与致其未婚妻的信件同时收入。这几封信，明白地表露了吴樾自我牺牲、以身报国的决心。辛亥革命后，国人寻获吴樾遗骨营葬于安庆平头山。其遗著辑为《吴樾遗书》。

吴 蕴 初

朱信泉

吴蕴初，名葆元，又名宝源，字蕴初，以字行。江苏嘉定人，著名爱国实业家。以创办上海天厨味精厂、天原电化厂、天利氮气厂和天盛陶器厂等化工企业而知名，在中国化学工业发展史上占有重要地位。吴和当时在天津创办久大盐业公司、永利化学工业公司的范旭东齐名，有"北范南吴"之称。

1891年9月29日（清光绪十七年八月二十七日），吴出生于一个清贫的塾师家庭，十四岁进上海"广方言馆"学习英语，为了赚钱养家，辍学任小学教员半年，后入陆军部上海兵工专门学校学习化学，1911年毕业。在上海制造局实习一年，回兵工学校任教。

1913年"二次革命"时，上海兵工学校停办，吴蕴初去汉冶萍公司汉阳钢铁厂任化验师。一年后任该厂制砖厂厂长。1915年冬，应邀去天津筹办硝碱公司，未成，入天津造币厂任化验师。1916年复去汉口，先后任汉阳兵工厂理化课课长及制药课课长。

1921年，吴蕴初在汉口与开办燮昌火柴厂的资本家宋伟臣合伙开设炽昌硝碱公司。宋出资本，吴任技术指导，生产火柴原料。同年又去上海和施耕伊合办炽昌新制胶公司，生产制造火柴用的牛皮胶。当时日本调味粉"味之素"行销我国，获利颇巨，引起吴的注意。1922年，吴对"味之素"的化学成分进行分析研究并获得廉价成批生产的方法。1923年经上海酱园商张逸云投资五万元在上海唐家湾蓝维霭路（今肇周路）开办天厨味精厂，吴任经理，生产"佛手牌"味精。天厨味精行销后，与日货“味之素”竞争激烈。1925年五卅运动后，在国内抵制日货运动影响下，天厨味精销路日广，不但畅销国内，且远销南洋。在短短的几年中，由一爿厂发展为几爿厂，味精产量成倍上升，天厨厂年营业额不断增加，由数十万元增至一百数十万元。1932年产量最高达十五万九千公斤，年盈利达数十万元。

天厨味精厂的设立，给吴蕴初带来优厚的报酬。该厂创办时吴与资方议定，每生产味精一磅，付吴“技术酬劳”大洋一角。仅此一项，吴每月即可收入银元两千元。于是几年之间，便积累起现金数万元，用它向“天厨”入股，吴就成了股东兼经理。

吴蕴初对化工的科学研究颇为重视，1928年创办中华工业化学研究所，自任董事长。该所从事化学实验，以应本厂和化学工业界的需要，经费由天厨厂负担。由于他对化工研究的提倡，后被推举为中华化学工业会副会长、中华工业总联合会委员及上海化学原料公会理事等。

天厨厂在生产发展同时，逐步投资创建一系列化工原料企业。1929年，吴蕴初用天厨厂的盈利在上海开办天原电化厂，生产盐酸烧碱、漂白粉和其他氯化制品。在此以前，制造味精所用原料盐酸都是日货，吴设此厂是为了解决天厨味精所需原料，“天原”，即天厨原料之意。天原厂最初资本二十万元，后经多次增资，到抗战前夕已达一百零五万元，产量也大为提高，比初建时增加六倍多。它不但解决了天厨自身生存发展的原料，也为中国化工原料的生产开创了基础。

天厨厂在当时的抵制日货运动中连年获得厚利，它对抗日捐献更是一马当先。“九一八”、“一二八”，天厨厂都捐款捐物。1933年，国民政府发起航空救国捐，吴蕴初与张逸云商量后决定用十二万元购买战斗机和教练机各一架，命名“天厨号”，捐给“中国航空协会”，对推动抗战热潮起了带头作用，同时也使天厨味精在国内外销路猛增，当年仅在南洋方面，即多赚利润三十多万元。

1935年，吴蕴初创办天盛陶器厂。以往酸碱容器依赖进口，该厂成立后月产耐酸碱陶器二十至四十吨，完全可以自给了。同年，天厨主要投资人张逸云病逝，天厨厂总经理职务由其后人张祖安继任。张家因经营证券和房地产曾移用天厨巨额资金，从而引起天厨其他股东的忧虑与不满。8月，天厨改组为股份有限公司并再次增资，张祖安改任董事长，吴蕴初任常董兼总经理并成为公司的大股东之一。改组后天厨营业更加发达。

1936年，利用天原厂的副产物——氢气制造氨，建成天利氮气厂。不久又增添设备，生产硝酸。

吴氏扩展企业的资金，除来源于新集股份和天厨的部分盈利外，还得到金城银行的大笔投资。

抗战爆发后，吴蕴初把上海天厨、天原两厂的重要机器设备迁往四川，留在上海的企业，一部分毁于战火，一部分则挂上德国商人企业的旗号，以避免日本侵略军的侵占。

此外，设在香港对岸九龙的天厨味精分厂，则在吴夫人吴戴仪的主持下于1938年建成，产品销售南洋。1939年该厂添设酸碱部，谋求盐酸自给。太平洋战争爆发后，该厂被日军占领，吴戴仪率领港厂员工不顾生命危险偷渡回国，并将一部分重要设备运往四川。

迁入四川的天厨、天原两厂，1940年在重庆先后复工，生产味精、盐酸、烧碱和漂白粉。由于资金短绌，官僚资本趁机进一步插手，到1942年金城银行已占有天原(渝)厂股本的百分之六十。1943年资源委员会也向该厂投资。其后中央、中农两行又贷出四千万元巨款建立天原宜宾分厂，从此天原厂遂为官僚资本所把持。

吴蕴初在国民党统治时期，曾先后担任国民政府"全国经济委员会委员"、"资源委员会委员"、"国民参政会参政员"、"经济部计划委员会委员"、"迁川工厂联合会理事长"和"全国工业协会理事长"等职务。在重庆的社会活动中，吴蕴初和中共党人、民主人士也交上朋友。1944年10月和12月吴蕴初两次参加了由周恩来、王若飞在重庆特园召开的座谈会；在吴蕴初任董事长的中国工业经济研究所中，民主人士章乃器任所长，胡厥文、吴羹梅任理事，该所和中共地下组织有密切联系，孙晓村、黄介然、张锡昌等都负责过该所工作。该所出版有关工商界的书刊并经常组织座谈会，反映战时工商界的要求，推动了内地的爱国民主运动。在抗战胜利前夕，吴蕴初为实践他的“人生须以服务为目的，而服务贵求全民之福利”的理想，将吴氏夫妇所有天厨股份转到“蕴初资产管理委员会”，并决定以股息所得二分之一用以发展天厨生产，另二分之一用以资助教育和社会事业。

抗日战争胜利后，吴蕴初把在上海的企业收回，经过修复于 1947 年相继开工。他满以为抗战胜利后民族工业会得到一个良好的发展时机，但实际面临的却是美货泛滥、国民党政府的苛捐杂税和恶性的通货膨胀的摧残，企业处境更加困难。

1949 年中华人民共和国成立后，吴蕴初在党内外老朋友的关心下从海外归来，10 月下旬，他从香港到达北京，受到政府的欢迎，周恩来亲自接见并希望他为新中国的工业化多作贡献。12 月 5 日，中央人民政府任命他为华东军政委员会委员；吴氏经营的企业在人民政府领导下得到恢复和发展。吴参加了人民政府的工作，曾任华东行政委员会委员、上海市人民政府委员，同时在民主建国会上海分会和上海市工商联合会担任工作。

1953 年 10 月 15 日，吴蕴初因病在沪逝世。

主要参考资料

陈真、姚洛编：《中国近代工业史资料》第 1 辑，三联书店 1957 年版。

落霞：《人物评述》，生活书店 1937 年版。

《吴蕴初及其化工事业》，《新世界月刊》1944 年第 8 期。

徐盈：《当代中国实业人物志》，中华书局 1948 年版。

谭熙鸿：《十年来之中国经济》一书之《十年来之化学工业》部分，中华书局 1948 年版。

上海机制国货工厂联合会编:《中国国货工厂全貌》(初编),上海文明书店1947年版。

上海市档案馆编:《吴蕴初企业史料·天厨味精厂卷及天原化工厂卷》。

吴 兆 麟

闻少华

吴兆麟,字畏三,湖北鄂城人。1882 年 2 月 28 日(清光绪八年正月十一日)生。他的父亲是个菜农,为供给他上学,“耕耘纺织,勉备束脩”。1899 年,吴兆麟考入湖北陆军第八镇工程营随营学堂,在将校讲习所肄业。次年考入工程专门学校,1906 年毕业,旋考入参谋学堂,以“名列前茅,提充领班”①。吴在提高军事技能的同时,又逐渐吸收了西方的科学知识。1906 年和 1908 年河南彰德、安徽太湖两次秋操后,吴编写彰德、太湖秋操纪事及战术实施参谋旅行兵术等书②,曾被印发各军参阅。

1904 年,吕大森、张难先、刘静庵等在武昌建立革命团体“科学补习所”。他们确认“革命非运动军队不可,运动军队非亲身加入行伍不可”③,乃分别投入工程营和马队,在新军中进行革命活动。1905 年春,刘静庵等又组织起革命团体“日知会”④,吴兆麟积极参与。他后来记叙日知会成立的经过说:“陈天华所著《警世钟》、《猛回头》等书秘运到鄂,梁启超之《饮冰室》及《新民丛报》,孙文、章太炎、汪精卫等之《民

---

① 《吴兆麟行述》,《近代史资料》1982 年第 1 期,第 78 页。

② 《吴兆麟行述》,《近代史资料》1982 年第 1 期,第 78 页。

③ 张难先:《湖北革命知之录》,商务印书馆 1946 年版,第 55 页。

④ 梅川居士(居正)的《梅川日记》(重庆大东书局 1945 年版)作乙巳三月;又乙巳春夏之交有武昌“日知会”干部摄影留念(载曹亚伯《武昌革命真史》,中华书局 1930 年版),则该会成立不应早于 1905 年春。

报》渐次输入国内，军学界同人阅之极为心服。民智大开，佥谓中国之所以不能图强，实由于满汉界限所致……于是军学界同人秘谋组合，利用武昌高家巷圣公会设立‘日知会’。”①

日知会一成立，吴兆麟即以工程营代表和日知会干事身份参加工作。他收会费、募捐款，印刷《猛回头》、《警世钟》等宣传品，在各营目兵及青年学生中秘密散发。同盟会曾与日知会有所联系，并将革命战略问题寄交日知会讨论。在湖北军界同志讨论会上，吴兆麟说，汉阳有兵工厂，汉口是大商埠，武昌拥有大工厂，军队最要紧的弹药、粮秣、被服均不成问题；而且湖北居扬子江中心，因此“革命战略要以湖北为根据地，竭力联络扬子江上下游各省同志，待时机一至，则由湖北首义，然后向北发展，以北京为作战目标”②。

1906 年萍浏醴起义失败后，日知会组织因受牵连，也遭到严重破坏，刘静庵、殷子衡、张难先等人被捕入狱。湖广总督张之洞怕激起事变，不欲多事株连，因此军学界的同志得以潜伏下来。日知会被破坏后，吴兆麟一度表现消沉。

1911 年 9 月，湖北革命党人准备发动起义。10 月 9 日，孙武等在汉口制造炸弹，不慎失事，起义计划暴露，大批领导人被捕或避走。10 日，总督瑞澂杀害彭楚藩、刘复基、杨宏胜三位党人，并欲按名册大肆搜捕革命者。新军中的革命分子决心反抗。当晚七时左右，城外第二十一营辎重队、工程队和炮队起义，向城内进发。城内工程第八营打响了第一枪。“共进会”工程营代表熊炳坤很快聚集士兵扑向楚望台军械库，这时人数约四百人。吴兆麟时任工程营左队队官，当晚正好在楚望台值班。由于他在士兵中颇有威信，起义士兵遂公推他为革命军临时

① 吴兆麟：《辛亥武昌革命工程第八营首义始末记》，《近代史资料》1982 年第 1 期，第 57 页。

② 吴兆麟：《辛亥武昌革命工程第八营首义始末记》，《近代史资料》1982 年第 1 期，第 59 页。

总指挥。吴分析当时的形势，做了进攻督署的部署，要求起义群众："严守纪律，服从命令，违者必绳以军法。"①

当晚十一时左右，起义队伍已汇集三千多人，吴兆麟下令由邝杰、马荣、熊秉坤各率一队分三路进攻督署，惜未得手。十二时后发动第二次进攻。炮队在蛇山占领了阵地，但夜间目标不清。第三次进攻时，吴派人于督署后侧纵火，炮队遂集中火力轰击督署，总督瑞澂仓皇逃到楚豫兵舰躲藏，统制张彪亦逃至汉口刘家庙车站。"黎元洪等又皆已潜匿，而未响应之各营，又因电话不通，内外隔绝，均按兵不动。②"由于起义士兵的勇敢作战，加上吴兆麟指挥得当，到11日上午，武昌完全为起义军占领。

武昌首义成功后，因"文学社"、"共进会"的领导人蒋翊武、刘公、孙武等均不在武昌，同盟会首脑人物又远在外地，一时陷于无人领导的局面。11日上午，革命党人聚集在谘议局开会，商议建立军政机构。会上讨论都督人选时，"各军领袖，佥以资望浅，谦让未遑"③，结果就推出了黎元洪任都督。

当时军政府下设参谋、军务等部，吴兆麟任参谋部副部长，旋改任部长。军政府扩充军队，编步兵为八协，吴兆麟任第一协统领。军政府还将武汉划为四个防守区域，吴兆麟负责第一区，防守汉阳。不久革命军在汉口战役中失利，吴兆麟与蔡济民等曾先后渡江督战。

10月28日，黄兴偕宋教仁等来鄂，黎元洪任黄兴为战时总司令，所有湖北军队及各省援军均归黄节制调遣。黄即偕吴兆麟、蔡济民等往汉口前线视察。11月1日汉口失守，吴兆麟及参谋部全体人员主张全力固守汉阳待援。在汉阳防御战中，参谋长李书城因不熟悉鄂军情况，又不明武汉地形，欲借用吴兆麟，几经磋商，都督府派吴率参谋数人

① 杨玉如：《辛亥革命先著记》，科学出版社1957年版，第61页。

② 曹亚伯：《武昌革命真史》（正编），第19页。

③ 张难先：《湖北革命知之录》，商务印书馆1946年版，第266页。

到汉阳布置防务。吴“即派参谋姚金镛、宾士礼、蔡济民、徐达明、吴醒汉、夏维善等,同往汉阳总司令部帮同办理军中一切事”①。27 日汉阳失守,黄兴乘轮东下赴上海。经吴兆麟建议,黎元洪委蒋翊武为护理战时总司令。

12 月 17 日,黎元洪被举为中华民国临时中央政府大元帅,扩编陆军为八师,吴兆麟兼第五师师长。12 月南北议和期间,吴兆麟继黄兴、蒋翊武之后担任民军战时总司令官。他为坚守武昌作出了贡献。1912 年 1 月,南京临时政府成立,黎元洪为副总统兼海陆军大元帅,吴兆麟任大元帅府参谋总长。

袁世凯任临时大总统后,黎元洪按照袁世凯的意旨,将吴兆麟等首义军官调出湖北前往北京。吴兆麟被晋升为陆军上将,授勋二位,并先后获大绶嘉禾章、文虎章,列名将军府将军。此后,他由于对袁政府反感,对革命党人也丧失信心,转而致力于社会福利事业。1922 年秋,章太炎发起辛亥首义同志会,举吴兆麟为武昌首义理事会主席。吴倡议修武昌首义公园,为革命残废军人征集资金等。同年,吴兆麟任樊口堤工总理,他亲自督率工人筑坝、建闸、修港。1924 年工程全部完竣,鄂城樊口一带万顷良田在每年春夏之交不再有被江水灌入淹没之虞。

吴兆麟晚年“皈依佛法,茹素诵经,不轻出门”②,一直靠领退役金生活。

1938 年 10 月,日本侵略军攻占武汉。既得知吴兆麟仍在武汉,乃以伪湖北省政府首席参议及“和平救国军”总司令等头衔,诱其投敌。吴以生病为由住进医院,实为拒绝。他目睹沦陷区惨痛景象,精神苦闷,于 1942 年 10 月 17 日怀忧病逝。1943 年 7 月国民政府明令褒扬。抗战胜利后,1947 年公葬于武昌卓刀泉。

---

① 曹亚伯:《武昌革命真史》(正编),第 230 页。

② 《吴兆麟行述》,《近代史资料》1982 年第 1 期,第 80 页。

吴 稚 晖

严如平

吴稚晖，原名朓，后名敬恒，字稚晖，晚号朏盦。1865 年 3 月 25 日（清同治四年二月二十八日）生。江苏阳湖人。吴稚晖家境清贫，六岁丧母，在无锡外祖母家长大。他七岁入塾，天资聪颖，生性顽皮，在外祖母督责下苦读经史不辍。终因无力再缴束修，于十七岁辍学，设馆授徒。1887 年，二十二岁的吴稚晖考取秀才，两年后考入江阴南菁书院。1891 年赴江宁乡试中举，次年赴京会试，落榜而归；1893 年转入苏州紫阳书院攻读。

1894 年，吴稚晖再次赴京会试落榜，时值中日甲午之战，清廷割地赔款，使吴痛感国势危殆，拥护变法维新。1897 年至天津任北洋大学堂汉文教习。1898 年初，他在北京彰仪门大街拦住左都御史瞿鸿禨的官轿，递折要求光绪帝实行新政；康有为发动“公车上书”，他亦签名于其上。戊戌维新之时，吴在无锡与友人创办小学堂，旋任上海南洋公学国文教习，1899 年升任南洋公学学长，创办群智会，结识蔡元培并成为密友。

1901 年春，吴稚晖自费赴日留学，入东京弘文高等师范学校。翌年夏，为促清驻日公使蔡钧担保九名留学生入成城学校事，率二十名留学生到驻日使馆静坐一星期之久。蔡钧恼羞成怒，报警惩处，吴以“妨害治安”罪名被日警驱逐出境。吴悲愤不已，在押送途中投河自尽“以尸为谏”，被日警救起，后由蔡元培护送回国。

吴稚晖回到上海后，与蔡元培、章太炎等组织爱国学社，任学监，为他们义务授课,并为《苏报》撰文以筹资办学,在爱国青年中进行反清革命的宣传。他们还发起张园演讲会,吴也登台抨击时政。1903 年 6 月《苏报》案发,吴遭通缉,乃逃离上海去香港。

吴稚晖至香港后,得友人帮助赴英国,在伦敦开始了半工半读的留学生涯,一面做排字工人,一面学习英语,每天十五六个小时不止。他在伦敦结识了孙中山,赞叹孙品格“自然伟大”。1905 年冬,吴加入同盟会,决心追随孙中山投身民主革命。翌年 12 月到巴黎,与张静江、李煜瀛等成立“世界社”,创办中华印字局;1907 年 6 月又发刊《新世纪》周刊,鼓吹民主革命,介绍蒲鲁东、巴枯宁等人的无政府主义学说。吴与孙中山在海外往还频仍,对于当时章太炎、陶成章攻击孙中山敛财自肥之说,多次在《新世纪》撰文为孙辩白。1909 年他将家人移往英国,自己在伦敦继续攻读英语,并研习写真铜版术等印刷术,博习化学、物理、天文、人种等,译《天演图解》、《荒古原人史》,著《上下古今谈》等科学知识读物。

辛亥武昌起义的消息传至伦敦,吴稚晖兴奋不已。他应孙中山之邀,放下正在撰写的《六千年史谈》文稿,自英回国,于 1911 年 12 月 28 日抵达上海。1912 年 1 月 4 日吴赴南京,应邀下榻总统府,与孙中山朝夕商谈国政。孙挽其出任中华民国临时政府教育总长,吴力辞不就,最后只允任“国语读音统一会”会长,表示要为中国文字不但“书同文”而且“语同音”而努力。他潜心创造注音字母,以求亿万文盲百姓能借助注音字母很快认识常用字。1917 年,他把读音统一会审订的《国音汇编》,按《康熙字典》的部首排列重新整理编排,再增列六千多字,总计达一万三千七百字,定名为《国音字典》,由商务印书馆出版,1920 年送请教育部公布发行。

辛亥革命后不久,革命党人中迅即滋生一股腐败风气,丑态百出。吴稚晖与蔡元培、李煜瀛以及汪精卫等发起建立了一个叫“进德会”的组织,提倡“八不主义”:不嫖、不赌、不置妾、不作官吏、不作议员、不吸烟、不饮酒、不吃肉。规定信奉前四条者为甲部会员,信奉前六条者为乙部会员，信奉八条者为丙部会员。吴是丙部会员，奉行甚笃。袁世凯在北京当上大总统后，以授勋之手段笼络老同盟会员，吴稚晖致书袁氏：“我等在民国为百姓头衔，自诩极品，安肯受公等公仆之勋位者！勿更以揶揄为消闲，侮弄书生。”宋教仁案发生后，他与蔡元培在上海创办《公论报》鼓吹讨袁，撰文痛斥袁氏“动摇国本”。“二次革命”失败后，吴再次流亡伦敦，后至巴黎。

1915年夏，吴稚晖与李煜瀛、蔡元培、汪精卫等人在巴黎发起“留法俭学会”，后又组织“华法教育会”，1918年又在上海建立“留英俭学会”，倡导勤工俭学运动。一时渴求留学海外博求新知的青年纷纷报名参加，周恩来、蔡和森、李立三、赵世炎、陈延年、陈毅、聂荣臻等爱国青年也络绎不绝地赴法，一面做工一面学习。吴稚晖在里昂筹办中法大学，于1921年建成，自任校长，在国内选了百余名青年，却拒绝在法之勤工俭学青年入学，遂引起风潮；后又因筹措经费无着，吴只得引咎辞职，前往伦敦。

吴稚晖1923年自英回国抵广州。此时孙中山正着手改组国民党，接受共产国际和中共的帮助，制定“联俄、容共、扶助农工”三大政策。吴稚晖颇不以为然，但因对孙甚为尊崇，未加干预。在1924年1月举行的国民党第一次全国代表大会上，他被选为中央监察委员。以后他连任第二、三、四、五、六届中央监察委员。

1924年11月孙中山北上，吴稚晖随后亦至北京，被孙指定增为中央政治委员会五委员之一。翌年3月孙中山病逝，吴随侍在侧，在孙遗嘱上签字，并参与治丧，扶柩移灵。嗣后他留在北京办海外补习学校，为国民党要员的子女出国留学做预习，蒋介石的儿子蒋经国、汪精卫的子女汪文惺、文婴、女婿何文杰等都来入学。

这时，国民党内林森、邹鲁等人以“忠于三民主义”为旗号，在北京西山筹划召开“国民党一届四中全会”，反对联俄联共，吴稚晖颇为赞同，乃参与其事，在第一次预备会议时被推为主席。但是他和戴季陶等人主张对汪精卫及跨党分子先采取较为温和的态度、从容协商，遭到一些激进分子攻击，戴被殴打愤而南下，吴也从此不再与会。不过他并未改变反共立场，离京到广州后，即与张静江等人一道，为蒋介石策划“整理党务”，建言甚多，被蒋介石尊为师长。北伐战争开始，蒋介石任总司令，吴代表国民党中央在誓师典礼上向蒋授旗并致词，俨然以国民党元老姿态出现。此后吴继续参与蒋介石反共清党的谋议，于 1927 年 4 月 2 日在上海举行的国民党中央监察委员紧急会议上提出了一份《请查办共产党文》，为蒋介石制造“四一二”政变铺平道路。

蒋介石在“四一二”政变后，在南京另立国民政府，与武汉对峙，吴稚晖极表赞赏，在成立大会上发表了演说。此后，蒋介石遇有内讧、争斗、训政、“剿共”中的难题，每每屈尊求教，吴亦甘为出谋划策，奔走说项，不遗余力，但他表示：“官是一定不做的，国事是一定不可不问的。”拒任监察院长之职。

1930 年初，冯玉祥、阎锡山联盟反蒋，中原大战蓄势待发，吴稚晖 3 月 13 日致电冯玉祥，责他“虚悬爱民之志，徒老垂白之头”，“甘心充当阎锡山之傀儡”，帮蒋介石制造声势。1931 年 5 月，汪精卫联合反蒋各派在广州召开非常会议，另立国民政府，吴稚晖抨击他们是“垃圾堆里的人物，臭气冲天”。蒋介石曾打算聘他为中央大学校长，他闻讯后即在《中央日报》声明：“敬恒支离浪迹，方贻世笑，忽又以中央大学校长清衔与贱名连绵，如何滑稽！务求即日取消，虽一日变名，乃不敢当。良以事太离奇，故敬恒敢极端否认，免重罪戾也。”后仅任国语统一筹备委员会主任。他仍热心于语音统一和注音字母，于 1930 年将“注音字母”改称“注音符号”，于 1932 年 5 月将《国音字典》改编为《国音常用字汇》公布发行。

“九一八”事变后，日本帝国主义加紧侵华步伐，接着又制造“一二八”事变。我十九路军奋起反抗，爱国军民同仇敌忾。吴稚晖于 1932 年 3 月 1 日在国民党四届二中全会上亦提出《救国纲领意见》及《抗日救国纲领草案》，但是汪精卫主持的这次会议，仍然是主张和谈的调子甚高，会后发的宣言称“外交与军事相辅而行，尤须衡情审变，由统筹民族利害而决策，不以应付国内环境而定计”。吴的两个提案也就被束之高阁。1937年卢沟桥事变后，吴稚晖出席蒋介石召集的国防会议，参与商讨抗日决策。战事日亟，他随国民政府迁往重庆，离开南京时在寓所的墙壁上题诗：“国破山河在，人存国必兴。倭奴休猖獗，异日上东京。”1938年12月18日，汪精卫偕陈璧君等出逃叛国，经昆明去河内。吴稚晖与汪氏夫妇有数十年友谊，闻其出逃大为惊讶，写信给陈劝彼等切勿做出“将令全球腾笑、万世唾骂”的事情来，还说：“引刀成一快，不负少年头。人皆信元老之颜面更华贵于少年之头也。”然而汪、陈一意孤行，公开发表“艳电”投敌，吴稚晖气愤至极，在1939年1月1日国民党中央紧急会议上，怒斥汪之无耻行径，提出《永远开除汪精卫党籍案》获得通过。此后他多次撰文斥责汪丧良无耻，卖国求荣。

1943年8月，国民政府主席林森因车祸身亡，蒋介石请吴稚晖继任主席职，吴自喻不过是“闯进大观园的刘姥姥”婉言谢绝。后来蒋自任此职，他又被请了出来，代表国民党中央监誓并致祝词。抗日战争胜利后，年已八十的吴稚晖从重庆到上海，寄寓民居，粗衣粝食，洒脱人生。他仍常常被蒋介石拉去南京，曾端坐在1946年11月和1948年3月的国民大会主席台上。在蒋介石就职当总统的典礼上，他又出任“监誓”的角色，接着被聘为“资政”。

吴稚晖生平为人、处事、言谈、教学，多与常人不同，特立独行。他原本是一个苦读经书、做八股文的秀才、举人，但自留学日本、英国后眼界大开，提倡科学工艺以促社会进步，说“科学本身，原是永久有益人类的一种动力”，“世界的进步，只随品物而进步。科学便是各物最有力的方法”。他早年虽习得桐城派古文笔法，但三十岁以后崇尚语出天然，用文至情至性，不避粗俗俚语，绝不矫饰造作。王云五说他“简朴平凡中现出严谨，在淡泊宁静中热心教育，在幽默风趣中具有高雅”。他从不做寿，遇有人送礼，他一概以“放屁”二字拒之。六十岁时，同乡好友在上海为他大摆寿宴，贺礼满桌，他拒不赴宴，独自去了杭州。七十岁时躲在黄山。八十岁时蒋介石赠以十两黄金，他送家乡办了所中学。

他居常布衣简履，健步行走，六十五岁之后遍游名山大川，说是借以练练脚力。年届八十，仍步行出门开会，或健走十余里登门访友，不肯乘车。他追求生活的简朴与自然，厌恶繁文缛节，平时爱上小茶馆，爱吃小饭铺，往返南京、上海也不愿进头等车厢或包房，而喜在三等车里，“图个自由自在”。他崇尚“手脑并用”，说人人皆应学虞舜，不仅学才学，还应通农商，主张居室陈设应以斧凿锯刨代替钟鼎字画。他用积蓄在南京购置了一座“六亩园”，建屋供同乡子弟在南京求学、办事用。并留下遗嘱“把余下的钱送给亲戚”，又说自己“生未带来，死乃支配，可耻”。

1949 年 2 月 24 日，八十四岁的吴稚晖离开上海至台湾。他虽列名中研院院士、国民党中央评议委员，但意态消沉，深居简出。1952 年因摄护腺肿大和尿毒症住进台湾大学附属医院。1953 年病情加剧，弥留之际蒋经国执弟子礼守护在其身旁。10 月 30 日逝世。蒋介石题“痛失师表”匾额为挽，并亲临致祭。吴之遗体由蒋经国等送去火化，后在金门岛海葬。

吴稚晖一生著述甚多，1969 年辑成《吴稚晖全集》十八册于台北出版。

主要参考资料

杨恺龄编：《民国吴稚晖先生敬恒年谱》，台湾商务印书馆 1981 年版。

罗家伦、黄全集主编：《吴稚晖先生全集》，台北国民党中央党史委员会史料编委会 1969 年版。

朱传誉主编：《吴稚晖传记资料》，台北天一出版社 1985 年版。

汤承业：《吴敬恒述传》，台北世界书局 1987 年版。

吴 忠 信

沈荆唐

吴忠信，字礼卿，又字守坚，号恕庵。安徽合肥县（今合肥市）人。1884 年 3 月 15 日（清光绪十年二月十八日）生。其父吴继隆，以耕读传家。吴忠信幼失怙恃，依赖兄长抚养成人。1900 年就读于南京江南将弁学堂，1905 年毕业后奉派赴镇江办理征兵事宜，旋入新军第九镇，任第三十五标第三营管带。

20 世纪初叶，革命思潮在爱国青年中传播。吴忠信痛感清廷之腐败与国家之危亡，1906 年由杨卓林介绍秘密加入同盟会，在新军第九镇官兵中积极宣传革命，事为两江总督端方侦悉，欲置诸法，第九镇统制徐绍桢力保得免。嗣后改任第三十五标正执法官，1908 年调任二等参谋官。

1911 年辛亥武昌首义爆发，吴忠信加紧发动官兵响应革命。其时第九镇统制徐绍桢也倾向革命，于 11 月 8 日在秣陵关誓师起义，吴忠信任总司令部总执法官兼兵站总监。徐绍桢率领各标、营人马分三路攻南京城，与清军张勋之江防军激战。旋苏、浙、沪各军组成江浙联军，徐为联军总司令，分兵四路协力进攻，南京于 12 月 2 日光复。1912 年元旦，南京成为中华民国临时政府所在地，徐任首都卫戍总督，吴任警察总监，协力维持首都秩序。

袁世凯继任临时大总统，在北京组织政府后，吴忠信改任宁、镇、澄、淞四路要塞司令。不久他到上海任同盟会机关报《民立报》经理兼代社长，协助于右任甚力。

1913年7月，孙中山发动“二次革命”，吴忠信随同黄兴自上海去南京，迫使江苏都督程德全宣布独立，组织江苏讨袁军，吴忠信再任南京警察总监。不久，“二次革命”失败，孙中山、黄兴逃亡日本，吴忠信亦东渡躲避。孙中山总结“二次革命”失败的原因是党内精神涣散、组织纪律松弛，决定组建中华革命党。吴忠信拥护孙中山的决定，加入中华革命党，并进入革命党在东京开办的政法讲习所学习。1915年初，吴受孙中山指派回到上海，开展反袁军事斗争。后来陈其美到上海主持反袁斗争，吴参与策划刺杀上海镇守使郑汝成及策动肇和舰起义等行动，为筹措革命经费，协助陈其美四处奔走。1916年5月18日，陈其美误中奸计遭袁世凯收买的凶手枪击，吴忠信夺门追寻凶手，不慎摔倒，磕掉了一颗门牙。

袁世凯毙命后，段祺瑞控制北京政府，拒绝恢复《临时约法》和召开国会。1917年7月，孙中山南下广州组织军政府揭橥护法。吴忠信随后奉召去粤，被任命为粤军上校参谋，协助第二支队司令许崇智指挥作战，在攻闽战役中，连续攻克武平、上杭、龙岩、漳州等地。上杭之役北军固守，吴冒险入城，费十小时的口舌，终于说服北军周永桂率部反正，建立奇功。嗣后吴升任粤军第七支队司令兼汀州绥靖主任，于1918年12月率部攻占延平。1920年8月，粤军回师广东讨伐桂系军阀陆荣廷，担任第七独立旅旅长的吴忠信率部奋勇作战，连克梅县、兴宁、五华、回龙等地。1921年5月，孙中山由上海回广州，就任非常大总统，下令出兵广西。吴忠信被任命为攻击桂林的总指挥，率部迅速推进，先占桂林，又克龙州，迫使陆荣廷等人先后逃走。11月15日，孙中山在桂林建立北伐大本营，准备假道湖南出师北伐，吴忠信被任命为桂林卫戍司令，旋又兼任大本营宪兵司令。由于陈炯明的阻挠和破坏，孙中山决定改道江西北伐，在韶关设立大本营。吴忠信建言孙中山先回广东稳定后方，再行北伐，孙不以为然。孙中山此时正谋联络皖系段祺瑞、奉系张作霖，以组成“三角同盟”共同讨伐直系曹锟、吴佩孚，乃派吴忠信为全权军事代表，北上联络。吴忠信到达上海，因直奉战争结束，奉系退往关外，直系已完全控制北方局势，遂未再北去。此后因病回苏州蛰居三年多。

1926年夏，广州国民政府出师北伐，11月，吴忠信应蒋介石之邀至南昌，任总司令部顾问，从此成为蒋介石的幕僚。次年3月北伐军进占上海，吴任江苏省政府委员、淞沪警察厅厅长。1928年6月北伐结束后，蒋介石以“裁军”、“建设”相号召，“编遣”各地方实力派系的兵力，吴忠信被委派为河北编遣委员会主任委员，在蒋介石与冯玉祥、阎锡山、李宗仁的激烈争吵中进行斡旋，但收效甚微。1929年2月，吴出国考察菲、新(加坡)、埃、法、德、意、挪、瑞士、美、日等国政治、经济、社会制度等，至年底才回到国内。

吴忠信于1932年3月出任安徽省政府主席。他推行首席县长制，实施保甲制，以加强地方统治。着手修建芜湖至南京的公路，以促进沿线地区的经济发展。将全省财政年度预算从一千六百万元减为九百余万元，以节约政府开支。但他无力扭转各级官吏的徇私舞弊和挥霍浪费，更经不住大小官吏对他的诘难与攻击，不得不于1933年5月辞职。嗣后吴挂名南昌行营总参议，回到苏州家中赋闲一年多。1935年4月，又被任命为贵州省政府主席。吴整饬吏治，着力修筑川黔、湘黔、桂黔、滇黔等公路，设地区调查所及整理农事试验场，以改善地方经济。他专理政务，而请蒋介石派陈诚来黔“追剿”长征至黔的工农红军。吴颇注意同接壤的广西搞好关系，调和蒋桂之间的矛盾。

1936年8月，吴忠信出任国民政府蒙藏委员会委员长，推行国民政府的边疆政策。

1940年初，吴忠信代表国民政府进藏主持十四世达赖喇嘛坐床典礼，代表中央政府指示西藏各项方略，体现中央政府对西藏的管辖治理。

1941年9月，吴忠信作为甘、宁、青区党政工作考察团团长，率团考察了三省的党政工作及经济、交通等。他在青海看到占据甘肃河西走廊的马步芳、马步青兄弟之间不和，经过一番策动，使马步芳将河西走廊交由蒋介石的嫡系胡宗南部驻扎，为蒋介石下一步进入新疆打开了通道。1942 年 8 月，吴忠信陪蒋介石及宋美龄赴西北各省巡视，至兰州、西宁、嘉峪关等地；并继续陪同宋美龄飞抵迪化笼络长期统治新疆的盛世才。

1944 年 9 月，吴忠信接替盛世才出任新疆省政府主席兼保安总司令。他提出天理、国法、人情并重的治理方针，采取了清理监狱、宣抚地方、敦睦邦交三项措施：释放了被盛世才无理关押的各民族代表人物包尔汉、马良骏等人，以及赵丹、王为一、徐韬等一批文艺界人士，共二千余人；成立"宣抚委员会"，派员分赴伊犁、塔城、阿山等地，笼络各族政教界人士；改善与苏联驻迪化总领事馆的关系，派出专人进行"敦睦"事宜，不准报刊刊载反苏反共文字。为控制局势，他飞赴青海与马步芳商量，将骑五军调入新疆；并请第八战区司令长官朱绍良常驻新疆，代管保安司令部。由于伊犁、塔城、阿山三地区人民反对国民党的革命斗争蓬勃发展，新疆局势严峻，吴忠信一筹莫展，急电重庆请求驰援。后经苏联驻华大使出面调停，张治中代表中央抵新疆与三区代表谈判，达成和解协议。吴忠信随即辞去新疆省政府主席及保安总司令的职务，交由张治中接任。

1947 年 4 月，蒋介石改组国民政府，吴忠信列名为国民政府委员。翌年 5 月，蒋介石出任总统，聘吴为"总统府资政"。由于蒋介石发动的内战在辽沈、平津、淮海三大战略决战中溃败，实行币制改革、收兑金银外汇、限制物价的政策更使社会陷于混乱，国民党统治摇摇欲坠。蒋介石在被迫下野前，特地任命吴忠信为总统府秘书长。吴不负蒋之重托，事事按照蒋的旨意行事，阻挠李宗仁行使总统职权。1949 年 7 月，蒋介石在广州组建国民党中央非常委员会，吴列名为委员。

吴忠信到台湾后，在蒋介石复职重任"总统"时，仍为"总统府资政"；此后又被选为台湾国民党中央评议委员、中央纪律委员会委员，1953 年 7 月任台湾国民党中央纪律委员会主任委员。1959 年 12 月 16 日因病在台北去世。

主要参考资料

刁抱石编:《民国吴礼卿先生忠信年谱》,台湾商务印书馆 1988 年版。

金绍先:《忆述国民党元老吴忠信》,中国人民政治协商会议全国委员会文史资料研究委员会编《文史资料选辑》总第 118 辑,中国文史出版社 1989 年版。

李宗仁口述,唐德刚撰述:《李宗仁回忆录》,广西人民出版社 1988 年版。

张治中著:《张治中回忆录》,文史资料出版社 1985 年版。

武 百 祥

辛培林

武百祥，又名作善。1879年2月4日（清光绪五年正月十四日）生于河北乐亭县何新庄。其父武士信，业农，自耕为生。武百祥九岁入本庄私塾读书。

1892年7月，武百祥随其舅父何善荣到长春，经推荐入万发号杂货铺学徒，次年改到万发德粮铺，三年后由学徒升管账。1900年，沙俄侵略军进犯我国东北，武百祥返回家乡避难，当了四个月“货郎”。次年，时局平定后，他又回到长春。1902年，他随人到哈尔滨寻友“开关”（即开赌场），但无结果。于是，又别谋生计。1903年，武百祥同友人合资小洋二千五百元，创办了“同记”杂货店。翌年日俄战争爆发，东北与关内交通中断，关内货物不能运到东北，哈尔滨成了东北三省商业货源的主要商埠。这时，武百祥向外国钟表行招揽生意，从中获利。1906年，因内部不和散伙，“同记”闭歇。

1907年初，武百祥来往于哈尔滨、长春之间，用“羌帖”①倒换现大洋，从中牟利。后因不慎，钱款全部被盗。他受此打击后，无意经商，沉溺于吃喝玩赌之中。几个月后，在亲友的规劝下，他又重新开业，商号仍用“同记”。当时，英式鼠绒皮帽在哈尔滨畅销，武百祥见有利可图，便买了一台手摇缝纫机，自己仿制了二百多顶出售，赚钱三百多元。1908年初，他同赵惮唐、王熙瑞合资四千元，共同经营“同记”。此后，

---

① “羌帖”即清末民初东北各地对流通于中东铁路沿线的帝俄纸币的俗称。

武百祥工商兼营，使“同记”得到了迅速发展。他继续扩大英式皮帽生产，办起了“同记工厂”，“同记”的牌匾也添上了“帽店”字样。这样，哈尔滨英式皮帽的生产几乎为“同记”所独占，并遍销东北三省及海参崴等地。1914 年，武百祥又在哈尔滨设立了服装工厂，在齐齐哈尔创办了“同记”分店。1917 年，他在松花江北置地三百多垧，办起了猪繁殖场。1920 年，他乘“羌帖”停用，哈尔滨金融市场混乱之机，开设了“同记钱庄”。翌年 10 月，将道外头道街的小楼改建成四层大楼，雇用店员一百多名，开设了“大罗新百货店”。这一年，“同记”工商两方面共盈利现大洋三十余万元。

1922 年，“同记”遭到了第一次世界大战后的第一次经济危机的冲击，工厂又不慎失火，楼房、机器、货场大部分烧毁。在外部索债、内部涣散的困境下，武百祥收缩营业范围，减少开支，渡过难关。此后，他大力经营，使其经商活动进入了“黄金时代”。1927 年，他用八十九天时间建成了“同记商场”；盘进了“益丰源”百货店后，开设“大同”百货店。这样，在哈尔滨的商业中心地区，武百祥的“同记商场”、“大罗新”和“大同”百货店三足鼎立，经营商品达二十三类三千余种；当时仅有二十五万人口的哈尔滨，到“同记商场”、“大罗新”和“大同”的顾客，年达六百万人次以上；这里也是外埠商人到哈尔滨采购货物的唯一去处。从而，武百祥垄断了哈尔滨的百货市场。在此期间，他雇用固定工人一千三百人、临时工三四百人、店员七八百人，年终获利达上海规银①二十三万六千五百两。然而好景不长，1929 年，第二次世界经济危机接踵而至，“同记”因有七十余万元的“金票”②债务，又陷入了绝境。武百祥束手无策，拟将“同记”关闭。哈尔滨市政当局担心这将会给哈尔滨经济

① “上海规银”即规元，是 1933 年前上海通行的一种记帐货币，只作记帐用，并无实银。

② 1929 年前，日本实行金本位，当时对日本在东北各地发行和流通的日本纸币统称为“金票”。

发展造成严重影响，便召开了“同记债权大会”，决定将其债务一律展期三年偿还，方使它勉强维持下来。

伪满洲国期间，日本帝国主义加紧对中国的经济侵略，陆续实行了棉花、皮毛、皮革、粮谷等物资的统制法和生活必需品的配给制，发行了名目繁多的公债，制定了“七二五停价令”等措施，残酷扼杀和疯狂掠夺中国民族工商业，使“同记”每况愈下。1942 年，同记工厂倒闭。1944 年，同记商场歇业，大罗新百货店也处于销售残存商品的不死不活、奄奄一息的状态。

1946 年 4 月 28 日，东北民主联军进入哈尔滨，民族工商业得以复苏。武百祥相继开办了制毛、皮革、制染、针织等工厂和“百善牧场”。“同记商场”死而复生，得到迅速恢复和发展。1950 年盈利近四十亿元①。1955 年末，他出席全国工商联执委扩大会议，表示拥护中国共产党对资本主义工商业进行社会主义改造和采取的赎买政策，积极申请公私合营，在哈尔滨工商界中起了带头作用。1955 年 12 月 2 日，正式宣布同记商场股份有限公司实行公私合营，武百祥被安排为哈尔滨市百货公司经理。

武百祥由一名学徒成为拥资百万的资本家，“同记”由一个小杂货铺发展为雄踞东北的大工商企业，重要原因是他经商“与众不同”，能够坚持“仿洋”、“革新”，较早地实行一套资本主义的经营方针、管理方法和营业手段。正如他自己所说，他“能在中国商业场中首先革新，不畏人言，不怕失败，处处采取新法，以作商业界的先导”②。如 1911 年 10 月，他赴天津办货，亲自到外国租借地学习外商经营方式。1920 年他又到天津、南京、上海和日本的大阪、横滨、东京、横须贺等地参观工商业发展情况。他还派员随莫德惠组织的欧洲参观团到苏联、波兰、法国、英国、德国、瑞士参观学习。同记商场、大罗新百货店不仅门面的修

① 指当时的东北流通券。

② 武百祥:《大罗新商店政策》，哈尔滨市档案馆，第 12 页。

饰是“洋门脸”，而且内室的布置、商品的陈列和点缀，也都务求与外国洋行相仿。在哈尔滨的中国商界中，他首先采用资本主义国家商店的明码标价、使用包装纸等售货方法。他还利用美国花旗、英国汇丰、日本正隆和苏联远东等银行的资金，扩大经营，为日商、俄商代理批发和零售，甚至在日本设立驻庄，采购货物，从日本和欧洲进货率曾高达百分之五十四以上。武百祥以“洋”取胜，招徕了大量中外顾客，生意兴隆，竞争者望尘莫及。

他制定了“利公司、利劳资、利顾客、利同业”的经营方针。他对进货价款的偿付，打破了旧商号通行的春节、端午节、中秋节清账的常规，首创了随时支付的办法，这既“利公司”，又“利同业”，博得到了好评，赢得了信誉。1925 年，他仿照资本主义国家企业公司制办法，将旧的“份子制”改为“薪金分红制”，即盈余按“东六西四”的比例进行分红。这个改革驱使职员、店员热心经营。后来，武百祥看到“各国劳资间的冲突日甚一日，欲想防止这种冲突，其最主要的办法就是先使劳动与资本间的利益均等”①。于是，他将“同记”改组为股份有限公司，把一百三十九名职员变为股东，使他们尽己所能，改变经营消沉的局面。

在管理上，武百祥以“良规善法”为准绳，多次修订铺规，形成了一套完整的管理制度。他对职员管理尤为严格，不仅使他们守规尽职，各司其事，还要求他们身为表率，弃绝嗜好，禁止吃喝嫖赌，倘有违犯，轻者记过，重者开除。他对店员的选择和训练，也与其他商号迥然不同，规定店员要有高小文化程度，录用时要经过训练和考试。为此，他曾在哈尔滨和河北省乐亭县设立培养新店员的学校，由他和“同记”的经理、各部主任亲自授课。他还给店员比较优厚的福利待遇，使工人和店员更加依附于“同记”。

武百祥的另一个重要的经营手段是在营业宣传上利用报纸、广播进行广告宣传，派人到各地张贴标语、图画，甚至雇用百余辆人力车，敲

① 武百祥:《大罗新商店政策》，哈尔滨市档案馆，第 16 页。

锣打鼓，贱卖商品，形式新颖，灵活多样。他的经营方针、管理方法和营业手段，为哈尔滨"多数商店效法步趋"，起到了示范和推动作用。

武百祥信奉基督教。1914 年 2 月，他在哈尔滨入丹麦牧师马继良办的基督教夜校学习英文、俄文和圣经。1915 年 10 月 4 日正式领洗入教，并在"基督教信义会"中任司库执事。1924 年，他成立了"教友生产合作社"，1927 年，成立了"职工青年会"，下设多种传道机构，向工人、店员灌输"仁慈"、"博爱"思想，他主张不用外国牧师，退出了"基督教信义会"，成立了"自立、自养、自传"的哈尔滨西门脸"中华基督教会"，任执事长和牧师。"九一八"事变后，他对日本帝国主义的侵略不满，终日在圣经院教授音乐和识字班。1936 年，他入圣经院增设的神学院读书，1940 年毕业后继续在圣经院任教。

1946 年哈尔滨解放后，武百祥先后担任哈尔滨工商联合会副主任，社会事业协会理事长、政协副主席、民主建国会副主任、人民代表、人民政府委员及全国工商联合会执行委员、全国政协第二届委员等职。1957 年"反右"运动中被划为右派。1959 年，摘掉右派帽子。1966 年 9 月 6 日，武百祥去世。1979 年被平反，恢复了名誉。

主要参考资料

中共哈尔滨市委统战部档案：《武百祥卷宗》。

哈尔滨市整理私人工商业历史资料委员会编：《同记商场五十年概况》。

伍朝枢

郑则民

伍朝枢，字梯云。广东新会人。1887 年 5 月 23 日（清光绪十三年闰四月初一）出生于天津。父亲伍廷芳，清末曾在直隶总督李鸿章幕下办理洋务多年，1896 年受清政府命为出使美国、西班牙、秘鲁大臣（即公使）；1911 年武昌起义后，曾任民军方面的议和全权代表、南京临时政府司法总长、北京政府代总理、广东护法军政府外交部长等职。伍朝枢 1897 年随父前往美国，在华盛顿等地受小学和中学教育。1905 年回国，先后在广东劳工局和农工实业局任职。1908 年得官费派赴英国留学，先入伦敦大学攻读法律，毕业后继进林肯法律研究院，取得了大律师的资格①。

伍朝枢 1912 年春学成归国，正当袁世凯继任中华民国临时大总统，得到全国统治权之时。5 月伍被派任湖北都督府外交司长，9 月调入北京外交部办理条约事宜。次年列名为广东选出的首届国会议员，并为国民党籍的宪法起草员②。这时他援引国际公法撰写论文，在英国伦敦《泰晤士报》上发表，为争取各国承认中国政府制造舆论。1915 年被任为国务院参议兼外交部参事。1916 年 1 月袁世凯复辟帝制，任

---

① 陶履谦：《伍梯云先生行状》，邹鲁编著《中国国民党史稿·列传》，中华书局 1960 年版。

② 中国史学会主编：《中国近代史资料丛刊·辛亥革命》（八），上海人民出版社 1957 年版，第 596 页。

伍朝枢为"洪宪政府"参议。他提出辞职未获准,一度托词请假在家。

1916 年 6 月袁世凯死后,黎元洪继任总统,段祺瑞任国务总理,翌年黎、段即发生了以美、日帝国主义为背景的"府院之争",伍朝枢和担任外交总长的伍廷芳先是站在黎元洪一边反对段祺瑞,稍后又反对黎元洪屈服于张勋下令解散国会的不法行为。9 月孙中山在广州建立护法军政府,伍朝枢随伍廷芳南下参加护法运动。孙中山任命伍廷芳为军政府外交部长,伍朝枢为外交部次长。1919 年,护法军政府决定派王正廷、伍朝枢等与北京政府代表组成中国出席巴黎和会代表团。伍朝枢虽然没有全权代表的名义,但他在巴黎和王正廷一起,对拒绝在损害中国主权的"巴黎和约"上签字持比较积极的态度。在国内人民和旅法华侨、留法学生的斗争压力下,中国代表团终于拒绝在"巴黎和约"上签字。

1921 年 5 月,孙中山再次到广东就任非常大总统,任命伍廷芳为外交部长兼财政部长,伍朝枢为外交部次长。

陈炯明 1922 年 6 月公开叛变孙中山,炮击总统府。孙中山在永丰舰上率各舰反击叛军,伍廷芳和伍朝枢坚决站在孙中山一边。他们接受孙中山的指示,通告各国驻广州领事,希望外国代表严守中立,勿助叛军。正在此时,伍廷芳突然病逝,伍朝枢为父办理丧事之后,转赴上海。

1923 年 2 月,孙中山重返广州,成立陆海军大元帅大本营,派伍朝枢为外交部长。伍协助孙中山起草对外宣言的英文原稿,6 月 29 日以《大元帅对外宣言》发表。宣言揭露北洋军阀政府得到帝国主义列强"以精神上、物质上之援助",维持了黑暗腐败的统治,使"人民受害,水深火热,情况之惨,殆难言罄",希望各国"不干(中国)内政,严守条约,同谋列强之利"①。此后,孙中山为收回关税主权,并解决军饷问题,坚决向美、英等国交涉,要求提取被无理剥夺的部分粤海关关税余款。对

① 中国社会科学院近代研究所近代史资料编辑组:《陆海军大元帅大本营公报选编》,中国社会科学出版社 1981 年版,第 100—101 页。

此，北京外交团致电广州政府，叫嚣要采取强硬手段；同时调集在黄埔的军舰，进行威胁。伍朝枢奉孙中山之命以外交部名义复照北京外交团，驳斥其谬论，指出："中国海关始终为中国国家机关，本政府辖境内各海关，自应遵守本政府命令。且关税之汇交北京，不啻资助其战费，以肆其侵略政策。"因此，截留关余"乃完全中国内政问题，无与列强之事"①。

1924年1月，孙中山在广州召开了有共产党人参加的中国国民党第一次全国代表大会，决定了"联俄、容共、扶助农工"三大政策，改组了国民党。伍朝枢等一些人表面随和，而实际抱阳奉阴违态度。早在大会召开之前，他们就以国民党广州市党部为据点，背着孙中山进行一些反对共产党的活动，并对工农运动的兴起表示畏惧。"他们本来也是不赞成改组国民党，不赞成三大政策的，但是他们在当时革命形势节节向前推进的情况下，只有暗中反对，消极怠工，却不敢公开说反对的话。"②2月20日，国民党中央常务会议决定任伍朝枢为商民部长。

初夏间，伍朝枢奉命赴天津、沈阳会见段祺瑞和张作霖，商讨有关联合反对直系统治的问题③。7月国民党中央设立政治委员会，孙中山任主席，伍为委员兼秘书长。8月下旬，以陈廉伯为首的商团策划运输大批枪械入口，阴谋发动武装叛乱。孙中山命令将枪械全部扣留在黄埔军校。伍朝枢主张商团事件"和平解决"，表现了迁就妥协的态度。

1925年6月，发生了英帝国主义者枪杀中国示威群众的广州"沙基惨案"，激起了我国广大人民群众的愤慨，伍朝枢以大本营外交部长名义向北京公使团提出严重抗议。7月国民政府在广州正式成立，伍朝枢任国民政府委员、军事委员会委员、司法委员会主席兼广州市政厅

---

① 《广州民国日报》1923年12月25—27日。

② 何香凝：《我的回忆》，中国人民政治协商会议全国委员会文史资料委员会编《回忆辛亥革命》，文史资料出版社1981年版，第42—43页。

③ 何国柱：《孙、段、张联合推倒曹、吴的经过》，杜春和、林斌生等编《北洋军阀史料选辑》下册，中国社会科学出版社1981年版，第111—112页。

委员长。这期间,伍朝枢同胡汉民、孙科、吴铁城等保持密切关系,参加他们的一些集会,对国民党左派廖仲恺坚持孙中山的三大政策表示不满。11月伍被任命为司法调查委员会主席,着手调查广东的司法状况。

1926年1月,中国国民党第二次全国代表大会在广州召开,伍朝枢当选为中国国民党第二届中央执行委员。会后,担任司法行政委员会委员,一度代行主席。2月兼任黄埔开港计划委员会委员。

3月20日,蒋介石制造“中山舰事件”以后,召开国民党中央政治委员会,讨论中山舰事件处置办法,伍朝枢也出席了会议,不久还和蒋介石等人一起发表通电谴责西山会议派在上海召开会议。由于这时蒋介石和汪精卫、胡汉民矛盾激化,伍朝枢和汪、胡原来关系密切,因此同蒋介石的关系比较冷淡。5月30日,蒋介石在广州逮捕新改编的第十七师师长吴铁城,伍朝枢和孙科等为吴向蒋缓颊无效,便告假离粤,经香港回上海寓居。

1927年4月,蒋介石发动政变后在南京成立国民政府,7月汪精卫相继“分共”清党,国民党内几派势力一度取得了妥协,9月南京国民政府改组,伍朝枢被委为外交部长。伍先是发表外交声明,表示对帝国主义国家“不采暴动手段”,维护“友好关系”。此后采取了一些收回主权的外交举措,如宣布收回部分关税自主权,发布进口关税暂行条例、出口税条例等。接着于11月23日发表了“对外请求废约宣言”,宣称:“凡从前北京政府与各国所订各种不平等条约,现今无存在之理由。”①还表示:“对于重要悬案,国民政府准备适当时期,以公平及互谅之精神,设法解决。”②但列强置之不理。12月,南京国民政府宣布“撤销承认”苏俄的领事,伍朝枢命令全国各省对苏俄商业机关、银行、商店、轮船公司勒令停业。

---

① 洪钧培编:《国民政府外交史》第1集,华通书局1930年版,第235页。

② 洪钧培编:《国民政府外交史》第1集,第241—242页。

1928年初，南京国民政府改组，黄郛继伍朝枢为外交部长。伍与胡汉民、孙科均下野，同往印度、埃及、土耳其及欧美游历。5月，北伐奉系途中，日本军队炮轰济南造成“五三”惨案。南京国民政府委派伍朝枢赴美国，游说美国政府和社会舆论支持和援助中国。7月伍任国民政府全权代表，与美国谈判修改条约的问题。1929年1月任驻美国公使，同美国方面多次谈判，为双方签订“整理中美两国关税之条约”奠定基础。在新的条约中，美国仍然没有放弃“利益均沾”的对华政策，继续保留着和他国“应无区别”的“最惠国待遇”。伍代表国民政府多次要求美国政府放弃在华的领事裁判权，均遭拒绝。9月，伍奉命赴日内瓦，出席国际联盟第十届大会。翌年在参加国联第十一届大会时，被选为国际联盟行政院理事。

1931年4月，以蒋介石软禁胡汉民为导火线，国民党内汪精卫、孙科等反蒋势力在广州召开“非常会议”，另组国民政府，反对以蒋介石为首的南京国民政府，形成宁粤分裂的局面。伍朝枢闻讯于6月15日离驻美公使职位，回到广州，被任命为广东省政府主席兼琼崖特别区长官。“九一八”事变后，宁粤双方于10月底在上海举行会谈，伍朝枢被推为粤方代表之一。双方从10月27日至11月7日，在上海伍朝枢住宅举行了七次会议，在中央政制、党务、外交等问题上达成一些协议，结束宁粤对立局面①。伍朝枢被任为司法院院长、国民政府委员。但他想到自己并无实力基础，没有就职，连广东省政府主席也一并辞去。他曾打算就任西南政委会常委兼琼崖特别区长官，进行某些开发工作。消息传出后，立即受到地方实力派的抵制。伍朝枢不得不亦辞职，移住香港，一度到北平、绥远等地旅行。

1934年1月3日伍朝枢在香港病逝。

① 《历史档案》1982年第1期，第70—76页。

伍 连 德

陈 民

伍连德，祖籍广东新宁（今台山），1879 年 3 月 10 日（清光绪五年二月十八日）生于马来亚的槟榔屿。父亲伍祺学是学徒出身的金店老板。伍连德七岁时在槟榔屿进英国人办的学校学习，1896 年考取英女皇奖学金，进英国剑桥大学意曼纽学院（Emmanuel College）学医。他刻苦用功，成绩优异，曾多次获得奖金和奖章，还获得免费进伦敦圣玛丽医院（St. Mary's Hospital）实习三年的奖励，成为在该医院实习的第一个中国人。通过实习，他的医务技术大有提高，而且由于外出接生，接触到英国平民的生活现状，使他初步认识到资本主义社会的贫富不均①。

伍连德于 1902 年获得医学士学位，毕业后又得到母校资助，先后去德国哈勒卫生学院和法国巴士特研究所，研究细菌处理和破伤风病症。1903 年，他以有关破伤风细菌的论文，出色地通过剑桥大学医学博士的考试。随后回马来亚，到新成立的吉隆坡医学院研究热带疫病。

---

① 伍连德在自传中写到在圣玛丽医院实习期间外出接生的情形："自从进入几家产妇的房屋。我才认识到 19 世纪末英国平民的生活状况。房子狭小而肮脏，很少家具，连放医药用具的桌子也没有，热水也不够用，有几家甚至连床也没有，只在地上铺些干草，产妇就躺在上面等待分娩。见到这样的穷苦的英国人，同在殖民地看到的那些养尊处优的英国人形成鲜明的对比，真是令人大开眼界。"见 Wu Lien-te：*Plague fighter; the autobiography of a modern Chinese physician*，pp189—190，Cambridge [Eng.] W. Heffer，1959.

1904年底，伍连德完成热带疫病的研究工作，回槟榔屿挂牌行医。由于受著名华侨医生、社会活动家林文庆的影响，医务之余，也注意为社会服务，致力于社会改革，如反对赌博和禁吸鸦片烟、主张男人剪掉辫子、提倡女子教育以及开展体育运动等。

1907年，伍连德接受清廷直隶总督袁世凯的聘请，回到国内。翌年9月到达北京后不久，正值光绪和慈禧相继身亡，袁世凯被黜回原籍。旋由丁士源（时任陆军部法官，与伍在英国认识）引见陆军部尚书铁良，被正式委任为天津陆军军医学堂副监督。伍因早年缺少学习中文的机会，回国后深感不懂中文之不便，到天津上任后，即聘请教师学习中文。经过一个时期的努力，便能用普通话讲课。由于与梁启超、辜鸿铭、严复、胡适等人交往，他对中国典籍也逐步入门，后来对历史文物颇有兴趣，曾搜集过不少古文物。

1910年底，哈尔滨发生严重瘟疫（俗称黑死病），疫症迅速蔓延，危及整个东北。当时东北群医束手无策①，人们想起中世纪欧洲数百万人丧生的黑死病，惊惶万状。经外务部施肇基推荐，伍连德奉命前往。他运用多年研究病理学、细菌学的心得，积极探索病源，控制交通，隔离疫区和病人，火化传染病尸体。因东北严寒，泥土冻结，无法埋葬，致使死尸、棺木堆积街头。伍认为，如果老鼠咬食尸体，势必使疫病传染得更快，便与当地官吏商量，采取集体火化尸体办法，作为紧急措施，这在世界防疫史上是一创举，但违背中国土葬传统，于是由吉林巡抚与伍连德电奏朝廷，获得特准。由于得到政府的信任和支持，加之他执法认真，严格按科学精神办事，不到四个月的工夫，这场震惊中外的传染病

---

① 当时在东北的法国医生摩赛尼（Dr. Mesny）在检查病人时也被传染上，医治无效而死亡。这件事引起很大的反响，造成极大的恐慌。1911年1月，仅哈尔滨傅家甸，每天因瘟疫死亡的人数总在40至60人之间，最多时达183人。有一天，伍连德到坟地视察，见到2000具棺材和冻僵的尸体（来不及掩埋的无主死尸），在雪地上排列着，真是触目惊心，惨不忍睹。当时疫情的严重，可见一斑。见*Plague fighter*，pp20－21、pp26－29。

被扑灭了。清政府特赏他为医科进士。一时被国内外称誉为“战胜瘟疫的有力斗士”,“防疫科学的权威”。

1911年4月,伍连德主持在奉天(今沈阳)召开的万国防疫会议。这是在我国召开的第一次国际性科学会议,有十二个国家派遣著名专家出席。会议在伍连德主持下系统地总结了我国东北防治瘟疫的经验,交流各国研究成果。会后,伍连德被委任为外务部医官,同时仍保留天津陆军军医学堂副监督职位,并着手在哈尔滨筹建“北满防疫事务所”及附属医院。同年8月,他出席在伦敦召开的国际医学大会,发表了科学论文《蒙古鼠(即土拨鼠)与瘟疫的关系之考察》。年底,出席海牙第二届麻醉药会议。

1914年5月,伍连德在上海与颜福庆等人发起成立中华医学会,自任秘书,并负责编辑《中华医学》杂志。第二年,他被推选为该会会长,连任两期(1916年—1920年)。他为发展中国现代医学,做了许多有益的工作。

1916年6月,黎元洪继袁世凯任总统,委任伍连德为总统特医,兼任京汉、京张、京奉、津浦四铁路的总医官。1930年7月,伍被任为全国检疫事务所监督。

伍连德因致力于医药行政和研究工作,先后被上海圣约翰大学、日本东京帝国大学、香港大学等授予名誉博士学位,被选为中研院院士、苏联微生物学会外籍会员等。

伍连德先后主持兴办医院多所,有哈尔滨医院及其防疫医院、奉天东北陆军医院、齐齐哈尔人民医院、北京中央医院以及全国检疫事务所建立的各个医院。他曾在北京中央医院(今人民医院)工作了四年。

1937年抗日战争爆发后,伍连德举家返回马来亚,定居怡保,开设私人诊所。当地的达官显贵多次劝他出任政府职务,他都以年迈为由谢绝。1949年北平解放后,他主动提出把他在北平的一幢楼房捐赠给中华医学会,表示他对祖国解放的拥护。

1960年1月21日,伍连德病故于槟榔屿。

伍 廷 芳

郑则民

伍廷芳，字文爵，号秩庸，广东新会县人。父伍荣彰在南洋经商。1842年7月30日（清道光二十二年六月二十三日）出生于新加坡①。三年后，随父回国，居广州芳村。幼年进私塾读书。有一次，他被土匪绑架到一座山中，土匪准备勒索其父母交赎金领回，他机智地同山中的一个被胁迫当厨夫的人暗约，乘贼首率队出去行劫时，用酒灌醉看守，经历了艰险的路途，安全地回到家中。这次经历，增强了少年伍廷芳的胆识②。伍廷芳十三岁到香港进圣保罗书院读书，1861年毕业，受聘任香港中、高等审判厅翻译。接着在香港与友人创办《中外新报》，经常翻译西文资料，供该报发表，延续了将近十年之久。1874年，他自筹经费赴英国伦敦留学，进林肯法律学院深造，三年期满，考取了大律师资格，不久，回香港任律师，后来被香港政府聘为法官兼立法局议员。当时香港殖民当局在立法和具体执行中，抬高英人地位，压制华人。有一次，一个英国人喝醉酒，在马路上和一华人口角，当场将华人踢死。事后，几个英人法官打算从轻了结此案。伍廷芳"挺身而起，根据法理。和这几个法官竭力争辩"，最后经"港督双方调解，才另判那英人监禁五

① 孙中山：《伍廷芳墓表》，《孙中山全集》第11卷，中华书局1986年版，第575页。

② 伍廷光编：《伍廷芳历史》，上海国民图书局1922年版，第13—15页。

年，还要赔偿巨资，恤死者的家里”①。根据香港政府的规定，华人病死，没有皇家医院的证明，都必须剖尸验明有无传染病。实际上这是有意刁难华人，向死者家属勒索金钱。伍廷芳对此愤恨不平，提出应该废除，还鼓励华人团体上书请愿，要求取消剖尸的无理规定。因此他与香港当局发生矛盾，终于辞职离港。

1882年，伍廷芳被直隶总督李鸿章招入幕府，协助李鸿章办理洋务，前后达十多年，多次参与外交谈判及缔约活动。1896年，清政府特命伍廷芳为出使美国、西班牙、秘鲁大臣（即公使）②。1899年，伍廷芳奉命同墨西哥签订《中墨通商条约》③，双方在比较平等的基础上，规定了一些互惠条件。这和清政府被迫同英国等西方国家所订立的不平等条约有所不同。这时，美国为了达到侵略中国的目的，由国务卿海约翰(John Hay)提出对华外交上的“门户开放”政策，在“保障中国领土主权独立”的幌子下，要求“机会均等”，享有其他列强在华的同等利益。伍廷芳认为这是中国避免被瓜分的好办法，大加鼓吹④。

1902年，伍廷芳应召回国，清政府授他以四品候补京堂衔。先任商约大臣，驻上海，同英、美、日等国进行订约谈判。继任修订法律大臣、会办商务大臣、外交部右侍郎、刑部右侍郎等职。曾与沈家本共同主持修订法律，拟订了民刑律草案，报清政府颁布施行。伍廷芳通晓西方资产阶级法学，目睹封建专制制度所造成的社会灾难，清朝法律的封建落后性，曾试图有所改良。在所草拟的法律草稿中，删除了旧清律中关于“凌迟、连坐、刑讯”等条文。主张设立法律学堂，进行法律知识教育，培养司法人才。也写过一些奏折，陈明变法自强的必要。但清政府当权人物的顽固昏愦态度，使他感到失望。1907年再次任出使美国、

① 伍廷光编：《伍廷芳历史》，上海国民图书局1922年版，第25—26页。

② 钱实甫：《清季新设职官年表》，中华书局1961年版，第22—23页。

③ 王铁崖编：《中外约章汇编》第1册，三联书店1957年版，第934—938页。

④ 《伍秩庸博士哀思录》，第2页。

墨西哥、秘鲁、古巴。他在美国设常驻使馆，与美国政界和社会名流交往较多，结识了一些朋友，1910年被清政府召回。归国后居上海，在原戈登路置有住宅，称为“观渡庐”，暂时未任公职，从事一些公益活动。

1911 年 10 月武昌起义，各省纷纷响应。伍廷芳宣布赞成共和，先后致函清廷摄政王载沣和庆亲王奕劻，劝告清帝退位。他在《忠告清监国赞成共和文》中指出：“大势所在，非共和无以免生灵之涂炭”，“君主立宪政体，断难容于此后之中国”①。在《致清庆邸书》中又说：“武汉变乱，天下响应，旬月之间，大江南北相继独立，其志在乎扫除专制积弊，而建共和政体。”②劝告清廷不要执迷不悟、与全国人民为敌。上海光复后，他和沪军都督陈其美、立宪派首领张謇等人共同发起组织“共和统一会”，并与旧官僚程德全、立宪派重要人物汤寿潜等相联结，准备在动荡的政局中有所主张和获取权力。11 月中旬，南方光复各省，推定伍廷芳为临时外交代表，驻上海，负责革命方面的外交任务。接着，南方光复各省在北军压力下，接受了袁世凯通过英国等驻华使节提出的“调停”建议，派伍廷芳任民军方面的议和全权代表，12 月 1 日开始与袁世凯派出的代表唐绍仪在上海正式举行所谓南北议和谈判。首先达成了湖北、陕西、山西、安徽、江苏和奉天的停战协定。12 月 20 日，英、美、日、俄、德、法六国驻北京公使，致电南北议和代表，提出“须早日解决和局，以息现争”③的“劝告”，向革命方面施加压力。伍廷芳和张謇等人乃于 12 月 22 日发表了“共和统一会意见书”，认为如果革命战争继续发展下去，就会造成列强干涉的危险④，表现了他们在帝国主义面前的脆弱和畏惧心理。

在谈判中，伍廷芳代表民军坚持必须以承认共和为前提，但又暗示

① 《伍先生(秩庸)公牍》，第 11—12 页。

② 《伍先生(秩庸)公牍》，第 11—12 页。

③ 中国史学会主编：《中国近代史资料丛刊·辛亥革命》(八)，上海人民出版社 1957 年版，第 213 页。

④ 张忠绂：《中华民国外交史》卷上，1936 年版，第 49—51 页。

对方,只要袁世凯迫清帝退位赞成共和,革命党人方面愿以大总统的职位作为报答。经过多次密谈,双方达成妥协,决定君主、民主问题由国民会议解决。

在谈判过程中,孙中山为首的南京临时政府成立,伍廷芳任司法总长兼议和全权代表。临时政府在存在的三个月内,做了一系列除旧布新的立法、司法工作,如颁布了《临时约法》,这是依据西方资产阶级民主制度而制定的,体现了资产阶级的意志、利益和愿望,具有资产阶级共和国宪法的性质;又如连续发布了禁止刑讯、保障人权、禁止买卖人口等法令。这些立法工作和司法改革是在孙中山直接倡导和主持下进行的。虽然伍廷芳当时常驻上海办理议和谈判,对上述工作大多没有亲自参加,但他身为司法总长是赞成孙中山的主张的,而且他在上海还以司法总长身份,亲自过问当时一些审判工作,监督新政令的实施。不过在上海,他主要是与唐绍仪等人秘密议决了清帝退位的优待条件,以及清帝退位后,孙中山辞职,临时大总统由袁世凯继任等问题。当袁世凯以清廷内阁总理身份,在南京临时政府与清政府之间为攫取权位玩弄阴谋诡计时,伍廷芳曾经予以揭露。但是袁世凯施展了一系列政治手腕,迫使孙中山在 4 月 1 日正式解除临时总统职。临时参议院于第二天决定将政府迁往北京。中华民国表面上完成了国家的统一,但政府的大权落入大地主、大买办阶级的代表袁世凯的手里。

袁世凯当上总统后,伍廷芳退居上海,历时五年。在此期间,他先后被"国民共进会"、"国民公党"等小党派推为首领,被"共和党"列为理事①,但实际上没有就职,而在家中研究灵学、养生学,攻读儒、佛、回诸书。同时,他还整理了法学方面的著作,1914 年写成《宪法大旨》,1915 年拟定了《中华民国图治刍议》,阐发了关于改革国家司法制度的思想。例如,在《宪法大旨》中,强调维护国民的人身、居住等权利和法律范围内的平等、自由,认为"国家法律,上下人须一律恪遵。位极长官,亦难

① 中国史学会主编:《中国近代史资料丛刊·辛亥革命》(八),第 585—586 页。

枉法。犯法者无论上下，一同治罪。此之谓平等也”。反映了在法律面前人人平等的法制观，具有进步意义。他还指出自由必须在法律许可的范围内，不能在法律之外自由行事，认为“人能守法，斯能自由”。伍廷芳认为中国的司法必须改良，要收回治外法权，建立良好的治安和社会秩序，保护资本主义工商业的发展。关于司法改革，他认为必须坚持司法独立、文明审判的原则。指出专制时期立法、司法、行政三权“操于一身”，是不妥当的。凡“审判官所断之案件，行政官不能过问，如有冤抑，得上控于合格衙门”，这样才能限制行政官越权违章，使“上下守法，四民安谧”。他倡议的文明审判，主要是废除刑讯制度，根据证据和情理定案；建立陪审制度，由通达事理、公正、有名望的人任陪审官，准许律师辩护和旁听。他还建议增设法律学堂，任命受过法律教育的人担任审判官。主张采用“罪止一身”的刑法原则，废止无罪株连。

当袁世凯演出帝制丑剧时，伍廷芳表示反对。1915年曾任袁世凯总统府顾问的美国人古德诺，发表了《共和与君主论》，认为“中国如用君主制较共和制为宜”，为袁世凯复辟帝制制造舆论。他还给伍廷芳写了一封信，希望得到支持。伍认为古德诺“辜负了自由平等四个字”，对此表示不满。这时袁世凯还多次派人到上海请伍廷芳到北京，共谋帝制事宜，均遭拒绝，使来劝说的人“乘兴而来，败兴而返”①。伍廷芳同时写信训示在北京政府中任职的儿子伍朝枢，不得参与袁的帝制活动。

袁世凯死后，黎元洪继任大总统、段祺瑞组阁任总理，先任唐绍仪为外交总长，唐未到任前由陈锦涛兼代。1916年11月，伍廷芳应邀北上，出任段祺瑞内阁外交总长。1917年，在以美、日帝国主义为背景的“府院之争”中，伍站在黎元洪一边，于5月23日任代总理，协助黎元洪副署命令，免去段祺瑞国务总理的职务，组成了伍廷芳临时内阁。内阁成员除由他兼外交总长外，另由范源濂、李经羲、张士钰、程璧光、张耀曾、谷钟秀、权量分别任教育（兼代内务）、财政、陆军、海军、司法、农商、

---

① 《伍廷芳历史》，上海国民图书局1922年版，第21—22页。

交通等各部总长。其后，张勋带兵入京，以调停为名进行复辟活动，迫黎元洪下令解散国会。黎元洪屈服于张勋的压力，但认为这道命令由代理国务总理伍廷芳副署方能“合法”生效，于6月11日请伍到总统府磋商，许诺以提拔他的儿子外交部参事伍朝枢为外交次长作为副署这道命令的交换条件。伍廷芳断然拒绝了这个无理要求。黎元洪接着又派步军统领江朝宗，以人身安全等威胁伍就范。伍廷芳坚决地回答：“职可辞而名不可署，头可断而法不可违。”又说：“我研究灵魂学颇有心得。不副署这道命令，充其量不过一死而已，死并不是一件可怕的事情。”黎元洪不得不派江朝宗以代总理名义，副署解散国会的命令，江的这一行动，受到人们唾弃。伍廷芳不为威胁利诱所动，为自己在政界赢得了不小的声誉。

1917年9月，孙中山在广州建立护法军政府，任大元帅，伍廷芳也南下参加，被任为外交总长。次年5月，军政府为桂系军阀所把持，改设七总裁，孙中山辞职离广州赴上海，伍廷芳仍留任军政府总裁兼外长和财长。1919年春，南方政府派王正廷、伍朝枢参加巴黎和会中国代表团的工作，伍廷芳支持王正廷等以较鲜明的态度表示如果列强不肯接受中国代表团的保留意见、将拒绝在和约上签字的做法。当他看到桂系勾结北洋军阀独断横行时，进行了抵制和斗争。在这期间，伍廷芳曾代表南方政府，出面与美、英等国交涉，使外国公使团不得不按比例拨出部分关税余款，交南方政府使用。伍以财政总长名义将款存入汇丰银行。随后商定作为办大学的基金。桂系军阀要求从中提出三十万元移作其他用途，被伍拒绝。随后，他们又借口要办银行需基金，军队要求发饷必须动用这笔存款，甚至声言，如果不答应要求，就将采取激烈手段对付他。伍廷芳被迫携印信和税款离广州去上海。在抵香港时他发通电声明：“携款离粤，并没有他意，誓以忠诚，保存此款，将来还诸国民。”①桂系军阀分别派人在香港和上海对他起诉，但是由于伍廷芳

① 《伍廷芳历史》，上海国民图书局1922年版，第54—57页。

精通法律，桂系也无可奈何。在现实斗争中，他加深了对孙中山的认识，日渐采取与孙中山紧密合作的态度。他曾对人说：“前次不奉孙公（中山）命令，以至岑云阶（春煊）、莫荣新等辈猖獗不堪，十分惭疚。今知孙公实一爱国男儿，我决意竭我能力和他合作。”①

1920 年冬，伍廷芳随同孙中山回到广州，恢复军政府。次年 5 月孙中山就任非常大总统，伍廷芳任外长兼财长。当孙中山往桂林指挥北伐时，伍代行总统职务。1922 年 4 月，孙中山以陈炯明反对北伐而免去陈的职务，命伍廷芳兼任广东省长。伍和廖仲恺一起，努力开辟财源，支援北伐军从粤北进军赣南，讨伐北洋军阀。当时广东工人运动有所发展，以他为首的广东省政府虽然废除了中国刑律中关于罢工治罪的条文，但依旧对工人严加限制，并在 5 月镇压了广州发生的盐业工人罢工。在外交上，伍廷芳倾向联络英美，不赞同联合苏俄。由于英、美等国对南方政府采取敌视态度，他在外交工作方面难以取得进展。6 月 16 日陈炯明叛变，唆使部下炮击总统府，孙中山登上兵舰与叛军斗争。伍廷芳在遭受叛军围困的情况下，坚定地站在孙中山一边，拒绝陈炯明的威胁利诱。17日亲登永丰军舰与孙中山会晤，接受指示，通告各国驻广州领事，希望他们严守中立，勿助叛军。但英、美等国置之不理，仍助叛军夺取广州。伍廷芳愤而病发，于 6 月 23 日在广州逝世。

① 《伍廷芳历史》，上海国民图书局 1922 年版，第 47—48 页。